세계관의 심리학

Psychologie der Weltanschauungen (6판)

by Karl Jaspers

First published in German under the title Psychologie der Weltanschauungen
by Karl Jaspers, edition: 6
This edition has been translated and published under licence from Springer-Verlag
GmbH, DE, part of Springer Nature. Springer-Verlag GmbH, DE, part of Springer Nature
takes no responsibility and shall not be made liable for the accuracy of the translation.

이 책의 초판은 *Psychologie der Weltanschauungen*이라는 제목으로 출간되었습니다. 이 한국어
판은 Springer Nature의 Springer-Verlag GmbH의 허가 아래 번역되고 출간되었습니다. Springer-
Verlag GmbH는 번역의 정확성에 대해 책임을 지지 않습니다.

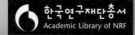
학술명저번역 654

세계관의 심리학

Psychologie der Weltanschauungen

칼 야스퍼스 지음 | 이기홍 옮김

일러두기

1. 이 책은 1971년 독일 슈프링거 출판사가 펴낸 『세계관의 심리학』 6판을 완역한 것이다.

2. 원서의 차례가 장황하고 비체계적이어서 한국어판에서는 옮긴이가 차례의 내용 및 체계를 재조정하였다. 원서의 본문에는 표기되어 있지 않고 차례에서만 보이는 제목을 옮긴이가 한국어판 본문에 반영하였고 원서의 차례에서 생략된 세부 제목도 한국어판 본문에 반영해 표기했다.

3. 원서의 본문에서는 저자가 인용한 내용이나 참고한 정보 등 객관적 진술에 해당하는 문단은 장평을 조밀하게 편집하였는데, 한국어판에서는 이를 달리 구분하여 편집하지 않았다. 이러한 원서의 편집이 이 책의 독서에 어떠한 지침을 주는 것은 아니라는 판단에서다.

초판 서언

　그간 철학의 임무는 학술적인 인식이자 삶의 지침으로서의 세계관을 개
발하는 것으로 여겨져 왔다. 그러한 작업의 발판은 합리적인 통찰이어야
만 했다. 그러나 이 책에서는 그 대신 영혼이 어떠한 최종적 입장들을 취하
는지, 어떤 힘들이 영혼을 움직이도록 하는지를 이해하고자 하였다. 반면
실제적인 세계관의 문제는 삶에서 당사자가 직접 해결해야 하는 문제로
남겨 두었다. 즉 여기 이 책에서는 삶에서 중요한 것을 직접 제시하는 것이
아니라, 사람들의 자기반성을 위한 수단이 되는 해명 작업과 가능성들을
타진하였다. 자신이 어떻게 살아야 하는지에 대해서 이 책에서 직접 해답
을 구하고자 하는 이가 있다면 그런 사람은 아마도 헛수고만 하게 될 것이
다. 인간의 개인적인 운명을 결정하는 구체적인 결단에서 무엇이 본질적인
가 하는 문제는 도무지 알 수 없는 수수께끼 같은 것이다. 이 책은 자기 스
스로 경이로워할 줄 알고 자신을 성찰하며, 현존의 알 수 없는 문젯거리들

을 이제 막 보기 시작한 이들에게만 의미가 있을 것이고 또한 각자 자신의 삶을 사적인 것으로, 비합리적인 것으로, 그 어떤 다른 것을 통해서는 면책받을 수 없는 것으로 경험하게 된 이들에게만 나름의 의미가 있을 것이다. 이 책은 삶의 방향을 정하는 데 기여할 수 있는 수단들을 제시해 주는 가운데 자유로운 정신과 활력적인 삶을 살 것을 호소할 뿐 삶을 창조해 내려고 하거나 가르치려고 하지는 않는다.

1919년 2월
하이델베르크
칼 야스퍼스

4판 서언

이 책은 나의 학문 여정이 정신의학에서 철학으로 이행되던 청년기에 제 1차 세계대전으로 인해서 우리 독일의 전통이 와해되었던 즈음 출간된 책으로, 그 당시에 내가 나 자신에 대해서 성찰했던 결과물이다. 이 책은 거의 20년간 절판되었다가 내용상 거의 변화 없이 재차 출판된 것이다.

철학은 근본 정신에서 태동되어 나온다. 이런 근본 정신은 개개인에게서 평생 변치 않고 동일하게 유지된다. 첫 작업에 녹아 있는 진실은 그 이후에 진행되는 명료화 작업을 통해서 떠밀려 사라지는 것도 아니고 새로운 것으로 대체되는 것도 아니다. 시작에는 본질적으로 이미 전체적인 것이 들어 있다.

나의 이 첫 번째 철학적 입장 표명은, 내가 보기에 많은 부문에서 내 의견이 직접 표명되어 있다는 장점이 있다. 하지만 이것들은 다소간 유연하지 못한 질서 체계로 엮여 있다. 애초에 의도한 바 없이 우연히 성공을 거둔 책의 언어는 신선하며, 독자의 반응에서 볼 수 있듯이 매력적인 측면이 있을 것이다. 하지만 그런 것 자체가 일반적으로 나의 주된 관심사는 아니었기 때문에 형식을 철저하게 손보는 선까지 나아가지는 않았다. 그러다 보니 결국 책의 모양새가 제대로 갖춰지지 못하게 되었다. 때로는 표현이 논지의 중심에서 벗어나거나 중언부언하는 경우도 있었고, 때로는 공허한 이야기로 빠져드는 경우도 있었다. 책은 그저 손 가는 대로 쓰여서 이후에 인쇄되었고, 작업은 재차 고쳐 쓰는 선까지 진행되지는 못했으며, 그냥 약간의 수정만 가해졌을 뿐이다. 이번에 책을 한번 말끔히 정화해 볼까 하는 생각을 안 해 본 것은 아니다. 문장 중에서 지울 것은 지우고 줄일 것은 줄임으로써, 가끔 잡초가 자라나듯 출현하는 것들을 현재의 내 판단 기준에 따라 솎아 냄으로써 개선이 가능해질 수 있지 않을까 하는 생각도 해 보았다. 그런데 책에 뭔가 새로운 내용이 추가되지 않는다면 책은 변경되는 것이 아니라는 나의 개인적인 판단에 따라 나는 그렇게 하는 것을 포기했다. 그렇기는 본래의 원래 문장 스타일이 가지고 있는 결점을 덮어 줄 다른 문장 스타일을 좀 더 추가하지 않았더라면 이 책은 확률상 성공을 거두지는 못했을 것이다.

이제 나로서는 이전에 나온 나의 책을 비판하는 것이 수월해졌다. 철학적인 전문성의 측면에서 볼 때, 이전에 발간된 책에는 내가 미처 고려하지 못했던 것이 있다. 그 당시의 나는 여전히 정신병리학적인 사유 방식을 가지고 살아가고 있었다. 어렸을 적부터 나는 사적인 즐거움 때문에 철학책을 탐독했지만 그때까지 철학을 제대로 공부한 적은 없었다. 나의 사유들은 사람들에 대해 내가 직관한 것과 내 삶에서 펼쳐진 나의 열정적인 경험으로부터 성장해 나왔다. 나의 관심은 궁극적인 것에 있었다. 나는 관찰했고, 마음속으로 현전화했으며, 내 관심사와 관련지어서 발언했다. 나는 문헌에서 배운 개념과 표현들을 거리낌없이 사용했고, 계획적으로 면밀하게 따져 보지 않은 채 새로운 것들을 거리낌없이 만들어 냈다.

이 책의 특징을 설명하기 위해서 책이 어떻게 해서 태동하게 되었는지에 대해 몇 마디 적어 보겠다. 이 책이 세계관의 '심리학'이라 불리게 된 것은 외적으로는 그 당시 내가 처해 있던 학문적인 입장 때문이었다. 나는 철학이 아닌 심리학을 전공으로 교수 자격 논문을 썼다. 아리스토텔레스의 "영혼이 모든 것"이라는 문장에 근거해서 나는 '심리학'이라는 이름 아래 사람이 알 수 있는 것 모두에 진심을 다해서 천착해 들어가기 시작했다. 왜냐하면 이런 광의의 의미에서의 심리학적 측면을 갖고 있지 않는 것은 아무것도 없을 것이기 때문이었다. 나는 그 당시에 하이델베르크 지역 일대에 (빈델반트와 리케르트에게서[1]) 널리 퍼져 있던 심리학의 정의를 결코 받아들이지 않았다. 내가 저술한 『정신병리학 총론(*Allgemeine Psychopathologie*)』의 한 장에서 '이해심리학'이라는 제목 아래 시작했던 일이 이제 내게는 인문학적 이해 및 철학적 이해의 위대한 전통 속에서 행해졌던 일과 별반 다르지 않은 일이라는 것을 알게 되었다. 나는 감각심리학, 기억심리학, 피로심리학 관련 강의도 하였지만 그 외에도 특히 사회심리학 및 민족심리학, 종교심리학, 도덕심리학, 성격학 관련 강의도 한 바 있다. 그것들 중 하나

• •

1 (옮긴이) 모든 인식의 내용을 사유와의 관계에서 밝히고자 했던 칸트 사상의 전통을 잇는 일명 신칸트학파의 구성원들로, 하이델베르크 대학을 중심으로 하는 서남학파의 대표 주자들이다. 이들은 신칸트학파 중에서도 코헨(Hermann Cohen), 나토르프(Paul Natorp), 카시러(Ernst Cassirer) 등으로 대표되는 마부르크학파와 구분된다. 빈델반트는 자연과학과 역사과학을 구분하였고, 후자는 리케르트에 의해서 문화철학으로 발전되었다. 신칸트학파는 전반적으로 객관주의를 추종하는 유물론, 형이상학 등과 대립각을 세웠다. 다만 주관성을 초월하는 초주관적인 입장을 취하였는데, 바로 이 지점에서 야스퍼스는 빈델반트나 리케르트와 거리를 둔다. 야스퍼스는 주관성을 강조하는 경향을 보이고 있기 때문이다.

가 내게는 특별하게 중요했다. 나는 그것을 1919년에 『세계관의 심리학 (*Psychologie der Weltanschauungen*)』이라는 제목의 책으로 출간했다. 그 주제를 가지고 진행된 작업은, 내가 의식적으로 그랬던 것은 아니지만 나의 학문적 관심이 심리학에서 철학으로 이행해 가는 길목이 되었다. 여기에는 여러 가지 모티브들이 얽혀 있다. 그것들은 다음과 같다.

이미 임상 기간 중에 나는 흥미로운 경험을 했다. 학문적인 직관들과 살아 있는 인물들 간에 벌어지는 논쟁에서는 모든 사람들에게 경험적으로나 논리적으로 동일하게 옳은 것만 중요한 역할을 하는 것은 아니라는 것을 알게 되었다. 오히려 그렇게 빼도 박도 못하게 타당한 것을 찾아내는 것 자체가 어려운 과업임이 밝혀졌다. 또한 논쟁에서는 그런 것과는 다른 뭔가가 거의 항상 느껴졌다. 흥미를 끌었던 것은, 타당하고자 하는 우리의 욕구도 아니고 올바르고자 하는 우리의 욕구도 아니며, 오히려 사람들 간에 그 어떤 장벽을 세우고 있는 것 같은데도 불구하고 잘 파악되지 않는 그 어떤 것이었다. 정신과 전공의들 중 공적인 발언을 하는 연구자들에게서도 나는 학술적인 정확성과는 관계없이 그들 사이에서 친분감이나 적대감을 형성해 주는 그 어떤 것을 인식하게 되었다. 그 당시에 내가 사적으로는 만난 적이 없던 지그문트 프로이트와 알프레트 호헤는 완전 이질적인 성격의 세력을 대표하는 이들이었는데, 그 세력들은 내게 그들의 저술들을 공부할 것을 강요했지만 나는 그들이 저술한 것들을 읽는 것을 거부한 바 있다. 그 두 세력들에 의해서 언급된 내용 너머 다른 방향으로 나아가야겠다는 충동과 함께 나는 그 두 세력들에 대해 내적 저항감을 갖고 있었다. 그들은 과학을 빙자해서 전혀 과학이 아닌 것을 관철시키고자 했던, 말하자면 나의 적으로서 그들은 나의 젊은 시절을 내내 따라다녔다. 철학적인 태도로서 그것을 나는 거부하고자 했으며, 그것에 반하는 생각을 나는 그런 것과는 완전히 다른 원천으로부터 해명하고 주장할 수 있었다. 그것이 무엇인지를 나는 이제 더 이상 그들이 제시하는 사례를 통해서가 아니라, 오히려 역사와 인간 일반을 고려하는 가운데 직관적으로 드러내고자 하였다.

내가 본래적인 세계관에 대해 질문을 제기하면서 탐색 작업을 개시하자, 이 작업에서는 위대한 사상가들의 전통이 점차 드러나기 시작했다. 이들은 '심리학'이라는 명칭을 전혀 사용하지 않았거나 오로지 부분적으로만 사용하면서, 앞서 말한 의미의 심리학을 개척했다. 처음에는 헤겔의 정신현상학이, 그리고 그다음에는 내가 특히 1914년부터 연구하기 시작했던 키에르케고르가 나타났고, 부차적으로 니체가 마치 계시와도 같이 나타났다. 이들은 인간 영혼의 구석구석에 지성의 조명을 비추는 가운데 인간 영혼의 기원에 대한 정보까지 전달해 주었다. 나의 저술에서 나는 키에르케고르와 니체를, 그들이 명백히 이질적임(기독교인과 무신론자)에도 불구하고 나란히 배치했다. 오늘날 그들의 상관관계는 너무나도 자명해져서 한 사람의 이름을 들을 경우 다른 사람의 이름을 떠올리지 않을 수 없는 지경까지 이르렀다.

이 『세계관의 심리학』으로 나는 그 어떤 철학도 끌어오려고 하지 않았다. 그 대신 나는 본래적인 인간을 생각하는 것 말고는 다른 아무것도 생각하지 않았다. 이러한 경향은 현실을 단순히 바라보는 데 중점을 두는 대신 자기 자신은 정작 시야에서 놓치곤 한다. 비록 내가 이전에 출간한 『정신병리학 총론』에서 방법적인 의식을 필요불가결한 것으로 이해했고 이 분야에서 그런 것의 필요성을 촉구했음에도 불구하고, 그리고 내가 『세계관의 심리학』에서 방법론적 고찰을 전개하기 시작했음에도 그 당시에 나는 본질적인 것과 관련해서 그리 명료한 상태에 있었던 것은 아니다. 그럼에도 생산적인 상태에 머물러 있기는 했다.

그 당시에 나는, 심리학은 모든 가능한 세계관들을 관찰하면서 이해하는 반면 철학은 하나의 세계관, 즉 참된 세계관을 제시한다고 기술했다. 본래적인 의미에서의 철학은 선지적(先知的)인 철학이라고도 말했다. 이로써 나는 어쩌면 지나치게 단순한 대조를, 이런 형식 아래에서는 제대로 지탱되기 쉽지 않을 수도 있을 대조를 감행하고 있었던 것이다. 하지만 당시에 내가 이미 그런 구분을 하고 있었기 때문에, 내가 이 책에서 수행한 것을 참고해서 말하자면, 내게는 두 가지가 분명해졌다. 첫째, 그 자체로 선지적이지 않고 선언적이지도 않은 철학의 임무가 무엇인지 분명해졌고, 둘째, 경험적으로 연구하는 심리학의 경계를 설정하는 임무가 분명해졌다.

첫째 과제에 대하여. 내가 그 당시에 선지적인 철학과 심리학을 구분하면서 의도했던 것은 오늘날까지도 나의 철학의 의미로 여전히 남아 있다. 물론 이때 말하는 철학은 단순히 고찰적인 것만은 아니었는데, 이 세계관의 심리학도 당시에는 사실 마찬가지였다.[2] 세계관의 심리학은 모든 묘사에 있어서 근본적으로 현전화하고, 기약하고, 호소하는 등 말하자면 사람의 자유에 호소한다. 그렇지만 그렇게 함으로써 타인의 자유를 침해할 생각은 전혀 없다. 타인은 철학을 통해서 스스로 자신을 발견해야만 하지, 일종의 작품이자 전체 사상으로서의 철학을 지식의 형태로 전달받아 그것으로 철학을 대신할 수는 없다. 그 당시에 내가 선지적인 철학으로부터 거리를 두는 가운데 이런 형태의 철학에 관해서 발언했을 때, 내가 염두에 두고 있었던 선지적인 철학은 플라톤에 의해서 창시된 것도 칸트에 의해 창시된 것도 아니다. 그 당시의 선지적인 철학은 아마도 종교의 대체물 정

..

2 (옮긴이) 야스퍼스는 자신의 철학을 다양한 세계관을 이해하고 비교하는 도구로서 간주하며, 삶의 실천에 우회적으로 기여하는 것으로 본다.

도쯤 되는 것이었다. 그러나 본래적인 철학이 무엇이고, 그러한 철학이 무엇을 할 수 있는지는 그 이후 지금까지도 내가 풀어야 할 문제가 되었고 해결해야 할 과업이 되었다. 내가 말하는 세계관의 심리학을 가지고 당시에 내가 무엇을 하고 있었는지를 순박하게도 분명히 의식하지 못하고 있기는 했지만, 그럼에도 나는 그런 것을 이미 실현하고는 있었다.

둘째 과제에 대하여. 저러한 시도에서 나는 '심리학'이라는 명칭은 그대로 사용할 수 없었다. 심리학에서 시작해 이해심리학을 거쳐 실존철학으로 나아가는 나의 학문적인 여정은 과거에 설정했던 과제를, 긴급하게 해결해야만 하는 새로운 형태의 과제로 재설정하기에 이른다. 그 과제는 과학적 심리학과 그런 심리학의 가능성 및 한계와 관련되어 있는 방법적 지식 간의 경계를 확정짓는 작업이었다. 그러한 경계 설정 작업을 나는 이후에 수행한 정신병리학적 연구의 연장선상에서 완수해 보려고 했다. 거기서 나의 주된 관심은 오로지 실제적인 연구만을 유일한 길로 인정하는 과학적 심리학과 자신이 마치 철학이라도 되는 것처럼 또는 철학의 대체물이라도 되는 것처럼 가장하고 행동하는 위장된 심리학을 구분하는 것이었다. 이런 식의 학문 구분에서 이해심리학은 모호한 성격을 띤다. 이해심리학은 심리학과 철학 사이에 놓여 있는, 풍부한 내용으로 가득 차 있는 광대한 영역과도 같다. 그 영역에는 위에 언급했던 두 분야 모두가 포함되어 있다. 그렇다 보니 과학적 심리학에 대한 물음은 오늘날 아마도 예리하게 제기되어야 할 것이겠지만 보편타당하고 완결된, 그리고 모든 연구자들로부터 인정받을 만한 해답은 아직 주어지지 않은 상태다.

나의 『세계관의 심리학』에서 천명된 '얽매이지 않은 고찰'의 의도는 이 책의 이해를 잘못된 방향으로 이끌어 갈 수도 있었다. 어떤 이들은 이 책을 세계관들이 나열되어 있는 갤러리의 일종으로 보면서, 사람들 각자가 그곳에서 세계관을 선택할 수 있을 것으로 생각해 왔다. 하지만 그 갤러리는 사실 인간들이 각자 자신의 내적 가능성을 확인하는 곳이자, 어떤 사상도 체계도 지식도 선취하지 못하는 실존적인 결정들이 내려지는 광대한 공간을 보여 주고 있을 뿐이다.

그런 것이 실제적인 구속력이 있는 것인지는 독자들이 이 책의 내용을 함께 생각해 봄으로써 직접 느껴 봐야 할 사안이다. 진리가 독자들에게 일의적으로 말해지는 것은 아니지만, 독자들은 책 내용에 자극을 받아 스스로 나름의 결정을 내릴 수도 있을 것이다. 따라서 이 책에서 직관적으로 생각하면서 펼쳐지는 모든 것에는 긴장이 내재되어 있다. 왜냐하면 묘사된 내용에서 독자들은 진리를 볼 수도 있겠지만 또한 오류도 볼 수 있을 것이기 때문이다. 책이 다루는 소재는 독자들에 의해 선택될 세계관들을 제시하지 않는다. 그 대신 그러한 세계관들 안에서 인간 존재의 어디서도 잡을 수 없는 진리 전체에 대한 방향을 주제로 논한다. 나의 관심은 결코 실재하는 세계관들에 대한 순전한 심리학적인 관심이 아니라, 그러한 세계관들에 내재해 있는 진리적인 특성들에 대한 철학적인 관심이었다. 나는 다양한 가능성들의 유기적인 전체를 설계하면서, 모든 것에서 나 자신을 새롭게 인식하기도 하였고 나 자신과 부딪히기도 하였다. 그래서 나는 오늘날에도 이 책의 내용과 경향에 대해 변함없이 긍정적인 입장을 가지고서 지지하는바이다.

당시 심리학을 가르치는 것만 허용되고 철학을 가르치는 것은 허용되지 않은 교수 자격이 내게 부여되었을 때 나는 이를 강압으로 느끼기보다는, 오히려 내게는 엄청난 부담으로 보이는 철학을 가르치라는 요구로부터 해방된 것으로 생각했다. 그렇지만 나의 철학적인 충동은, 심리학의 옷을 입고 있기는 했어도 전체적인 것을 향해서 나아갔다. 나는 그 어떤 선지적인 철학을 원했던 것도 아니지만 그렇다고 내가 이미 은연중에 찾고 있던 저런 다른 성질의 철학 개념을 당시에 분명하게 가지고 있었던 것도 아니었다. 전문 철학을 사칭하면서 내용이 비어 있는 사이비 과학에서든 소위 마침내 인식된 진리라고 사칭하는 야심 찬 선언에서든, 그런 곳에서 나는 내가 찾고 있던 철학을 발견할 수 없었다. 심리학을 강의하라는 강제는, 만약 그런 강제가 없었더라면 내게 거의 분명해지지 않았을 그런 구체적인 필요성들을 내게서 불러일으켜 세웠다. 나는 이미 무의식적으로 철학을 하고 있었기 때문에 계획적으로 철학을 할 수 있었던 것은 아니었어도, 오히려 그러한 실천으로부터 나중에 더 잘 연구 계획을 찾아내고 파악할 수 있었다. 이어서 나는, 역사로부터 우리에게 말을 걸어 오는 철학자들에게서 나의 동기를 재인식할 수 있었다. 과거의 철학을 이해한다는 것은 현재에서 철학하는 것을 전제로 한다. 그러나 이런 것은 위대한 인물들을 이해하는 것에서 자기 자신에게로 돌아올 때 더욱 성장한다. 위대한 인물들의 위대함 속으로 더욱 깊숙이 침투해 들어갈수록 그들의 위대함은 그만큼 더 경이롭고 범접 불가한 것으로 나타난다. 그러나 모든 현재는 스스로 실현되어야만 한다. 상이한 전제조건을 동반하는 새로운 조건 아래에서 새로운 옷을 입고 나타나는 철학이 항상 요구하는 것을 지금 당장 실행해야 하는 과제를 나는 사실 이미 떠맡았다. 제1차 세계대전 시기의 압박과 궁핍 속에서 이런 생각이 발전해 나왔던 때를 나는 결코 잊을 수 없다. 저술 작업은 본질적으로 조용한 사생활의 분위기 속에서 진행되었다. 당시의 내적인 열정은 여생에 걸쳐 해결해야 할 요청으로 남아 있었다.

바젤, 1954년 4월
칼 야스퍼스

차례

세부 차례

1부 태도들

2부 세계상들

3부 정신의 삶

부록 칸트의 이념론

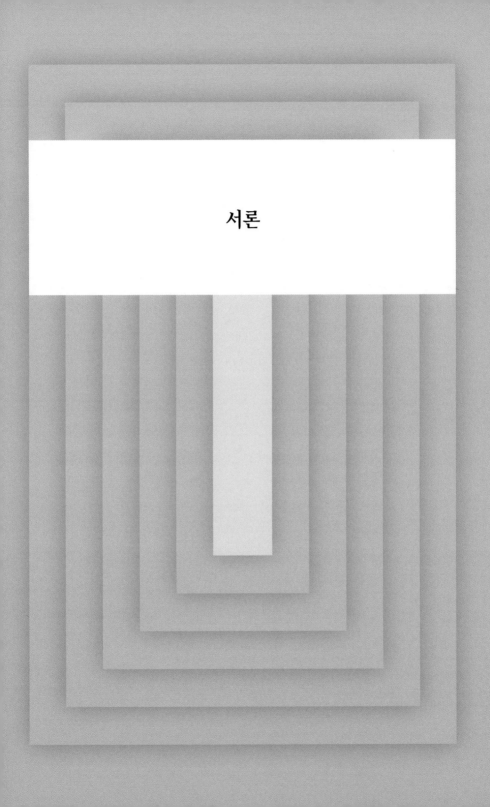

서론

1. '세계관의 심리학'이란 무엇인가

'세계관'이란 무엇인가? 그것은 전체적이고 보편적인 그 무엇이다. 가령 지식의 측면에서 말하자면 그것은 세세한 내용의 전문 지식이 아니라 전체로서의 지식, 코스모스로서의 지식과 관련이 있다. 하지만 세계관은 단순히 지식인 것도 아니다. 그것은 가치화 과정에서, 삶의 활동에서, 운명에서, 체험된 가치의 위계 속에서까지 자신의 모습을 드러낸다. 이 둘을 다르게는 다음과 같이 표현할 수도 있을 것이다. 세계관에 대해서 얘기할 때 우리는 그것을 이념으로, 인간의 최종적이고 총체적인 그 어떤 것으로 이해하고, 주관적으로는 체험과 힘과 신조로 이해하며 객관적으로는 대상적인 형태로 구성되어 있는 세계로 이해한다.

철학은 전체적인 것을 다룬다. 그런 한에서 이 책도 철학서라 할 수 있다. 하지만 이 책의 제목은 세계관의 '심리학'이다. 명칭 문제를 가지고 논쟁을 벌일 생각은 없지만 오늘날 심리학의 위상이 분명하게 정해져 있는 것도 아니기에, 저러한 명칭이 어떤 의미를 갖는 것인지에 대해서는 논제의 형태로 정리해 둘 필요가 있을 것 같다.

예로부터 철학은 항상 전체를 인식하는 학문으로 알려져 왔다. 다양한 경로를 통해서 전체와 연결되는 모든 인식은 철학적이다. 어떤 하나의 학문 영역이 전체로부터 이탈하는 일이 실제로 벌어지면 그 학문 영역은 죽은 것이나 마찬가지다. 즉 인식의 자리에 기술(技術)과 틀에 박힌 일만 남게 될 것이고, 개별 자료들을 전문적으로 처리할 시에는 각 인식에서 보편 정신을 도야하는 교육을 받을 생각은 않고 그 대신 아마도 겉만 번지르르한 연장 손질하는 데만 신경을 쓰는 사람들이 생겨날 것이다. 사실 일이 이미 이런 식으로 전개되어 나간 지가 꽤 오래되었다. 저런 식의 분리가 두 진영 모두에서 일어났다. 전문 과학자들이 인식의 보편성에 더 이상 관심을 기울이지 않게 된 것처럼, 철학자들 또한 인식의 구체적인 영역들에 더 이상 관심을 기울이지 않게 되었다. 이로써 두 진영 모두가 과거에 '철학'이라 불렸던 것을 상실하기에 이르렀다. 사정이 이렇다 보니 오늘날의 세상에서는 최고로 훌륭한 철학자라 불리는 사람들은 늘 본래적인 의미에서의 '철학자'를 지칭하는 것이 아니라 각 전문 분야에서 이례적인 전공자를 일컫는다는 점이 특징이다. 최고로 훌륭한 철학자가 그저 단순히 백과사전적인 지식을 소유하고 있는 것이 아니라 가장 보편적이면서도 가장 구체적인 것을 추구하는 사람이고 오늘날의 시대정신을 가장 폭넓게 받아들여 이해하고 설파해서 다른 이들과 함께 구성해 나가는 그런 부류의 사람을 지칭하는 것이라면, 오늘날 말하는 최고로 훌륭한 철학자는 아마도, 어느 한 전공 분야에 뿌리내리고 연구 활동을 벌이면서도 실제적으로는 늘 구체적이고 전방위적으로 인식적 연관들을 탐구하고 현전하는 실재와 생생하게 상호작용하는 그런 팔방미인형 전공자를 두고 하는 말일 것이다. 철학이 이런 태고적 의미로 이해될 경우 '철학자'라는 명칭은 어느 누구보다도 경제학자, 고전어학자, 역사학자, 수학자에게 부여되는 것도 가능할 것이다.[3]

1) 세계관의 심리학과 선지적인 철학

인식 활동을 벌이는 사람들이 행하는 보편적인 고찰 활동은 (인식이 그 자체로 생생하게 살아 있는 것인 한 모든 학문 분야에서 실제로 적용되고 있다는 사실은 별개로 하고) 위에 특별히 언급된 학문 분야들에서 형성되어서 어느 정도 분명한 형태로 성장해 나왔다. 그런 학문들은 오늘날 특별한 의미에서 '철학적 학문'이라 일컬어지는데, 아마도 곧 '철학'이라 불리게 될 것이다. 지금까지 어느 정도 분명해진 학문 분야들로는 논리학, 사회학, 심리학이 있다. 논리학이 모든 학문들 및 그것들이 다루는 모든 대상들의 타당성의 특성에 대해서 보편적으로 고찰하는 학문이라면, 사회학과 심리학은 인간 및 인간이 만들어 내는 심상들에 대해서 보편적으로 고찰하는 학문이다.

그러나 철학은 예전부터 항상 보편적인 고찰 그 이상이었다. 철학은 사람들에게 조언해 줌으로써 동기를 부여했고 가치 목록을 제시해 주었으며, 삶의 의미와 목적을 제시하기도 하였고 사람들이 그 안에서 안전하다

----

3 1921년 베버(Max Weber)의 서거에 대한 야스퍼스의 애도 연설(Verlag von J.C.B. Mohr, Tübingen, 1921) 참조.

고 느낄 만한 세계상을 제시해 주기도 하였다. 한마디로 말해서 철학은 사람들에게 '세계관'을 제시해 왔다. 보편적인 고찰은 아직 세계관이 아니다. 그것이 세계관이 되기 위해서는 인간을 총체적인 모습으로 만나려고 하고 인간의 총체적인 모습으로부터 출발하고자 하는 동기가 더 추가되어야만 한다. 철학자들은 그저 고요한 상태에서 아무런 책임 의식도 없이 단순히 관조만 하는 사람들이었던 것이 아니고, 세상을 변화시키고 형성하는 이들이었다. 이러한 철학을 우리는 '선지적인 철학(prophetische Philosophie)'이라 부른다. 선지적인 철학은 세계관을 제시해 주고, 의미와 의의를 드러내 보여 주고, 규범으로서의 가치 목록을 타당한 표준으로 제시해 줌으로써 보편적인 고찰과는 본질적으로 구분된다. '철학'이라는 이름이 뭔가 고귀하고 위엄 있는 분위기를 풍겨야 하는 것이라면, 그 명칭은 오로지 저러한 성질의 철학에만 부여되어야 마땅할 것이다. 하지만 저러한 선지적인 철학은, 그런 철학을 부활시키려는 세력의 미약한 몇몇 낭만주의적인 시도들을 제외하면 더 이상 존재하지 않는 것이 현실이다. 이런 상황에서 '철학'이라는 명칭은 오늘날 보편적인 고찰에 적용되는 것이 통상적이다. 철학은 오늘날 그런 식으로 불리는데, 보다 더 분명하고 명료하게는 논리학, 철학사, 사회학 그리고 심리학이라 불리는 것을 염두에 두고 하는 말이기도 하다. 세계관을 고찰하는 것도 고찰 작업으로서는 이미 진실한 철학이 아니라 논리학이거나 사회학이거나 심리학이다.

동기부여를 원하는 사람, 올바른 것, 중요한 것, 삶의 목적, 삶을 살아가는 법, 마땅히 해야만 하는 의무 등과 관련해서 뭔가를 귀담아듣고 싶어 하는 사람, 세상의 의미를 알고 싶어 하는 사람은 저런 보편적인 고찰에, 이것이 '철학'이라는 이름을 달고 있다고 하더라도, 호소해 봐야 아무 소용이 없다. 물론 보편적인 고찰도 동기부여에 대해서 논하고, 동기부여의 의미를 사람들이 어떻게 발견하는지에 대해서 논하며, 사람들이 무엇을 올바른 것으로 여기는지에 대해서 논하고, 사람들이 어떤 요구들을 절대적인 구속력이 있는 것으로 경험하는지에 대해서 논하기는 한다. 하지만 보편적인 고찰은 선지적인 철학이 취하는 것과 같은 입장을 취하지도 않고, 선지적인 철학처럼 뭔가를 설파하려고 하지도 않는다. 그리고 인생의 의미를 알고 싶어 하는 이들에게는 빵을 주기보다는 돌을 주고, 자신을 추종하고 자신에게 복종하고 자신에게서 배우려고 하는 이들에게는 혼자서 알아서 처신하라는 식의 조언을 해 준다. 그러한 사람이 배울 수 있는 것은 고작 자신에게 수단이 되는 것들뿐이다. 중요한 것이 무엇인지는 자신이 직접 경험해 봄으로써 스스로 발견해야만 한다. 저런 식의 고찰을 필자는 선지적인 철학과 구분해서 '심리학'이라 칭한다. 사회학도 그렇지만 심리학도 자신을 철학과 동일시하는 것을 꺼리는 것이다. 다만 이는 그들이 철학을 과소평가해서 그런 것이 아니라 오히려 철학을 고평가하기 때문에 그렇다. 또 자신들이 철학과 혼동되는 것을 피하고 싶어 하기 때문이고, 자신의 영역에서 자신들이 할 수 있는 것보다 더 큰 것을 할 수 있는 것처럼 가장하고 싶어 하지 않기 때문이며, 좌고우면(左顧右眄)하지 않고 자신이 할 수 있는 것만 분명하게 하고 싶어 하기 때문이다. 이러한 것들에 대해 그들은 또한 그 외에도 본래적인 의미에서 말하는 '철학자'라는 이름을 내걸기를 꺼린다. 철학자란 다른 사람들이 의지할 수 있을 만한 선지적인 철학자이거나 그게 아니면 뭔가를 그저 단순히 고찰하여 상대적으로 인식하는 심리학자, 사회학자, 논리학자를 말한다.

오늘날 다양한 대용-철학들이 널리 횡행하고 있다. 다양한 종류의 형이상학을 임시변통으로 대충 만든 후 형이상학적인 교화(敎化)를 기반으로 자신을 이해하고, 종교 비밀 집회, 사제 관계 제도, 신지적이고 영성적인 협동조합을 세워서는 의식적이고 강제적으로 기성 교회들에 가세하는 이들이 있다. 이런 행동 방식들은(이것들은 뒤에서 '허무주의적인 정신'이라는 형태로 묘사될 수 있는 것들이기도 한데) 그것들이 가지고 있는 인위성과 비진실성 때문에 항상 매우 위험하다. 모종의 세계관, 모종의 교회에 진심으로 빠져서 살아가는 사람이, 자신에게 아무런 해를 끼치거나 방해 놓을 수 없고 위협을 가할 수도 없는 보편적인 고찰적 태도에 대해, 이것이 자신에게 해당될 때조차 아무런 관심도 주지 않거나 참으로 딱하다는 식의 동정 어린 시선으로 바라보는 동안, 낭만주의자들과 허무주의자들은 그와는 정반대로, 저러한 무입장적인 입장을 취하는 사람이 행하는 고찰에 대해 적대감을 품는다. 그들은 기꺼이 누군가를 적으로 만들기를 좋아한다. 현실과 진리에 대한 이런 가차 없는 탐구가 그들의 실존 조건에 위배되는 것이다. 그들은 가능한 모든 수단들을 동원해서 비웃음, 아첨 그리고 심리학자들이 행하는 모든 가능한 분류법들('계몽주의자', '절충주의자' 등)을 동원해서 이 모든 종류들을 '악한'이나 '무자비한 자'로 배척하면서 그것들에 대항해 싸워야만 했다.

심리학적 태도는 모든 것을 헛된 것이나 속임수로 간주하고, 경외심이 없다는 비난받곤 한다. 세계관으로 절대화되어 버린 심리학적 태도가 있는데, 우리는 여기서 그런 것을 견지하고 싶지 않다. 화자가 취하는 심리학적 태도가 화자 개인의 권력과 우월감을 나타내는 수단으로 사용되는 그런 고약한 성질의 심리학적 화법이 있는데, 우리는 그런 것을 공유하지 않는다. 그와는 반대로 심리학적 태도는 대개는 완수된 것으로, 불합리한 것으로, 제한된 것으로 묘사되는 것들의 이면에 혹시 진실하고 본질적인 뭔가가 있는 것은 아닐까 하는 질문을 집중적으로 계속 제기할 수 있다. 이런 질문을 심리학 자체는 더 이상 제기하지 않는다. 심리학은 오로지 현존하는 것, 현존했던 것만 직관하려고 한다. 하지만 이런 곳에서 저러한 숙고들이 자신의 자리를 발견할 수도 있다. 사람들의 머리에서 생겨 나오는 세계관적인 태도, 세계상, 열망, 생각들은 전혀 아무것도 아닌 것일 수가 없다. 한때 영향력을 가진 힘으로 거기에 존재했던 것들로서 이러한 것들은 대부분의 경우들에서 전형적인 방식으로 재차 회귀한다. 사람들은 그것들을 망상의 미궁으로 치부해 버림으로써 무효화할 수 없다. 그 모든 것들은 한때 인간 영혼의 표현이자 인간 영혼에 필요한 것들이었다. 우리는 객관적이거나 형이상학적인 옳음에 대해서 묻기보다는 영향력을 행사하는 영혼의 현실에 대해서 물을 수 있다. 이러한 세계관적인 내용들을 천착하는 시간이 길어질수록, 우리는 반복적으로 회귀하는 형태들 속에서 발견되는 유사성을 그만큼 더 잘 알아차릴 수 있다. 영혼들이 스러져 자기 고향을 떠나서는 여기 지구상에서 이방인으로 떠돈다는 생각, 전생에 행동으로 지은 업이 현생에서 계속 영향력을 행사하면서 인간 삶을 규정한다는 생각, 악마가 존재한다는 생각, 초감각적인 연관을 갖는 인류사가 존재한다는 생각, 위험천만한 단발적인 과정들이 존재한다는 생각 등은 거짓이나 무의미한 헛소리일 수 있고 속임수일 수도 있지만, 인간 영혼은 그러한 생각들에서 자신을 표현하는 특성이 있다. 인간 영혼은 내면에서 어떤 것을 경험하고 움직이는데, 이런 것들이 객관적으로 표현되고 현시되어서는 당연한 것으로 인정되었고, 인정된다. 저러한 객관화의 원천이 주관적인 경험들이고 이러한 경험들 자체는 어떤 경우에도 실재적이다.

뭔가를 심리적인 연관들로 따로 묘사하려고 시도할 때, 사람들은 그것을 '심리주의'라 부른다. 뭔가가 타당하거나 타당하지 않을 때 그것이 어떻게 생겨났느냐는 아무 상관이 없다. 어떤 뭔가를 그것이 실제로 그렇다는 것을 통해서 정당화하려고 하는 것도 방금 말한 심리주의에 속한다. 우리가 심리학적 고찰에 머물려고 하는 한 둘은 우리로부터 아주 멀리 떨어져 있다. 하지만 둘 모두가 공히 가능하며, 심리주의는 모든 것을 매도하고 비난하는 모습으로만이 아니라 모든 것을 인정하고 경이로워하는 모습으로도 등장할 수 있다. 우리는 영적으로 실재했던 것과 가능한 것을 그저 보고 싶고 알고 싶을 따름이다.

거기서 우리는 합리적인 것이 무엇인지 안다. 그리고 우리가 완전히 보편적인 성질의 것으로 여기는, 세계관에 대한 고찰 또한 합리적인 활동임을 우리는 안다. 그렇게 함으로써 우리는 이러한 고찰을 절대화해서는, 삶의 한 종류만이 합리적인 것 속에 표현되는데도, 삶을 소유하고 있다고 잘못 생각함으로써 합리적인 행동이 인간으로서의 우리를 파멸시키는 것을 의식적으로 방지할 수 있다. 물론 우리는 우리의 내면에서 어떤 힘들이 합리성을 수단으로 사용하는지를 알지 못한다. '관심', '이념', '본질' 등은 합리적 관점들이기는 하지만 인식의 형성에 낯선 힘들이 개입하는 것을 허용하는 위험을 늘 안고 있다. 더 나아가 우리는 어떤 눈에 띄지 않는 세계관이 우리를 궁극으로 추동해 몰아가는지를 알지 못한다. 이런 추동력들을 인식하는 길은 끝없이 반복해서 성찰하는 것이다.

합리적인 이해는 작용을 일으키지 않는다. 우리가 고찰을 통해서 다루는 것들은 그 자체가 영혼 안에서 아주 커다란 작용을 일으키는 것들에 속하는 것들이다. 그런 것들을 고찰할 때 우리는 그 어떤 힘도 미치지 않는 곳에 머물러 있으면서 당분간은 아무 곳에도 머물러 있으려고 하지 않는다. 장외자로서의 우리는 작용을 주고받는 것에 개입하지 않는다. 설사 개입한다고 하더라도 간접적으로만 그렇게 한다.

합리적인 고찰로부터 귀결되는 이런 단순한 지식은 인식 너머로 작용할 수 있다. 즉 그것은 인간을 자유롭게 하거나 억제시키거나 조심하게 하는 식으로 인간에게 영향을 미칠 수 있고, 그런 한에서 그것은 인간이 진실하지 못한 삶을 살지 못하게 하는 하나의 수단이 될 수 있다. 하지만 그것은 그 어떤 경우에도 인간의 삶 자체를 죽일 수도 새로 창출해 낼 수도 없다. 삶의 모든 가능성은 완전히 활짝 열려 있다.

인간으로서의 우리는 영적인 것, 정신적인 것, 이해할 수 있는 모든 것에 대해 우리 입장에서 가치 평가를 하는 가운데 반응하기 때문에, 우리가 예를 들어 굳어진 것, 고착된 것을 단순히 고찰하고자 할 때는 본능적으로 부정하게 된다. 아무리 가치 판단을 피하려고 해도 우리는 늘 가치 판단이 부지불식간에 공명하는 것을 막을 수 없다. 하지만 우리는 이런 것을 잠시 보류해 두고 오로지 고찰 작업에 전념하기로 한다.

2) 세계관의 심리학과 심리학

세계관의 심리학이 무엇일 수 있는지에 대해서는 앞에서 선지적인 철학과의 대조를 통해 살펴보았다. 이번에는 우리가 심리학적인 이해관계로부터 출발해서 그런 세계관의 심리학으로 어떻게 이월해 나아갈 수 있는지에 대해서 논하기로 한다.

오늘날 심리학이 하나의 전체로서 존재하는 것은 아니라는 경험을 해본 사람이 인간이 무엇인지 알고 싶어서 심리학을 단순한 취미로 하지 않고 전적으로 전념하고자 할 때, (이는 결국에는 치밀한 작업이 될 수밖에 없는데) 그는 명확한 지평 없이는 일이 순조롭게 진행될 수 없을 것이라는 확신을 갖게 될 것이다. 그 지평은 그에게 명확한 전체 개요를 보여 줄 수 있고 이는 매번 새로운 치밀한 조사를 통해서 수정되고 의문에 부쳐질 수 있지만, 그 자체가 또한 치밀한 조사를 유도하기도 한다. 이런 확신을 가지고 나는 그런 식의 전체성을 구상하기 위해서 수년 전부터 노력해 왔다. 작업을 완수하는 것이 불가능할 수도 있을 것이고, 다른 이들이 내가 하는 것과 똑같은 작업을 동시에 도모하고 있을 수도 있겠지만, 각자는 단편적인 결과들만 완성해서 제시하게 될 것이다. 심리학 자체를 위해서 연구하는 사람은 지금까지 우리가 보아 온 것, 우리에게 직관적으로 보이는 것, 개념적인 형태로 정리된 것을 우선 가능한 한 넓은 범위에서 규명하는 것 말고는 달리 방법이 없을 것이다.

심리학적 통찰들로 이루어진 구조물을 하나의 전체로 구축하기 위한 이런 작업들로부터 생겨 나온 첫 번째 부분을 여기에 기술하려고 한다. 그것은 부분으로서 의미를 갖기도 하지만 나는 그것이 또한 독립적인 것이기를 바란다. 극단의 한계를 향해서 움직여 나감으로써 심리학적 전체를 파악하는 데 있어서 지지대가 되는 것을 발견하는 두 가지 길이 있다. 첫 번째 길은 방법론(혹은 일반심리학)에서 우리의 심리학적 인식 일반의 원리, 범주 및 방법 쪽으로 이동해 가는 것이고, 두 번째 길은 세계관의 심리학의 영역에서 최종적인 지평들로, 최종적인 힘들로, 한마디로 말해서, 지금까지 견지된 우리의 시선에서 보면 그 안에서 영적인 삶이 펼쳐지고 있는 한계 쪽으로 이동해 가는 것이다. 모든 구체적인 인식들이 다수의 분류법들을 제시함으로써 전문적인 특성을 띨 가능성이 있고 완성된 체계로서는 바람직하지 않을 수도 있는 반면, 개념과 방법으로 이루어져 있는 체계로서의 일반심리학이 유일한 심리학 체계가 될 수 있을 것이다. 세계관의 심리학은 우리의 이해 범위 내에 있는 우리의 영적 삶의 경계를 탐구한다. 모든 영적인 것들에 영향을 미치는 것들은 그런 경계들로부터 오는 것임에 틀림없고, 그 모든 것들이 추정컨대 인간의 세계관을 어떤 방식으로든 규정하게 된다. 그러나 어떤 한 세계관의 심리학이 따로 다루어진다면 심리학 전체가 묘사되어야 하는 것이 아니고, 오히려 우리가 인위적으로 추상화하는 가운데 그 경계 쪽으로 움직여 나가야만 한다. 서로 얽혀 끝없이 휘감겨 있는 실타래 같은 것으로 이해할 수 있는 우리의 구체적인 영혼적 삶을 매개로 움직여 나가는 대신, 우리는 말하자면 각각의 실들과 실뭉치 전체를 연결하고 있는 지점들을 찾아내고자 한다. 그리고 그러한 연결 지점들을 확인해서 끌어당김으로써 실타래로부터 실들을 점점 더 풀어내 보려고 한다.

일반심리학에서의 심리학적 개념 체계와 마찬가지로 세계관의 심리학은 오로지 상대적인 전체로서만 의미가 있다. 세계관의 심리학은 선형적인 형태로 계속되는 개별 연구라기보다는(이런 식의 연구는 세분화 작업에서만 볼 수 있는 것으로 우리는 여기서 이런 것을 염두에 두고 있지 않다) 우리가 현재 개념상으로 이해하고 있는 영역을 묘사하는 것을 의미한다. 진전에 대해서 생각해 볼 때, 여기서 말하는 진전은 하나의 전체에 대한 시도에서 다음 전체에 대한 시도로 이동해 가는 것을 말한다. 물론 세밀화 작업은 그런 전체를 체계적으로 분명하게 확립해 놓지 않고 그것을 그냥 배경에 둔 상태에서 진행되어 나갈 수 있다. 이러한 종류의 세밀화 작업이 가장 가치 있는 작업이다.

출판물은 우연한 내용에 기반해서 저자가 추구하는 전체를 어쩔 수 없이 도출할 수밖에 없다. 모든 것을 한꺼번에 말하려고 하는 것은 헛된 일이다. 영역들을 가능한 한 세분하려는 노력으로 인해 이 책에서는 통상적인 교재용 용어, 생물학적 심리학, 실험심리학, 인과적 심리학의 용어는 사용하지 않았다. 이런 식으로 묘사한다고 해서 내가 심리학은 세계관에 관한 담론으로 바뀌어야 한다는 식으로 생각한다는 인상을 풍기기를 원치는 않는다. 이러한 시도는 일종의 경계를 탐색하는 것일 뿐이고, 절대로 심리학 전체가 아닌 그것의 한 부분, 그것도 이해심리학의 한 부분일 뿐이다.

2. 세계관의 심리학을 형성하는 원천들

1) 변화하는 세계관의 직접적인 체험

원래 우리로 하여금 질문을 제기하게 만드는 것은 우리 자신의 세계관 안에서 움직이고 있는 경험이다. 우리는 살아가면서 이러한 경험을 하게 된다. 우리가 하는 행동과 사고의 결과들에서, 실제로 일어나는 사건들에서 거의 항상 우리가 생각했던 것과는 다른 식으로 드러나는 현실을 접하면서 우리와 친근하게 지내다가도 우리를 거부하기도 해서 서로 냉담한 관계에 빠지는 사람들과의 영적인 교류에서 그러한 경험을 하고, 냉정하고 관조적이고 과학적인 사고를 통해서 경험하는 것이 아니라 체험적인 사고를 통해서 경험하고, 우리가 그 안에서 생생하게 현전하던 우리 자신의 과거 관점에 기반해서 지금의 현실을 보면서 그런 경험을 하기도 한다. 우리의 내면에서, 우리가 맺는 다른 사람들과의 관계에서, 우리와 세계의 관계에서 우리는 모순을 발견하는데, 이는 처음에는 눈치채지 못했던 우리의 존재, 즉 '원하고 지향하는 것'이 우리가 의도적으로 원했던 것과 상이하기 때문이다. 우리가 하는 세계관의 경험은 우리가 경험하는 한 계속 운동 중에 있다. 세계, 현실, 목표들을 확고하고 당연한 것으로 가지고 있을 때, 우리는 세계관적 가능성들을 경험하지 못해 왔거나 그게 아니면 하나의 틀에 고착되어서는 그 어떤 경험도 더 이상 하지 못하게 된다. 두 경우 모두에서 경이로운 것이라고는 아무것도 없다. 거부 아니면 인정만 있을 뿐 더 이상 헌신이나 수용 같은 것은 없다. 더 이상 문제될 것도 없고 세상은 선과 악, 참과 거짓, 옳고 그름으로 확고하게 구분된다. 모든 것은 올바름의 문제이고 분명함의 문제이고 또한 권력의 문제이기도 하다. 속임수의 심리학, 위선의 심리학, 그리고 타자의 심리학, 이방인의 심리학, 적대적인 인간들의 심리학 말고 세계관의 심리학에 사람들은 관심을 두지 않는다. 반면 생생하게 살아 있는 경험에서 우리는 우리의 자아가 확장되고 녹아흐르고, 그리고 나서 다시 안으로 응축되게 한다. 그것은 뻗쳐 나가고 수축되는 맥동이 반복되는 삶이요, 자기헌신과 자기보존, 사랑과 외로움, 수용과 투쟁, 확실성, 모순과 융해, 붕괴와 신축의 맥동이 반복되는 삶이다. 이런 경험들이 바로 세계관의 심리학을 구축하기 위한 모든 시도들의 초석이 된다.

2) 상황, 영역, 그리고 현존하는 인간들에 대한 직관적인 몰입

자신이 몸소 겪는 이러한 경험의 원천은 우리가 세계관의 심리학에 대한 자료를 수집하겠다는 생각을 따로 하지 않은 채 세상을 먼저 이리저리 탐색하면서 떠돌아다닐 때 더욱 확장된다. 우리는 전문 과학자처럼 개별 자료들을 규칙에 따라서 체계적으로 축적하는 것이 아니라 직관적으로 획득한다. 그것도 우리가 모든 곳 모든 상황들에서 실제적인 실존이 일으키는 모든 전환점들 속으로 침잠해 들어감으로써, 현존을 구성하는 모든 요소들 속에서만이 아니라 가령 학문을 차례로 거치는 가운데 인식하는 사람으로 살아감으로써 그렇게 한다. 이때 사람들 각자는 어떻게든 자신만의 새로운 경험을 수집하는데, 이런 경험을 일정의 사실이나 개별 사례들을 보고하는 것처럼 그렇게 단순히 보고하지는 않는다. 모든 사람들에게 있는 것이지만 모든 곳에서 불완전하게, 거의 항상 눈에 띄지 않거나 불분명하게 존재하는 이런 경험들은 세계관의 심리학에 대해서 얘기하는 사람들이 호소할 수 있을 경험들이다.[4] 그러한 경험을 구체적인 개별적 설명의 형식으로 묘사하는 것은 쓸데없는 일이기도 하거니와 장황한 일이기도 하고, 그런 것을 수행하는 것은 도무지 가능하지도 않을 것이다. 인간 영혼을 개인적으로 직접 경험하는 것은 해부학자가 취급하는 대상이나 생리학자가 취급하는 동물처럼 자의적으로 할 수 있는 것이 아니다. 각각의 심리학자들은 운이 좋을 경우 직접 특정의 경험을 하게 되는데, 그들은 그것들 자체를 전용할 수는 있어도 남에게 전달할 수는 없다. 그 자체로 구체적으로 사용 가능하고 소용이 있으며 실증 가능한 자료는 거의 역사적인 사료들뿐이다. 죽어 있는 것들을 우리는 사례로 사용할 수 있다. 살아 있는 것들은 세계관의 심리학에게는 부차적인 무해한 사물들에서만 우리가 그런 사례를 사용할 수 있게 허용해 준다.

두 종류의 사적 경험들이, 사람에 따라서 둘 중 하나가 종종 눈에 띄게 우세하다는 점에서, 구분된다. 인간의 경험과 의견의 영역 및 형태들에 대해서 아주 폭넓은 직관을 가지고 있는 이들이 있다. 하지만 이들은 자신의 세계관이 심각하게 흔들리는 것을 직접 경험할 필요는 없다. 반면 자신들의 본질적인 삶의 경험에서 진지한 자세로 고통스러워하면서 다른 사람들의 삶을 단순히 구경만 하지 않는 사람들이 있는데, 이들은 가능한 모든 폭넓은 직관을 군이 개발하려고도 하지 않는다. 다른 사람들과 부대끼면서 함께 살아가다 보면 원래는 낯설었던 사람도 동화되기 마련이다. 다

---

4 파스칼(Blaise Pascal)에 따르면, 사람들은 종종 독자들로 하여금 스스로에 대해 생각하게 함으로써, 증명될 수 있는 글을 쓴다.

른 사람들과 이런 경험을 하는 가운데 우리는 뭔가를 배워 나갈 수 있다. 우리가 배워 획득한 것을, 우리 자신이 직접 위험과 책임을 무릅쓰고 겪은 온전히 본래적인 경험만큼이나 우리의 본질을 이루는 심오한 요소로 소유하는 것은 아닐지라도, 그런 것을 우리는 직관적으로 분명하게 볼 수 있다. 심리학적 통찰을 위해서는 이 두 번째 원천이 보다 더 풍부하다. 하지만 우리를 심리학적 통찰력 일반으로 이끌어 주는 힘들과 우리를 의식적 또는 무의식적으로 이끌어 주는 원리들을 위해서는 첫 번째 원천이 결정적이다.

3) 역사적 경험

위에 언급된 원천들은 우리에게 경험 자체를 하나하나 구체적으로 전달하는 것은 허락하지 않지만, 획득된 추상화들을 전달하는 것은 허락한다. 더 나아가 그것들은 우리의 심리적 직관의 세계에 아무리 생기 있고 직접적이고 결정적이더라도 비교적 일면적이고 부족하다. 모순적인 운동 속에서 진행되는 우리의 체험, 상황들과 영역들에 처하게 될 때 겪는 우연한 경험과 관찰, 이런 것들은 아마도 우리에게 가장 직접적이고 중요한 심리학적 통찰의 원천이 될 것이겠지만, 직관을 위한 광활하고 풍요로운 예증을 부여하는 것은 그 자체로 직접 우리에게 주어지는 것이 아니라 사료의 형식을 빌려 간접적으로만 제시되는 일군의 걸출한 역사 속 인물들과 그들의 작품들뿐이다. 심리학자는 자신이 필요로 하는 자료들을 구하기 위해 이런 소재들에 눈길을 돌린다. 과거로의 여행은 직접 경험된 것이 아니라 매개되고 어느 정도 이해되고 해석되었을 뿐인 그런 무진장하게 풍부한 세계를 심리학자에게 선물해 준다. 심리학자가 이런 형태들 속으로 침투해 들어갈 때, 그는 이를 그러한 풍부함 때문이 아니라, 즉 쾌락주의자인 에피쿠로스주의자들처럼 정신을 즐기면서 하는 것이 아니라 인간이라는 이념 아래에서, 우리의 입장에서는 세계관들의 우주라고 하는 이념 아래에서 그렇게 한다. 여기서 그는 새로운 자료를 만들어 낼 필요는 없지만 모든 자료는 그에게 아주 특별한 방식으로 대상화된다. 심리학자가 자료의 바다에서 뭔가를 건져 올릴 때, 그는 이를 바다 자체를 조망하듯 조사하기 위해서가 아니라 역사가처럼 사례들을 찾아내기 위해서 그렇게 한다. 그에게 특별한 자료가 되는 것들은 결국 개인들의 세세한 전기적 자료들과 인간 집단의 형태 및 각 시대의 형태들이다.

철학자, 역사학자 및 심리학자의 행동을 지나간 과거의 자료들에 표현되어 있는 세계관들과 비교해 보자. 선지적인 철학자는 세계관을 다룰 때, 다른 세계관을 완전히 부정하는 형태로가 되었든 자신의 체계 안에서 '승화되어' 수용되는 '계기'의 형태로가 되었든 그것을 비판적이고 논쟁적으로, 또는 승인하면서 다루는데 그 목적은 하나의 세계관을 제시하는 것, 즉 자신에게 올바른 것으로 보이는 세계관을 제시하는 데 있다. 철학사 및 사상사를 연구하는 사람들은 세계관의 내용들을 묘사할 때 그것들의 시간적 문화적 조건에 따라서, 그것들의 사실적 연대기적인 맥락에 따라서 묘사하고, 철학자 개개인들에 대한 그것들의 연관, 그것들의 일회적인 독특한 특성에 따라서 묘사한다. 역사학자는 철학 및 철학자들에 대한 심리학적 성격학적 이해에 전념한다. 이런 점에서 심리학자는 역사가와 동일하다. 하지만 심리학자가 철학자와 동일한 것은 심리학자의 목표가 역사적 이해 자체, 전체 철학에 대한 역사적인 이해가 아니라 자신이 제시하는 세계관적 표현 속에서 인간을 체계적으로 직관한다는 데 있다는 점이다. 심리학자는 사료에서 다양한 설명 사례들의 보고(寶庫)를 본다. 과거는 그에게, 병원이 정신병리학자에게 갖는 것과 같은 의미가 있다. 그는 자신에게 적절한 것으로 보이는 사례들을 찾아내는데, 그는 거기서 가끔씩 행운을 만나기도 한다. 심리학자가 옆으로 따로 빼놓는 것들이 있다. 아마도 역사적으로 중요한 의미를 갖는 것, 아마도 특정의 철학을 내용적으로 인식하는 것에 있어서 결정적인 것으로 보이는 것들이 그런 것들일 수 있다. 그의 경우가 이러한 관계들 중에서 어느 하나에서 우연히 중요할 수 있기는 해도, 이는 그의 심리학적 목적하고는 아무런 상관이 없다. 철학 자체는 그에게 훨씬 더 폭넓게 퍼져 있고, 훨씬 덜 분화되어 있고, 무의식적이지만 사실적인 직관들을 나타내기 위한 최고로 분화되고 최고로 자의식적인 표현일 따름이다.

모든 곳에서 그렇듯이 세계관의 심리학에서 심리학은 양극단 사이에 위치해 있다. 즉 한편에는 추상적이고 체계적인 묘사가 있고 다른 한편에는 세부적인 묘사가 있다고 할 때, 심리학은 그 둘 사이에 위치해 있다. 정신의학에서 학술적인 보고의 형식들로 일반 정신병리학과 개별 사례들을 다루는 임상의학이 있고, 이 둘이 서로 의존하고 있는 것처럼, 이 책에서 내가 제시하려고 하는 체계적인 세계관의 심리학, 달리 말해 일반적인 세계관의 심리학과 부분적으로는 철학적인 내용을 자체 내에 담지하고 있을 수도 있는 개별 사례적인 세계관의 심리학이 있을 수 있다. 일반적인 묘사 형식이 주장의 형식으로 개발되어 여기저기서 끌어온 사례들을 통해서 설명될지라도, 즉 형식상 사실에서 출발하고 있지는 않더라도 그것은 개별 사례의 형식만큼이나 사실에 초점을 맞추고 사실을 파악하고자 하는 노력을 기울인다. 다만 그것이 일반적인 형식을 띠고 진행되고 있을 따름이다. 모든 심리학은 개별 사례에서 유형으로, 개별적인 것에서 일반적인 것으로 이동해 간다. 학술적인 과제가 만족스럽게 해결되는 것은 둘이 서로 보완

관계에 있을 때, 즉 일반적인 것이 다시 구체적인 개별적 묘사에서도 관찰될 때이다.

우리의 전면에서 관심을 끄는 대상들은 대부분 근대와 고대의 몇 세기에 걸쳐 살았던 개인들이고, 그다음으로는 위대한 저술 속에 전체 조망을 개진함으로써 우리에게 하나의 통찰을 매개해 주었던 시대들인데, 이러한 통찰은 각 개인들이 획득한 것과도 유사하다. 각 개인들은 거대한 가능성의 조직체로부터 거의 항상 몇몇 소수의 단초들만 도출해 낸다. 자신이 살았던 시대와 환경 때문에 각 개인들은 선택에 있어서 제한되어 있다. 하지만 인간상 일반과 인간들이 가지고 있는 세계관의 우주는 개별 인간이 제공해 주는 것도 아니고 어느 하나의 시대가 제공해 주는 것도 아니며, 인류사 전체가 비로소 제공해 준다. 우리가 또한 이런 식으로 가정해 본다면 (이렇게 하는 것이 상당히 소득 없는 일이기는 하지만), 즉 어느 역사적 시대를 막론하고 인류에게는 동일한 성격의 세력적인 성향들이 잠재해 있고 그런 것들이 세계관의 형식으로 표현되는 경향이 있다고 가정해 보면, 우리는 늘 그런 것들 중에서 몇몇만이 우리가 중요하게 여기는 현상 속에서 개발되고 발현되고 도드라져 나타난다는 것을 알아차리게 된다.

인류사의 모든 시기들을 인간 영혼의 가능성이 발현되어 나타나는 것으로 본다면, 우리는 다음과 같은 것을 알아차리게 된다. 한 시대를 풍미하는 각 정신(이런 정신은 물론 추상화일 뿐인데, 이는 그 해당하는 시대에 다른 많은 것들도 포함되어 있기 때문이다)이 긍정적인 것이 되는 것은 거기에 실질적으로 참여해 있는 사람들을 통해서이고, 각 시대는 위조된 것, 단면적인 것, 편향적인 것, 평면적인 것, 광신적인 것 속에 이런 종류의 정신을 내장하고 있다. 각 정신은 그것을 받아들이는 인물들에 따라서 다면적이고 다의적으로 나타나고 기원과 영향에 따라서도 아주 다양한 의미를 갖는다.

긍정적인 영향과 파괴적인 영향, 그리고 바람직한 영향과 바람직하지 않은 영향은 늘 서로 결합되어 있다. 이런 것은 대부분 개인들의 전기에서보다는 전반적으로 사람들의 발달 과정 속에서 훨씬 더 극적인 형태로 드러난다. 우리가 행하는 이해의 출발점은 늘 모든 곳에서 우선 긍정적인 것을 보고 직관하고 소화하려고 하는 노력이어야만 한다.

역사적인 시기를 나타내는 명칭들로는 예를 들어 계몽주의, 인본주의, 낭만주의 등이 있는데, 이런 것들은 우리에게는 정신 유형들을 의미하기도 한다. 이때 이것들이 가지고 있는 의미에 따라서, 경험적이고 개인적인 역사적 전망과 일반적이고 심리학적인 유형의 정신이 구분되어야 하지만, 둘 모두 종종 동일한 단어로 언급되는 경우도 있다(가령 낭만주의, 계몽주의, 인상주의 등은 시대적 역사적 의미를 갖기도 하지만 일반적인 의미나 심리학적인 의미를 갖기도 한다).

심리학적 목적에서 사료를 이용하려면 일반적인 역사적 지평에 대한 지식이 먼저 전제되어야 한다. 끌어들일 만한 사례들을 찾아 역사를 이리저리 뒤지고 돌아다니는 것, 구체적인 자료들을 우연히 맞닥뜨리는 곳과 심리학적 통찰을 위한 목적으로 그것들이 가장 분명하게 보이는 곳에서 그런 구체적인 자료들을 취하는 것은 우리에게는 자연스러운 일이다.

세계관의 심리학이라는 특별한 목적을 위해서는 물론 역사학적인 작업, 2차 사료가 종종 매우 감사하게 이용될 것이다. 그런 곳에서 수행된 어마어마한 분량의 작업들 자체를 직접 재현하고자 한다면, 이는 매우 어리석고 희망 없는 일이 될 것이다. 가령 세계관의 심리학과 관련된 물음들을 다루기 위해서 다량의 사료들이 제공될 수 있을 것이다.

철학사적으로는 프리드리히 헤겔, 요한 에두아르트 에르트만, 빌헬름 빈델반트 등이 있다. 전기적인 업적들로는 예를 들어 빌헬름 딜타이, 프리드리히 슐라이어마허, 칼 유스티, 요한 요아힘 빙켈만 등이 있다. 각 시대의 정신사는 딜타이의 여러 논문들, 야코프 부르크하르트의 저작들, 더 나아가 발터 프리트랜더와 폰 아이켄의 저작 등도 다룬다.

4) 선행하는 세계관의 심리학

마지막으로 우리는 체계적인 세계관의 심리학이 성취되었는지, 성취되었다면 어디서 성취되었는지의 문제를 두루 살펴볼 것이다. 내가 알고 있는 하나의 위대한 시도가 헤겔의 정신현상학이다. 그러나 이 저작은 단순한 세계관의 심리학 그 이상을 추구하고 있다. 정신의 형태들은 절대지까지 발전되어 나가는데, 이는 그 자체가 세계관의 발현이기도 하다. 단순히 고찰해 보려는 목적에서라면 헤겔의 정신현상학은 개별적으로 아주 생산적이고 배울 것이 많기는 해도 전체로서는 우리에게 전범이 되지 못한다. 그 대신 그 자체가 고찰의 대상이 될 수는 있다. 채석을 위해서 가치로운 건축 자재들을 채집하듯이 우리는 그것을 각 개별 문제들을 다루기 위해서 사용할 것이다. 하지만 처음부터 우리는 우리가 달성할 수 있는 것이 무엇인가를 저 출중한 저작과의 대조 작업을 통해서 제시하고자 한다. 전체적으로 우리는 체계를 주된 것으로 삼는 대신 하나의 목록을 제시할 것인데, 그 안에는 중층적인 연관들, 상호연관성, 내적 체계들이 포함되어 있다. 헤겔은 완전하고 통일적인 체계적 구성물이자 자기완결적인 체계를 축조하였다. 우리는 그것을 상호 교차하는 다수의 체계들에만 적용할 것이다. 헤겔은 객관적인 시각에서 전체를 보려고 한다. 하지만 우리는 주관화하고, 오로지 인간을 고려하면서 이해하고자 하고, 인간 속에서 가능한 것을 보면서 이해하고자 한다. 헤겔은 절대지로 끝나지만, 우리는 상술한 후자의 영역에서 시작하고 본질적인 것에 대해서는 절대적 무지에 머물 것이다. 방법을 가지고 있는 헤겔과 달리 우리는 지배적인 방법을 가지고 있지 않다. 그래서 상황에 따라서 상이한 방법을 사용할 것이다.

내가 진행하는 여기 이 작업에서 헤겔의 영향이 없었던 것은 아니지만, 세계관의 심리학에 결정적인 교훈을 준 가르침들은 다음에 열거하는 인물들에게서 비롯된 것들이다.

1. 칸트는 그의 이념론을 통해서 세계관의 심리학에 근간이 되는 사상의 창조자가 되었다.[5] 이념, 정신, 생명, 실체 같은 단어들로 지칭되고 있고, 입증된 것도 아니고 입증될 수도 없으며, 모든 정식화를 조롱하고 모든 정식화를 재차 뒤집는 것일 수밖에 없고, 합리적인 전제도 아니고 논리적인 원리도 아니며, 하나의 무한히 움직이는 사고이면서 사고 그 이상인 전체적인 것 또는 실존으로 통하는 이 무엇인가가 이 책의 합리적 정식화가 자리를 틀고 있는 토대이자 목표다. 그래서 이러한 정식화는 자족적이지도 않고 폐쇄적이지도 않으며, 모종의 비논리적인 요인에 의존하고 있다.

2. 키에르케고르와 니체, 이 두 사람은 그들을 피상적으로만 관찰하는 사람들의 눈에는 그저 단순히 상극적인 인물들로 비춰질 수 있겠지만(예를 들어 한 사람은 그리스도인이고, 다른 한 사람은 반그리스도인이다), 이들은 아주 독창적인 경험을 통해서 현존재의 문제를 경험하였고, 최고로 위대한 세계관의 심리학자로 인정되어야만 할 만큼 훌륭하게 인간의 가능성을 아주 독특한 자신들의 저작들에 묘사해 놓았다. 헤겔 및 독일의 정신과학이 가시화했던 무한한 역사적 지평을 조망하면서, 두 사람은 이러한 지평 안에서 그저 고찰하는 것으로 만족하려는 유혹에 내적으로 저항하면서 자

⁝

5 칸트(Immanuel Kant)의 이념론에 대해서는 이 책 뒷부분에 있는 「부록」을 참조할 것.

신의 삶을 살았다. 그들에게 중요한 것은 현재의 개성적인 삶, 즉 '실존'이다. 끝없는 자기반성 속에서 그들은 자신의 내면에서 싸워 도달하게 되는 모든 위치를 검토하고 자아의 문제, 모든 주체적인 현존의 변증법을 파악했다. 이때 그들에게 문제가 되었던 것은 영적인 삶과 현존의 진실성 문제였고 최고의 극단적인 동요, 즉 영적인 현존의 불안 같은 것도 당연히 문젯거리가 되었다. 두 사람 모두가 자신들이 강조했던 내적 동요 때문에 낭만주의자로 분류되기는 하지만, 둘 모두가 또한 정열적인 반낭만주의자이기도 했는데, 그것은 '낭만주의'라 일컬어지는 것의 실제 모습이 거의 항상 진지한 면이 부재하고 기교적이며 쾌락주의적이거나, 그게 아니면 부자유한 속박된 파생물들이었기 때문이다. 문학적인 창조 작업에 있어서도 둘 모두는 체계에 적대적인 태도를 취하고 있었다. 그들의 사상은 잠언과 에세이의 형식을 취하고 있다.

키에르케고르와 니체에게는 그들이 직접 겪은 경험의 격정과 성스러운 진지함의 격정으로부터 생겨 나온 것이 있는데, 그것은 19세기에 인간과 인간적인 것들에 대한 문학적 성찰로 발전해 나가기도 했다. 그것은 원래 낭만주의에, 즉 단순한 정신성의 이런 자기 독립성에 기반해 있다가 그다음에 독일 철학, 특히 헤겔로부터(더 나아가 셸링으로부터. 셸링에 대해서 폰 슈타엘 여사는 셸링의 철학을 수용하면 사람들이 평생 재치 있게 살아가는 데 도움을 받을 것이라고 말한 바 있다) 생겨 나왔고, 결국 (덴마크어로 글을 썼고 최근에야 비로소 그 영향력이 커지고 있는 키에르케고르가 아닌) 니체로부터 많은 영향을 받았다. '풍성한 정신적' 작업의 광범위한 흐름으로서 그것은 19세기 독일을 풍미했다. 정해진 목표 없이, 본래적인 실체적 힘들을 상정하지 않은 상태에서 고찰과 가치화는 강력하게 심리화하는 가운데 거의 형이상학 및 다른 모든 것들과 통합되었다. 본성이 서로 이질적이기는 해도 두 인물은 이런 매개체 안에서 하나가 되고 있다. 그들 덕분에 정신적 운동이 그대로 유지되고, 자극을 받고, 문제의식을 갖게 되고, 모든 정신적 삶을 불확실하게 만들어 우회적으로 시험에 들게 한다. 그들과 함께 함으로써 사람들은 말하자면 산(酸)을 뒤집어씀으로써 자신을 정신 차리게 만들어 해결책을 도출할 수 있게 만들거나 그게 아니면 약소하나마 '실존'을 의식하게 만들어 강화하고 긍정하게 만든다.

3. 막스 베버의 종교사회학적이고 정치학적인 저작에는 선행하는 작업들에 비해서 새로운 세계관의 심리학적 분석이 들어 있는데, 이 분석이 새로운 것은 그것이 이전 같았으면 아마도 불가능했을 작업, 즉 아주 구체적인 역사적 연구와 체계적 사고를 연결하고 있기 때문이다. 여기에서는 결국 단편적으로 표현되고 있고 체계의 형태로 고착되지 않은 체계적인 객관화의 힘이 생동하는 격렬함과 연결되고 있다. 그러한 격렬함은 그렇지 않았으면 키에르케고르와 니체 같은 이들에게서 발견될 수도 있었을 성질의 것이었다. 이전에 작성된 그의 표현에 따르자면, 그가 비로소 열정을 바쳤다고 하는 세계관적인 가치화 작업과 학술적인 고찰 작업의 분리는 여기이 시도에서도 견지될 것이다.

우리의 시도는 체계적인 성질의 시도여야지 구체적인 개별 사례 중심의 시도가 되어서는 안 된다. 그것은 종종 사례들을 통해서 일목요연하게 설명되기는 해도 입증은 되지 않는 유형을 구성하는 작업이다. 그것이 명료한 것은 내적 직관성으로서다. 우리가 끌어들이는 모든 자료들에는 다음과 같은 것이 적용된다. 우리가 이 작업에서 빈번하게 출현하는 것, 평균적인 것을 찾아 구한다고 하더라도 그것들 자체가 빈번하거나 평균적이기 때문에 그러는 것이 아니다. 우리는 특별한 형태들을 찾아 구하는데, 그것들은 또한 매우 희귀한 것일 수도 있다. 우리가 찾아 구하고 있는 분야는 예를 들어 우리가 우리 주변에서 100명의 사람들을 조사할 때 보게 되는 그런 종류의 것이 아니라 전형적으로만 볼 수 있고 구성될 수 있는 것인데도, 역사적인 경험이면서 내적으로 생생한 현재의 경험 안에서 그것이 일회적일 때는 우리가 독특한 것으로 지각하는 것을 볼 때 생겨나는 그런 성질의 자료다. 보통의 통상적인 감각주의적 경험주의자의 반론, 즉 거기에 묘사되어 있는 것은 자기 자신의 내부에서도 알아챌 수 없고 역사에서 실재하는 것으로도 알아챌 수도 없으며 단지 구성물이자 환상이라는 반론을 우리는 고려하지 않을 것인데, 그 이유는 그런 반론이 우리가 원치 않는 것을 전제하고 있기 때문이다. 이 책에서 내가 제시하는 모든 것들은 선언들이나 실제의 주장들에서와 같이 '증거'가 있다기보다는 단지 직관적인 명료성만 있을 뿐이다. 이러한 직관은 모든 곳에서 통하는 절대적으로 일반적인 것도 아니거니와 감각 지각처럼 그렇게 자명한 것도 아니다. 현재의 기술에서 올바름이란 직관성과 선명성을 의미한다. 입증된 것이라고는 아무것도 없다. 뭔가가 잘못되었다면, 그것은 그것이 불분명하고 직관적이지 못하거나 아직 배아 속에서 미성숙한 채로 남아 있기 때문이다. 올바름의 문제가 ─ 증명과 반증의 의미에서, 확증 사례와 반증 사례의 의미에서 ─ 현실적이 되는 것은 그러한 세계관적 유형들이 구체적인 개별 사례들에서 비로소 경험적으로 검토될 때이다. 개별 사례에 비하면 유형은 거짓된 것인데, 유형은 오로지 척도일 뿐으로 제한된 조건 아래에서만 부분적으로 합당할 따름이다. 종종 언급되는 역사적인 인물들은 또한 증거가 아니라 예증을 위한 사례들일 뿐이며, 그들은 그때그때 주어지는 관점 아래에서만 전적으로 일면적인 성질을 띠며, 그것 자체를 위해서가 아니라 오로지 사례로서만 이해된다. 그것들 자체가 경험적으로 잘못 이해되는 일이 발생할 때, 이것이 유쾌한 일은 아니지만 여기서 의도된 맥락에서는 별로 신경쓸 것 없는 사소한 사건에 불과하다. 그런데 그것들이 하나의 목적만을 위해 특화되기는 하지만 각 경우에서 풍자적이고 과장된 영향을 미치는 경우, 이것까지 의도적으로 기피하려고 하지는 않았다. 이 책에서는 개별 사례들 그 자체가 중요한 것은 아니다.

그러한 개별 사례를 끌어들이는 시도는 하나의 모험이다. 어마어마한 분량의 그런 자료들에서는 혼돈과 단상들만 생겨 나올 수 있을 것이라는 반박이 있을 수 있고, 구체적인 사례들에 적용할 때는 모든 유형들이 지나치게 조야스럽게 될 것이라는 반박도 있을 수 있으며, 그와는 반대로 구분이 너무 까다롭다는 반박, 그리고 구체적인 개인은 그런 것들에 준해서 파악되는 것이 불가능할 것이라는 반박이 있을 수도 있다. 어떤 사람은 의심의 눈초리로 체계적으로 고찰할 수 있는 기반들이 너무 적다고, 그것이 필연적으로 폭력적일 수밖에 없다고, 그것들이 피상적이어서 탈각되어야만 한다고 생각할 수도 있을 것이다. 어떤 사람은 개개의 사람들이 그런 것에 대해서 혹시 근사적으로만 충분한 경험과 지식을 얻을 수 있는 것은 아닌지 의심할 수도 있다. 이런 반론들과 더 나아간 반론들은 논박될 수 있는 성질의 것들이 아니다. 정당화를 위해서 내가 할 수 있는 얘기라고는 다음과 같은 것들이다.

1. 세계관의 심리학의 세부 사항에 대해서는, 그것에 대해 잘 정돈된 형태로 전달하는 것만으로도 늘 무언가를 제공하고 있음에 틀림없을 정도로, 충분히 많이 알려져 있다.

2. 과거가 다른 방식으로 점유하고 있던 것을 생생하고 새롭게 갱신할 필요와 권리. 오래전에 달성한 것을 재차 수행하는 필요와 권리, 이런 것은 매 시대마다 있어 왔다. 헤겔 현상학 옆에 그것에 필적하는 뭔가를 병

치하고자 한다면, 이는 우스운 일이 될 것이다. 하지만 원래 모습 그대로의 헤겔 현상학은 세계관들에 대해서 이론적으로 방향을 잡아 나가고자 하는 우리의 필요를 충족시켜 주지 못한다.

3. 체계적인 근본 사고들

1) 일반론: 배치의 절차

조망 불가한 것에 대해서는 체계적인 사고가 필요하다. 일정한 의미에서 우리는 모든 것에 대해 모든 사람들에 대해 얘기하고 싶어 한다. 우리는 모든 것들에 대해서 경계를 설정하고 싶어 하기 때문이다.

이해심리학의 다른 영역들에서 그런 것처럼, 누군가가 세계관의 심리학에 입문하고자 할 때 밟게 되는 외적 절차로는 가령 관찰, 회상, 의견, 주석, 앞서 특징지어진 세계관의 심리학의 원천들에서 자료를 뽑아내는 등 모든 자료들을 수집하는 것이 있다. 목록은 끝이 없다. 시간이 어느 정도 지나면 사람들은 뭔가를 정돈하는 데 있어서 본능적으로 중요하다고 느꼈던 개별적인 것들을 찾아 나선다. 우리가 사용하는 다양한 어휘들이나 우리가 활동하는 다양한 영역들에서 동일하게 표현되는 것들을 사람들은 하나로 통합한다. 우리 눈앞에 존재하는 것들은 선별 작업 없이 앞뒤로 나란히 정렬된다. 함께 속하는 것, 친족 관계에 있는 것, 그 어떤 의미에서 서로 관계를 맺고 있는 것들을 발견하는 곳에서 사람들은 동질감을 느낀다. 내적 체계를 갖추고 있는 소규모의 무리들은 그 방법은 모르더라도 이런 식으로 정돈된다. 이번에는 또 무리들이 차례로 호명되면서 나란히 배열되기도 한다. 이런 과정은 계속되지만, 결국에 가서 우리는 항상 단순히 열거되는 목록에 머물게 되는데, 이 목록 안에는 서로 관련되어 있는 개별 통찰들이 점차 유기적인 형태로 구성된다. 우리가 그 안에서 세계관의 우주를 직관할 수 있을 것 같은 자연계로 어떻게든 접근해 들어가고 있다는 믿음이 우리를 인도해 준다. 그런 이념을 우리는 느낀다. 하지만 우리가 소유하고 있는 것은 도식뿐이다. 이러한 도식 중에서 어떤 특정의 것을 지배적인 체제로 승격시키는 것을 우리는 본능적으로 거부한다. 그렇게 함으로써 우리는 모든 것을 억압한다는 것, 우리 자신과 그런 것을 받아들이고 싶어 하는 다른 사람들을 정신적으로 살해한다는 사실을 우리는 안다. 그 대신 우리는 하나의 도식을 다른 것을 통해서 견제하는 시도를 한다. 다수의 도식들을 형성하는 노력을 통해서 우리는 미결정 상태에 머물면서 중립을 지키려고 노력한다. 모든 체계화 작업의 노력에도 불구하고 우리는 완결이라는 것을 모른다. 그 대신 우리는 하나의 실재하는 체계 대신 하나의 목록만을 가지고 있고, 모든 것을 지시하는 체계 대신 서로 겹치는 일련의 배타적이고 상대적인 도식을 소유한다. 그때마다 형성되는 질서의 틀과 함께, 이러한 골격과 함께 우리는 전기적인 연구, 역사적인 연구를 진행하는 가운데 현재적인 것들에 대한 생생한 고찰을 보강하는 더 나아간 자료들을 수집한다. 이런 자료들의 흐름은 끊임없이 계속된다. 많은 것들을 그냥 지나쳐 버리기도 한다. 우리가 그것들에 관심이 없기 때문이다. 어떤 방식으로든 본질적으로 여겨지는 것들이 있으면 우리는 그것들을 붙들고는 그것이 어디에 속하는지를 묻는다. 이런 식으로 우리의 체계적인 틀과 새로운 자료들 사이에는 상호작용이 일어난다. 새로운 것은 기존의 형식 아래에서 이해되고 식별된다. 새로운 것은 풍부하게 작용하지만 틀은 그것을 수용할 수 있다. 그렇지 않은 경우 그것은 선명하고 뚜렷한 새것으로 인식될 것이고, 이것이 아직 자리를 잡지 못하는 경우에는 틀이 확장되거나 틀 전체가 아예 재건된다.

2) 체계화를 위한 몇 가지 법칙성

전체 질서가 어디로 향해 가는지, 그것의 의미가 대체 무엇인지, 그것이 무엇에 준해서 정리되는지의 문제는 우선 다음과 같은 방식 말고 다른 방식으로는 응답될 수 없다. 각각의 특별한 자료들에 헌신하는 것이 우리로 하여금 정돈 작업에 유리한 관점을 발견할 수 있게 해 준다. 우리의 본능 안에서 이념이 우리를 인도하고 있으며, 우리의 관심은 궁극적으로 주관적인(자의적인) 것이 아닐 것이라고 우리는 믿는다. 이에 대해서 증거를 제시하는 것은 고사하고, 그것을 근거 짓는 작업도 우리는 수행할 수 없다. 정돈 작업을 수행할 때 하나의 이념이 있다면 그 이념은, 말로 전달할 수 있는 일정의 수준에서 전체가 하나의 완결된 형태로 드러날 수 있기 전까지는 완전히 불분명한 채로 머물러 있다. 아마도 이름들은 주어질 수 있다. 가령 우리는 그 이념이 세계관의 우주를 향해서 노력하고 있다고 말할 수 있고, 그 이념은 가치화가 개입해 있지 않은 총체적인 직관 같은 것을 의미한다고 말할 수도 있다. 하지만 그런 것은 실행이 없으면 말해 주는 것은 아무것도 없다.

누군가가 자신이 직관한 것 속에 들어 있는 체계적인 질서를 찾아내는 노력을 이런 비규정적인 방식으로 한동안 기울였다고 한다면, 그 사람은 체계적인 모든 것들에 내재해 있는 몇몇 규칙성들을 감지할 것인데, 그런 것들을 의식적으로 알아차리는 것은 우리에게 힘을 줄 뿐 아니라, 각각의 체계적인 질서가 가지고 있는 한정된 의미도 제시해서 보여 줄 것이다. 이런 법칙성들은 다음과 같은 특징이 있다.

(1) 단선적인 특징

모든 체계학은 직선 형태로 작용하고, 늘 한 줄로 늘어선 연속적인 형태를 취하며, 아마도 하나의 선으로 이루어진 폐곡선의 형태를 취하게 될 것이다. 하지만 사실 자체는 거의 그렇지가 않다. 사실 자체는 다차원적이지만 사람들은 그것을 매번 단일한 차원으로 정돈한다. 사실 자체는 다중적인 문제 중심들을 가지고 있는 반면, 사람들은 하나의 중심으로부터 다수의 단일 차원적인 대열들을 발전시킴으로써 사실 자체를 정돈한다. 사실자체는 구체적이고 무관하지만 그것은 정돈된 형식화 내에서 추상화되어 유한한 것이 된다. 사람들은 개별적인 구성 요소들에 보조 대열, 즉 더 나아간 차원을 추가함으로써 다수의 중심들이 서로 관계를 맺도록 배치함으로써 그리고 각 중심으로부터 일련의 광선 같은 관계들이 펼쳐지게 함으로써 자구책을 강구한다. 하지만 뒤죽박죽 얽혀 있는 요소들, 차원들, 장소들의 각 체계에 대해서 사실 자체가 아직도 공통분모적인 것이 되지 못하는 동안, 사람들은 정도의 차이는 있어도 종국적으로는 늘 공간적인 도식들에 연결되어 있는 상태에 머물게 된다. 우리가 수행하는 정리 정돈 작업은 일종의 폭력이어서 그런 폭력이 가해지면 아마도 이런 폭력을 제한하는 또 다른 폭력이 다시 출현하게 될 것이다.

(2) 통일성과 다양성, 체계화 목록

정리 정돈 작업을 할 때, 우리는 우리가 우리 안에서 직관적인 형태들, 통찰된 상관관계들을 그저 단순히 앞에 세워 놓고 나란히 배열하면서 하나의 목록을 제공하기 위한 노력을 하고 있다는 것을 안다. 그러면 영혼 안에서 모든 것들이 서로 연관되듯이 인간이 처해 있는 상황들의 경계들, 세계관적 입장들, 세력들도 뭔가 통일적이어야 한다는 의도, 그러한 통일적인 것이 말하자면 다양한 색채들로 분산되고 항상 서로 대립되는 모습으로 현현해야만 한다는 의도가 우리를 지배하게 된다. 정리 정돈 작업을 할 때 우리에게 먼저 나타나는 것이 형태들인데, 그것들은 말하자면 그리로 인간이 들어가거나 들어가지 못하는 그런 칸막이나 가능성들로 나타난다. 그리고 이때의 인간들에 대해서도 그들은 저쪽이 아닌 이쪽에 '속하기'를 기대한다. 그러면 각각의 인간들은 우리에게 무한 그 자체로 현현하는데, 모든 형태들은 그 무한에 속하거나 그 무한 안에서 잠재적으로 미리 형성된다. 그러면 질서 있는 것으로 묘사되는 모든 유형들은 개인이 결정해야만 하는 최종적인 가능성들인 것이 아니라 인간 개개인이 취할 수 있을 법한 입장들이자, 인간 개개인이 자신의 전기적인 성장 과정 전체로서의 자신의 삶을 조망하고자 할 때 취하게 되는 입장들이다. 모든 인간은 세계관들의 전체 우주를 관통하지만 인간의 본질은 이 우주의 개별적인 장소들에서 더욱 밝게 빛나는 경향이 있으며, 다른 곳에서는 그런 모습을 거의 드러내지 않는 경향이 있다. 체계적인 이념들이 우리를 지배할수록 우리는 그만큼 더 통일성에 적응하게 되고, 인간들은 그만큼 더 마치 중앙으로부터 광선들이 분산되어 나오는 것처럼 다수의 형태들 속에서 자신을 드러내는 인식 불가능한 전체가 된다. 하지만 모든 현상들을 이런 식으로 남김없이 하나의 중심에 관계 짓는 것은—체계가 완성되고, 세상이 인간의 영혼 안에서 인식되는 것은—달성될 수 없다. 그 대신 우리는 늘 반복적으로 좋든 싫든 대립들 앞에서, 단순한 목록 형태의 나열 앞에서 좌초하게 된다. 통일성에 대해서 얘기하는 것은 그 결실을 맺지 못하고, 통일성을 증명하는 것도 불가능하지만, 통일성을 반증하는 것도 역시 가능하지 않다. 통일성이라고 하는 것은 하나의 이념으로서, 체계적인 질서 안에서 그것을 실현하는 것이 비판적인 작업이고자 하는 한 체계와 각 목록 사이를 오가는 구조를 하고 있어야만 한다. 정리 정돈 작업을 할 때 사람들이 의식하고 있어야 하는 것은, 그저 단순히 완전한 외형적 목록을 만드는 것이 아니라 사실을 중심으로 해서 움직이는 것이다. 그런 정리 정돈 작업이 궁극적인 것이 되고자 하는 곳이면 어디가 되었든 그 작업은 거짓이 되겠지만, 그런 정리 정돈 작업 안에는 직관적인 사실에 합치해야만 하는 그 어떤 것이 은닉되어 있다.

(3) 이론 작업에서 도식의 불가피성

사실을 체계적이고 이론적으로 이해하고자 하는 경우 도식을 적용하는 것은 필수사항이다. 그렇게 하지 않으면 사실은 함축적인 것으로 남겨질 것이고, 사물 간에 성립하는 관계 및 간격을 찾아내기 위한 유익한 수단들은 소실될 것이며, 당시까지 달성되었던 전체에 대한 조망 가능성 역시 소실되어 버릴 것이다. 하지만 복수의 체계적인 질서들을 적용하게 되면 모든 대상들로 접근해 들어갈 수 있다. 각 체계는 제 각각 다른 뭔가를 더 분명하게 보여 줄 것이다. 그것들이 정당하게만 적용되면, 그것들은 각자가 나름 옳기도 하고 그르기도 한 것으로 드러난다. 따라서 가능한 한 많은 체계적인 관점들을 가지고 사실에 접근해 들어가 그로부터 가능한 한 많은 것을 얻어 내는 것이 좋다.

이론적으로는 분류법의 도움을 받아야만 전체가 제대로 파악될 수 있다. 개별적인 것들은 서로 비교되고 연관지어짐으로써 그것의 확실성과 명확성을 획득한다. 개별적인 것들을 전체로부터 따로 떼어 내 다루면 전체에 대한 하나 내지 그 이상의 표상들이 배경에서 부지불식간에 아른거리거나, 그렇지 않은 경우 그런 접근 방식은 혼란스럽고 모순적이고 불명확한 채로 남는다. 심리학은 다른 무엇보다도 특히 전체적인 것으로서만 가능하다. 그렇지 않으면 그것은 잠언적인 성찰로 넘쳐나는 끝없는 혼란 속으로 해체되어 버릴 것이다. 그렇게 우리의 과업은 늘 체계성을 유지하고 가능한 한 다수의, 가능한 한 모든 체계적인 사고들이 효력을 발휘할 수 있게 하기 위해서 그 어떤 하나의 체계가 지배적이지 않게 하는 것이 중요하다. 그런 식으로 사실들의 무한성은 이념으로서만이 아니라 사고 속의 질서에 머물게 된다. 개념적인 도식으로서의 체계가 실제로 사실의 자리를 대체할 위험은 더 이상 존재하지 않는다. 모든 종류의 체계는 이론적 정관이 그것에 기반해서 더 나아간 전망을 가질 수 있게 해 줌으로써 우선 당장 분명하지 않은 내용들을 좀 더 분명하게 해 주는 수단으로 머문다. 획득한 내용은 체계화를 통해서 더욱 명료하고 분명해질 수 있다. 체계적인 질서들과 함께 우리는 그때마다 무한한 대상 영역 안으로 들어가는 것 같지만 기껏해야 흡사 인위적으로 설정된 변두리를 따라갈 뿐이다.

우리는 우리가 구축한 분류법을 가지고 체계를 재차 무력화하는 경향이 있다. 사람은 모든 체계들을 기술(技術)로서 통달할 수 있도록 노력해야만 한다. 사람은 기술 없이 생각할 수 없지만, 고찰에 필요한 직관 능력을 보유하고 무한한 대상성의 자유를 보유할 수 있는 것은 모든 분류법을 재차 제한하고 상대화할 때나 가능한 일이다. 뭔가가 우선 하나의 주도적인 정리 정돈의 관점이 되고, 이것이 그다음에 경직화의 영향 속에서 자신을 재차 지양하기 위해서 자기 자신과 교차된다. 그런 모든 분류법은 자기 스스로를 재차 부정하는 노력을 기울인다. 사람들은 관점들을 생생하게 만들고 움직일 수 있게 만들려고 하고, 그 모든 것이 또한 전혀 다르게 진행될 수 있다는 의식을 일깨우려는 노력을 기울인다. 통일적으로 조직되어 있는 코스모스라는 이념, 이것이 우리를 인도하기는 하지만 그런 것은 완성될 수 없다. 모든 완성은 재차 의문을 불러일으킨다. 그런 것은 나쁜 의미에서의 구성, 즉 몇몇 소수의 확립된 원칙들에 따라서 행해지는 폭력이자 구축 작업이다. 유동성의 자리에는 경직성이 들어서고 있다. 그래서 연구를 수행하는 고찰자에게 늘 제기하는 삶의 물음은, 체계적이려고 하면서도 각 분류 체계를 재차 유연하게 만드는 것이다. 즉 아무 신경도 쓰지 않고 체계에 안주하는 것이 아니라 그것을 동화시키면서 움직이게 만들고 유연하게 만듦으로써 매번 새롭게 갱신하는 것이다.

(4) 속성과 기초적인 분류

이제 모든 묘사에서는 다시 다수의 다른 관점들이 개별적으로 작용하기는 하지만 기본적인 구분은 불가피하다. 체계의 자유도를 유지하고 싶을 때 합목적적으로 보이는 것이 있는데, 그것은 이러한 기본적인 구분을 늘 가능한 것으로 보는 것이고, 두 번째로는 그런 기본적인 구분을 가능한 한 거의 매력적이지 않은 것으로, 가능한 한 추상적인 것으로 선택하는 것이며, 세 번째로는 가능한 한 그런 것을 미리 계산하지 않고 사실에 입각한 연구를 통해 개발하고 지속적으로 수정하는 것이다.

이러한 묘사에서 나는, 현재의 개념 정의 대부분에 바로 이러한 체계적인 정돈 작업이 없어서는 안 되지만, 체계적인 모든 것들은 지속적인 변화 과정에 있으며 종국적으로는 절대적인 것이라고는 아무것도 없다는 인상을 심어 주고자 한다. 현재의 정돈된 질서들이 계속 변해 가면서, 내 생각에 그것들은 이전 것들만큼은 아니더라도, 절대적으로 완파되지는 않더라도, 수정되고 다른 곳으로 변위되어 나갈 것이다. 그것들 안에 질서를 만들어 내서 규정해 주는 힘들이 놓여 있는 한, 그런 것들 거의 대부분이 아무리 오래된 것이라고 하더라도 그대로 유지된 채 머물러 있게 된다. 그런데 여기서 분명히 알아 두어야 할 것이 있다. 여기에 묘사된 세계관적인 가능성들의 주된 형태들은, 물론 그것들 사이에는 조합, 전이 등으로 간주될 수 있는 것들이 있기는 해도, 모든 상황들에서 꼭 주된 형태들일 필요는 없고 아마도 다른 관점 아래에서 볼 때는 조합으로 나타날 수도 있다는 사실이다.

3) 주객 관계의 기본 아이디어

이제 제기해야 할 질문은 세계관의 심리학에서 어떤 체계적인 관점들이 가능한가 하는 것이다. 모든 순서 부여 작업의 출발점은 구별하고 분리하는 작업이다. 세계관들에 대해서 숙고할 때 사람들은 나란히 인접해 있는 영역들('범위들', '구역들')이나 발달 시기들('단계')을 구분하거나 또는 그 안에 사람들이 위치해 있다고 여겨지는 발달 순서와 가치 위계('계층', '층위', '수준')의 의미 사이를 오가는, 위계적으로 배열되어 있는 여러 가능성들을 구분한다. 이 모든 가치들에서 사람들은 그것들의 공간적인 이미지를 망각하지 않을 것이고, 그래서 늘 그것들의 여분으로 부적합한 것들이 남아 있을 수밖에 없다는 것도 망각하지 않을 것이다.

그렇지만 제기되는 물음은 무엇이 어떤 영역, 단계, 계층 등에 배치되느냐 하는 것이다. 가장 일반적인 양식은 아마도 다양한 주객 관계들이 그 안에서 정리 정돈되는 양식일 것이다. 주체와 객체 각각은 고정되어 있는 궁극점들이 아니기 때문에 둘은 무한하며, 그 깊이를 가늠할 수 없다. 헤라클레이토스도 한때 "영혼 안에서 우리는 한계를 알아낼 수가 없다. 영혼은 그토록 깊은 토대를 가지고 있다"고 말한 적이 있다. 그리고 칸트 이후로 우리에게 알려져 있는 사실 하나가 있다. 그것은 모든 대상세계는 물자체로서가 아니라 대상으로서 우리 눈앞에 제시된다는 사실이다. 각각의 모든 세계는 인식 주체의 시점에서 보이는 관점으로 파악될 수 있으며(타이히뮐러, 니체) 주체와 객체는 서로에 대해 사물과 그림자 같은 관계를 형성하고 있어서 서로 규정하고 조건 지운다. 주객 분할 속에서는 시공간적 현실, 의미 또는 가치, 세계나 영혼 등 그 무언가가 절대적인 것으로 설정된다. 그러나 모든 절대화는 반절대화로 나아가면서 다시 해체된다. 인간은 오로지 신비 속에서만 절대자를 경험하는 것으로 믿으며, 그 어떤 것을 대상으로 주장하지 않고, 물자체가 자신과 대립해 있는 것이 아니라 분리되지 않은 주객 단일체 내에서 현전하는 것으로 대하는 한, 자신의 상대는 없다.

4) 체험의 흐름. 주객 분할과 신비

주체와 객체 관계의 다양성에 관한 생각, 주체와 객체를 전혀 고정되어 있지 않은 것으로 가정하는 많은 의미들에 관한 생각은 우리가 진행하는 체계적인 탐색과 정리 정돈 작업에서 기본적으로 행하는 사고다. 이를 좀 더 상세하게 살펴보도록 하자.

총체적으로 진행되는 영적 사건은 체험의 흐름이라 불린다(윌리엄 제임스). 이러한 체험의 흐름은 현상하는 영적인 사건 전체를 포괄한다. 이것은 가장 비규정적인 것으로서, 그것의 일반성에 대해 사람들이 말로 알 수 있는 것이라곤 아무것도 없다. 이러한 직접 체험의 실제 자체는, 그것을 말로 설명한다는 것이 매우 공허하고 추상적이기는 해도, 아주 구체적인 성질의 것이다. 그 안에는 모든 것이 내재되어 있다. 심리학은 다양한 관점을 취하면서 그것으로부터 특정의 것들을 추출해 내거나 구성해 낸다. 그리고 그것에 의식되지 않은 어떤 것을 가미하는 가운데 그것을 사고한다. 체험의 흐름은 심상, 표현되는 현상, 내용, 창작물들을 끊임없이 생산해 낸다. 이런 산물들과 함께 그것은 스스로 변한다.

체험의 흐름 속에는 주체와 객체가 서로 마주하고 있는 원시 현상이 구현되어 있다. 우리 인간의 삶은 이런 주체와 객체의 분할 속에서 진행된다. 그것 안에만 해도 우리가 보는 온갖 다양한 것들이 들어 있다. 그러나 모든 체험이 주객 분할 속에서 일어나는 것은 아니다. 마주할 객체가 더 이상 없는 곳에서, 즉 모든 내용이 부재해 말할 것조차 없이 체험만 있는 곳에서 우리는 가장 넓은 의미에서 신비로운 것에 대해 얘기할 수 있게 된다. 체험된 주객 분할만이 아니라 신비로운 것이 우리의 심리학적 고찰의 대상이 된다. 그것도 여기서는 그것들의 한계와 최고 가능성들이 우리의 심리학적 고찰의 대상이 된다.

저런 식으로 심리학적 고찰을 수행할 때, 우리 자신은 주체가 되고 주객 관계 전체는 객체가 된다. 우리가 도달할 수 있는 마지막 한계까지 도달하려고 노력하면서 세계관들을 이해하고자 할 때, 이런 심리학적 고찰도 다른 것과 마찬가지로 특별한 주객 관계의 일종으로 우리의 고찰 대상이 된다. 우리가 생각하고 판단하면서 표현하는 모든 순간에, 말해지는 것은 하나의 관점에서 타당하고 그러한 관점에 대해서 타당하다. 따라서 여기 이런 심리학적 성질의 책에서 출현하는 그 어떤 개념이나 원리도 절대적인 것으로 설정될 수 없고, 또 우리의 궁극적이고 가장 불분명한 개념들인 체험된 현실, 주객 분할, 이념, 정신, 삶, 실체, 진실성도 역시 그렇다. 그렇게 우리는 우리 자신을 초월해서는 제반 주객 관계의 외부에서, 말하자면 하나의 아르키메데스 점을 찾아내서는 그러한 관계들 전체를 대상으로 삼을 수 있기를 바란다. 그런데 이런 것은 절대적으로 가능하지 않기 때문에 전적으로 불가능하다는 것은 분명하지만, 우리가 우리의 주체적 관점에 가능한 한 최대한의 유동성을 제공함으로써 이것을 대체할 수 있다. 항상 특정의 주객 관계 안에 감옥에서처럼 갇혀 있는 우리가 도저히 도달할 수 없는 아르키메데스 점이라는 개념을 우리는 우리가 딛고 설 수 없는 것이자, 그 자체 지속적으로 서로 수정하고 제한하고 상대화하는 주체의 관점들의 총체성이라는 개념으로 대체할 필요가 있다. 그러나 모든 지적인 작업의 틀은 불가항력적으로 일련의 검토되지 않은 개념들이자 획득한 관점을 가지고는 도저히 검토할 수 없는 개념들로, 이런 것들은 원래 철학적인 작업의 개입을 필요로 하는데, 여기 이 책에서는 이러한 의미에서의 작업은 진행하지 않을 참이다.

가능한 세계관들을 경험하면서 우리의 관점이 바뀌기도 하지만, 우리의 경험과 직관들을 '고찰하면서' 그것들에 대해서 기술할 때에도 우리는 상대적으로 하나의 고정된 입장을 취하게 된다. 우리가 고찰하는 대상을 고찰의 주체로서의 우리 자신과 혼동하는 것, 우리가 하는 직접 경험을 우리가 하는 단순한 관찰과 혼동하는 것은 흔히 일어나는 일이다. 우리가 예를 들어 신비로운 것에 대해서 얘기할 때 그 대상은 우리에게 체험되는 실재다. 이런 체험에서는 다른 무엇보다도 주객 분할이 부재하는 것이 특징이다. 하지만 신비 체험을 하는 사람 자신이 아마도 그 어떤 형이상학적인 양식을 획득해서 자신의 체험으로부터 빠져나와 자신이 존재해 왔다고 하는 초감각적인 현실에 대해서 주장할 수 있는데, 이때 우리가 고찰하는 대상은 그가 그런 식으로 체험했다고 하는 현실, 즉 우리의 입장에서는 주체가 했다고 하는 신비 체험이거나 주객 분할이 부재하는 체험이다. 체험이라는 현실을 이런 식으로 인정하게 되면서 우리는 형이상학적인 실재에 대해서는 아무런 판단도 내리지 못한다. 왜냐하면 우리의 고찰 자체가 주객 분할 속에 갇혀 있는 상태에서 진행되는 한, 우리는 형이상학적인 것을 절대적인 것이면서 동시에 우리 앞에 있는 상대적인 것으로 볼 수 없기 때문이다. 우리가 파기하고자 하는 심리학은, 체험될 수 있고 대상화가 가능한 것만 알려고 하는 심리학이다. 그리고 우리가 파기하고자 하는 형이상학적인 성질의 진실한 삶 개념은, 심리학적 고찰과 다른 사람과의 관계에 기반해서 구성하고 파악하는 것이 아닌, 우리 스스로 살아가고 우리 스스로 신비주의자가 되어 우리 스스로 고찰할 수 없는 것을 상대로 하는 형이상학적인 성질의 진실한 삶 개념이다. 마치 '대상'으로서만 존재하고 있기라도 한 것처럼 신비로운 것을 대상화할 경우, 우리는 그런 것을 주관적인 현실로, 즉 한 주체의 심리적인 체험으로서만 볼 수 있을 것이다. 그것도 이때 말하는 주체를 체험 속의 주체가 아닌, 우리에게 상대적으로 존재하는 대상으로서의 주체로 이해할 수 있다. 또는 어떤 한 주체가, 형이상학자로서 다른 사람이 하는 신비 체험을 계기로 어떻게 형이상학적인 사고를 하게 되고 이를 통해 '체험'을 배양하는지를 대상화할 수 있을 것이다. 이때 우리가 진실하지 못하다고 칭하는 한 형태를 묘사해 볼 수 있을 것이다. 그 어떤 경우에도 우리는 우리가 고찰하고 있는 모습 그대로가 아니다. 이것이 매우 자명함에도 불구하고 이 사실은 고찰에서 너무나도 쉽게 간과된다.

5) 혹시 모를 오해

'우리의 대상은 주객 관계의 다양성이다'라는 공식의 또 다른 오해는, 우리가 여기서 대상 그 자체에 관심을 두고 있다는 말일 것이다. 비록 아주 많은 대상들이 암시적으로 언급되고 있기는 해도, 그 모든 것들은 여기서 주체와의 관계에서만 관심사가 되고 있다. 우리가 객체에서 어떤 속성을 볼 때 다른 모든 고찰들은 순전히 객체 쪽으로 움직이지만, 우리가 보는 것은 사실 주체에게 비춰지는 객체의 속성이다. 이를 통해서 심리학적 고찰에 고유한 객체가 획득되는데, 이 객체 자체는 결국 다시 심리학자의 심리학에서 말해지는 주체와 관련해서 파악될 수 있는 것이다. 객체를 주체와 연관시켜서 고찰할 때, 우리는 주체에 대해 존재하고 있는 객체의 권리, 객체의 진리에 대해서는 묻지 않는다. 우리의 관심사는 심리적인 작용력이 있고 직관적으로 이해되고 고유한 자체 원리를 가지고 있는 것이다. 그것은 신화적인 세계관일 수도 있고, 미치광이의 망상적인 내용일 수도 있고, 광신자의 환상일 수도 있다.

* 주객 관계의 다의성에 대한 추상적인 조망

논점 이탈을 끝내고 이제 다시 체계적으로 정돈된 질서의 문제로 되돌아가 보자. 주객 관계는 무진장하게 다양하다. 주객 관계를 나타내는 몇 가지 단어쌍들만 열거해 보더라도 그런 다양성을 금방 알아챌 수 있다. 예를 들어 영혼과 세계, 나와 대상, 체험과 내용, 성격과 사실, 심신으로 이루어진 개인과 공간적 환경 등. 주체와 객체의 대립은 가능한 입장들을 나타내는 데 매우 효과적이다. 그래서 우리는 그런 것을 주된 관점으로 사용할 것이고 체계적인 논의를 진행하기 위한 수단으로 사용할 것이다. 저러한 다양성과 함께 다의성에 대해서 여기서 우선 추상적인 조망만 해 보기로 한다.

(1) 직접 경험하고, 성찰하고, 우리와의 관계에서 경험하기

시공간의 세계에서 우리는 기계적으로 파악되는 환경 세계로서의 객체들에 정신물리적인 개체들로서의 주체를 대립시킨다. 이런 대립은 전혀 체험될 필요가 없고 고찰자에 대해서만 존재하며, 의식하지 않아도 주체 안에 존재하고 있다. 이런 대립은, 그것이 하는 대비를 통해서 이해심리학의 대상이기도 한 다른 주객 관계들의 고유 특성을 강조하는 것 말고는 우리의 이해와 관련해서 아무런 역할도 하지 않는다. 우리가 체험과 체험의 내용, 자아와 대상을 구분할 때 실제 체험에서 일어나는 분리는 현상학적 분석에서 드러날 수는 있어도, 이러한 대립을 체험하는 당사자가 의식적으로 알고 있을 필요는 전혀 없다. 대상 영역의 다양성과 주체가 하는 체험의 다양성에 주의를 기울이지 않은 채 주체는 모든 가능한 대상들을 자신의 대상들로 직접적으로 소박하게 반성 없이 체험한다. 이러한 것들은 사람이 자기 자신을 대상화시켜 자신을 하나의 형태로, 하나의 자아 또는 자아의 여러 다양한 형태들로 보게 되면서, 즉 반성적으로 비로소 발생한다. 다시 말해서 대자적으로 본 인간의 존재 방식, 즉 자아(에고) 도식들이 태동되어 나온다. 주체로서의 인간은 자신의 주체에 대해서 일정한 입장을 취하고, 그러면서 객체는 새로운 방식으로 의식된다. 이제 모든 것들은 직접성과 소박성의 옷을 벗어 던지고 어마어마하게 다양한 주객 관계들이 비로소 생겨 나온다. 체험이 직접적인 한 고찰자인 우리는 그런 체험을 체험 당사자는 모르는 개념들로 묘사할 수 있고, 그때의 주체가 가지고 있는 지식의 내용이 주체 당사자에게 무엇인지를 묻지 않은 채 주체의 입장을 규정할 수 있다. 내가 하나의 입장에 대해서, 이해에 기반해서 특징지우면서 말하는 내용은 그래서 그 입장에서는 의식되지 않는 성질의 내용이다. 그러나 체험 자체가 반성될 경우 체험자가 그 체험에 대해 알고 생각하는 것이 특징으로 표현된다. 묘사 작업에서 둘은 종종 뒤섞인다. 분리가 중요시되는 곳에서만 사람들은 그런 것들을 예리하게 분리할 뿐이다. 하지만 관찰하는 주체의 관점과 관찰되는 주체의 관점은 늘 분리 상태를 유지해야만 한다. 우리가 주체를 고찰하는 한에서 주체에게서 일어나는 폭넓은 관점의 변화들을 추적할 수 있지만, 고찰자로서의 우리는 고찰 대상이 될 때라야 비로소 합리적인 형태로 드러나게 되는 제한된 범위의 관점들을 유지한다.

(2) 전체의 한 파편으로서의 개인

우리가 양쪽 측면의 한편에는 대상적인 것의 총체성을, 다른 한편에는 주체 일반을 설정하게 되면, 구체적인 개인은 이 두 세계 사이에서 간격을 메우지 못한 채 또는 양쪽 각각에서 조각나 있는 파편화된 상태로 존재하게 된다. 우리는 모든 사람들에게서 모든 것들이, 그것이 아무리 미미한 것들이더라도, 잠재력에 따라서 배분되어 있는 것으로 상정한다. 뭔가가 절대적으로 결여되어 있다는 식의 부정적인 판단은 증명될 수 있는 성질의 것이 결코 아니다. 상황, 시간, 영향 및 운명 등에 의해 조건지어져 있는 상태에서, 개인이 발달시키는 것은 일부분으로, 그것을 파악하는 일은 우리가 질서를 부여하면서 형성하는 저러한 총체성에 그것을 통합할 때라야 비로소 성공적일 수 있다. 개인은 무한한 존재이기 때문에, 고찰 같은 것을 통해서 개인을 남김없이 이해할 수 없다는 말은 분명하다. 그렇지만 그와 동시에 개인을 이해하는 일은 인류 전체라는 이념, 그리고 세계관의 우주라는 이념과 비교할 때는 제한적인데, 이러한 이념은 이 책을 질서정연하게 기술해 나가는 데 있어서 우리를 안내해야 하는 그 어떤 것이다. 그러나 경험하는 각 주체는 그 어디에서도 우리의 대상이 될 수 없다.

(3) 양극단 사이에서 움직이는 주객 관계

주객 관계는, 이런 것이 실제로 존재한다고 할 때 매 순간 아주 단순하고 명료한 대립으로 체험된다. 그러나 주관적인 것에서 객관적인 것으로 나아가는 길은 머나먼 길이다. 내가 가지고 있는 세계상을 내가 세계 안에서 직접 체험하는지, 제한된 코스모스 안에서 체험하는지, 무한 속에서 체험하는지, 이런 것들은 객체(혹은 대상)로 나아가는 길의 몇몇 단편적인 것들을 칭한다. 내가 온전히 즉흥적인 충동으로부터 동기부여가 되어 살아가고 행동하는지, 목적 합리적인 자가 훈련으로부터 동기부여가 되어 살아가고 행동하는지, 총체성의 이념으로부터 동기부여가 되어 살아가고 행동하는지, 이런 것들은 주체에 이르는 길의 몇몇 단편적인 것을 칭하는 말들이다. 그렇게 우리는 이미지상으로 주체에서 객체로 이어지는 무한한 노선을 생각해 볼 수 있는데, 그런 노선 상의 특정 지점에 일정한 주객 관계가 배정된다고 해 보자. 이런 이미지는 그 자체로는 고정되어 있는 전체로서의 주객 관계가 이리저리 움직여서는, 주체와 객체의 위치가 이리저리 밀리는 것과도 같은 이미지다. 모든 심리적 체험에는 관점 같은 것이 작용한다. 각 경우를 명료하게 파악하게 되면, 주체와 객체의 자리가 있어서 그로부터 체험이 일어나면서 뭔가가 보이고, 행동이 일어나는 관계가 고찰자에 의해 규정되는 것을 알 수 있다. 주체가 객체에 대해 어떤 입장을 취하느냐는 물음에 대해 답이 주어져야 한다. 이러한 공간적인 이미지에 머물러 있게 되면, 우리는 객체와 주체로 나아가는 길이 무한히 계속될 수 있을 것이라고 생각할 수 있다. 고찰 활동 그 어디에도 끝은 규정될 수 없다. 이러한 최종적인 확정을 넘어서 비유적으로 형이상학적인 사고를 따라가다 보면, 다음과 같은 것도 상상해 볼 수 있다. 수학적인 사변에서 사방으로 흩어지는 무한들이 원으로 통합될 수 있는 것처럼, 서로 아주 멀리 떨어져 있는 주객 관계도 주객 통합으로 전환될 수 있을 것이다. 그리고 그러한 주객 관계가 체험되고 이 체험이 다시 우리의 대상이 되면서 주객 관계로 나타나는 것이 정신 작용의 시작점과 끝점 각각에 위치해 있는 것으로 생각해 볼 수 있을 것이다. 그럼에도 이러한 비유는 부분적으로는 너무 거칠고 부분적으로는 잘못되어 있다. 주객 관계는 하나의 직선이 아닌 무한한 성질의 네트워크로 이해될 필요가 있는 것이다.

(4) 초월적 형식으로서의 격자 틀

말하자면 주체에서 객체로 연결되는 하나의 직선이 있는 것이 아니라 다수의 선들이 있다(예를 들어 우리는 그것을 분산되는 묶음으로, 즉 무한한 주객 관계들이 점으로 수렴되는 것으로 상상해 보거나 그렇지 않으면 일련의 평행선들의 집합으로 상상해 볼 수 있을 것이다). 이런 것을 알아차리게 되면 우리는 다양한 대상세계들이 존재하고 있다는 것, 그리고 대상으로부터 거리를 둔 채 대상의 다양성을 탐구하는 것이 가능하다는 것을 경험하게 된다. 합리적인 대상 형식, 심미적인 대상 형식 등이 존재한다. 이것은 마치 그 자체로 시공을 초월해 있으면서 주체도 객체도 아니고, 구형의 모습을 하고 있으면서 '선험적인' 성질을 띠고 있는 다양한 격자 틀을 매개로 주체에서 객체의 방향으로 길이 나 있는 것과도 같다. 주객 분할이 있는 곳에서만 저런 형식들이 존재할 수 있고, 주객 분할이 없는 모든 경우에서는 저런 형식들은 의미상 존재하지 않는다. 저런 대상 형식들에 대한 탐구는 칸트 이후 '초월론적 탐구'라 불려 왔다. 합리적인 것, 심미적인 것 등에 관한 초월론적 탐구가 존재할 수는 있어도 가령 신비적인 것에 관한 초월론적 탐구는 존재하지 않는다. 오로지 심리학적 탐구나 형이상학적 탐구(물론 심리학적 판단, 형이상학적 판단에 사용되는 합리적인 형식들에 대한 초월론적 탐구까지 포함해서)만 존재할 수 있다. 저런 초월론적 형식들은 그 자체로는 비어 있는, 단순한 격자 틀의 일종이자 모든 객관성의 조건이다. 그것들 자체는 심리적이지도 물리적이지도 않으며, 주관적이지도 객관적이지도 않다. 그러나 어떤 격자 틀을 통해서 보느냐에 따라서 주체는 특정 유형의 대상을 보게 되고 심리적으로는 특정 유형의 경험 방식의 상태에 있게 된다. 모든 격자 틀은 모든 것들에 적용될 수 있고 제한이 없다. 그리고 그것이 적용될 때마다 대상들은 특별한 방식으로 보인다. 경험의 흐름은 그 안에 주객 분할이 포함되어 있는 한에서 형식을 갖추는데, 그것에 형식을 입히는 그 자체로 단단한 격자 틀은 무시간적이고, 형성되는 것은 아니지만, 대상들을 조건 지워 그것들이 비로소 대상들로 나타나게 하는 결정화의 기능을 담당한다. 정신 착란을 앓고 있는 사람의 격정적인 꿈에서가 되었든, 미친 사람의 망상적인 상태에서가 되었든, 그리고 분열된 의식의 파편에서가 되었든 주체가 대상을 직면하는 곳이면 어디서나 저런 형식들이 존재한다. 저런 형식들은 그 자체로는 살아 있지 않고 힘이 결여되어 있는 그 무엇이다. 하지만 그것들은 없어서는 안 되는 필요불가결한 것이자, 오로지 의식 자체와 함께 있으면서 절대 소실되지 않는 그 어떤 것이다. 물이 모든 유기체의 삶에 필요불가결한 것이자 매개체인데도 관심을 받지 못하고 힘이 누락되어 있는 것처럼, 저러한 것들은 주객 분할 상태에서 진행되는 영적인 현존을 위한 매개체다. 이런 형식들을 주도적으로 탐구하는 분야는 논리학 및 그와 유사한 학문들이다. 인간 정신을 인식하기 위한 저러한 탐구가, 생명을 인식하기 위한 물과 물의 속성에 대한 탐구보다 훨씬 더 흥미로운 것이라고 말할 수는 없다. 달리 말해, 그런 것은 구체적인 생리학적 형태학과는 대조적으로 일반 형태학에 비교될 수 있는 성질의 것이다. 하지만 생물학을 하기 위해서는 물에 대해 알아야 하는 것처럼 심리학을 하기 위해서는 초월론적 연구가 필요하다.

(5) 힘(이념)

주체와 대상, 그리고 그들 간의 관계를 비로소 가능하게 해 주는 초월론적인 형식들, 이것들은 무한히 다양한 내용들을 위한 도식이자 그 안으로는 세계 전체도 들어갈 수 있을 만큼의 도식이다. 그것에는 그 어떤 완고한 측면이 있다. 움직임이 시작되는 것은 가령 우리가 다음과 같은 질문을 제기할 때이다. 이런 일정한 경우에서 왜 하필 다른(예를 들어 심미적인) 주객 관계가 아닌 이러한 주객 관계가 존재하는 것이며, 왜 하필 다른 것들이 아닌 이러한 것들이 하나의 무리(예를 들어 심미적 예술적 무리, 지적 형식적 무리)를 이루는 것이며, 하나의 무리는 왜 다른 무리(예를 들어 열정적인 무리)를 대신하는 것인가? 이러한 질문들에 답할 때 우리는 모든 주객 관계들의 이면으로 들어가서는 힘, 원리, 이념, 정신이라 불리는 것들로 시선을 돌리는 경향이 있다. 이런 것들 자체는 무한해서 개념으로는 온전히 담아낼 수 없고 인식될 수 없지만, 주객 분할 속에서의 대상 이미지들의 연관성은 그것이 저런 힘들의 표현이자 현상들인 한에서는 파악될 수 있고 유형화되어 묘사될 수 있다.

힘, 원리, 이념, 정신이라 불리는 것을 가지고 우리는 그것들이 주체에만 있다거나 아니면 대상에만 있다고 말할 수는 없다. 칸트가 말하는 의미에서의 이념은 심리적 힘으로서의 '배아 상태에 있는 이념'이고, 과업 도식을 통해서 추구되는 목표이자 무한히 추구되는 목표이기도 하다. 우리는 객관적인 구조물, 장치, 작품, 대상 일반의 정신에 못지않게 주관적인 유형의 정신에 대해서도 말한다. 이 책에서 우리는 다음과 같은 개념들을 사용할 것이다. 주관화의 의미에서의 이념, 정신, 힘, 원리.

심리학적 고찰을 진행할 때 우리는 저러한 힘들이 주체 안에 자리잡고 있는 것을 본다. 우리는 저러한 것들이 주객 분할 상태에서 진행되는 운동들에서, 이러한 분할이 포함되어 있는 체험의 흐름 속에서, 또 신비로운 경험들에서, 즉 주객 분할 없이 진행되는 체험들에서 현상하는 것을 본다. 우리는 주객 분할의 다양성으로 표현된 이후에 의식의 흐름 속에서 새로운 신비 체험들이 어떻게 발생해 나오는지, 새로 심화되는 힘들이 분할로부터 그리고 그에 기반해서 어떻게 생겨 나오는지를 본다. 도식적으로 말하자면 하나의 원 운동이 존재한다. 힘들로부터 특수한 주객 분할들이 생겨 나오고 이것들이 다시 새로운 힘들을 일깨운다. 그 사이에서 종종 의식 현상으로서의 신비 체험이 출현하는데, 늘 그런 것은 아니더라도 종종 주객 분할로 옮겨간다. 이러한 심리적 과정을 형이상학적인 세계 과정으로 일반화해서 보게 되면, 헤겔적인 도식을 얻어 낼 수 있다. 주체 일반과 대상세계 간의 관계는 정신이 우선 자기 자신, 즉 즉자가 되고, 그러고 나서 자신에 대해 대자적이 되고(주객 분할), 그다음에 다시 자신에게로 되돌아가는 과정이다. 처음에는 분리되지(이원적이지) 않은 즉자성이 있고, 그다음에는 분리를 통한 중재가 뒤따르며, 마지막에는 중재된 즉자성이 그 뒤를 잇는다.

초월론적 형식들의 '옳음', 즉 절대적 타당성은 동시에 시간초월적인 것이기도 하다. 그것은 수학적 인식이 그런 것처럼 존재에 대해 비교적 무관심하다. 모든 존재는 내용이 있고 구체적이며, 그것들에 부합하는 모든 세계관 역시 마찬가지다. 따라서 그러한 세계관은 시간초월적인 형식들과 달리 '정확'할 수 없고 '절대적'일 수 없다. 하지만 그것은 존재의 각 형태에서 본질적인 삶이 여기서 '올바로' 표현된 것으로, 이러한 표현은 재차 극복될 수 있고 한계에 대한 태도에서는 모든 무조건성에도 언제든지 잠재적으로 이미 극복될 수 있는 것으로 체험된다. 인간은 시간 안에서 존재하지 시간초월적으로 존재하지 않으며, 현존재 전체인 것도 아니고 절대자인 것도 아니며, 오로지 그런 것하고 관계하고 있을 뿐이다. 어디서나 항상 올바른 것으로 여겨지는 세계관을 인간은 자신 밖에서 취할 수 있는 것이 아니라 자신의 삶 속에서만 이념과 정신의 힘을 빌려서 실현하고 경험할 수 있다. 외적인 모든 것들은 이내 시간 안에서 다시 상대화된다. 최종의 궁극적인 것은 힘들과 이념들인데, 이런 것들을 손으로 잡을 수는 없어도 의도할 수는 있다. 그런 것들에 대해서 우리가 알고 말하는 것은 그래서 외적이다. 그것들 자체는 최종적인 것, (오로지 고찰 범위 내에서이기는 해도) 절대적인 것이라고 불릴 수 있다. 그것들은 삶 자체인데, 삶 자체는 억지로 하려고 해도 전적으로 외재적이고 객관적인 것이 될 수 없다.

6) 발달 단계의 기본 개념

저러한 최종 관점은 움직이는 주객 관계를 보여 준다. 세계관적 과정이 움직이면서 취하는 이런 개별적인 형태들이 고정되면서 일련의 발달 단계들이 형성된다. 일련의 발달 순서가 우리에게는 가장 바람직한 체계적인 질서다. 왜냐하면 그런 것은 동시에 하나의 실제적인 내적 연관을 가르쳐 주는 것처럼 보이기 때문이다. 그래서 우리는 모든 곳에서 그러한 식의 연속을 찾으려고 하면서, 그냥 단순한 나열을 하나의 연속적인 발달 순서로 재해석하려는 유혹에 쉽게 빠진다. 경험적인 조사는 먼저 단순한 연속을 확립하고 나서 그 안에서 얼마나 이해 가능한 내재적인 법칙성들이 발견될 수 있는가를 묻는다. 가령 일련의 시대와 양식의 역사적 형태들에서 또는 시간적으로 변하는 개인의 입장들에서 어떠한 규칙성이 발견될 수 있는

지를 묻는다. 사람들이 명료하고 필연적인 발달 순서라고 구성해 놓은 것은 현실과 완전히 일치하는 것은 아닌데, 이는 그러한 모든 규칙성들이 저러한 현실에 대한 단순한 도식에 불과하기 때문이다. 다만 부분적인 일치가 일어나기도 하는데, 이런 것은 저러한 명료한 구성들이 항상 완전히 비현실적인 것은 아니라는 것을 나타내 주는 징표다. 하나의 발달 도식을 일반적인 인간 발달의 법칙으로 여기게 되면, 사람들은 어쨌든 즉시 착각에 빠진다. 뭔가를 설명한다고 하는 많은 도식들이 있는데 그것들 중 어느 것도, 그것들 모두가 의기투합해 합세한다고 해도 헤아릴 수 없는 현실을 남김없이 설명할 수는 없다. 그러한 발달 단계들을 설정해 전체성을 설명하고자 시도해 왔던 철학자들은 그러한 순서를 선험적인 증거, 질서를 부여해 주는 개념 연관들의 무시간적인 타당성, 실제적인 순서 등 사이를 오가는 의미로 이해하려는 경향이 있다. 헤겔이 말하는 정신의 발달 노선이 이런 다의적인 의미를 가지고 있다.

우리의 시도에서 우리는 단지 모든 경험적 개별 사례에 대해 단순히 타당성만 요청하는 것이 아니라, 척도 및 도식으로서의 유효성을 요청하는, 그래서 구체적인 개별 사례에 대한 현실적인 조사를 필요로 하는 명백한 연관들에만 관심이 있다. 그런 명백한 순서들을 우리는 다음 세 가지 방식으로 구성한다.

1. 정신적인 힘들이 형성되었다가 스러져 가는 다양한 과정(이 책의 3부), 가령 허무주의, 괴물적인 과정 등으로 나아가는 과정들이 있다. 여기서는 이에 대해서 더 이상 상세하게 언급하지 않는다.

2. 세계관적 형태들이 본질적인 중심으로부터 나와서 더 이상 진실하지 않은 어떤 것, 형식화 같은 것으로 변해 가는 일반적인 형식들이 있다. 이에 대해서는 잠시 후에 별도의 자리를 마련해서 논할 참이다.

3. 개념들의 변증법적인 순서가 있는데, 여기서 이에 대해 먼저 몇 가지를 설명하고자 한다. 얼핏 보아도 알 수 있듯이 이 책의 목차에서는 삼분법이 수차례에 걸쳐서 반복적으로 출현한다. 이것들은 변증법적 순서에 기반해 있는데, 이런 변증법적 순서는 여기서 단순하게 지배적으로 사용되고 있는 것이 아니고 복합적으로 사용되고 있다. 그 이유는 그런 순서가 가장 억지스럽지 않은데다가 아주 다양한 관점들과 개별 질서들을 그 안에 담을 수 있기 때문이다. 세계관적인 형태들을 먼저 주체 측면에서 바라보고 나서 그다음에 대상 측면에서 바라보고, 마지막으로 이런 주객 분할의 배후에 있는 그 무언가로 지향하겠다는 의도에서 바라보면, 그것은 다음의 도식을 따라서 생겨 나오는 삼분법이 된다. 서로 상반되는 한 쌍(1부와 2부)과 그 종합인 이념(3부)으로 이루어지는 도식이 그것이다. 세 부분 간의 이러한 관계는 1부를 정(正)으로 시작해서 종합에서 승화되는 식의 발전적인 연속이 아니다. 그것은 오히려 우선 대립 속에 있다가 그다음에 스스로 간파되는 하나의 전체를 향해 이리저리 모색해 나가는 과정이다. 마찬가지로 다음과 같이 말하는 것도 가능하다. 시작 지점에 이미 전체가 있고 그로부터 서로 대립하는 두 개의 부분들이 전개되어 나오는 과정으로 말이다. 그것은 개념의 단순한 질서여서, 물론 질서의 중심을 차지하는 직관에 토대해 있는 질서여서 실제적인 과정에 대해서는 우선 최소한에서나마 말하지 않고 있어서, 완전히 외적인 성질의 순서라고 할 수는 없다. 관건은 전체를 분해하는 것인데, 전체에 대해서는 모든 것이 동시에 말해질 수는 없는 관계로 우리는 순서에 준해서 하나하나 차례대로 말할 수밖에 없다. 세 번째 것은 각 경우에서 항상 중심이 되는 것, 총체적인 것, 그리고 또 가장 이해하기 어려운 것으로서, 그것에서 이전 형태들이 파생되고 분할되고 구체화된다. 열정적인 것은 구체적인 형태에서는 활동적인 것과 관

조적인 것으로 분할된다. 한정된 개별적인 세계상들이 철학적인 세계관으로부터 파생되어 나온다. 무한에 의지처를 두는 것은 제한된 틀에 의지처를 두는 것과 허무주의적인 운동 모두에 본래적인 원천이다. 부여잡을 수 있는 구체적인 것은 늘 첫 번째 부분과 두 번째 부분에 놓여 있는데, 그곳에 사실적이고 가시적인 다양체들이 놓여 있고, 세 번째 것은 불분명한 채로 머물러 있다. 첫 번째 부분과 두 번째 부분의 형태들은 한정되어 있는데, 우리는 그것들 안에서 살아가는 가운데 원하는 공략 지점과 목표들을 발견해 낸다. 그리고 세 번째 부분의 형태들은 직접 파악할 수도 없고 획득할 수도 없는 것들인데, 그것들이 존재하는 경우에는 항상 곧바로 이전 형태들 안에서 살아가는 가운데 그것들을 움직이고 채운다.

7) 변증법적 순서

변증법적 순서는 모든 것들 중에서 가장 유동적인데, 그 이유는 변증법적 순서가 개념들에 순서를 부여하기 때문이다. 그것은 고찰 대상을 절대화하는 것이 아니라 순서만 절대화하기 때문에 정신, 세계관적인 힘 및 태도들의 개별적인 과정, 그 어떤 것도 절대화하지 않는다. 그것은 발달 도식을 가지고서 폭력을 행사하지는 않지만 이념들이 지배력을 행사할 수 있게 해 주고 개별적으로 많은 관점들, 심지어 모든 관점들을 최고로 유연한 체계 안에 포괄할 수 있다. 삶과 현존의 체계 자체로서가 아니라(이런 것은 불가능할 것이고 항상 사람들을 실존으로부터 소외시키는 합리주의적 폭력이라는 막다른 골목으로 빠져들게 하는데) 삶과 현존의 단순한 개념 분류학으로서의 그것은 아주 다양하고 체계적인 관점들을 살아 있는 것들에 적용할 수 있게 해 준다. 그것은 체계적인 것의 체계요, 스스로 항상 자신을 재구성하고 해체할 수 있는 능력을 가지고 있는 체계다. 우리는 변증법적 순서가 그것이 가지고 있는 모습 그 이상이 될 수 있다고 믿으면 안 된다. 우리는 변증법적 순서와 사실적이고 실제적인 연관들이, 비록 개별적인 접촉점을 가지고 있기는 해도, 부합하는 것으로 여겨서는 안 된다.

* 세계관의 형태들이 거치는 네 가지 변화 과정, 실체 개념, 형이상학 및 단순한 평가의 위험, 교정

우리가 인간 실존에서 세계관의 가능성을 찾으려고 할 때, 우리의 고찰적인 직관은 매번 여러 형태들 중에서 직관적인 것을 중심에 두고 그것과 친화적이기는 해도 그보다 좀 더 희박한 다른 가능성들은 그 주변에 배치시키는 방식으로 군집화를 진행한다. 우리는 그때마다 중심이 되는 세계관을 '실체적인' 세계관이라 칭하는데, 이런 실체 주변에는 '파생된 형태들'이 포진된다. 이런 기본적인 사고는 아마도 공격에 매우 취약할 수 있고, 우리의 전체 시도 중에서 가장 오해의 소지가 있는 부분일 수 있다. 그것은 명료하고, 학습하기 쉽고, 합리적인 방법으로 발달해 나갈 수 있는 것이 아니고, 우리가 수행하는 고찰적인 직관이 나아갈 방향을 알려 주는 이정표일 따름이다. 그것은 모든 특별한 경우에서 단순히 적용되는 것이 아니라, 새로운 직관적인 성취를 이루라는 요구다. 그것은 늘 어쨌든 모호한 방식으로 머물러 있고 불분명하다. 그래서 그것은 명확한 용어로 확정되는 양식으로 주어지는 것이 아니고 오로지 방향으로서만 제시될 수 있다. 우리는 그런 것을 시도해 보려고 한다.

'본질적인 것'이라고도 불리는 실체는 개념이 아니고 이념이다. 실체는 입증되지 않는다. 즉 일의적인 시험적 반응을 통해 존재하는 것으로 확증되거나 존재하지 않는 것으로 부정되는 것이 아니다. 그것은 그 어디에서도 절대적으로 존재하는 것도 아니고 그 어디에서도 절대적으로 부정될 수 있는 것도 아니다. 그것은 각 경우에서 '한계 개념'이며, 그것 너머에는 아마도 더 나아간 관찰을 위한 '더 심오한' 실체적인 것이 놓여 있을 것이다. 실체를 특징지어 보자면, 그것은 산재되어 있거나 다양한 것과는 대조적으로 통일된 것이고, 서로 대립해 있는 분리된 것과는 대조적으로 전체적인 것이며, 유한하고 혼란스러운 것과는 대조적으로 무한하거나 내부의 모든 방향으로 관련되어 있으며, 비어 있고 부분적인 것과는 대조적으로 충만해 있고, 보다 형식적이고 추상적인 것과는 대조적으로 가장 직관적이고 구체적인 것이며, 피상적인 것과는 대조적으로 심오한 것이고, 순간적이고 불안정하고 사라지는 것과는 대조적으로 작용하는 것이자 형성하는 것이고, 다른 것을 통해서 존재하는 의존적인 것과는 대조적으로 자기 스스로 존재하는 궁극적인 것이다. 이런 모든 표현들은 실체로 하여금 형이상학적인 본질, 단순한 가치 강조 그리고 직관 사이를 오가게 한다. 세계관들에 대한 심리학적 논의의 성패는 실체라는 이념을 궁극적인 것, 오로지 직관적인 것, 눈앞에 보이는 분명한 것에 얼마나 성공적으로 잘 적용하느냐에 달려 있다.

우리가 내리는 판단들이 형이상학적이 되는 것은 우리가 실체 그 자체, 즉 하나의 절대적인 실체를 인식하는 것으로 생각하는 때이다. 하지만 심리학적 측면에서 우리는 항상 실체에 대해서 상대적으로만 말한다. 가령 덜 실체적인 것과의 상대적인 관계 속에서 실체에 대해서 말한다. 제시하려고 하는 모든 본질적인 형태들은 실체 자체를 말하는 것이 아니라 시간 속에서 존재하는 풍부한 직관성, 작용 그리고 힘과 대립물들의 종합을 관통하는 비교적 가장 본질적인 것들을 말한다. 우리가 묘사할 수 있는 것이 '그' 실체가 아닌, 다수의 실체적인 형태들이라는 사실이 이미 우리가 '실체'를 한편으로는 중심이 되는 것, 성취된 것, 전체적인 것이라는 이념으로 사용하고 있다는 것을 보여 주고, 다른 한편으로는 우리의 관찰과 묘사가 그때마다 도달하는 한계를 나타내기 위한 도식으로 사용하고 있다는 것을 보여 준다. '삶'이라는 것 또한 '본질적인 것'이라 불린다. 이러한 본질적인 것 또한 파악될 수 있는 것이 아니다. 그것은 우리가 감히 범접할 수 없는 심연으로부터 생겨 나와 우리가 '실체적'이라 칭하는 다양한 형태들로 굴절된 것들인데, 이것들 자체가 다시 직접 파악될 수는 있는 것은 아니고, 독특하고 역설적인 양식으로 뭉뚱그려질 수 있을 뿐이다. 우리는 또한 형이상학적인 본질과는 거리가 있는 이러한 '본질적인 것'을 두고 설왕설래하기도 한다. 우리의 개념적 이해는 실체적인 것으로부터 시작해서 그로부터 뭔가가 도출되어 나오는 방향으로 나아갈수록 그만큼 더 명확해지고 논리적이 되고, 파악 가능하게 되고, 다양해진다. 사람들은 도출되어 나오는 이러한 파생물만, 합리적으로 완전히 명확하고 다양한 것만 수집하고 끝없이 목록화하는 것에 국한할 수 있다. 하지만 그렇게 하면 내적 질서가 부재할 수 있을 뿐만 아니라 이념을 통해서만 인식 안으로 들어오는 모든 의미가 결핍될 수 있다. 비교해 보자. 유기체를 단순한 기계로 전제하는 생리학을 한번 상상해 보자. 그것은 방대한 양의 자료, 각각의 기계적이고 화학적인 연관들을 드러내 보여 줄 것이다. 그렇지 않으면 이 모든 자료들이 살아 있는 기능적 단위라는 이념 아래, 궁극적으로는 살아 있는 유기체의 통일적인 단위라는 이념 아래 정돈되고 있는 것을 보고 있는 생리학을 한번 생각해 볼 수도 있다. 비록 그것이 인식된 개별적인 것들 안에 내재해 있는 것이 더 이상 아니더라도(새로운 것을 발견하는 데 날개를 달아 주는 이념의 힘이 없다고 하더라도) 그것은 이미 생리학에 완전성과 일관성을 가져다준다. 이처럼 이해심리학에는 두 가지 유형의 심리학적 고찰이 있다. 하나는 단순히 개별적으로 이해될 수 있는 것들을 수집하는 것이고, 다른 하나는 전체성의 이념 아래 다양성을 파악하는 것이다. 사람들은 거의 개별적인 것에 대해서만 얘기할 수 있고, 발전은 개별적인 것에서만 또는 완전히 새로운 전체성의 이념으로의 도약을 통해서만 이룰 수 있다. 우리가 보기에는 전체적인 것은 오로지 개별적인 것들의 충만함을 통해서만 존재한다. 엄격한 학술적인 의미에서는 개별적인 것만 인식된다. 하지만 전체성의 이념은 학문적인 연구의 힘이자 내적 질서의 가능성을 발달시킨다. 전체성을 우회적으로 표현해 주는 양식들은 결국은 늘 경이의 표현, 의문의 표현이지 궁극적인 인식의 표현은 아니다. 사람들은 전체성을 절대 알 수 없다. 그 언저리만 맴돌 뿐이다. 이 모든 것으로부터, 형이상학적인 전체를 직접 인식하려고 하지는 않아도 전체 쪽을 향해 그것을 유지하는 것이 가능한 것처럼 보인다. 이로써 순전히 상대적인 개념으로서의 '실체적'이라는 표현은, 그것이 다음에도 형이상학적인 열정에의 유혹에 넘어가지 않으리라는 보장은 할 수 없어도, 형이상학으로부터 자유로운 상태에서 견지될 수는 있다.

또 다른 모호성은 실체 개념이 과연 단순한 가치화와 일치할 가능성이 있느냐 하는 것이었다. 이런 식의 반론이 있다. 실체적인 중심들과 도출된 형태들의 순서를 도입하면서 가치화 작업이 다른 이름 아래에서 재도입되고 있고 그렇게 객관적으로 행동하는 전체 묘사는 단지 특정의 가치화 과정만 전파하고 있을 뿐이라는 것이다. 이러한 위험이 존재한다는 것은 사실 부인할 수 없다. 직관성과 명료한 평가는 혼동되기 쉬운데, 후자의 명료성은 명료한 직관성과는 전혀 다르다. 그러나 우리가 더욱 실체적인 것을 부지불식간에 더 고평가한다는 점에서 다른 무엇보다도 실체성과 가치화 과정 간에는 모종의 연관성이 있다. 우리 눈앞에 직관적인 것을 제시해 주는 모든 이해와 평가 간에는 해소될 수 없는 연결선이 있다. 왜냐하면 우리는 항상 이해의 과정에서 결국 언젠가는 평가를 포함시켜 반응하기 때문이다. 이러한 평가들은 종종 완전히 상반되는 것일 수 있는데, 이해 가능한 동일한 직관성이 한 사람에 의해서는 부정적으로, 다른 사람에 의해서는 긍정적으로 평가될 수 있다. 하지만 실체성의 경우 그것이 실체적임이 인정되는 한에서 그에 대한 긍정적인 평가가 늘 뒤따른다. 이해심리학에서 이루어지는 명료성은 동시에 이해자의 평가 활동에 영향을 미치는 방식으로 이해자의 영혼에 영향을 미칠 수 있다. 이는 사람들이 심리학적 묘사 그 자체가 말해 주지 않는 가치 강조를 동반하면서 반응한다는 것을 말해 준다. 사람들이 심리학적으로 존재하는 것으로 보고 있고 자기가 직접 경험하는 것은, 그것을 사람들이 의식적으로 긍정할 경우에는 더욱 강력하게 발달하고, 그와는 반대로 사람들이 그것을 의식적으로 부정할 경우에는 그만큼 덜 발달한다. 묘사에 있어서 이해적 공감은, 그것이 긍정적 가치 강조에 동기를 부여할 경우에는 같은 방향에서 부풀려진 유사적인 공감을 갖도록 유혹한다. 그런 식으로 심리학적 묘사는 원하지는 않더라도 선지적 스승이 미치는 효과와 비슷한 효과를 미칠 수 있다. 심리학은 태도를 취하고 자기를 교육하는 데 있어서 간접적인 의미가 있다. 힘이 아닌 수단으로서, 전범 내지 지도자가 아닌 거울로서의 의미가 있다. 이제 또 이런 모든 점을 고려하고 평가적 반응과 묘사를 혼동하지 않더라도, 실체적인 형태의 개념에는 파생된 형태들과는 대조적으로 최소한 심리학자가 자기 자신의 가치 평가를 널리 유포시키기 위해서 심리학을 사용하는 위험은 그대로 남아 있다. 심리학자가 자신의 심리학 작업에서 이상적인 아르키메데스 점의 관점에서 인간 일반을 보기 위해 보편적으로 고찰하려고 최대한 노력하고, 자신의 세계관적 본능과 존재 조건과 정신 유형으로부터 생겨 나오는 자신의 가치 평가를 차단하려고 최대한 노력하고, 자신에게서 생겨나는 수많은 세계관적인 본능들을 인식하고 객관화하더라도, 그는 이미 심리학적 경험으로부터 자신이 아직 인식하지 못한 세계관적 본능들이 그 어딘가에서 여전히 감지되지 않은 채 계속 영향력을 행사하고 있음을 안다. 심리학은 끝없는 객관화의 과정으로 완벽해야겠다는 요청을 제기할 필요가 없다. 교정의 수단은 그래도 존재하고 있고 실체 개념을 적용할 때조차 가치중립적인 단순한 보기로 나아가는 길이 존재한다는 징후가 있다.

무엇보다 실체는 사실상 묘사될 수 있는 것이 아니다. 하지만 많은 실체적인 형태들이 심지어 인간이 '선택해' 고를 수 있는 것으로 여겨지는가 하면, 인간 자신이 그중 어느 한쪽에 '귀속'되어 있을 것 같은 분야 내지 가능성으로 잘못 여겨지기까지 한다. 그토록 많은 것들을 실체적이라 칭할 수 있으려면 다양한 종류의 가치화들이 융합되어야만 할 것이다. 묘사 전체가 본질적으로 실체적인 형태들의 다양성을 우리 관찰의 한계로서 관찰하는 것을 추구하는 동안, 파생되어 도출되는 형태들은 종종 그 뒤를 이어 그냥 간략하게 묘사된다. 그러한 것들이 무한한 와중에도 제대로 길을 찾아 나가기 위해 과정을 아는 것만으로도 그러한 것들에게는 족하다.

더 나아가 모든 과정에서는 실체라고 하는 종착점을 고정하는 것이 가능하지 않다. 예를 들어 진실성, 절대적 충만, 완벽한 세분화는 모든 곳에서 단순한 이념으로 머물러 있다. 제반 과정들은 그것의 종착점이 양 방향으로 끝없이 뻗어 있어 도무지 도달할 수 없는 궤도와도 같다.

묘사된 것에 대한 논의에 있어서 교정 차원에서 생각해 볼 수 있는 것이 있는데, 그것이 파생된 형태 외에도 실체적인 형태를 새롭게 제시해서, 이것이 다른 실체성을 계속 상대화하거나 심지어 은폐되어 있는 가치화 과정에 대한 근본적으로 비직관적인 묘사로 인식될 수 있게 하는 것이다. 그러나 무엇보다도 모든 심리학적 묘사는, 그 이면에 있는 세계관적 입장과 평가가 객관화되고 그 자체가 심리학적 대상이 됨으로써 자신에 대한 최상의 불가피한 교정을 경험한다. 모든 교정들에서 논리적인 숙고는, 텅 비어있지 않아야 하고 허공에 붕 떠 있지 않아야 한다면, 항상 모든 논리적인 논의의 전제조건이 되는 직관적 대상화보다 훨씬 작은 역할을 수행하게 될 것이다.

그때마다의 실체적인 중심에는 이제 그 뒤를 이어 파생되어 나오는 형태들이 네 가지 과정에 걸쳐서 펼쳐지는데, 그 특징을 설명해 보자면 다음과 같다.

1. 중심은 진실한데, 일련의 진실하지 않은 형태들이 존재한다.

2. 중심은 구체적이고, 내용과 형식의 종합이 생생하게 살아 있다. 내용이 비어 있는 것이 있어서 살아 있지 않은 형태들이 생겨난다. 즉 형식화가 존재한다.

3. 중심은 실체적인 것이다. 이것은 종자에서 시작해 고도로 분화된 형태들에 이르기까지 그 어떤 동일한 것을 소유하고 있다. 우리의 묘사에서 우리는 아주 선명하고 뚜렷하고 분화된 형태들을 획득하려고 애쓴다. 이는 더 불분명하고 더 미분화되고 혼합된 형태들이 존재한다는 것을 말한다.

4. 중심은 요구 사항도 없고 지배 욕망도 없거니와 종속도 없다. 그것은 있는 그대로의 그것일 뿐이고, 잠재력에 따라 많은 관계를 가지며, 잠재력에 따라 점차 더 포괄적인 총체성으로 나아가는 지점이기도 하다. 각각의 중심은, 그것이 자신을 상승시키면서 전체적인 것으로 절대화됨과 동시에 격리될 때, 특별한 형태를 취한다. 이 네 가지 과정들을 이제 좀 더 상세하게 규정해 보겠다.

(1) 진실성과 비진실성

이해심리학의 기본 개념인 진실성(Echtheit)은 현실성(Wirklichkeit) 및 진리(Wahrheit)와 관련이 있기는 해도 일치하는 것은 아니다. 영혼 안에는 또한 진실하지 않은 것도 실재한다. 진실하지 않은 것으로서의 그것은 아마도 영향력 부재로 인해 신속하게 잠잠해지기에 현재 순간에 보이는 것보다 덜 현실적으로 보일 수 있다. 진실하지 않은 것은 거짓말이나 의도적인 속임수 같은 것은 아니어도 체험하는 사람 자신과 그의 동료들을 속인다. 그것은 비현실적인 것은 아니지만 영향력이 없고, 거짓말은 아니지만 유기적인 허위다. 진실한 것은 피상적인 것과는 반대로 좀 더 심오한 것이다. 즉 모든 영혼적인 존재는 하루살이와는 반대로 안으로 뚫고 들어가는 것이고, 순간적인 것과는 반대로 지속적으로 영향을 미치는 것이고, 가정된 것, 모방된 것과는 반대로 성장한 것이자 발달된 것이다.

인간에게 진실성은 자기 자신에 대한 태도 안에 존재하고, 관찰자의 시선에서도 존재한다. 한번 보편적인 거짓 꾸밈의 가능성을 경험하고 나서 그에 대한 본능적인 충동이 첨예해지면, 자신을 대하는 태도에 진실해야겠다는 의지가 생긴다. 가짜가 실현되어 그것이 체험자에게 그의 본질처럼 보이는 경험을 하게 되면, 인간이 의식적으로 자신을 조금이라도 속이는 짧은 순간을, 즉 실현 이전에 자신의 의식적인 계획이 실현으로 넘어가는 단계를 알아차리는 시선이 날카로워진다. 이질적인 목적에 의해 움직일 때조차 항상 진실하고 순수한 것처럼 가장하는 사고와는 대조적으로 정직 의지는 자기형성과 훈련에 있어서 가짜로부터 거리를 둔 상태에서 자신의 방향을 잡아 나간다. 그러나 잊지 말아야 할 것은, 경계가 의식적으로 유지되는 경우 진실 의지는 자신의 삶에서, 예를 들어 예술적인 형식에서 의식적으로 허위적이고자 하는 의지나 외부 세계에 대해서 자신을 위장하고

자 하는 의지 같은 것을 배제하지는 않는다는 사실이다.

하지만 진실하지 않은 것을 배척하고 진실한 것을 매우 진지하게 대하는 태도는, 진실한 것은 어디에서도 포착되지 않고 진실하지 않은 것은 모든 곳에서 상대적인 효과를 함께 미치는 것으로 보인다고 하는, 진실한 것과 진실하지 않은 것 간에 놓여 있는 심연을 보여 줄 수 있다. 왜냐하면 진실한 것은 존재하는 것이 아니고 이념이면서 방향이기 때문이다. 그와는 반대로 진실하지 않은 것 또한 단순히 절대적으로 진실하지 않은 것이 아니어서 모조리 부정될 수 있는 것이 아니다. 그래서 성찰을 통해 문제가 객관화되고 살아 있는 행위를 통해서 그때마다 해결되지 않으면 문제는 끝이 없다.

그래서 이제는 구체적인 모든 경우의 문제도 관찰자가 보기에 끝이 없다. 그럼에도 우리는 여기서 우리가 수행할 과업의 유형들을 구성적으로 묘사하는 것에 국한하기로 한다. 그러면 상대적으로 진실된 것, 즉 다른 것으로부터 파생된 비진실된 것으로 이해될 수 없는 모든 것을, 면밀히 조사할 경우 무한하게 되어 버리는 진실성의 문제 그 자체가 결정적일 필요 없이, 그때마다 중심이 되는 형태로 묘사해야 하는 목표만 존재하게 된다. 묘사된 형태들을 축약해서 진실된 형태들 일체라 칭하지만, 그럼에도 그런 것을 통해서 절대적인 판단을 완수한 것이 아니고 상대적인 규정만 완수했을 뿐이라는 것을 우리는 안다.

여기서는 세계관적 내용들의 진실성과 관련해서 몇 가지 일반적인 고려 사항들만 언급하고자 한다. 세계관을 우리는 영혼 전체의 사실적인 존재라 칭하기도 하고, 주체가 말하고 적용하고 정당화하기 위해서 합리적으로 형성된 이론, 명령, 대상적 이미지 모두라 칭하기도 한다. 삶에서 거의 생각지도 못한 파급력을 가지고 있는 사실이 있는데, 그것은 생각이 체험으로부터 분리될 수 있다는 사실, 인간은 자신의 실존에서 상응하는 체험, 느낌, 직관을 소유하지 않아도, 즉 동기부여적인 힘들과는 완전히 상이한 체험들을 가지고서도 뭔가를 생각하고 말하고 기술할 수 있다는 사실이다. 단순한 생각과 말의 내용은 일종의 재료로서, 액면가 그대로의 의미를 가지고 있는 것도 아니고 직접적인 심리적 의미를 갖는 것도 아니다. 동일한 정신적인 힘들이 다양한 내용으로 표현될 수 있고 영향을 미칠 수도 있다. 또한 합리적인 의미에서 동일한 내용이 완전히 상이한 심리적인 연관들 속에 있을 수도 있다. 마지막 대립은 다음과 같은 것이다. 개인이 세계관적인 내용들(그것이 세계상이든 명령이든 인생론이든)에 관심을 보이고, 그것들이 개인의 실존에서 충분한 반향을 일으키고, 개인이 그것들을 본질적인 것으로, 본래적인 것으로, 그 어떤 무조건적인 것으로 이해하는 것은 그것들의 내용 때문일 수 있다. 그게 아닌 경우 개인은 그런 내용들을 그 자신은 알아채지 못한 채 다른 목적을 위한 조력 수단으로, 적합한 이데올로기로서 소유하는 경우가 있다. 이러한 사람은 자신의 세계관에 대해 스스로를 속인다. 현실에서의 일반적인 상황은 사람들이 이런 양극단 사이에 머무르는 것이다. 그들은 어떻게든 교설에 집착하고 탐닉과 열정에 빠지지만, 예를 들어 이런 것들은 특정의 물질적이고 사회적인 존재 조건 아래에서는 한계에 부딪히게 된다. 이들에게 저러한 교설들이 적합한 한 그런 교설들에 대한 열광은 영향을 미칠 수 있고, 추후에 존재 조건이 변할 경우 그런 교설들은 신속하게 '극복되어' 새로운 것으로 대체될 것이다. 실제 현실에서 거의 모든 본질적인 교설들이 여러 사람들의 공동 자산이 될 때 이러한 한계를 갖기는 하지만, 그런 이유에서 사람들이 위선자가 되는 것은 아니라고 말할 수 있다. 그러한 세계관들 속에서 그들은 그들 자신이 직접 진심으로 충분히 체험하지 않은 상태로 단지 일정 정도의 선에서만 긍정하는 한, 자신들의 존재 조건이 정신적인 것 자체 안에까지 놓여 있는 보다 더 희귀한 경우의 사람들과 비교될 경우에는 진실하지 못한 편이다. 이런 의미에서 세계관적인 성질을 갖는 모든 교설들을 단순히 진실하지 않다고 칭해서는 안 될 것이고 또한 단순히 이데올로기에 불과하다고 칭해서도 안 될 것이다. 오늘날 우리가 수행해야만 하는 심리학적 과제는 이런 다수의 진실하지 않은 현상들로부터 가능한 한 시선을 돌려 비교적 진실한 세계관의 형태들을 심리학적 관찰 및 진술의 대상으로 삼는 것이다. 진실한 형태들이란 모든 진실하지 않은 형태들조차 자신들의 정신을 빌려 오는 형태들을 말한다. 진실한 형태들을 이해하면, 실제 인간들의 실존의 다양성을 조망하는 데는 비진실성을 낳는 과정들의 일반 메커니즘만 알면 된다. 이해심리학의 범주론과 성격학에서 제시될 수 있을 법한 저런 과정들은, 예를 들어 자기 정당화나 다른 사람들에 대한 정당화에 이용되는 이론들을 사용한다. 그러한 원리들은 다른 원천에서 태동해 나온 것을 사후에 변론하는 데 사용된다. 억압된 존재에게서 이런 변론은 자신의 나약하고 나쁜 점을 강하고 좋은 점으로 가치 전도시키는 원한의 교설을 위해서 사용되고, 지배적인 존재에게서 그런 변론은 자신의 권력과 강제력의 사용이 인정될 수 있음을 보고 느끼기 위해서 인종, 역사, 유능함 등에 대한 정당화 교설에 사용된다. 이러한 연관들의 최종 근원은 결국 그 어떤 권력 본능인데, 권력 본능은 경우에 따라서는 재치, 깊이, 변증법적 우월성을 통해 승리하기 위해서 모든 세계관적 내용들을 전혀 다른 방식으로 지배할 수 있어서, 정신의 모든 내용들을 단지 자신에게 의미를 부여하기 위한 무기고 정도로 사용할 수 있다. 또는 마지막으로 습관, 모방, 권위에 대한 복종 같은 것들이 있는데, 이것들은 자신의 근원을 개인들의 실존에 둔다거나 그런 곳에서 관련되어 있는 특정의 힘들을 발견하지는 못하더라도 세계관적인 내용을 인계받을 수 있게 해 준다.

　진실성이라는 이념 아래 행해지는 심리학적 고찰에서는 인격적인 인간과 사태는 전혀 분리될 수 없다. 자체적인 위상을 갖는 '사태'에 대해 이야기하는 것, 성취된 사태 외의 다른 것에 개입하는 것을 거부하는 것, 인간을 개입시키지 말라는 요청, 이런 것들은 자체적으로는 합당한 권리를 가질 수 있겠지만 여기서 우리와는 아무런 관련이 없다. 기술상의 발명이나 화학적인 발견처럼 개별자로서의 사태가 정신으로부터, 전체로부터 분리된 채로 존재할수록 그런 것은 독백의 언어로 말하게 될 것이다. 그와는 반대로 정신이 전체로서 결정을 내릴수록 창조 작업을 수행하는 인격적 존재는 정신적인 것을 파악하는 것과 그만큼 더 관련성을 갖게 된다. 그때 심리학적 고찰은 점점 더 의심의 눈초리를 가지고 사태의 이면에 개입해 있을 인격적인 인간으로서의 사람을 볼 것이다. 이때 다음과 같은 물음이 제기된다. 이런 사태를 가지고 그 사람은 무엇을 원하고, 이런 사태는 그 사람의 실존에서 무슨 역할을 하는 것일까? 특히 그 사람이 철학자인 경우 화학자인 경우와는 달리 인격(혹은 개성)의 존재가 결정적이라는 것을 심리학적 고찰은 본의 아니게 발견하게 된다. 이러한 인격이 그의 작품을 통해서 조명되기보다는 오히려 그의 작품이 그의 인격을 통해서 쉽게 조명될 수 있는 관계로, 작품이 제대로 평가되지 못할 수도 있다. 정신적인 것을 파악하는 것은 항상 다소 '개인적'이다. 이런 '개인적이 되는 것'을 사람들은, 인간과 사태 간에 아무런 관계가 없을 때는 '비-사태적'이라 칭하지만, 둘 간에 이해 가능한 관계가 있는 경우에는 그렇지가 않다. 왜냐하면 세계관적인 것으로서의 정신적인 것은 또한 내용으로서도 단순히 객관적인 것이 아닐 뿐 아니라 불가피하게 주관적이며, 진실성의 여부에 대한 물음이 제기될 수밖에 없기 때문이다.

인간 본질로부터 생겨 나온 모든 진실된 세계관은―그것을 담지하고 있는 사람은 그것이 외부로부터 유래한 것으로 여기는데―사람을 평생토록 끈질기게 따라다니는 특성이 있다. 그러한 세계관은 배양될 수 있는 성질의 것이 아니다(일어나는 사건에 따라서 극도의 찰나적인 에너지를 내뿜기는 해도 지속성은 없는 '유용한' 세계관인 경우에는 사정이 전혀 다르다). 진실한 세계관은 더 나아가 한 개인의 삶 전체에 두루 엮여 있어서, 그에게 그냥 겉치레 장식물로 붙어 있는 것이 아니다.

이 말은 역사에서 또는 공공 영역에서 철학자로 등장하는 사람들에게도 마찬가지로 적용되는 말이다. "참된 형이상학자들은 자신들의 말대로 살았다"라고 니체가 말했듯이, 모든 위대한 철학은 그것을 만들어 낸 사람들의 고백이다. 피히테도 같은 말을 했다. 누군가가 어떤 철학을 가지고 있는가가 그가 어떤 사람인가를 보여 준다고. 이와는 반대로 순전히 지적인 메커니즘을 통해서 발생하고 여러 복잡한 고려 사항들과 우연적인 영향들에 의해 조건지어지는 생각은, 광범위하고 잘 교육된 지식으로 이어지기는 해도 내용 면에서 특징적이질 않아서 정신적인 힘으로서는 비교적 진실하지 못한 편이다.

(2) 형식화

우리가 대상적인 것과 주체 자체 안에 있는 모든 영혼적이고 정신적인 존재에서 형식과 재료를 구별한다면, 그 둘을 하나로 모으고 자력으로 그것들을 움직이게 하는 통합적인 전체는 이념이다. 주체에서의 기능과 움직임이 그 자체로 절대화되면 체험의 소재인 내용적인 것에 등을 돌리고 아무 관심도 주지 않을 수 있다. 이에 부합하는 태도가 바로 객체에서 형식만 중요시하는 태도다. 형식과 재료의 이런 대립도 그렇거니와 하나를 다른 것에 대립시키는 이러한 짝짓기 놀이는 둘의 내용을 통일하는 이념이 부재하는 경우에서만 가능하다. 예를 들어 예술에서 기교라는 것이 있는데, 그에 해당하는 것이 인식에서는 형식적 합리성이다. 동화시키고 조직해 가면서 확장되는 삶의 자리에는 형식적인 권력의지가 대신 들어설 수 있고, 사태와 구체적인 개체에 대한 사랑의 자리에는 공허하고 일반적인 인간 사랑이 대신 들어설 수 있으며, 체험된 생생한 사고의 자리에는 오로지 합리적이고 형식논리적인 역학적 사고가 대신 들어설 수 있다. 겉으로는 모든 것이 동일하게 유지되고 있는 것처럼 보이지만, 내적으로는 영혼이 사라지고 없다. 형식과 재료 안에는 그것들을 통합하는 이념이 들어 있다는 생각을 간파한 상태에서 형식과 재료를 도외시하고, 그 자체 오로지 운동 속에서만 파악될 수 있을 뿐 직접적으로는 완전한 파악이 불가능한 이념, 즉 전체로 직접 향할 때 새로운 형식화가 일어날 수 있다. 그런 다음 '(주관적) 감성'이라 일컬어지고 예술, 사랑, 도덕적 정치 등에서 널리 회자되는 모든 거대 담론 및 격정적인 감정들이 생겨 나온다. 이념은 자신의 근본 속성인 이율배반적인 모순성, 문제성, 활력성, 책임성, 효율성을 박탈당한 채 단순히 피상적이고 부수적이고 조화 지향적인 정동 속에서 이해될 뿐이다. 예는 이 정도면 충분할 듯싶다. 어디서나 기능의(형식의) 단순한 무한성은 이념의(내용의) 구체적인 무한성에 대립해 있고, 한쪽의 황량하고 목표 없는 불안은 다른 쪽의 방향 및 의미에 대한 충만함과 의식에 대립해 있다.

(3) 분화

세계관의 심리학이 논의될 수 있는 것은 오로지 개별화의 시대에서뿐이다. 물론 세계관이 모든 이들에게 자명하게 동일한 것이 되고 있는 속박된 시대에서는 세계관에 관한 사회심리학 하나만 존재할 수 있을 것이다. 인간 집단이 공통된 세계관을 공유하는 곳에서는 이런 표현 영역에서의 개인의 성격과 체험은 사람들의 눈에 잘 부각되지 않고, 오로지 권위적인 세계관의 특징과 그것의 심리학적 영향만 조사될 수 있다. 비로소 개인의 자유가 생겨나는 곳에서만 세계관은 개인들의 특징적인 표현이 될 수 있다. 그러면 비로소 '속박된'과 '자유로운', '타율적'과 '자율적', '권위적'과 '개인적' 간의 대립이 또한 생겨 나온다. 왜냐하면 이제 비로소 두 가지 가능성 모두가 개방되어 나오기 때문이다. 예를 들어 이제는 전승된 전통에 속박되어 그 안에 안주하고자 하는 절망형의 인간들이 생겨 나오거나 단순한 활력으로부터 동기를 부여받아 아무 생각 없이 과감하게 삶을 살아가는 유형의 인간들이 생겨 나온다. 돌이켜볼 때 인류 문화의 모든 시대에서 세계관이 가능했지만, 다른 무엇보다도 새로운 개인화의 시대인 이른바 계몽의 시대가 생산적인 시대였다고 할 수 있다. 페리클레스 이후의 그리스 세계, 로마 시대, 중세 말기, 1700년경 이후의 현대 세계가 그랬다.

'분화'라는 것이 무엇인가의 문제가 다시 이해심리학의 일반적인 문제가 된다. 이 개념은 다음과 같이 다의적이어서 모호하다. 순전한 이성적 성찰의 발달. 이전에는 통일적이었던 것을 대립적인 것들로 분리하기. 자기 자신 및 자신의 경험에 대한 지식의 증대. 무의식적으로 알고 있는 것을 의식 앞으로 가져와 표현하기. 경험 자료의 확장 등. 한 가지 관점만 언급해 보도록 하겠다. 동일한 세계관이 실체로서 존재할 수도 있겠지만, 그것을 표현하고 명료화하는 데 있어서는 다소간의 범위의 증감이 있을 수 있다는 것이 일반적인 생각이다. 그래서 사람들은 그냥 단순히 존재하는 세계관에서 시작해서 생각과 양식으로, 행동과 삶으로 완전히 외화되어 나가는 세계관에 이르기까지 다양한 범위에서 세계관들을 상상해 볼 수 있다. 하지만 모든 자기숙고, 모든 성찰적 의식 그 자체가 세계관을 변화시킨다는 사실을 사람들이 깨달을 때, 저런 식의 분화 순서는 재차 문제시될 수 있고 임시방편적인 것일 수 있음을 알 수 있다. 내가 누구인지 나 스스로 알고 있을 때, 나는 나의 원래 모습 그대로 머물러 있을 수가 없다. 어떤 삶을 살고 어떤 것을 행하고 어떤 것이 되는 것과 이 모든 것들을 내 의식의 내용 또는 대상으로 삼는 것은 그냥 단순한 단계가 아니다. 첫째, 그것을 통해서 존재가 질적으로 변화하고 전개될 뿐 아니라, 둘째, 둘 모두가 늘 그런 것은 아니더라도 겉으로 보기에 일치하는 일은 거의 없다. 내가 나 자신을 생각하고 나 자신을 위해 뭔가를 생각하며 세계관 및 신념을 형성하면, 이로써 나는 이미 다른 존재가 되어 버린다. 존재와 사고가 부합하는 것이 하나의 이념인데, 이러한 이념의 시선에서 보면 세계관이 반영되어 있는 표현 속 모든 실제적인 영혼적 삶은 뭔가 다의적이고 애매모호한 구석이 있다. 그로부터 진실성과 비진실성의 특징적인 상호연관이 직접 생겨 나온다. 이러한 연관을 간파하는 첫 순간에, 여기서 진실성과 정직성에 대한 절대적이고 고립되어 있는 이념을 획득하는 첫 순간에, 사람들은 아마도 영적 삶의 세계에서 일어나는 모든 현기증에 대해서, 니체가 그랬던 것처럼 혐오감을 느낄 것이다. 왜냐하면 겉으로 보기에 경험은 어쩔 수 없이 계속 반복적으로, 내가 누구이고 무엇을 하는지와 내가 무엇을 생각하는지 사이에서 하나의 모순을 깨닫게 되기 때문이다. 이를 통해서 한 부류의 사람들은 상황을 이용하면서 그 어떠한 제한도 받지 않은 상태에서 관용 어법 및 현기증에 빠지는 것이 가능해지지만, 다른 부류의 사람들은 일정의 연령이나 사회적 조건 속에서 항상 갱신되는 재용해 및 새로운 형성이라는 불안정이 지나간 후에 제한적이기는 해도 죽어 있는 진실성이 결정화되는 것처럼 보일 때까지, 잠시도 정지하지 않고 쉴 없는 충동 속에서 진실성을 향해 움직여 나간다.

세계관의 심리학을 연구할 때는 항상 최고로 분화된 형태들에 집중해야 한다. 우리에게는 역사적으로 가장 최근의 것이 시작점이 된다. 우리의 시선은 가장 선명하게 분리되어 있는 것들에서 시작해 시간적인 발달을 거슬러 올라가면서 혼재되어 있고 맹아적인 형성물로 향한다. 그러나 분화는 또한 완성되고 절대적인 것이 아니라 방향과 운동일 뿐이기 때문에, 우리의 시도 또한 여기서 상대적으로 분화된 것을 추구해 왔을 뿐임을 주장할 것이다.

(4) 고립되는 절대화

누군가가 인간의 세계관 전체에 대한 이념을 소유하고 있다면, 그 전체는 늘 삶으로서, 힘으로서, 활성적인 이념들의 계층 구조의 형태로서 존재하고 있을 것이지, 합리적인 형식의 교설 안에 내장되어 있는, 완전히 객관화되어 있는 그 어떤 것으로 존재하지는 않을 것이다. 옳고 유일하고 전체적인 세계관을 자처하는 모든 객관화는, 그것이 온전히 대상적인 그 무엇이 되었다고 하는 사실을 통해서 일부분이, 그것이 아무리 포괄적이라고 하더라도, 이미 전체적인 것으로 상정되고 있다는 사실이 드러난다. 그런 일부분은 종종 완전히 규정되어 있는 것으로 설명되곤 한다. 태도와 세계상의 거의 모든 개별 영역들은, 그것들이 다른 모든 것들이 의존하고 있는 그런 절대적이고 본질적인 것으로 상정되었다는 점에서, 어떤 측면에서는 그런 절대화를 한 번쯤은 경험해 봤다고 할 수 있다. 또한 우리 내부 모든 곳에는 부분을 전체로 여기고, 우리가 보는 것을 모든 것으로 여기는 경향이 있다. 고립되는 절대화는, 개별적인 것을 전체로부터 분리해 냄으로써, 개별적인 것이 가지고 있는 이러한 자기 법칙성과 특수한 속성들을 특별히 명료하게 보여 준다.

4. 논의의 구도

주객 분할이라는 원초적인 현상은 세계관들을 차례대로 주체 측면과 대상 측면 각각에서 고려하는 것을 당연한 것으로 여기게 해 준다. 이런 방식으로 해서 생겨 나오는, 보다 더 구체적으로 규정되는 세계관의 영역들을 우리는 주체의 측면에서는 '태도', 대상의 측면에서는 '세계상'이라 칭할 것이다. 그에 따라 우리는 태도와 관련해서 대상적인 태도, 자기반성적인 태도, 능동적인 태도, 관조적인 태도, 합리적인 태도, 심미적인 태도 등에 대해 논할 수 있게 된다. 세계상과 관련해서는 감각-공간적인 세계상, 영적-문화적인 세계상, 형이상학적인 세계상 등을 구별할 수 있게 된다.

태도들은 일반적인 행동 방식들로서 객관적으로 탐구될 수 있는데, 이 경우 최소한 부분적으로는 초월적인 형식들로 탐구될 수 있다. 앞서의 비유를 가지고 설명해 보자면, 태도들은 초월적 형식의 특정 격자 틀을 사용하고 있는 주체가 취하는 정신의 방향을 말한다.

태도로부터 세계상의 방향으로 나아가는 것은 주체에서 대상으로, 주관적인 행동 방식에서 객관적인 표현으로, 주체의 창조 작업에서 외부에 의해 각인된 것으로, 단순한 가능성에서 대상 영역에서의 실제적인 확산으로 나아가는 비약을 의미한다.

세계상들을 특징짓는 작업을 진행하면서 우리가 대상 쪽으로 움직여 갈 때, 우리는 그런 대상 때문에 작업을 하는 것도 아니고 진리, 가치, 옳음의 기준에 따라 판단하기 위해서 하는 것도 아니며, 인식 주체를 되돌아볼 수 있을 관점을 제공받기 위해 하는 것이다. 그것은 그 자체로는 인식 불가한 주체가 객체적인 것 안의 모든 방향으로 대상을 찾고 창조하고 형성하면서 움직여 나가는 것을 말한다. 이때 주체는 그때마다의 객체만을 생각하지만, 그런 객체는 우리에게 주관성을 지칭하기 위한 새로운 표현을 보게 해 주는 하나의 계기만 제공해 줄 뿐이다. 어디에서나 심리학, 특히 세계관의 심리학의 전제조건은, 객체적인 것으로 나아가는 발걸음이 영혼에서 시작되고 그런 식의 발걸음이 실행되는 한에서만 우리가 심리학을 할 수 있다는 사실이다. 우리가 세계상들에 대해서 말할 때, 우리의 의도는 특징을 드러내는 데 필요한 본질적인 것을 추출하는 것이다. 이런 주관적인 의미의 관점이 주관의 표현이나 주관의 각인으로서 주체가 하는 선별 작업을 인도해 주지 않는다면, 세계상들을 묘사하려는 일련의 시도들은 인간의 사고 내용, 믿음 내용, 목격한 내용의 끝없는 세부 항목들을 끝없이 축적하는 무의미한 작업일 수 있다. 물론 특징적인 것은 우리의 본능이 선택한다는 것인데, 우리의 본능은 보편적인 것을 포착하고자 하고, 대조적인 것과 특징적인 것을 발견하고 싶어 한다. 포괄적이고 도식적인 네트워크는, 적용되는 과정에서 허술한 부분이 엄청날 수는 있어도 의미 없는 사고는 아니다.

태도들과 세계상들은 비교적 추상적인 요소들로서 특히 움직이지 않는, 말하자면 정적인 요소들이다. 우리는 그것들을 개별적으로 명료화하고 현전화함으로써 부분적으로는 열거된 목록을 얻게 되고, 부분적으로는 체계화되어 비교적 고정되어 있는 목록을 얻게 될 것이다. 게다가 요소에 대한 각각의 묘사에는 본래적인 의미에서의 특수한 유형의 세계관이 즉각적으로 연결되어야만 한다. 왜냐하면 태도와 세계상 자체는 아직 세계관이라고 말할 수 없고 세계관의 한 요소로만 취급될 수 있기 때문이다. 주체의 삶에서 관련 요소는 절대화되고 있는 것으로 여겨지고, 그래서 여러 유형의 상세한 특징 묘사가 실제로 얻어진다. 우리가 이 단원에서 말하는 모든 것이 '세계관'이라 불릴 만한 것에 포함되기는 할지라도 우리는 아직 그런 세계관에 대해서 말하고 있지 않다는 느낌을 받을 것이다. 세계상들과 태도들을 자체 내에 포괄하고 있는 힘이나 정신의 유형들이 무엇인지에 대해서 물을 때, 우리는 그런 본래적인 중심 안으로 들어간다. 그런 힘들이, 저러한 모든 요소들처럼, 직접 대상화될 수 있는 것은 아니지만, 하나의 원동력에 기반해서 진행되는 운동 과정 및 총체성으로서는 대상화가 가능하다. 우리가 허무주의, 회의주의, 권위주의, 자유주의, 낭만주의, 이율배반적 모순주의, 괴물적인 것, 엄격한 것 등에 대해서 얘기할 때 염두에 두고 있는 것이 바로 그런 것이다. 우리는 정적인 요소들에서 동적인 힘으로, 움직이지 않는 것에서 움직이는 것으로, 고립되어 있는 것에서 전체적인 것으로, 현상에서 근본적인 것으로, 순간적인 것에서 인격적이고 전체적인 것으로 들어선다.

요소들을 열거할 때, 우리는 철자를 쓰고 정의하는 작업을 진행할 때처럼 한다. 정신의 유형들을 구분하는 데 있어서 우리는 마치 글을 처음 읽을 때처럼 한다. 하지만 세 단원 모두에서 우리는 인위적인 구분을 하면서 움직이고 사물들을 —구체적인 개별 사례의 관점에서 볼 때— 단순화하거나 복잡하게 만든다. 우리는 다음과 같은 본능적인 질문을 제기할 것이다. 그 모든 것들은 대체 어떻게 서로 연결될 수 있는 것일까? 모든 것들은 어떤 관계에 서 있을 수 있는가? 모든 것들은 무엇에 의존하고 있는가? 본래적인 답변은 오로지 사례를 통한 연구, 전기적인 연구, 역사적인 연구를 통해서만 주어질 수 있다. 비교적 일반적인 형태를 띠는 이러한 직관은 연관들에 대한 성격론적 사회학적 고찰이 제공해 줄 것이다. 다른 한편 저러한 일반심리학적인 사고 형태들의 풍부한 직관성과 검증성은 정신의 구체적인 개별 영역들 가령 과학, 예술, 종교의 작품 영역, 성격 영역, 사회 영역에 대한 세계관적 분석에서 비로소 달성될 수 있을 것이다.

완전한 세계관의 심리학은 그래서 세 부분으로 나눠서 생각해 볼 수 있다.

I. 1부에서는 일반적인 기초 작업, 태도들과 힘들, 한계 일반이 다루어질 것이다. 이 부분이 세계관의 심리학 일반론이 될 것이며, 그것을 좀 더 구체적인 현상으로 구현하는 일은 2부와 3부에서 진행된다.

II. 2부에서는 성격, 작품, 사회 각 개별 영역에서 분명하게 드러나는 일반적이고 세계관적인 형태들이 추적될 것이다. 작품 영역(예를 들어 과학, 형이상학, 예술, 종교 등), 성격 영역(예를 들어 윤리, 생활양식, 성애 등), 사회 영역(예를 들어 정치) 각각이 다시 세계관적인 힘들의 궁극적인 가능성들을 가시화시켜 줄 것이다. 일반적인 부분의 범주들은 각 영역에서 자신들이 어느 정도 적용되고 있는 것을 발견하게 될 것이다. 예를 들어 정치(정치적인 행동과 판단)에서 어떤 가능한 세계관들이 드러나는지, 어떤 세계관적 힘들에 의해서 과학이 운영되는지, 그리고 이런 학문이 세계관들을 통해서 어떻게 서로 다른 특징으로 나타나는지 등이 추적될 것이다.

III. 앞의 두 부분, 특히 그것들의 일반적인 부분을 여기서의 논의와 관련해서 사용하는 가운데 개별 인물, 민족, 시대, 상황 관련 자료들에서 성격론적이고 사회학적인 형태로 들어 있는 세계관들을 추적할 때 이 작업은 가장 구체적인 작업이 될 것이고, 실제 현실에 가장 근접해 있는 작업이 될 것이며, 또한 경험세계의 다양성 속으로 무한히 확장해 나가는 작업이 될 것이다. 이 작업에서 체계적인 실행은 아무런 의미도 없을 것이고 그 풍부함 때문에라도 그런 작업은 아예 실행이 불가능할 것이다. 여기서는 사회학과 성격학 분야의 단일 주제 연구만 가능하다. 예를 들어 아우구스트 스트린드베리나 프리드리히 니체의 세계관적인 입장을 추적해 볼 수 있을 것이다. 이런 경우가 아니라면 계층, 계급, 직업 그리고 최종적으로는 역사적으로 존재했던 각 집단들의 세계관들을 분석해 볼 수도 있을 것이다.

　우리가 지금까지 서술한 것은 원리적인 것을 다루는 1부에만 해당될 것이다. 여기서는 태도, 세계상 그리고 정신 유형에 대한 하나의 도식이 논의의 틀을 형성할 것이다. 앞으로 다룰 2부 및 3부에 비해 전체는 현실과의 거리가 가장 멀다. 이 전체는 구성 작업이면서도 유형화 작업이기도 하다. 그러나 이는 정확히 전체로서 받아들여지기를 기대한다. 그것은 질서를 만들어 내는 시도인 것이지 풍부한 세부 사항들을 쏟아 내는 작업이 아니다. 영적인 삶을 전체적으로 직접 이해할 수 있는 재능을 가진 사람을 일컬어 '영적인 인간'이라고 한다. 우리의 학술적인 시도가 할 수 있는 것이라고는, 저러한 재능 있고 이해력을 갖춘 사람은 비록 대자적으로 명확하게 알고 있고 표현할 수 있는 능력을 가지고 있지는 않더라도, 직접적이고 본능적으로 안다고 말하는 것 외에 아무것도 없다. 그러한 사람은 결국에는 구체적인 적용에서나 다시 원상회복될 만한 그런 분리들을 매개로 자신의 세계관적인 측면에 따라 영적인 삶을 지적으로 직관할 수 있기를 바란다. 그래서 그러한 시도가 '분리된 전체'라 불릴 수 있을 것인데, 그것은 결국에는 궁극적인 것으로 유지되지는 않는다. 그러한 각각의 질서는 부분 속에서 의미를 갖는 것이 아니라 전체로서 의미를 갖기 때문에, 전체를 한꺼번에 말하지 못하고 모든 것을 동시에 말하지 못한다는 것이 그것을 전달하는 것과 관련해서 불편한 부분이다. 그것은 성가신 일이다. 그래서 우리는 우리들이 수행하는 특징짓기 작업의 각 단계들을 너무 당연하게 여기는 것을 막기 위해 유보 조건을 걸 작정이다. 사물을 매번 분리해 일면적으로 순수하게 보려고 하는 추상화는 합리적인 고찰이 어쩔 수 없이 가야만 하는 길이다. 그러나 각각의 순간을 고립된 상태로 취하게 되면 그것은 잘못된 것이다. 요소와 유형들의 순서가 자연스럽게 제한을 가할 것이다.

가령 합리적인 태도에서처럼, 개별적인 것을 다룰 때 우리는 즉시 전체 질서에 분산되어 있는 문제들에 직면할 수 있다. 어떤 세계관이 가능한지, 개별 유형들이 어떤 특징을 갖고 있는지 등의 물음에 대해 비로소 정보를 제공해 주는 것은 각각의 개별 묘사가 아닌, 관계 속에 있는 전체다. 하지만 그 어딘가에서 시작할 수밖에 없다. 그리고 처음 부분에서 우리는 가장 거짓되고 가장 전제가 많은 것처럼 보일 것이고, 가장 많이 강압하고 있다는 인상도 줄 것이다.

그래서 전체의 의미가 고정되어야 할 것이다. 구분을 매개로 전체를 명확하고 분명하게 보기 위해서 예리한 분리가 행해진다. 모든 분리, 모든 개념 규정, 모든 유형의 구성은 옳은 '그것'이 아니라 전체와의 관계에서 상대적으로 옳은 것들이다. 세계관과 세계관의 요소들을 지칭하는 데 이용되는 단어들은 매우 다의적으로 사용된다. 여기에서는 여기서 생각된 의미에서 모든 것을 더 명확하고 정확하게 파악하기 위해 노력이 이루어지지만, 다른 질서에서라면 물론 그것과는 다른 식으로 일이 진행되어 나갈 수도 있다. 단어들이 언어 안에서 특정의 의미를 갖는 한 사람들은 어찌되었든 그러한 식의 의미를 고수하고 새로운 단어의 의미는 피하는 것이 좋을 것이다. 그러한 전체 도식은 일종의 도구다. 사람들과 사람들의 세계관에 대해서 서로 명확해지기를 바란다면 그 전체 도식은 상호 이해를 위한 도구이고, 사람들을 분석하기 위한 도구라면 이런 측면에서의 도구다. 그러나 이러한 적용에서도 의미는 격리된 개별적인 것 자체에 있는 것이 아니라 전체로서 받아들여져야만 하는 전체 도식 안에 있다. 심리학의 영역을 여러 다양한 부분들로 구분해 나누는 것은 가능하다. 도식들이 그 자체로 취해지고 서로를 마비시키지만, 고착되지만 않는다면 그것들은 객관적인 보기로서는 무해하다. 그러한 도식이 없으면 지식도 없고 지성의 질서도 없다. 도식들을 떨쳐 버리는 능력, 그것들을 알고서 사용하는 가운데 그것들 위에 군림할 수 있는 능력 없이는 그 어떤 교육도 없다.

우리의 체계적인 요구를 가장 만족시키는 것은 물론 모든 것을 지배하는 체계적인 기본 태도다. 헤겔 현상학은 그것이 성취해 낸 변증법적 발생학적 특성을 통해서 그러한 통일성(그 안에는 변증법적 발생학적 분화적 전개가 구분되어 있지 않고 모든 과정이 포괄되어 있다)을 갖게 되었다. 그의 저작에 대한 모든 감탄에도 불구하고, 그의 저작에 비견될 만한 어떤 저작도 없고 그의 저작에 도전장을 내밀 만한 저작이 없다는 것을 알고 있음에도, 우리는 그런 체계적인 통일성에 만족하지 않는다. 그것은 너무도 명백하게 그리고 너무도 확실하게 억압을 행사하지만, 그런 억압을 지양할 그 어떤 계기도 없다. 그것은 심리학 그 이상이지만 또한 심리학적으로 불완전하다. 그것을 통해서 우리는 우리의 지평이 제한되는 느낌을 받는다. 우리는 지나치게 많이 단순하게 열거하고 지나치게 많이 목록을 제시하는 심리적인 영역을 넘어설 수 있어야만 한다. 이를 위해서는 저러한 것들에 대한 체계적이면서도 그 자체로 절대화되지 않는 접근법들을 가지고 있어야만 한다. 우리는 헤겔의 관점 및 서술 일부분을 감사하게 사용하겠지만 그것들을 심리학적으로만 취할 것이기 때문에, 그것들은 불가피하게 그것들이 가지고 있는 추진력과 철학적인 형태를 상실하게 될 것이다.

완전성의 추구, 이것이 학술적인 관찰자로서의 우리를 인도해 주어야 하겠지만 그것은 희망 없는 일로 보인다. 우리는 결코 자료의 완전성을 바랄 수가 없다. 그것은 무의미하다. 하지만 관점들의 완전성, 원리들의 완전성은 비록 거기에 도달하지는 못하더라도 추구할 수는 있다. 자료는 항상 무한할 것이고, 사람 각자는 그중에서 아주 작은 부분만 알고 있을 뿐이다.

모든 세계관들은 진실성, 형식화, 분화, 절대화, 이 네 가지 관점들을 통해서 그것들의 위상에 따라서 규정되거나 적어도 그런 방향에서 천착될 수 있다. 하지만 세계관의 심리학에게 그러한 위상들은 하나의 자기완결적인 폐쇄된 원으로 정리되지 않고, 전혀 최종적으로 배열되지 않는다. 모든 세분화는 더 세분화될 수 있고, 모든 진실성의 이면에서는 선행하는 것을 상대적으로 진실하지 못한 것으로 보이게 해 주는 더 심오한 진실성이 추구될 수 있으며, 모든 본질적인 것들은 상대적으로 좀 더 형식적인 특성을 가질 수 있고, 아무리 포괄적으로 묘사된 세계관 전체라 하더라도 언젠가는 고립되는 절대화로 파악될 수 있다. 상대주의적이고 심리학적인 고찰에는 제한적 한계라는 것이 그 어디에도 없다. 어디서나 하나의 잠정적인 종점만 볼 수 있을 따름이다. 계열은 더 확장될 수 있다. 인간 오성이 빠짐없이 철저하게 수행하는 분리는 자기완결성과 절대성을 그럴싸하게 가장할 수는 있어도 그것들을 직접 확장하는 것은 불가능하다. 하지만 그때마다 양극단 저변에 놓여 있는 영역 내지 힘으로 되돌아가면, 그로부터 더 많은 것이 보일 수 있고 더 많은 것이 전개되어 나올 수 있다. 모든 도식, 모든 체계적인 배열을 통해 우리는 불가피하게 완벽함에 도달했다는 일시적인 착각에 빠지게 된다. 이런 착각이 고착되면 우리의 탐구는 중단되고, 우리는 고찰자로서의 특별한 삶을 박탈당한다.

다양한 형태들을 유형화하는 특징이 있는 다음의 시도들은 이제 의식적으로 '직관'을 중심에 배치해 기술하는 작업에서 출발하는데, 그 기술 작업은 그것을 통해서 획득한 것을 가능한 한 합리적인 방식으로 정렬할 수 있을 때까지 계속된다. 주가 되는 것은 논리적인 연역이 아니라 분석적으로 얻어지는 요소들로부터 직관(독자에게는 단순한 합리적인 사고가 아니라 직관적인 현전화)을 발전시키는 것이다.

1부

태도들

올바른 것은 확고하게 정해져 있고 사람은 올바른 것을 요구해야 한다고 생각하는 선지적인 세계관의 이론은, 주로 주체와 객체 또는 영혼과 세계만 알고 있다. 그에 반해서 심리학은 둘 중에서 그 어느 것도 일반적이거나 고정되어 있거나 절대적인 것으로 여기지 않는다. 그 대신 주로 태도 및 관점들만 알고 있다. 이런 것들에 대해서 심리학은 고찰적이고 분석적인 태도, 특성화하는 태도를 취한다.

　가능한 태도들을 추출해 낼 때, 우리는 소위 기능들에 대해서 말한다. 즉 각각의 태도들이 무한히 다양한 내용을 가질 수 있는 동안, 가능한 태도들에 대해서 비교적 형식적으로 말한다.

　의사소통 시 사람들은 동일한 태도 내에서만 상호 이해에 도달한다. 여러 다양한 태도를 취하면서 살아가고 말하고 생각하고 행동하는 경우 사람들은 서로를 이해하지 못하고 그냥 지나친다. 다양한 태도들이 다양한 체험 영역들로서 나란히 서 있으면 세계관은 개별 태도들을 따로 격리시켜 절대화하는 가운데 긍정하기도 하고, 동일한 시각에서 그 외의 다른 것들은 부정하기도 한다. 그런 식으로 일련의 서로 대립하는 세계관들이 특징지어지고 구성될 수 있다. 그러나 태도들이 영혼 속에서 생생하게 층층이 쌓여 구축될 수 있고, 일부 태도들은 다른 태도들에 종속되거나 상대적으로 독립해서 존재하는 동안 서로 다른 태도들로 구성되는 유사한 위계질서의 피라미드를 체화하고 있는 사람들이 있을 수 있고, 이들 간에 상호이해가 생겨 나올 수 있다. 그 이유는 그들의 태도 피라미드의 첨단에 있는 태도가 동일하기 때문이다. 첫 번째 관계, 즉 서로 상반되는 태도들에 대한 예로는 능동적인 것과 관조적인 것 간의 투쟁, 이성적인 것과 심미적인 것 간의 투쟁, 쾌락적인 것과 금욕적인 것 간의 투쟁이 언급될 수 있다. 두 번째 관계, 즉 서로 다르기는 하지만 서로 이해할 수 있는 태도들의 예로는 신비적이거나 이념적인 것 안에 있는 합리적인 것과 심미적인 것으로부터의 상호 이해, 자기창조에 있어서의 즐기는 것과 금욕적인 것으로부터의 상호 이해, 열정적인 것 안에서 능동적인 것과 정관적인 것으로부터의 상호 이해 등이 거론될 수 있다.

태도들을 질서 있게 분류하기 위해서 우리는 늘 그렇듯이 주객 관계로부터 시작하는데, 여기서 우리는 그것을 나와 대상, 즉 주체와 객체 간의 대립으로 이해한다. 그래서 일군의 대상적인 태도들은 자기반성적인 태도들과 대립한다. 이 둘의 상위에 자리 잡고 있는 것이 열정적인 태도인데, 이 태도는 정도의 차이는 있지만 나와 대상의 대립을 특이한(총체화하는) 방식으로 지양하고 있기 때문이다.

1. 대상적인 태도

대상적인 태도는, 능동적으로는 시공간 현실에서 존재하고 있는 형태들에 초점을 맞추고 관조적으로는 시공간을 초월해 있는 대상을 파악하는 것에 초점을 맞춘다.[6]

1) 능동적인 태도

욕구하는 인간은 세상을 일종의 저항으로 경험하고, 세상이 부분적으로 자신에게 의존해 있다는 경험을 한다. 그에게 외부 세계는 저항을 경험할 때 비로소 그곳에 실제로 존재한다. 이러한 저항은 절대적인 저항은 아니다. 세상이 그 어떤 방식으로든 인간에게 의존해 있는 한 세상은 완전히 독립적인 것이 아니고, 인간이 취하는 능동적인 태도의 대상이 된다. 능동적인 태도의 세계상은 행위자 자신의 영향권 안으로, 말하자면 행위자 고유의 본질 영역 안으로 편입되는 반면, 관조적인 태도에서의 세계상은 관조자와 마주하고 있고 관조자로부터 독립해 있으며 통제되는 일 없이 그저 볼 수만 있고 관찰만 할 수 있으며, 낯선 성질의 것이다. 관조적인 사람에게 세계를 인식한다는 것은 세계를 자신 앞에 두는 것을 말하고, 능동적인 사람에게 세계를 인식한다는 것은 세계를 창조적으로 만들어서 그것을

---

6 이러한 대조는 오래된 것이다. 아리스토텔레스는 포이에인(ποιεῖν, 짓다), 프라테인(πράττειν, 행하다), 테오레인(θεωρεῖν, 보다)을 구분한다. 이후 활동적 삶(βίος πραχτικός)과 명상적 삶(βίος θεωρητικός)의 대조가 일반적이게 되었다. 기독교 세계에서는 이러한 대조가 마리아와 마르타의 대립으로 이어졌다. 베이컨(Francis Bacon)은 또한 실천적 본성과 관조적 본성을 구별하기도 하였다.

자신의 활동 반경 안으로 끌어들이고 변화되는 것을 말한다. 능동적인 태도에서 세계는, 능동적인 태도를 취하는 사람이 그것을 자신의 세계로 파악하는 방식으로 변화되게 되어 있다. 능동적인 태도로 진행되는 모든 인식에서는 우리가 할 수 있는 한도 내에서만 사물을 인식한다는 사실이 적용된다. 능동적인 태도에는 지속적인 이원론이 작용한다. 의지는 저항을 만나고 반의지를 만난다. 관건은 힘과 투쟁이다.

능동적인 인간은 시간적으로 현재의 상황 안에 온전히 처해 있다. 그런 사람은 상상 속의 상황이나 또는 시간을 초월해 있는 환상적인 상황 속에 처해서 행동하는 것이 아니고, 주어져 있는 구체적인 상황 속에 처해서 행동하고, 뭔가 낯선 세계적인 조건 아래에서 행동하는 것이 아니라 구체적인 현재의 세계적인 조건 아래에서 행동한다. 그런 사람은 객관적으로 가능해 보이는 일을 하고 자신의 주관적인 입장에서 할 수 있는 일을 행한다. 그런 사람은 상황과는 거리가 먼 이상적인 것과 그런 성질의 세계를 취급하지 않으며, 상황이 제공하지 않는 과제들은 취급하지 않는다. 그런 사람은 자기에게 낯선 세계에서 아무 조건도 없이 자신의 이상을 실현하기를 바라는(그리고 그 과정에서 필연적으로 아무런 결과도 없이 비참한 몰골을 하고 무너져 내리는) 사람과는 완전히 대비될 뿐 아니라, 자신에게 주어져 있는 상황으로서의 현실과 자신이 추구하는 이상이 더 이상 화해할 수 없을 뿐 아니라 서로 아무 관계도 맺고 있지 않아서 그저 모든 것을 체념한 채 두 손 모아 기도만 하고 있는 사람과도 완전히 대비된다.

능동적인 태도의 범주에는 다음과 같은 세부적인 것들이 속해 있다.

1. 능동적인 태도의 수단으로는 오성과 모든 정관이 있다. 이런 것들은 독립성을 갖지 않는 도구들로서 활동의 목적에 따라 움직이고 개발되는 것들이다. 능동적인 인간에게는 다음과 같은 것이 적용된다.

학문이 쓸모 있는 한에서 그는 학문을 존중하고.

국가를 다스리고, 국민이 배울 수 있도록 가르침을 편다.

예술이 자신의 로마를 장식하는 한, 그는 예술을 소중히 여기고,

찬미하고….

그의 주변에서는 모든 것이 나태하지 말아야 하고

타당한 것은 효력이 있어야 하고 소용될 수 있어야만 한다.

마르크스는 다음과 같은 극적인 방식으로 두 가지 태도 간의 대립을 묘사한 적이 있다. "철학자들은 세상을 다양하게 해석했을 뿐이지만, 중요한 것은 세상을 바꾸는 것이다."

능동적인 인간은 손에 닿을 수 있는 실제적인 것에 터를 잡고, 직관에 있어서는 임의적인 대상들을 대상으로 삼는 것이 아니라 현실적인 상황들을 대상으로 삼는다. 그런 사람의 본성으로는 현실감, 즉물성, 멀쩡한 정신, 명료성, 힘과 가능성의 타진 능력 등이 있다. 그런 사람은 근본적인 문제 같은 것에는 관심을 두지 않는다. 그의 고민거리는 순간마다 바뀐다.

2. 능동적인 인간은 늘 동적인 상태에 있다. 그런 인간은 주어진 상황에 결코 만족하는 법이 없다. 그런 인간에게는 다음과 같은 것이 통할 뿐이다. "세상의 모든 것은 오로지 잠정적일 뿐이다." 실제적인 사건들의 무한한 흐름은 늘 새로운 상황들을 만들어 내고, 능동적인 인간은 그런 것들을 그때그때 붙잡아서 파악한다. 반면 관조적이고 숙고하는 인간은 그런 것을 관찰하고 궁리하다가 그것이 그냥 지나가도록 내버려두는데, 이로부터 그는 기회는 제때에 포착하지 못할 경우 다시 오지 않는다는 깨달음을 얻는다.

3. 상황을 파악해서 결정을 내리는 일은 능동적인 인간에게 특수한 난관과 특수한 자질들을 가져다준다. 실제 현실의 무한성, 모든 상황의 가

능성은 완벽하게 계산될 수 없다. 관조적으로 인식될 수 있는 것은 수단은 될 수 있어도 충분하지는 않다. 그때마다 산정 가능성이 존재하는 한, 그러한 산정 가능성은 (아무 생각 없는 것과는 대조적으로) 사려 깊은 활동에서 유효하기는 해도 거기서 더 나아가게 되면 결정을 내리는 의지적인 활동이 필요한데, 이런 것은 합리적인 산정과 목표의 명확성을 통해서는 충분히 정당화될 수 없다. 그것은 단호한 결정과 판단 능력에서 출현하는 비합리적인 요소이자 능동적인 인간 내부에 존재하는 요소다.

4. 무한한 사건의 흐름 속에서 계산과 사고를 넘어 확고한 입장을 취해 어느 한 방향으로 명확하게 개입하는 입장을 계속 유지해 나가려면, 어떤 신뢰에 뿌리를 내리는 용기가 필요하다. 즉 배후에 있는 정신의 유형에 따라 자신의 힘, 운명, 행운, 성장하는 자신의 창조적인 본능, 신의 섭리 등을 신뢰하는 용기가 필요하다. 생각도 계산도 해 보지 않는 사람, 결단 내리는 일을 전혀 경험해 보지 못한 사람, 또는 모든 것이 완전히 계산되어 확실하고 객관적으로 결정되어 있다고 착각하는 사람은 용기를 갖고 있지 않다. 좀 더 완벽하게 생각하려 하고 계산하려 노력할수록 두려움의 계기는 더욱 커진다. 지나치게 많이 아는 사람들은 두려움 때문에 행동하기를 꺼려할 수 있다. 하지만 그런 사람은 혼자서 용감하게 능동적으로 태도 취하는 것을 경험할 수 있다. 그런 사람은 어떤 상황에서도 절망하지 않을 텐데, 그때 그는 아마도 다음과 같은 양식을 사용하고 있는 것일 수도 있다. '세상은 이전에 보였던 것처럼 그대로 좋거나 나쁜 것이 아니다.' '사람이 세상을 살아가면서 무엇을 겪을지는 (이런 생각이 행위에 대해 그 어떤 실천적이고 합목적적인 결과를 가져다주지 않는 한) 굳이 물을 필요가 없다. 그에 반해 두려워 말고 용기를 내서 그런 것에 의연하게 맞서야만 한다.' 사람이 절망을 겪고 난 후 종교에 귀의하듯이 사람은 두려움을 통해서만 용기를

낸다.

능동적인 인간은 여러 가능성들 중에서 특정의 것을 선택한다. 그에게는 다른 사람이 대신해 줄 수 없는 양자택일의 과제가 있다. 늘 유한한 상황에 놓이는 인간에게는 모든 것이 동시에 있을 수가 없어서 총체성을 확보할 수 없다. 이런 선택의 최종 근원과 동기는 사람들이 나중에야 비로소 몇몇 근거들을 댈 수는 있어도, 그런 것들이 살아 있는 인간들을 무한으로 이끄는 한 모호한 채로 남아 있기 마련이다. 이런 선택은 관조적인 행동, 특히 심미적인 행동과는 완전히 대조되는데, 심미적인 행동에서 하나는 다른 하나를 배제하지 않고 모든 가능성이 순서대로 하나씩 조사된다. 그런 한에서 능동적인 선택 행동의 책임성은 심미적인 행동의 무책임성과 대조된다.

그러나 심미적인 태도가 그 자체로 아름답고 추악한 것에 대해 객관적으로 결말을 내지 않는 것처럼, 책임 있는 선택도 좋고 나쁜 것에 대해서 객관적으로 결말을 내지 않는다. 이러한 생각이 표명된 적이 있다. 사람이 의식적으로만 선택을 한다면 그 사람은 옳은 것을 선택한다. 필요한 것은 그 사람을 (무관심, 그냥 내버려두기, 상황이나 타자가 선택하도록 그냥 내버려두기 등과는 달리) 선택으로 유도하는 것이다. 심리학적 고찰자가 이러한 세계관적인 믿음에 동의하는 것은 거부하는 것만큼이나 그 가능성이 희박하다. 그런 사람은 최고 수준의 책임 의식을 가지고 그것과는 아주 다른 방식으로, 심지어 그것과는 반대되는 방식으로 선택하는데, 그 자신은 무엇이 좋고 나쁜지 무엇이 아름답고 추한지를 알지 못한다. 심리학이 고려해 볼 수는 있지만 창조해 낼 수는 없는 저러한 대립들은 세계관에서나 존재한다.

5. 능동적인 인간에게는 그 사람이 하는 행동의 의미에 부합해서 성공이 따르는 것이 중요하다. 즉 세계 형성에서의 외적인 성공과 내면세계를 변화시키는 자기형성에서의 내적인 성공은 그에게 중요하다. 하지만 실제에

서 성공은 첫째, 확실하게 예상될 수 있는 것도 아니고, 둘째, 도저히 생각조차 하지 못한 곳에서, 전혀 원하지도 않았던 곳에서 일어나곤 한다. 모든 행동에는 원치 않는 결과가 따르기 마련이다. 가장 정교한 기준을 적용하더라도 모든 행동에는 불가피한 책임 의식이 주관적인 체험의 형태로 수반된다. 괴테가 보았던 것이 있는데, 그것은 이런 것이다. 모든 행동하는 사람에게서 양심을 관찰할 수는 없다. 계산만으로는 충분치 않은 결정은 양심 없이 행동하는 사람에게서만 가능하거나 '책임'을 감수할 수 있는 사람, 즉 불가피한 죄를 스스로 감당할 수 있는 사람에게만 가능한 일이다. 그러한 책임에 대해서 두려움을 가지고 있는 사람은 능동적인 태도를 취하지 못한다. 그러한 책임을 가치로운 목표를 발견할 줄 아는 능력과 연결시키는 가운데 니체는 책임을 다음과 같이 적절하게 특징짓고 있다. "인간은 의지를, 목표에 대한 갈망을, 자신에게 목표를 부여하는 위험 부담을 회피하고, 책임을 전가하고 싶어 한다(운명론을 받아들인다)." 불가피한 죄책감은 1. 몰랐을 경우에는, 마치 모든 것을 알고 있었던 것처럼 모든 결과에 대해서 갖는 것이고, 2. 알았을 경우에는, 알고 있었던 것과 감수하고자 했던 것, 그리고 알고 있었어야만 했던 것들에 대해서 갖는 것이다. 첫 번째 죄책감은 잠재적으로는 모든 곳에 편재해 있고, 두 번째 죄책감은 아마도 모든 곳에 있는 것 같지는 않다.

6. 능동적인 태도의 목적성으로부터, 즉 인간이 능동적인 태도로 형성적인 활동을 수행할 때 그 활동의 출발점이 되는 목표로부터 완전히 저절로 비자의적이고 전형적인 자기통제와 목적조건적인 자기훈련이 생겨 나오는데, 이것은 금욕도 아니고 자아 형성도 아니지만, 만약 저러한 식의 형성적인 작용을 일으키는 목적이 한 번이라도 누락되는 경우에는 사람의 인격은 완전히 혼돈으로 뒤흔들리게 된다. 이런 유형의 인간들을 우리는 오

늘날 전형적으로는 활동적인 인간들, 가령 자신의 직업에서 자기훈련이 잘되어 있지만, 직업 영역 밖에서는 인간적으로 조야하고 거침이 없고 폭력적이고 우발적이고 혼돈적인 그런 인간들에게서 볼 수 있다.

이 모든 특성들을 구비하고 있는 능동적인 태도는 유사하게는 대의제적 활동이 벌어지고 있는 정치 분야, 경제적 삶이 진행되고 있는 기업 분야, 군대 분야, 의료 분야, 교육 분야, 사적인 생활 분야 등 다양한 분야들에서 관찰 가능하다.

또한 일반적인 변형 과정을 통해서 생겨나는 전형적인 파생된 형태들이 도처에 편재해 있다. 그중에는 기계적인 습관을 만들어 내는 형식화, 아직은 지식 및 경험이 부족해서 순진하고 무의식적으로 행동하기 때문에 특별한 것을 경험하지 못하고 대충 분화되어 있는 활동, 실제로 자신에게는 개인적으로나 물질적으로 아무런 위험도 없지만, 다른 사람들에게만 위험한 일을 하는 가운데 어이없게 자기 편의적으로 책임, 결단력, 용기 등의 말을 자기 주변에 구호처럼 남발하고 다니는 위선적인 모습 등이 있다. 지도적인 위치에 있는 정치인이 책임감 있게 머리를 쓸 때는 달리 행동하게 되고, 의사도 매번 수술에 앞서 '신 앞에서' ─ 그가 이런 표현을 어떤 식으로 하든지 간에 ─ 책임을 진지하게 다짐할 때 달리 행동한다.

이런 다양한 활동성의 형태들로부터 하나를 구분해 볼 수 있는데, 형식적인 활동성과 그것에 의미와 목표를 제공하는 내용을 구분하는 것이다. 목표와 의미('일에 몰두하는 것'부터, 실제적이고 현재적인 가능성들에 기반해서 의식적으로 천명되는 최종적인 목표와 가치를 도출해 내는 일에 이르기까지)에 대한 고려 없이 단순히 활동하는 것과, 가능한 것과 실제적인 것에 자신의 수단을 맞게 조정하면서도 자신이 하는 일의 내용, 목표, 가치, 의미를 다른 곳으로부터 취하는 활동 간에는 무엇보다 심원한 차이가 있다.

단순한 형식적 활동은 자신의 목표를 우연하게 발견하고, 목표도 상황에 따라서 주어진다. 단순한 활동은 한계가 없고 ―무한한 것이 아니라 자체적인 한계가 없는데, 그 이유는 그것이 한순간도 순간적인 완성을 자체 내에 지니고 있지 않기 때문이다― 텅 비어 있다. 왜냐하면 그런 형식적인 활동이, 주관적인 체험 안에서든 객관적으로든 아무런 의미도 인식하지 못하기 때문이다. 힘의 (형식적인) 만족만이 체험되고 권력에 도달하는 것, 권력을 조직하는 것, 권력을 확장하는 것에서만 만족감이 실현된다. 주요 키워드는 (특정 분야에서의) 성공, (특정 대상과 관련해 있는) 현실주의 등이다. 오늘날 기업가의 한 유형이 아마도 이런 식으로 묘사되어 왔을 것이다. 이런 형식적이고 능동적인 태도는 다른 모든 태도로부터 완전히 분리되어 모든 것들을 수단으로 만들고, 모든 내용을 텅 비어 있는 것으로 만든다. 그것은 자기 목적적으로만 행해지는 단순한 일, 노력에 머문다.

내용이 정해져 있는 활동은 이상과 현실 간의 갈등을 완전히 다른 식으로 경험한다. 형식적인 활동은 사건의 흐름 속에서 자기 존재의 가장 위대하고 활동적인 현실로 이어지는 길을 종류에 아랑곳하지 않고 추구한다. 내용이 정해져 있는 활동은 자신의 목표와 이념의 실현 가능성에 대해서 묻고, 그것이 비록 적응, 노력의 어려움, 타협 등의 문제로 인해서 부분적으로만 실현되더라도 어쨌든 가능한 한 최선의 길을 걸어간다. 형식적인 활동에서는 일에 지치다 보면 갑자기 그리고 반복적으로, 형식적인 활동의 노력과는 완전히 이질적인 쉬고 싶은 욕구로 넘어가는 전환이 일어난다. 그에 반해서 내용적인 활동에서 인간은 지속적으로, 자신의 전체 실존에 내용과 실체를 부여해 주는 목표를 가지고서 삶을 살아간다.

정적인 관조가 능동적인 활동의 한 매개체가 되는 것처럼, 능동적인 태도도 정적인 관조의 영역으로 확장 적용될 수 있다. 회의론자가 선택하려고 하지 않거나 선택할 수 없는 동안 가령 인식의 마지막 전제조건에 대한 예 또는 아니오 중에서 선택하는 활동은, 마치 다른 활동을 직업으로 선택하는 것이 아니고 인식 추구를 직업으로 선택해서 행하는 활동처럼 수행될 수 있다. 심리적인 것 안에서는 모든 태도들이 서로 연결되어 있다. 매우 선명한 분리는 태도 안에서 생성되는 추상적이고 객관적인 의미구조의 수준에서만 생각해 볼 수 있는 일이다.

그래서 능동적인 것과 관조적인 것은 서로 다퉈야 하거나 지양되어야 하는 그런 대립적인 것들이 아니다. 여기서 순서대로 기술되고 있는 모든 태도들은 일련의 긍정적이고 실체적인 영혼의 태도들로 의도된 것들이다. 그러나 각 태도에 대해 순전히 부정적으로 대립해 있는 태도가 형성될 수 있는데, 그러한 대립적인 태도는 긍정적인 종류의 태도와 일치하지 않는다. 예를 들어 능동적인 태도에 대해서는 수동적인 태도가, 관조적인 태도에 대해서는 맹목적인 태도가, 합리적인 태도에 대해서는 비합리적인 태도가, 신비적인 태도에 대해서는 비신비적인 태도가, 열정적인 태도에 대해서는 유한한 태도가, 사랑하는 태도에 대해서는 사랑 없는 태도가, 반성적인 태도에 대해서는 비반성적이고 순박한 태도가 대비될 수 있다. 모든 부정적인 것은 그 자체로는 아무것도 아니기 때문에 긍정적으로는 특성화할 수 없다.

능동적인 태도 안에는 현실세계가 포획된다. 이런 '실천적인' 활동의 진지함과 대조되는 것이 유희적인 태도다. 유희적인 태도는 관조적인 태도에 비해서 능동적인데, 관조적인 태도는 현실을 지향하기는 하지만 실제 현실로서가 아니라 상상적인 연관 속에서 그렇게 한다. 관조적인 태도는 그래서 모든 현실이 부재하더라도 환상과의 내적인 유희 속에서 존속할 수 있다. 이때 인간은 전적으로 순간적인 체험 안에 있기는 해도, 현실에 대해서는 전혀 관심이 없어서 전체적인 인격으로 내용에 참여하는 것이 아니고, 단순한 기능적인 운동성 안에 있는 무강제성이나 무책임성에 대해 그 어떠한 고강도의 긴장, 기대, 실망감 없이 오로지 체험의 형식, 즉 산뜻함, 홀가분함, 쾌활함에 참여할 뿐이다. 능동적인 태도와 유희적인 태도의 관계는 나중에 얘기하게 될 관조적인 태도와 심미적인 태도의 관계와 유사하다. 유희적인 태도는 존재 전체와의 관계를 격리시키고 방해한다. 미분화되어 있는 상태에서 유희는 아직 명료하거나 가볍지 않고 늘 진지해지려는 경향이 있다. 하지만 모든 영역들과 마찬가지로 유희적인 태도는 게임 규칙, 스포츠맨십, 공정한 게임 같은 용어들로 표현되는 그런 자신만의 자율성과 자기 영역만의 순수한 '도덕'을 발달시킨다.

유희적인 태도도 형식화될 수 있다. 예측 불가, 우연성, 행운 그리고 기능의 유발 등이 계속 감소하는, 기계적이고 단조로운 반복 안에서는 이제 단순히 시간 보내는 일만 남게 된다. 유희적인 태도는 삶의 태도로 절대화될 수 있고, 나중에 설명할 심미적인 태도 및 즐기는 태도와 만난다. 하지만 그것은 다른 무엇보다도 자주 진실하지 못한 모습으로 등장한다. 유희적인 태도는 현실적인 것에 대한 관심, 물질적인 것에 대한 관심을 나타내기 위한 비자의적인 가면으로 변질되거나 다소 의식적인 형태의 가면으로 변질되기도 한다. 유희가 (현실에 관심을 갖는) 이해관계적인 유희로 바뀌려고 하는 경우가 있는데, 이러한 전환의 위협은 ― 이런 것은 오로지 교육을 받아 내적으로 분화되어 있는 인간에게서만 일정 정도 중단될 수 있는데 ― 스포츠 정신, 게임 규칙 등과 같은 유희의 관용 어법이, 그 자체로 꼭 지켜야 하는 것은 아니지만 그것을 지킬 경우 인간에게 유리한 결과를 가져다 주는 경우에 출현한다. 유희에 관한 모든 얘기는 사람이 진지해질 때 귀에 잘 들어오지 않는다. 그렇지 않은 경우 유희적 태도는 예를 들어 에로틱한 음담패설에서처럼 자신 및 다른 사람들에게 '책임'을 면제시켜 주기 위한, 실제 현실로부터 용이하게 빠져나올 수 있게 하기 위한 위장용 가면으로 사용된다. 에로틱한 음담패설을 할 때의 에로틱한 태도는 사람들이 그것을 모호하지 않고 정밀하게, 그리고 전형적인 방식으로 파악할 경우 일종의 유희적인 태도다. 그것은 진지하지 않고 책임과는 거리가 멀며, 고립적이고 현실을 떠나 있고, 액면가 그대로 취할 경우에 현실, 생각, 행동에 아무런 흔적도 남기지 않는다. 현실의 관점에서 볼 때, 여기서는 그러니까 섹슈얼리티와 사랑의 관점에서 볼 때, 에로틱은 일종의 사기이자 아무것도 아닌 마법이다. 하지만 섹슈얼리티는 사실 에로틱으로 이어지기 쉬워서 생물학적인 결과와는 별개로 인격의 정신적 삶에, 이것이 생각했거나 의도했던 것은 아니더라도, 사실적인 결과를 가져다준다. 에로틱은 ─ 이것이 순수한 경우는 드물지만 ─ 유희적인 태도가 첫째, 얼마나 유지하기 어려운 것인지, 둘째, 실질적인 충동을 위한 가면, 속임수, 유혹으로, 즉 진실되지 못한 것으로 사용될 수 있는가를 보여 주는 고전적인 예다.

2) 관조적인 태도

능동적인 태도와 대조되는 관조적인 태도는 전자와 함께 일반적으로 이미 다음과 같은 특징을 갖는다. 관조적인 태도는 고찰하는 것이지 지배하는 것이 아니고, 가만히 보는 것이지 전유가 아니며, 주목해서 바라보는 것이지 창조하고 만들어 내는 것이 아니고, 창조에서조차 그것은 그 자체로 체험되는 것이 아니라 성장하는 것이자 주어지는 것으로 체험된다. 대상적인 것은 거리를 두고 떨어져 있다. 직관과 사고는 대부분 활동, 능동적인 욕구 충족, 현실 구성에 소용된다. 달리 말해 직관과 사고는 거의 항상 '이해관계가 있다.' 사고는 의지와 본능이 지향하는 목적과 관련이 있는 것을 선택한다. 그것은 사물을 인식하고 알기는 하지만, 이는 사물이 뭔가에 소용이 되고, 인식된 것이 기술적인 수단이 되는 한에서다. 사태들이 그 자체로 직관되고 인식되어야만 할 때, 의지의 이해관계가 탈락하고 대상세계가 그 자체로 파악되어 인식되기 위한 대상으로만 나타날 때, 인식 주체의 태도에 있어서도 하나의 비약이 일어난다.

관조적인 태도는 다양한 방식으로 기술될 수 있다. 관조적인 태도에는 다양한 종류가 있지만 그것들의 공통점은 사실성에 충실하고 '이해관계 없이' 헌신하는 것이다. 철학자들은 이런 유형의 모든 관조적인 것을 종종 '사유'라 칭했다. 예를 들어 데카르트에게는, 모든 의식된 것들은 연장된 것에 대비되는 사유다. 헤겔에게 인간의 모든 의식 내용은 동물의 그것과 대조되는 사고인데, 그것의 내용은 느낌, 직관, 표상의 형식으로 존재하거나 사고의 형식으로 존재한다. 관조적인 태도의 대상들의 원천으로는 감각적인 지각과 사고만 존재한다고 하는 우리 시대에 종종 당연시되는 견해는 심리학적인 묘사를 위해서는 절대적으로 포기되어야만 하는 것이다. 직관적인 것, 직접적인 것, 형식을 갖추기 이전의 재료는 단순한 지각의 감각적인 직관 너머에 있다.

(1) 철학자들의 교설

우선 수천 년에 걸쳐 출현했던 철학자들의 사상들을 역사적으로 살펴보는 것이 효율적이다. 기본적인 견해의 모든 차이에도 불구하고 거의 모든 철학자들은 관조적인 것의 종류를 단순히 기술하는 데 있어서 놀라우리만큼 의견의 일치를 보이고 있다. 더 나아간 의미는 곧바로 아주 가변적인 것이 되겠지만 직접 진술은, 비록 그것의 표현들이 그것이 속해 있는 저러한 더 나아간 세계관을 통해서 조건 지어진다고는 하더라도 여전히 유사하게 유지된다.

플라톤, 에크하르트, 스피노자, 칸트, 쇼펜하우어, 헤겔의 견해들을 선별적으로만, 그것도 간결한 형식으로 나란히 병치해서 비교해 보자.

플라톤은 어디서나 사물을 파악하는 두 가지 능력인 단순한 표상(의견)과 진실된 인식(이성)을 구분해서 서로 대립시킨다. 인식은 시간을 초월해 있고 불변하는 존재를 향해 있으며 가시적인 것과 대조되면서 상상할 수 있는 것을 향해 있고, 개별자와 대조되는 관념적인 것을 향해 있다. 표상(의견)은 존재와 비존재 사이에 있는 그 어떤 중간적인 것을 파악한다. 즉 진실된 통찰보다는 좀 더 어둡기는 하지만, 아예 통찰이 부재해 있는 것에 비해서는 좀 더 밝은 그 어떤 중간적인 것을 파악한다. 표상의 대상들은 모두가 대립적이고 이중적이다. 아름답고 추하고, 정의롭고 부정의하고, 그런 것들은 여러 아름다운 측면들을 가지고 있지만 아름다움(미) 자체는 아니다, 그것들은 생멸하며, 존재하다가도 더 이상 존재하지 않기도 한다. 억견은 모든 것을 표상하기는 하지만 그런 표상된 것에서 인식하는 것은 아무것도 없다. 이성은 원형을 파악하지만 표상은 무수한 모조적 이미지, 반영물, 단순한 현상들을 파악한다. 이성은 자신의 변증법적인 능력(개념적인 인식) 덕분에 이념들을 그 자체로 직접 파악하지만, 억견은 지각할 수 있는 것만 파악한다. 가시적인 것에 관심을 기울이는 사람과 사고 가능한 것에 관심을 기울이는 사람을 플라톤은 억견을 사랑하는 사람과 지혜를 사랑하는 사람으로 구분한다. 대상 파악하기의 종류들이 파악된 것과 갖는 관계는 동굴 안에 갇혀 있는 동굴 거주자의 비유를 빌려 설명되곤 한다. 동굴 안에 있는 사람들이 동굴의 넓은 입구를 등지고 뒤돌아볼 수 없는 상태에서 옴짝달싹 못한 상태로 묶여 있다. 밖에서는 밝은 불이 타오르고, 그 불과 동굴 사이에는 여러 동상들과 그림들이 옮겨지거나 움직이고, 서로 얘기를 나누는 인물들은 이리저리 걸어 다닌다. 특히 이 모든 것들의 그림자들이 동굴 바닥 위로 떨어진다. 사람들은 그것들을 관찰하는 법을 배우고 그림자들이 보통 어떤 순서로 나타나는지를 배운다. 동굴 밖으로 이끌려 나오는 사람은 빛 때문에 눈이 부셔 잘 보이지 않는 관계로 저러한 그림자들의 원형을 보는 법부터 배워야만 한다. 그렇다고 해서 그가 그런 그림자들과 그것들의 순서를 다뤄야만 하는 것은 아니다. 그 사람은 동굴 안에서부터 시원적인 형상들로 되돌아가기를 갈망해 왔다. 그 시원적인 형상들이 이데아이고, 그림자들은 단지 감각적인 표상 내용일 뿐이다. 이 세상에서 죄수로 살기 이전에 초감각적인 세계에서 보았던 이데아에 대한 상기(기억) 덕분에, 인간들은 이승의 '삶'에 갇혀 있는 상태에서도 '저 위에 머물러 있는 동안에' 언젠가 한 번 보았던 이데아를 떠올릴 수 있다. 플라톤은 모든 곳에서 인간의 능력을 동일하게 구분하지 않는다. 플라톤은 둘로 구분하는 대신 셋 또는 넷으로까지 구분하지만 의미는 모두 동일하다. 플라톤은 감각적인 직관과 이념적인 직관, 이렇게 두 종류의 직관을 알고 있다. 그가 수행하는 해체 작업은 내용의 객관적인 의미와 관련해서 인식론적임과 동시에 인식 주체의 경험과 관련해서 심리-기술적이다.

마이스터 에크하르트는 영혼의 단순한 본성이 가지고 있는 여러 가지 힘에 대해서, 즉 낮은 수준의 힘과 높은 수준의 힘에 대해서 설명한다. 눈이 보는 것, 귀가 듣는 것, 이런 것을 감각이 우선 욕구에게 제시해 준다. 고찰이 이런 것을 직관으로 데려오고, 오성의 분별하는 재주가 그것을 여과하고, 자료를 그런 식으로 상위의 힘들에게 제공한다. 이 상위의 힘들은 다시 구조화 작업을 진행한다. 기억은 보존하고, 이성은 자료 속으로 스며들고, 의지는 성취를 이룬다. 관조적인 태도만이 아닌, 이 모든 태도들에 대한 조망에서 자료를 제공하는 직관, 분별하는 오성, 침투하는 이성의 대조는 여기서 우리에게 중요하다. 나중에 칸트에 관한 논의에서 다시 보게 될 이성의 본질은 다음의 문장들로 특징지어진다. "이제 우리에게 너무 높기만 한 사물들은 이성이 알아차린다." "이성은 외부로 향한다. 그것은 듣고 알아차린다. 그런 다음 거기에 분별하고 질서 지우고 제정하는 작업을 수행한다. 그러나 이성이 자신이 하는 일에서 가장 완벽하게 성취해야 하는 책임이 있다고는 해도, 여전히 자기 자신에 대해 헤아릴 수 없는 뭔가가 있다. 그렇지만 이성은 여전히 그 어떤 상위 질서가 있다는 것을 안다. 이를 이성은 이제 의지에… 라고 고지한다." 이러한 힌트를 통해서 인식은 의지에게 활기를 부여해 주고 그것을 상위 질서로 전치시킨다. 최종의 본래적인 관조적 상태, 근원의 바라봄 속에서 개인적인 것이 사멸되는 상태, 진정한 신비적인 상태가 그런 식으로 태동해 나온다.

스피노자는 세 종류의 인식을 알고 있었다. 첫 번째 종류(견해 내지 표상)에서는 개별 사물들이 감각들을 통해서 혼란스럽게 훼손된 채, 무질서한 상태로 제시된다. 그렇지 않으면 우리는 단어들을 들을 때 그런 개별 사물들을 기억하게 된다. 두 번째 종류(이성)에서는 사물의 속성들에 대한 일반 개념들 및 적합한 표상들이 형성된다. 그것은 계산되어 밝혀진다. 세 번째 종류(직관적인 지식)에서는 개념에서 나와 사물의 본질에 대한 적합한 인식으로 발전해 나간다. 사물들은 영원의 형식 아래에서 파악된다. 즉 사물들은 두 가지 방식에서 실제적으로 파악된다. 사물들은 특정 시간과 장소와 관련해 있는 것으로, 존재하는 것으로 파악되거나 신 안에 내포되어 있는 것으로, 그리고 신적인 본성의 필연성을 따르는 것(이것이 '영원의 형식 아래'라는 말과 동일한 의미인데)으로 파악된다. "사람들 각자가 이런 종류의 인식으로부터 더 발전해 갈수록 자기 자신과 신을 더 많이 알게 된다. 즉 그런 사람은 더욱 더 완벽해지고 행복한 사람이 된다." "신적인 지성의 사랑"이라는 말은 이런 종류의 인식을 표현하는 데 빠지지 않고 사용된다.

칸트는 세 종류의 능력, 즉 감각, 오성, 이성을 알고 있었다. 달리 말해 직관의 능력, 개념의 능력, 이념의 능력을 알고 있었다. 감성은 우리에게 직관, 자료, 풍부함, 오성 형식, 한계, 규정성(개념 없는 직관은 맹목적이고, 직관 없는 개념은 공허하다)을 제공해 준다. 그리고 이성은 이념들을 가지고 경계 없는 것, 무한한 것 쪽으로 방향을 제시해 주고 그로부터 연구의 방향, 질서 부여하기, 분류법을 선도하는 관점들을 제시해 준다. 형식적인 개념 장치는 직관으로부터는 충만함을 얻어 내고, 이념들로부터는 뭔가를 움직이게 하는 힘들을 얻어 낸다.

쇼펜하우어는 '이성'과 '이념'을 칸트와는 완전히 다른 의미로 사용함으로써 그런 단어들의 언어 용법을 다른 곳으로 옮겨 놓는다. 그는 대상적인 자료 유형들을 주관적인 체험의 상관물과 대조시킨다. 아래의 표는 그의 저작들로부터 편성된 것이다.

주관적 상관물	대상적인 자료
순수한 감성 　　　　　 } 직관 오성	시간, 공간, 물질
이성	개념들
예술적 인식의 종류 = 무의지적인 순수한 인식 주체	이념들

순수한 감성과 오성은 직접적인 봄과 지식을 제공해 준다. 순수한 감성의 꾸밈없고 아무것도 말해 주지 않는 감각들로부터 오성은 직관을 만들

어 내고 이것을 — 예를 들어 인과관계를 파악할 때 — 반성적으로도 아니고 추론적으로도 아닌 직감적으로 자신 앞에 확보한다. 독일 철학자들이 다른 경우에는 '오성'이라 칭하기도 하는 것인 이성은 직감적이고 개별적인 직관으로부터 일정의 일반적인 지식을 만들어 낸다. 자신의 궁극적인 원천을 늘 직관에 두고 있는 개념들 덕분에 이성은 언어를 매개로 지식을 전달할 수 있게 만들고 신중한 행동에서 효과 있게 만들고, 학문에서 체계적이고 질서정연하게 만든다. 로고스(이성, 반성)는 확정하고 한정하지만, 궁극적으로 그것의 전체 내용은 직관으로부터 비롯될 수밖에 없는 형식적인 장치일 뿐이다. 이성에 대한 형식적 속성들과 법칙들을 다루는 이론이 논리학이다. '이성적 직관' 같은 것은 존재하지 않지만, 오히려 직관만은 오성과 통합되어 있는 순수한 감성 속에 존재하거나 궁극의 영역에 존재한다. 예술적 인식의 종류는 이념들을 칸트적 의미가 아닌 플라톤적 의미에서 모든 개별 사물들의 영원한 원형들로 파악한다. 이념들이 객체가 되어야 한다면, 아무 의지도 없고 추구하는 것도 없고 이해관계도 없이 오로지 들여다보기만 하는 순수한 인식 주체 앞에서 인간의 개별성은 사라질 수밖에 없다. 이전의 모든 종류의 인식들은 사물들의 상하 관계나 의지와의 관계들을 파악하지만 이것은 오로지 본질, 사물이 무엇인지를 파악할 뿐이다. 오성의 직관은 개별 사물을 파악하고, 이런 예술적인 직관은 종적인 성질의 이념을 파악한다. 예술은 이념을 인식하는 것과 동일하고, 순수한 정관 속에서 이념을 인식하는 것이 천재성의 본질이다. 순수한 정관을 위해서 의지와 이해관계가 개입되는 파악하기를 멈춤으로써 완벽한 객관성이 달성된다. 그런 식으로 천재성, 객관성, 이념의 인식, 예술은 동일하다. 이런 이념 인식은 스피노자가 구분하는 세 번째 인식의 종류와 명시적으로 동일시되고 철학은 과학(이성)과 예술(이념 인식) 사이에 있는 중간으로 묘사된다. "개념은 추상적이고 논증적이며, 자신의 영역 내에서 완전히 비규정적이고 자신의 한계에 따라서만 규정되며, 이성을 가진 사람만이 접근 가능하고 이해할 수 있으며, 추가적인 중재 없이도 말을 통해 전달될 수 있고, 그것의 정의를 통해 완전히 길어 낼 수 있다. 그에 반해 이념을 어쨌건 개념의 적절한 대표자로 정의하는 것은 완전히 직관적이며, 비록 그것이 무수한 양의 개별적인 사물들을 대표함에도 불구하고 일관되게 규정적이다." 그것은 오로지 천재에 의해 또는 천재적 분위기에서만 파악될 수 있으며, 절대적으로는 아니더라도 조건부로 전달될 수 있다. 개념은, 처음에 넣어 두었던 것 그 이상으로는 그 안으로부터 꺼낼 수 없는 그런 죽어 있는 용기(容器)와 유사하다. 반면 이념은 그것을 파악한 사람 안에서 발전되는데, "그것은 마치 생식 능력이 부여되어 있어서 살아 있는 가운데 그 안에 없던 것이 성장해 나오는 유기체와 유사한 측면이 있다."

헤겔은 직관, 오성적 사유, 그리고 이성적 사고 또는 사변적 사유를 알고 있었다. 오성은 (성찰적인 규정 활동에서) 일방성이 고수되는 대립 속에서 움직이고 이성은 대립물들의 통일을 사유하는데 다만 대립을 부정함으로써, 즉 오성 뒤편에 있는 매개되지 않은 직접적인 것으로의 회귀를 통해서 하는 것이 아니라 오히려 그것 너머로 초월해서 대립을 지양함과 동시에 그 안에서 그것을 유지함으로써 직접성이 매개되는 방식으로 사유한다. 사변적인 사유에서만 정신은 본래적인 인식에 도달한다. 예를 들어 오성은 삶의 개념을 기술할 수 없다. 왜냐하면 오성은 모순율에 따라 상반되는 것을 말해야 하기 때문이다. 삶의 개념은 오로지 사변적으로만 사유될 수 있다. 직관이 출발점이긴 해도 직관에는 여러 종류가 있고, 직관은 또한 그 안에서 사변적인 사유가 결국 영혼의 영구적인 소유물이 되는 형식이다. 직관의 대상은 '이성적인 것', 그래서 여러 측면들로 찢겨 있는 개별적인 것이 아니라 풍성한 규정들이 하나로 묶여 있는 총체성이다. 정신이 깃들어 있지 않은 직관은 단순히 감각적인 의식이며, 대상을 피상적으로 대하는 의식이다. 정신이 깃들어 있는 진정한 직관은 대상의 견실한 실체를 제대로 잘 포착한다. … 모든 지식 분야에서 사물에 대해서는 직관이 말하도록 하는 길이 정당하게 고수되어 왔다. 그렇게 하는 데는 인간이 정신과 가슴과 심성을 가지고 — 간단히 말해서 자신을 온전히 바쳐 — 사태와 관계를 맺어 그것의 중심에 서고, 그것이 자신을 허락하도록 하는 것이 포함된다. 그렇지만 이러한 직관은 "단지 인식의 시작일 뿐이다", 직관은 사유를 움직이게 함으로써 경이와 경외심을 불어넣는다. 자신의 사유에서 완벽하고 확실하며 참된 직관을 얻은 자만이 온전한 인식을 가질 수 있다. "그런 사람에게서 직관은 단지 견고한 형식을 형성할 뿐이고, 그런 형식 안으로 완벽하게 발달된 그의 인식이 재차 응축된다." 이런 사유를 우리는 "그것이 가지고 있는 직접적인 성질을 고려해서 초감각적인 내적 직관이라고 부를 수 있다."

세부적인 사항들에서의 모든 차이에도 불구하고 이 모든 철학자들에게 공통점이 있다. 그것은 그들이 기적 같은 성질의 초감각적인 계시의 도움을 받지 않고도 인식의 유형들 중에서 단순한 감각적 지각과 논리적 사고 이상의 것을 알고 있었다는 사실이다. 플라톤에게서는 이데아에 대한 이해, 에크하르트에게서는 자신이 파악하는 것보다 더 고차원적인 것이 있다는 사실을 알아차리는 이성, 스피노자에게서는 영원의 형식 아래 사물을 보는 제3의 인식의 종류, 칸트에게서는 무한성을 향해 방향을 제시하는 이념의 능력으로의 이성, 쇼펜하우어에게서는 예술가적인 이념의 통찰, 헤겔에게서는 사변적 사고, 이 모든 것들은 한목소리로 감각적인 지각과 형식 논리학적 이해 가능성 너머에 있는 인식의 종류를 향해 나아간다. 그들 모두에게 공통적인 것은 인식의 유형들이 계층적으로 질서 지워져 있다는 것이고, 자체적으로 분류될 수 있는 넓은 범위를 가지고 있는 직감적인 것과 합리적인 것이 기본적으로 대립해 있다는 사실이다. 모든 것은 오성의 영역으로 들어오는 한에서만 규정되기 시작한다. 직관적인 것은 그 자체로는 규정되지 않은 것이다. 그것은 감각적인 것으로서는 자료이고, 이념으로서는 오성의 움직임을 위한 힘의 나타남이다.

(2) 관조적인 태도의 종류

대상적인 이해의 종류들은 대상에 따라서('초월적인' 성질의 틀 및 타당성의 종류에 따라서) 추정적인 성질의 것일 수도 있고 실제적인 성질의 것일 수도 있는데, 그게 아니면 주관적인 태도의 특성에 따라서 구분된다. 첫 번째 경우에서 목표는 범주 이론, 즉 대상적인 것의 모든 형태 및 모양에 대한 이론이고, 두 번째 경우에서 목표는 대상적인 태도에 있어서 체험과 체험적 의미에 대한 형식 이론이다. 대상에 따른 분류는 인식론적이거나 대상 정향적인 분류이고, 체험 방식에 따른 분류는 서술적이거나 주관적인 분류다. 인식론은 실재와 존재의 종류에 관한 물음에 관심을 가지고 있고, 그다음에는 대상의 인식 가능성과 그런 인식 가능성의 조건들에 관한 물음에 관심을 가지고 있다. 주체의 기능들에 관한 기술은 체험 내용에 주어지는 대상들의 의미에 관해서 묻지 않고, 체험된 실재에 관심을 갖는다. 궁극적으로 존재론적인 관심에는 심리학적인 관심이 대립해 있고, 초월적인 관심에는 내재적인 관심이 대립해 있다. 태도와 체험들에서 사람들이 늘 대상에 대해서 이야기해야 한다고는 하지만, 이때 말하는 대상은 오로지 특징을 기술하는 수단일 뿐이다. 그러한 연관에서는 대상이 존재하는 성질의 것인지 아니면 환상적인 성질의 것인지, 특정의 세계관에 대해서 의미가 있는지 아니면 의미가 없는지 등은 하등 관심의 대상이 아니다. 주관적-심리학적 고찰과 객관적-인식론적 고찰을 분리하는 것은 우리에게 근본적으로 중요하다. 둘은 서로 밀접한 관계에 있기는 해도 두 경우에서 관심의 방향은 상반된다. 주관적으로 정향된 특징짓기를 시도해 보기로 한다.

이 작업은 모든 특별한 세계관으로부터, 그리고 세계관을 활용하는 모든 문제로부터 해방된 상태에서 관조적인 것의 종류를 기술하는 과제다. 이때 우리는 정해지지 않은 많은 양의 직관을 맨 앞에 둘 것인데, 그 양은 단순한 감각적인 직관에서 시작해서 합리적이거나 심미적으로 이해할 수 있는 모든 것 너머로 나아가는 직관들로까지 뻗어 있다. 직감적인 태도에 주어지는 이런 많은 양의 직관적인 것들은 자료적인 성질의 것들인데, 그것들은 그다음 단계에서는 심미적인 태도나 합리적인 태도를 통해서 특별한 형식으로 파악되지만, 자료적인 것에 대해 이런 형식들이 결코 주인공이 되는 것은 아니다. 오히려 직감적인 태도는 두 가지 다른 관조적인 태도의 전제조건으로 머물러 있을 뿐 아니라 형식화된 것 너머로 계속 초월해 나가서는 그것들을 두루 포괄하는 결말로 남게 된다.

태도들을 기술할 때 우리는 아직 예술, 과학, 인식에 대해 생각할 필요가 없다. 이것들은 훨씬 더 복잡한 형태를 취하고 있다. 관조 그 자체는 아직 예술도 아니고 인식도 아니다. 그것은 저 두 가지가 생겨 나올 수 있는 대상적인 태도이다.

a. 직감적인 태도
직감적인 태도에서는 무한히 충만한 행복감이 보이고 수용된다. 거기서는 (마치 합리적인 활동에서 직감적인 것이 하나도 체험되지 않을 때처럼 뭔가 본질적으로 새로운 것을 체험하지 못하는 공허감을 느낄 때처럼) 모든 것이 익숙한 범주 아래 신속하게 승인되어 종속되기보다는 오히려 적극적으로 직관되고 기다려서 수용되는 가운데, 뭔가를 보는 활동이 일종의 창조적인 성장으로 체험된다. 분명한 것은 의지, 목적, 의식적 목표 설정이 방해를 받고 제한된다는 것이고, 주어지는 것은 자신의 본질에 유익한 재능이자 선물인 것이지, 의지가 일으키는 목표 설정, 훈련의 성취가 아니라는 것이다. 단 하나의 원칙은, 본능이라는 것이 무엇인지를 직관적으로 드러내야 한다면 먼저 묻지 말고 곧장 자신을 내맡기라는 것이다. 직감적인 태도란 신속하게 훑어보는 것이 아니고 침잠해서 몰입하는 것이다. 전에 알려져 있던 것을 한눈에 재확인하는 것이 아니라 발전하는 직관성의 과정에서 새로운 것, 성취된 것이 새롭게 습득된다. 모든 직감적인 것은 주객 분할 아래 존재하지만, 주체와 대상 간의 밀고 당기는 운동은 의식이 대상에 가까이 가고, 대상에 공속되고, 대상과 친화적이 되는 방식으로 이루어진다. 그에 반해서 합리적인 태도는 주체와 대상 간에 완전한 간격을 만들고, 신비적인 태도는 주객의 분할을 전적으로 지양한다.

직관이라는 개념은 어법적으로 종종 감각적인 직관의 의미로 제한되어 사용되는 경향이 있다. 그 개념은 가령 보고 듣고 만지는 활동 등에서 직접 지각으로 주어지는 것으로 이해되거나, 그게 아니면 재현된 기억이나 상상적인 표상 등에 주어지는 것으로 이해된다. 그렇지만 좀 더 넓은 의미에서의 직관은, 우리가 하는 대상 의식의 내용들이 개념 정의에 의해서 한정되더라도 남김없이 묘사될 수는 없는 충만함이 있는 곳이면 어디나 존재한다. 오히려 그런 충만함은 흔히 시각에 비유해서 말해지는 것처럼 보여야만 하고, 직관되어야만 하고, 관조되어야만 한다. 그것은 그 자체로 모든 주체에게 완전히 개인적인 사안으로 남아 있어서, 개념적이거나 심미적인 한정 및 관계 설정의 정도가 아니고는 다른 사람과 소통될 수 없다. 하지만 이때도 단순한 형식적인 개념 구분으로는 상호 이해가 가능하지 않고, 오로지 양쪽이 동시에 보는 것에 기반해서만 상호 이해가 가능할 뿐이다. 이미 색채와 같이 가장 단순한 감각 요소들에 있어서도 그렇거니와, 아주 섬세한 의미 직관 및 상징 직관의 경우에서도 상황은 다르지 않다. 다른 사람에게서 직관을 일깨우는 기술적인 조력 수단으로는, 구체적인 현실이 관건인 경우 대상물이나 모사본을 내보이는 방법이 사용되고, 내적인 직관 및 심리적인 직관의 경우에는 단어, 이미지, 소리로 표현되는 형상과 암시적인 묘사법이 사용된다. 어떤 경우가 되었든 직관은 궁극의 최종적인 것으로서, 여러 중재들을 통해서 도달될 수 있는 것이기는 해도 모든 이들이 직접 목격해야만 하는 것이다. 그것은 직접적인 것으로서, 합리적인 방식으로 증명될 수 있는 것이 아니고 오히려 그런 것이 가능하기 위한 전제조건이다. 그것은 사람 각자가 직접 볼 수 있거나 그렇게 하지 못할 수도 있지만 어쨌든 그냥 받아들여야만 하는 것이다.

우리 인간 존재는 충만한 직관을 강렬하게 갈망한다. 눈이 볼 수 있는 것을 좇아가듯, 모든 바라보는 정신 기관들은 바라볼 수 있는 내용으로 자신을 채우기를 갈망한다. 어떤 종류의 내용은 외부에 실제로 주어져 있는 조건들에서 유래하고, 다른 종류의 내용들은 내적인 체험들과 창조적으로 바라보는 활동들로부터 비롯된다는 차이가 있기는 하지만, 그렇다고 해서 그런 차이가 그것들을 묶고 있는 직관 내지 직감의 끈을 끊어 낼 수 있는 것은 아니다.

직관의 대상으로는 우선 감각세계와 영혼의 세계가 있다. 이런 세계들의 직관적인 개별 요인들 위로 '관조될 수 있는' 정신적인 건축물이 상호 연관, 상징, 통일적인 형성물, 전형적인 형태, 이념 등의 형식으로 솟구친다. 이 모든 것들은 개별적인 감각 내용 또는 영적인 현상을 통해서 주어지는 것이 아니고, 그것들의 안과 그 너머에서만 주어진다. 자연에서 인과적인 연관들(합리적으로 사유되고 구성된 인과적인 연관들과 대비되는 연관들)을 직접 '보는 것'에서 시작해서 한 사람의 성격을 형성하는 심리적인 연관들을 보는 것에 이르기까지, 하나의 동물 유형, 하나의 성격 유형을 보는 것에서 시작해서 이념들과 상징 내용들을 보는 것에 이르기까지 의식을 채우는, 조망할 수 없을 정도로 방대한 양의 직관들이 존재한다. 그런 것들 안에서 심미적인 태도는 고립을 만들어 내고, 예술은 제 각각 뭔가를 표현하는 형상들을 만들어 내고, 합리적인 태도는 제한 및 관계 설정을 통해서 형식들을 만들어 낸다. 그리고 인식은 질서를 만들어 내는데, 그러한 질서 안에서 인식은 직관들을 비판적으로 제한하고, 속임수의 원천으로는 부정하고, 진리의 근원으로 인정하며, 가상적인 보조 수단으로 사용한다.

가장 광의적인 의미에서 직관을 소유하는 것을 '경험'이라 칭할 때 거대한 두 무리의 경험이 구분될 수 있다. 첫 번째로는 경험적 의미에서의 경험, 즉 현존하고 있고 공존하고 있으며 연속해 있는 감각 자료 및 '사실'들을 외적이고 비개념적인 방식으로 확증하는 것으로서의 경험이 있고, 두 번째로는 주어진 것에 귀를 기울이는 것하고 다르고, 외적인 상황 및 내적인 정동에서, 가치화 과정에서, 이념을 통한 움직임에서 보고 체험하는 것과는 완전히 상이한 내적 의미에서의 경험이 있다. 이 두 가지 종류의 직관을 구별하는 데 있어서 아리스토텔레스가 말했던 다음과 같은 단순한 문장이 활용될 수 있다. "시각이 보이는 사물들에 관계하는 것처럼, 정신은 정신적인 것들에 관계한다." 모든 직관적이고 경험적인 태도들에서 공통점은 수동성, 주어지는 특성, 인식 주체의 자의적인 형식들로부터 독립해 있는 특성, 풍성한 내용, 그리고 적절하게 직관된 대상 영역들의 자율성 등이다.

여러 다양한 직관성들 간의 커다란 차이와 감각적인 직관이 점하고 있는 특별한 위치는, 모든 감각적이지 않은 직관들은 전혀 직관이 아니라는 생각을 불러일으킬 수도 있다. 감각적이지 않은 내용의 직관적이거나 직감적인 본질에 대해서 제기되는 몇 가지 가능한 반론들을 열거해 보면 다음과 같다.

a) "궁극적으로 관건이 되는 것은 어디서나 감각적인 직관이다." 모든 '실재'는 오로지 감각적 직관 속에서만 증명된다는 말, 영혼조차 감각적으로 표현되는 것을 통해서만 현실적인 것으로 보일 수 있다는 말은 타당하다. 하지만 거기서 더 나아가면, 감각적인 실재를 본다고 해서 다른 실재도 쉽게 볼 수 있는 것은 아니라는 사실, 즉 직접적인 감각세계 너머를 지독히도 보지 못한다는 것이 우리 모두의 특성이기도 하다.

b) "중요한 것은 직관이나 직감이 아니라 감각적인 직관성들을 서로 관련시키는 '상상적인 창조력'이다." 모든 직관에는 '창조적'이라고 불리는 측면이 있다는 점은 부인할 수 없다. 따라서 그것을 묘사하는 작업들은 적절하지만, 그런 것들은 이 모든 창조물들의 직관적이고 '보일 수 있는' 특성에 반하는 말을 하지 않거니와 직관된 내용들의 자율성에 반하는 말도 않는다.

c) "중요한 것은 새롭게 구축된 직관들이 아니라, 새로운 감각적인 직관에 대한 아마도 첫 번째 의식적인 증상이거나 이러한 감각적인 직관들에 대한 주관적인 기분의 색채 내지 저러한 감각적인 직관들의 연상들에 대한 의식적인 증상이라고 할 수 있는 '느낌'이다." 반대로 이렇게 말할 수도 있겠다. 직관성을 주장함에 있어서 중요한 것은 발생적 설명이 아니라 주어진 것을 확인하는 것, 다른 무엇보다도 '느낌'이라는 개념이 긍정적인 내용

이 아닌 부정적인 내용을 담지하고 있는 개념이라는 사실이다. 감각이나 논리적인 형식을 제외한 모든 것을 일컬어 '느낌'이라 말한다. 이를 통해서 사람들은 전혀 긍정적이지 않은 것을 지칭하는 개념을 가지고 뭔가를 분류하는 권리를 획득해 왔다. 이와 함께 더 나아가서는 그런 직관 내용들이 갖는 대상적인 특성이 부정되어, 가장 분명한 현상학적 사실과 대조를 이룬다.

d) 사람들은 종종 직관 내용들은 본질상 명확하고 뚜렷해야 한다는, 즉 눈에 보이는 대상처럼 명확하고 뚜렷해야 한다는 자각되지 않는 편견을 가지고 있다. 그리고 나서 이념들이 어찌나 불분명하고, 이해할 수 없고, 충만함으로 넘쳐나며, 그리고 한정 가능한 개별성을 결여하고 있는가를 알게 될 경우 이념들의 직관성은 부인될 것인데, 다만 이는 태양을 쳐다보는 것과 유사할 따름이다. 그래서 이념에서 개별적으로 파악 가능하고 객관적으로 기술할 수 있는 것은 이념을 바라보는 태도가 아니라 오히려 그것이 영혼의 삶 속에서 발휘하는 힘이다. 이런 힘들은 '정신 유형들'이라는 제목 아래 기술될 것이겠지만 여기서 중요한 것은 우선 그러한 힘들의 증상이라 할 수 있는 체험과 태도들이다.

e) "소위 유형, 이념 등으로 '보이는' 것, 이런 것은 감각적인 것에 대한 빈번한 경험에서 생겨 나오는 개략적인 일반 개념이자 추상화이며, 각 개별적인 것들이 수렴되는 종개념이다." 이러한 반박은 아마도 플라톤이 이데아를 보는 것을 종개념 또는 일반 개념을 사고하는 것과 동일시했다는 것을 통해서 지지될 수 있다(왜냐하면 플라톤이 형식적 특성을 가진 논리적 사고를, 주어지는 자료를 처리하기 위한 단순한 도구로 한정한 적이 없기 때문이다). 그렇지만 일반 개념은 직관적인 전체성으로부터 가능한 한 명확하게 분리되어야만 한다. 개별적인 것은 일반 개념에 대해서, 마치 개별 사례가 종

적인 것과 직관적인 전체성에 대해 관계하고 부분이 전체에 대해 관계하는 것과 같은 방식으로 관계한다. 그래서 일반 개념들은 (제한된 수의) 특성들을 나열함으로써 예리하게 규정되는 종이 되기는 하더라도, 그것이 가진 본질에 따라서 반드시 직관적인 성질의 종이 되는 것은 아니다. 그러나 전체성들(이념들)은 그 안의 개별성이 무한하고, 본질상 직관적이며, 논리적으로 확실하게 규정될 수 없거나 제한될 수 없다. 그것들은 오로지 일련의 뒷받침되는 열거를 통해서만 파악될 수 있고 직관의 안내를 받아야만 파악될 수 있다. 그것들은 정의되는 것이 아니라 보이는 것이고, 의도되는 성질의 것이다.

직관된 대상을 마주하고 있는 직관하는 태도에 기반해서 다양한 태도들이 구축되는데, 이것들은 직관된 것이 자료인 한에서 그것에 형식을 부여하고, 직관된 것이 이념의 힘인 한에서는 자신을 그것에 의해서 움직이게 한다. 이런 태도들은 이 책의 1부에서 언급되었던 능동적인 태도들이거나, 그게 아니면 사물을 형식화하면서 바라보는 일을 외재적인 목적이 아닌 자기 목적에서 수행하는 순전히 관조적인 태도들이다.
이러한 형성은 일종의 격리시키는 태도, 모든 연관들로부터 직관을 분리해 내는 태도, 독립시키는 태도, 즉 우선은 예술 개념으로부터 완전히 분리된 상태에서 견지할 수 있는 심미적인 태도다. 또는 이러한 형성은 분리와 고정 이후에 다른 무엇보다도 관련짓고 연결하고 비교하는 태도, 즉 (우선은 학술적인 개념으로부터 따로 분리해서 견지할 수 있는) 합리적인 태도다.

b. 심미적인 태도

심미적인 태도의 본질은 아마도 우리가 다른 태도를 취하고 있다가 심미적인 태도를 취하는 순간에 생기는 갑작스러운 변화에 빗대어서 가장 잘 설명될 수 있을 것 같다. 죽어 가는 사람의 병상 맡에 의사가 서 있는 장면을 한번 상상해 보라. 의사는 들여다보고 생각하는 것에 집중하지만, 이러한 태도가 자신이 하는 활동을 위한 수단, 즉 치료하고자 하는 의지의 수단이 되는 한에서 그렇게 한다. 비약이 일어나는 것은 합리적인 태도가 자명해질 때이다. 그는 이제 치료 가능성이 제공되지 않더라도 이런 경우에 대해서 가르침을 얻고자 모든 것들을 살피고 찾아본다. 그는 일어날 수 있는 모든 인과관계들을 백방으로 고려하면서 징후를 확립해 처방을 내린다. 그는 이미 잘 알려져 있는 유형들에 포섭시키고 알려지지 않은 사례들을 끌어와 그것에 모종의 새로움이 명백하게 두드러지게 하는 행동을 한다. 또 다른 비약이 재차 일어나는 것은, 그가 ― 행동을 수행하는 실제 현실에서가 되었든 아니면 과학-합리적인 분석 활동에서가 되었든― 그런 식의 행동을 한 이후에 모든 관계, 모든 연관들을 끊고, 그것과 관련된 이미지를 격리시키고, 자신의 삶의 영역만이 아니라 실제적인 모든 삶의 영역으로부터 자신을 격리시킴으로써 이제 갑자기 저러한 합리적인 태도조차 모두 상실하고는 총체적인 체험에 헌신하는 가운데 그저 단순히 직관으로 침잠해 들어갈 때다. 이제 그의 태도에는 아무 이해관계도 존재하지 않는다. 즉 그 어떤 소원도 없고 호불호도 없다. 모든 것이 그 정도 수준까지 진행되어 나가자 해방감과 부담감이 없는 풍요로움이 그의 내면 속으로 엄습해 들어온다. 그를 지배하는 이미지는 일종의 통일성이요 총체성이다. 그 이미지는 직관 안에서는 아마도 동시에 상징적인 특성을 띤다. 렘브란트가 거지를 볼 때처럼 그는 죽어 가는 사람을 본다.[7]

..

7 (옮긴이) 이 말은 사람의 외면이 아닌 내면을 보는 것, 보이는 세계가 아닌 보이지 않는

형식적인 측면에서 볼 때, 심미적인 태도에서 결정적인 것은 자기고립이다. 여기서 말하는 고립이란 체험 내용들이 대상적인 연관으로부터 분리되어 이탈하는 것을 의미할 뿐 아니라, 체험 자체가 한정시키는 성질이 있는 심리적인 연관들로부터 가령 과업, 목적, 의지의 방향 같은 것들로부터 분리되어 이탈하는 것을 의미한다. 칸트가 '무심한 안녕감'으로 묘사한 바 있고 쇼펜하우어가 의지적 욕망으로부터의 해방이라고 묘사한 바 있는, 대상으로부터의 분리에는 동시에 독특한 무책임성도 동반된다. 자신을 무한한 전체와 한없이 관련짓기보다는 전체로부터 분리되고 고립되는 일이 진행된다. 그 내용은 단순한 감각적인 인상에서 시작해서 우주적인 체험에 이르기까지 모든 종류, 모든 범위에 편재해 있을 수 있고, 그저 단순히 직접적인 직관 안에 또는 상징 안에 존재할 수 있으며, 감각적인 것일 수 있고, 영적이거나 정신적인 것일 수 있으며, 승화된 형이상학적 이미지 같은 것까지 포괄할 수도 있다. 그러나 고립된 것이 개별 자극이든 우주이든, 별것 아닌 감각적인 것이든 자체적으로 완결되어 있는 이념이든 간에 주체 안에는 늘 동일한 무책임성이 존재한다. 각각의 '상'은 분리되어 따로 떨어져 있는 것이고 절대로 총체적이지 않기 때문에, 전체적이면서 보편적인 하나의 '세계상'도 심미적인 기능을 수행할 수 있다.

체험과 대상의 이런 고립 속에서 심미적인 태도는 본질적인 것을 포착한다. 왜냐하면 고립되고 한계 지어진 것이 이념으로 채워져 상대적인 총체성의 기호이자 그러한 우주가 되기 때문이다. 예술작품의 내용은 그 내

••

세계를 보는 것을 말한다. 이를 잘 나타내 주고 있는 그림으로는 렘브란트(Rembrandt Harmenszoon van Rijn)의 〈돌아온 탕자〉라는 그림이 있다. 용서와 사랑을 나타내 주고 있는 이 그림은 순탄치 않은 삶을 살았던 렘브란트의 자화상이라고도 하고, 「누가복음」 15장 11~32절에 나오는 탕자의 비유를 표현하고 있는 그림이라고도 한다.

부가 구조화되어 내적인 형식을 갖는다. 창조된 형태 안에는 필연적이고 그럴 수밖에 없는 것이 내재해 있다. 예술가 자신은 잘 모르지만, 그는 창작자라면 법칙에 순종할 수밖에 없는 특별한 책임 의식으로 가득 채워져 있다. 그는 이를 창작활동을 하면서 경험한다. 이러한 책임성은 모든 심미적인 것에 내재해 있는 무책임성과 공존한다. 현존의 현실성 및 총체성과 관련해서 심미적인 것은 책임이 있기도 하고 없기도 하지만, 고립되어 있는 작품에 대해서는 책임성이 있다.

추상화되면서 심미적인 것이 형식화되어 단순한 형식, 이념 없는 법칙, 단순한 인상과 단편들로 남을 경우, 즉 완벽한 심미적인 태도가 기예로 대체될 경우 심미적인 태도의 내용은 그 자체로 더 이상 총체적이지 않게 되고, 더 이상 상징적인 특성의 우주가 되지 않는다.

심미적인 태도가 현실, 활동, 작용 욕구와 관계 맺을 때, 즉 그런 것에 '이해관계'를 갖게 될 때 그것은 모호해지고 또 살짝 진실성을 상실한다. 고립은 이제 고정되어 있는 것이 아니어서, 고립의 형식 안으로 현실적인 삶에 개입하려는 뭔가가 끼어든다. 학문이 선지적인 철학이 되고자 할 때 애매모호해지듯이, 예술도 그 내용이 선지적이고자 할 때 그렇게 된다. 심미적인 태도의 형식들 안에는 특수한 무책임성이 작용하고 있고, 이러한 무책임성과 삶 속에서의 책임 있는 작용 사이에서 의식은 부지불식간에 요동친다.

전체를 나타내는 거시적인 이미지로서의 세계상들은 우리에게 철학적으로는 합리적인 형식으로 제시되고 심미적으로는 고립의 형식으로 제공된다. 모든 세계상들이 세계관과 심미적인 내용으로 제시되는 한 그것들의 애매모호함은 독특한 비진실성을 동반한다. 삶에 책임이 있는 힘들의 단순한 매체로서 정신의 삶 안에 속해 있는 세계상들은 충족된 만족감 속에서 순전히 관조적으로 향유되지만 이때 감각, 교화, 고양이 실제적인 것으로 여겨지는 거짓 체험을 하기 때문에, 이런 이해관계의 간섭으로 인해 이때의 태도는 순전히 심미적인 태도가 아닌데다가 실천적으로 살아 있는 태도도 아니게 된다. 거의 모든 형이상학은 실천적 행동 및 책임 있는 결단에서만 진정으로 경험할 수 있는 것을 고립된 관조에 부여해 줌으로써 심미적인 방식으로 속임수를 쓴다. 모든 시대를 거쳐 단순히 심미적인 것을 넘어 정신적인 것, 이념적인 것, 종교적인 것 일체를 자체 내에 담지하고 있는 예술도 — 위대한 예술로서 — 그와 똑같은 속임수를 쓸 수 있다. 인간이 예술 속에서 창조하고 수용하는 가운데 의미를 체험하는 한 예술이 속이는 것은 없다. 하지만 그런 의미가 절대적인 것으로, 책임져야 하는 삶의 현실 자체로 설정되기 시작하면서 예술은 인간을 속이기 시작한다. 자체 내에 심미적인 태도를 내장하고 있는 형이상학과 예술은, 심미적인 태도의 특수성이 본능적으로 또는 의식적으로 인식되지 않을 경우에는 사람들로 하여금 실존으로부터 등을 돌리도록 유혹할 수도 있다.[8]

c. 합리적인 태도

흘러넘치는 직관들이 분리되어 한정되는 곳에서는 이미 심미적인 태도나 합리적인 태도가 생겨난다. 이 둘은 추상적으로만 직감적인 태도로부터 구분되는데, 이 직감적인 태도 안에는 늘 저러한 다른 태도들의 배아가, 마치 그것이 두 가지 태도들의 전제가 되기라도 하는 것처럼 내장되어 있다. 심미적인 태도와 합리적인 태도만 서로 대조적이다. 심미적인 태도는 고립을 통해서 경계를 한정하고, 이런 한정된 직관 영역의 관계들을 단

8 이러한 통찰은 특히 키에르케고르 덕분에 가능했다.

절시킨다. 합리적인 태도도 한정하는데, 이는 한정되는 것들을 무한히 서로 관련짓기 위함이다. 그런 한정들이 광의의 '개념들'이다. 그것들은 자신 안에 있는 직관적인 것을 파악한다. 모든 개념 형성은 직관들을 한정하고 형성하고 관련짓는 것과 다름없다.

순수한 직관이 존재한다면 그것은 무한한 특성을 띠고 있을 것이다. 모든 경계 설정은 뭔가를 도드라지게 만드는데, 이를 통해서 그것은 유한적인 것이 된다. 그런 한정하기 또는 경계 설정은 또한 '규정하기'라 일컬어지기도 한다. 합리적인 태도의 이러한 유한화를 다른 말로 '부정하기'라 부른 적도 있었다. 모든 규정은 부정을 포함한다(스피노자). 합리적인 경계 설정은 다른 어떤 것에 대한 배타적인 경계 설정이다. 일반적으로 표현해서, 합리적인 형식 부여의 활동은 불가피하게 모순 속에서 움직이기 마련이다. 합리적인 태도가 그 어떤 제한된 것을 '정함'으로써, 그것은 동시에 다른 것을 배제하기 마련이다. 합리적인 태도는 그래서 전체성을 결코 파악할 수 없다. 이런 전체성은 직감적으로 미리 거기에 존재하고 있어야만 하며, 합리적인 태도가 그것에 이르는 길은, 합리적인 태도가 단순한 수단으로서의 합리적인 것을 궁극적으로 극복하고 단순한 형식으로서의 합리적인 것을 재차 폭파시킴으로써 그 길의 목적지에 도달하는 것이다.

합리적인 것이 가지고 있는 형식적인 특성이 있다. 합리적인 사고는 사고가 직관에 근거해 있지 않고 직관적인 자료들에 비추어 실증되지 않는 한 그것을 공허하게 만든다. 직관적인 태도는 어느 정도 독립적으로 존재할 수 있고, 합리적인 태도는 모든 대상성의 내재적인 본질 특성에 따라 직관적인 태도를 기반으로 삼아서 그것에 의존할 때 자신 앞에 뭔가를 소유하게 된다. 합리적인 태도의 형식적인 형성 작업이 직관의 혼돈으로부터 인식을 구축해 낼 수 있는 동안 만약 누군가가 직감적인 것을 잘못해서 인식과 동일시하면, 직관적인 것과 합리적인 것 간의 저러한 관계는 한쪽은 상실되고 다른 한쪽은 과장되는 방향으로 나아간다. 이런 경우가 바로 사람들이 추상적인 상태에 있는 사유를 직관으로부터 가능한 한 최대한 이탈시킨 상태에서, 그것이 인식을 창조한다고 보는 가운데 그것을 신뢰하고 모든 직관을 단순히 불분명한 사유로 선언하는 경우다. 직감적인 것과 합리적인 것이 서로 의존하고 있다는 것을 고전적인 방식으로 표현하고 있는 구절은 다음과 같다. "이해하기 전에 믿으라." 이 구절은 지성의 희생을 요구한다는 의미로, 즉 그 자체가 이미 합리적인 특성을 가지고 있는 독단적인 요구로 해석될 수 있는가 하면, 소위 계시된 문구를 위해서 합리적인 타당성은 포기하라는 요구로 해석될 수도 있다. 그게 아니라면 사고는 그렇지 않은 경우 공허하고 형식적이며 아무것도 아니기 때문에, 사고하기에 앞서 먼저 직관하고 경험해야 한다는 것 등을 요구하는 표현으로 이해해 볼 수도 있다.

합리적인 형성 작업에 비해 직관은 생생하게 살아 있다. 직관은 무한하며, 오성에게는 대립물로 보이는 것들을 자체 안에 포함하고 있다. 그것은 물 흐르듯 흘러서 넘친다. 제한하는 기능을 수행하는 합리성의 형식들은 이런 살아 있는 직관에 일종의 견고한 개념적인 틀을 덧씌운다. 합리적인 태도는 한정하는 작업을 통해서 고정화 작업을 진행한다. 고정화 작업을 행하는 사고는 살아 있는 직관과의 지속적인 관계 속에서만 의미를 갖는다. 전자는 후자를 작업할 수 있을 뿐이고, 그것을 그 어떤 식으로 대체하거나 그것을 비슷하게 모사하거나 합리적인 방식으로 재생산할 수는 없다. 직관으로서의 직관은 항상 한정되는 것 그 이상이다. 한정되면서 많은 것들이 파악되지 않은 상태에서, 이해되지 않은 상태에서 직관에서 떨어져 나간다. 직관은 내 편에서의 아무런 개입 없이 내게 그냥 주어져 살아 있는 생생한 것으로서, 성장하면서 똑같이 반복되는 일이 없고, 똑같이 확인될 수 있는 성질의 것이 아니다. 오성이 포착한 것은 한정되어 있는 형태들로 고정된 형태를 취할 때나 늘 반복 가능하고, 사용될 수 있고, 비교될 수 있고, 전달될 수 있고, 학습될 수 있다. 생생한 직관과 고정되고 경직되고 죽이는 사고 간의 이러한 상호관계는 합리적인 태도를 가진 인간에게 항상 더 풍부하고, 성장하고 살아 있고 불가해한 직관으로 되돌아갈 것을 반복적으로 지시한다. 그렇게 하지 않을 경우 그런 관조적인 대상 의식은 확고한 경계 안에 고착되고, 확고한 개념들에 운반되면서 죽음을 맞이하게 될 것이다. 합리적인 태도의 이런 속성은 종종 삶과 인식 간의 대립으로 언급되고, 지식은 반복적으로 생명을 죽이는 것으로 낙인찍히고, 합리적인 것은 그런 장벽으로 여겨진다. 그런 고정된 구조물들이 새로운 삶을 위한 도구가 된다고 하더라도 합리적인 작업은 살아 있는 것을 끊임없이 죽이는 일이다.

수동적인 헌신을 특징으로 하는 직관과 비교해서 합리적인 태도에는 자체 내에 능동성의 계기가 내재되어 있다. 주어져 있는 직관과 합리적인 작업 간의 복잡한 상호 얽힘이 발생한다. 활동의 정도는 최소의 것부터 방향 제시적인 지배성에 이르기까지 그 모든 영역을 오갈 수 있다. 한쪽 극단에 있는 사람들은 관조적인 태도를 취한 상태에서 진리를 그것이 저절로 주어지는 그대로, 우연히, 어떤 상황에서나 어디서나 순수하게, 흐려지지 않고 변하지 않은 상태로 그것 자체로 직관하고자 한다. 그런 사람들은 직관을 대상적인 형태로 가질 수 있을 만큼만 사고를 최소한의 수준에서 허용한다. 또 다른 쪽의 극단에 있는 사람들은 목표 지향적이고 합리적인 태도로 이념의 관점에서 진리를 적극적으로 찾는다. 그런 사람들은 체계적이고, 한계를 설정하는 작업 및 이러저러한 관련짓기에 만족하지 못하고 늘 전체를 향해 나아가는 가운데, 다방면에서 더 많은 관계들을 찾아다닌다. 전자와 같은 극단이 심미적인 태도에 근접해 있는 태도라고 한다면, 후자와 같은 극단은 인식에 종사하는 합리적인 태도에서 볼 수 있는 성질의 것이다.

합리적인 태도에서는 소위 형식적인 장치가 가동되고 있다. 그런 장치를 움직이는 힘은 원래 능동적인 태도의 힘, 즉 삶의 목적일 수 있다. 그러한 목적과의 관계에서 합리적인 것은 단지 수단으로서만 역할을 수행할 뿐이고 합리적인 것 자체는 아무런 힘이 없다. 합리적인 것이 순전히 관조적인 태도 안에서 오로지 인식만을 위해서 작용할 경우 거기서 힘은 더 이상 합리적인 것이 아니다. 그때의 힘은 오히려 직감적인 전체 직관, 즉 이념 속에서 나타난다. 그 힘의 첫 번째 충동이 합리적인 것 속에서 경이로움(θαυμάξειν)으로 나타난다. 능동적인 삶의 태도 속에서 사고와 직관은 개별적으로만 존재하고 그것도 수단으로서만 존재한다. 일상적인 경험과 습관은 모든 것을 당연한 것으로 나타나게 하기도 하고, 또 기적으로, 마법적인 과정으로 또는 예측 가능하고 계산 가능한 것으로 나타나게 하기도 한다. 그러나 사물에 대한 경이로움은 인식의 일종으로서, 합리적인 태도를 비로소 작동하게 만드는 첫 번째 빛이다. 즉 합리적인 태도는 그러한 경이로움에 의해서 동기부여가 되어 작동하기 시작한다. 합리적인 태도는 전체성으로, 모든 것들을 모든 것들과 서로 연결시키는 관계들로 나아간다. 그것은 직감적으로 이념을 파악한다. 이제 이런 힘들 아래에서 합리적인 장치가 자립적으로, 전적으로, 전체로서 무한히 운동한다. (이러한 발걸음은 우선 기원전 7~6세기 그리스 유럽 문화권에서 처음으로 행해졌는데, 그 순간은 기억할 만한 역사적인 가치가 있다. 그 이전 시대에서 모든 사고는 — 알려진 바에 의하면 — 가령 이집트인들의 사고는 이념과 인식을 향한 목표 없이 그저 삶을 위한 수단으로서만, 예를 들어 수학이 아닌 측정을 위한 것으로 존재했지만 그 당시와 달리 위에 언급한 시대에서 처음으로 완전히 새로운 것이 생겨 나왔다. 인간은 인식 자체에 대한 감각을 가지게 되었고, 그 이후에 이전부터 오랫동안 사용되어 왔던 합리성의 장치가 최초로 독자적으로 가동되기 시작했다.)

지금까지 말해진 바에 따르면, 합리적인 태도의 작용은 두 가지 관점에서 살펴볼 수 있다. 1. 그것은 흐름, 혼돈, 개별화, 우연 등에 반해서 관계, 명료성, 상호연관을 사람들에게 가져다준다. 그것은 살아 있는 경험과 직관의 직접적이고 무의식적인 순진함과는 대조적으로 의식과 함께 앎의 고통을 가져다준다. 2. 그것에는 사물을 경직시키고 죽이는 일도 동반된다.

첫 번째 방향에서 모든 것들은 합리적인 태도, 즉 행동의 신중함과 예지력이라 불리는 것, 계획이라 불리는 것, 인식 연관이라 불리는 것, 모든 질서, 조직화, 구조화, 모든 계산 가능한 것이라 불리는 것에 기반해 있다. 합리적인 태도 속에서 우리는 우리의 현존을 전체적으로 형성하고 발전시키는 가능성을 경험할 뿐 아니라, 매일매일 이러저러한 일들이 개별적으로 우리를 그냥 지나가도록 놔두거나 이러저러한 일을 무작위로 하는 것이 아니라 어떤 식으로든 일반적이고 전체적인 것과의 관계에서 개별적인 것에 의미를 부여해 주는 것을 경험한다. 하지만 지식 및 계산과 함께 새로운 종류의 고뇌가 의식에게 찾아온다. "지식이 쌓이는 사람에게는 고뇌도 함께 쌓인다." 모든 대립성들이 우리에게 분명해진다. 순진한 고뇌는 순간적일 뿐 절망적이지 않지만, 합리적인 태도를 매개로 해서 우리가 우리의 한계에 도달하게 되면 우리는 가능한 절망들을 경험하게 되고 모든 정신적으로 살아 있는 것이 성장해 나오는 기반을 비로소 획득하게 된다. 그 자체는 비어 있으며 그저 말도 안 되는 것으로부터만 보호를 할 수 있고 자기 스스로는 내용적인 의미를 제시하지 못하는 더 나아간 힘과 이념들의 도움을 받아야만 비로소 움직이는 이런 죽어 있는 형식적인 것인 합리성의 장치는, 동시에 영혼적인 삶의 모든 분화와 모든 발전을 가능하게 해 주는 수단이 된다. 실체는 항상 직관과 경험 안에 있지만. 이러한 직관과 경험이 그런 합리성의 장치를 통해 포착되어서는 그 안에 축적되지 않는다면, 그것들은 자체 내에 아무런 관계도 흔적으로 남기지 않고 자신의 밖에 아무 결과도 남기지 않은 채 전방위적으로 흐르게 된다. 합리성의 장치를 통한 저러한 영향은 영혼적 삶에 위기를 조장해서 비로소 더 많은 직관과 경험을 할 수 있게 해 준다.

이런 관계 속에서 합리적인 태도가 영혼의 발달을 위한 조건이라고 한다면, 그것은 두 번째로는 또한 경직과 죽음을 동반하는 것이기도 하다. 합리적인 태도가 파악하는 것은, 그 자체로 고정되고, 그냥 단순히 반복가능하고, 단순히 소유되고, 살아 있지 않은 것이다. 그것이 한편에서 삶의 도약을 위한 틀을 만들어 낸다고 한다면, 그런 틀은 다른 한편에서는 모든 생명체들을 틀로 둔갑시켜 파괴하는 경향도 있다. 식물의 줄기가 살수 있으려면 틀을 형성해 주는 목질화가 필요한 것처럼 삶은 합리적인 것을 필요로 한다. 그러나 목질화가 궁극적으로 줄기에서 생명을 취해 그것을 단순한 장치로 바꾸어 버리는 것처럼, 합리화도 영혼을 목질화하는 경향이 있다.

합리성의 장치가 이념에 의해 움직여지는 한, 수단 내지 단순한 장치로서의 이런 자신의 속성을 합리적인 장치가 파악하게 되는 것은 모든 경험과 마찬가지로, 그것이 그 자체로 직관적인 저런 경험들을 한정시켜서 이해함으로써 가능하다. 따라서 합리적인 태도에서 특징적인 것은, 그러한 태도 내에는 그러한 태도를 극단적으로 증가시키는 경향과 그러한 태도를 다시 용해시키는 경향이 동시에 존재하고 있으며 합리적인 태도는 이러한 경향들을 동시에 발전시킨다는 것이다. 덧붙이자면 이런 것은 또한 서로 적대적인 입장에 있는 사상가들에게서도 종종 볼 수 있다.

칸트 철학은 스스로 자신을 유지하면서도 동시에 극복하는 합리주의다. 칸트 철학은 합리적인 태도 안에 비합리적인 요소가 본질적으로 속해 있다는 것을 이념론을 통해서 간파했다. 이미 젊은 시절에 오성의 속성을 파악했던 헤겔은 오성이 모든 곳에서 경계를 설정하고 유한화한다는 사실을 알았다. 이러한 한정은 사고 자체 내부가 아닌, 그러한 사고의 틀을 매개로 전개되는 삶에서 지양된다. 만약 우리의 유한한 현존이 오로지 오성일 뿐 삶 자체가 아니라면, 즉 무한한 것이 아니라면, 무한을 향한 우리의 사실적이고 살아 있는 고양 같은 것은 배제되어 마땅할 것이다. 살아 있는 과정으로서 삶이 성취하는 것, 오성에 의해 분리되어 나오는 대립들을 자체 내에 포함하고 있는 완전히 새로운 전체성의 창조, 이런 것은 헤겔에게서는 이제 합리적인 것 속에서 자기 스스로 사변적인 이성을 행사하게끔 되어 있다. 오성은 대립이나 추상화 속 어디서나 유한화하는 작업을 진행한다. "철학은 유한한 모든 것에서 유한성을 보여 주어야만 하고, 그러한 것을 이성을 통해 완성할 것을 요구해야만 한다." 그에 반해 사변적 이성은 삶과 마찬가지로 유한한 것에서 무한한 것으로 상승한다. 키에르케고르는 이런 것을 자신의 궁극적인 목표를 스스로 지양하고 싶어 하는 지성의 본질로 규정한다. 소크라테스가 "나는 내가 모른다는 것을 안다"고 말했을 때 그는 합리적인 것이 할 수 없는 것을 간파했다.

합리적인 것이 작동되도록 하고 그것들이 전개될 수 있도록 해 주는 힘들은 동시에 합리적인 것을 재차 극복할 수 있게 해 주는 폭발물을 함께 발전시킨다. 직관이 개념과 관계를 맺고 있는 것처럼, 진실로 완전한 형태 속에서 힘으로서의 비합리적인 것과 합리적인 것 또한 불가피하게 서로 연결되어 있다.

네 가지 전형적인 과정을 통해 완전하고 진정한 형태의 합리적인 태도에서 비롯되는 특수한 형태들을 특징짓기에 앞서 우리는 우선 특별한 사고 기법들의 영역으로 시선을 돌려보기로 한다. 사고로 경계를 설정하고 관련을 짓는 작업에서, 관련을 지으면서 전진해 나가는 작업의 종류는 복합적이다. 그런 활동이 수행하는 합리적인 자율성에 관한 탐구는 논리학의 몫이다. 여기서는 이런 거대한 전체 영역은 심리학적으로 유관한 한에서만 고찰할 필요가 있다는 점만 언급해 두고자 한다. 이런 사고 기법들을 우리 모두가 능숙하게 다룰 수 있는 것은 결코 아니지만, 우리는 아마 우리 자신도 모르는 사이에 어떤 개별적인 것은 일정 정도의 선에서 훈련받아 왔다. 때때로 우리는 우리와 다른 사람들이 전혀 눈에 띄지 않게 특별한 합리적인 사고 메커니즘을 통해서 훈련되어 왔다는 것을 깨닫는다. 그렇다. 심지어 우리가 새로운 사고방식을 의식적으로 배운다고 하더라도 우리는 놀랍게도 우리가 구태스러운 고정관념에 사로잡혀 있다는 것을 발견하게 된다. 이때 말하는 고정관념은, 우리가 의식적으로는 이미 극복했다고 생각하지만 무의식적으로는 우리를 계속 그러한 방식으로 생각하게 만든다. 우리가 배우는 모든 교육에서 개별 학문의 지식 내용을 배우는 양보다는 개별 대상 영역들의 특수한 사고와 사고형식 일반을 배우는 양이 훨씬 적다. 우리는 후자를 오로지 자료에서만, 자료 지향적인 태도에서만 습득한다. 하지만 이런 '형식 교육'은 우리에게 비로소 물질적인 세계를 실제로 개방해서 열어 주는 그 무엇이다. 이것이 어느 정도나 사실인지는, 우리가 새로운 사고방식들에 대해서 통찰을 얻고 난 이후에도 우리가 지난 수년 간 이전의 사고방식에 묶여 있었다는 것을 반복적으로 체험할 때에라야 비로소 경험하게 된다.

심리학적 고찰에서 우리는 그런 것을 고려할 것이다. 하지만 논리학에 대한 연구만으로도 이런 지식은 매개될 수 있는데, 이는 우리가 심리학적 관점에서 논리학적 통찰들을 우리 자신 및 다른 사람들에 대한 관찰에 적용함으로써 가능하다. 눈에 띄는 몇몇 기법들을 열거해 보자면 다음과 같다.

(a) 스콜라적인 사고 기법

1. 모순율에 따른 사고는 '옳음'을 지배적인 관점으로 삼는데 이때 말하는 옳음은 바르고 자체적으로 모순되지 않은 것을 의미한다. 모순되는 것은 옳지 않으며 그렇기에 공허하다. 자기 모순적인 개념들은 사고할 수 있는 것이 아닌데다가, 그에 상응하는 실재 또한 불가능하다. 이는 엘레아학파인들을 통해서 세상에 나오게 된 사고 과정이다. 모순은 불가능하기 때문에 대립쌍의 둘 중 어느 하나는 타당해야만 한다. 대립쌍의 둘 중 하나가 불가능한 것으로 입증되면 다른 하나는 올바른 것으로 입증된다(간접증명). 어떤 한 개념을 부당하다고 반박하고 싶으면 그것이 대립쌍의 둘 모두를 포함하고 있거나 포함하고 있지 않다는 것을 증명해 보이기만 하면 된다. 대립쌍 중에서 하나만이 아닌 다른 것까지 선택하는 것, 즉 둘 모두를 선택하는 것은 불가능하다(이율배반). 대립쌍의 둘 중에서 이쪽도 아니고 저쪽도 아니어서 무효인 경우도 있다(딜레마).[9] 이율배반과 딜레마에 대한 증거가 있다면 그것은 결정적으로 타당하다. 이런 사고 과정이 가장 분명해지는 경우는 공리, 원칙, 연역, 추론, 증명 등의 수학적 기법들이 철학적인 사고에 적용되는 경우다. 이런 것과 상극을 이루는 것이 헤겔의 변증법이다. 헤겔은 "하나의 명제를 설정하고, 그에 대한 근거를 제시하고 그

---

9 Kuno Fischer, *System der Logik und Metaphysik*, § 14 참조.

에 대립해 있는 것 역시 근거를 들어서 반증하는 것은 진리를 드러내는 형식이 아니다"라고 선언한다.

2. 개념 간의 상호관계는 피라미드 형태로 사유된다. 개념들은 종속 관계를 이루면서 최근류(genus proximum)와 종차(differentia specifica)가 일련의 연속적인 순서로 연결된다. 그런 단계적인 영역을 전제로 사람들은 모든 곳에서 최근류와 종차를 찾아냄으로써 구분하고 분류하는 작업을 수행한다.[10] 모든 것들은 이런 식으로 자신의 자리, 즉 자신이 기거할 집을 얻고, 모든 것들은 이런 식으로 '정의'된다. 한 개념을 완벽하게 정의하기 위해서는 궁극적으로 그것이 자리하고 있는 개념-피라미드 전체가 요구된다. 논리적인 분할이 중요하다. "그런 분할은 완벽해야만 한다. 그것은 종차나 다른 종차, 중간 종차를 건너뛰지 말아야 한다. 다른 부차적인 종차를 고려하는 완벽한 분할은 이분법적이지만 중간 종차를 고려하는 분할은 연속적이다. 연속적인 분할은 각 분할의 마디들을 가지고 있는 점증하는 형식의 유개념의 특수화이고, 논리적인 재료의 살아 있는 분절화이자 구성이며, 말하자면 일종의 형성적인 사고다. … 그렇게 플라톤은 계속되는 이분법적이고 연속적인 분할을 통해서 소피스트와 정치인의 개념을 형성한다. 그는 말하자면 새로운 가지를 만들어 냄으로써 특징들을 더 비슷하게 만들고, 더 많은 것이 말해지게 함으로써 뭔가를 얻어 내는 예술가의 일반 개념으로부터 소피스트의 개념을 주조해 낸다."[11] [12]

∴

10 (옮긴이) 근접 속과 특수한 차이, 또는 최근류와 종차(genus proximum et differentia specifica)는 아리스토텔레스 전통의 스콜라식 정의 규칙 "정의는 가장 가까운 속과 특수한 차이를 통해 이루어진다(definitio fit per genus proximum et differentiam specificam)"를 축약한 형태다.

11 Kuno Fischer, 앞의 책, §21 참조.

12 (옮긴이) 플라톤의 연역적인 분류 방법의 예는 다음과 같다. 플라톤은 우선 예술가라는 일

3. 결정적인 도구로 한편에서는 모순율을, 다른 한편에서는 구별, 정의, 유개념 및 종차를 분류해서 적용하는 것이 본래적인 의미에서의 스콜라적 방법이다. 사람들은 하나의 문장을 질문으로 제시하고 그 질문의 문장에 포함되어 있는 요소들을 확실하게 고정시킴으로써 해당 문장을 따로 분리해서 정의한다. 그것에 기반해서 가능한 답들이 수집된다. 각각의 답은 근거와 반근거로 무장된다. 논박과 논증이 추론의 사슬을 타고 진행된다. 마침내 모든 것들이 결산됨으로써 결정이 내려진다. 이런 결정은 실제에 있어서는 기술(技術)을 통해서 나온 결과물이 아니고 이미 거기에 존재하고 있었다는 것이 자명하다.[13]

(b) 실험적인 사고 기법

모든 사고술은 직관 및 경험과 특수한 관계에 있다. 스콜라적인 사고 기법은 우선 모든 이들에게 알려져 있으며, 누구나 자명하게 여기는 직관 및 경험에 기대어, 그것이 감각적이든 영적이든 정신적이든, 경험 가능하고 직관적인 모든 것들을 수집해서 끌어모은다. 가득 채워져 있는 박물관은 분할되어 있는 거대한 상자 시스템 같은 것을 상징으로 삼아서 표현될 수 있다. 하지만 이 기법은 늘 직관적인 자료에서 시작해서 오로지 주어져 있는 것에 형식을 입혀 가공 처리하고 분류하고 분석할 뿐이다. 그 기술은 무한하지만 변화시킬 수 없는 자료 언저리를 맴돌면서 제한하고 규정하지

∵ 반 개념을 제시한 후 유익한 예술가와 무익한 예술가로 나누고, 유익한 예술가는 다시 정치가와 개인 교사(소피스트)로, 정치가는 국가의 통치자와 개인의 교육자로, 개인의 교육자는 진리를 추구하는 교육자와 이기적인 교육자로, 이기적인 교육자는 다시 소피스트와 변호사로 나눈다. 이 과정을 거치면서 소피스트는 유익한 예술가, 개인의 교육자, 이기적인 교육자, 소피스트로 분류된다.

13 이 방법은 예를 들어 빈델반트(Wilhelm Windelband)에 의해 묘사되었다.

만 질문 같은 것은 제기하지 않는다.

직관과 경험을 상대로 물음을 제기하는 것은 넓은 의미에서 이해되는 실험적인 사고 기법의 본질이다. 그것은 현상이 아닌 상호연관을 자신의 중심에 둔다. 그것은 생각하면서 가능한 연관들을 구성하고 그것들이 확실한지를 경험을 통해서 시험한다. 그러한 기법에서 사용되는 사고가 이론과 직관의 상호작용인데, 거기서 이론은 직관적으로 예 또는 아니오로 답해질 성질의 질문을 제기하기 위한 매개체다.

자연과학을 위한 용도로 이러한 사고 기법을 이론적으로 명료하게 정리했던 이가 갈릴레이다. 경험이 측정 가능하고 계산 가능한 것으로 확장되면서, 기반이 되는 이론이 수학의 지배 아래 있다는 것은 특징적이다. 정신과학에서는 이론이 하는 역할을, 막스 베버가 파악했던 이념형(Idealtypus)이 수행한다. 사물을 단순히 묘사하고 직관하는 것과 대비되는 것이, 이념형들을 구성해서 사례들을 서로 비교하는 방법을 통해 역사적인 연관들을 탐구하는 것이다. 여기서는 경험 가능한 것이 본질적으로 질적으로 직관적일 뿐이어서 수학 같은 것은 하등 중요한 역할을 담당하지 않는다. 두루 침투해 들어가고, 상호연관 속으로 들어가고, 집중적이고, 구성하기와 직관적인 경험적 검증 사이를 오가는 연구 방법이 완전히 자연과학적 실험과 같은 수준에 이르게 되는 것은 둘 각각이 한편으로는 스콜라적인 사고 기법과 비교되고 다른 한편으로는 변증법적인 사고 기법과 비교될 때이다.

(c) 변증적인 사고 기법

모든 합리적인 사고들이 노니는 장이기도 한 대립은 지금까지의 절차에서 둘 중 한쪽을 배제하는 경우에만 효과적이다. 스콜라적 사고는, 가치 대립이 있는 곳에서의 문제 해결 해법으로서 아리스토텔레스의 방법, 즉 양극단 사이에서 '중용'을 취하는 방법만을 알고 있다. 대립의 진정한 통일, 즉 대립하는 것들을 그 어떤 것도 배제하지 않고 해결하는 것이 변증법적 사고의 특징이다. 양자택일에 비해 변증법적 사고술은 모두 선택하기와 모두 부정하기를 제시한다. 이런 식의 통일은 궁극적으로 그것을 매개로 하거나 그것 속에서 대립이 지양되는 직관성을 통해 완수된다. 추후에 합리적인 형식 안에 대립물을 테제와 반테제로 추상화하고 그것들이 구체적인 전체성으로 종합되어 나가는 것을 묘사하기 위해서 변증론자들은 그 안에서 이미 종합이 완수되어 있는 이런 핵심적인 직관성에서 출발한다. 종속적인 포섭의 방식에서 이분법이 특징적이라고 한다면, 여기에서는 삼분법이 특징적이다.

예를 들어 변화는 존재도 아니고 비존재도 아니지만 그와 동시에 둘 모두이기도 해서, 변화가 구체화되는 곳에서는 존재와 비존재가 하나로 통합된다.

삶은 기계와 달리 부분들이 상호연관되어 있는 합도 아니고 통일도 아니며, 둘 모두인 전체다. 그 전체는 부분들의 조건이 되는 전체이자, 전체의 부분들 자체가 전체의 조건이 되는 그런 전체다. 그것은 메커니즘이자 통일성이고, 메커니즘이 아니고 통일성도 아니고 하나의 전체 안에서 둘이 무한히 종합되는 그런 것이다.

따라서 변증법의 독창성은 이전 형식들과 같은 방식으로는 파악할 수 없다. 변증법은 새로운 계기 하나를 추가한다. 특수한 직관들이 한정되어 가시권 앞에 제시되는데, 이러한 것들은 대립의 형태로 추상화됨으로써 무한히 분석될 수 있기는 해도(이런 것이 사실적인 인식의 길인데), 무한하기 때문에 인식될 수 없다. 이전의 합리적인 방식이 절대화되면, 이런 전체성들은 망각되고 오로지 대립들이 추상화되면서 사고가 진행된다. 변증법적 방법이 개념적인 연관들만 보여 줄 뿐 사실적인 인식들은 증진시켜 주지 못하는 동안 변증법적 방법은 절대화되어 자신을 인식으로 잘못 착각하기도 한다. 변증법적 방법은 현실에 대한 증거도 제공하지 않고 사실적인 연관들을 직접 가르쳐 주지도 않으며, 개념들의 상호연관만 가르쳐 줄 뿐이다. 변증법적 방법은 기존의 합리적인 결과들 위로 특수한 연결망을 덧씌우는데, 그러한 연결망 속에서 개념들은 새로운 관계들로 연결은 되지만, 사태들은 더 이상 인식되지 않는다. 변증법적 방법은 그것의 진실된 형식에서 직관성에 가장 근접해 있지만, 자신의 기반은 자기에게 비로소 자료를 공급해 주는 스콜라적 사고와 실험적 사고에 두고 있다. 사물 자체의 연관성과 변증법적 상호연관성이 동일한 것으로 잘못 여겨지게 되면, 이를 통해 독특하고 새로운 스콜라주의가 생겨난다.

변증법적인 것은 다른 무엇보다도 '정신적인 성장'을 사고에 제공해 주고, 다른 두 개의 길들은 '인식'을 제공해 준다.

개념과 대상의 종류가 다양한 것처럼 삼중항의 형식 속에서 통일성이 생성되는 방식은 아주 다양하다. 삼중항 중에서 세 번째 것을 통합, 구체적인 종합, 상호연결이라고 말할 수는 있어도 그것을 합계, 평균, 혼합으로 여기는 것은 오해의 소산이다. 모든 것에는 양면성이 있다는 말은 사물의 본질을 단순화시킨 것이다. 모든 것에는 양면이 있는 것이 아니라, 그 자체가 제3의 영역에 위치해 있는 구체적인 전체성에만 양면이 있다. 그리고 이 전체성은 양면을 가지고 있는 것이 아니라 여러 대립쌍들을 가지고 있다. 즉 대립물들의 무한한 종합 자체를 가지고 있다. 양면이라는 표현 방식은 무한이라는 특성을 계속 이어받아, 그 자체로 운동이자 삶인 것을 추상화시켜서 서로 상반되지만 추정상 완전하다고 여겨지는 유한성들로 고정시킨 것을 가리키는 말이다.

진정한 변증법적 사고는 매번 특수한 직관성을 중심으로 그 주변을 맴돈다. 공허한 형식화에서 그런 특수한 직관성은 어디서나 단순한 열거 아니면 추상적인 평균으로 나타날 수 있고, 그렇지 않은 경우에는 단순한 합산을 제공해 주는 무관심한 삼중항의 형태로 나타날 수도 있다. 따라서 변증법적 방법은 내용이 다양한 만큼이나 다양하다. 칼 로젠크란츠의 다음과 같은 말은 적합하다. "변증법적 과정이 어떤 개별적인 논리적 범주에서 묘사되는가는 그때마다 그것의 내용적인 특성이 어떠냐에 달려 있다. … 우리가 확신할 수 있는 것은, 방법상 저질러지는 대부분의 실수들은 사변가가 대상의 고유한 특성을 충분히 고려하지 않았기 때문에 일어난다는 사실이다." 로젠크란츠는 '참된 삼중항'과 '무고한 삼중항'을 구분한다. 변증법에 대한 논리학적 탐구는 그러한 개별적인 특수한 직관성도 조사해야만 한다. 일반적인 형식이 말해 주는 것은 별로 없다. 그것은 여기서 가장 거칠게 묘사된 것이다. 동일한 것은 단지 삼중항의 형식과 직관에 기반해 있는 종합적인 특징뿐이고, 나머지 부분에서는 변증법적인 연관들이 어디서나 상이하다.

묘사될 수 있는 모든 사고 기법들은 형식적인 것이자, 모방할 수 있고 재현할 수 있는 것뿐이다. 개별적인 경우에서 내용이 되는 것, 즉 새로운 내용이 되는 것, 모든 곳에서 창의적인 것인 것은 기술(技術) 그 자체를 통해서 오는 것이 아니라, 모든 경우에 직감을 통해서 온다. 기술은 매개체이고, 발견은 다른 원천을 갖는다.

우리가 살아가는 시대에서 모든 사람들은 비자의적으로 세 가지 사고 기법의 모든 영역에서 움직이지만, 종종 일부 영역이 다른 영역에 비해서 우세하다는 것을 안다. 그러나 각 인간에게도 이러한 우세가 배분될 수 있어서, 같은 사람이 자신의 전공 분야에서는 실험적인 방식으로 생각하지만,

삶의 다른 모든 영역에서는 스콜라 전통의 방식으로 생각하기도 한다.

(d) 도출되는 형태들

순수하고 완전한 형태의 합리적인 태도에 뒤이어 이제는 도출되는 형태들을 네 가지 과정으로 간략하게 살펴보겠다.

1. 미분화된 형태들: 인간이 자신의 사고방식을 스스로 대상화시키지 않는 한, 즉 인간이 사물에 대한 것 외에 사물에 대한 자신의 사고방식에 대해 성찰하지 않는 한, 그의 사고방식은 그가 아무리 많은 교육을 받았어도 신뢰할 수 없다. 순박하고, 우발적이고, 자신의 본질에 대해 분명하지 못한 사고가 존재한다. 인간이 모든 곳에서 스콜라적인 방식, 실험적인 방식, 변증법적인 방식으로 생각하면서도 어떻게 그 자신이 모든 곳에서 늘 반복적으로 자신을 방해하고 불분명해고 비일관적인지가 여기서 증명될 수 있다. 정도의 차이가 있기는 해도 우리 모두는 이런 처지에 놓여 있다.

2. 합리적인 태도의 절대화: 이는 주객 분할 아래에서 파악되는 것을 절대적인 것으로 고양시키는 것을 말한다. 오성에 대한 신뢰와 집착은 한계를 모른다. 인간은 절대적인 탈신비주의자가 된다.

3. 형식화: 우리가 스케치한 사고 기법의 종류, 즉 사고 기계들은 사고된 내용의 객관적이고 형식적인 속성에 기반해 있다. 이런 기법을 익히는 것은 계산을 배우는 것처럼 실용적이다. 그런데 그것들은 당장 사용할 수 있는 것이 아니다. 그것들을 사용할 수 있으려면 연습과 교육이 필요하다. 그리고 나서 사람들은 그것들의 본질을 익혀 적용할 수 있고, 다른 쪽에서 적용할 경우에는 더 이상 복제되지 않을 수 있다. 그러나 사물을 바로 그렇게 바라볼 때, 이런 형식들이 어떻게 자율적이게 되고 사물과 직관으로부터 분리될 수 있는지 알 수 있게 된다. 그래서 그런 사고 기법들은 인식

에게는 아무것도 아니어도, 사물 자체를 중심으로 그 주변을 움직일 경우에는 인식에 기여할 수 있다. 역사적으로 이런 사고 기법 각각은 어떤 경우에는 사물 자체와 동일시되고, 어떤 경우에는 내용과 혼동되거나 동일시되어 왔다.

형식화의 이런 특성 안에는 여러 음영들이 드리워져 있는데 그것들을 열거해 보겠다.

a. 추상적 사고. 모든 사고는 추상화하지만, 완전히 합리적인 태도에서는 추상화와 추상화되는 대상 간의 관계는 항상 그대로 유지된다. 하지만 추상화는 우리 머릿속에 고정된 상태로 계속 머물러 있을 수 있고, 직관적인 상관물이 없어도 가용 상태에 머물러 있는 가운데 우리를 지배할 수 있다. 그러면 추상화가 직관을 밀어낸다. 모든 직관으로부터 논리적인 범주들을 추출해서는, 직관을 가지고 직관에 대해서 사고하는 대신 그러한 의식 속 범주 안에서 본질적인 것을 소유하고 있다고 생각한다. 그러면 언어에서는 추상된 것들인 추상체들이 우세하게 되고, 사람들은 사물, 근거, 목적 등에 대해 말하면서 그것들을 구체적인 것들로 생각하고, 언어적으로 적절하게 표현하고 있는 것으로 생각한다. 모든 위대한 사상가들을 추종하는 사람들이 추상화의 이러한 형식주의에 경도되어 왔다. 일상의 삶에서 우리는 추상적인 사고를 질책하면서 생각을 거의 하지 않으려고 하지만, 자신의 습관적인 추상화된 생각을 항상 실제적인 것으로 여기는 사람들은 그러한 추상화에 집착하면서 그것을 맹종하는 가운데 직관을 상실하는 것을 볼 수 있다.[14]

..

14 헤겔은 "누가 추상적으로 생각하는가?"라는 한 잡담에서 이런 유형의 직관적 특징을 제시한 바 있다. Georg Wilhelm Friedrich Hegel, Werke 17: *Vermischte Schriften*, 400쪽 이하.

여기 형식화에서 추상화가, 대상적인 의식의 요소들과 관련해서 직관을 파괴하는 대표자였다면, 이제는 사고의 흐름도 형식적인 도식으로 고정시킬 수 있다.

b. 구성하는 사람은 직관을 목표, 출발점 또는 척도로 삼지 않은 상태에서 형식적인 가능성들에 헌신한다. 종교적이고 신비적인 체험을 나타내는 상징적인 표현을 구하거나 사변적인 사고 안에서 종교적으로 느끼는 지적인 열광자의 반대편에는 공허한 체계주의자가 자리하고 있는데, 그는 이념적으로 충만한 관계 대신에 텅빈 무한성을 가지고 나타나고, 직감적으로 보이고 내용적으로 풍부한 의미를 가지고 있는 관계 대신 논리적인 관계를 가지고 출현하지만 아무 색깔도 없고 직감도 없는 개념적인 구조물을 축조한다. 한쪽 극단에는 상징의 깊이를 찾는 관조적인 철학자의 언어가 있고 다른 쪽 극단에는 바퀴 회전을 통해서 개념들을 외적으로 서로 연결시키는 유이의 기술[15]이 있어 둘은 서로 대비된다. 한쪽은 세계관을 만들어 내지만 다른 쪽은 세계관을 소유한다. 내용적으로 확신이 없는 자들이 추종하는 형식주의적인 광신주의는, 실체를 상실한 채 순전히 합리적인 태도 속에서 최고가 되려는 이들에게서 볼 수 있는 기이한 현상이다.

c. 현학적인 인간: 하강과 협소화의 길은 어디서나, 관찰에 기반한 인식

---

15 (옮긴이) 유이의 기술은 중세 철학자이자 신학자이자 기독교 전도사인 라몬 유이(Ramon Llull)가 설계한 것으로 '유이의 서클'이라 불린다. 이는 중층적으로 배열된 동심원에 기입되어 있는 용어들의 (회전을 통한) 조합으로부터 신학, 철학 및 자연과학을 포함한 모든 형태의 지식을 설명하고자 한다. 상징적 표기법과 조합 다이어그램을 포함하는 논리 및 기계적 방법을 사용하여 모든 형태의 지식을 통합하고자 고안된 '진리를 찾는 기술'이 바로 유이의 서클인 것이다. 이는 후에 라이프니츠의 산술조합론에도 영향을 미친 것으로 알려져 있다. Friedrich Kirchner & Carl Michaëlis, *Wörterbuch der philosophischen Begriffe*(Leipzig, 1907), 335~336쪽 참조.

과 직관을 통해서 성취되는 능동적인 합리성에서 시작해서 형식화의 방향으로 나아간다. 철학은 철학의 문헌학이 되고, 관찰 연구는 정보 수집, 목록 작성, 해설, 사실 기록, 계산을 위한 계산으로 변모해 간다. 형식적이고 내용이 공허하고 무미건조한 방법으로서의 통계(연구를 위한 도구로서의 통계와는 대조적으로), 정확하지만 필요 이상의 주석, 논점 이탈, 가지 뻗기, 정리하기, 목적 없는 비판 등이 특징적인 증상들이다. 삶과 관찰에서 이런 자기만의 합리적인 태도를 가지고 있는 인간은 더 이상 자신 안에 있는 충동적인 힘, 본능적 직감에 의존하지 않고, 오히려 항상 끊임없이 근거를 통해서 뒷받침되는 합리적인 결정을 필요로 하거나 전혀 결정을 내리지 못하고, 자신에게 알려져 있는 합리적인 형식, 방식, 도식들을 고수하며, 자신이 사용하는 개념들이 가지고 있는 제한적이고 엄격한 규정성이 무한한 실제 상황과 경험 그 어디에도 제대로 들어맞지 않을 수 있다는 사실을 깨닫지 못한다. 그런 인간은 합리성의 장치를 통해서 삶과 관찰에 폭력을 가하며, 그러한 장치가 형식을 부여해 처리할 수 있을 그 모든 자료들이 마침내 점차 사라지면서 그런 장치는 단순해진다.

4. 진실하지 못한 형태들은 두 가지 유형으로 특징지어진다.

a. 논쟁가는 합리적인 장치의 형식적인 특성을 이용해서, 어떤 식으로든 자신에게 마음에 드는 견해의 내용을 외견상 내용적으로 정당성이 있는 견해로 기초 짓거나, 그렇지 않은 경우 자신의 마음에 들지 않는 모든 견해들을 그런 식으로 파괴해 버린다. 그런 사람은 토론할 때, 사람이 경쟁할 때 갖는 그런 기분 상태와 동일한 기분 상태에 있다. 중요한 것은 상대방에게 패배를 안겨 주는 것이다. 이러한 절차의 가능성과 이러한 절차가 전개되는 길은 다양한데, 그것들은 논리적인 것의 자율성에 기반해 있지만 여기서는 심리학적인 동기를 가지고 사용된다. 실제로 논쟁술이 이론적으

로 개발된 적이 있다. 소피스트들이 가르친 것은 약한 것을 강하게 만들고 상반되는 것들을 차례대로 증명하고, 진담을 가지고 농담을 파괴하고 농담을 가지고 진담을 파괴하는 방법 등이었다.[16]

b. 감성형 인간: 합리적인 것 안에는 자신을 스스로 극복하는 경향, 자신의 작품을 모두 불태워 그로부터 새로운 생명이 성장해 나오게 하는 경향이 있다. 그러나 만약 누군가가 그러한 목표에 직접 뛰어들 수 있기라도 한 것처럼 합리적인 길과 작업을 우회한다면, 그런 경향은 자율화되고 형식화된다. 그런 사람들은 예를 들어 느낌에, 즉각적인 지식에 호소하고, 모든 것이 하나라고 알고 통일성을 열망한다. 그렇지만 완전한 합리적인 형태는 오로지 전체 속에서만 발전해 나오고, 합리적인 것을 극복하는 것은 오로지 합리적인 작업을 통해서만 가능하며 느낌을 통해서는 불가능하다. 형식화는 합리적인 장치, 궁극적인 것, 목표를 망각하는 것이기도 하지만, 외적으로만 경험할 수 있을 뿐 결코 파악될 수는 없는 사이비 한계 체험을 선취하는 일이기도 하다. 명료한 정당화를 통해 합리적인 것이 부정됨으로써 모든 우연한 동기, 혼돈 그리고 무연관성들이 다시 들어올 수 있는 입구가 마련되는 동안, 그러한 부정의 계기가 비로소 경험될 수 있는 것은 합리적인 것이 자체 내에서 한계에 도달할 때이다. 형식적인 틀에 의해 강요받아서는 안 되겠다는 생각에, 사람들은 합리적인 것을 계속 심화시켜 내부로 수용하고 다시 제한시킴으로써 그것을 철저하게 작업해 극복하기보다는 오히려 그것을 계속 뒤로 미루는 경향이 있다. 즉 이성적인 것에 저항하고, 성찰의 변증법을 회피하고, 그리스적인 의미에서의 야만인, 즉 근

16 논쟁술에 대해서는 예를 들어 Arthur Schopenhauer, *Die Kunst, recht zu behalten*(Reclam), Bd. 1, 86~90쪽, Bd. 5, 33~40쪽 참조.

거에 귀기울이지 않는 인간이 되는 경향이 있다. 이성을 부정하는 이런 비합리주의자에게 메피스토펠레스의 다음과 같은 말이 약이 될 수 있다.

> 이성과 과학을 경멸하라,
> 인간 최고의 힘을,
> 오직 속임수와 마법의 작품들 속에서만
> 거짓된 영혼으로 당신을 강화하라,
> 그러면 내가 당신을 이미 무조건 소유하게 될지니.[17]

3) 신비적인 태도

대상을 파편화시키고 내용을 자주 형식화하는 합리적인 태도와는 반대로, 이런 태도에 대한 반응의 일환으로 자주 발생하는 신비적인 태도에서는 전적으로 비합리적인 충만함이 포함되어 있는 통일적이고 총체적인 것이 경험된다. 신비적인 태도는 직감적인 태도와 비교될 수도 있지만, 그럼에도 그것은 합리적인 형식의 부여에 소용되는 자료로서의 직관을 제공해주지 않고, 영원히 모든 합리적인 파악의 피안에 놓여 있는 그 어떤 것을 의미한다.

신비적인 태도의 결정적인 특징은 그것이 주체와 객체(자아와 대상) 간의 대립 너머에 있다는 것이다. 그래서 모든 신비로운 것은 결코 내용이 아닌

⁝

17 (옮긴이) 이 부분은 괴테(Johann Wolfgang von Goethe)의 희곡 『파우스트(*Faust*)』에 나오는 대사 중 일부다. 이 작품에서 메피스토펠레스는 파우스트가 이성과 과학, 합리적인 사고를 거부하고 거짓과 헛된 일에 빠지게 유혹함으로써 그를 완전히 지배할 수 있다고 생각한다.

체험으로서만 존재한다. 즉 본래적인 의미 없이, 체험 안에서만 주관적으로 파악될 수 있는 의미만 합리적으로 규정될 수 있다.

신비적인 태도가 가지고 있는 본질적인 부정적 특징은 주객 관계의 지양으로부터, 즉 사적인 개별성과 대상적인 세계성의 지양 및 확산으로부터 생겨 나온다. 이는 특히 다음을 의미한다.

1. 신비적인 태도의 본질은 대상을 직관하는 것에 있지 않다. 직감적인 모든 것들은 — 이것들은 직접 합리적으로 전달될 수 없다는 특징 때문에 종종 신비적인 것과 함께 뭉뚱그려 취급되기도 하지만— 원칙적으로는 직관된 대상이 존재하고 있다는 점을 통해서 (개별적이고 구체적인 경우에서는 이러한 구분이 제대로 성공하지 못하더라도) 신비적인 것과 구분된다.

2. 신비적인 태도에는 합리적인 모든 것이 탈락되어 있다. 거기에는 논리적인 형식도, 대립도, 모순도 존재하지 않는다. 대상적인 것이 가지고 있는 모든 상대성도, 모든 무한성도, 이율배반도 존재하지 않는다. 체험된 이념을 통해서 방향이 결정되고, 지식보다는 신념에 따른 노력을 더 선호하고, 완벽하게 성취되는 것은 아니지만 늘 더 심오하고 더 의미 있는 과업이 출현하는 무한을 향한 삶과 — 영원한 존재자 속에서의 완전한 안식과 만족에 비유해서만 묘사될 수 있고, 충동 없이 존재하고, 신의 항상적인 현전 속에서 또는 마치 일원성이 이제 묘사될 수 있을 것처럼 지양되어 있는 그런 — 신비로운 침잠 속에서의 삶, 이 두 가지 삶은 완전히 대조적이다.

3. 나와 대상 간의 관계가 결여되면서 대상 형성의 모든 심미적인 형식이 결여되고, 윤리적인 명령 작용이 결여되며, 모든 가치 평가가 결여된다. 왜냐하면 그 어떤 대치도 분할도 존재하지 않기 때문이다.

직감적인 태도와 합리적인 태도에서 사람들은 각자 자신의 경험에 비추어, 최소한 부분적으로 서로 일치하는 경험들에 비추어 사고할 수 있었다. 신비적인 태도에서는 이런 토대가 어쨌든 부재한다. 그리고 많은 이들이 그런 것을 경험하지 않는다고 말할 것이다. 우리가 심리학을 하는 한 그런 것은 우리에게 방해되지 않는다. 그와는 반대로 우리는 다른 사람들이 체험하는 것을 그들로부터 거리를 두고 떨어져 현전화하는 노력을 기울인다. 그런 것에 대해서 우리는 아무런 입장도 취하지 않은 채 그냥 묘사만 할 따름이다.

신비적인 태도의 본질은 특히 마이스터 에크하르트의 설교에서 순수한 형태로 파악할 수 있다. 엄청난 확신과 지칠 줄 모르는 끈기를 가지고 그는 늘 모든 특수한 것, 여하튼 대상적으로 조건화되어 있는 것에서 출발해, 이러한 것들을 부정하면서 모든 피조물들로부터 완전히 벗어나 혼자 고립되는 신비적인 것의 본질로 되돌아간다. 이러한 고립은 단순한 무(無)에 근접해 있는 것이어서, ― 신을 제외하고는 ― 그 안에서 자리를 잡을 만큼 충분히 정묘한 그 어떤 것도 존재하지 않는다. 에크하르트는 그렇게 은둔해 있는 것을 최고로 평가한다. 그런 것은 모든 것들을 항상 사랑하는 사랑보다도 더 높고, 인간이 피조물의 고통을 바라볼 때 가여워서 느끼는 고통보다 더 높으며, 모든 피조물 아래로 조아려 임하는 겸손보다도 더 높고, 사람이 자신에게서 벗어날 수 있을 때나 가능한 자비보다도 더 높다. 그러나 은둔 속에서는 우리 존재의 토대인 자그마한 불꽃이 그 자체로 머물러 있다. 우리의 자아는 소멸된다. 완벽한 은둔과 무 사이에는 아무런 차이도 없다. 왜냐하면 우리가 대상적인 세계에서 사는 한 은둔에 기반해서 체험되는 것은 우리에게 '아무것도 아닌 무(無)'이기 때문이다. 다만 그것은 바닥 없는 심연, 평온, 부동성으로 침잠해 들어가기와 같은 비유에서 긍정적인 형식으로 재기술될 수 있을 뿐이다. 자유롭고 순수하고 통일적인 존재는 무아적이고 무형적이고 무상적이며, 초이성적이고 모든 '사물들'을 초월해 있다. 에크하르트는, 비록 인위적으로 실현시킬 수 있는 것은 아니지만, 주객 분할의 세계에서 높은 가치를 갖는 모든 것들 가령 신앙, 기도, 순결의 덕, 신에 대한 경외심 등을 통해 우회적으로 연결되어 있는 신을 경험했던 이야기를 끝없이 변형된 형태로 제시한다. 이러한 신비로운 은둔은 중독과 황홀경이 아니라, 금욕을 통해서 야기된 희열감이 아니라, 순수하고 엄격하며 신앙심 깊은 사람에게서, 그 사람의 전체 심리적인 본질과의 의미 있는 연관 속에서 발견되는 토대로 사유될 수 있다.

그러나 인간은 피조물이다. 인간은 은둔과 시간초월의 상태로 침잠할 수는 있어도 그 상태를 오래 지속할 수는 없다. 대체 "영혼은 자신을 되찾을 수 있을까?"라는 질문에 대해 인간은 "영혼은 자신을 되찾는다"라고 답한다. 그것도 "이성적인 능력을 가지고 있는 존재가 자기 스스로 자신을 의식하게 되는 바로 그 지점에서"라고 답한다. "왜냐하면 영혼이 침잠하더라도 신성한 존재의 통일성 속으로 침잠하는 것이지, 결코 바닥에 도달할 수 있는 것은 아니기 때문이다. 그래서 영혼의 신은 영혼이 되돌아와 자신을 재발견하고 자신을 ─ 피조물로 ─ 재인식할 그러한 지점을 남겨 놓았던 것이다."[18]

신비적인 태도가 표현을 찾거나 소유하려 한다면 이는 애초부터 내적 모순처럼 보인다. 이때 말하는 표현은 두 가지 의미로 이해될 수 있다.

1. 그중 하나는 저러한 은둔을 완전히 간접적이고 우회적인 방식으로 지시하려는 상징적인 표현으로서의 의미다. 이는 상징, 작품, 단어를 사용해서 형상화하려는 시도지만, 순수한 은둔에서는 그런 모든 표현과 형태

18 뷔트너(Eckhart von Büttner)의 번역을 따랐다.

들이 다시 모조리 부정되는 귀환의 과정이 진행된다. 그래서 우리는 설교에서, 중세 예술작품에서 모든 대상적인 것을 상징으로 변화시키고 한 단계 더 나아가 모든 대상적인 것들을 포기하는 정신의 숨결을 느낄 수 있다.

2. 표현은 또한 설교에서, 연습과 삶의 태도에 관한 언급에서 청중에게 신비한 은둔으로 향하는 성향을 간접적으로 일깨워서 발달시켜 보고자 하는 목표 아래에서 행해지는 각성으로 이해해 볼 수도 있다. 모든 문화에서 신비적인 것이 어찌나 유사하게 묘사되고 있는지 참으로 놀라울 따름이다. 은둔 상태에 있을 때 모든 표현이 낯설게 여겨지는 신비주의자는 동시에 주객 분할 상태에 있는 인간이며, 원래는 이야기할 수 없었을 것에 대해 이야기한다. 그래서 모든 신비주의는 그 안에서 말해진 것으로 보이는 것이 즉각 다시 철회되는 그런 표현의 역설을 포함하고 있으며, 그러한 표현 방식으로는 주로 이미지가 사용된다. 신비주의자는 이미지에 탐닉하지만 그 어느 것도 그에게는 충분치 않다. 긍정의 형식으로는 아무것도 말할 수 없다 보니 그는 부정 형식의 규정들도 빈번하게 사용한다. 비유 중에서는 합일의 비유가 지배적인 역할을 하는데, 이는 대개 에로틱한 이미지로 묘사되기도 한다. 신비한 경험에는 두려움과 행복의 느낌이 함께 동반되기도 한다. 그리고 어디서나 신비한 발전 단계들은 완전한 합일에 이를 때까지 묘사된다.

에크하르트를 일례로 해서 소개했던 저러한 순수한 형태의 신비로운 은둔이 이 영역을 포괄적으로 현전화하고 있는 우리의 눈에는 오로지 하나의 태도일 수 있지만, 신비적인 태도의 종류는 구분될 필요가 있다. 이것은 오로지 다른 태도 및 영적인 상태들과의 얽힘, 그리고 이해 가능한 고립의 동기 및 결과들과의 상호적인 얽힘을 통해서만 가능하다. 많은 성격, 많은 세계관, 많은 신비주의의 종류들을 사람들은 아마도 구별할 수 있을 것이다. 신비적인 태도 그 자체가 종류를 갖는 것은 아니다. 세계관적인 것 전체 속으로 신비적인 것을 편입시키는 것, 신비적인 것에 주어지는 의미는 종류를 갖는다. 예를 들어 신비적인 태도는 비록 드문 일이기는 하지만 능동적인 삶의 태도 안으로 수용될 수 있는데, 그러면 사람들은 능동적인 신비주의를, 보다 더 빈번하고 수동적이며 고요한 신비주의와 대조시킬 수 있게 된다. 또는 표현의 상징들에 따라서 사변적인 신비주의, 심미적인 신비주의, 실천적인 신비주의를 열거해 볼 수도 있다.

하나의 순수하고 완전한 유형의 신비적인 것으로부터 도출될 수 있는 것들을 우리는 우리의 도식에 따라 다음과 같이 묘사해 볼 수 있다.

1. 형식화: 신비주의자들이 묘사하는 것들을 비교하고 그들의 행동을 관찰해 보면 눈에 띄는 것이 있다. 그것은 우리가 각 경우에서 이런 신비적인 태도 안에 소위 본질적인 것이 보존되어 있다고 믿는다는 것이고, 주객 분할 없는 신비로운 순간이 충만해 있음을 배제할 수 없다는 것, 즉 우리가 외부에서는 볼 수 없고, 체험하는 당사자와 우리 자신은 명명하고, 분석하고, 대상화하지 못하지만, 성격의 작용 및 구조화 과정에서 나타나는 그 무엇인가가 충만해 있는 것을 배제할 수 없다는 것이다. 하지만 또 대부분의 경우에서는 그렇지 않은 경우가 전부인 것처럼 보인다. 그런 경우들은 단순히 의식이 비어 있는 상태들일 뿐이다. 주객 분할이 없기로는 이런 상태와 깊은 수면 상태 간에는 아무런 차이가 없다. 우리가 피로하고 무심하고 단조로운 리듬 상태나 수면 상태 등에 있을 때 그런 느낌이 어떤 것인지 알고 있는 것처럼, 수면 상태 등에서의 비어 있는 의식은 모든 대상적인 내용들이 부재하고 대상적인 내용들 간의 관계들이 고도로 해체되어서 신비로운 방식으로 나타나고 있는 상태다.

2. 신비적인 것의 비분화된 상태들은, 에크하르트가 묘사하고 있는 것

처럼 가장 순수한 유형에 비해서 흔하다. 주객 분할이 결여되어 있는 상태들과 자체 내에 설정되어 있는 주객 분할로 인해 전혀 신비롭지 않음에도 불구하고 수수께끼 같은 영지주의적이고 악마주의적이며 그리고 그것과 유사한 (인과적인 기원에 따라 종종 비정상적인 의식 상태에서 발생해 나오는) 특성을 가지고 있는 가능한 모든 대상적이고 직관적인 내용들이 서로 연결되고, 더 나아가 그것이 철학적-형이상학적인 세계상들로부터 유래하는 사상들과 섞일 경우 신비주의의 사실적이고 역사적인 현상들은 아주 복잡한 모습으로 나타난다. 특히 평범하지 않은 '고상한' 의식 상태를 추구하고, 최면 치료에서 다뤄지는 경험을 추구하는 것, 오로지 특별한 정신병리학적인 처치 과정을 통해서만 인과적으로 발생하는 의식의 변화들을 중시하는 것은, 잘 해명되지 않은 이런 비분리된 총체적인 태도들을 특징지어준다. 이러한 총체적인 태도 속에서 순전히 신비적인 것은 늘 그런 것은 아니더라도 아마도 종종 하나의 요소일 수 있다.

3. 절대화: 신비적인 태도는 더 이상 대상적이지 않기 때문에 그 자체는 능동적이지도 않고 관조적이지도 않다. 그것의 특징은 주객 분할을 지양하고 있어서 대상 지향적인 의도를 지양한다는 것이다. 하지만 신비주의자가 실존하는 인간인 한, 그리고 살아가면서 늘 신비적인 태도를 고수할 수 없는 한, 신비주의자가 신비적인 태도를 자신의 삶의 의미로 절대화시키는 한 그는 어쩔 수 없이 전적으로 수동적이 되는 경향이 있고 기껏해야 일정 정도 관조적인 경향이 있다. 신비 체험은 대립을 초월해 있기 때문에, 신비 체험을 능동적이거나 수동적 또는 관조적이라 칭하는 것은 이치에 맞지 않는다. 하지만, 신비적인 것을 절대화하는 신비주의자를 수동적이라 칭하는 것은 이치에 맞는다.

4. 진실하지 못한 신비의 형태들: 황홀경에 취해서 방탕하는 것, 풍요를

본질로 삼지 못하고 상태만 즐기는 것, 가볍고 수동적이고 감각적이고 관능적인 몰입에 취해 움직이는 것, 이런 것들은 진실하지 못하다. 또한 금욕이 기술적인 수단으로 사용되지 못하고 오로지 즐기기 위한 목적에 사용되듯 검소하게 적용될 경우 신비주의가 절대화되면서 삶의 편의와 나태가 가능해지는데, 이런 것도 진실하지 못하다. 문학적인 가공품으로서의 현대 신비주의는 주로 삶으로부터 도피해 예술적인 향유를 즐기는 데 봉사한다. 신비주의자가 된다는 명목 아래 어떤 이는 정신적인 에피쿠로스주의자가 되고 어떤 이는 감각적 쾌락주의자가 된다.

주어진 특성은 신비적인 태도를 신비주의의 역사에서 일어나고 있는 것보다 더 협소하게 파악하고 있다. 신비적인 태도는 한편으로는 직감적인 태도와 구별되고, 다른 한편으로는 나중에 설명하게 될 열정적인 태도와 구별된다. 주객 분할의 부재라는 측면에서 둘 모두가 신비주의와 관련이 있다. 직감적인 태도에서 그런 주객 분할은 지속적으로 추구되는 반면, 열정적인 태도에서 그런 것은 늘 여전히 거기에 존재하고 있다. 직관적인 태도는 풍부한 다양성을 간직하고 있는데, 이런 것을 관찰자는 신비적인 것 속에서는 더 이상 볼 수 없다. 열정적인 태도는 다른 무엇보다도 단지 쉬고 있는 신비적인 것의 은둔과 반대되는 움직임이다. 하지만 신비적인 것은 그런 한에서 묘사될 수 있는 것보다도 더 그 둘에 근접해 있다. 신비 체험으로부터 새로운 주객 분할이 생겨 나온다. 즉 그 안에서 나와 대상이 새로운 모습으로 나타나는 분할이 생겨 나온다. 그런 한에서 모든 주객 분할은 결국 새로운 신비적 태도로의 회귀로 이어진다고 말할 수 있는데, 이는 분할의 과정을 통해서만 비로소 가능해진다.[19]

⁝
19 3부의 마지막 단원 '신비주의'와 '이념들' 참조.

따라서 분리의 시도는 완전히 명확하게 이루어지지 않는다. 이 지점에서 신비적인 태도는 주객 분할을 지양하는 그런 특정 방향에서 자신의 자리를 잡지만, 그와 달리 능동적인 태도에서 주체는 대상을 형성적으로 동화시키고, 관조적인 태도에서는 대상이 주체로부터 멀어진다.

2. 자기반성적인 태도

의식 밖에 있는 대상세계로 의식이 방향을 잡은 후에 영혼 쪽으로 재차 방향 전환하는 것은 우리 영혼의 원시적인 현상이다. 의식 이후에 자기의식이 있다. 대상을 지향하는 의도는 재차 뒤로 돌아 영혼에 자신을 '투사해' 이제는 '나', '자아', '성격'이라 불리는 것을 대상으로 만들어 낸다. 그런 식으로 반성적인 영혼의 삶은 직접적인 영혼의 삶에 기반해서 구축된다. 이러한 반성적인 영혼의 삶은 고찰적이거나 자신에 대해 능동적인 자세를 취한다.

1) 관조적인 자기반성

우리는 우리 자신을 보고 우리 자신에 대해 착각하고 우리 자신을 평가한다. 하지만 우리가 보는 우리 자신은 고정된 존재로서 그곳에 있는 것이 아니다. 오히려 우리는 개개의 체험 현상, 개별 연관을 보고 있고 그러한 개별적인 것들을 다소간 의식적으로 '자아'라는 전체로서의 도식 안으로 편입시킨다. 우리가 이용할 수 있는 그런 자아 도식들은 많다. 우리는 그런 것들을 우리로서는 결코 대상화시킬 수 없는 완전하고 온전한 실제의 자기와 혼동하곤 하는데, 이는 실제 자기가 지속적이면서도 문제적으로 남아 있기 때문이다.[20] 우리의 혼동은 물론 우리가 우리의 실제 자기로 잘못 여기는 자아 도식을 한번 여한 없이 살아 보자는 정도로까지, 예를 들어 우리가 생각하는 시민적인 삶을 살아 보거나 우리의 자아가 생각하는 행복한 삶을 살아 보자는 정도로까지 나아갈 수 있다. 자아를 전체적인 성질의 것으로 잘못 여길 때 자아를 보는 일은 항상 망상으로 이어진다. 우리가 하는 자아 인식은 오히려 끝없는 과업으로서, 이 과업은 단순히 들여다보는 관조에서보다는 살아 움직이는 경험에서 더욱 선명해진다. 더 나아가 자아 도식을 통한 단순화는 자기 보는 것을 계속 환상으로 몰아간다. 자아 도식들은 수 세기에 걸쳐서 언어적인 양식을 통해, 예술과 심리학이 제시해 온 인간 유형들을 통해, 스스로 직접 경험하는 자기 대신 말로 묘사되는 원칙과 규칙에 따라 실존을 기획하는 지성화 작업을 통해, 그리고 다른 사람들이 우리에 대해서 생각하는 것, 우리가 우리 주변 환경의 거울에 비추어 우리를 보는 것을 통해 제시된다. 이때 자신을 평가하려는 충동을 통해서 착각들이 힘을 얻는다. 자아상은 우리가 편안해 할 수 있는 방식으로 양식화되고, 그것에 잘 들어맞지 않는 것은 간과되어 망각되고, 과거는 성공과 최종 결과의 시각에서 그에 부합하는 방식으로 이미지화된다. 그렇지 않은 경우 자아는 그와는 반대로 경멸받는 모습으로 그려진다. 자아에 대한 평가가 상반되는 경우 이러한 대립들의 근거는 결코 자아

· ·
·

20 (옮긴이) 여기서 '나'를 가리키는 두 가지 언어 용법, 즉 자기와 자아는 구분될 필요가 있다. 여기서 '자기'가 전반성적인 의미에서의 '나'를 가리킨다면, '자아'는 반성적인 의미에서의 '나'를 의미한다. 달리 말해 개념 이전의 익명적인 '나'를 의미하는 전자와 달리 후자는 언어적 개념적으로 대상화되어 규정된 '나'를 의미한다. 여기서 논의의 주된 쟁점이 되고 있는 것이 후자다. 특히 후자를 전자로 잘못 이해하는 경우가 특히 그렇다.

에 대한 객관적인 관찰에 있는 것이 아니라, 주로 자아상을 부차적으로 형성하는 힘들에 있다. 자기신뢰와 자기불신, 자기경멸과 자기존중의 대립이 그런 식으로 작동한다.

관조적인 자기반성의 이런 복잡한 얽힘 속에서 평가적인 느낌과 가치 강조의 기반이 되는 고요한 고찰을 우리는 순수한 태도로 볼 수 있다. 이러한 자기고찰은 자신 앞에 결코 완전한 자기를 갖지 않는데, 그것은 자기라고 하는 것이 무한한 과정이고 자기고찰이 보는 모든 것들은 문제적이고 단지 순간 및 상황을 매개해 주는 역할만 하기 때문이다. 그리고 그것에 기반해서 진행되는 자기평가는 일반적인 평가가 될 수 없는데, 그것은 인간이 자기 자신을 결코 전체적으로 파악할 수 없어서 자신의 가치 자체를 파악하는 것이 아니며, 이런 가치화는 자기에 대한 능동적인 태도를 위한 매개체이기 때문이다. 자신이 할 수 있는 것 이상을 원하지 않고 자신을 절대화시키지 않는 이런 순수한 관조는, 자아가 자신의 힘을 이용해 객관적이고 능동적인 삶을 살고자 하는 것을 그만두게 되면, 대상이 자신에게서 녹아 없어진다는 사실을 잊지 않는다. 그런 순수한 관조는 자신 스스로 자기의 삶이 되려고 하거나 또는 그러한 것을 만들어 내려는 일에 빠져들지 않는다. 그러나 이러한 관조적인 자기반성과 그에 부합하는 단순한 가치감각이 절대적이 될 때, 반성적인 현존의 전형적인 형태가 생겨난다.

자아는 주어져 있는 것으로 — 사람은 원래가 그렇다는 식으로 — 느껴진다. 또는 그와는 반대로 자아는 이상형의 표상에 기반해서 신속하게 창조될 수 있을 법한 그 어떤 것으로 느껴진다. 두 경우 모두에서 인간은 아무 활동도 없고, 사물에 대한 직접 체험도 없는 상태에서 자기 자신을 매 순간 고찰의 대상으로 대하고 '역사'로 대한다. 아직 스스로 직접 살아 보기도 전에 말이다. 세상을 완수된 역사 과정으로 여기면서 즐기는 것에,

상상으로 체험하는 것에, 가능성들을 체험하는 것에 익숙해져 있는 사람은 삶의 순간을 직접 체험하지 못한다. 오히려 의식적인 반성을 통해서 드러나는 상황과 도달된 것이 상상으로 선취된 가능성들과 일치하는 것을 인식한 후에야 비로소 그것을 즐길 수 있다. 그런 사람은 직접적인 삶을 살아가는 것이 아니고 반성적으로 비교하는 가운데 살아가고, 원했던 것과 생각했던 것과 요청되었던 것이 실제의 것과 일치한다는 의식을 가지고 삶을 살아간다. 그런 것은 늘 지루하고 부차적이며, 이미 알려져 있고 오로지 확인된 것이자 선취된 것이며, 간접적으로 중재된 것이다. 그래서 또한 결코 놀랍지 않고 획기적이지도 않으면서 감동 없는 체험이다. 그러한 반성적인 체험은 오히려 실망스럽고 만족스럽지 않다. 현실이 있어야 실망하는 의식이 있다. 그게 전부인가? 당시의 순간에는 상당히 밋밋하고 지루하고 불만족스러웠던 것이 기억 속에서는 다시 매우 만족스러울 수 있는데, 이는 직접적인 경험의 부족이 체험되는 것이 아니고 반성만이 경험되기 때문이다. 인상, 체험, 상황들이 연출되고 그것들이 원칙, 기대, 소원, 욕망 등에 부합하려면 어떻게 되어야만 하는지에 대해서 모든 가능한 경우들이 사고된다. 운명은 직접 체험되는 것이 아니고, 우선 이리저리 생각되고 조합되고 비교되고 구성된 다음에 그 자체가 반성을 통해서 생성된 것으로 체험된다. 자신에 대한 동정, 존중, 경멸, 이런 것들은 그런 현존 방식의 소극적인 영혼 상태들이다. 이런 것이 외적으로 나타날 경우에는 예를 들어 (자신에 대한 동정에서 나오는) 반성적인 울음과 직접적이고 생생한 눈물의 대조로 나타나기도 한다.

2) 능동적인 자기반성

능동적인 자기반성에서 사람은 자신을 들여다볼 뿐 아니라 의지를 내비치기도 한다. 사람은 단순히 자신을 주어진 성향으로 받아들이는 것만이 아니라 궁극적인 최종의 것이 아닌, 늘 되어 가는 그런 자기에게 함께 작용을 일으키려는 충동을 가지고 있다. 인간은 자신에게 관찰의 자료일뿐 아니라 구성하는 자이기도 하다. 자기인식은 존재의 확립일뿐 아니라, 하나의 과정으로 그 과정 속에서 자기인식이 자기 자신이 되기 위한 하나의 매개체가 되고, 거기서 자기인식은 무한한 과업으로 머문다. 관조적인 자기반성의 끝에는 그저 향유적인 태도 아래 체험 자체에 대해서 '예'라고 말하면서 그저 헌신만 하는 그런 어떤 것이 있다. 그것의 반대가 금욕적인 태도로 자신을 외면하는 것이다. 그러나 두 경우 모두에서는 순간적인 의식 현상들 너머로 향유와 금욕을 통해서 비로소 형성되는 하나의 이상적인 자아가 추구될 수 있다. 이런 식으로 향유와 금욕은 자기형성의 형식적인 요소들이다.

(1) 향유적인 태도

향유는 사물을 대하는 태도가 아니라 경험을 대하는 태도이자 사물에 대한 경험이기도 하다(사물을 대하는 태도에서는 쾌와 불쾌가 구분되고, 경험을 대하는 태도는 향유와 그에 반대되는 금욕으로 나뉜다). 모든 향유는 결국 자기 향유다. 의식은 사물에 헌신하고, 향유는 사물이 아닌 그런 헌신과 상관이 있다. 그래서 인간은 내면적으로 대상에 깊숙이 관여해 있지 않다. 인간에게 향유는 마치 내가 즐기는 '유희'와도 같다. 그것은 내가 소유하는 것이지 내게 소유되는 것이 아니다(ἔχω οὐκ ἔχομαι).[21] 향유 시에 인간은 사물

자체를 감지하고 있는 상태가 아니다. 상대적으로 수동적인 이러한 태도
는 행동하지도 판단하지도 평가적 입장을 취하지도 않고, 모든 것을 체념
한 것처럼 수용하고 자신의 활동을 반성적인 향유에 제한한다. 그렇게 향
유는 모든 곳에서 직접성 위에 상부구조로 구축된다. 가령 음악 같은 것에
서 느끼는 중독적인 쾌락 위에는 중독의 향유가 구축되고, 객관적인 통찰
력 위에는 객관적인 태도에서 느끼는 향유가, 감각적인 쾌락 위에는 감각
적인 쾌락에서 느끼는 향유가, 고통 위에는 고통에서 느끼는 향유가 구축
된다. 모든 직접적인 것은 단순하거나 투박하지만 모든 향유는 세련되어
있다. 직접성은 사물에 머물지만, 향유는 항상 계속해서 향유의 대상을 찾
아다니면서도 그 대상 자체는 향유에 근접해 있을 필요가 없다. 향유는 세
계와 체험 모두로 태도를 확장하지만, 그 모든 것으로부터 아무것도 소유
할 필요가 없다. 향유는 사물 자체가 아닌 향유에서만 존재한다. 모든 것
이 향유의 자료이고, 향유하는 사람은 모든 것을 취하지만 그가 창조해 내
는 것은 아무것도 없다. 이런 태도가 절대화되면 그런 태도를 취하는 향유
자는 본질상 아마추어가 된다. 향유자에게 있어서 차이가 있다면 그것은
오로지 향유 영역의 범위 차이다. 그 범위는 미식가에서 탐미주의자에까지
이른다. 인간은 자신의 재능과 자신의 기관들을, 여기서는 향유의 전체 장
치로서의 자신을 향유의 수단으로 삼는다. 인간과 대상 간의 상호작용은
그 자체로는 더 이상 아무것도 아닌데다가 심각한 성질의 것도 아니지만
향유적인 태도에는 매체나 기반 또는 자료가 된다. 양자택일도 없고 원칙

21 (옮긴이) 이 구절은 고대 그리스의 쾌락주의 철학자 아리스티포스가 주장한 쾌락주의의 모
토다. 그에 의하면 쾌락. 즉 향유는 대상에서 오는 것이 아니고 대상을 대하는 나의 태도에
서 오는 것, 객체에 의해 결정되는 것이 아니고 주체에 의해 결정되는 것이다. 달리 말해 향
유는 내가 갖는 것이지 대상으로부터 내게 주어지는 것이 아니다.

도 없고 그 어떤 실제적인 선호도 없다. 오로지 더 증대되어야 하고 계속 새로워져야 하고 소재에 소재가 계속 쌓여야만 한다. 인간에게 가능한 것, 인간이 경험할 수 있는 것, 그런 것이 추구된다.

(2) 금욕적인 태도

향유적인 태도에 반대되는 금욕적인 태도도 향유적인 태도와 마찬가지로 자기 자신에 대해서 취하는 태도다. 향유가 체험으로 향하면 금욕은 사라진다. 향유자는 즐기기 위해서 체험, 상황, 사물의 인상, 그리고 활동을 찾아다니고, 금욕자는 싫은 것을 줄이기 위해서 체험을 피하고 인상을 줄이는 노력을 기울이다. 그런 식의 가장 단순한 금욕으로서 외적인 거부 행동이 생겨 나온다. 결혼을 포기하고 사회적 지위를 포기하고 성공을 포기하고 고기와 포도주가 가져다주는 즐거움 등을 포기한다. 하지만 사실 삶에는 항상 체험 및 활동들이 동반된다. 그런 것들을 접하면서 내적인 금욕이 생겨 나온다. 필요불가결한 체험과 행동에서 즐기지도 못하고 한 번도 쾌락을 느끼지 못하는 내적인 금욕이 생겨 나온다. 향유자와 금욕자는 모두 자신들이 사물들에 의해 지배받지 않으며 자신 스스로가 주인이라고 말하는데, 이때 그들은 서로 상반되는 강조점을 가지고 그렇게 말한다. 향유자는 모든 것에서 자유로운데, 그 이유는 그가 사물 자체를 생각하는 것이 아니고 단순히 자신의 대상을 언제라도 찾을 수 있는 그런 향유적인 태도를 생각하기 때문이다. 금욕자는 사물의 주인인데, 그 이유는 그가 욕망이나 즐거움 없이 어떤 일이 일어날 수 있게 할 수 있기 때문이다. 금욕자는 자신이 기쁨을 누리는 것을 금하지만 현존에 필요한 것들에는 무관심 외의 다른 어떤 내적 개입 없이 합리적인 동기로 참여한다. 그런 사람은 일은 하더라도 그 결실로서의 성공은 즐기지 않는다. 그런 사람은 자손을 퍼뜨릴 목적으로 아마도 오로지 계속해서 성생활을 하더라도 근본적으로 쾌락은 추구하지 않는다.

그러나 거부와 내적 무관심은 모두 성공하지 못하는데, 양심이 자신을 검열할 때 인간은 이를 알아차릴 수밖에 없다. 그러면 거부는 내적 환상을 체험하게 되고, 생동적인 활동에서는 여전히 쾌락이 느껴진다. 따라서 외면하는 단순한 거부는 고통을 적극적으로 가하는 방향으로 발전해 나가고, 이러한 적극적인 금욕에서는 과장된 보상과 인위적으로 유발된 불쾌감을 통해서 모든 쾌락을 몰아내려고 하고 거부를 더 쉬워지게 만들려고 한다. 단식, 깨어 있기, 똑바로 누워 있기, 자기 비우기, 자기 독려하기 등이 생겨난다. 이러한 적극적인 육체적 금욕은 다양한 문화권에서 놀라우리만치 널리 퍼져 있다. 그것들은 매우 다양한 출처에서 생겨 나오는데, 예를 들어 마술적인 교설들로부터 생겨 나올 때는 종종 많은 히스테리적인 진통들도 그것들의 발생에 영향을 미칠 수 있고, 그중에는 세계관적인 충동도 들어 있다. 그에 대해서는 다음과 같은 이미지를 떠올려 볼 수 있다.

질서 있고 안정된 상황에서 인간은 아무 문제없이 때로는 만족스럽고 때로는 불쾌한 삶을 살아가지만, 자신의 유한한 과업에 사로잡혀 흔들림 없이 삶을 살아간다. 그러나 그런 인간이 여기저기서 문젯거리, 손실, 파괴, 일상적 위험을 체험하면서, 그것도 능동적이 아니라 수동적으로 체험하면서, 고통으로 인해 고통을 겪고 통증으로 인해 통증을 겪고 그의 굴욕감이 점차 커지게 되면 아마도 그는 모든 감각적인 행복에 대한 욕구와 모든 세속적인 목적들의 이면으로 뛰어들 것이다. 그런 인간은 행복에 대한 모든 욕망을 증오하게 된다. 왜냐하면 그것이 항상 고통을 가져오고 모든 세속적인 과업들을 만들어 내며, 그를 산만하게 만들고 그의 내적인 통일성과 자기지배권을 그에게서 빼앗아 갈 것이기 때문이다. 그리고 본능이 향하는 방향에 엄청난 반전이 일어나면서 그런 인간은 이제 세상사에 대한 관심을 거두고, 모든 것을 버리고 모든 바람직한 것들을 거부하고 싶어 할 것이다. 하지만 육체적인 고통보다 더 사나운 것도 없고 피할 수 없는 것도 없으며, 동시에 더 조야하고 더 원시적이고 아무나 이해할 수 있는 것도 없다. 적극적인 금욕에서 '아니야'라고 거절하는 생각이 이 지점에서 최고조에 달하게 되고, 모든 사회적 감각적 세속적 행복의 이면에서 다른 '나'가 전에 없던 힘과 확신을 얻게 된다. 이전에는 모든 것이 고통스럽고 절망적이고 무의미했지만, 이후에는 실제적이고 궁극적인 자기훼손, 무조건적이고 실제적인 세계 부정이 가장 강력한 활동 속에서 자신과 사물을 통제하고 있다는 느낌을 체험하게 된다. 경험적인 현존에 대한 지배력이 생겨나면서 그로부터 황홀감이 생겨 나온다. 이전에는 운명과 고통으로 다가왔던 것이 이제는 자기 의지의 결과로 다가온다. 다른 사람의 눈에는 어쩔 수 없는 필연적인 것이면서 외부로부터 오는 것이 이제는 금욕자의 자유의지에 의한 것이 된다. 인도의 수행자가 자신의 금욕 수행을 마치고 어마어마한 힘을 느끼게 되었다는 사실, 그리고 수행자는 모든 신들조차 극복하고 금욕 수행을 통해 세상을 길들이며 모든 것들을 완벽하게 통제하는 주인이 된다고 하는 교설이 그로부터 생겨났다는 것은 아마도 우연이 아니고, 합리적인 가르침의 단순한 결과만도 아닐 것이다.

고통이 따르는 적극적인 금욕은 인간들에게 곧바로 고통이 즐거울 수 있는 것이고 향유의 대상이 될 수 있다는 이상한 경험을 할 수 있게 해 준다. 기분 좋은 잔인한 향유는 자신의 고통에서만이 아니라 타인의 고통에도 있다. 적극적인 신체적 금욕 수행에서 우리는 때때로 고통에 있어서 관능적인 쾌락이 강조되는 경우를 한번 추측해 볼 수 있다. 이러한 쾌락이 직접 추구되는 경우가 있는가 하면, 예를 들어 격렬한 성적 충동을 채찍질

해 가며 근절시키는 과정에서 쾌락이 갑자기 그 위치를 바꾸어, 성욕이 근절되는 대신 고통에 대한 욕망이 생겨나는 경우도 있다. 누군가가 그런 기술을 적용하기 시작할 때 그 사람은 아마도 그것이 어떤 연관에서 그런 것인지에 대해서는 잘 알지 못한 채 오히려 세계관적이고 훈련적인 동기를 가질 것이겠지만, 실습을 통해 그렇지 않았으면 거의 수행되지 못했을 법한 기술을 아마도 이제 비로소 제대로 발전시킬 수도 있을 새로운 경험을 하게 된다.

이런 몇 가지 암시는 향유적인 태도와 금욕적인 태도 간의 밀접한 관계를 보여 준다. 절대화되지 않은 순전한 상태에서 향유적인 태도와 금욕적인 태도는 다양한 이념들로부터 영향을 받는 자기를 형성하는 단순한 수단들일 뿐이다. 그러나 둘 중 하나가 절대화되는 경향이 있는 곳에서는 나머지 태도도 동시에 그렇게 되는 경향이 있다. 둘은 대립물이기는 하지만 모든 대립들처럼 서로 연접해서 묶여 있다. 더 높은 수준에서 에피쿠로스학파의 세계 친화성과 스토아학파의 은둔성이 서로 연결되어 있는 것처럼 기분 좋은 향유와 처절한 금욕은 서로 연결되어 있다.

(3) 자기형성

인간이 자신의 현재 상태뿐 아니라 과거 및 미래에서의 자신을 전체적으로 바라본다면, 자신의 현존에 대한 모든 현재적인 개입들은 모두 어떤 지도적인 이미지 아래에서 자신의 개성을 형성해 나가는 방향으로 정렬된다. 앞으로 형성될 본질로서의 전체성을 의식하는 가운데, 출생과 죽음 사이에 놓여 있는 모든 것을 총체적으로 성찰하는 가운데 인생을 살아가는 사람은 그리 많지도 않거니와 아마도 그런 식의 삶을 지속적으로 살아가는 인간은 없을 것이다. 하지만 이런 식의 성찰이 존재한다면, 긍정과 부정, 장려와 억제, 향유와 금욕의 수단들을 가지고 자신의 본질을 형성하면서 일련의 성격 유형을 가진 인간들이 아울러 형성되어 나온다. 지금부터 이런 것들을 고려해 보도록 하겠다.

자기형성은 구체적인 현재에서 일어나는 그때마다의 작용의 결과이고, 물질적인 전제조건으로는 외적 상황이 있는가 하면, 그 당시까지의 과거 및 현재에서의 그 사람의 성격이 있다. 자기형성은 '이제 나는 이런 유형의 인간이 되고 싶어'라는 식으로 말하는 의욕이 아니다. 자기형성은 전체를 대하는 태도 아래 자신이 공략할 수 있는 수많은 개별 지점들에 의욕을 사용하는 과정이다. 내가 거부하고 허용할 때, 하나의 과업을 수행하거나 거절할 때, 하나의 행위 가능성을 붙잡거나 지나가게 내버려 둘 때, 삶에 결정적인 영향을 미치는 결단을 긍정의 방식으로 내리거나 부정의 방식으로 내릴 때, 이런 것들을 매개하는 개별적인 의지적 활동을 규정하는 일은 이상적인 자아의 본보기와 전형적인 직관들을 스스로 설계하는 과정에서 일어난다. 하지만 이러한 규정 작업은 두 끝점 사이에 놓여 있는 기다란 눈금자 위를 움직이는 것과도 같은 작업이다. 본보기 자체가 아직 발전 중에 있는데, 그것이 현재의 개인적인 현실과 아주 밀접하게 관련해서 자기 뿌리로부터 성장해 나오기 시작해 이제 거기로부터 무엇이 생겨 나올지를 결정한다. 그렇지 않은 경우 단순한 지성과 가치화의 능력을 가진 인간이 자신에게 절대적인 것으로 보이는 이상을 채택해서 이런 이상을 향해 도약하는 삶을 살고 싶어 한다. 하지만 일상에서 그는 이론적으로만 그런 이상적인 내용에 부합할 뿐 자신의 현존하는 본성에는 낯설고 과장된 몇몇 행동들을 행할 수 있는데, 이때 종종 맹목적인 확신과 옳은 것에 대한 근거 없는 불확실성이 그를 움직이는 경우가 있다. 본보기와 사실적 현존 간에는 이런 식으로 긴장이 있어서, 자기형성 대신 혼돈이 발생하고 개인적 가능성의 아주 낮은 단계로 후퇴하는 일도 일어난다. 자기형성은 어떤 경우에는 아마 이론적으로조차 성찰되지 않은 과정으로서 그러한 과정 안에서 인간은 자기 자신에 대해서 지적으로 무슨 말을 해야 할지 거의 모를 수 있다. 다른 경우에서 자기형성은 사실적인 자기형성 과정이 부재하는 단순한 무기력한 성찰일 수도 있다. 어떤 경우 그것은 그 안에서 본보기와 본질이 늘 함께 성장하면서 포괄적으로 일치하는 살아 있는 실질적 존재를 말하고, 다른 어떤 경우 그것은 자기 자신이 아닌 성격을 거짓으로 내세우는 것을 말하기도 한다. 왜냐하면 본질과 본보기가 광범위한 심연을 사이에 두고 서로 갈라져 있기 때문이고, 실제로 형성되는 것이 아니라 그냥 단순히 원해지는 것이기 때문이며, 사실적인 존재 및 성장이 결정하는 것이 아니라 단순히 바라고 좋아하는 것이 결정하기 때문이다. 결여되어 있는 것은 각 수준에서의 집약적인 자기 노력과 (비록 무한한 상승에 대한 희망과 믿음이 있더라도) 자신을 아는 겸손함, 그리고 현재의 과제를 제대로 알고서 대하는 겸손함이다.[22] 어디서나 사람은 읽으려고 하기 전에 철자법을 배워야 하는 법이다.[23] 진실성과 발달에 대한 요청을 인정하는 사람에게는 '현재의 당신이 되시오!'라는 이 말이, 본보기와 구체적으로 존재하기가 서로 연결되어 따로 분리되지 말아야 한다는 사실을 적절하게 표현해 준다.

자기형성은 생각해 볼 수 있는 '자기'에 대한 상의 종류만큼이나 다양할 수 있다. 자기형성은 인간이 성찰의 도움을 받아서 자기 자신이 되어 가는 힘든 과정이다. 하지만 그것은 또한 현실에서는 부재하는 자기를 만들

22 (옮긴이) 삶의 특정 상황에서 주어져 있는 과제, 자신의 현재 실력 및 상황에 대한 이해, 그리고 자신의 노력이 서로 맞지 않는 상황을 언급하고 있다.
23 (옮긴이) 자신의 본질을 먼저 알아야 한다는 의미다.

고자 하는 행동이면서 자신에게 가하는 강압적인 행동들의 혼돈이기도 해서, 사람들은 자신이 행한 행동의 결과를 감당해 내지 못 하는 경우도 있고, 아무런 변화도 초래하지 못하고 그저 일련의 비눗방울 같은 가짜 결과만 초래되는 경우도 있다. 그 과정은 인간이 특수한 상황에 처해 있는 아주 특수한 자신의 경험적인 자아에게 완전히 주관적인 이해관계에서 양식을 부여하려고 하는 과정이기도 하다. 그러면서도 그것은 또한 일반적인 것, 전체적인 것에 종속되는 과정이기도 하다. 그것은 인간, 인간이 영향을 미치는 영역, 그리고 후대에게는 사물과 인격이 일치하는 것은 아주 드문 경우에서만 가능하다고 하는, 적어도 서구의 인격 형성에서는 역설적으로만 기술될 수 있는 매우 독특한 것이기도 하다. 그럼에도 완전히 개별적인 형태들은 일반적인 것을 대표하는 것으로 등장한다. 인간은 개별적인 것에서 일반적인 것을 보며, 그가 하는 인물 평가는 권위나 주인을 신봉하는 것이 아니라 그에게서 일반적인 것 또는 절대적인 것을 구체적으로 드러나게 해 주는 매개체의 일종이다. 자신을 우연적이고 자의적이며 단순히 주관적인 존재로 느끼면서도 다른 한편에서는 규칙, 규범, 사태들을 죽어 있는 것, 일반적이기는 해도 형식적인 것, 타당하기는 해도 피상적인 것으로 체험하고 그것들을 안으로 받아들이더라도 파괴적인 것으로 체험하는 것, 이런 것은 아직 자기형성이 되어 있지 못한 사람들이 느끼는 고통이다. "자신을 이기는 사람은 모든 존재들을 구속하는 억지력으로부터 해방되어 있는 사람이다"라는 괴테의 말을 우리는, 모든 내용은 제쳐두고, 구체적으로 자기형성을 금욕, 형식적 규율로서 이해할 것이 아니라 주관적인 자의성의 폭력으로부터 자신을 해방시키는 것임을 제안하는 문구로 이해해 볼 수 있다. 서구의 거의 모든 위대한 철학자들은 '이성'을 통해 자기 자신을 형성하고 지도하는 것을, 그것이 내용적으로 아주 다양하다고는 해도,

최선으로 보았다. 이런 점에서 플라톤, 스피노자, 칸트, 헤겔 모두가 같은 생각이다. 그들이 염두에 두고 있는 것은 ─ 비록 그들을 추종하는 이들과 그들 스스로에 의해서 종종 이와 반대되는 것에 도달하는 경우가 있기는 했어도 ─ 일반적으로 평준화시키는 도식을 위해서 개인성을 파괴하는 (이성 대신 오성에 의해 지배되는 존재가 되도록 하는) 것이 아니고, 개인적이고 주관적이고 자의적인 이성을 형성하는 것도 아니고, 오히려 인간이 그 안에서 자신의 구체성과 생생함을 유지하는 가운데 일반적인 것 안으로 성장해 들어가서는 스스로 그런 것이 될 수 있다고 믿는 그러한 과정이다.

헤겔이 소크라테스에 대해서 다음과 같이 말했을 때 그는 그런 자기형성이 된 인물들의 현존을 묘사하고 있었다.[24] "그는 우리 앞에 저러한 위대한 형성적인 본성들 중 하나로서 당대에 우리가 흔히 발견할 수 있듯이, 하나의 토막에서 시작해서 과정을 차곡차곡 밟아 나가면서 형성된, 자기 스스로 그런 높은 수준에 오른 완벽한 고전적인 예술작품으로 서 있다. 그것들은 만들어진 것이 아니라 원래의 그것들로 자진해서 완벽하게 형성되었다. 그것들은 자진해서 되고 싶었던 것이 되었고 그 상태에 충실하게 머물렀다. 이는 본래적인 예술작품에서 어떤 이념, 어떤 특성이 생산되고 묘사되어서 창작 활동의 움직임 하나하나가 이러한 이념을 통해 규정된다고 하는 그런 뛰어난 측면이다. 이런 것이 있음으로써 예술작품이 한편으로는 생생하게 살아 있는 것이 되고, 다른 한편으로는 아름다운 것이 된다. 최상의 아름다움, 개별성의 모든 측면들을 가장 완벽하게 정교화하는 것은 하나의 내적 원리에 따른 것이다. 당시의 위대한 인물들 자체가 또한

24 Georg Wilhelm Friedrich Hegel, Werke 14: *Vorlesungen über die Geschichte der Philosophie*, 54쪽 이하.

그런 예술작품들이기도 하다. 정치가로서 가장 출중하게 형성된 개인이 페리클레스이며 그의 주변에는 소포클레스, 투키디데스, 소크라테스 등 동급의 별들이 있다. 그들은 그들의 개성을 실존으로, 그것을 그들의 본질의 지배적인 부분인 성격이자 그들의 현존 전체에 걸쳐서 형성된 원리인 그들의 고유한 실존으로 만들어 냈다. 페리클레스는 정치가가 되기 위해 온전히 혼자서 훈련했다. 그의 설명에 의하면 국정에 전념한 이후부터 그는 다시는 웃지 않았고 연회에도 나가지 않았으며, 오로지 이러한 목적을 위해서만 살았다고 한다. 소크라테스도 그런 식으로 자신의 자의식적인 의지의 기예와 힘을 빌려 자신을 이런 특정의 성격으로, 생업으로 훈련시켜 견실함과 기량을 습득했다. 그는, 인간에게는 내적인 신념의 수호신이 최우선의 기반이 되어야 한다는 자신의 원칙을 통해서 종교, 과학 그리고 법과 관련해서 오늘날까지 아직도 여전히 지대한 영향을 미치고 있는 이러한 위대함에 도달할 수 있었고, 이런 장기적인 영향력을 행사할 수 있었다."

이런 '형성적인 본성들'은 본질상 자기형성의 과정 내부에 존재하고 있다. 그런 것들은 자신을 이상이라고 생각하지 않으며 다른 사람들에게도 그런 식으로 보이기를 요구하지도 않는다. 그들은 완전한 실현이라는 의미에서 절대자이기를 원치 않는다. 하지만 그들에게서는 모든 실체적인 자신의 자기형성을 향한 충동이 흘러나온다. 니체는 다음과 같이 요청한 적이 있다. "나를 따르지 말고, 당신 자신을 따르시오." 내용적으로 미규정 상태에 머물러 있는 이런 형식의 자기형성을 처방법으로 축소하지 않고 절대화하지 않는 세계관에게, 그런 인물들은 도달 가능한 최고의 정신 영역이다. 자신의 삶과 현존에 대한 신뢰를 가지고 있지 않을 후대 사람들에게 삶과 현존에 대한 신뢰를 주는 저런 인물들은 형식적인 경우를 제외하고는 전범도 절대적인 무엇도 아니지만, 모든 자기에게 그것의 고유 권리를 부여하고 모든 자기로부터 그것 고유의 권리를 요구한다. 그것이 비록 바위에 대한 모래알의 권리라고 할지라도 그 둘 모두는 실체다.

이런 인물들은 자기형성에 있어서 행복과 불행에 대해 더 무심해지기를 바라지 않고, 풍요로운 가운데 더 유의미해지기를 바라며, 그 어떤 목표를 달성해 그것으로 끝내고 싶어 하지 않고, 모든 목표를 극복하면서 자신에게 만족하지 않고, 오히려 까다롭고 엄격하고자 하며, '나'라고 하는 지점에 도달하려 하지 않고, 그 자신이 내적으로 상호연관되어 있고 궁극의 목표점 없는 목표를 지향하는 그런 구체적인 총체성 및 다양성이 되고자 노력한다. 그들은 절대적으로 그리고 영원히 자신들의 목표로부터 분리되지 않지만, 동시에 그곳에 결코 안주하지도 않고 이미 그 한가운데에 서 있다.

인간의 자기형성에 있어서 그런 '형성적인 본성'과 완전히 상반되는 것이 있다. 그것은 인간이 성장해 나갈 수 있는 가능성의 또 다른 극단을 자기 방식으로 실현한 '성인(聖人)'이다. 성인은 세계 속에서 겪는 내적이고 외적인 경험들과의 무한한 구성적인 대결 과정에서, 현실의 형성 과정에서 겪는 경험들과의 무한한 구성적인 대결 과정에서, 구체적인 현실 속에서 개인적이거나 일반적인 것을 추구해 부분적으로 소유하는 일에서 자기형성을 완수하는 것이 아니고, 초감각적인 것의 원리에 따라 외부 세계와 관련해서 자신을 형성한다. 성인은 자아를 파괴함으로써 목표에 도달한다. 형성적인 본성과 성인 둘 모두 자신들이 '극복했다'는 말을 할 수는 있지만, 한쪽은 개인적인 자아가 되기 위해서 그렇게 말하는 반면 다른 쪽은 자신을 무효화하기 위해서 그렇게 말한다. 한쪽은 구체적인 개인으로서의 자신이 동시에 일반적이 되는 것을 믿지만, 다른 한쪽은 개인이 되는 것을 포기함으로써 자신이 일반적인 것이 된다고 믿는다. 한쪽은 끊임없이 성장하고 성장 과정 속에서 살아가며 모든 것은 동화와 반응의 재료가 된다.

그에 반해서 다른 한쪽은 어느 시점에서 어떤 한 존재의 수준에 이르러서는 형이상학적으로 안전해지고 정확히 반복으로서 자신을 시간초월적이고 형이상학적으로 재현하는 그런 것만 체험한다.

이러한 유형의 성인에는 다음과 같은 특징적인 계기들이 귀속되어 있다.

1. 성인은 절대적인 것에 도달한다. 성인은 더 이상 자아로서 존재하는 것이 아니고 그냥 절대자다. 그래서 그는 다른 사람들에게 길이 되고 본래적인 의미에서 전범이 된다. 그는 각성이나 충동을 제시하거나 자신만의 고유한, 자신에 의해서만 생산된, 즉 자신에게 '은총'으로 내려진 메시지까지 제시해야만 한다. 다른 사람들은 그에게 의존한다. 그는 그들에게 그들이 갖고 있지 못한 것을 줄 수 있다. 이들은 자신을 — 그가 아무리 적어도 — 그와 함께 노력하는 동지, 마침내 커다란 집단을 이루고 그 속에서 그와 함께 노력하는 사람으로 느끼지는 않고, 그에게 의존해 있는 사람, 그를 숭배하는 사람, 그를 사랑하는 가운데 그에게 무조건적으로 복종하는 사람으로 느낀다. 그에 반해 저러한 형성적인 인물들은 기껏해야 자신들이 성취한 것을 밖으로 드러내려 하고 그 결과와 형태들이 상실되지 않도록 하려는 의식이 생겨 나오는데, 이는 그들 자체가 절대자의 반열에 오르지 못했기 때문이 아니라 그들이 절대적인 것의 실존 형식이었기 때문이다.

2. 이런 유형의 존재에게는 온화함과 친근함, 동정과 사랑이 있다. 이런 것들은 오로지 평화와 우정 그리고 헌신이라는 요소들 안에서만 살고 있다. 하지만 사랑은 개인과 개인 간의 사랑이 아닌 일반적인 인류애, 즉 모든 이들을 상대로 하는 사랑을 말한다. 사랑은 모든 이웃, 현재 존재하고 있는 모든 사람들에게로 향해 있다. 그것은 태양처럼 고귀한 사람이든 평범한 사람이든 모두를 두루 비춘다. 그것은 비인격적이며 피안에 뿌리를 두고 있고, 실재에 대해 초연하며 실재가 만들어 내는 결과에 대해서도 초

연하다. 그것은 구축해 나가는 과정 속에 존재하는 것이 아니라 형이상학적인 존재 안에서 존재하기 때문에 계속해서 사랑만 할 뿐 그 사랑의 귀착점이 무엇인지에 대해서는 묻지 않는다. 그렇게 하는 것이 선으로 이어진다는 자명한 가정 아래에서 그렇게 한다. 불교에서 사람들은 사랑이 불가침적이고 파괴될 수 없으며 모든 곳에서 전능하다고 믿는다. 사람들은 사랑으로부터 실제적인 모든 경험에 반하는 힘을 기대한다. 인간 사랑은 자연적이고 원시적인 것에서 시작해서 영혼에 대한 가장 높은 이해에 이르기까지 이 모든 스펙트럼을 가로질러 움직이지만, 이는 개인적인 의도에 따라서 일어나는 것이 아니다. 그런 식으로 불교도와 초기 프란치스코 수도사들은 우리에게 삶을 온화함과 사랑, 우정과 자기희생적인 상호관계로 묘사해 주고 있다. 모두가 자아가 되는 것을 원하지 않고 그 대신 자아를 포기하고자 한다. 그리고 피안을 지향하는 의도가 유일하게 일반적인 것이 되고 긍정적인 것이 되는 그런 야릇한 분위기가 형성된다.

3. 남아 있는 하나의 과정이 있는데, 그것은 인격 형성이 아닌 의식 상태의 형성이다. 교육 과정이 아닌 '경로'가 존재한다. 우리 모두가 살아갈 때 갖게 되는 의식 상태로부터, 이런 주객 분할로부터, 이런 사고와 질문으로부터 나와서 '인식'이라 불리기도 하는 더 고상한 수준의 의식 상태로 나아가는 경로가 존재한다. 하지만 이러한 인식은 오성과 사고가 하는 인식이 아니고, 사고와 사고의 형식들을 통해 전달될 수 있는 인식이 아니며, 오로지 다른 사람이 똑같은 경로를 직접 통과해 감으로써 파악할 수 있는 인식이다. 다른 의식 상태에서는 더 고등한 인식은 이해될 수 없다. 이해는 오로지 준비된 사람에게만 기대할 수 있다. 마찬가지로 그런 수준에서 의미 부여 되는 사랑의 종류로 우리의 의식 세계에서의 모든 이해 방식으로는 이해되지 않는다.

우리가 살고 있는 시대로부터 가장 멀리 떨어져 있고 이해하기 어려운 것이 성인의 순수한 존재 유형과 성인이 생각하는 본보기 아래에서 진행되는 형성 작업이다. 저러한 성인 유형은 피상적으로는 다음과 같이 기술될 수 있을 것이다. 형이상학의 보호를 받는 긍정적인 내용을 포함하고 있으면서 모든 현세적인 것과 모든 살아 있는 것으로부터 완전히 분리되어 있는 것. 그런 것을 향해서 노력하는 사람은 고통에 저항하지 않고 그것을 추구하며, 시공간의 그 어떤 실제 현실에도 그 어떤 식으로도 묶이려 하지 않고 모든 내용, 과제, 즐길 수 있을 가능성들을 배격한다. 쇼펜하우어 자신이 보기에는 힌두교인들에게서 형성된 유형이 있는데, 그것은 다음과 같이 묘사될 수 있다.

"모든 자기애를 완전히 거부하는 이웃 사랑, 인간 종에 국한하지 않고 모든 생명체를 포괄하는 일반적인 사랑, 매일 신물이 날 정도로 노력해서 획득한 것을 남에게 기부하는 자선 활동, 자신을 괴롭히는 모든 사람들에 대한 무한한 인내와 포용, 아무리 나쁜 악행이라도 선과 사랑으로 갚는 행위, 모든 수치심에 대한 자발적이고 기꺼운 인내와 포용, 진정한 성스러움을 추구하며 노력하는 이들을 위한 육식 금지, 완전한 순결, 모든 욕망의 포기, 모든 사유재산의 포기, 자신의 거주지 및 친인척 떠나기, 깊이 침잠하는 완전한 고독, 조용한 묵상 속에서 하게 되는 자발적인 참회와 끔찍하고 느리게 진행되는 자기고문과 함께, 의지의 완전한 고행이 굶주림을 거쳐 마침내 자발적인 죽음에 이를 때까지" "그토록 오래 유지되고 모든 곳에서 다시 새롭게 태동하는 것"은 임의로 고안된 변덕스러운 생각이 아니라 인류의 본질 속에 그 토대를 두고 있을 수밖에 없는 것들이다. "그것은 신념의 광기와 기이함이 아니라 인간 본성의 본질적이고 거의 드러나지 않는 측면들이다."

형성적인 본성과 성인은 심리학적으로 볼 때 상호 배타적인 것처럼 보인다. 왜냐하면 한 방향에서의 모든 실현은 다른 방향에서의 파괴를 동반하기 때문이다. 그러한 상호 배제는 철학적으로 근거 지워진 일관성이나 논리적인 비호환성 때문인 것이 아니라, 심리학적으로 통합이 불가능하기 때문인 것이다. 자기형성의 이런 두 가지 방향 사이에서 내실적인 결정이 내려지지 않는다면 절박한 상황에 직면에서 혼돈스러운 영혼이 형성되고 방향 감각이 상실되며 불안감, 불안정 등이 생겨난다. 이는 심리학적으로 불가피해 보인다.

이런 양자택일을 궁극적으로 확립하는 것은 미심쩍다. 사실 삶의 과정은 직관과 경험으로는 그때까지 얻을 수 없었던 것을 새로운 형태로 통합해 낼 수 있다. 통합은 생각을 통해서가 아니라 영적이고 살아 있는 과정을 통해서 이루어진다. 예를 들어 예수는 이런 식으로 볼 경우 문제가 있어 보인다. 다른 동양의 성인 유형에 비해서 예수는 상대적으로 훨씬 더 형성적인 성격의 소유자다. 그러나 비록 내가 알지 못하는, 형성적인 본성과 성인의 종합이 가능하더라도 배제 대신 하나의 유형을 다른 유형에 끝까지 종속시켜 전자가 자신의 특수성을 상실하는 경우를 구별해 볼 수 있을 것이다. 예를 들어 형성적인 본성이 그런 식으로 생겨 나온다. 그 형성적인 본성은 사랑, 이웃 사랑, 신비적인 형성 과정을 허용하기는 해도 모든 결정적인 상황들에서 그런 것들을 무시한다. 즉 자신을 포기하지 않고 자신을 줄기차게 주장한다. 오로지 제스처와 진지하지 않고 희생하지 않는 정동만이 일어날 뿐 자기 개조나 파괴는 일어나지 않는다.

형성적인 본성과 성인의 상호 대립은 또한 상호 이해와 평가에서도 나타난다. 형성적인 본성의 관점에서 볼 때 성인은 위엄이 없고 치명적이며 무가치하다. 하지만 형성적인 본성의 인간은 아마도 성인이 가지고 있는 저러한 형이상학적인 확고함으로부터 감명받을 수 있을 것이다. 심지어 성자의 그런 무조건성과 확고함 속에서 '인격'을 볼 수도 있을 것이다(초기 르네상스 사람들은 아시시의 성 프란치스코의 인격으로부터 많은 감명을 받았지만 그의 가르침에는 관심이 없었다). 그에 반해서 성인에게 형성적인 본성의 인간은 이 현세적인 세상의 속임수에 사로잡혀 있는 불쌍한 존재이며, 인간과 신을 혼동하면서 자신을 최고로 치는 거만한 존재이고, 감각을 초월한 세계에 있는 고향을 상실한 상태에서, 자기고립된 상태에서 외롭게 살아가는 존재다.

진실하고 순수한 두 가지 유형들 간에 투쟁은 불가능하지만, 이들 이질적인 힘들의 진실하지 못한 표현 형식들이 현실에서 사용될 경우에는 아마도 투쟁이 가능할 수 있다. 가령 본질도 빈약하고 위엄도 없는 인물이 성인의 유형을 유포시킬 것은 당연한데, 이때 그들은 자신이 그런 목표로부터는 멀리 떨어져 있노라고 겸손하게 말할 것이다. 평온함과 온화함 속에서, 진실된 유형들에 대한 존경과 감탄 속에서 그들은 자신들의 실체 부재, 자신들의 비형성적이고 몰개성적인 특성에도 불구하고, 세상을 살아가면서 인상을 주고 힘을 얻기 위한 수단으로 이런 유형을 사용한다. 이런 것은 세계관이 부재해서 세계관에 대한 갈망이 가득한 시대에 성공적이다. 이러한 인물들에게 결여되어 있는 것은 다른 인물들에게 긍정적인 인상을 줄 수 있다. 문학가 유형의 인물은 성스러운 것, 초감각적인 것, 사랑에 대해 얘기한다. 이런 것들과 관련해서 선지자와 사도의 삶을 살아감으로써 실제적인 영향력을 행사할 수 있을 것이고, 그렇지 않은 경우에는 심리학자로서 그러한 것들에 대해서 이론적으로 얘기할 수 있을 것이다. 그 중간에는 가짜와 모호한 것 외에는 아무것도 없다.

구성 작업에서 성인이라는 이상형에 부분적으로만 참여하고 있는 일련의 유형들이 성인의 유형을 따르는 것처럼 — 이로써 성인의 유형은 자신의 본질을 상실하게 되는데 — 이런 성인의 유형을 문학가가 마침내 의상으로, 자극의 수단으로, 그리고 교화의 수단으로 사용할 수 있는 것처럼, 그런 이상형에 부합하지는 않아도 그런 이상형의 어느 한 측면을 이용해 현실을 희화화하는 일련의 부분적인 형성 작업들이 형성적인 본성의 이상형으로 통합되어 구조화되기도 한다. 이러한 형태들은 위에 언급되는 식으로 개성과 일반성을 융합하는 대신 개인적인 개성 자체를 설정하거나 그게 아니면 절대적으로 일반적인 것을 고정해 둔 상태에서 단순히 일반적인 개개의 개성들을 그것들의 형성의 중심에 설정한다. 전자의 유형은 에피쿠로스적 유형이라고 하고, 후자의 유형은 스토아적 유형이라고 한다. 둘의 공통점은 그들이 객관적인 목적, 사실성, 객관적인 과업을 추구하고 있지 않다는 점이다. 그들이 도달하고자 하는 정점은 사실적인 성질의 것이 아니고 인격적인 성질의 것이다. 둘은 다음과 같이 묘사될 수 있다.

a) 문화적인 에피쿠로스인[25]으로 거듭난다는 것은 향유적인 태도를 본질적인 태도로 고양시켜 우리의 내적 성향의 법칙과 내용의 자율성에 따라 그러한 태도를 가능한 한 방해하지 않고 풍부하게 펼치기 위해서 모든 것을 하는 것을 말한다.

거기에는 동시에 고립적인 태도로서의 심미적인 태도의 절대화도 포함되어 있다. 직접 체험되는 순간 자체, 각각의 개별적인 인간, 우연성, 자의적인 행동, 이 모든 것들은 따로 분리되어 향유된다. 삶은 인상에 기반해서 전개되지만 모든 결과, 모든 책임, 모든 전체성과의 연속성은 부정된

25 철학사에서 이러한 태도는 아리스티포스, 에피쿠로스, 특히 키에르케고르의 '(심)미적 단계'를 통해서 표현되었다.

다. "우리는 잠언적인 아포리아의 삶을 살아간다. 우리는 궁금해하면서도 거리를 둔 채 살아간다. 우리는 인간 집단으로부터 떨어져 나와 그 자체가 살아 있는 잠언 같은 삶을 살아간다."[26] "자의로 존재한다고 하는 것, 그것은 이런 것이다. 자의성을 이해하지 못할 경우 더 이상 직접 즐기지 못한다. 순전히 우연적인 것을 즐기고, 전체 현존을 우연한 것으로 여기고 그러다가 자신의 실제 현실을 놓치기도 한다. 전적으로 우연적인 것을 절대적인 것으로… 고양시키기도 한다."[27] 고찰 활동에서는 무한한 성찰이 개발되고 풍부한 변증법이 개발되지만, 임시변통적이고 구속력이 없으며 전체성이 추구되지 않는다.

저러한 자기형성은 향유 훈련을 요구한다. 이 향유는 그냥 자신에게 맡겨지는 것이 아니고 오히려 심리학적인 숙고의 도움을 받아 계속 지속될 수 있게 조직되고 촉진되고 억제된다. 삶의 운영술이 필요하다. 지루함을 피하기 위해서 풍요로움이 필요하다. 모든 것에 접근할 수 있어야 하고 모든 내용, 능력, 모든 쾌락, 기쁨, 주변에서 들려오는 소음 등을 수용하는 것이 필요하다. 다만 특정 시간 동안에만 필요하고 오로지 심각해 하지 않는 것이 필요하다. 대조와 변화가 삶의 조건이다. 상황과 인상들이 바뀌고 무엇보다도 자신의 활동과 기능들이 바뀐다. 삶이 경험, 과업, 진지함의 그 어딘가에 고착되지 않으려면 정지된 상태에 머물러 있지 말아야 한다. 모든 것이 해체될 수 있어야만 하고 궁극적으로 중요한 것으로 여겨지지 말아야 한다. 실체가 없음을 알 수 있으려면 모든 결단, 모든 궁극적인 것,

26 Søren Kierkegaard, Werke 1: *Enten-Eller*, 200쪽. (옮긴이) 키에르케고르 전집 1권 『이것이냐 저것이냐』에는 즉자성과 대자성의 삶의 방식이 대조적으로 제시되어 있다.
27 같은 책, 267쪽.

무조건적인 것으로부터 자신을 보호할 줄 알아야 한다. 이런 것들을 통해서 그 어떤 상황에서도 흔들리지 않는 굳건함이 추구되고, 마음의 가장 깊은 심연에서 더 이상 아무것도 중요하게 여기지 않는 체념이 추구된다. 모든 유한하고 개별적인 것들이 즐겨짐과 동시에 거부되기도 하는데, 이러한 거부는 영원하고 본질적인 것을 통해서 행해지는 것이 아니라 비바람이 몰아치는 폭풍우 속에서도 향유적인 태도를 유지하려는 간절함을 통해서만 가능하다. 모든 종류의 인상과 체험 중에서 심미적인 것들이 가장 부담 없고 가장 비실재적이며, 가장 풍부한 것으로서 선호된다. 그 어느 것도 무조건 취해서는 안 되기 때문에 온전히 사실에만 머무르고자 하는 것은 피하는 것이 좋다.

모든 것은 궁극적으로 자신의 개성을 중심으로 해서 돌아가는데, 개성의 재능과 소질은 향유의 주된 대상으로서 잘 관리되고 ─ 비록 그 어떤 이념적인 지침이 부재하더라도 ─ 개발된다. 비록 이번에는 모든 것이 시범적으로 시도되고 향유되더라도 이때의 삶은 더 이상 헛된 일, 헛된 과업, 헛된 성취, 헛된 이념에 집중되지 않는다. 예를 들어 사적인 분위기, 집, 생활 반경 등이 개인 고유의 성격을 중심으로 일종의 유기적인 구조물로 창출된다. 사적으로 결정되는 이런 분위기에 잘 들어맞지 않거나 더 이상 부합하지 않는 것들은 사실적인 정당성, 정의, 타인의 필요와 요구를 전혀 고려하지 않아도 퇴출된다. 모든 사실적인 내용, 모든 과업, 인간의 영혼과 정신이 성취할 수 있는 모든 것, 이런 것들이 모종의 역할을 하기는 해도 인간의 깊은 내면은 그런 것들에 의해 영향을 받지 않아서 뭔가에 대해 충실해야 할 의무를 가져야 하는 것도 아니고, 결과에 대해서 의무감을 가져야 하는 것도 아니며, 적극적으로 참여해야만 하는 것도 아니다. 인간은 기껏해야 그런 것이 잘 맞아 돌아갈 때, 모든 결과들에 대해서 객관적인 태도를 취하면서 자제하고 의무감 없는 상태에서 충실감을 향유하고, 실제 행동이 가져올 결과가 무엇인지에 대해서 전혀 개의치 않으면서 활동하는 느낌을 향유한다. 그런 식으로 인간은 이기적인 중심화 속에서 향유하면서 개방되는 전환의 길에서 서서히 의무감을 갖지 않는 '문화인'이 되어 간다.

b) 문화인의 요구사항에서는 개인적인 개성의 충만함과 넓이 대신 일반적이고 비인격적인 것이 주된 것이 될 수 있다. 하지만 이때의 목표는, 객관적인 정당화에 있어서 정당화된 행동을 통해서 자신의 존엄성에 도달하거나 자신의 평온한 영혼의 평화에 도달하고자 하는 사람의 마음 안에 놓여 있다. 향유적인 태도가 문화적인 에피쿠로스인이 되기 위한 훈련의 수단이라면, 금욕적인 태도는 자기부정을 통해서 독특한 개인적 존재가 되는 수단, 즉 일반적인 것에 대한 복종을 통해서만 자신의 존엄성을 갖는 수단이다. 여기에 속하는 인물들로는 의무주의자들과 스토아주의자들이 있다.

의무주의자는 금욕적인데, 그 이유는 그가 자신에게는 단순히 사적이고, 그래서 자의적이고 우연한 것들인 모든 성향들을 불신하기 때문이다. 그런 사람은 원칙과 명료하고 보편타당한 윤리적인 명법에 따라 쾌락, 기쁨, 유쾌함을 거부하면서 완전한 보편성과 합리성을 목표로 노력한다. 그런 사람은 엄격하고 규칙적이며 일관적이고 규율적이지만, 쾌락적인 것을 탐닉하는 일이 없고 삶의 원칙과 필수 사항들에 헌신한다. 그런 사람은 일반적인 인격의 한 표본이 되기 위해서 사적인 것을 지워 낸다. 그런 사람은 자기완성을 위해 과학, 예술 등 문화콘텐츠 등에 관심을 기울이지만 정작 그런 것들을 필요로 하지도 않거니와 창조할 힘조차 없다. 의무의 개별적인 내용들, 즉 원칙상 '필수적'이고 '자연적인' 명법들은 이 유형을 자기형성이라는 형식으로 바꾸지 않아도 아주 다양할 수 있다. 이런 내용은 예를 들어 종교적이거나 윤리적으로 계몽적일 수 있고 현대적으로나 자유주의적으로 조건화될 수 있다. 그것에는 또한 자신을 실용주의적인 관점 아래 성공적이고 유능한 인간으로, 쓸모 있는 장치로 형성하는 것도 포함된다. 끝없는 경제적인 욕망에서는 기술적이고 경제적인 목적 때문에 정확한 시간 엄수와 과학성이 요구되며, 그로부터 과학성, 합리성, 의무감, 시간 엄수가 삶의 이상으로 발전되어 나간다.

스토아주의자의 목표는 마음의 평화, 마음의 평화에서 오는 행복감이다. 다른 무엇보다도, 완전한 포기를 통해서든 모든 것이 없어도 살아갈 수 있다는 항상적인 의식을 통해서든 스토아주의자는 지족의 마음 상태에서 모든 것들로부터 독립해 자유롭기를 바란다. 고통을 겪는 데는 운명만이 아니라 인간 자신의 참여도 한몫을 하기 때문에 스토아주의자는 그 어떤 경우에도 고통을 겪지 않을 수 있다. 그는 아무것도 바라지 않고, 자신에게 달려 있지 않은 것을 필요로 하지 않도록 자신을 잘 훈련시킨다. 그는 — 삶에 개입하지 않는 가운데 — 삶이 흘러가는 대로 그냥 놔두고, 욕망이 일어나도록 그냥 놔두며, 향유하는 일이 일어나도록 그냥 놔둔다. 그의 입장에서 행복은 오로지 요구와 만족 간의 관계에 기반해 있다. 운명적 상황이 너무 열악해서 마음의 평화와 행복의 목적을 위한 이러한 태도를 더 이상 지탱할 수 없다는 판단이 설 때 스토아주의자에게 남는 것은 자살뿐이다. 자살에서 탈출구를 찾는 모든 시도는 자아를 절대화하고, 전체에 대해서 책임지지 않겠다는 징표다. 이런 점에서 스토아주의자의 독립성과 에피쿠로스주의자의 유미주의는 동일하다. 종국적으로 세상, 영향력, 형성 같은 것은 중요하지 않다. 책임감 있게 형성 작업을 진행해 나가는 사람과 전체를 향해서 노력하는 사람이라면 자신의 목숨을 걸고 삶에서 모험은 해도 자살은 하지 않는다.

문화적 에피쿠로스주의자, 의무주의자 그리고 금욕주의자는 이 모든 개별적인 태도들을 자체 내에 지니고 있지만, 생생한 흐름 속에 있는 유연한 자기형성의 여러 측면들을 절대시하고 있다. 그러한 유연한 자기형성 자체는 삶이 그렇듯이 내용적으로 묘사될 수 없다. 오로지 삶의 산물들만 파악될 수 있을 뿐이다. 해부학자가 세포와 조직, 뼈와 기관의 유형들을 설명하는 것처럼 생리학자는 각각의 기능들을 설명하고(모든 것이 그 자체로 생명은 아니지만 생명 자체가 개별적으로 이러한 죽어 있는 것들을 생산해 낸다), 심리학자는 살아 있는 영혼이 모든 것들을 하나로 품고 있으면서도 그 이상이라는 사실을 망각하지 않은 채 개별적으로 분리되어 있는 것들, 고착되어 있는 것들, 개별적인 운동의 계기들만 설명한다.

자기형성의 종류들은 개별적으로 절대화될 수 있을 뿐 아니라 형식화될 수도 있다. 성찰된 태도의 종류들은 모두 자기훈련, 절도의 유지, 힘의 경제성, 신중함, 기다릴 줄 아는 능력, 한마디로 자제력의 형식을 가지고 있다. 이런 다양한 형식들에 내재해 있는 공통점이 독자화되어 틀에 박힌 루틴이 되고, 이런 형식적인 지배력을 제외하면 아무런 내용도 없고 목표도 없는 상태에서 결국 자기폭력으로 귀결된다. 내용은 우연적이고 변덕스럽고 예측할 수 없다. 오늘날 관련자들은 그런 내용을 대개 심미적으로 형식화한다. 저런 형식적인 자기훈련을 첨예화하면 각인된 형태의 인물들이 만들어지지만 그것들은 완전히 비인격적이고 실체가 없으며 예측 불가한 방식으로 작용한다. 그 안에서는 실질적인 힘들이 반란을 일으키고 마침내 부서지고 비뚤어진 인격을 만들어 내고, 결국에는 놀랍게도 가장 원시적인 심적 동요와 충동들이 지배하게 된다. 왜냐하면 이런 식으로 훈련된 이들에게는 진실된 자기형성이 부재하기 때문이다. 형식적인 규율은 기껏해야 인격에 장기적으로 형성될 수 있을 양식이나 제공할 수 있지만 그러한 양식은 그것이 비록 제2의 천성이 된다고 해도 주어지는 양식, 즉 만들어진 양식이다.

　모든 유형의 자기형성에서 한 요소인 금욕적인 태도도 마찬가지로 일련의 완전한 형식화를 거친다. 형성적인 본성에서 금욕은 훈련의 한 수단이자 힘의 원천, 경우에 따라서는 그때마다 각 방향으로 향하는 긍정적인 각인으로부터 불가피하게 생겨 나오는 결과다. 성인에게서 완전한 금욕은 그의 사랑, 그의 자기희생, 더 높은 의식 상태로 나아가는 그의 길로부터 생겨 나온다. 에피쿠로스주의자에게 금욕은 불가피한 포기이고, 금욕적인 거부는 향유의 한 수단이다. 스토아주의자에게 금욕은 모든 개인적인 것에 대한 강력한 금욕적 부정으로, 그가 그것을 행하는 것은 그것을 통해서 더 이상 방해받지 않기 위함이요, 더 이상 그것으로 고통받지 않기 위해서다. 마지막으로 부정을 위한 부정으로서의 금욕, 부정의 단순한 절대화는 허무주의의 한 전형적인 형태다.

　모든 파생된 형식들에 비해서 본질적인 것으로서의 살아 있는 전체적인 자기형성은 편파적인 대립들의 균형을 잡아 준다. 자기형성에서 자기는 객관적인 것과 주관적인 것, 일반적인 것과 개별적인 것, 우연적인 것과 필연적인 것, 주어져 있는 것과 욕구하는 것의 종합이다. 살아 있는 자기형성의 활동에서 궁극적인 것이자 비합리적인 것을 키에르케고르는 자발적인 '자기 선택'이라 부른다. 키에르케고르는 이런 자발적인 자기 선택을 단순하게 우연적인 것에 스스로 자유롭게 헌신하는 것으로 보고, 우리에게 시간적이고 역사적으로만 존재하는 구체적인 것 안에서 살아가는 삶으로 본다. 이것은 자신을 고립시키고 추상화시키고 시간초월적으로 만드는 고대 그리스의 도덕적인 영웅 호걸 및 신비주의자들의 현존과 대조된다. 살아 있는 자발적인 자기 선택은 현실과 관련이 있다. 운명과 자유 선택이 여기에서 어떻게 하나로 통합되는지는 역설적으로만 묘사될 수 있을 뿐이다. "개인은 자신을 의식하되 이런 재능, 이런 성향, 이런 충동, 이런 열정을 가지고 있는 특정의 개인으로 의식하고, 그것도 이런 특정의 환경적인 영향 아래에서 특정의 환경이 만들어 낸 이런 특정한 산물로 의식한다. 이런 식으로 자기 자신을 의식하는 사람은 그 모든 것을 자기 책임 아래 떠맡는다. 개별적인 것들을 함께 껴안고 갈 것인지 말 것인지를 그는 주저하는 법이 없다. 그렇게 하지 않으면 훨씬 더 큰 것을 상실할 것이라는 것을 이미 잘 알고 있기 때문이다. 이렇게 그는 선택의 순간에 완전히 혼자인데, 이는 그가 자신의 주변으로부터 물러나 있기 때문이다. 그렇기는 해도 그는 동시에 완벽한 연속선상에서 존재하는데, 그것은 그가 자신을 산물로서 선택하기 때문이다. 이런 선택은 자유로운 선택이어서, 그가 자신을 산물로 선택함으로써 그는 마찬가지로 자기 자신을 생산하고 있는 셈이다."[28]

자유로운 선택에 근거해 있는 인간의 자기형성은 매우 구체적이다. '예' 아니면 '아니오'를 선택하는 살아 있는 행위 속에서 자기형성은 궁극적 결정을 내린다. 하지만 자기형성은 일반적인 형태로 묘사될 수 없고 처방법의 형태로 번안되지도 않는다. 그 어디서도 자기형성은 일반적인 것을 무시하지는 않는다. 그 대신 그것을 자아의 포괄적인 활동 속으로 수렴한다. 그래서 자기형성은 살아 있는 충동들의 심연과 안정에 의존하고, 자아는 그 결과들을 받아들여 책임질 준비가 되어 있다. 하지만 인간은 그러한 근원으로부터 끊임없이 멀어져 살아 있는 실존 전체의 수준에서 일상의 삶의 수준으로 떨어지고 있기 때문에 인간에게는 도움이 필요하다. 그러한 도

∴

28 Søren Kierkegaard, Werke 2: *Frygt og Bæven*(*Fear and Trembling*, 200쪽. (옮긴이) 『공포와 전율』에서 키에르케고르는 이사야의 희생을 통해 신앙이 이성이나 도덕을 뛰어넘는 순수한 믿음임을 보여 주고 있다.

움은 한편으로는 자기를 점검하고 자기를 투명화하겠다는 욕구 아래 자기 반성을 끊임없이 전개하게 하고, 다른 한편으로는 전체로서의 인간이 더 이상 작동하지 못하게 만들고 와해되게 만드는 약점과 나약함을 극복하기 위한, 말하자면 방어기제 및 지지대의 역할을 수행하는 그런 명시화된 원칙들과 정언명법들의 윤리를 제시하는 것이다.

3) 반성적인 태도와 직접적인 태도: 순간

인간의 자기형성이 합리적으로 진행될수록 모든 순간적인 체험, 시간적으로 규정되는 모든 실재는 그만큼 더 다른 어떤 것을 위한, 미래의 어떤 것을 위한 수단이 되거나 전체를 위한 수단이 되는 경향이 있다. 우리는 종종 좀 더 먼 과거나 미래로 나아가 반성하는 동안 지금의 현재를 도피하는 경향이 있다. 그래서 반성적인 태도에 반대되는 태도이자 순간적인 실재(구체적인 현재, 액면가 그대로의 매 순간, 직접적인 현실)를 지향하는 태도가 생겨 나온다. 영혼의 삶이 갇혀 있는 시간 흐름의 문제가 관건이 되는 전체에 관한 의식으로부터 생겨 나온다. 영혼은 시간의 흐름 속에서만 존재하기 때문에 항상 단편적이고 유한적이다. 하지만 순간의 무한성을 의식하고 체험하는 것에서 영혼은 시간을 초월할 수도 있을 것처럼 보인다. 사실적인 시간 속에서의 존재와 영원 및 무시간성을 향한 의지가 서로 대립할 때, 자기성찰에 항상 문제가 되는 것이 현재 순간으로서만 실재하는 시간적 삶이다. 이런 측면에서 태도들을 심리학적으로 볼 수 있으려면, 먼저 가능한 시간 개념들을 현전화해 보는 것이 필요하다. 이러한 시간 개념들이 어떻게 실현되고 체험되는지가 세계관적 입장들이 가지고 있는 한 특징이기도 하다.

* 보론. 시간 개념에 관한 고찰

역사적 고찰

플라톤[29]은 놀라우리만치 역설적인 순간의 본질을 명료하게 간파했던 사상가다. 하나에서 다수로, 운동에서 정지로, 또 그 역은 원래 상상할 수 있는 것이 아니다. 그러한 전환적인 이행은 그 안에서 뭔가가 움직이는 것도 아니고 그렇다고 정지해 있는 것도 아닌 그런 시간이어야만 할 것이다. 그런데 그러한 시간이 그래도 존재할 수 있지 않을까? 순간은 이행해 가는 전환이다. "왜냐하면 순간적인 것은 무언가가 자신으로부터 분기되어 나와 자신과는 다른 곳으로 이행해 가는 어떤 것을 가리키는 듯한 인상을 주기 때문이다. 정지해 있는 동안 그 정지로부터 벗어나는 것도 없고 움직이는 동안 그 움직임으로부터 벗어나는 것도 없기 때문에, 이런 놀라운 존재인 순간은 모든 시간 밖에 있는 존재로서 운동과 정지 사이에 위치해 있고 그곳에서 움직이는 것은 정지로, 정지해 있는 것은 운동으로 전환되고 있다. … 하지만 전환이 일어나면 그것은 순식간에 전환되는 것이기에 전환하는 동안 시간은 전혀 걸리지 않으며, 그래서 움직이는 것도 정지해 있는 것도 아니게 된다." 플라톤은 이렇게 순간을, 시간을 초월해 있는 것으로 파악한다. 순간은 시간 원자가 아닌, 모종의 대립물을 자체 내에 끌어안고 있는 전체다.

순간을 역설적인 것으로 사고하는 이런 사상은 다시 아리스토텔레스에게서, 이후에는 조르다노 브루노에게서 찾아볼 수 있다. 브루노[30]는 순간

---

29 Platon, *Parmenides*, 156. 슐라이어마허(Friedrich Schleiermacher)의 번역을 따랐다.

30 Giordano Bruno, *De gli eroici furori*. 쿨렌벡(Ludwig Kuhlenbeck)의 번역을 따랐다.

을 "시간의 영원한 현재"라 칭한다. 아리스토텔레스와 함께 그는 "영원성은 순간이고 모든 시간은 현재에 다름 아니다"라고 주장한다. 순간 속에서 우리에게 전체 시간 또는 영원성이 주어진다. "진리적으로, 그리고 본질적으로 시간은 항구적인 현재, 영원한 순간에 지나지 않는다."

키에르케고르[31]는 다시 순간에서 시간적인 것과 영원한 것의 종합을 본다. 순간을 묘사할 때, 그는 그것이 비로소 기독교와 함께 자신의 의미를 갖게 되었다는 식으로 기술한다. 플라톤의 역설에 대해 그는 이렇게 말한다. "순간은 들을 소리조차 없는 원자적인 추상으로 남아 있다." 플라톤에 의해서 전환이라는 범주 일반이 되어 버린 순간은 그 자체가 헤겔 논리학의 지배적인 원리가 된다. 그러나 '전환'은 논리적인 것에서는 아무런 권리가 없다. '전환'이라는 단어는 "자신의 고향을 역사 속에서 전개되는 자유의 영역에 두고 있는데, 그 이유는 전환이 하나의 상태이면서도 실제적이기 때문이다." 순간은 존재하는 그 무엇이지, 개념 세계에서의 '전환' 관계가 아니다. 모든 역사적인 영역들, 즉 역사적인 전제들 아래에서 움직이는 모든 존재하는 것과 지식(예를 들어 기독교 교설 같은 것)은 순간을 가지고 있다. "이 범주는 이교도 철학과의 경계 구분을 위해서도 중요하지만, 기독교 내의 이교도적 사변 자체와의 경계 구분을 위해서도 매우 중요하다." 역사 속에서 전개되는 자유의 영역에서 전환은 그 안에서 새로운 것이 단번의 비약으로 들어오는 그 어떤 상태다.

시간을 끝없는 연속으로 상상해 보면, 상상에게 이 범주는 내용 없는 무한한 현재일 뿐이다. 어떤 순간도 실제로 현존하지 않는다. 끝임없는 연속 안에는 분할의 접지점도 없고 현재인 것도 없다. 그리고 그런 한에서 이런

31 Søren Kierkegaard, Werke 5, 78~90쪽.

시간 안에는 현재도 없고 과거도 없고 미래도 없다. 이런 생각과는 대조적으로 키에르케고르는 이렇게 말한다. 시간 개념이 — 방금 얘기한 것처럼 — 무한히 내용 없는 것으로, 무한히 사라져 가는 것으로 생각되는 경우를 제외하고, 시간 개념은 절대 현재가 아니다. 현재는 오히려 영원한 것이다. 상상에게 영원한 것은 무한히 충만한 현재를 말한다. "영원 안에서 과거와 미래의 구분은 다시는 발견되는 일이 없다." 그래서 개념의 대립이 있다. 한편으로는 끝없는 연속으로서의 시간이 있다. "시간 속에 있고 오로지 시간에만 속해 있는 삶은 현재가 없다." 다른 한편 "현재는 영원하다. 또는 더 낫게 말해서, 영원이 현재이고 이 현재는 내용으로 충만해 있다." 따라서 '순간'이라는 단어 자체는 상반된 의미를 가질 수 있다. 과거도 미래도 없는 순간적인 것으로서 그것은 감각적인 삶의 불완전성을 지칭한다. 과거도 미래도 갖지 않는 현재로서의 그것은 영원의 완전성을 지칭한다. 과거와 미래를 추상적인 것으로 배제하면 이것은 단순한 순간으로 이어진다. 즉 감각적인 것에서 끝없는 시간성을 없애 버리는 방향으로 나아간다. "그에 반해 시간과 영원성이 서로 만나야 할 경우 그것은 시간 내에서만 일어날 수 있고, 우리는 이제 순간 앞에 서게 된다." "이런 식으로 이해하면 순간은 원래 시간의 원자가 아닌 영원성의 원자다. 그것은 시간에 반영되어 있는 최초의 영원성이다."

　순간이 영원성의 원자이기는 해도 영원 그 자체는 아니다. "그 안에서 시간과 영원성이 서로 맞닿아 있는 순간은 저런 식으로 모호한 그 무엇이다. 이와 함께 그 안에서 시간이 끊임없이 영원성을 찢어 내고, 영원성이 시간 안으로 끊임없이 스며드는 그런 시간성 개념이 정립된다." 현재, 과거, 미래로 구별되는 끝없는 공허한 시간의 연속과는 대조적으로 '여기'에는 충만한 의미가 들어 있다. '순간'이 어떻게 규정되느냐가 영원적인 것,

과거적인 것, 미래적인 것을 파악하는 방식을 결정한다. 키에르케고르는 세 가지 유형을 구분한다.

1. 순간은 존재하지 않는다. 앞서 살펴본 이데아에 대한 플라톤의 상기설에서 그랬던 것처럼, 영원한 것은 과거적인 것으로, 현재의 역방향, 즉 과거로 거슬러 올라갈 때 출현한다. "내가 어떤 한 사람에게 그가 가야 할 방향과 목적지를 고지하지 않은 상태에서 가라고 말하면, 그가 걸어간 경로는 그의 뒤에서 드러난다.

2. 순간이 설정되더라도 단순히 구분선으로 설정된다면, 미래적인 것은 영원한 것이다. 키에르케고르에 따르면 이는 유대교적인 직관이다. 미래는 알 수 없는 미지의 세계임에도, 그 안에서 시간성과 양립될 수 없는 영원성이 시간과의 관계를 유지해 보려고 계속 노력한다.

3. 순간이 설정되면 영원이 존재하게 되고 그 영원은 그다음에 또한 과거로서 되돌아오는 미래가 된다. 이는 기독교적인 사고방식이다. "기독교에서 모든 것들이 움직이는 중심축이자 모든 것들을 새롭게 만드는 것으로서의 개념이 시간의 충만성이다. 다만 이 시간의 충만성은 영원으로서의 순간이고 이 영원성은 동시에 미래적인 것이면서 과거적인 것이다."[32]

위에 언급된 사고들은 여러 이질적인 방향으로 움직여 나아가는데, 더 나아간 가능성들까지 함께 고려해서 다음과 같이 정리해 볼 수 있다.

1. 비어 있는 기간으로서의 시간은 순전히 양적으로, 그리고 객관적으로

..

32 (옮긴이) 유대교의 시간 개념은 영원성과 미래에 초점을 맞추는 경향이 있는 반면, 기독교적인 시간 개념은 현재성에 초점을 맞추되 그것이 가지고 있는 영원성의 측면을 부각시키고자 한다. 기독교의 이러한 시간 개념 아래에 영원한 신을 대변하는 예수는 현재적인 영원성의 화신으로 출현한다.

사고된 시간이다. 과거와 미래는 현재를 통해 분리되는데, 이 현재는 하나의 단순한 경계이자 점이다. 이런 객관적인 시간은 객관적으로 측정되는데, 이때 임의로 선택된 순간이 기준점으로 사용된다. 이런 시간은 비어 있는 형식을 취하고 단순히 양적일 뿐이며, 물리학자가 바라보는 시간이고 우리 삶에서 통용되는 시간 표상에서 한 요소로서만 존재한다.

2. 사실적인 시간을 체험하는 것은 심리적으로 조사되지만, 다양한 형태들 속에 있는 직접적인 시간 의식에 객관적인 시간 척도가 적용되면서 그것은 형식적인 양적 관계에 따라서 실험적으로 조사된다. 이때 자명한 것이 생겨 나오는데, 그것은 객관적인 시간으로서의 순간은 심리적으로는 전혀 존재하지 않지만 시간적인 순간을 체험하는 것 자체가 객관적으로 고찰될 경우 그것은 시간 지속을 갖는 사건이라는 사실이다.

3. 인식론적으로 칸트는 시간을 주관적인 직관의 형식으로 파악하는데, 우리는 불가피하게 그러한 직관 형식 속에서 모든 대상을 바라볼 수밖에 없다. 시간이 경험적인 실재가 된다고 하더라도 그것은 존재 자체가 아니고 오히려 우리의 주객 분할의 틀 내에 존재하는, 대상의 현존 형식이다.

4. 시간 개념의 형식적인 변증법은 플라톤의 사고와 함께 시작된다. 순간의 역설은 그것이 전환으로 존재하면서도 존재하지 않는다는 사실이다. 단지 사라지는 시간적인 순간으로서의 순간은 영원성과 절대적인 대립관계에 있다. 바로 그러한 이유에서 그것은 '반대되는 것의 우연한 일치'라는 원리에 따라 영원성과 가장 가까운 근친 관계를 맺고 있다.

5. 내용이 충만해 보이는 순간은 일회적인 것, 전환적인 비약, 결단 등이 체험되는 원천이다. 그것은 자기 휘하에 시간초월적인 것을 담지하고 있고, 사건으로서는 다시 돌이킬 수 없는 사건이다. 분명하게 서로 분리되어 있고, 시간을 초월해 있는 대립물로서의 단순한 개념 형식들과는 대조

적으로, 순간은 역사적인 것의 매개자다. 관통할 수 없고 무한하고 완전히 충만해 있는 그것은 위기와 창조의 매개자다.

6. 시간의 형이상학은 영원성을 위해서 시간을 지양하는 이미지와 생각 안에서 움직이는데, 이때 말하는 영원성은 초월적인 형식들처럼 무시간적 인 것이 아니고, 끝없는 시간 연속도 아니며, 공허한 영원성도 아니다. 오히려 충만한 영원성이자 절대적으로 모순적인, 도저히 상상할 수 없는 개념이며, 그 개념을 사용하는 의도는 다양한 길을 통해서 환기될 수 있을 뿐이다. 어마어마한 속도로 회전하는 불 바퀴가 정지해 있는 원으로 현현하고 그것이 최고 속도로 빠르게 움직이는 운동의 정지 측면, 즉 무한한 시간 경과의 총체성에 내재해 있는 영원성을 명확하게 잘 설명해 준다. 항아리가 기울어지기 시작해서 그 상태에 머물러 있는 동안 온 세상을 헤매고 돌아다니는 무함마드의 이야기는 순간의 무한성을 명료하게 잘 설명해 준다.[33] 이런 것과는 대조적으로 눈을 잠시 붙였다고 생각했는데, 천년의 세월이 지난 것을 알게 된 어느 한 잠꾸러기 이야기는 시간의 비현실성을 분명하게 잘 설명해 준다.[34] 시간적으로 떨어져 있는 것들의 동시적인 발생은, 그것이 천국과 지옥의 경계에 있는 모든 이들의 동시적인 현재 표상 에서 존재하는 것처럼, 영원성을 명료하게 잘 설명해 준다. 이 모든 이야

33 (옮긴이) 「무함마드와 기울어진 항아리(Muhammad and the Tipping Jar)」로 알려져 있는 소설에 나오는 이야기다. 이야기의 주인공인 무함마드는 낙원에서 평화로운 생활을 즐기다가 현실세계로 추방되어 고통과 불행을 겪게 되는데, 그러던 중 항아리가 기울어지는 순간을 경험하고는 항아리가 넘어지는 순간을 막으려고 했지만 항아리는 넘어지지 않는다. 이 순간, 즉 항아리가 넘어지려는 힘과 넘어지지 않으려는 힘이 기묘하게 조화를 이루는 이 순간 무함마드는 무한한 세계와 시간이 펼쳐지는 것을 깨닫는다.

34 (옮긴이) 다양한 종류의 잠꾸러기 이야기들이 있지만, 이 경우에는 독일 전통에서 알려져 있는 '잠자는 기사(Der schlafende Ritter)' 이야기를 말하고 있는 것으로 보인다.

기 속에 들어 있는 이미지들은 단순한 연속성, 시간성을 불가피하게 자신 안으로 재차 끌어들이지만, 이내 다시 그것을 통해서 파멸의 운명에 놓이게 된다. 그것들은 드러내서 보여 주기는 해도, 제대로 명쾌하게 잘 설명해 주지는 못한다. 그것들 모두는 우리 현존의 한계에서 발생해 나오는 역설적인 표상 및 개념들의 독특한 매력을 잘 보여 준다.

시간 개념들에 관해서 개진된 내용들을 성찰해 보면, 이런 성찰에는 순간의 신비함에 대한 직관이 가득 차 있다. 순간을 체험하는 방식은 그 안에 무한성이 들어 있기 때문에 파악할 수는 없지만, 그쪽으로 시선을 돌리면, 삶을 대하는 인간들의 태도의 한 본질을 배워 알 수 있다. 사람들이 살아가는 것을 보고 싶으면 사람들이 순간을 어떻게 살아가는지 살펴볼 필요가 있다. 순간은 유일한 실재이자 영혼적인 삶에서는 실재 그 자체다. 살아가는 순간은 최종적인 것이자, 따뜻한 체온 같은 것이자, 직접적인 것, 살아 있는 것, 몸으로 느낄 수 있는 현재적인 것, 실제적인 현실 전체, 오롯이 구체적인 것이다. 현재로부터 빠져나와 과거와 미래로 가 거기에 머물게 되면 길을 잃지만, 인간은 궁극적으로 순간 속에서만 실존과 절대성을 발견하게 된다. 과거와 미래는 어둡고 불확실한 심연이자 끝이 없는 시간인 반면, 순간은 시간을 지양할 수 있고 영원한 현재가 될 수 있다.

하지만 순간은 또한 다양한 것으로 간주되기도 한다. 그것은 가령 아무것도 아닌 것으로, 지나가는 것으로, 중요하지 않은 그 어떤 것으로, 미래를 위해 희생되는 단순한 수단으로, 끝없는 시간 진행의 시간적인 계기로, 항상 단순하게 사라져 버리는 것으로 간주되기도 한다.

두 가지 모두가 심리학적으로는 참이지만 형식적인 시간 개념에서 말하는 '순간'이라는 단어는 동일한 것과 이질적인 것, 즉 충만한 것과 비어 있는 것 모두를 지칭한다. 시간 원자 자체는 아무것도 아니어도 순간은 모든 것이다. 인간이 늘 순간 체험만 하는 것은 아니다. 인간은 대부분의 경우에서 다른 시간적인 순간에 수단으로 봉사하는 단순한 시간적인 순간을 체험하기도 한다.

그러나 이제 자기반성적인 태도 아래 순간을 초연하게 대하라는 요구와, 그것과는 반대되는 요구, 즉 순간 속에서 모든 것을 보라는 요구가 서로 대립할 때 이런 대립은 중의적인 의미가 있다. 심리학적으로 서로 다른 두 쌍의 대립적인 태도들이 있다. 첫째, 모든 순간적인 것을 상상적인 미래에 종속시키는 태도와 현재에 생생하게 참여해서 존재하는 태도는 서로 대립한다. 둘째, 따로 분리되어 있는 순간에 대한 에피쿠로스적이고 심미적인 예찬과 순간 속에서 전체를 지향하는 태도는 서로 다르다. 이를 좀 더 상세하게 설명해 보자.

1. 미래적인 것—이런 것이 순간이 될 때는 그것 자체가 다시 하나의 순간적인 실제적인 상태가 될 것인데—을 위해서 모든 현재를 수단으로 여기고, 모든 순간을 미래에 실현될 성취를 위해서 사용하는(그렇지 않을 경우 경멸하는) 합리적-반성적인 태도는 모든 삶을 미래를 가지고 먹고 살게 하고, 사람들을 속여 현재를 빼앗고, 수단으로 투입된 모든 것의 목표가 기대와 다른 식으로 달성될 경우 사람들로 하여금 이 달성된 것을 독립적인 실재로 파악하지도 체험하지도 못하게 만든다. 현재는 계속 반복적으로 미래와의 관계 속에서 고찰되고 삶과 체험은 늘 단순한 수단으로 전락한다. 현재와 목표가 체험 속으로 침투해 들어가는 것은 한 번도 중요한 것으로 다뤄지지 않고, 현재는 앞으로 성취될 것에 대한 기대 속에서 기술적인 의미에서 수단으로 체험되어 파괴되고 포기되기에 이른다. 도달하고자 하는 그런 것은, 그것이 노동의 성취든 직책이든 보상이든 천국에서의 삶이든 간에, 본질상 완전히 유한한 특성을 갖는다. 아직 체험되지 않은 이

런 상상적인 현실성을 위해서 현재의 모든 체험을 희생양으로 삼는 폭압에 저항하라는 요구들에는 다음과 같은 것들이 있다. '그 자체로 무조건적인 가치를 담고 있는 현재를 살아라! 미래를 위한답시고 그것에 속아서 본질적인 것을 망각하지 마라! 직접적인 현실을 단순한 수단으로 전락시키지 마라! 한마디로 말해서, 삶을 살아라!' 딜타이는 레싱이 제기한 요구를 다음과 같이 묘사하고 있다. "현재의 모든 순간을 미래의 수단으로 만들려는 계획과 기대 속에서 매일의 삶을 쓸모없는 물건처럼 소비하는 기분 상태에 맞서 하루하루를 독립해 있는 가치들로 채워 넣어라!"

  2. 현재의 순간을 온전히 경험하고 즐기라는 주장, 즉 에피쿠로스주의자들과 유미주의자들의 요구에서는 사정이 완전히 다르다. 이들의 요구는 다음과 같다. '내일에 대한 확신은 없다. 모든 즐거움은 그때그때 즐길 일이다.' 향유 그 이상에서 순간은 오직 상상적 의미만 가질 뿐이다. 그것도 현재 순간을 미래를 위한 수단으로 삼는 것만큼이나 속임수의 일종인 그런 상상적 의미만 가질 뿐이다. 카르페 디엠(Carpe diem, 그날그날을 즐겨라). 이와 반대되는, 니체가 말하는 긍정적인 힘으로서의 태도가 있는데, 이 태도는 순간을 미래적인 것을 위한 수단으로 삼는 저런 식의 속임수와는 아무런 친화성도 없는 태도다. "위대한 철학적 자연 본성 안에는 현재의 순간을 주시하지 않는 경향이 있다." 중요한 것은 완전히 파악되는 이러한 온전한 실재에서 무한하고 이상적이고 본질적인 것으로 나아가는 길을 발견하는 것, 즉 완전히 소유된 실재를 체험적으로 상실하지 않은 채 초월하는 것이다. 단순히 감각적으로 실재하는 현재만으로는 이런 태도에 충만함과 만족감을 부여해 줄 수는 없다. 에피쿠로스적인 태도와 합리적-반성적인 태도는 현재에 머물러 있으면서, 미래를 분리하거나 전체성을 부정하기 때문에 저러한 상태에서 존재하지 않지만, 저러한 태도는 온전한

현존 안에서 실재를 완전히 꿰뚫어 본다. 온전한 실재 안에서 살지 않아 실재를 제대로 파악하지 못하는 사람은 충만한 체험으로서의 무한한 것에 다다를 수 없지만, 모든 순간적인 현실, 시간적으로 결정되어 있는 모든 현실은 (체험적으로 이해된) 무한적인 것을 내면화하기 위한 (수단이 아니라) 재료가 된다. 하지만 무한한 것을 대하는 이러한 태도는 일정의 설명이 필요하다. 우리는 그것을 '열정적인 태도'라 칭하고 그것의 특징을 이어지는 다음 단원에서 설명하고자 한다.

위에 서술된 대립은 키에르케고르가 말한 부분에서 적절하게 잘 드러나고 있다. 에피쿠로스주의자는 가령 이런 식으로 말한다. "순간을 따라잡아 단 한 번만이라도 순간의 소용돌이에 몸을 내맡길 수 있다면, 그러한 삶을 살 일이다. 그런 사람은 앞만 보고 돌진하는 삶을 살아온… 다른 불행한 사람들의 부러움을 사게 될 것이다. 그런 삶을 살 일이다. 인간의 삶에 나이 어린 소녀의 잠깐 스치는 사랑스러움보다 더 가치 있는 순간이 어디 있겠는가?"[35] 이에 대해 키에르케고르가 이렇게 답한다. "거기서 당신이 순간을 예찬하게 되면… 영원성은 순수한 순간에게 자리를 최대한 비켜 주게 되는데… 영원성에 대한 두려움이 순간을 추상적으로 만든다."[36] 에피쿠로스주의자는 순간을 일회적인 것으로 즐기고, 따로 분리되어 있는 것으로 즐길 수 있지만, 영원한 것을 지향하는 사람은 순간을 반복되고 지속되는 것으로 경험할 수 있다.[37]

순간은 모든 삶의 활동의 매개체다. 그것은 가장 가난한 사람에게서부

••
35 Søren Kierkegaard, 앞의 책, 102쪽.
36 Søren Kierkegaard, 앞의 책, 161쪽.
37 Søren Kierkegaard, Werke 2, 108쪽, 116쪽 등.

터 가장 부유한 사람에 이르기까지, 가장 단순한 사람에게서부터 가장 복잡한 사람에 이르기까지, 그 형태가 무궁무진하게 다양하다. 우리 안에서 정말로 생기 있는 모든 것들은 순간 속으로 들어가고 어떻게든 순간으로부터 나온다. 관찰자에게는 시간적인 시점과 순간의 대립, 즉 직접성과 반성의 대립을 아직 알고 있지 않은, 반성되지 않은 직접적인 순간이라는 것이 존재한다. 여기에는 순간의 문제는 없으며, 순간에 머물 수 있는 능력에도 아무런 문제가 없다. 아직 실제적이지 않아 오로지 미분화된 것일 뿐인 그런 순간의 직접성은 비로소 성찰을 통해서 지양된다. 이런 성찰은 처음에는 순간을 곧바로 공허한 것으로 선언하는 경향이 있고, 긴 시간 경과에 속해 있는 중요하지 않은 몇몇 개별적인 시간점으로 환원하는 경향이 있다. 이제 다시 인간이 그 안에서 순간의 충만함을 갈망하는 상황들이 도래하는 경우가 있는데, 순간은 그때서야 비로소 실증적인 것으로 존재하게 된다. 이제 비로소 성찰을 기반으로 해서 순간에 대한 진정한 인정, 그것의 알 수 없는 심연, 그것의 무한성, 그것의 창조력에 대한 이해가 생겨난다. 그래서 사람들은 종종 순간이 중요하다는 의식 속에서 삶을 살아가고, 순간의 질과 의미는 모르더라도 희망에 부푼 영혼이 그런 것을 채워줄 것으로 여기고 순간을 대비하면서 일하고, 성찰하고, 모험한다. 이런 영혼의 삶은 일종의 맥동으로 이해해 볼 수 있는데, 그 맥동의 가장 높은 봉우리인 마루 부분이 드문 순간들에 해당한다면, 그것의 가장 낮은 심연인 골 부분은 수단으로서의 시간적인 시점에 해당한다. 둘 사이에는 무한을 향해 있는 모든 단계의 삶의 활력이 근접도에 따라, 다만 완전히 비어 있거나 완전한 수단일 뿐인 단순한 시간적인 시점들이 최소화하는 경향을 보이는 가운데 분포되어 있다. 경험에 기반한 그러한 성찰을 통해 순간은 마침내 끝없는 시간의 흐름 전체 그 이상이 되고 시간초월적인 것, 충만해 있는 것 그리고 충만을 실현하는 것으로 체험된다. 순간 내에서 주관적으로는 생명력의 단순한 활력이 체험되고, 형이상학적인 이념으로서는 궁색하고 추상적인 객관적 표현으로 드러날 뿐인 살아 있는 힘이 체험된다. 그런 식으로 현재 순간에는 생생한 것만이 존재한다. 그러나 성찰된 거대한 세계 전체는 순간을 새로운 힘으로 채우는 기반이자 재료가 되는데, 실제로 그럴 경우 그것은 살아가는 인간에게 의미가 있다.

우회적으로만 말해질 수 있을 뿐 직접 규정될 수 없는, 순간의 심리학적 본질을 파악하려면 순간 체험의 특정한 비정상성을 보는 것이 유익한데, 이 비정상성은 평소에는 그 존재가 너무나도 당연해서 잘 감지되지 않다가, 부재하는 경우에 비로소 우리에게 극적으로 잘 드러난다. 이런 비정상성은 우선 생기 넘치는 활력적인 영역에서 나타나고 그리고 좀 더 문제가 있기는 해도 반성된 영역에서도 나타난다.

자네[38]는 신경질적인 사람들에게서 흔히 관찰되는 여러 현상들의 공통성을 '현실 기능(fonction du réel)'으로 기술했다. 그런 사람들은 과거사, 환상 내용, 추상적인 것은 아무 방해도 받지 않고 무난하게 처리할 수 있지만, 실제로 결단을 내려야 하는 일은 제대로 수행하지 못하고 순간의 두려움을 잘 극복하지 못하며, 구체적인 상황에 주의를 제대로 기울이지 못하고, 자신들이 객관적으로 지각하는 실제의 현실세계를 주관적으로만이 아니라 실제로 체험하는 데 있어서 애를 먹는다. 지각된 모든 것들이 (방해받지 않는 판단과의 관계에서가 아니라, 체험과의 관계에서) 인간에게 비현실적으로 보이고, 자기 자신조차 비현실적으로 보이는 그런 특이한 상황들이 출현한다. 감정과 본능적 충동이 실제의 현재와 아무 관련도 없이 마치 두

38 Pierre Janet, *Les obsessions et la psychasthénie*(Paris, 1911).

세계가 분할되어 존재하고 있는 것처럼 서로 잘 들어맞지 않은 채 붕 떠 있다. 그들이 중요한 현실, 즉 현재의 순간을 객관적으로 의식하려고 하면 어디서나 '순간에 대한 고통스러운 통각'이 그것을 방해한다. 실제로 그들에게는 그런 것에 대한 '실천적인 감각'이 결여되어 있다. 순간적으로 결단하고 순간에 대해 책임을 지는 것, 이런 것은 그들에게는 견뎌 내기 어려운 것들이다. 자네는 많은 현상을 '현전화' 능력, 지각 능력, 순간을 즐기는 능력, 순간을 느끼는 능력의 결여로 종합하고 있다.

여기서 다뤄지고 있는 것은 '질병'이 아니라 모든 인간에게서 발견할 수 있는 고등 수준의 그 어떤 능력과 관련이 있다. 순간은 자체 내에, 예를 들어 두려움의 계기가 들어 있다. 마치 아무것도 아니란 듯이 아무 두려움도 없고 아무것도 지각하지 않고 단순히 기계처럼 안정적으로 살아가고 행동하는 인간은 '건강하기'는 해도, 순간과 시간적인 시점을 비로소 대립으로 체험하는 능력, 비로소 정신의 전제요 활력의 전제가 되는 저러한 성찰적인 반성 능력을 결여하고 있다. 순간을 지향하는 삶 속에는 최고로 강력한 종합력이 내재해 있다. 키에르케고르는 그것을 '질적 비약'이라고 칭했는데, 그 이유는 결코 이해될 수 없는데다 그 전환 과정이 내부에서 추적될 수 없는데도 새로운 것이 그곳에 존재하고 있기 때문이다. 이 새로운 것은 객관적으로 새로운 것만이 아니고 오로지 주관적이며, 그리고 주관적으로 남아 있는 모든 살아 있는 결단이기도 하다.

이미지를 사용해서 말해 보자면, 순간은 감각적이고 현재적인 실재라는 좁은 범위에서부터 종교적이거나 형이상학적인 현재라는 무한한 범위로까지 확장 가능한 것으로 이해해 볼 수 있다. 양극단에서 현재적인 것은 아주 생생하게 체험되기는 하지만, 정신의 범위가 넓어질수록, 정신은 가장 멀리에 있는 것도 현재적이고 순간적이게 만들어 그것을 자기 것으로 만들려는 요구를 그만큼 강력하게 제기한다. 그런 식으로 상황에 대한 감각적-현재적인 욕구와 아주 멀리 떨어져 있는 것을 현실화하려는 충동 사이에는 긴장이 맴돈다. 그리고 감각적인 현재가 우세해지면서 강제력을 행사할 경우 순간은 항상 실패하게 된다. 지식, 소원, 이야기 같은 추상적인 형태로 쉽게 접근할 수 있는 정신적인 것이 실제로 인간 내부에서 어떤 심리적 힘을 가지는가는 순간 안에 내재해 있는 정신의 확실성과 신뢰성에 의해서만 드러난다. 그런 성질의 현상이 우리에게 늘 매혹적으로 영향을 미치는 것은 — 감각적인 현재, 욕구, 기질, 전체로부터 분리되는 격정과 피로감 등이 힘을 계속해서 제한하고 왜곡하기 때문에 — 매우 드문 일이다. 여기서 쇼펜하우어는 관대하고 기대하는 바 없이 이렇게 말한다.

"눈앞에 가장 근접해 있는 외부 세계는 자신의 생생한 현실성과 함께 심지어 가장 강력한 심성 내부로까지 격렬하게 침투한다. … 외부 세계와 가시적인 현실이 심성에 어마어마하게 큰 힘을 행사하는 것은 그것들이 가지고 있는 근접성과 직접성이다. 드넓게 퍼져 있고, 지구 전체를 뒤덮고 있는 자연력들의 통합적인 작용을 통해서 그 방향이 유지됨에도 불구하고 작은 철 조각 하나가 근접하기만 해도 교란되는… 나침반의 바늘처럼, 강한 정신조차 때로는 사소한 사건과 인간들이 근접 거리에서 자신에게 영향을 미칠 때는 그것들로 인해서 화를 내고 혼동스러워할 수 있다."

이러한 나열은 광활한 정신의 범위가 순간 안에 확보해서 유지할 수 있을 힘의 여러 단계들을 보여 준다. 이 나열은 체험된 실재의 단계, 현실에 대한 즉흥적인 쾌락의 단계, 그리고 결단력의 단계들을 보여 주었던, 앞서 언급되었던 나열과 교차된다. 이 두 나열은 거의 일치하지 않아서, 예를 들어 최소한의 수준에서 '현실 기능'을 소유하고 있는 신경성 환자들이, 외부 상황이 그들에게 불가항력적인 강제(예를 들어 선박 사고)를 직접 가하는

데도 인간 본성이 보여 줄 수 있는 매우 드문 넓이와 확실성을 보여 주고, 심지어 놀라우리만치 신속한 결단력을 보여 주는 경우가 관찰될 정도다. 감각적인 현재의 저 직접적인 근접성과 위력은 몇몇 개별적인 경우들에서는, 어디에서도 실제로서의 '순간'에 도달하지 못하는 사람들을 결코 교란시키지 못한다.

3. 열정적인 태도

1) 일반론

지금까지 기술된 모든 태도들을 기반으로 가능성에 따라 열정적인 태도가 구축된다. 시선과 태도가 모든 경계들을 초월해 경계가 없는 무한으로 향한다. 이러한 무한은 모든 개별적인 것들이 가지고 있는 상대적이고, 제한적이고, 대립적인 특성과 대조되는 유일하게 본질적인 것을 체험의 방식으로, 그것도 부적인 방식으로 지칭하기 위해서 사용하는 표현이다. 열정적인 태도에서 인간은 자신의 가장 내면적인 실체, 자신의 본성 안에 내재해 있는 자기 자신에 맞닿는 느낌을 갖거나 또는 — 그것과 동일한 것인 — 세계의 전체성, 실체성, 본성에 사로잡히는 느낌을 갖는다. 그런 식으로 — 여기서는 체험의 묘사로 여겨지는 — 대상과 주체 안에 들어 있는 본질적인 것 간의 내적인 관계, 즉 주객 분할이 지양되면서 생겨나는 신비로운 몰입과 매우 밀접하게 관련해 있는 것으로 보이는 태도가 등장한다. 신비적인 것이 열정적인 태도의 한 요소이기는 하지만 열정은 전반적으로 유지되고 있는 주객 관계 내에 머물러 있고, 그것은 일종의 운동 과정이다. 이를 통해서 신비로운 충만감과 열정적인 노력 간에는 근본적인 대립이 존재한다. 신비주의자들의 황홀감에서나 그들의 관조적인 몰입 속에서 묘사되고 있는 것처럼, 충만감 속에는 완전히 수동적인 만족감, 시간초월적인 평온함, 따로 고립되어 있는 은둔감이 존재한다. 그에 반해서 열정적인 노력에서는 그리움과 충동으로 가득 차 있는 시선이 순간의 상태로부터 등을 돌려 먼 곳을 향한다. 만족하거나 평온하지는 않아도 동시에 직관된 내용으로 채워져 이끌리는 상태에서 영혼은 움직이는 가운데 회귀와 새로운 승화를 체험한다. 예를 들어 열정적인 사랑은 둘이서 하나 되는 노력이 있는 곳에서만 존재한다. 신비적인 사랑은 대상이 없고, 이미 완성된 합일로 주어지며, 오로지 충만감만 존재할 따름이다. 내용이 없는 이런 단순한 사랑의 느낌 안에서는 사랑받는 대상이 더 이상 존재하지 않는다.

열정적인 태도에서는 항상 모든 것이 전체 안으로 수렴되는 가운데 개인성이 희생(이러한 희생은 모든 제한된 태도 아래에서는 체험적으로 이해될 수 없는 것인데)되는 것이 당연시되고, 철학자와 시인들에 의해 항상 중독, 열정, 사랑, 광기로 묘사되는 그런 독특한 영혼 상태가 힘차게 살아 있는 것이 특징이다.

열정적인 체험을 묘사하는 데 중심이 되는 표현들로는 온전한 자기 모습으로 존재한다는 의식, 전에 없이 완전히 철저하게 현존한다는 의식, 본래의 자기 자신에게로(이때 말하는 자기는 더 이상 경험적인 개인을 의미하지 않는다) 회귀한다는 의식, 현현한다는 느낌, 무조건적인 것과 공통점을 공유한다는 의식, 말로는 형언할 수 없는 목표에 휩쓸리는 것 등이 있다. 앞서 언급했던 태도들이 제한되고 고립된 채 머물러 있는 한에서 내보이는 그것들의 자기 주장에 비해서 열정적인 태도는 헌신적인 측면이 있다. 저러한 것들에서는 길이 분기되고 경계가 설정되지만, 열정적인 태도에는 모든 경계들을 넘어서는 그 어떤 것이 있다. 저러한 것들에서는 활동이 시공간적인 실재에 국한되지만 열정적인 태도에는 현실계 내에서 현실을 초월하는 가치들을 직관하고 행동적으로 파악하는 측면이 있다.

2) 세론

세분화 작업 및 구분 작업을 통해서 진행되는 좀 더 면밀한 분석은 이런 열정적인 태도를 보다 더 확실하게 규정해 줄 수 있다.

(1) 통일성

열정적이라 함은 뭔가 통일되어 있는 것이며, 통일성을 지향한다. 한정하는 태도들의 다양성과 열정적인 태도들의 다양성(이런 다양성은 이것들이 영향을 미치는 자료에 따라서 다양한데)과는 대조적으로 열정적인 태도들의 본질은 어디서나 동일하다. 다른 모든 것들에 비해서 그것들의 공통점은 형이상학적인 기반, 즉 합리적인 범주, 유용성, 성공, 단순한 현실 등과 공유하는 공통분모가 없는 것이 특징이다. 열정적인 상태에 있는 사람은 충분히 규정되어 있는 '목적' 없이도(그렇다고 의미 체험이 없는 것은 아닌데) 자신을 헌신한다. 그런 사람은 습관화된 사고에 기반해서 판단하는 가운데 '의미 없이' 행동한다. 세상과의 대립을 느끼지 않고 전통적인 습관의 편리함 속에서 살아가는 삶에 비해서, 즉 제한되고 상대적인 영역에서 내면의 개입 없이 자동화된 행동으로만 진행되는 삶에 비해서, 열정적인 태도 아래 진행되는 삶은 어디서나 내면 깊은 곳에서 끓어오르면서도 동시에 확고하고, 사랑과 미움 속에서, 결합과 투쟁 속에서, 무조건적인 헌신 속에서 잘 보존되고 고조된다. 견고한 실체 없는 삶이든 실체에 닿지 않는 삶이든, 그런 삶에 비해서 열정적인 태도는 비로소 깨어 있는 삶을 의미하고 비로소 전체 속에서 그리고 본질 속에서 진행되는 삶을 의미한다.

열정적인 태도의 대상을 주관적으로 파악하려고 하느냐 아니면 객관적으로 파악하려고 하느냐에 따라서 열정의 통일성을 표현하는 방식이 다르다. 이념으로부터 열정적인 힘들을 생겨 나오게 만드는 사람은 이렇게 말한다. 시, 예술, 철학, 과학 및 삶에서 '이념적인 것'은 구체적인 영역들의 모든 다양성을 뛰어넘어 인간에 대한 이해와 인간들 간의 친화성을 인간들에게 가져다주는 공통 요소라고 말이다. 그 열정의 통일성은 각 개별 영역들 내에서 존재하는 이념적인 태도와 이념 없는 태도들 사이에 존재하는, 객관적으로 '동일한' 일을 하고 있는 사람들 사이에 존재하는, 메울 수 없는 ─ 그리고 거기서 가장 직접적으로 느낄 수 있는 ─ 틈에 대해 그(것)들의 본질을 가장 가까이 접하는 것을 의미한다. 이념 자체가 주관적인 힘이나 주관적인 의미로 이해될 수 있는 것처럼, 열정에서도 모든 주객 분할에도 불구하고 주체와 객체, 이 둘의 통일, 즉 상호작용이 동시에 일어난다. 체험 안에서는 객관적인 것이 동시에 느껴지는데, 모든 객관적인 것은 그 자체로는 불충분하고, 체험과 주체의 힘이 개입하는 한에서만 존재한다.

열정은 그 형태가 아무리 다양하더라도 자체적으로 일관적이라는 사실은 결국 그것 자신에게 고유하다고 할 수 있는 통일성을 향한 의식적인 노력에서 드러난다. 열정 안에는 모든 것들을 서로 연결시켜 짝을 맞추고, 그 어떤 것도 고립되지 않도록 하고, 흩어지지 않도록 하고, 모든 것들을 하나의 전체로 묶고자 하는 충동이 있다. 세계에 대한 합리적인 교설, 대립물들의 고양에 대한 합리적인 교설, 그리고 통일성에 대한 단순히 지적인 탐닉, 이런 것들은 열정 안에서 종합의 체험이자 종합의 힘으로 존재한다.

(2) 자기희생

열정은 자기를 헌신함으로써 자기 자신이 되는 것을 말한다. 자기헌신, 즉 자기희생은 '자기'라는 개념만큼이나 모호하다. 그것의 내용적인 다양성은 정신 유형들의 구성에서 비로소 좀 더 분명해진다. 여기서 몇몇 지침들을 미리 선취해 보도록 하겠다. 그 자체로 가소적인 자기형성의 과정에서 우리는 자아가 자기라는 이념으로, 그것도 과정으로만 실재하는 그런 자기라는 이념으로 성장해 가는 것을 본다. 성인(聖人)에게서 일어나는 자기형성에서는 모든 종류의 자아는 포기된다. 그때 일어나는 일련의 자아의 희생의 종류로는 다음과 같은 것들이 있다.

a) 자기의식을 얻기 위해서 인간은 용기와 노력이 필요하다. 인간은 비존재의 위험을 감수할 때만 자신으로 존재할 수 있다. 우리가 살아가는 시대에 대결의 내적 동기 중 하나는, 부재할 경우 정신적 자의식의 고차원적인 현존 형식이 사상누각이 되어 버릴 수 있을 정도로 원시적이고 근본적인 태도에서 발견될 수 있다. 의식적으로 자기 자신의 삶을 살고자 노력하는 사람들은 독특한 자유를 체험한다. 그런 실존의 모험은 본래의 자기에 대한 새로운 자각을 일깨우는데, 이런 것은 예를 들어 과감하게 도전할 것인지 아니면 참고 그냥 소극적으로 넘어갈 것인지의 선택권을 가지고 있는 전사 정도나 되어야 열정적으로 가질 수 있는 자각이다.

b) 자신의 실체에 대한 절망, 현실세계에 대한 절망은 철저한 금욕 속에서 행해지는 자기 고행과 자살에서 결국 그것의 집약적인 의미가 발견된다. 이런 유형의 인간을 우리는 허무주의로 나아가는 길목에서 발견한다.

c) 고결한 의무론자는, 형식적인 것을 위해 자아를 절멸시킴으로써 형식적인 것에게 간접적인 승리를 안겨 줄 수 있다고 생각하는 가운데, 원칙과 명령의 옳음을 위해서는 죽음도 불사한다. 그런 사람은 이런 자기희생을

통해서 자기 특유의 존엄성 속에서 선의지에 대한 자의식을 갖는다.

d) 엄격하게 수행될 경우 아무런 효력도 없이 불가피하게 파멸로 이어지는 이런 자기희생, 즉 '옳음', 정확한 의미, 형식적인 것을 위해서 자신의 현실적인 삶, 구체적인 현존을 그냥 단순히 포기함으로써 비교적 직선적인 인생의 길을 걸어가는 이러한 자기희생과는 대조적으로, 자기희생이 확실한 파멸로서가 아닌, 모험과 단순한 위험 감수인 경우 그러한 자기희생은 한층 더 승화된 수준으로 되돌아간다. 이때의 희생은 그때마다 완전하면서도 능동적이고 형성적인 성질의 희생으로 단순히 아무 효력도 없는 태도를 중시하는 것이 아니고, 태도와 성공을 모두 중시한다.

이 모든 자기희생의 종류들은 열정의 형식으로 나타난다. 열정의 형식이 다양한 만큼이나 열정적인 태도 또한 다양하다.

사랑으로서의 열정적인 태도 또한 자기헌신을 자기무화의 형태로 체험한다. 프리드리히 뤼케르트의 번역에 따라 헤겔이 인용한 바 있는 잘랄루딘 루미의 시 구절이 그것을 함축성 있게 표현해 주고 있다.

　　죽음 앞에서 삶이 전율하듯,
　　그렇게 사랑 앞에서 가슴이 전율하는구나,
　　마치 죽음으로부터 위협을 받기라도 한 것처럼.
　　사랑이 깨어나는 곳에서 죽는구나
　　이 무지한 독재자인 내가.

열정 속에 내재해 있는 이런 자기희생은 대체 어디로 가는 것인가? 이런 질문을 제기할 때 우리는 형성적인 자기창조와 성인의 유형은 서로 양립할 수 없는 상이한 길을 가고 있는 것으로 보인다는 말밖에 할 말이 없다. 둘 모두 모든 형태의 자아를 희생시킨다. 하나는 절대 이름할 수 없고 묘사할 수 없는 그런 현세에서의 구체적인 현실적 자아로 거듭나는 과정에서 그렇게 하고, 다른 하나는 우리 세계에게는 낯선 의식 상태 속에 있는 오직 일반적인 자아이자 고차원적인 성질의 자아로 거듭나는 과정에서 그렇게 한다. 이때 모든 자아는 더 높은 상태에서 재차 극복되어 무화되기에 이른다. 마침내 그곳에 뭔가 존재하기나 하는 것인지, 그리고 무엇이 존재하고 있는 것인지의 문제는 오리무중이고 이 현실계에서는 아무튼 존재하지 않는다. 지속적인 부정에도 불구하고 그 둘이 긍정적인 경험에서 시작해서 자기절멸 안에서 ─ 그 어떤 영역에서가 되었든 ─ 지속성을 가진 그 무언가를 향해서 노력해 가는 한, 둘은 허무주의자는 아니다. 허무주의자는 더 이상 존재하지 않는 무(無)만을 원할 따름이다. 무에 직면하는 것을 열반으로 가는 길에서 극복해야만 하는 한 단계로 여긴 붓다는 특이하게도 무, 즉 비존재를 향한 충동을 삶에 대한 단순한 욕망이 부호가 뒤바뀌어 있는 것으로, 그리고 자신에게는 완전히 낯선 그 어떤 것으로 여긴다. 순수한 허무주의는 열정적이지 않고 절망적이다.

'열정적인 헌신'이라는 역설은 인간이 이러한 헌신 속에서 그와 동시에 비로소 자기 자신이 되는 것을 말한다.

> 그리고 당신이 그것을 가지고 있지 않다고 한다면,
> 이렇게 하라: 죽으라 그리고 재탄생하라,
> 당신이 그저 칙칙한 객이라면
> 이 어두운 지구상에서.

(3) 대상이 주어지는 특수한 방식

열정에서 대상은 특수한 방식으로 주어진다. 열정적인 태도는 무언가를 향해서 움직인다. 이는 열정이 능동적인 태도라는 것을 말하는 것이 아니고, 오히려 능동적인 태도일 뿐 아니라 사색적이고 성찰적인 태도 속에서도 나타날 수 있다는 것을 의미한다. 영혼 안에서 일어나는 모든 움직임을 일종의 뭔가를 향한 노력이라 칭한다면, 열정적인 태도도 일종의 노력일 것이다. 하지만 이런 성질의 노력은 완전히 내적인 성질의 것일 수 있어서 통상적인 단어로 그 의미를 나타내는 것은 더 이상 적합하지 않을 수 있다. 그것은 상승, 비약이라 불리는 운동, 즉 위를 향해 나아가는 운동이다.

이러한 운동이 그때마다 지향하는 대상은 구체적인 경우 무한하게 다양할 수 있고, 주어지는 것도 아주 특수한 방식으로 주어진다. 그 대상은 세계의 총체성 안으로 직접 침잠해 들어가서는 절대적인 것으로부터 나오는 광선을 통해 비춰지고 그것과 합체된다. 기독교 용어를 사용해서 표현하자면, 대상은 개별화되는 것이 아니라 신의 품안에서 드러난다. 그것은 유한한 것으로서가 아니라 무한 속에 구현되어 있는 것으로서 이해된다. 그래서 태도는 전체 자체를 향해 나아간다. 이 전체 자체는 인간의 정신 구조에게 대상이 될 수 있는 것이 아니기 때문에 독특한 어슴푸레한 미광 속에 서 있거나 그렇지 않은 경우에는 오히려 절대적인 것의 반짝임 자체라고 할 수 있는 유한한 대상을 관통해서 의도된다. 이 모든 것들이 체험된 것의 특징이다. 그것은 단지 그런 식으로만 의미되어야지 형이상학적으로 해석되어서는 안 된다(모든 곳에서 이런 형이상학적인 개념들을 취하는 것은 심리학적 묘사에는 정당한 것처럼 보인다. 그것들은 체험된 것을 표현한 현상들이며, 체험된 것은 그런 개념들을 통해서, 여기서는 그에 대해 결코 판단할 수는 없지만, 마치 형이상학적으로 더욱 실재적이게 되기라도 하는 것처럼 상대적으로 가장 명확해진다).

(4) 실재성

열정과 실재. 열정적인 태도는 절대로 공허한 것일 수 없고, 자신이 실제로 들어가 존재할 수 있는 그런 구체적인 자료의 영역을 필요로 한다. 그것은 실재들에 기반해서 능동적이고 명상적이며 성찰적인 태도를 취할 때 구성된다. 진실하지 않은 열정의 특징은, 열광의 모든 특수한 것을 부정하고, 아무런 자료도 없고 구체적인 기반도 없고 실재의 침투도 없이 중독 상태가 갖는 피상적인 심리적 특성만 불러일으킨다는 것이다. 상상적인 성질의 열정을 통해서 ― 긍정적이고 이상적인 힘도 없이 단순히 그에 반대되는 것으로 인해, '이차적으로' 모방된 열정으로 인해, 또는 신비로운 상태와 화학적으로 야기된 마치 욕구와 유사한 충동적인 에피쿠로스적인 중독 욕구로 인해 ― 인간은 현실에 대해 속지만, 그에 반해 실제적인 열정은 오로지 현실 자체를 꿰뚫어 통찰하고 경험할 때만 가능해진다. 이념은, 예를 들어 구체적이고 개별적인 현실 안에서 존재하지 그 밖에서 존재하는 것이 아니다. 개별자가 개별자이기는 해도 그냥 단순히 그런 것이 아니라, 그것이 전체 속에서 존재하고 자기 스스로 절대적이 됨으로써 그렇게 된다.

어디서나 동일한 하나일 뿐인 열정은 이념적인 침투의 매개체인 구체적인 자료가 무엇이냐에 따라서 다양한 종류로 현현한다. 그러한 유형들로는 다음과 같은 것들이 있다. 능동적인 태도가 형이상학적인 영적 상태에 있을 때의 열정, 성애적인 투쟁을 벌일 때의 열정, 학문적인 연구를 수행할 때의 열정, 예술적인 창작을 할 때의 열정, 인격 형성에서의 열정 등. 열정이 절대적으로 주도적인 계기를 형성하는 모든 곳에서, 즉 열정이 현실 속에서 현실을 위해서 살고 모든 것이 모험이 되는 곳에서는 영웅주의가 화

두가 된다. 즉 사람들은 영웅적인 사랑, 영웅적인 투쟁, 영웅적인 작업 등
에 대해서 얘기한다.

(5) 사랑

'사랑'이라는 단어는 사상가들에 의해서 종종 이러한 의미로 사용되어
왔다. 하지만 오늘날의 언어 용법에서 그것은 협소한 의미로 사용되는 것
이 보통인데, 그것에 대해서 얘기할 때는 물론 거의 항상 다른 것과의 관
계가 함께 고려되어야 하기 때문에 그 전체를 지칭하기 위해서 '열정'이라
는 단어가 선택된다. 모든 태도들에서 열정이 본래적으로 살아 있는 것을
말하는 것처럼, 삶이 사랑이라는 것도 일반적으로 타당한 말이기는 하다.
예를 들어 플라톤의 에로스를 특징지어 주고 있는 사랑도 열정적인 태도
가 가지고 있는 특징이다. 그러한 에로스는 직관적으로 구성될 수 있고 가
능한 한 다른 것과 혼동되지 말아야 한다.[39]

a) 사랑은 보편적인 것이다. 그것은 우리 안에서 진행되는 운동으로, 모
든 구체적인 것을 관통해서 (객관적인 세계로 나갔다가 우리 자신에게로 되돌
아오는 것으로서) 절대적인 것과 전체적인 것에까지 이른다. 사랑이 하는 이
런 운동에서 모든 것들은 흡사 빛을 발한다. 이런 운동 속으로 끌려들지
않을 수 있는 것은 아무것도 없다. 그러나 그 어떤 인간도 자신의 내부에
서 이러한 운동을 실제 보편적으로 얻는 것은 불가능하다.

b) 사랑은 모든 개별적인 본능들과 대조적이다. 사랑이 본능과 친화적
인 경우가 있는데, 이는 사랑이 주어지는 것이지 강요되는 것이 아니라는

..
39 이러한 내용에 대해서는 Max Scheler, *Zur Phänomenologie und Theorie der Sym-*
pathiegefühle und von Liebe und Hass(Halle, 1913)를 참조.

점에서, 의지의 관점에서 보면 재료라는 점에서, 부추겨지고 가꾸어지고 억제될 수 있는 것이라는 점에서, 형성되기는 해도 만들어질 수 있는 것은 아니라는 점에서 그렇다. 또한 일종의 운동이라는 점에서도 사랑은 본능과 친화적인 측면이 있다. 하지만 그것이 경험적으로 개인을 넘어서 있다는 것만으로도 자기중심적이지 않고 이타적이지 않고 전혀 개별적이지 않으며, 그 어떤 정해진 경험적인 대상 영역을 갖고 있는 것도 아니고 또는 자아 규정적인 기능을 갖고 있는 것도 아닌 한 그것은 모든 본능에 반대된다. 사랑은 본능에 영향을 미칠 수 있다. 사랑이 본능을 파악해 그것에 형성 작용을 일으키면, 본능은 이를 통해 원래 자신에게는 존재하지 않았던 다른 광채와 체험된 의미를 획득하게 된다.

c) 모든 것이 사랑의 대상이 될 수 있지만 그 방식은 특별하다. 그 특별함은 다음과 같다.

1. 사랑받는 것, 즉 사랑의 대상은 ― 열정적인 태도의 대상과 관련해 있는 얘기와 마찬가지로 ― 절대적인 것과 연결되어 있다. 사랑받는 대상은 전체 속에 맥락화되어 있는 것으로서 보인다. 또는 개별적인 것으로 보이는 것이 아니고 전체로서 보인다. 그것은 무한 속에 존재하고 있는 유한한 것으로 보인다.

2. 사랑받는 대상은 사랑받는 것으로서 그 가치가 있다. 이는 가치 있는 것이 가치가 있기 때문에 사랑받는 것하고는 다르다. 유효한 가치를 일반적인 가치로 인정하고 그것을 따르는 것은 사랑과는 정반대다. 모든 것이 사랑 안에서 빛을 발해 모든 것이 사랑하는 사람에게는 가치로운 것이 된다. 그런 것은 사랑 안에서 발견되는 '가치'가 아니다. 모든 것이 사랑이라는 운동 내부에서 더 가치롭게 되고 있는 것이다. 그것은 가치 상승의 과정으로 체험된다. 이런 가치로움은 일반적이 아니고 절대적으로 구체적인

것이다.

3. 사랑받는 대상은 늘 개체다. 개체는 완전히 구체적인 것을 이름하는 또 다른 표현이다. 개체의 논리적 범주는 오로지 사랑의 운동 안에서만 성취된다. 그렇지 않으면 개체는 사랑하는 사람에게만 항상 당연히 하나의 개체일 뿐이고 다른 모든 사람에게는 그저 우연히 일회적인 것, 수많은 여럿 가운데 하나의 개체일 뿐이다. 개체는 인식하는 사람에게는 사건이고, 행위자에게는 수단이며, 역사가에게는 가치와 관련해서 구성되는 것이고, 논리학자에게는 끝이 없어서 파악될 수 없는 것이다. 경험적인 개체는, 관찰자에 의해서는 결코 온전히 파악될 수 없는 무한한 것이다. 사랑받는 대상으로서의 개체는 주체에 의해 사로잡힌 무한성으로, 그것 자체는 고찰의 대상도 인식의 대상도 되지 않는다.

d) 사랑과 이해. 인간들 사이에서 사랑은 애매모호한 것이면서 동시에 완전한 이해라 불리는 그 어떤 것이다. 경험할 때는 의심의 여지가 없다. 그것은 마치 절대적으로 개별적인 실체로 통하는 길을 발견하는 것과도 같은 것이다. 하지만 고립된 모나드 같은 것으로서의 실체로 통하는 길을 발견하는 것이 아니라 절대적인 것 일반 안에 구현되어 있는 길을 발견하는 것과 같다. 모든 심리학적 이해는 개별적인 연관들을 파악해서, 개념적인 연관들 전체를 인격의 형태로 구성해서 그것을 우리 앞에 대상으로 제시하는 것이다. 이러한 이미지가 아무리 풍부하더라도, 이해가 아무리 다면적이라고 하더라도 각 연관이 '일반적인' 것이 되는 이런 이해와 이 모든 것들을 초월해 개별적인 것들을 총체적으로 이해하는 것 사이에는 심연이 놓여 있다. 이러한 총체성은, 인식의 대상과는 다르게, 대상적이지 않다. 그러한 총체성은 대상적 이해를 추구하는 심리학자에게는 그저 '이념'일 따름인데, 이 경우 이해는 그런 것을 향해서 무한히 움직여 나아갈 뿐

이다. 주관적인 체험 안에서 진행되는 절대적인 이해는 일반적인 의미에서의 심리학적 이해와 필연적으로 연관되어 있어야만 하는 것은 아니다. 그것 자체는 묘사될 수 있어야 할 필요도 없거니와 그 본래성은 전혀 전달될 수조차 없다.

사랑이 그런 것처럼, 이러한 이해도 가만히 서 있는 정적인 행동이 아니라 움직이는 운동이다. 그것이 절대적인 것을 향한 것이라고 하더라도, 그것은 — 항상 계속해서 발전을 거듭하는— 인간들 간의 경험적인 관계 속에서 오로지 순간적으로만 정지해 있는 것으로 체험된다. 시간 속에서 살아가는 인간들 사이에서 그것은 영혼들의 사랑 투쟁으로 현시된다. 모든 모험이 감행되고 모든 형식, 습관, 권리, 원칙의 경계들이 더 이상 영원한 것으로 존중되지 않으며, 인간의 모든 삶에 아무리 거리두기가 책정되고 요구되더라도 모든 거리두기는 언젠가는 지양된다. 투쟁의 매체는 말로 묘사될 수 있는 일반적인 것도 아니고, 유효한 객관적인 것도 아니며, — 비록 그런 것들이 종종 상징으로 사용되고 대표적인 표현으로 사용되기는 하더라도 — '정신'이라 불리는 일반적인 것이다. 그것이 벌이는 투쟁은 상호 무자비하게 영혼을 뿌리째 뽑으려 하고, 모든 것을 의문에 부쳐 절대적인 인정을 얻어내려는 싸움이다. 인간은 자신을 혼자서 그런 식으로 파악할 수 없고 오로지 다른 사람과 함께, 타인 속에서만 자신을 그런 식으로 파악할 수 있다. 그것은 (파열, 극도의 소외, 속임수, 자기기만, 허무한 열정, 개인주의적 고립 등의) 위험들로 가득 차 있는 영혼의 경험 과정이다. 이런 것들이 어디로 이어질지는 잘 모르지만, 모든 것에 있어서 사람들은 항상 사랑에 대한 완전한 신뢰를 통해 인도된다. 즉 저러한 위험들을 비로소 가능하게 하고, 사랑이 없으면 존재할 수도 없는 그런 신뢰에 의해 인도된다. 이러한 사랑 투쟁에서는 아무리 많은 세력들이 모두 전개되어 서로 투쟁을 벌이더라도 (사랑을 일순간에 죽여 버리는 위험인) 권력 본능의 동기는 없다. 자기이해의 과정이기도 한 이런 투쟁들이 지향하는 목표는 늘 모호한 채로 남아 있다. 그것은 정신에 대한 신뢰이자 절대로 소유될 수 없는 본질적인 것, 본래적인 것의 요소 내에 존재하는 절대적인 것을 고려하는 가운데 계속되는 상호관계 속에서의 신뢰다. 이해 속에 내재해 있는 이런 사랑은 삶을 용이하게 만들기는커녕 오히려 어렵게 만들지만, 이로써 삶을 무게 있게 만들어 준다. 그것은 인간의 개성 전체에 대해 형성적이고 규율적인 방식으로 영향력을 행사한다. 이런 사랑이 깃든 이해의 모든 개별 사항들이 특별한 것은 아니지만, 특별한 것이 있다면 그것은 사랑하는 기본적인 태도인데, 그것은 사람들로 하여금 그들이 자기고립되어 자기만의 개별적인 경험을 하고, 권력 본능을 추구하고, 단순히 피상적인 친절을 베푸는 등을 통한 이해관계에 빠지는 것을 막아 준다.

인간 삶의 기초적인 상황이 투쟁이다. 유한한 세계 내의 유한한 존재로서의 인간은 투쟁할 수밖에 없다. 첫째, 그 어느 누구도 직접 겨냥하지는 않는 행동으로부터 장점을 취사선택하는 투쟁이 있는데, 그것이 비가시적인 투쟁이다. 둘째, 현존(타자와의 경계 구분 아래에 행해지는 자기보존)을 두고 벌어지는 투쟁과 권력을 두고 벌어지는 투쟁(자신의 현존을 확장하는 것)이 있다. 이런 투쟁은 파괴적이거나 동화적이다. 셋째, 사랑의 수단으로서의 투쟁이 있다. 사람들은 권력을 획득하기 위해서 투쟁하는 것이 아니라 자기 자신과 다른 사람이 내면적으로 투명해지고 모두가 자기 자신이 되도록 하기 위해서 투쟁을 벌인다. 이런 사랑의 투쟁은 위기를 마다하지 않는다. 가차없는 경험과 해명만이 해당 과정을 촉진하는 곳에서 그것을 위협하는 것은, 인간을 '사랑이라는 이름으로' 잘못 돕고 위로하고 돕는 것이다. 여기 이러한 잘못된 도움에서는 사랑이 한쪽의 우월함을 의미하는 단순한 보살핌과 기사도로 변질된다. 하지만 사랑은, 권력의지 같은 것 없이 진행되는 투쟁에서 그런 것처럼, 우월한 자가 베푸는 기사도의 일종으로서 양쪽 진영 모두에게 매우 매혹적인 경향이 있는, 권력 본능의 형식이 결여된 도움의 손길 속에도 존재한다. 사랑에서 진행되는 투쟁은 항상 동등한 수준에서 벌어진다. 동등한 수준의 균형이 깨지면서 모종의 권력 형식이 자리잡는데, 그렇게 되면 사랑에 기반한 투쟁은 권력 행위에 자리를 내주고 막을 내린다.

우리 인간의 본질에 대한 통찰력을 얻는 데는 삶이 투쟁이라는 사실을 깨닫는 것이 중요하다. 하지만 투쟁이 항상 권력 투쟁인 것만은 아니다. 그것은 사랑에서도 작용하는데, 사랑에서 투쟁은 본질을 추구하는 투쟁이라는 사실을 아는 것도 중요하고, 그런 투쟁이 이해의 집중화 과정을 표현하고 있는 것임을 아는 것도 중요하다. 예수는 평화를 가지러 온 것이 아니라 검을 가지러 온 것이라고 말한 것으로 알려져 있다. 반면 에피쿠로스는 다음과 같은 것을 가르쳤다고 한다. "고요하지 않으면 행복도 없다(nil beatum nisi quietum)." 사랑의 교사는 투쟁을 가르치고 있지만, 온 세상으로부터 고립되어 있는 사랑 없는 교사는 안식을 가르치고 있다. 사랑 없이 무관심한 상태에서 살아가는 사람은 삶의 모든 상황들이 그를 조용히 놔두면 삶의 모든 상황에 대해 관대하다. 사랑을 추구하는 사람은 거리낌없이 적극적으로 이해를 위해서 투쟁한다. 하지만 관용적이지 않을 때조차 그는 완력이나 권력의지 없이 그럴 수 있는데, 그 이유는 외적인 완력과 지적인 힘 그리고 여타 재능적인 도구들이 가지고 있는 힘의 균형을 동등한 수준에서 유지한 채 서로 질문하는 가운데, 즉 정신적-영적인 투쟁을 벌이는 가운데에서도 본래 중요한 것을 이해하고 파악하고자 하는 활동의 목표가 달성될 수 있기 때문이다. 완력의 사용 문제와 관련해서, 사랑이 깃든 투쟁은, 권력과 사회적 제도들이 가지고 있는 비관용성에 비해서 절대적으로 관용적이다.

사랑이 깃든 이해, 즉 사랑으로 행하는 이런 절대적인 이해는 다른 행동 방식들, 예를 들어 심리적인 이해 및 동정 같은 것과 끊임없이 혼동되곤 한다. 이런 태도들 간에는 차이가 있지만 그런 것들이 나타나는 단순한 정서적인 현상들은 이행 관계의 형태로 서로 연결되어 있다. 이로 인해 혼동이 일어나고, 이렇듯 겉보기에 근친적인 태도들로 사랑이 이행되는 경향이 있다. 이러한 혼동될 수 있는 것들로는 다음과 같은 것들이 언급될 수 있다.

1. 앞서 이미 설명했던 심리학적 이해, 추체험, 파악해서 이해하기는 인간을 대상화해서는 인간을 다른 여러 대상들 중 하나로 만들어, 인간에게서 인간이 가지고 있는 절대적인 개성, 그런 절대성 자체를 박탈해 버린다. 최고로 고양된 심리학적 이해조차 사랑하는 이해가 아니다. 그래서 본질을 의식하고 있는 인간은 자신이 단순히 심리학적으로 이해되는 것에 저항하는데, 그것이 인간관계와 어떤 식으로 연결되어 있을 때 그렇게 한다. 인간이 그런 것을 그냥 흘려 버리는 경우가 있는데, 이는 그런 것이 그에게 본질적으로 아무 관련이 없고 전혀 의미가 없기 때문이다. 하지만 그와는 반대로 사랑이 (그리고 증오가) 이런 심리학적 이해를 움직이게 한다는 것에는 의심의 여지가 없다. 사랑하는 이해는 그 어떤 이해 가능한 연관들이 객관화되는 곳, 즉 타자에 대한 심리학적 통찰이 이루어지는 곳에서 반복적으로 출현한다. 심리학적 이해는 사실, 사랑과 증오 없이는 크게 멀리 나갈 수 없고, 오로지 재생산만 할 수 있을 뿐이며 새롭게 볼 수가 없다. 심리학적으로 말해지고 개념적으로 파악되는 것, 그것은 그 자체로 더 이상 사랑하는 이해가 아니고 사랑 없이도 얼마든지 가능한 일이다. 하지

만 그것의 태동에 있어서, 즉 그것을 객관화하는 사람의 형식들에서 그것은 사랑 내지 증오의 미광을 자체 내에 가지고 있다. 그러한 이해는 그래서 사랑하는 투쟁을 위한 매개체이기는 해도 사랑하는 투쟁 그 자체가 아닌, 다른 어떤 것이다.

사랑이 상호 사랑을 일깨우는 곳에서(이러한 경향은 늘 존재하고 있는데), 즉 인간이 인간을 절대적으로 받아들이고 절대적인 것 안에 내재해 있는 것으로 생각하며 역으로 동일한 것을 경험하는 곳에서, 모든 이해는 사랑을 의미한다. 서로 반대되는 가치에 준해서 좋거나 나쁜 것으로, 고귀하거나 비열한 것으로, 아름답거나 추한 것으로, 옳거나 그른 것으로 평가되는 모든 것들은 사랑하는 투쟁에서 종종 사랑이 상실되지 않은 상태로 허용된다. 왜냐하면 목적은 어디서나 긍정적인 가치를 향한 움직임에 있고, 절대적인 것과의 연결을 찾아내는 데 있기 때문이다. 그래서 사랑은 잔인하고 무자비하다. 그리고 사랑이 그럴 때, 그런 사랑을 믿는 것은 진정으로 사랑하는 사람뿐이다.

사람을 이기적인 마음에서 위안해 주고, 편안하게 해 주고, 도움을 주는 것을 사랑과 동일시하는 경험적-이기적인 본능의 태도를 취하는 사람은 이해하는 사랑을 아주 불편하고 거슬리고 공격적인 것으로 느끼게 될 것이라는 것, 이런 태도로 보면 이해하는 사랑은 뭔가 적대적인 것이자 대항해 싸워야만 하는 그 어떤 것이라는 것 또한 앞서 언급된 저러한 사실에 기반해 있다. 이런 본능적-이기적인 태도는 사랑으로부터 자신의 존재를 있는 그대로 인정받고자 하고 경험적인 욕구를 촉진하고자 하며, 그런 태도에게 상대방의 사랑의 특징은 다음과 같은 것들이다. 그러한 태도를 위해서 희생하기, 어디서나 가치 인정하기, 무엇을 하든 정당화하고 변명하기, 어떤 것에서가 되었든 연대하기 등.

반대로, 심리학적 이해에서 단순한 권력 본능일 뿐인 가짜 사랑은 실제 경험 영역에서 모든 희생, 도움, 제휴를 거부하면서도 방금 위에서 제시된 논증을 가지고 사랑인 척 자신을 위장한다. 그러나 진정한 사랑은 경험 영역에서도 영향력을 행사한다는 것이 자명하기는 해도, 사랑이 가짜 사랑은 아닌지에 대한 개략적인 시험은 항상 당연한 것(도움 주기)이 현실에서 실제로 일어나는지의 여부를 확인하는 식으로 진행될 수 있을 것이다. 사랑은 오직 실제 현실에서만 그 모습을 드러낸다.

2. 심리적 이해처럼 동정도 사랑하는 이해의 한 표현이기는 해도 사랑은 아니다. 상대방의 고통이 어떤 종류의 것이든 동정은 다른 사람의 고통으로 인해 겪는 고통이다. 동정은 절대적인 것과는 아무런 관련이 없고 오로지 고통을 부정할 뿐이며, 개체로서의 개인을 향해 있는 것이 아니고 일반적인 것을 향해 있다. 따라서 동정은 동정받는 사람에게 굴욕감을 안겨 줄 수도 있어서 거부되는데, 특히 상대방에게 동정을 유발하는 것이 비참한 사람에게 굴욕적이라는 생각을 불러일으켜 그의 마지막 권력 본능을 자극하는 경우가 아니라면(즉 동정받는 사람이 비록 절대적으로 무력하더라도, 동정이 불러일으킴으로써 그가 여전히 영향력을 행사할 수 있게 되고, 그가 자신을 여전히 관심의 중심에 세울 수 있는 경우가 아니라면) 그렇다. 더 나아가 동정은 동정의 주체에게 우월감을 불러일으킬 수 있는데, 이는 그러한 우월감이 그의 기분을 더 좋게 해 주기 때문이고, 그가 남을 돕는 데서 자신의 힘을 느낄 수 있기 때문이다. 동정, 일반적인 인간애, 고통이 있는 곳이면 어디서든 자신을 쏟아붓는 맹목적인 도움 같은 것은 사랑과는 상극이다. 거기서는 개인도 절대자도 안중에 없고 오로지 항상 자기 자신만 있다. 그리고 고통과 쾌락의 가치 대립을 절대적으로 여기는 태도가 있다. 사람은 동정의 감정을 느낄 때, 그리고 동정의 감정을 느끼기 때문에 사랑하는 것은

아니다.

　3. 다른 사람을 이해하는 행위는, 가령 다른 사람을 개선시키려고 하고 교육시키려고 하는 등 그 자체로 사랑이 아닌 행동 방식과 관계를 맺기도 한다. 이러한 경우 교육자로서의 나는 상대방의 상황과 영혼을 간과하고, 그 사람보다 우월한 사람이면서 권력을 가지고 있고, 같은 수준에 머물러 있지 않으며, 절대적인 호혜성에 개방되어 있지 않고, 그러한 것들이 향하고 있는 사람에게 그런 것들을 말해 주지 않을 계획도 가지고 있다. 교육을 하는 사람과 교육을 받는 피교육자 관계는 인간 현존에서 (연령과 교육의 차이, 그리고 인간의 질적인 차이로 인해) 불가피한 관계로서, 거기서 일종의 사랑이 영향을 미칠 수는 있을 것이겠지만 사랑 없이도 수행될 수 있는 — 즉 기계적이고 빈곤하고 생명력 없는— 활동인 한에서, 사랑이 없어도 성공할 수 있다. 사랑하는 이해는 그것의 한 요소로 당사자 양쪽 모두에서 가치 상승을 이루는 것이 포함되지만, 그 수단은 적용될 경우에 사랑을 즉시 방해하는 그런 성질의 교육이 아니라 경쟁적으로 질문하기, 가차없는 개방적 태도 취하기, 생각으로 재지 않고 순수하게 관찰하기 같은 것이다. 자신이 교육되었다고 느끼는 사람은 본래적인 사랑을 받지 못했다고 느낀다.[40]

　이해하는 관계에서 나는 내가 가치 있다고 여기는 모든 것을 한 사람에게 몰아서 부여할 수 있다. 스탕달이 '사랑에서의 결정화'라 칭한 것, 사랑하는 사람을 온갖 가치들로 치장하는 것, 그러한 것이 절대자로부터 유래하는 광선을 의미하는 것이 아닌 한 그런 것은 공상적인 것이다. 그런 것은 사랑이 아니라 일방적인 가치 축조의 과정으로, 사상누각이 붕괴하듯

‥
40　(옮긴이) 교육은 받았지만 사랑을 경험한 것은 아니라는 의미로, 교육은 사랑 없이도 가능하다는 의미로 읽을 수 있다.

한순간에 갑자기 무너져 끝나 버린다. 이러한 맹목성은 유한한 성질의 결핍과 충동에서 유래하고, 그것의 축적 과정은 그 어떤 투쟁도 없고 운동도 없이 진행되는 수동적인 과정이다. 사랑은 밝은 눈, 즉 혜안이 있다. 사랑받는 사람이 자신이 환상적으로 보이고 있다고 느낀다면, 그는 자신이 사랑받고 있다고 느끼지 않는다. 환상적인 치장은 사랑의 적이다. 사람은 절대적인 것 안에 놓여 있는 것으로 보이고, 사랑하는 이해의 투쟁 과정 속에서 경험되는 그런 현실 속의 인간을 그 사람의 실수까지 포함해서 사랑한다. 사람은 정지해 있는 것, 최종적인 것을 사랑하지 않고, 이상도 사랑하지 않거니와 존재도 사랑하지 않는다. 인간을 말하자면 우상으로 떠받드는 완성형의 이해, 정지해 있는 것처럼 보이고 늘 거기에 존재하고 있는 것에 대한 부동적인 이해는 사랑하는 이해가 절대 아니다.

여기는 원래 성적인 사랑의 문제까지 다룰 정도로 주제를 광범위하게 다루고 있는 자리는 아니다. 하지만 사랑이 이야기의 주제가 될 경우, 플라톤 이래로 늘 성적인 사랑의 문제가 사유되어 왔다는 것이 사실이다. 성적인 사랑과 일반적인 사랑 간의 아주 밀접한 일치가 주장되었을 뿐 아니라 둘 간에 존재하는, 화해할 수 없는 적대감도 주장된 것이 사실이다. 따라서 여기 놓여 있는 문제들을 적시해 보는 것도 유용할 것이다. 왜냐하면 여기서는 세계관적으로 결정적인 태도들에 대한 파악이 관건이기 때문이다. 무엇보다도 세계관적 특성을 띠는 성적인 사랑에서의 배타성 문제가 있다.

이성 간의 관계에서 섹슈얼리티, 에로스, '형이상학적' 사랑이 구분될 수 있다. 섹슈얼리티는 정신물리적인 분야다. 그것은 활력적이고 복혼적이며 물질적일 뿐 세계관적인 힘은 아니다.

그 자체로 사랑하고는 아무 관련이 있을 필요가 없는 협의의 에로스는 사랑하는 애인을 감싸고 있는 가치들에 취해 그것들을 결정화해서 활력 있게 만드는 데 있어서는 사랑과 친화적이다. 하지만 ― 순수한 유형의 에로스에서 ― 이 모든 것들은 이내 곧 잦아드는 거품 같은 이미지일 뿐이어서, 그런 것들을 체험해 본 사람이라면 누구나 그것들을 충분히 자주 환상으로 여기게 된다.

에로스는 그것 자체의 영역에서 배타적인 뭔가를 가지고 있다. 즉 시간 초월적인 것을 체험하는 순간에, 그런 다음에는 질투심 속에서 명예, 남성적인 힘, 여성적인 지배 욕구 등의 동기와 함께 배타적인 독점을 요구한다. 하지만 시간이 지나면서 에로스는 또한 본질상 복혼적인 양상을 띠기도 한다. 저러한 창조의 불꽃놀이는 반복되다가 사라진다. 그런 것이 양쪽 진영 모두에서 동일한 리듬으로 진행되면 관계는 끝나 버린다. 그렇지 않으면 질투, 명예, 권력이 움직이고, 시민사회적인 제도인 경우 법과 도덕의 당위를 통해서 그것의 배타성이 규율화되기에 이른다.

우리가 사랑을 에로스처럼 따로 분리해서 보게 되면, 사랑 그 자체는 보편적인 것이지 어떤 한 개인에게 배타적으로 국한되어 있는 것이 아니다. 특이한 점은 질투, 권력욕, 윤리 그리고 시민사회적인 제도 대신 사랑이 시간이 지남에 따라서 에로스를 배제하는 원천이 될 수 있다는 사실이다. 사랑이 모든 영혼적인 재료들을 장악해 사로잡을 수 있는 것처럼, 여기서 에로스와 섹슈얼리티도 장악해 사로잡을 수 있다. 사랑은 여러 개인에게 해당되는 것일 수 있지만, 그 자체가 복혼적인 성질을 띠는 에로스의 경우에서 사랑은 배타적인 성질이 있다. 이는 체험으로 알 수 있는 사실이다. 이런 배타적인 사랑은 질투, 소유욕, 권력욕, 명예 개념과는 전혀 다르다. 후자로부터 자기 주장, 권력의 유지, 권력의 확장이라는 존엄감이 생겨 나온다고 한다면, 전자로부터는 형이상학적인 체험적 성질을 갖는 의미적 느낌이 생겨 나온다.

인간은 섹슈얼리티의 영역을 별로 중요하지 않은 것으로 느낄 수 있고, 그런 성적 기능들에 신경을 끄고 그것들이 그냥 단순히 일어나도록 내버려 둘 수 있다. 에로틱한 것은 인간에게 유희이고, 영혼에게는 아무 영향도 미치지 않는다. 이러한 태도에서는 질투도 그렇고 형이상학적 의미도 전혀 문제 될 것이 없다. 이런 것은 고대 그리스 문화에서는 정상적이었던 것으로 보인다.

그렇지 않은 경우 성적 영역과 에로틱한 영역은 피조물 특유의 것, 비루한 것, 혐오스러운 것으로서 인간 존엄성의 하위에 위치해 있는 것들이다. 그런 영역들은 부정된다. 이러한 태도에서 보면 사랑만이 존재하고, 에로틱한 성애와 관련해서는 단순한 금욕만 존재하거나 타협 가능한 피상적인 적법성만 존재할 뿐이다. 기독교적인 행동이 종종 그랬다.

하지만 사랑이 에로스를 사로잡아서 지배하게 되면, 에로틱한 것은 봉헌받아 그 자체가 사랑의 활동을 고도로 강화시키는 원인이 된다. 이런 행동의 특징은 다음과 같다. a) 에로틱한 것에 대한 저항, 즉 고대 그리스인들이 했던 에로틱한 관계에 자신을 자유롭게 내맡기지 못하는 것. b) 사실적인 금욕에서의 금욕적인 태도에 대해 거부감을 갖는 것. c) 사랑을 우선순위에 두고 이차적으로 에로스로 나아감으로써 사랑이 반복 불가하고 절대 개별적이고 일회적으로 고정적이라는 것을 경험하는 것. d) 에로틱한 것에 사로잡혀 있다는 의식, 즉 생물학적인 결과나 시민사회적인 결과로부터는 제대로 파악될 수 없는 에로틱한 관계가 갖는 무한한 영적 결과들에 대해 의식하는 것. e) 에로틱한 것이 문제로 남아서 사랑과 항상 반복적으로 충돌을 일으키는 것.

사랑하게 되면서 에로스에서의 이러한 배타성이 왜 생겨 나오는 것인지는 궁극적으로 이해할 수 없다. 다만 이렇게 해석해 볼 수는 있을 것이다. 에로틱한 것과 성적인 것 자체가 품위 없는 천박한 것으로 느껴지기 때문에 그런 것은 가장 엄격한 법을 통해서만 품위를 유지할 수 있다는 것. 그런 법은 내면화되어야 하는데, 이는 오로지 두 사람 사이에 거리를 두지 않는 저러한 이해적인 관계를 통해서만 실현될 수 있다. 사람은 가장 안쪽에 있는 성역에 침투해 거기에 절대적인 것을 설정함으로써 자신의 인간 존엄성을 유지할 수 있다. 더 나아가 우리는 전체(우주, 신)를 사랑할 수 있지만 실제 현실에서 그런 것을 체험할 수는 없다. 우리에게 실제 현실로서의 정신은 인격뿐이다. 이런 세계관적인 기본 태도를 경험하는 사람은 궁극인 것 일반으로서의 인격을 사랑할 수 있다. 실제 현실에서 이러한 인격은 변화를 겪고 죽어 가는 유한적인 존재이다. 사랑받는 것은 무한, 즉 전체의 상징이다. 상징에 대해서 우리는 관찰자로서 말을 하지만, 체험자에게 상징은 직접적인 실제이기 때문에, 체험자가 인격을 사랑할 때 그는 그 안에서 완전히 개인적으로 무한한 것을 경험하는 방식으로 그것을 사랑한다. 그는 시간적 존재로서의 개인, 유한한 인격으로서의 개인, 모든 인간들에게 동일한 인간으로서의 개인을 사랑하는 것이 아니고, 이념(이데아)을 ─ 플라톤의 에로스론만이 이 개념에 대한 해석을 허용할 것인데 ─ 사랑한다. 인간이 자신을 보아서 아는 것처럼, 인간이 자신을 궁극적인 것이 아닌 현상과 상징으로 느끼는 것처럼, 사랑하는 사람을 느끼는 것도 그렇다. 사랑하는 두 사람은 이 세계 안에서 진행되는 운동에서, 유한한 인격적인 모습 속에서 무한자, 이념, 절대자를 경험한다. 이를 위해서는 배제가 필요하다. 이것은 절대자처럼 오로지 일회적일 수 있다. 그렇지 않으면 실제 경험은 개인들에 대한 정말 단순한 상징적인 체험이자 교체될 수 있

는 체험이 될 것이기 때문이다. 이러한 체험은 진지하지 않을 것이고 형이
상학적이지 않을 것이다. 형이상학적인 것으로부터 나오는 이런 광선은 개
별적인 인간에게서 오로지 한 번만 경험된다. 첫 번째 경험이 곧 유일한 경
험이다. 심미적인 측면에서 첫 번째 경험의 단순한 비반복성과 첫 번째 경
험에 대한 집착은 이런 형이상학적인 체험에서는 일회적인 절대성을 통해
서 이루어지는 성취다. 에로틱한 것은 그 자체가 공허한 힘으로서 처음에
는 인간을 아무 의미 없는 일에 개입시키려 하지만, 그다음에는 합목적성,
합리적 감각이 인간에게 제공할 수 없는 특별한 것을 인간에게 성취해 준
다. 형이상학적 기원을 갖는 이런 배타성을 경험해 보지 못한 사람은 실제
에 있어서 복혼적인 생각에 머물게 된다. 그런 사람은 — 절대적으로 유한
한 성질의 언급할 가치가 있는 목적을 위해서 — 윤리적 명령, 예의범절,
질투심을 통해서 배타성을 실현할 수 있기는 하지만, 이런 배타성은 전혀
상이한 의미를 갖게 될 것이고 절대성도 없고 깊이도 없는 상태에 머물게
될 것이다. 그러면 다음과 같은 질문에 대한 답이 가능해진다. 왜 배타성
이며, 그럼으로써 절대 가치는 왜 끝나 버리게 되는 것인가?

사랑은 보편적이어야 하는데, 사랑이 한 사람에게만 고정되어야 한다는
것은 사랑에게 낯선 것 아니냐는 반박이 제기될 수도 있다. 그래서 방금
시도한 성애에 대한 해석의 결과는 필연적으로, 인간이 다른 경우라면 보
편적이었을 자신의 사랑을 오로지 성애에서만 예외적으로, 다른 모든 한
계를 넘어 심화시켜야 한다는 말일 것이다. 이성 간의 관계로부터 사랑은
새로운 특성을 얻는데, 그것은 성애가 한 인간의 운명을 결정해 줄 수 있
다고 하는 것이다. 그런 것이 사랑이라는 것은, 사랑을 하고 있는 사람은
자신의 사랑이 비록 배타적임에도 불구하고 그러한 사랑 너머로 성장해
가고 있다는 느낌을 받는다는 사실에서 드러나고, 세상 및 인간들이 어디

서나 자신에게 반짝거리면서 비친다는 사실에서 드러나며, 자신이 사랑하는 상대 이성의 인격이 자신에게는 중심으로 머물러 있다는 사실에서 드러난다.

지금까지 얘기한 내용을 양식을 달리해서 요약하면 다음과 같다. 섹슈얼리티는 무차별적이고 에로스는 최소한 복혼적이다. 사랑은 어떻게 해서 그 둘을 배타적인 단혼제로 강제할 수 있는 것일까? 모든 열정에는 일체감이라는 것이 있다. 이 일체감으로부터 하나에만 열정적으로 몰두해 존재할 수 있는 성격이 형성되고, 이 성격은 의지력을 발휘해서 모든 열정과 추진력을 계층적인 질서에 따라 배치시킨다. 사랑은 사랑만으로 번성할 수 있다. 그렇지 않은 경우 사랑은 아무리 황홀하고 도취되더라도 아무런 희망도 없이 에로스가 되어 버려 열정이 식어 버린 사랑이 되고, 그런 사랑은 왠지 회의적이고 냉소적이게 된다. 사랑의 시각에서 볼 때 에로스, 섹슈얼리티는 삶의 활력을 고조시키기는 해도 단지 사랑의 매개체일 뿐이어서 독립성이 허락되지 않는다. 그런 것들은 사랑의 매개체, 즉 단혼제적 사랑의 매개체로서 형태를 갖추고, 사랑에 일회적으로 고정되어 있는 힘과 깊이를 부여해 준다. 일체감이 성공적으로 형성되지 못할 경우 — 그리고 이런 일체감의 형성이 완벽한 경지에 이르지 못할 경우 — 사랑은 섹슈얼리티 및 에로스와 사활을 건 투쟁을 벌이는데, 이때 사랑은 종종 식어 버리게 되고 드물게는 섹슈얼리티와 에로티시즘도 함께 사라지게 된다. 지나치게 조급해 하거나 불완전한 형태를 띠거나 또는 불규칙성을 띠는 섹슈얼리티가 에로스에 부정적인 영향을 미칠 수 있는 것처럼, 문제가 있는 에로스도 유사한 방식으로 사랑에 악영향을 끼칠 수 있다. 이런 영역들 간에는 종종 투쟁이 벌어지는데, 섹슈얼리티와 에로스가 위아래로 배치된 상태에서 종종 생동감 있는 종합을 이루는 경우가 있기는 하지만, 사랑을 포함한 셋 모두가 함께 운 좋게도 그런 생동감 있는 종합을 이루는 경우는 매우 드물다.

사랑의 열정 속에서 겪는 헤아릴 수 없는 체험, 즉 유한한 개인이 절대적인 일자가 되는 체험은 플라톤의 이데아론과 기독교적 하느님과의 관계를 통해서만 묘사될 수 있는 것이 아니고, 그 의미가 형이상학적인 믿음과 단순한 상징 사이를 독특한 방식으로 오가는 직관적인 기호들을 이용해서도 표현될 수 있다. 폰 슈타인 여사를 향한 괴테의 사랑 고백이 전형적인 경우에 속한다. "나를 지배하는 이 여인의 권력, 즉 의미성을 나는 '영혼의 방랑'이라는 말 말고 다른 방법으로는 도저히 설명할 수가 없구나. 그래, 우리는 과거 한때 남자와 여자였지! 이제서야 우리는 우리가 정신적인 향기로 감싸여 있었다는 것을 아는 것이지. 나는 우리의 과거-미래-우주에 대해 그 어떤 이름도 소유하고 있지 않다네."[41] 폰 슈타인 여사에게 바치는 시가 동시대로부터 유래하는데, 그 시 안에는 수수께끼로 가득한 혜안이 사랑 가득한 이해로 표현되고 있고, '영혼의 방랑'이라는 동일한 상징을 사용하고 있는 글귀가 실려 있다.

당신은 왜 우리에게 우리가 서로 마음을 보게 되는 운명과 느낌을 주셨나요?

그 모든 희귀한 우여곡절들을 통해서 우리의 진정한 관계를 감시하려고 그랬나요?

(…)

우리를 위해 운명이 무엇을 준비하려 하는지 말씀해 주시겠어요? 그것이 우리를 어떻게 그토록 순수하게 묶어 놓았는지 말씀해 주시겠어요?

∴

41 빌란트(Christoph Martin Wieland)에게 보내는 편지. 1776년 4월.

오, 당신은 이미 지나간 과거에 존재했던

나의 누이 아니면 나의 아내였군요.

내 본성 안에서의 모든 움직임을 당신은 알고 있었고, 극도로 미세한 신경들이 내는 소리까지 탐지했지요.

사멸할 인간의 눈으로는 매우 어렵게 꿰뚫어 볼 수 있는 시선으로 당신은 나를 읽어 낼 수 있었지요.

특별한 형태를 띠고 있는 성애적인 사랑의 특성으로부터 나와서 다시 사랑의 일반적인 특성으로 되돌아와 보자. 열정적인 사랑에는 상극적으로 대립해 있는 종류들이 있는데, 그 대립은 여기서 그 뿌리를, 사랑하는 사람이 그 외 다른 경우에서 절대자와 관계 맺을 때 그런 것처럼 절대자 안에서 한 개인을 사랑할 때 처하게 되는 일체감으로부터 빠져나와 다음 선택지 중에서 어느 쪽이 선택되느냐에 두고 있다. 즉 단번의 비약으로 자신의 사랑을 절대자로 향하게 하고는 자신이 사랑하는 개인, 즉 구체적인 것을 간과할 것인가, 아니면 절대자가 개인 안에 완전히 흡수되어 합쳐지는 것처럼 보이게 해서는 그 둘을 일치시키는 방식으로 자신이 사랑하는 개인 안에 닻을 내리고는, 그 개인이 이제 더 이상 절대자 안으로 포함되는 것이 아니라 오히려 그와는 반대로 그 자체가 전적으로 그 너머로는 아무것도 존재하지 않는 그런 절대자가 되게 하느냐에 그 뿌리를 두고 있다. 하나는 세상 밖으로 나가면서 사랑을 하지만 세상 및 실재를 상실한다. 다른 하나는 세상 안에서 사랑을 하지만 절대적인 것을 상실한다. 정식의 형태로 객관화시켜서 볼 때, 전자는 사랑받는 것이 개별자 아닌 이념이라고 말하는 플라톤의 에로스 이론에 의지하고 있는 반면, 후자는 그와는 반대로 개인은 개인으로서 사랑받는다고 하는 현대적인 정식에 의지하고 있다.

둘의 종합으로부터 진정한 사랑이 구성되어 나오는 이런 대립은 다양한 형태로 묘사된다. 모든 형태들에 있어서 공통점은, 그런 것이 진지하게 받아들여져야 한다는 것, 거기서 중요한 것은 아마도 사랑이라 잘못 불리는 수동적이고 아무 영향력도 없는 하찮은 종류의 천박한 정동들에 관한 문제가 다루어지고 있는 것이 아니라는 것, 인간의 구조에서, 인간의 삶과 행동에서, 그리고 인간의 운명에서 사랑의 결과들은 압도적이라는 것, 그것은 전부 아니면 전무, 둘 중 하나라는 것 등이다. 사랑하는 사람의 실제 현존에서는 어떤 경우에서든 사랑이 나타난다. 하지만 사랑하는 행동이 실재를 대하는 방식은 상반되는 것들로 갈린다. 완전히 초자연적인 절대적인 것을 향해 있는 사랑하는 이해에서는 행동과 그것의 결과 그리고 세계 안에서 일어나는 사건들은 별로 중요하지 않다. 하지만 세계 속에서 진행되는 사랑하는 이해에서는 성공과 결과가 중요하다. 활동적이고 효과적이기는 두 가지 모두 마찬가지다. 하나는 자신과 그리고 자신을 위해 다른 사람을 절대적인 것으로 고양시키는 사랑의 활동 속에서 만족하고, 이 현세적인 실재들이 진행되는 과정에서 어떤 종류의 재앙이 그 과정으로부터 태동해 나올 수 있을지에 대해서 아마도 놀라움과 당혹감으로 들여다보기는 해도, 그것과 부딪치지는 않는 가운데 계속 그런 식으로 진행해 나간다. 그런 타입은 자신이 신의 손 안에 있다고 느껴서 자신이 감히 불손하다고 느끼지 않는다. 본질적인 것이 발생했고, 현실세계는 하등 중요하지 않다.

세계 내에서의 사랑은 서로 충돌하고, 실제 현실에서 생겨나는 결과들에 비추어 늘 자신을 통제하면서 배우고, 경험하고, 변해 가고, 깊은 죄책감을 느끼며, 지식과 조망의 부족으로 인해 제약되어 있다고 느낀다. 가장 순수한 사랑은 행위에서 불안정해질 수 있는데, 그 이유는 그러한 사랑이 행위 속에서 현실을 중요하게 여기게 되고 그것과 충돌하는 가운데 스스로 발전하고 풍요로워지기 때문이다.

세상 밖으로 나오는 사랑은 진실된 형식을 갖추는 경우가 매우 드물고 (예를 들어 아시시의 성 프란치스코), 빠르게 형식화되어 해체 과정에 내던져져서는 결국 죽음으로 이어진다. 도와주는 사랑의 몸짓과 실제로 일어나는 비참함의 대조는 참으로 기괴하다.

한쪽은 모든 것과 모든 사람들을 사랑하고(프란치스코)[42] 다른 쪽은 한 개인만을 사랑한다. 그래도 사랑은 여기서 어떻게든 모든 것들 위로 발산된다.

한 소녀가 저런 절대적인 방식으로 자신과 유일하게 연결되어 있던 사람인 연인을 죽음을 통해 잃고는 ― 그러한 관계에서는 그 어떤 에로틱한 관계나 성적인 관계가 원래부터 부재했을 수 있는데 ― 심지어 육체적인 변화까지 포함해서 변하게 되는데, 그녀는 마치 다른 세상에 와 있는 사람처럼 활동적이고, 모든 사람들을 온화하고 사랑스럽게 대한다. 그녀는 엄격하기도 하고 모든 곳에서 도움의 손길을 주지만, 이후 그녀를 개인적으로 만난 사람은 아무도 없었다. 그녀는 사실 그녀를 다른 현존 안에 붙잡아 두는 저런 과거의 일회적인 관계에 있기는 하지만, 그 관계는 그녀가 이 세상에서 도움을 주는 자, 배려하는 자, 친절을 베푸는 자로서 삶을 끝까지 완수할 수 있도록 이끌어 주었으면 주었지 방해를 놓지는 않았다.

이 경우의 현상은 모든 것들을 사랑하는 사람과 유사하다. 단지 여기서 중심이 되는 것은 (저러한 성스러운 사랑을 하는 사람들이 그런 사랑을 아마도

..

42 (옮긴이) 프란치스코 수도회를 창시한 아시시의 성 프란치스코(San Francesco d'Assisi)를 가리킨다.

예수에 대한 아주 구체적인 사랑으로 대체했을 수도 있는 것처럼) 구체적인 개인에 대한 사랑뿐이다. 인간의 사랑 능력은 보편적인 경향에도 불구하고 제한되어 있다. 모두가 모두를 사랑할 수는 없다. 그러한 사랑이 그에 상응하는 상호 사랑으로 응답되는 경우는 거의 드물고, 심지어 그런 사랑은 거절당하기도 한다. 만약 사랑이 그 중심을 잃고 절대자에게로 귀의하는 가운데 더 이상 개인을 사랑하지 않고 모든 것을 사랑하게 되면, 생겨나는 것은 형체의 해체, 융해, 상실이다. 이때 진실한 의미에서의 사랑을 받는 사람은 아무도 없다. 모든 사람은 다른 사람으로 대체될 수 있다. 이런 선택 없는 사랑을 막 접하는 사람에게 사랑은 우연히 찾아온다. 그렇게 사랑하는 사람들이 몰락하는 것은 오로지 다른 곳에서 유래하는 물질적인 성질의 조건들, 즉 역사에서 늘 존재해 왔던 것은 아닌 그런 제도들(수도원, 성직자)을 통해서만 방지될 수 있다.

마침내 저러한 사랑은 친절과 도움이 무차별적으로 배분되어 있는 이 세상 밖으로 물러나 신비롭고 움직임 없는 상태로서, 사랑이라는 이름을 지니고 있기는 해도 열정적인 움직임과는 아무 상관도 없는 무세계주의적인 사랑으로서, 완전히 저세상의 것이 된다. 일종의 과정이자 변화로서의 열정적인 사랑과 가만히 정지해 있는 합일로서의 신비적인 사랑은 서로 대립해 있다. 주객 이중성 속에서 대상을 향하는 열정적인 사랑과, 대상이 부재하는 사랑의 감정인 신비로운 사랑은 서로 대립해 있다.

모든 열정적인 사랑은 인류 역사상 어디서 출현하든 친화적인 측면이 있다. 하지만 그 형태는 매우 다양한데, 그 이유는 그것들을 표현하는 데 있어서 늘 그 어떤 형상화된 세계상들이 저변에 깔려 있기 때문이다. 즉 표현 불가능한 절대자를 표현하기 위해서 가령 천국, 영혼의 영원한 구원, 일자로의 귀의, 윤리적인 자기형성, 이데아의 인식, 절대자와의 연결감을 가지고 이 세상 적응하기 등을 표현하기 위해서 사랑이 일정 목표들을 의도하는 데 있어서 수단이 되는 형상화된 세계상들이 저변에 깔려 있기 때문이다. 저런 것들은 본래적인 의지의 목표들이라기보다는 오히려 열정적인 사랑의 운동이 가지고 있는 의미가 표현된 ─ 충분히 표현된 것은 아니지만 ─ 것들로, 그 의미는 동시에 이러한 사랑의 운동을 제한하고 훈련시키기도 하지만, 협소하게 만들고 형식화하는 경향도 있다.

(6) 창조성

열정적인 태도는 창조적인 활동을 하는 사람의 태도다. 창조하는 사람은 무한한 전체를 지향한다. 그를 지배하는 것은 이념 아래에서 작용하는 통일에의 의지다. 창조의 과정 자체는 무한성 속에 놓여 있는 과정이어서 분석을 하기에는 영원한 수수께끼 같다. 창조물은 감수성이 있는 사람에게 재차 전체와 무한으로 향하는 방향을 매개해 준다. 감각적인 것 속에 있는 파악 가능한 것은 그 자체로는 유한하지만, 무한으로 나아가는 그것의 능력 덕분에 그것은 예술에서는 상징이고, 과학에서는 한 조각의 길이고, 철학에서는 형이상학이다.

창작 활동에서 창작할 수 있는 능력과 창조물로서의 성취는 서로 마주하고 있다. 재능 이론이 창작 이론인 것은 아니다. 재능 없는 창작 활동은 효력을 발휘할 수 없다. 하지만 재능만으로도 (취향적인, 방법적인, 궁극적으로 학습 가능하고 정의될 수 있는, 유한하고 남김없이 분석될 수 있는) 성취를 이룰 수 있다.

창조에서는 질적으로 새로운 것이 연속이 아닌 비약을 통해서 생겨난다. 그럼에도 이러한 특성만으로는 창작물의 특성을 특징짓는 데 충분치 않다. 예를 들어 화학 공정에서도 질적으로 새로운 것이 비약을 통해서 생겨난다. 창조물들은 가치로운 것이 부가되는 곳에서 발견된다. 즉 질적으로 새로운 가치로운 것이 창작물이다. 그런데 가치는 사물에 매겨지는 강조일 뿐, 그것이 본질을 더욱 명확하게 해 주는 것은 아니다. 법칙을 통해서 인식할 수 있고 구성될 수 있는 화학적인 과정에 비해서 창조는 그 어떤 법칙을 통해서 도달할 수 있는 것이 아니다. 창작은 절대적으로 개별적이기는 해도 개별적인 것으로서 인식될 수 있는 것이 아니고, 오로지 직관될 수 있을 뿐이다. 창작이 유한적이고 가르칠 수 있는 것을 역사 속에 처음으로 출현하게 해 주지만, 이런 유한적인 것은 자신 내부로부터 개별적인 것을 산출하는 무한적인 것 안에 내재되어 있다.

창조적인 것은 창조적인 것으로 인식될 수 없고, 오로지 그런 창조적인 것 내부에서 출현하는 개별적이고 한정된 것으로서만 인식된다. 창조적인 것은 삶과 열정처럼 일종의 한계 개념이다. 그러나 합리성에게 한계 개념인 것은 합리화될 수 없는 직관에게는 실체이자 본질이다.

열정으로부터 파생되어 나온 형태들 중에 절대화는 존재할 수 없는데, 그 이유는 처음부터 무조건적이고 총체적인 것, 즉 체험으로서 절대적인 것이 열정적인 태도의 본질이기 때문이다. 그렇기는 해도 여기서도 실체적인 형태들보다는 파생된 형태들이 더욱 빈번하게 출현한다. 무엇보다도 형식화가 혼동을 초래한다. 매 순간에 고조된 정서적인 삶의 형태로 현현하기 때문에 열정적인 태도는 특정의 감정과 혼동되기 쉽다. 취해 있는 사람, 자기 자신을 상실한 사람, 자아가 파괴된 사람, 행복에 빠진 사람 등은 무엇을 통해서 그렇게 되었든지 간에 열정적인 사람들로 여겨질 수 있다.

열정적인 태도와 비슷하게 보이는 것이 모든 종류의 고조된 감정, 술에 취해 있는 상태, 전형적인 정신병적 상태, 히스테리나 간질, 기타 정신병적인 황홀경 등에서 관찰될 수 있다. 이런 경우들에서는 변형된 신체적 표현이 과장된 형태로 나타난다. 각기 그 기원이 다른 이런 상태들을 이해하기 위해서는 다음과 같은 대립적인 측면을 의식하는 것이 필요하다. 열정적인 체험은 전체 성격과 가장 완전하고 다면적인 관계를 맺는데, 이 전체 성격의 삶은 지속적으로 이해될 수 있는 연관들 속에서 성장해 나와 전형적이고 불가피한 동요가 있을 때는 운동으로 존재하면서 머물고, 그렇지 않은 경우 열정적인 체험은 의식 외적인 신체적 연관들에 대한 인과적인 고찰을 통해서만 접근 가능한 근원으로부터 생겨 나와 그때까지 자신에게 이해 가능한 한에서 낯선 인간에게로 다가온다. 정신병적인 기원은 이런 열정적인 체험의 종류, 내용, 가치를 아직 결정하지 않는다. 그것은 동시에 전체 성격에서 발생해서 오로지 정신병적 형식만 취할 수도 있다. 그것은 앞으로 전개될 삶의 과정의 이해 가능한 연관 안으로 들어가서 영향을 미칠 수도 있다. 하지만 그것은 또한 평소처럼 모조리 사라져서는 성격과는 아무런 상관없이 머물러 있을 수도 있다. 순전히 관찰적인 이해에서는 열정적인 정동의 본질은 거의 보이지 않고 독특한 감정들의 형식만 보이는 경향이 있다.

이해할 수 없는 모든 정신병적인 인과 사슬을 완전히 벗어나 있는 경우에도 정서 형식의 외적 친화 관계에는 극적인 대조가 그대로 남아 있다. 즉 열정의 실질성과 성격에 피상적으로만 달라붙어 있는 단순한 중독적인 심취 간의 극적인 대조가 그대로 남아 있는가 하면, 정서의 최고 수준에 도달할 필요가 없는 사려 깊고 절도 있는 감동과 그 안에 감정이 아무 제한 없이 모든 경계를 넘나드는 황홀경 간의 극적인 대조도 그대로 남아 있다.

어디서나 형성적인 작용을 일으키고 지속적인 성격 변화 속으로 들어가는 이상적인 열정과, 아무런 형성 작용을 일으키지 않고 실체 없는 단순한 심리적 형태인 중독적인 심취 간의 이러한 대조는 다음과 같은 양식을 가지고 특징지어 볼 수 있다. 열정은 실질적으로 고정된 상태에서 전체를 지향하고 있는 유한한 것 속에서 살아가고, 중독적인 심취는 모든 사실성과 실제 현실을 망각한다. 열정은 자체 내에 절도와 신중함의 힘을 발달시키지만, 중독적인 심취는 예측할 수 없고 아무런 기준도 없다. 열정은 모든 극복과 희생에도 불구하고 충실한데, 그 이유는 그 안에 실재와 이율배반이 보이고 대상적인 현존재의 상대성들에 이념이 침투해 있기 때문이다. 중독적인 심취는 사실적이지 않아서 신뢰할 수 없다. 그것은 실재와 아무런 관련이 없는 환상적인 것이다. 인간은 이제 자신의 중독적인 심취의 대상이었던 사물을 버리고 갑자기 떠난다. 중독적 심취에서 벗어난 그는 현실을 쉽게 경멸하는 사람이 되거나 이념 없는 명료한 현실주의자가 된다. 이념 속에서 열정은 자신을 걸고 자신을 희생하는 용기를 갖는다. 중독적인 심취 안에는 아무런 목적도 없는 희생 충동이 있는데, 이런 희생 충동은 자신의 목적을 비로소 나중에야 발견한다. 열정은 지속적으로 성격에 영혼을 불어넣는 경향이 있고, 중독적인 심취는 본질상 다가와서는 황폐함만 남기고 떠나는 한시적인 성질의 것이다. 열정적인 사람은 믿음이 있지만, 중독되어 심취해 있는 사람은 단순한 희생 충동에서 나오는 희생을 통해서 자신을 증명해야만 하고 또 증명한다.

탐닉으로서의 중독적인 심취는 광신주의로 전개되어 나갈 수 있다. 열정적인 사람은 이념을 확고하게 하는 데서는 끈질기지만, 새로운 것을 통각하고 구체적인 상황에 동화되는 데 있어서는 활기차다. 그에 반해 열광적으로 탐닉하는 사람은 이상한 광신주의에 빠질 수 있다. 그런 사람은 특정의 형식화, 즉 고정된 이념에 완전히 집중한다. 그런 사람은 권위자(스승, 선지자)를 추종해 그에게 의지하는 가운데 자신에게서 자유와 열정적인 움직임을 박탈하는 반면, 자신에게 안정과 든든함을 제공해 주는 양식과 유대 관계에는 복종한다. 이렇게 열광적으로 탐닉하는 사람은 그런 식으로 자신을 붙박아 놓은 상태에서, 실제로 그런 상태에 있는 것은 아니더라도 잠재적으로 열정 상태에 있다. 그런 사람은 오로지 흥분 상태에 있을 뿐, 그 안에서 진행되는 과정 없이 따로 고립된 상태에 머물러 있다. 자기가 속해 있는 집단의 구성원들과 소통하기는 해도 그 소통은 생생한 성질을 띠는 인격적인 소통에 비해서 추상적인 수준에 머물러 있다. 그런 사람이 자신을 지도자에게 내맡기는 것은 사실이지만, 그는 결국 그 인물에게 인격적으로는 무관심하다. 그는 그런 인물 앞에서 경외심을 갖지만 살아 있는 사람으로서는 경외심을 느끼지 않으며, 정해진 영역 밖에서는 급반전되어 경외심이 극도로 결여된다. 그가 자신 스스로를 열정적인 사람인 것처럼 믿는 자의식을 가지고 있는 것 같지만, 그 자의식은 사실 겉으로 보이는 자의식일 뿐 유별나게 오만한 상태에 있는 자의식으로서, 정해진 이념에 복종하지 않고 스승을 추종하지 않거나 집단의 구성원이 되려고 하지 않는 모든 이들에 대해서는 적대적으로 돌변하는 그런 자의식이다.

2부

세계상들

2부 서론. 세계상의 개념과 이해심리학의 과제

영혼이 주객 분할 속에서 존재하는 한, 심리학적 고찰은 주체의 측면에서 보면 태도이고 객체의 측면에서 보면 세계상이다. 세계상을 묘사하는 것은 일반적으로 대상적인 것들의 종류, 방향, 그리고 장소 일체를 확정하는 것을 말한다. 그것은 그 자체로 심적인 것과는 반대되는 무엇인가를 조망하려는 노력이다. 세계상들은, 태도들이나 정신 유형들이 그런 것처럼, 존재의 영역이 아니다. 그것들은 그 자체로 심적인 것은 아니지만, 영혼적인 실존의 조건이면서 결과들이다. 그것들이 정신 유형들의 힘들에 의해 수용될 때에라야 비로소 그것들은 삶의 요소들이 된다. 나는 모든 세계상들을 이미지로서 내 앞에 가질 수 있고 그것들을 생각할 수 있지만, 동시에 그것들 없이도 실존해 나갈 수 있다. 그것들은 단순히 내용일 따름이고, 잠재성에 따라서만 심리학적으로 중요하다.

심리학적 이해관계를 가지고 가능한 세계상의 유형들을 집중적으로 조망하고자 하는 시도가 있다. 이때는 개별적인 것, 백과사전적인 성취가 추구되는 것이 아니라 가장 근본적인 구분과 원리들이 확립되어야만 한다. 생겨나는 것은 단순화된 아주 강력한 개요다. 그러한 시도가 과연 의미가 있는 것인지를 물어볼 수 있다. 그러한 시도가 용인될 수 있는 것이라면 유형별 형식화도 용인되어야 할 것이다.

'세계상'이라는 말은 한 인간이 가지고 있는 대상적인 내용들의 전체성을 의미한다. 우리는 인간을, 말하자면 원의 중심에 위치해 있는 존재로 바라본다. 인간의 관점에서 우리는 인간이 취하는 태도들에서 대상적인 세계를 사로잡는 기능들을 보고, 이런 대상적인 세계가 원의 둘레가 되는데, 주체-객체 분할에서 인간은 이런 대상적인 세계 내에 포섭되어 있다. 또는 우리는 세계상을, 영적인 삶이 부분적으로는 스스로 자신으로부터 만들어 내 외부로 투사하는 것이기도 하지만 부분적으로는 그 자신이 스스로 갇히기도 하는 그런 틀(Gehäuse)[43]이라고 말할 수 있다.

우리는 늘 그런 틀 안에 갇힌 상태에서 살아간다. 우리 세계상의 가장 바깥쪽 지평을 우리는 완전히 비자의적으로 하나의 절대적인 것으로 간주한다. 우리에게 우리의 세계상은 늘 그 어딘가에서 그 어떤 방식으로 결국 당연한 것으로 받아들여진다. 우리가 개별 사물들을 아무리 상대적으로 인식하더라도, 그런 당연한 생각을 함으로써 우리는 결국 어떻게든 그

----

43 (옮긴이) 야스퍼스가 세계관을 설명하기 위해 사용하고 있는 'Gehäuse'를 옮긴이는 '집' 대신 '인지 틀'로 번역하였다. 세계관을, 인간이 세계를 볼 때 들어가 거주하고 있는 집이라는 의미로 이해할 수도 있지만, 그럴 경우 문제는 집이 일종의 종점이어서 그 너머로 더 나아가지 못한다. 그에 반해 세계관을 집 대신 틀로 이해할 경우, 세계관은 세계를 보는 틀이면서 그것을 통해서 나중에 뭔가가 귀결되는 관계까지 다룰 수 있게 된다.

로부터 뛰쳐나올 수 없는 틀 안에 갇혀서 살아간다. 우리가 세계상으로 가지고 있는 세계의 일부분을 우리는 부지불식간에 전체로서 설정한다. 우리가 지식을 가지고 우리의 체험된 세계상을 능히 뚫고 나갈 수는 있지만, 우리가 가진 지식은 또한 우리를 어쩔 수 없이 편견에 사로잡혀 있는 존재로 만든다. 그런 지식 너머에 있는 것, 우리가 보지 못하는 것, 그런 것을 우리는 아예 생각조차 할 수 없기 때문이다.

모든 형태의 틀을 관찰자로서 조망해 보고자 자신의 틀로부터 빠져나오려고 하는 역설적인 노력을 기울이는 심리학적 고찰에서 중요한 것이 있는데, 그것은 우리가 거주하고 있는 모든 틀을 의문시하고 당연한 것으로 여기지 않으며, 그것이 다른 여러 가능성들 중에서 하나의 가능성임을 전제하는 것이다. 중요한 것은, 각각의 개별적인 세계상을 특징적인 유형으로 파악하고, 그것을 그것이 가지고 있는 속성들과 가능성들로 가능한 한 세밀하게 묘사하는 것이다. 이를 위해서는 외적으로는 대상 내용들을 지적으로 습득해서 아는 것이 필요하고 내적으로는 현전화하고 이해하면서 자신을 세계상의 틀에 녹여 침전시키는 작업이 필요하다.

세계상에 관한 이해심리학의 과제, 즉 인간이 거주해 살아가는 세계를 생각으로 아는 것만이 아니라 이해하는 가운데 추체험하는 것은 결코 쉬운 일이 아니다. 사람은 분리되기를 바라지만 여전히 반복적으로 다른 세계상들로부터 전제들을 끌어들여 순수한 유형을 오염시킨다. 절대화된 개개 세계상들을 떠올려 보는 것이 가장 도움이 된다. 사실 많은 사람들이 우리에게 이론적으로 알려져 있는 세계상들 중에서 발췌된 일부분 안에서만 살아가고 있기 때문에, 우리는 이런 발췌된 부분을 매우 생생하게 표상해 보려고 시도한다. 하지만 사람들은 항상 자신의 지식, 자신의 세계상이, 비자의적이긴 해도, 다른 사람에게도 역시 그 어떤 방식으로 존재하고 있는 것으로 생각하는 경향이 있고, 어떤 한 사람에게 아주 자명한 그 사람 고유의 틀이 다른 사람에게서도 전제되어 있는 것으로 여기는 경향이 있다. 사람들은 두 가지 방식으로 착각한다. 하나는 세상에 없는 것을 기대함으로써 착각하고, 다른 하나는 세상에 기존하는 것을 보지 못함으로써 착각한다. 이런 것은 사람들이 자신들의 세계상을 부지불식간에 계속 다른 사람에게 투사하기 때문이다.

우리가 심리학적으로 세계상을 '틀'로 여기게 될 때 우리는, 세계상들도 주관적인 속성을 가지고 있고 그것들 중 어떤 것을 더 선호할 것도 없이 그것들이 다양할 수 있다는 생각을 하게 된다. 누군가가 옳고 그름의 대립에 의해서 지배당하고 있다면 그 사람은 이러한 심리학적 고찰을, 모든 것을 거짓과 속임수로 여기는 고찰로 동일시할 것이다. 하지만 상황은 그렇게 간단치 않다. 심리학적 사고는 여기서 긴장 상태에 놓인다. 한편으로 인간이 가진 모든 세계상은 개인적인 관점이자 사적인 틀인데, 이는 유형으로 일반화될 수 있기는 해도 완전히 일반적인 세계상으로 일반화될 수는 없다. 다른 한편, 우리는 늘 절대적이고 일반적으로 타당하고 모든 것을 포괄하는 세계상, 또는 계층화되어 잘 정돈되어 있는 세계상의 체계라는 이념을 가정한다. 이런 관점에서 바라보면 개개인이 가지고 있는 특정의 세계상은 이런 일반적인 세계상과 관련해서 '관점적'이거나 전체 세계상의 한 '부분'일 뿐이다. 일반적인 세계상에는 다양한 개인적이고, 지역적이고, 시간적으로 조건화되어 있는, 민족 특징적인 세계상이 대립해 있다. 세계상이 세계가 대상화되어 있는 힘이자 인간에 의해 만들어진 창조물인 한에서 그것들은 주관적이지만, 인간이 행하는 그러한 활동과 함께 인간이 그 자체로 자율성을 갖는 일반적인 것의 세계로 성장해 나가는 한에서, 인간이 자신이 형성한 것에 의해서 즉시 다시 지배받는 한에서, 모든 세계상들은 또한 객관적이기도 하다.

1) 절대적인 세계상과 관점의 이념

세계상을 심리학적으로 고찰하는 고찰자는 자신의 세계상에 의존하게 되는데, 이때 세계상은 자기 홀로 모든 세계상들의 표준, 즉 모든 개별적인 세계상들을 포괄하는 전체 상을 제공해 준다. 심리학적 고찰은 시간적으로 가장 광범위하게 접근할 수 있는 세계상을 철학적인 사고로부터 얻어 낸다. 우리가 개진하는 사고에서 철학적인 작업은 모든 대상 관련 내용들의 옳음과 타당성에 대해서 질문을 제기함으로써 절대적인 세계상의 이념을 실현하기 위해서 노력한다. 심리학적 고찰은 그와는 정반대의 접근 방식을 취한다. 철학적인 태도가 자신의 시선을 타당성이라는 한 방향에 확고하게 맞추는 동안, 심리학적 태도는 이러한 대상적인 것과 살아 움직이는 영혼 사이에 널리 분포되어 이리저리 얽혀 있는 조직물에 시선을 준다. 이때 심리학적 고찰은 저러한 보편적인 세계상이 존재하는지에 대해서는 전혀 묻거나 답할 필요가 없다. 그것이 철학적인 사고에서 도달된 가장 외부에 있는 지평을 전제하고 있다는 점에서 그런 것이 마치 존재하기라도 하는 것처럼 상정하고 일을 진행해 나간다. 그런 타당한 세계상이 존재하지 않는다거나 존재할 수 없다는 것이 ― 이것이 가능한 것으로 보이지는 않지만 ― 증명되기라도 할 것 같으면, 심리학은 각 경우에서 객관적인 것으로 여겨지는 전체 세계상들, 즉 가능성의 총체성을 이상형으로 사용함으로써 정확히 그런 식으로 일을 진행해 나가는 것을 멈추지 않을 것이다.

그런 것이 심리학적 고찰자 자신의 심리학인데(이 자체가 또한 심리학적 세계상 안에서 대상이 되기도 한다), 이 심리학에는 그것이 보일 수 있는 통찰력의 한계가 동반된다. 심리학적 고찰자가 최대한의 해방을 위해서 노력은 하지만, 그는 자신이 심리학적으로 기술할 수밖에 없다는 바로 그런 필연성에 자신 스스로 종속되어 있음을 자백해야만 한다. 즉 자신이 불가피한 범주 안에서 하나의 세계상을 취할 수밖에 없으며, 불가피하고 비자의적인 자명성을 가지고 최대한 넓은 지평을 바라볼 수밖에 없다는 것을 자백해야만 한다. 그는 아마도 자신의 운동에서 한편으로는 인간 중심적인 세계상을, 다른 한편으로는 객관적인 세계상을 향한 충동 간의 긴장을, 그 자신이 그런 긴장으로부터 벗어나지 못한 채 가장 멀리까지 밀어붙이게 될 것이다. 자신의 세계상을 세계상 일반으로 여기는 순진성을 그는 아마도 이론적으로는 극복할 수 있겠지만, 삶에서는 적은 범위에서만 그렇게 할 수 있을 뿐이다. 상황은 항상 이렇다. 감각적인 지각 활동에서 우리가 지평의 중심에 서 있듯이, 우리는 우선 자아를 세계의 중심으로 체험하고, 실제적으로 그리고 중요도에 따라서 우리에게는 중심적인 것으로 체험한다. 그리고 각각의 모든 것들은 영구적으로 자기 안에 있는 내적 관계 외에도 낯선 객관세계에서, 그것이 자아의 세계상에 동화될 경우에는 특수한 자아와 특수한 관계를 맺는다. 본래의 감각-공간적인 세계상에서 자신의 위치가 세계의 중심이 된다. 그래서 자신의 생각은 절대적인 척도이고 자신이 행하는 가치화는 절대 가치를 지향하는 것으로 주장되고 느껴지며, 자신의 이해관계는 인류의 객관적이고 일반적인 이해관계로 여겨진다. 우리는 항상 세계에 대한 공평무사한 지식 대신 세상을 어느 정도 안경을 끼고 바라본다. 그럼에도 이번 단원에서 우리는 인생관 및 인생론으로서의 가치화, 이해관계, 가치 서열 등에서 객관적인 형식을 획득하는 틀에 관해서는 언급하지 않을 것이고(이 주제는 정신 유형 혹은 정신의 삶의 문제를 다루고 있는 3부에서 다루어질 참이다) 그 대신 가능한 세계상들만 특징지어 볼 참이다.

개인 각자가 세계상으로서 보고 가지고 있는 것, 이런 것을 우리는 발생학적 분석을 하면서 두 가지 근원으로 환원해서 추적해 보려고 한다. 첫 번째 것은 외부로부터 개인에게 제공되는 것, 경험과 상황으로부터 개인에게 유입되는 것으로 환원해서 추적해 들어가는 것이고, 두 번째 것은 개인으로부터 흘러나오는 관점 및 선택들로 환원해서 추적해 들어가는 것이다. 첫 번째 것은 제공되는 것이 아무리 풍부하더라도 한계가 설정되고, 자신 고유의 특성을 가지고 있는 개인에게 결여되어 있는 것이 아마도 결정적인 요소가 될 것이다. 두 번째 것은 '기질', 당사자의 고유한 본질, 특성을 나타내는 또 다른 표현이다.[44]

세계상에 대해서 말할 때 우리가 염두에 두고 있는 것은 대상적인 의식, 즉 주객 분할 아래 나의 주체적인 시점에서 보이는 대상의 지평이다. 하지만 이런 형식적인 대립은, 말하자면 그것의 앞뒤로 놓여 있는 심리적인 연관들을 보기 위한 출발점에 불과하다. 영적인 체험의 한계를 뛰어넘는 세

---

[44] 사람들 각자가 가능한 모든 무한한 대상에서 그가 선택한 일부 측면만을 본다는 사실은 소크라테스 이전 철학에 의해 자주 반복되는 양식으로, 즉 동일한 것은 오로지 동일한 것을 통해 인식된다는 식으로 표현되었다. 사람들 각자는 자신에게 적합한 것, 자신과 유사한 것만 본다. 영혼과 사물은 서로 친화적이어야만 한다. 그에 대한 예로는 다음과 같은 것이 있다. 헤라클레이토스, "움직이는 것은 오로지 움직이는 것을 통해서만 알 수 있다." 엠페도클레스, "우리는 항상 지구를 통해 지구를 인식하고, 물을 통해 물을 인식하고, 신성한 에테르를 통해 에테르를 인식하고, 불을 통해 파괴적인 불을 인식하고, 특히 사랑을 통해 사랑을 인식하고 슬픈 논쟁을 통해 투쟁을 인식한다." 플라톤, "눈은 태양은 아니지만 모든 인식 도구 중에서 가장 태양과 비슷하다." 플로티노스, "눈 자체가 태양 같지 않았다면, 눈은 태양을 보지 못했을 것이다. 마찬가지로 영혼은 그 자체가 아름답지 않다면 아름다운 것을 볼 수 없을 것이다. 따라서 모든 사람들은 선과 아름다운 것을 보고 싶을 때 먼저 신을 닮고 아름다워야 할지어다." 괴테, "눈이 햇빛 같지 않았다면 / 우리가 어떻게 빛을 볼 수 있었겠나? / 하느님 자신의 힘이 우리 안에 살고 있지 않았더라면 / 신적인 것이 어떻게 우리를 기쁘게 할 수 있었겠나?"

계관의 심리학에서 우리는 현재 순간에 각 개인에게서 현전하는, 항상 변하고 있고 그때마다 몇 안 되는 것하고만 관계를 맺는 '현행' 세계관을 다루는 것이 아니라 비록 각각의 개인들이 매 순간 완벽하게 의식할 수 있는 것은 아니어도 실제로 이용할 수 있을 잠재적이면서 전체적인 세계관을 다룬다. 인간에게 주어지는 이러한 세계상에서 우리는, 비록 그것이 어느 순간에 완전히 들어가는 것은 아니라고 하더라도, 세계상이 성격과 연결되는 방식들을 우리에게 특징지어 주는 그런 순서 또는 단계들을 구별한다.

2) 세계상들의 전형적인 순서

우리가 '세계상'이라 부르는 것은 우리와 아무 접촉 없이 우리 앞에 단순히 낯설게 놓이는 대상적인 것이 아니라, 정도의 차이는 있어도 우리와 함께 성장한다. 우리가 '영혼', '자아', '인격'이라고 부르는 것은 늘 하나의 전체적인 것인데, 세계상들이 사라질 경우 영혼도 함께 멈춰 버릴 정도로 세계상들이 동화되어 있는 전체다. 심리학적 고찰자에게 한 인간의 세계라고 하는 것은 그 사람 자신에게는 종종 사실적인 체험으로만 존재하고, 그 사람에 의해서 단지 이곳저곳에서, 전체로서는 아니더라도 그의 앞에 세워져서 의식된다. 이런 관점 아래에서 우리는 다음과 같이 세 가지 수준을 구분해 볼 수 있다.

(1) 체험된(생겨난) 세계상-객관적인(의식된) 세계상-단순히 알고 있는(형식화된) 세계상

1. 묘사되어 기술된 것도 아니고 대상의 형식으로 의식된 것도 아니지만, 탁월한 효력이 있는 세계이면서 또한 영혼과 함께 성장해서 체험되

는 세계는 오로지 외부에서만 관찰되고 묘사될 수 있으며, 체험하는 당사자는 그런 세계에 대해서 알지 못한다. 가령 인간이 가지고 있는 세계상을 확립해 보겠다는 생각에서 그가 무엇을 알고 있는지 질문을 통해 조사하려고 시도하면 '삶의 지식'으로, 능력으로, 느낌으로, 그리고 가치화로서 존재할 뿐 아니라 정확하게 지배적인 것, 인간을 가장 우선적으로 특징지어 주고 이런 체험적 효력을 미치는 세계는 놓쳐 버린다.

2. 인간 앞에 세워져 대상화되어 알려지고 그 정보가 우리 인간에 의해서 주어질 수 있는 세계는, 동시에 우리 인간의 영혼과 함께 멈추지 않고 성장할 수 있다. 이는 우리 내부에 존재하고 있는 것을 우리가 의식적으로 알 수 있게 하기 위해서 우리 앞에 세우는 과정이며, 분리될 수 없이 촘촘히 얽혀 있는 좁은 세계로부터 더 넓은 내면세계가 계속해서 끊임없이 생겨 나오는 과정이다. 이는 마치 알려져 있는 이런 세계의 가장자리에서 그때마다 계속해서 성장하는 세계가 알려지지는 않았어도 실제로 자신의 영향력을 행사해, 객체화의 과정에 영양을 공급해 줌으로써 총체적인 세계상이 의식 앞에 드러나게 하는 것과도 같다.

3. 단순히 알려져 있을 뿐 체험되지 않은 세계는 심리학적으로는 거의 아무런 효력을 미치지 못한다. 그 자체로 객관적인 모든 것은 일반적인 것의 영역에서 존재하고 유통될 수 있다는 것이 근본적인 사실이다. 우리는 거대한 세계상들을, 그것들에 유착되지 않은 채 앎을 통해 외적으로 획득할 수 있다. 그것들은 존재하는 틀이기는 해도 살아 있는 것을 의미하지도 않고 효력이 있는 것도 아니며, 창조된 것도 경험된 것도 아닌 틀이다. 그것들은 그냥 단순히 알려지는 것뿐이지 획득되는 것이 아니다. 우리 영혼이 성장하는 환경도 아니고 우리가 그 안에서 살고 있는 환경도 아닌 세계상들이 우리 주변을 둘러싸고 있는 것, 그것이 교육받은 사람들이 살아가

고 있는 시대의 특징이다. "우리 시대의 오점은 모든 바보들이 뭔가를 배운 사람들이라는 사실이다"(크리스티안 프리드리히 헤벨).

따로 분리되어 있는 이 세 가지 세계상들의 현존 방식들은 항상 개인 안에서 서로 침투하면서 공존한다. 양적 측면에서는 어느 하나가 다른 것에 비해 우세할 수 있다.

알려져 있는 세계로서의 대상화된 세계가 아니라 직접적이고 유착되어 있는 세계가 지배적인 경우 세계는 그와 동시에 필연적으로 조밀해져 감각-공간적인 환경에, 그것도 구체적이고 개별적인 관계들에 국한된다. 고전적인 사례로는 고향의 부모님 댁을 떠나 자신의 첫 직장으로 거처를 옮길 때 한없이 당혹스러운 향수병에 빠지곤 하는, 제대로 교육받지 못한 그런 아이들을 생각해 볼 수 있다. 여기에서 우리는 인간과 세계가 어느 정도 함께 성장해 하나가 되는지, 자신의 세계를 빼앗길 경우 인간이 자신의 영적 삶을 사는 것을 어떻게 멈추게 되는지 알 수 있다. "향수병에 걸린 아이의 환경은 여전히 그 아이의 성격에 속하고. 아이가 환경 밖으로 빠져나오면, 그 아이는 완전히 비자율적이 되고 안정감을 상실한다. 그러면 아이는 마치 땅에 뿌리를 박고 있던 식물이 땅에서 뽑혀서 버려지는 것과 같은 신세가 된다. 아이는 아마도 이전 환경의 틀 내에서 개별적인 새로운 것들을 동화시킬 수 있을 것이다. 새로운 것이 많아지고 이전 것들로부터 완전히 분리되면, 아이는 완전히 어찌할 바를 모르게 되고 기댈 곳이 사라지며, 환경과의 연동 속에서 존재했던 모든 자의식도 아이에게서 사라져 버리게 된다. 그리고 아이는 모든 것을 상실했다는 의식을 갖게 된다. 세상은 죽은 것이 되고, 아이 자신도 죽어서는 아무런 느낌도 갖지 못하게 된다."[45]

••
45 필자(야스퍼스)의 박사 논문 "Heimweh und Verbrechen", *Archiv f. Kriminalanthropologie*

고향이 사라지면서 아이의 자아도 사라진다.

객관화되어 알려짐으로써 일반 영역으로 확장되는 세계상에 의해 결국 우세해진 교육 과정을 통해서 인간이 동시에 함께 성장한 세계 또한 점점 더 커지게 된다. 이러한 부류의 인간들은 향수병에 걸린 아이들에게서 일어나는 것과 같은, 세계 전체를 완전히 박탈당하는 느낌 같은 것에 더 이상 노출되지 않는다. 그의 우주를 이루고 있던 거대한 조각들이 그에게서 상실될 수는 있겠지만 그는 아직도 자신에게 남아 있는 세계 속에서 삶의 여분의 조각을 늘 간직한다. 하지만 영혼의 삶은 항상 그 자체로 무성하고 구체적이면서 그 안에 일반적인 것이 내재해 실재하는 사적 세계를 필요로 한다.

그냥 단순히 일반적으로 알려져 있는 세계상에는 생명력이 결여되어 있다. 세계가 '학습된 지식'으로. 즉 구성물과 구조물의 형식으로, 말과 사상의 형태로 존재하고 있으면, 세계가 외양적인 틀만 갖추고 있을 뿐 그것이 구체화되지 않으면, 즉 '가슴', '마음', 감각적 현실에서 존재하고 있는 적절한 자기 경험에 닻을 내리지 않으면, 그저 공허할 뿐이다. 두 종류를 구분해 볼 수 있다. 1. 생생하게 살아 있는 세계의 자리에 도식이 대신 들어오는 경우, 즉 체험에 기반해서 객관화된 세계상의 자리에 그것의 단순한 형식이 대신 들어오는 경우. 예를 들어 우리가 직관적이고 직접적인 것 속에서 늘 새롭게 대상들을 형성하고 파악하는 동안, 구체성과 생동감 속에서 모든 대상적인 것을 일종의 완수된 도식으로 지각하면서 우리는 우리 자신을 경직시키거나 눈을 멀게 만든다. 지각하는 대신, 직관적으로 살아가는 대신, 우리는 오로지 도식 아래에서만 통각할 뿐 실제로는 아무것도 보

:

에 있는 사례 보고집 참조.

지 못한다. 우리는 식별하는 것으로 만족할 뿐 실제로는 눈이 멀어 있다. 풍부한 도식들이 삶을 속이지만, 가장 간단하고 직접적인 직관에 더 많은 삶이 깃들어 있다. 2. 그러나 또한 형식적으로만 풍부한 것이 아니라 직관적이고 충만하고 내용이 풍부한 세계상들을 인간은 그 안에 직접 들어가서 살지는 않더라도, 외적으로 습득할 수 있다. 그런 세계상들은 단순히 알려져 있는 세계상들 중에서 가장 순수하지 못한 세계상들로, 단지 형식화되어 있는 세계상들과 대비되는 세계상들이다. 사람들은 모든 종류의 세계상들을 그저 장식물로만 사용하는 인간들을 발견할 수 있다. 세계상에 대한 지식이 아직 진실하지 못한 지식인 것은 아니지만, 그런 지식이 삶속에서 인간이 그러한 세계상 속에서 실제로 살아가고 있다는 피상적인 인상을 주기 위한 용도로 사용된다면, 이것은 진실하지 않은 것으로 나아가는 길에 이미 발을 들여놓는 것이나 다를 바 없다.

방금 각각 특징지어진 세 가지 방식의 세계상들의 실제적인 상호 얽힘은 직접적인 것에서 시작해서 텅 비어 있는 것에 이르는 과정만을 의미하는 것이 아니라, 오히려 반대로는 — 실제에 있어서는 이것이 지배적이기도 한데— 단순히 알려져 있는 세계상으로부터 영혼이 깨어나 형성되는 과정이 출발하는 것도 가능하다. 단순한 지식은 경험에게는 자극이자 기초가 된다. 이것은 처음에는 형식적이지만 나중에는 충만해진다.

(2) 분화 과정들

영혼의 세계상이 경험하는 이 모든 과정들은 다른 시각에서 보면 분화 과정이라고도 할 수 있다. 이런 것들을 우리는 다음과 같이 구분해 볼 수 있다.

a. 의식을 통한 중재

우선 방금 묘사된 끝없는 과정이 있는데, 그런 과정 안에서 영적인 삶은 체험되어 이미 존재하고 있다가, 그러한 과정을 밟아 대상적으로 알려지면서 자기 스스로 변하고, 증가하고, 다양화된다.

b. 인식 및 경험 능력의 확장

의식을 매개로 해서 이렇게 진행되는 과정 말고도 성장하면서 광범위하게 확장해 나가는 인식 및 경험 능력과 체험의 확산 과정, 즉 새로운 싹들이 생겨 나오는 과정이 있다.

c. 통일성과 다양성

분화 과정은 양극단 사이를 오간다. 한편에서는 어디론가 지향된 채 잘 정돈되어 있는 세계상이 펼쳐지는 과정이 있는가 하면, 다른 한편으로는 전체로 수렴되지 않는 가운데 증식만 하고 양적으로만 존재하면서 그 어떤 상승 과정의 힘도 없이 혼돈스러운 다량의 내용들이 샘솟듯 생겨 나오는 과정이 있다. 발전 과정에서 통일성 및 관계성을 향한 노력과 풍성함을 향한 노력은 서로 상반되는 것이기는 해도 본래적인 분화 과정은 종합 속에서 비로소 가능해진다. 모든 대상들은 대상적인 것들 전체 내에서 존재하고 있고, 관계를 통해서만 비로소 내용이 되며, 전체를 통해서 이루어지는 통제 및 동화가 각 개별 내용들을 규정하고, 새로운 내용과 함께 전체 자체가 다시 갱신되면서 변화된다. 개별적이고 개체적인 것과 전체적이고 일반적인 것 사이를 이리저리 오가는 것들이 분화 과정에서 살아 숨쉰다. 그런 식으로 점증하는 분화 속에서 세계상은 전체로서 발달하고 모든 개별적인 대상들에 대한 이해가 일어난다. 영혼에게 개별적인 것은 영혼이 가지고 있는 전체 세계상에 따라서 각기 다르다. 다양한 세계상들에서는 동일한 대상도 다르게 보이고, 우리의 전체 세계상이 발전하기에 따라서 우리에게는 개별적인 대상들도 발전된다. 슐라이어마허는 이를 다음과 같이 적절하게 설명하고 있다. "한 개인을 더욱 완벽하게 사랑하고 교육할 수 있을수록 그만큼 더 많은 조화를 세계 안에서 발견할 수 있고, 우주의 조직에 대해서 더 많이 이해할수록 각 대상이 우리에게 그만큼 더 풍부하고 무한하고 세계 친화적이 된다."

d. 무한으로의 전개

모든 세계상들에서 우리는 개인에 집중되어 있는 세계의 직접적인 지평에서 시작해서 절대적인 무한에 이르기까지 전개되는 일련의 사건들을 관찰할 수 있다. 공간 영역과 영혼 영역 모든 곳에서 우리는 우선 우연히 만나게 되는 우리 주변의 감각적으로 접근 가능한 것들 안으로 포섭되어 들어간다. 그런 다음에 사물들의 이면으로 들어가는 첫 번째 비약이 일어난다. 지나간 것, 기억나는 것, 부재하는 것, 미래적인 것들이 합쳐져서는 그 안에서 현재적인 것은 단지 하나의 장소가 될 뿐인 그런 세계상이 형성되어, 이것이 마침내 일반적인 세계상과는 무관한 하나의 개인적인 장소가 된다. 그런 다음 두 번째 비약인 무한으로의 비약이 일어난다. 세계상이 확장되는 데는 그 어떤 한계도 없다. 그리고 개별적인 것, 현재적인 것은 이미 신체적으로 한계가 없다. 무한한 세계로의 무진장한 확장은 현재적인 것, 구체적인 것의 가장 강력한 집중화와 연결되어 있다.

이런 일련의 세계상들의 단계에서 출발점은, 아직 자의식적인 성질의 주객 분할 이전의 직접적인 것, 즉 살아 있기는 하지만 아직 객관화되지는 않은 배아 같은 것이다. 길은 결국 일련의 기다란 주객 분할들이 무한성의 이념을 관통해서 새로운 통합에 이르는 종합의 길로서, 이러한 통합은 분할된 주객이 신비롭게 합쳐지는 것으로 기술되거나 무한한 정신 운동의 함수로 기술될 수 있다. 심리학적 관찰자에게는 그 어디에서도 '그' 세계상 이라는 것은 찾아볼 수 없다. 그런 것이 이상형으로 전제될 경우 심리학적 관찰은 그런 것이 아직 발달되어 있지 않은 씨앗에서, 그리고 이념적으로 보아 무한성의 끝자락에서 실현되는 무(無)대상성 속에서 계속 사라지는 것을 본다.

세계상의 무한성이 무엇인가는 직접 개념적으로 파악될 수 없다. 세계 상은 완결된 것이 아니라 방향, 이념, 의도로 끝난다. 그것은 아직 전체 인 것이 아니고 전체가 되어 가는 것이다. 무한적인 것은 포괄적인 것으로, 그 안에는 형식으로서는 유한할 수밖에 없는 모든 형식화된 세계상들 이 들어 있다. 무한성은 정신적으로 감지될 수 있는 경향성 덕분에 충족되 기는 해도 대상으로서 그래 본 적은 없다. 무한적인 것에서 모든 세계상들 이 지양된다고 생각하는 이들에게 무한성은, 모든 관계에서 대상성이 미완 이라는 것을 의미하고, 아직 무한하고 알려지지 않고 비대상적인 것이 가 능하다는 것을 의미한다. 무한한 것 자체는 세계상이 아니다. 무한 속에서 세계상은 틀의 형태로 결정화될 수 없다. 거기서 틀은 확고하지 않고 사고 는 체계의 형태로 석화되지 않는다. 그것들의 내용은 어디서나 의문과 이 율배반으로 끝난다.

무한이라는 것을 일종의 대상으로 여기면, 무한은 그것 고유의 특성을 상실해 버린다. 사유된 무한성은 그 자체가 대상이 되어 유한적이 되어서 는 나와 마주하고 있는 형식화된 것으로서, 즉 다른 유한적인 것과 어깨를 나란히 하는 유한적인 것으로서 내 앞에 서게 된다. 이러한 형식에서의 무 한은 더 이상 무한 그 자체인 것이 아니고 단순한 끝없음이라는 것일 따름이다. 이런 끝없음은 단순한 형식적인 끝없음, 내용이 비워져 있는 것, 채워져 있지 않은 것을 말할 뿐이고, 연속되는 숫자의 끝없음, 끝없이 계속 수집하는 것, 권력의지를 끊임없이 비우는 것으로서의 끝없음으로 알려져 있는 그런 실현될 수 없는 것, 영원한 단순 반복 같은 것일 따름이다.

세계상들이 무한하다는 것은 다음을 말한다. 그것들은 유한하지도 않고 완결된 것도 아니고 폐쇄되어 닫혀 있는 것도 아니다. 그것들은 흐름 속에 있고 영원히 파편적이며, 끝없는 것과는 대조적으로 아무리 채워도 전체로서 여전히 채워지지 않는 그 어떤 것이다. 그것들은 끝이 없다(endlos)는 말이 아니다.[46] 왜냐하면 그럴 경우 그것들은 비어 있는 것이 되기 때문이다. 자체적으로 가지고 있는 모든 형태와 한계에도 불구하고 그것들은 전체로서는 형태와 형상이 없고 단순한 이념일 뿐이다.

철학적인 사유의 역사에서는 무한에 대한 열망만큼이나 그에 대한 격렬한 반대도 찾아볼 수 있다. 플라톤이나 아리스토텔레스에게, 일반화시켜서 말하자면, 고대 그리스인들(소크라테스 이전의 소수 철학자들을 제외하고)[47]에게 무한은 나쁜 것이다. 진실한 것은 양, 한계, 폐쇄, 형식이다. 무한보다는 유한이 더 낫다. 조르다노 브루노, 낭만주의자, 칸트에게 무한은 본래적인 것, 추진력을 제공하는 것이자 열정이 침잠할 수 있는 그 무엇이다. 여기서도 살아 있는 것을 파악해 남김없이 모조리 개념으로 포획하고자 하는 헤겔은 나쁜 무한에 대비되는 진실된 무한을 설파한다. 즉 끝이

46 (옮긴이) 독일어 'unendlich'와 'endlos'는 둘 다 '무한' 또는 '끝이 없음'이라는 의미를 갖지만 둘을 바라보는 관점은 다르다. 전자는 1인칭 시점에서 바라본 무한이고, 후자는 3인칭 시점에서 바라본 무한이다. 전자가 과정이 정지 또는 종결 없이 계속된다는 의미에서의 무한이라면, 후자는 대상화된 무한, 객관적인 시각에서 바라본 끝이 없음, 한계 없음이라는 의미에서의 무한이다. 야스퍼스가 선호하는 것은 전자다.

47 (옮긴이) 소크라테스 이전의 자연철학자들을 가리킨다.

없음(Endlosigkeit)에 대비되는 무한성(Unendlichkeit)을 가르친다. 하지만 그에게 이러한 진실된 무한은 현실에서 존재하고 자체 내에 형식을 갖추고 있으며, 완성되어 있고, 철학적인 체계이자 개별적인 이념이다. 이로써 초반기의 생명의 이해는 다시 효과의 측면에서 무생명성으로 바뀌게 되었고, 무한으로부터 다시 그것이 아무리 복잡하더라도 유한으로 바뀌게 되었다. 헤겔의 세계상은 그 효과에 있어서 더 이상 사실적인 것이 아니고 단지 말로 표명된 무한성일 뿐이다. 헤겔은 그리스의 세계상을 다시 받아들였던 것이다.

(3) 다양한 세계상들의 구분

분화란 결국 특수하고 특징적으로 규정되어 있는 세계상들을 서로 분리해서, 그런 세계상들이 세계상 전체 속에서 수평 또는 수직으로 나란히 분리됨과 동시에 지양된 형태로 자리를 잡고 있는 것을 의미한다. 우리에게 중요한 것은 그런 영역들을 그것들의 세계상적인 의미에 따라 분리하는 것이다. 순전히 지적이고 색깔도 없고 아무 효력도 없는 다수의 구분들과 개별적인 규정들은 현재로서는 아무 관련이 없다.

세계상들의 최종적인 구분에 관한 견해들을 살펴보게 되면, 수천 년 동안 삼분법이 반복적으로 나타나고 있는데, 이 삼분법은 확실히 단순하지 않은 대신 모호하고, 반복적으로 해체되었다가 재차 새롭게 나타난다. 어떤 때는 아주 사소한 것으로 여겨지는가 하면 어떤 때는 아주 심오한 것으로 여겨지기도 한다. 개략적으로 유사한 것들에 적용될 수 있는 단순한 명칭들을 그냥 순서대로 열거해 보자면 다음과 같다.

세계-영혼-신, 객체-주체-주객 통일. 이 중에서 마지막 세 번째 것은 절대적인 것, 형이상학적인 것 또는 전체적인 것을 의미한다. 앞의 두 영역은 복수의 단어쌍으로 묶을 수 있지만 결코 동일한 하나의 의미를 갖는 것은 아니다. 자연-정신, 자연-문화, 존재-사고, 감각적이고 공간적인 것-이해할 수 있는 것, 외부-내부. 외적 상호관계-외적 관계의 내면화, 필연성-자유, 낯선 의미-풍부한 의미.

우리가 사용하는 제반 기본적인 구분들의 매개체인 주체-객체 개념쌍을 우리는 이러한 구분에서 재발견한다. 객체 옆에는 세계상의 내용인 주체가 놓여 있고 그 둘의 상부에 주객 통일로서의 절대적인 것, 즉 총체적인 것이 자리하고 있다.

심리학적 고찰을 수행하는 우리는 우리의 심리학적 세계상을 가지고 우리가 위치해 있는 자리를 알게 됨으로써 우리 자신을 하나의 지점에 대상으로 세운다. 이것이 가능한 것은, 우리가 고찰의 주체로서 최종적인 주체의 관점이 아닌, 이동 가능한 주체의 관점을 취함으로써 우리의 관점 자체가 재차 대상화될 수 있기 때문이다. 우리가 주체로서 있었던 곳이 다시 우리의 객체가 되는 것이다. 즉 주체 일반이 그 자체로 세계상의 한 영역이 되는 것이다.

수행된 구분이 정제되고 반복되고 합해지면서, 유형들이 정화되어 다시 풍부해지면서 하나의 분할 가능성으로서는 파괴될 수 없는 것처럼 보인다. 다음은 그런 것에 기반해 있다. 그것은 내용별로 구체적이고, 그것의 부분들은 구체성과 이념의 종류에 따라서 구분된다.

어떤 일정의 구체적인 대상이 관조적으로 관찰되고 검토된다고 해서, 세 개의 영역들이 분리되는 것은 아니다. 세 영역 모두에 하나의 동일한 대상이 놓여 있다. 즉 하나의 동일한 대상이 감각-공간적인 객체로서, 이해 가능한 내용으로서, 형이상학적인 빛의 광선을 통해 절대적인 것에 묶여 있는 것으로서 놓여 있다. 삼분법은 또한 사고 방법들과 일치하는 것도 아니고 오성의 형식들과 일치하는 것도 아니다. 거의 모든 방법들을 세 영역 모두에 적용하는 시도가 있어 왔다.

이러한 사고 방법들(특수한 구체성 대신 대상 일반의 형식들)을 분할의 동기로 삼아 이러한 형식들을 세계상의 영역들로 보게 되면, 즉 신칸트주의의 칸트적 사고로부터 유래하는 하나의 방향으로 보게 되면, 여기서 본질적인 것으로 간주되는 것과 부분적으로 일치하지만 그럼에도 불구하고 독특하게 불분명하고 종속적이면서 정확하지만, 심리적인 관련성의 측면에서 세계상의 특징으로는 효과적이지 않은 영역이 획득된다. 사람들은 논리학에서 모든 대상적인 것 일체의 형식들 내지 모든 대상적인 것들에 적용되는 범주들을 따로 분리해 낼 수 있는데, 이런 것들은 대상적인 것들의 다양성 이전에 존재하고, 대상적인 것들을 전체적으로 포괄할 수 있다.[48] 그런 논리학은 모든 과학에 선행하는 기초과학이 될 뿐 아니라 특히 다른 무엇보다도 모든 대상적인 것 일체에 선행하는 것이 된다.

그러한 기본 범주들 중에서 현저하게 두드러진 의미를 갖고 있는 것이 존재와 변화, 기계적인 것과 유기적인 것, 현실과 가치 등의 대립쌍이다. 제반 모든 대상들 위로 던져져 씌워지는 그물망은 그것이 가지고 있는 고도로 형식적인 의미 덕분에 다음과 같은 독특한 능력을 특징으로 하는 구분과 영역들을 제시해 준다. 그것들은 우리에게, 사물적인 자율성을 통해서 조건화되어 있는 우리의 대상 파악의 구조들을, 특히 그것들을 절대화시킬 경우에는 철학적이고 형이상학적인 세계상들을 적절하게 설명해 주는 태도들과 사고 습관들을 더 많이 보여 준다. 거기서 그것들은 특히 우

..
48 헤겔은 그런 논리를 "자연과 유한한 정신의 창조 이전의 하느님의 설명"(3, 36) 또는 "모든 감각적인 구체성에서 자유로운 단순한 본질들의 세계, 그림자 왕국"(3, 47)이라 칭했다.

리가 사용하는 것들이다. 그것들은 합리적인 성질을 갖는 것들로서 일부분은 이 책의 1부 '태도들'에서 이미 언급되었고, 또 다른 부분은 절대화된 범논리학적 또는 합리주의적 세계상으로서 차후에 언급될 것이다.

이러한 형식들을 형식들로만 간주할 경우 사람들은 자기 앞에서 직관적인 세계상들을 더 이상 가질 수가 없고 오로지 따로 분리되어 있는 형식들만 갖게 된다는 사실을 분명히 해 둘 필요가 있다. 가치 논리가 예를 들어 가치 강조의 속성(대립적인 특성, 타당성 등)을 다룰 때, 그것은 그 의미에 따라 가치 강조에 달라 붙어 있는 직관적인 내용들을 도외시함으로써 상실한다. 논리로부터는 직관적이고 내용이 풍부한 철학, 세계관이 얻어질 수 없고, 본질상 항상 저러한 가치 강조 중 하나인 가치 논리로부터는 그 어떤 세계관도 생겨 나올 수가 없다. 그것은 충만한 그 어떤 세계상도 창출해 낼 수가 없다.

* 세계상들에 관한 심리학적 고찰의 원천

마지막으로 우리로 하여금 세계상들에 대해서 직관할 수 있게 해 주는 원천에 대해서 몇 가지를 언급해 보겠다.

1. 걸출한 인물들의 전기는, 인물을 소개하면서 그가 살았고 보았고 영향받았고, 그런 것을 다시 사회로 회향하는 세계를 보여 주는 과제를 잘 완수하고 있다. 다수의 전기들은 하나의 인물을 매개로 하나의 세계상을 우리에게 보여 주는 특성을 가지고 있다(예를 들어 유스티, 빙켈만, 딜타이, 슐라이어마허가 그런 경우다). 그런 전기들은 인간의 머릿속에 어떤 세계가 살고 있었는지를 보여 줌으로써 해당 인물을 우리 앞에 드러내 보여 준다. 이러한 방법은 덜 표현하는 대신 더 수용적이고 더 관조적인 성격의 인물들에게서 사용되는 가장 직관적인 방법이자, 세계를 재현해 종합하고 비

교하고 요약하고 전달하고 정리하는 데 자신의 존재 의미를 두고 있는 인물들에게서 사용되는 가장 직관적인 방법이다.

2. 개개인의 세계상에 대한 이러한 연구 말고도 전형적인 인물들과 작품들을 사용해서 모든 방향의 세계상들을 작업해 나가는 것도 중요하다. 거기서 과학은, 그것이 현재와 같은 모습으로서뿐만 아니라 대상 관찰의 표현으로서, 즉 세계상의 표현으로서 한때 그랬던 것처럼 그 안에서 뭔가 전형적인 것과 필요불가결한 것을 느낄 수 있는 한에서는 재료가 되고 수단이 된다. 그러나 전형적인 세계상들을 명료하게 하려는 작업에서 그것을 상세하게 묘사하려고 하는 경우 우리는 하나의 지식백과 사전을 편찬해야 할 정도로 끝없는 무한 속으로 빠져들 수밖에 없다. 그렇게 하기보다는 심리적으로 효과 있는 것이 무엇인지, 세계상의 특수하고 독특한 점이 무엇인지, 즉 세계상의 일반적인 것이 무엇이고 주관적으로 중요한 것이 무엇인지를 직관하는 일이 중요하다. 우리가 지각심리학에서 딱정벌레와 나비를 묘사하는 것이 아니라 시청각적인 지각을 다루고, 성질과 강도를 다루고, 움직임, 공간성, 시간성의 지각을 다루는 것처럼, 세계상에 관한 이해심리학에서 우리는 사고된 개념들의 혼돈이나 체계 일반을 다루는 것이 아니라 심리학적으로 중요한 개념의 방향들을 다룬다. 대상 지향적인 연구를 지향하는 심리학적 연구는 여기서 다른 때와 마찬가지로 매우 다양한 직관들을 모색하고자 노력하고, 매우 다양한 강조점을 갖는 중요성들을 상정한다. 하지만 심리학적 고찰은 다른 모든 것들을 자료로 전제하는 그런 이차적인 고찰이다. 이때 우리에게 중심이 되는 것은 항상 '인간의 인격'이라는 이념인데, 그러한 인간의 인격의 틀이 바로 이런 세계상들이다.

3. 세계상의 역사적인 형태들에 대한 직관과 비교는, 사람 각자의 개별 인격으로부터 시작해서 국민, 시대, 정세 전체로 나아가면서 관심을 계속

넓혀 갈 때 생겨나는 경향이 있는 다양한 가능성들에 대해서 훌륭한 조망을 제공해 준다. 이러한 조망적인 시선에는 세계상의 역사적인 결과물들이 예를 들어 헤겔의 역사 관련 저술들에서, 더 나아가면 특히 크리스티안 헤르만 바이세[49]와 프리드리히 테오도르 피셔[50]의 미학 관련 연구들에서 (상상의 인물로) 묘사되었던 것처럼 구성적인 형태로 나타났다.

1. 감각-공간적인 세계상

우리가 고찰자로서 개인 영혼의 삶을 접하고서 우리가 가지고 있는 감각-공간적인 세계상을 매개로 움직이다 보면, 우리는 이때 공간 세계에 둘러싸여 있는 몸안에 있는 각 영혼의 삶을 보게 된다. 이러한 주변 공간 세계에 대해 우리가 알고 있는 것을, 영혼적 삶을 위해 존재하고 영혼적 삶과 상관적으로 존재하고 있는 것과 서로 비교해 보면, 우리는 영혼을 둘러싸고 있는 모든 것, 그곳에서 다양한 물리적 화학적 힘들로 존재하고 있는 모든 것들이 영혼에 영향을 미치는 것은 아님을 알 수 있다. 사실적인 주변 세계의 일부분이 자극 세계인데, 이 자극 세계는 신체 일반에 영향을 미친다. 주변 세계로부터 어떤 자극이 우리에게 영향을 미치든 그런 것들 모두가 우리의 표상 의식 안으로 들어오는 것은 아니다. 그 자체는 영향을 미치고 있음에도 의식되지 않은 채 머물러 있는 자극 세계 위로 보다 더 협

••

49 (옮긴이) 바이세(Christian Hermann Weisse)는 독일의 종교철학자로서 라이프치히 대학교 철학 교수를 역임하였으며 헤겔적 시선에서 미학을 논했다.

50 (옮긴이) 피셔(Friedrich Theodor Vischer)는 독일의 소설가, 시인, 극작가로 바이세와 마찬가지로 헤겔적 시선에서 예술철학을 논했다.

소한 대상세계의 영역이 도드라진다. 자연 탐구자의 눈앞에 펼쳐져 있는 세계로서의 객관적인 세계, 유기체 및 의식되지 않은 것에 영향을 미치는 세계 중에서 선별된 부분 세계인 자극 세계, 더 나아가 의식 상대적으로 존재하면서 '세계상'으로 나타나는 좀 더 선별된 세계로서의 대상세계, 이 세 가지 범주들에 준해서 세 가지 세계 범주들, 즉 영혼에게 시공간적으로 현전하는 세계, 영혼에게 직접적으로 영향을 미치는 세계, 그리고 이해될 수 있는 세계라는 범주들이 관찰자에 의해서 분석된다.

이러한 고찰 방식에 야코프 폰 윅스퀼51은 동물이 사는 세계, 특히 무척추동물이 사는 세계를 경이로운 방식으로 끌어들였다. 그는 관찰과 실험을 통해서 개별 유기체들에게 영향을 미치는 것과 그렇지 않은 것을 객관적으로 규명함으로써, 동물에게 자극으로 존재하는 세계에 관한 그림을 그려 낼 수 있었다. 이 세계는 종종, 동물 편에서 영향을 되미치는 세계(영향 세계)에 비해서 또는 자연과학자의 객관적 세계(이 경우 영혼에 대해서는 절대 언급되지 않고, 객관적이고 자연과학적으로 파악될 수 있는 사실들에 대해서만 언급되는데)에 비해서 극도로 협소하게 선택된 영역이었다. 여기에는 개별적인 화학적 특성에만 반응하거나 광학적으로 밝은 자극에만 반응하는 유기체들이 존재한다. 대상의 형식들조차 이미 효력을 미치고 있는 것으로 입증되는 보다 더 분화된 단계도 존재한다. 이런 무척추동물의 자극 세계가 어찌나 ─ 종종 우리에게는 낯설 정도로 ─ 협소하게 분포되어 있는지, 이러한 자극 세계와 동물의 삶, 그리고 생존에 필요한 동물의 반작용 간에 어찌나 완벽한 합목적적인 상호연관성이 존재하는지, 그리고 동물들의 자극 감수성에 기반한 선택을 통해 동물들이 생존할 수 있는 세계가 어찌나

..

51 Jakob von Uexküll, *Bausteine zu einer biologischen Weltanschauung*(München, 1913).

다양한지 항상 놀라울 따름이다.

　여기서는 오로지 객관적이고 생물학적으로만 파악되고 주관적이고 심리학적 방식으로는 거의 파악될 수 없는 문제가 관건이 되고 있다면, 심리학적 고찰은 우리가 ― 우리에게는 잘 알려지지 않은 동물의 영적 삶과는 대조적으로 ― 체험을 통해 우리 자신의 세계상에 대해 아는 곳에서 비로소 시작된다. 지금 당장 직접적으로 체험되는 세계상은 이후의 모든 세계상들의 출발점이 된다. 동물 종의 세계가 위아래로 다양한 것처럼 그것은 분명 인간에게는 마찬가지로 특수하고, 무한한 가능성들 중 하나다. 우리가 지각하는 세계는 하나의 인간세계다. 그것은 물론 우리에게는 전적으로 자명하다. 색조, 음조, 냄새, 수평선, 그리고 평평한 천구, 대상들에서 느껴지는 부드러움과 딱딱함 등이 모두 그렇다.

　각 개인이 그런 것을 어떻게 체험하는지에 대한 개별적인 분석은 다른 한편에서는 심리학적 연관들 전체로 이어진다. 왜냐하면 우리가 현재 세계를 보는 방식은 순전히 감각적인 토대 위에서는 서로 유사할 수 있겠지만, 선별하고 이해하고 본질을 강조하는 것은 그 외에도 우리들의 세계상 전체, 우리가 하는 체험, 우리의 과거 경험 등에 의존해 있기 때문이다. 이런 강조의 계기들에 따라서 직접 체험되는 세계 안에서 중요한 것으로 여겨지는 세계(의미의 세계, 이해관계의 세계)가 도드라져 보일 수 있다.

　직접 체험된 것 배후에 있는 세계가 우리가 하는 표상 내용이 될 때, 공간적인 세계상을 확장하는 커다란 발걸음이 시작된다. 자신의 과거에 대한 기억에서 시작해서 그것이 다른 사람들의 경험과 보고를 통해서 더 증가되면, 그것은 그 어느 누가 볼 수 있는 것도 아니고 지각할 수 있는 것도 아니지만, 원칙적으로는 지각할 수 있고 존재하는 것으로 추론될 수 있는 것을 개발시킴으로써 완수된다. 그런 식으로 인간 각자의 머릿속에는 우선 지리적-우주적인 세계상이 단편적으로 태동해 나와 풍부하게 발달되어서는 질서정연한 모습을 하고 있는 형태들로 전개되어 나간다. 발달된 이런 우주적 세계상은 근본적으로 서로 다른 두 가지 유형으로 나뉜다.

하나가 그리스적 유형이다. 이 유형은 아리스토텔레스와 프톨레마이오스로부터 형성되어 나왔다. 세계는 유한하고 구와 같은데(파르메니데스), 가운데에는 불이 있고 그 주위에 천체들이 배열되어 있으며(피타고라스), 중앙에 지구가 있고 가장 바깥쪽에 천체가 있고 그 중간에 다수의 더 나아간 궤도들이 포진되어 있다. 여기서 무한은 없고, 하나의 제한된 질서정연한 우주가 존재한다. 이런 것은 중세를 대표하는 단테에게서 유한적인 우주 지리학으로 그 명맥이 여전히 유지되었다.

두 번째 유형이 의미하는 내면에서의 격변과 충격을 이해하려면 공간적인 사물들에 대한 모든 직관의 당연한 전제조건인 이런 세계상에 완전히 감정이입이 되어 있을 필요가 있다. 이 두 번째 유형은 지구가 태양을 중심으로 공전하고 자신을 중심으로 자전한다는 사실을 코페르니쿠스가 증명한 이후에, 조르다노 브루노에 의해서 경험 가능한 방식으로 가장 생생하게 발전되었다. 세계의 유한성을 배제하지 않는 천문학적 발견을 접한 후 브루노는 우리가 살고 있는 오늘날의 시대에서 통용되는 이미지인 무한 공간, 무한 세계를 체험하고 발전시켰다. 직접 지각에는 그리도 통일적으로 보이는 천체를 천문 지도의 안내를 받아서 관찰하면서 해명하는 사람은 우선 항성들을 보면서 분류하고 그런 다음에 항성들의 (냉각 단계를 나타내 주는) 색깔, 그다음에 성운과 성단, 그다음에 천체의 여러 다른 부분들에서 별의 밀도를 관찰하고, 이제 이런 관찰들을 다음과 같이 사고할 수 있는 가능성들로 발전시킨다. 이 모든 별들은 거대한 렌즈 안에 켜켜이 쌓여 있는 성단이어서, 그곳에서 우리는 최고로 큰 원 안에 별들이 아주 조밀하게 밀집해 있고, 극단에서 비교적 적은 수의 별들이 있는 것으로 볼 수 있다. 은하수는 이 렌즈의 가장 멀리 있는 경계를 둘러싸고 있는 별무리다. 다른 많은 성운들도 그런 식의 렌즈일 수 있다. 천체 관찰자가 망원경 뒤에 몇 시간 동안 노출되어 있는 사진판 외에는 그 어떤 기관으로도 포착되지 않는 별과 성운을 계속 보고 있으면, 그는 우리의 전체 태양계가 미지의 경로를 거쳐 헤라클레스 별자리 방향으로 움직여 나간다는 식의 말을 듣게 된다. 이런 식의 관찰과 사고의 길을 걸어가는 사람은 저러한 제한된 우주 이미지와는 완전히 다른 위상을 제시해 주는 세계상을 체험으로 획득할 수밖에 없다. 감각적인 것에서 무한성이 구체적으로 가시화된다. 감각-공간적인 세계에서 확고부동한 것은 정지된다. 그 외에 시간적인 관점으로 암석층과 멸종된 동물 형태들에서 직관적으로 볼 수 있는 지질학적 역사를 언급할 수 있을 것인데, 천체에서 그런 지질학적 역사는 그저 사소한 사건에 불과할 뿐 수천 년의 인류사는 거의 순식간에 사라져 없어지는 한순간에 불과하다. 끊임없는 흐름과 상대화의 이미지 아래 공간적인 세계에서 진행되는 현존으로서의 우리의 전체 현존을 의문에 부쳐 볼 수 있는 여러 가능성들이 다음과 같이 제기된다. 행성들의 몰락, 어마어마하게 긴 미래의 역사 발전 과정에 비해서 우리가 알고 있는 지나간 역사는 단지 첫 번째 발걸음에 불과하다는 것, 인류의 아주 긴 선사시대와 비교할 때 우리는 역사 발달의 초기에 있다는 것, 무한히 긴 역사 공간 내에서 이런 격변이 어떻게 해서 발생할 수 있었는지에 대한 궁금증, 지금까지의 전체 역사는 어마어마한 전망을 자신의 눈앞에 두고 있는 그런 단순한 깨어남의 순간으로 보이지만 이런 깨어남이 또한 단순히 지나쳐 사라지는 임시적인 순간이 아닐까 하는 의문, 우리 행성 세계 외에 다수의 정신세계가 가능하지 않을까 하는 궁금증 등 이런 여러 생각들이 스친다. 이런 것들이 감각-공간적인 세계상 속에 내재해 있는 생각들인데, 이런 생각들은 그런 세계상을 절대화하지 않고도 존재하지만, 절대화하게 되면 하나의 특수한 끝없는 특성을 띠는 경향이 있다.

그럼에도 이런 세계상 안에서 무한성이 실현될 수도 있다. 늘 완결되지 않은 열린 세계에서 인간에게 방향을 제시해 주고, 모든 관계에 있어서 중심과 절대 장소를 점유해 왔던 것이 바로 직관성과 사실들이다. 이런 무한은 모든 감각-공간적인 것의 상대화다. 이런 세계상은 단순한 무한성의 사고로 존재하는 것이 아니고, 그 안에서 모든 감각-공간적인 것이 다르게 체험된다. 즉 그리 확고한 것도 아니고 그리 궁극적인 것도 아닌 것으로 체험된다. 무한 안에서 보이고 지양되는 모든 유한은 이를 통해서 한편으로는 그 위엄이 약화되고 더욱 무상해지지만, 다른 한편으로는 전반적으로 상대적인 것으로서 보호받는다. 그렇지 않고 모든 감각세계가 형이상학적이고 피안적인 세계의 무한 안에서 무상해졌다고 한다면, 많은 이들이 저러한 형이상학적인 세계를 상실한 이후에 무한한 우주 안에서의 저러한 유한성의 무상함을 경험하고는 그것을 자기 삶의 요소가 되게 했을 것이다.

감각-공간적인 세계와 무한성의 가치화를 이렇게 대조시키는 것은 필연적인 대조가 아니고 종합 능력을 갖추고 있는 경험을 표현한 것인데, 그 이유는 시공간적 세계와 다른 무한성이 여전히 존재하고 있기 때문이다. 예를 들어 프리드리히 실러는 숭고함을 공간 안에서 보지 않았고, 헤겔도 공간 안에서 오로지 나쁘고 공허한 무한성만 보았다. 둘 모두 공공연하게 여기서 공허한 반복만 보아 왔을 뿐이고, 직관 안에 그리고 사고의 체험된 동화 안에 있는 충만함은 보지 못했다. 이런 무한성 경험에 근거해서만 사람들은 칸트가 정립한 다음의 정식을 이해할 수 있을 것이다. "오직 두 가지 숭고한 것이 있다. 내 위 하늘에서 빛나는 별과 내 안에 있는 선의지가 바로 그것이다."

오늘날 거의 모든 사람들이 공간 세계가 무한하다는 것을 알고 있다. 하지만 체험상으로는 저러한 세 가지 유형들이 존재하고 있다. 그 세 가지 세계상들 중에서 어떤 세계상이 인간에게 동반되어 인간이 그 안에서 관조하면서 분위기에 맞게 살아가는가가 중요하다. 우리 모두는 감각적인 현재에서 오랜 세월 살아가고 있고 많은 이들이 이런 영역에서 벗어나지 못하는데도, 세계를 체험하지 못하고 별이 빛나는 하늘을 감상하지 못하며, 거대한 지리학적이고 천문학적 지평을 생각하지 못하는 경우도 있다. 때때로 감지되는 뚜렷한 체험 유형이 있다. 인간이 항상 감각-공간적인 현재를 뛰어넘고 있음에도 불구하고, 여전히 자기 혼자서만 존재할 수 있는 그리스인의 제한된 우주 안에서 살아가고 있는 것이 그것이다. 이런 이해 가능한 내용은 신경증상학에서 가령 현행적인 직관에서 하늘을 두려움과 불안의 감정으로 대하는 데서, 별이 빛나는 하늘을 회피하는 데서 드러날 수 있다. 왜냐하면 무한에 관한 지식이 별이 빛나는 하늘을 제한된 조화로운 천체로 보는 것을 더 이상 가능하게 해 주지 않기 때문이다. 인간의 본성상 하나의 제한된 우주가 필요한 곳에서는 세계에 대한 현기증 같은 것이 생겨 나온다.

묘사된 세 가지 유형, 즉 직접적인 세계상, 직접적인 것의 이면에서 보이는 제한된 우주, 그리고 공간적-시간적인 무한성을, 우리는 교차하는 다른 일련의 감각-공간적인 세계상의 유형들과 대조시킨다. 직접적인 세계상은 체험 속에 있는 생생한 것으로서 풍부하고 다채롭고, 형태 및 형식들로 가득 차 있고 항상 혼이 담겨 있으며, 의미가 풍부하고 흥미롭고 우리에게 피해를 주기도 하고 격려해 주기도 하며 지배를 부추기기도 하고, 제한과 저항으로 받아들여질 수도 있다. 나중에 생겨 나올 것들이 배아의 형태로 공존하고 있는 이런 직접 체험으로부터 세 가지 분화된 세계상들이 발달되어 나온다. 자연-기계론적인 세계상, 자연-역사적인 세계상, 그리고 자연-신화적인 세계상이 그것이다. 일련의 발달 과정을 밟으면서 가장 포괄적인 자연-신화적인 세계상으로부터 자연-역사적인 세계상이 생겨 나오고, 마지막으로 자연-기계론적인 세계상이 생겨 나온다. 이것의 역방향에서 먼저 예리한 분리와 과학적으로 순수한 처리 작업이 진행된다. 이것은 자연-신화적인 세계상에서 여전히 문젯거리다.

1) 자연-기계론적인 세계상

자연-기계론적인 세계상은 직접적으로 직관할 수는 없지만 분석과 추상화를 통해서, 실험과 수학적 계산을 통해서 간접적으로 발견된다. 이런 현상들은 이론적으로 그 어떤 것에 기반해 있는 것으로 여겨진다. 즉 물질, 에너지, 원자, 전자 등으로서의 무언가에 기반해 있는 것으로 여겨지며, 가능한 한 단순히 양적인 무언가에 기반해 있는 것으로 여겨진다. 세계는 그저 측정 가능한 운동과 잠재적인 운동일 따름이다. 연구의 수단은 수학이다. 그리고 수학이 적용 가능한 한에서 기계론적인 세계상이 생겨날 수 있다. 모든 질적인 것, 원래 직관적인 것, 그 자체 본질적인 것으로 보이는 모든 것들은 세상 밖으로 밀려난다. 자연의 질적 측면은 상실되고 이로써 영혼이 제거된다. 자연은 계산 가능하고 이를 통해서 지배 가능할 수 있게 정확한 법칙적인 개념으로 기술된다. 이러한 세계상에서만 다음과 같은 진술이 가능하다. 우리는 모든 것을 우리가 만들 수 있는 한에서만 인식할 수 있다. 자연은 정신의 도구가 되고 메커니즘으로서는 장치가 되어,

이와 함께 내용적으로 완전히 추상적이고 일반적인 것이 된다. 이러한 세계상 속에서 사람들은 보통 '현실'이라 불리는 충만한 것을 보지 못하고 하나의 특수한 비현실성만 보게 되는데, 그런 특수한 비현실성은 모든 현실적인 것의 한 측면이기 때문에 이런 현실계에서 가장 큰 효과를 낼 수 있다. 이런 세계상에는 계산을 통해서 우리에게 현현하는 자연의 모습, 특히 공간적 시간적 측면에서 기술되는 세계가 포괄된다.

자연-기계론적인 세계상으로 포착되는 현상들이 그것들의 본성상 그러한 세계상에 더 많이 수용될수록, 즉 그것들이 측정 가능한 특성을 그만큼 더 가질수록 자연-기계론적인 세계상은 그만큼 더 만족스럽게 된다. 추후 실험으로 확인할 수 있는 과정이 산출해 낼 수 있는 결과가 실험 이전에 이미 이론을 통해서 계산이 가능해져서 이론과 측정된 사실 간에 상호작용이 지속적으로 일어난다. 하지만 이러한 세계상이 사람들을 한번 사로잡게 되면 사람들은 그러한 세계상을 모든 것들에 적용하기에 이른다. 그것이 자신의 본질적인 특성을 상실하는 곳에서조차, 즉 실험적으로 통제할 수 있는 효과들에 대한 이론적인 계산이 불가능한 곳에서조차 그러한 세계상은 만족스러운 것으로 여겨진다. 사람들은 그 어떤 것의 저변에 놓여 있는 것에 관한 이론적 표상에 현상들을 재구성해 사고하고, 하나의 지배적이고 자기 스스로 진화하는 이론을 유지하기보다는 모든 곳에서 자기 맘대로 임시변통식의 이론들을 마구 쏟아 낸다. 사람들은 이론을 통해서 새로운 것을 발견해 내는 것을 요구하지도 않고, 이론적으로 추론된 것들을 확인하는 것을 요구하지도 않으며, 오히려 공허한 이론적 도식을 통해서 풍부한 직관적 사실들을 몰아낼 수 있는 것에 대해서 기뻐한다. 사람들은 그 자체로 결정적 의미를 갖는 통제 및 사전 계산의 의미에 대해서는 안중에 없고, 기계론적인 세계상의 형식 아래 수행되는 단순한 환상만 좋아한다. 그런 식으로 정신의학자는 '뇌의 신화'를 기뻐하고, 심리학자는 대중적인 무의식 이론을 좋아한다. 측정, 셈하기, 실험에 그런 식으로 가치를 새겨 넣음으로써 그 모든 것들은 그저 단순히 행하는 자기 목적적인 작업이 되어 버리고, 이 모든 것이 왜 일어나는지를 사람들은 더 이상 알지 못하게 된다. 사람들은 이 모든 것이 언젠가는 결실을 보게 될 것이라는 사실로 위안을 삼는다. 그런 식으로 기계론적인 세계상은 모든 직관적인 것들을 빈곤하게 만드는 가운데 억압함으로써 그것들의 싹을 잘라 없애는 영향을 끼친다. 원래 의미는 빼 놓고 형식들만 옮겨 놓고는 무언가를 인식했다고 믿는 것이 인간이다. 이런 기계론적인 방식으로 재구성되지 않은 것은 그 어떤 것도 세상에 없게 된다. 생명은 그저 매우 복잡한 기계에 불과할 뿐이고, 세계 일체가 기계론적 법칙에 따라 '열죽음(Wärmetod)' 상태에 빠지고, 기계론적 비유가 삶의 현상을 설명하고, 인간 사회의 삶, 국가의 삶은 기계론적으로 지리학적으로 사고된다. 사회 안에서 인간은 원자로서 연결 상태에 들어가는 그런 존재가 된다. 개개 인간의 영적인 삶은 물리-화학적인 표상과 유사하게 요소들과 그것들 간의 연결을 통해서 설명된다.

기계론적인 세계상은 궁극의 힘, 궁극의 입자, 그리고 견고한 절대적 공간과 시간, 일정한 고정불변의 척도를 구비하고 있는 이론에서 사용된다. 기계론적 세계상이 보는 바로는 부분, 공간, 시간이라는 내용 없는 텅 빈 무궁함만 존재하고 있을 뿐 그 어떤 무한도 존재하고 있는 것 같지 않다. 기계론적인 세계상이 마련해 놓는 이런 유한성의 족쇄(기계론적인 세계상 전체를 세계상 일반 속에 상대화할 경우에나 풀릴 수 있을 그런 족쇄)를 성공적으로 폭파시킬 수 있는 것 또한 기계론적 세계상의 내재적인 속성 때문인 것으로 보인다. 이런 유한적인 세계상 속에서 절대적인 것으로 설정되고 있는 모든 것들, 공간, 시간, 물질 등을 상대화한 것이 일반상대성이론이었다. 이런 폭파의 의미는, 그것이 단순히 사고적인 폭파라는 사실이 아니라 절대적인 것으로 추정되는 모든 것들을 상대화하는 것으로부터 (수성의 궤도, 일정의 물리적인 실험들의) 측정 가능한 현상들을 설명할 수 있는 이론적인 계산들이 생겨 나온다는 사실이다. 기계론적인 세계상은 사실적인 세계상으로서 자체 내에서 일어나는 무한의 흐름 안에 사로잡히게 된다. 일반상대성이론은 ― 사람들이 말하듯이 ― 물리학의 근본이 되어야 할 뿐 아니라 기계론적인 세계상의 종결자로서 지금까지 세계의식에 미쳤던 것과는 완전히 다른 방향에서 이런 기계론적인 세계상에 영향을 미칠 수밖에 없다.

2) 자연-역사적인 세계상

자연-역사적인 세계상은 직관들에 기반해서 구축되고, 이러한 직관들은 감각적으로 풍부한 그것들의 현상들에 내재해 있는 성질과 형식으로 취해져 분석된다. 자연은 다채로운 색조로 관찰된다. 연관을 찾을 때 사람들은 이론적 연관을 찾는 것이 아니고 직관적 연관을 찾으며, 법칙으로서의 연관이 아닌 유형으로서의 연관을 찾는다. 다양성이 생겨 나오는 진원지로 생각될 수 있거나 또는 그런 다양성이 가장 순수한 형태로 절정에 오르는 유형 및 원현상의 형태 안에서 이 세계는 질서정연한 모습을 하고 있는 소유물이 된다. 곤충, 수정, 산 능선, 구름 같은 개별 현상들에 애정을 가지고 몰입하는 것, 가시적이고 구체적인 것에 집착하는 것, 감각적-직관적인 태도, 형성되어 있는 모든 것들에 대한 형태학적인 감각 등은 이런 세계상이 가지고 있는 특징들이다. 모든 생생함, 심지어 생생한 것으로서의 운동 자체 또한 이런 세계상에서 찾아볼 수 있다.

3) 자연-신화적인 세계상

자연-신화적인 세계상은 지금까지 살펴본 두 관점에서 보면 단순히 체험이고, 단순히 영적이고 상징적이며 객관적이지 않은 그 어떤 것을 표현하고 있다. 하지만 체험 자체 안에서 이 세계는 대상적이다. 체험 자체 안에서 풍경의 분위기는 현상학적으로 볼 때 단순히 주체의 기분인 것이 아니고, 주체가 대상의 풍경 속에서 그런 기분을 본다. 다른 무엇보다도 신화와 시에서 자신의 모습을 발견해 왔던 이러한 세계는 자연-기계론적이고, 자연-역사적인 세계상의 현실 개념에서 보면 비현실적이다. 이런 세계는 자연의 정취, 자연의 형식, 자연의 과정들에 대한 무한하게 복잡미묘한 주관적인 반응성을 의미할 뿐이다. 이런 세계는 자신에 대한 언어적 표현을 유추와 상징에서 발견하고, 강화된 자신의 형태를 유령들과 신화들에서 발견한다. 자연이 그런 식의 풍부한 관계를 맺고 있는 동화 같은 것이 될 때, 그런 세계상들에서는 그래서 무한히 많은 것들이 단순히 주관적이고 자의적으로 나타나지 않는다. 그것은 자신의 체험으로부터 비슷한 것, 유추되는 것을 이미지로 항상 새롭게 창조해서 만들어 내는 우리 인간의 영적 구조가 갖춰야 하는 최소한의 필수적인 요소다. 그것은 하나의 완전히 자율적인 영역으로, 이 영역은 자연-신화, 낭만적인 자연 시, 여러 철학들에서 '실재적인' 것으로 취급되어 오기도 했던 영역이다. 이런 세계를 본다는 것은 이런 세계를 체험하고 생각한다는 것이며, 세계를 자연-역학적으로 또는 자연-역사적으로 생각하는 것을 말하는 것이 아니라, 비유, 동정 등이 어떻게 현상학적으로 존재하는지를 체계적으로 고찰하는 것을 말한다. 심리학적 이론은 영혼적인 것과 정신적인 것이 자연세계 속으로 공감해 들어가는 것에 대해서 말해 줄 수 있다. 객관적이고 현상학적으로 기술하자면, 천체의 운동과 인간의 운명 간의 관계에 관한 바빌론의 가르침을 필두로 인류의 전체 역사를 관통하여 우리에게 알려져 있는 것처럼, 인간은 이 세계 내에서 무수히 많은 관계들과 비유들을 발견한다. 자연에 있는 모든 것들, 즉 인간, 별, 동물, 식물, 기관, 광물, 금속 등은 서로 내적 친족관계를 맺고 있다. 해석을 가미해 가면서 이런 세계상을 고찰하고 있는 거의 모든 곳에 있는 글에서는 초기 세계상들의 의미에서, 순전히 개념적인 관계들의 의미에서, 그리고 친족성, 비유, 공감, 상징의 이런 내적 관계의 의미에서 실제적인 관계들의 뒤섞임이 일어나고 있다는 사실, 이 모든 관계들이 반복해서 하나의 미분화된 일반적인 실재 개념으로 융합되고 있다는 사실, 정확히 자연-기계론적인 통찰이 그런 것처럼 그것들이 예측과 예언의 용도로 '마법적인' 효과들을 달성하기 위한 용도로 사용되었고 사용되고 있다는 사실, 이 모든 것들은 우리가 이러한 뒤섞임으로부터 순수한 자연-기계론적인 것과 자연-역사적인 것을 제거하고 난 후에 하나의 고유한 세계를 바라보는 것을 방해하지 말아야 할 것이다. 이런 세계들 간에는 비약이 있다. 신지학이 이런 자연-신화적인 세계를 자연과학의 형태로 계속 반복해서 논한다면, 물질화의 이런 둔탁한 숨막히는 공기는 이질적인 영역들을 아무 체험도 없이 자의적으로 그냥 단순히 꾸며 낸 형식적인 희석으로부터 생겨 나오는 산물이 될 뿐이다. 이런 숨막히는 공기 속에서 존재하는 것은, 아무런 억제도 제한도 없고 오류 추론도 없고, 자연-신화적인 영역의 풍부하고 산듯하고 의미롭고 소름 돋는 짜릿한 세계의 현실 개념을 다른 것과 혼동하지 않는 그런 자유롭고 고양된 직관과 대비된다. 자연의 다양성은 정신적으로 영적으로 파악된다. 친근감, 자연의 품에 안겨 있다고 하는 안정감, 자연에 대한 신뢰감이 생생해진다. 그런 것들은 가장 깊은 내면에 자리 잡고 있는 친근하고 친숙한 힘들이자 자연현상들 속에서 보이는 힘들이다. 하지만 자연은 또한 혼란스럽기도 하고 사악하기도 하다. 이런 모습을 하고 있는 자연세계는 공포스러운 세계다. 자연-신화적인 것은 동시에 살아 있는 전체이자 괴물적인 것이며, 통일성이 스며들어 있고 동시에 파괴가 스며들어 있다. 미분화된 자연상에서 이 영역은 인간에게 정확히 부담과 두려움의 대상이었고, 해명 이후에도 여전히 남아 있기는 해도, 자연-기계론적이고 자연-역사적인 세계에 속하는 그런 현실 개념의 특성을 갖는 것과는 다른 현실성을 갖는데, 이런 현실성은 즉시 철학적인 세계상들로 이월해 간다.

이런 세계를 표현하고 정돈하고 체계화시키고자 했던 사유 양식들과 문장들은 무한으로 이어져서는 꼬치꼬치 따지면서 자주 형식적이게 되는 경우도 있기는 하지만, 그 안에는 규칙성이라는 것도 존재한다. 여하튼 그것들은 '심리학적' 규칙성들로 인정받게 될 것이다. 여기서 내적인 연구를 수행하는 심리학을 개입시키지 않은 채 순전히 객관적으로 접근할 수 있는 대상 영역이 존재하는지는 지금까지 그 어떤 작업을 통해서도 입증된 적은 없다. 대상적으로 접근할 수 있는 그 어느 것도 거기서는 언제가 되었든 간에 해명될 수 없다는 것이 분명하다. 그러나 마찬가지로 분명한 것은 우리 인간이 하는 체험의 진정성인데, 그것에 대한 해석과 효과는 세계관 전체에 의존해 있다.

관계들을 명료하게 하기 위해서는 심미적인 직관과 자연-신화적인 세계상이 완전히 상이하다는 점을 확실하게 하는 것이 중요하다. 심미적인 태도는 형식적인 태도로서 그 내용은 어떤 것으로든 채워질 수 있다. 현재의 영역이 지금 당장 철학적인 사고의 내용, 특수한 신화적인 학문의 내용,

신지학의 내용으로는 그 타당성을 더 이상 보장받을 수 없는 상태에서, 현존하는 인간이 그 현재 영역의 직관성을 허용해 주고 그것에 접근할 수 있게 만들어 줄 때 취할 수 있는 유일한 태도가 심미적인 태도라고 해서 그 현재의 영역을 심미적이라 칭하는 것은 잘못이다.

다른 세계상과 마찬가지로 신화적인 세계상에는 한계라는 것이 없다. 예를 들어 기술적인 세계도 그렇거니와 영혼사적인 세계도 이런 영역에 포함된다. 심지어 기계조차 신화적인 삶을 획득한다.

세 가지 유형들은 한 개인 안에서 동시에 출현해서 종합의 방향으로 나아갈 수 있지만, 그것들의 완전한 형성, 그것들의 명료한 발달은 배타적인 실현이라는 일방적인 형식 속에서 획득된다. 그것들 모두는 한 번쯤 철학적인 세계상들로 절대화되었던 것들이다. 자연-기계론적인 세계상은 데모크리토스에서 시작해서 19세기 유물론자들을 거쳐 기계론적인 세계관 일반으로 발전해 나갔다. 자연-역사적인 세계상은 그 중심에 유기적인 것, 살아 있는 것, 풍부한 질적인 다양성을 가지고 있는 자연주의로 수렴되었으며(예를 들어 에른스트 헤켈, 더 나아가 생철학의 자연주의적 표현에 이르는 생물학주의, 정신 철학 등), 자연-신화적인 세계관은 낭만주의 자연철학에까지 이른다(신화적인 세계이해, 신지학, 또한 구스타프 페히너의 독자적인 철학).

구체적인 것 속에서 이런 세계상들은 종종 서로 경쟁 중에 있거나 서로 전혀 이해하지 못하는 상태로 머물러 있는 경우도 있다. 설명에는 다음의 예시가 도움이 될 수 있다.

a) 괴테는 자신의 색채론에서 뉴턴의 기계론적 설명에 반대해 열띤 논쟁을 펼친바 있다. 그런 이유에서 그는 당대의 물리학자들로부터 공격받거나 진지하게 수용되지 못했다. 양 진영은 서로 이해하지 못했다. 괴테는 자연에 대한 기계론적 설명을 절대적인 것, 즉 자연철학으로 여겼는데, 그

것이 이러한 관점 아래에서 자연을 파악하고 지배하기 위한 연관들을 추상적으로 강조하는 것인 한에서 그랬다.[52] 괴테도 자신의 자연사적 연구 방법을 절대화하였고, 다른 연구 방법의 본질을 인식하지 못하는 한에서 오류를 저지를 수밖에 없었다. 자연-역사적인 세계상 안에서 그는 감각적인 생생함과 현상 그 자체에 전념했다. 그는 질적 측면을 고려하지 않는 기계론적 연구의 공허함과 건조함, 무색함을 느꼈다. 그는 주어져 있는 것을 정리 정돈하고 싶었던 것이지, 아무도 볼 수 없고 아무도 경험할 수 없는 그 어떤 것을 통해서 그것을 설명하려고 한 것이 아니다. 그가 사용하는 주된 범주들은 원시적인 현상들, 성장과 증식, 생생한 것을 그 자체로 나타내 주고 자연-기계론적인 세계상에서는 일체 끼어들 자리가 전혀 없는 그런 범주들이었다. 색채론에 표현되어 있는 괴테의 통찰들은 자연-역사적이고 현상학적인 성질의 것이자 자연-신화적인 세계상으로 확장되는 심리학적인 성질의 것이다. 여기서는 그 통찰들도 마찬가지로 불가침적인데, 그 이유는 기계론적인 통찰들이 자신들의 영역에 속해 있는 것처럼 그 통찰들은 자기 고유의 세계상의 영역을 표현하고 있기 때문이다.

b) 낭만주의 자연철학은 자연사적 및 자연-기계론적인 통찰의 자리를 자연-신화적인 것, 유추 및 관계의 직관성으로 대체하려고 하였는데, 특히 그러한 직관성을 부분적으로는 방금 전에 언급했던 세계상들의 논리적인 형식으로 제시함으로써 실현하려고 하였다. 자연과학에 대항해 낭만주의 자연철학은, 자연이 기계론적이든 형태학적이든 그것을 살아 있고 영혼이 가득한 전체로 보았다. 낭만주의 자연철학은 영혼도 정신도 없는 것들의 법칙적인 발달 대신 자연현상들에서 어두침침한 영적인 과정들 및 의미

---

52 이런 식으로 딜타이(Wilhelm Dilthey)는 두 진영의 대립을 적절하게 특징짓고 있다.

있는 의지력들의 발현을 보았다. 자연력으로서의 의지는 불가사의하게 작용하고, 이런 수수께끼 같은 신비로운 세계는 의식에서 투시의 형태로 개시된다. 이에 대한 자연과학의 대응은 불가피했다. 기계론적이고 역사적인 의미에서의 자연 인식과 자연-신화 간의 혼동이 해결되었어야만 했다. 결과는 기계론적인 것을 새롭게 절대화하는 것이었다.[53]

세계상들 간의 투쟁이 시작되는 것은 항상 하나의 세계상을 모든 것과 모든 사람에게 적용하려는 배타적인 욕구가 절대화될 때다. 자연은 단순히 죽어 있는 메커니즘이 아니고 단순한 활력이 아니며 단순한 신화적인 세계도 아니다. 자연은 모든 것이지만, 이는 오로지 긍정적으로 보는 사람과 순간순간 그것을 충실하게 보는 사람에게만 해당되는 얘기지, 관점을 취할 때마다 다른 것들을 부정하기만 하는 그런 부정적인 시선을 가진 사람에게 해당되는 얘기가 아니다.

세 가지 세계상들 간의 투쟁에 대한 반작용으로 종합이 생겨난다. 세 가지 중에서 그 어느 것도 완전히 순수하지 않다는 것, 바로 이것이 투쟁의 원천일 뿐 아니라 종합을 요구한다. 가장 순수한 기계론적 세계상은 궁극의 질이나 그 어떤 직관성을 피해 갈 수 없는데, 그런 것들은 수치와 수학으로 남김없이 모조리 담아낼 수 있는 것이 아니다. 자연-역사적인 세계상

••

53 윅스퀼(Jakob von Uexküll)의 두 가지 일화가 기계론적인 세계상과 자연사적 세계상 간의 극명한 대조를 보여 주고 있다. 걸레 세척통의 출처를 물었을 때 헤센 주 출신의 한 농부 소년은 이런 식으로 생각한다. "그것은 깊은 숲속에 있는 나무에서 '자랍니다.'" 베를린에서 온 한 소녀는 즉시 그것을 '만들어진' 것이라고 말하면서 그것이 나무로 만들어졌다고 설명한다. "그런데 나무는 어디서 나지요?" 나무는 만들어진 것이 아니고 자라난다는 주장에 대해 베를린 소녀는 이렇게 답한다. "아 글쎄요, 그것들은 어딘가에서 이미 만들어진 것일 것입니다." 한 사람에게 세계는 신비한 성장과 변화이며, 다른 한 사람에게 세계는 계산 가능한 기계이고 조망이 가능한 것이다.

은 자신이 종속되어 있는 기계론적 통찰을 지속적으로 사용한다. 모든 자연 기술은, 비록 그러한 기술이 기계론적 통찰과는 완전히 상이한 목표를 추구하더라도, 그때마다 알려져 있는 기계적인 것을 자신을 이루는 하나의 요소로 전제한다. 예를 들어 해부학에서의 기계적인 것은, 거기서 기계론적 통찰력이 새로 생겨나 그런 것이 추구되는 식인 것이 아니고, 목적합리적인 조직화를 그 자체로 보고 이를 통해서 의미 있는 진술을 발견하고자 하는 목표가 각각의 개별적인 목적 연관들을 비로소 가능하게 만들어주는 그런 기계적인 것을 자체 내에 수렴하는 방식이다. 원초적인 현상, 원초적인 유형, 생명의 이념, 물질의 이념으로 등장하는 자연-역사적인 세계상의 한계들은 방향을 의미하지만, 궁극적으로는 알려지지 않은 그 어떤 것을 의미하며, 고찰자들을 항상 쉽사리 자연-신화적인 세계상으로 인도한다. 자연-역사적인 세계상에 대해서는 완전히 무관심하지만, 이런 새로운 영역을 구성하는 것을 늘 단순히 바라보는 몰입 속에서 경험할 수 있게 유혹하는 접근 방식들이 여기에 있다. 그런 식으로 자연-신화는 늘 자신의 구성 요소로서의 자연-역학과 자연-역사에 의존하고 있고 그로부터 결코 완전히 분리될 수 없다.

자연에 대한 가치화들은 상반되는 성질의 것들이었다. 자연은 사악하고 무시무시하고 안중에 없는, 중요하지 않은 것으로 여겨졌다. 그렇지 않은 경우 사람들은 그 안에서 완벽한 질서와 아름다움을 보았으며, 그로부터 세계 건설자로서의 신의 현존에 대한 증거를 취했고 그 안에서 안정감을 느꼈다. 아낙사고라스는 사람들이 별이 빛나는 하늘의 질서를 볼 수 있기 때문에 삶이 그만큼 살 만한 가치가 있는 것이라고 생각했다. 키케로는 아리스토텔레스를 끌어들이는 가운데 자연 전체를 열정적으로 묘사하면서 그로부터 신의 존재에 대한 증거를 제시했다. 이러한 신조는 계몽주의 철학으로까지 이어졌다. 조르다노 브루노와 섀프츠베리 백작은 신성한 예술 작품으로서 자연의 생기발랄함에 감동받아 교화되었다. 칸트는 종국적으로 다음과 같은 자연관을 반복했다.

"현재의 세계는 우리에게 이루 헤아릴 수 없는 다양성, 질서, 편의성, 아름다움의 장면들을 열어 보여 준다. 사람들은 이제 공간의 무한성이나 제한 없는 공간 분할 속에서 이런 것들을 추적해 볼 수 있는데, 그에 관해서 우리의 박약한 오성조차 얻어 낼 수 있었던 지식에 따르더라도 모든 언어들은 그 많은 예측 불가한 엄청난 경이로움을 제대로 강조하지 못하고, 모든 숫자들은 그것들이 가지고 있는 힘을 제대로 가늠하지 못하며, 우리의 생각들조차 모든 것을 분별하는 능력을 갖추고 있지 못해서, 전체에 대한 우리의 판단은 말로 다 할 수는 없지만 그럴수록 웅변적인 경이로 더 분해될 수밖에 없다."

그러나 이런 자연관에 전혀 이의가 없는 칸트가 이런 자연관을 제시했던 것은, 이 자연관으로부터 세계 창조자의 존재에 대해 자명한 증거를 도출해 낼 수 있어야만 한다는 요청을 거부하기 위해서였을 따름이다.

세 가지 특징적인 세계상들은 관조적인 태도를 특징지어 주는 세계상으로 묘사되었다. 그러나 그러한 세계상들은 그와 동시에 능동적인 태도의 매개체이기도 하다. 이후의 세계상들이 능동적인 태도의 이런 매개체 안으로 도입될 수 있다면, 그것들은 특히 시공간적인 형식을 제시하거나 그런 것을 비로소 얻는 경향이 있다.

인간 행동의 틀이기도 한 이러한 세계상을 살펴보게 되면, 세 가지 종류의 감각-공간적인 세계상들과 유사하게 기술적인 성취의 세계상, 비합리적인 능력의 세계상, 마법적인 영향력의 세계상이 있다는 것을 알 수 있다. 자연-기계론적인 세계상은 인간에게 종속되어 있다. 이런 세계상이 충분한 한에서 인간은 계산하고 제작할 수 있다. 이때 인간은 거의 모든 사람들이 사용할 수 있고 임의로 복제해 낼 수 있는 도구를 제작할 수 있다. 주어진 감각-공간적인 세계에서는 하나의 새로운 세계, 즉 기계들의 기술 세계가 생겨 나온다. 거기서는 더 나아가 인간의 삶 자체, 세계의 모든 것들이 계획 및 계산을 기반으로 합리화되고 '조직된다.' 즉 기계화되어 '운영되는 가운데' 탈바꿈된다. 전 세계의 모든 것들은 이런 식으로 파악될 수 있는 기술적인 측면이 있다. 하지만 다른 한편 그저 단순히 기술적 측면만 가지고 있는 것은 아무것도 없다. 여기에는 늘 기술적인 한계가 존재하는데, 이 기술적인 한계 자체는 인간의 기술적인 행동에서 항상 '할 수 있음'을 요구한다. 그때마다 기술-기계적으로 도달한 수준을 기반으로 구체적인 행동을 하기 위해서는 ― 완전히 규칙적으로 진행되는 기계 조작의 극단적인 경우들은 도외시하고 그 자체가 흔적으로 여기에 남겨진 ― 할 수 있는 능력, 즉 기예가 필요하다. 단순히 현상적인 것, 자연사적으로 기술될 수 있는 것, 하지만 제작해 낼 수는 없는 것, 이런 것들에 영향을 가하는 것은 결단, 위험 부담, 책임을 필요로 하고, 절대적으로 확실히 예상할 수 없고, 기술적인 전제조건들에 대한 통제 외에 '삶의 경험', '본능', '이해', '생활 지식', 그리고 단순히 타자에게 양도될 수 있는 것이 아니어서 개인적으로 직접 습득해야 하거나 천부적으로 타고나야만 하는 '할 수 있음'이 더 추가되어야만 성공할 수 있다. 지금까지 만들어 왔고 앞으로도 만들어 낼 수 있다는 의식은 사물을 단순한 재료로, 언제라도 대체 가능한 것으로, 그 자체로 별 볼 일 없는 하찮은 것으로, 그저 단순히 양적인 속성과 가치만을 갖고 있는 것으로 축소시켜 버린다. 모든 것은 '할 수 있음'과 운명에 의존해 있다는 의식의 특징적인 것이 바로 경외심인데, 이 경외심은 주관적으로는 자연사적인 세계상 속에 있는 대상세계가 가진, 파악할 수 없는 충만성에 해당한다.

　마침내 자연-신화적인 세계상이 활동의 매개체로 취해지면 마법적인 작용이 일어난다. 마법적인 관계란 내적인 것이 외적인 것에, 다른 것 일체에, 중재를 거치지 않은 상태에서, 인과연쇄를 거치지 않은 상태에서, 완전히 직접적으로, 비공간적으로, 말하자면 비밀스럽게 작용하는 것을 의미한다.[54] 모든 파악은 무언가를 발생하게 하는 일련의 중재들을 파악하는 것이기 때문에 마법적인 효력은 파악이 불가능하다. 우리가 혼자서 모든 표현, 작용 및 행동을 할 때 수단으로 사용하는 신체에 우리의 정신이 영향을 미치는 세계 속 한 장소에 우리가 들어가 있을 때에만, 우리는 저러한 이해할 수 없는 마법적인 관계를 의심의 여지없이 알게 된다. 신체의 메커니즘에 대해서, 심적인 인과관계들에 대해서 우리가 아무리 많이 알고 있다고 하더라도 우리는 항상 주변부에 머물러 서성이는 가운데 저러한 마법적 관계에는 접근하지 못한다. 여기서 우리는 단순한 사고가 감각-공간적인 세계 안으로 들어오는 것을 경험한다. 이런 경험은 추정된 마법적인 행동이 세계 전체 밖으로 확장해 나가는 원천이자, 세계 전체가 자연-신화적인 세계상의 형태 안으로 잠겨 들어가는 원천이기도 하다. 신화 속 동화처럼 보이는 세계에서의 모든 비유와 상징적인 관계들은 행동 가능한 것들로 전환된다. 믿는 자들의 열정적인 활동에서 시작해서 기술적 합리주의의 형식을 취하는 계산된 행동에 이르기까지 일련의 행동이 있는데, 그런 것들은 우리에게는 그 연관이 매개된 것인 감각-공간적인 현실과 독특한 신화적 대상세계를 혼동함으로써 생겨 나오며, 경험된 정신과 신체 간

··
54 마법 개념에 대해서는 Georg Wilhelm Friedrich Hegel, Werke 7: *Encyklopädie*, II, 155쪽 이하를 비교할 것.

의 마법적인 관계가, 이런 성질의 관계가 주어지지 않은 더 나아간 다른 관계들에 이전되어 적용되면서 생겨난다. 그런 식으로 마법적인 관계는 추정된 마법적인 기술로 변해 간다.

4) 기술적인 세계상

예술은 기술의 한계로 남아 있고, 마법은 그 한 지점에서 해낼 수 있는 능력의 조건이 된다. 하지만 세 가지 모두는 본질적으로 서로 다른 영역들이다.

마법적인 기술은 (종교) 의식, 제도, 마법적인 형식들로 객관화된다. 해낼 수 있는 능력은 인물 및 전통 속에서 존재한다. 기술은 하나의 새로운 세계가 되고, 이로써 기술적 세계상이 생겨 나온다.

이런 기술적인 세계상은 그런 기술적인 세계가 아주 거대해져서, 그것을 장악하고 지배하고 통찰하는 것이 전반적으로 성공할 수 없거나 원칙적으로 소수의 사람만이 그렇게 할 수 있다는 점에서 다르다. 대다수의 사람들은 이해하지 못한 상태에서 그것을 접한다. 그것은 그들에게 제2의 천성이지만, 그들이 지배하지 못하는 세계이자 그들이 예속되는 세계다. 그것은 인간에게 짐이 되고, 마침내 인간이 보기에 그것은 자기 고유의 생명을 가지고 있다. 기계는 인간을 위해서 살고, 이 모든 세계는 하나의 권력이 되고 힘이 된다. 그리고 인간이 자신에게 굴복시켰던 것, 인간에게 수단이었고 전적으로 재산이었던 것이 다른 사람들에게는 자연이 행사하는 저항보다도 더 악한 것이 된다. 그 연관이 여기서 사회학적 불가피성을 가지고 언급될 수 없는 그러한 발달은, 기술적인 세계상이 서로 상반되는 두 가지 유형으로 특징지어질 수 있다는 것을 의미한다.

한 유형은 '할 수 있음'과 기술적인 것의 숙달 속에서 찾아볼 수 있다. 그것에는 프랜시스 베이컨이 말했던 "자연은 순종을 통해서만 정복된다"는 말이 적용될 것이겠지만, 이 방법은 그에게 기술적인 세계상을 만들어내 확장하는 것을 의미한다. 그는 발명가다. 기술은, 행동과 탐구 사이에서 하나의 독특한 중간을 유지하는, 완전히 예측 불가능한 그의 창조적인 활동의 매체로서 그를 감동시킨다. 기술은 전형적인 의미에서의 활동이 아니다. 왜냐하면 절대적으로 개별적인 특성을 갖는 책임, 죄책감, 구체적인 상황적 행동이 거기에는 누락되어 있기 때문이다. 그것은 오히려 우선 행동의 수단이 되는 도구로 만들어져 행동에서 사용될 따름이다. 다른 한편, 그것은 순수한 정관도 아니다. 왜냐하면 어마어마한 효과가 바로 이 도구를 통해서 달성되고 의도되기 때문이다. 이것이 세계 창작자가 발명을 할 때 느끼는 즐거움이다. 이런 식으로 발명가는 기술 세계의 가장자리에서 기술의 주인이자 창작자로서 능력을 발휘하면서 살아간다. 하지만 성취에만 종속되어 있는 것은 아니다. 그는 기술을 즐긴다. 왜냐하면 그는 조직 업무를 수행하는 조직자처럼 조직을 세우고 거기서 자신의 권력을 경험하고 자신의 생각들이 지속되는 기구 안에서 영향을 미치는 것을 경험함으로써 뭔가를 성취하기 때문이다. 둘 모두 시중을 드는 장치로서의 기계에 종속된다거나 완성된 조직에 편입된 채 종속되는 경향은 없을 것이다.

기술적인 세계상은 그것 안에서 태어나서 일하는 사람들, 그것에 순종해야만 하는 사람들, 기계를 계속 가동하지만 창작하지는 않는 사람들, 장치들의 창작자가 아닌 장치의 노예인 사람들에게는 완전히 다르게 보인다. 끊임없는 반복, 단순히 수량화되는 가치, 예술성이 없는 단순한 성취, 그런 사람들의 삶은 이런 것들로 만족해야만 한다.

양극단 사이에는 일련의 중간 단계들이 있다. 꿰뚫어 보고 조망할 수 있을 정도로 기술을 터득하게 되면, 이것이 사람 자신이 서 있는 곳인 전체에 대한 의식을 가능하게 해 줌으로써 개별적인 각각의 성취에는 더 많은 의미가 부여될 수 있다. 예술까지는 아니더라도 그 목적을 보아 인정한다면 전체에 대해서는 의무적으로 복종해야겠다는 의식은 가질 수 있다. 이때 인간은 기술적인 모든 것이 의존하고 있는 것에 대해 간접 경험을 하게 되고, 예측 불가능한 순간에 궁극의 질, 자연-역사적인 세계상에 들어 있는 모든 것들에 대해 간접 경험을 하게 된다. 이러한 경험은, 그런 것이 한번이라도 일어난다면, 기술과의 대조를 통해서 더 강렬하고 더 의식적으로 된다. 예를 들어 의사는 기술적으로 만들어질 수 있고 계산될 수 있는 모든 것들과 대조하는 경험을 통해서 삶과 삶의 기예를 경험할 수 있고, 진지한 확신을 가지고 이러한 경험에 도달해, 다른 곳에서처럼 여기서도 필연적으로 의지 활동과 성찰만이 계속 지향을 유지한 채 머물 수 있는 그런 기술을 완벽하게 숙달하고 이해함으로써 그러한 경험이 삶의 요소가 될 수 있게 된다.

기술적인 세계상 속에서 활동하거나 창작하며 경험하는 모든 사람과 반대되는 사람은 장외에서 단지 고찰만 하는 사람인데, 이런 사람은 활동하지 않는 순수한 정관의 상태에서 이러한 세계상을 필히 다르게 보고 더욱 무관심하게 보며, 그것을 쉽게 심미적으로 고립시켜서는 그것에 대해 기뻐하거나 화를 내기는 해도 그것을 자기 것으로 만들지는 않는다.

지난 세기에 역사적으로 실재했던 기술적인 세계상이 엄청나게 격변하는 것을 경험한 바 있는 우리 시대의 독특한 점은 기술을 경멸하거나 증오하거나, 그렇지 않으면 그것에 단순히 경도되는 것이다. 기술에 대한 경멸, 즉 모든 종류의 작업, 조직, 장치, 기계들에 대한 경멸은, 이전에도 그랬지만 지금은 더욱 실감날 정도로 우리의 모든 삶이 기술을 전제조건으로 삼고 있다는 사실을 회피할 수 없다. 기술 숭배는 기술적인 모든 것들이 그저 수단일 뿐이요 도구일 뿐임을 망각한다. 의미, 목적, 전체가 어디에 있는지에 대해서 기술적인 세계상은 아무것도 말해 주지 않는다. '유용성'이라는 말은 일반적으로 많이 사용되는 표현이지만, 그것이 대체 무엇인지 그리고 그것이 궁극적인 것인지 어떤지를 물음으로써 기술적인 세계상은 불가피하게 더 많은 것들과 연관될 수 있다.

2. 영적-문화적인 세계상

감각-공간적인 세계상은 영적인 것이 없어도 떠올려 볼 수 있지만, 그 반대는 성립하지 않는다. 감각-공간적인 세계처럼, 영적인 세계도 구체적이고 직관적이고 실제적이다. 하지만 영적인 세계는 따로 분리되어 있거나 고립되어 있는 것이 아니고, 감각-공간적인 세계 내에서 그것을 대상화함으로써 주어진다. 그래서 영적인 세계는 어디서나 '자연'의 한 측면을 가지고 있으며, 모든 곳에서 그것이 가지고 있는 이런 측면을 가지고 앞서 설명된 세계상들 안에 포함되어 있고, 그런 한에서 이런 세계상들은 영적인 세계를 넘어선다. 그리고 영적인 세계는 기계적인 형태, 단순히 이해되지 않는 현상의 다양성, 신화적인 형태로 파악될 수 있다.

영적인 세계상의 또 다른 특별한 측면으로서 그것을 특별한 세계로 만들어 주는 것이 바로 이해의 방법을 통해 접근할 수 있으면서 외적 자연에 반대되는 내적 자연이다. 안으로부터 직관적으로 보게 되면 그것은 현상으로, 연관으로, 의미로, 동기로, 그리고 경향 등으로 보인다. 이렇게 이해될 수 있는 것을 따로 떼어 내서 그것 자체를 고찰하면 우리 앞에 직관적인 뭔가가 나타나지만 그것은 비실재적인 것 또는 유형들, 영적-정신적인 세계로서의 수학 같은 것이다. 이런 유형들을 우리는 직관적으로 그것도 현실을 인식하기 위한 수단을 창출하기 위해서 실제 현실을 고려해서 구성하지만, 그럼에도 비실제적인 공간에서 그렇게 한다. 이 책에서 우리가 개진하고 있는 심리학적 고찰 방법이 전반적으로 이런 성질의 것이다. 우리가 영적-문화적인 세계상을 현실로 간주할 때마다 우리는 동시에 감각-공간적인 세계상 내에 위치하게 된다. 후자 안의 모든 곳에서 우리는 영적-문화적인 세계로 비약해 넘어가기도 한다. 예를 들어 우리가 자연 경관이나 문화 경관을 볼 때, 물리적 지리학 또는 인류 지리학을 할 때, 장기 및 뇌의 생리학 또는 정신생리학을 할 때, 근육 마비를 그 자체로 보느냐 아니면 히스테리 환자의 마비를 영적 과정의 징후로 보느냐, 얼굴에서 얼굴 근육과 그것의 기계적인 성능을 보느냐 아니면 웃고 있는 표정을 보느냐 등에 따라서 우리는 그때마다 다른 세계들 사이를 오간다. 그래서 모든 종류의 영적-문화적인 세계상은 기계적인 세계상 및 기타 자연상들의 연결 마디로 볼 수 있거나 그게 아니면 특수한 방식으로 이해될 수 있는 내면세계로 여겨 볼 수 있다. 하지만 영적인 세계상들이 자연의 형식들 속에서 관찰되는 한에서 이런 자연의 형식들은 특별한 영향을 미친다. 사회학적 심리학적 정치학적 세계상은 자연세계상으로 간주될 수 있고, 사람들은 원소, 법칙, 원소의 합성, 이론, 설명 등을 주어져 있는 불가해한 것의 기반 위에서 발견한다고 믿는다. 영적인 요소들과 그것들의 조합에 관한 심리학적 이론, 정치경제학적 법칙들은 (이런 것들이 이상형으로 간주되지 않는 한) 자연-역학적인 표상들과 일치한다. 민족정신과 종족의 역사적 이념들, 신체적 나이에 해당하는 실질적인 기간에 걸쳐서 성장하는 역사 과정들에 관한 사상은 자연-역사적이고 자연-신화적인 표상 방식들에 해당한다.

1) 1차

이런 식으로 영혼과 문화세계에 관한 표상들에서 세계상의 모든 방향들은 서로 얽힌다. 이런 얽힘의 문제는 이제 옆으로 제쳐두고, 이해될 수 있는 것의 전형적인 형태들이 갖는 독특한 특징들을 규정해 보기로 한다.

(1) 직접적인 세계

인간 그 어느 누구도 단순히 감각적인 지각 내용들만 자신의 세계상으로 가지는 것은 아니고, 누구나 자신의 영혼 안에 이해될 수 있는 것을 가지고 있다. 예를 들어 인간, 행동, 예술작품에 대한 우리의 반응에서 일어나는 우리의 실천적인 이해는 객관적으로 의식되지 않는 경향이 있다. 그런 실천적인 이해는 구분되어 고정되고 형식화되는 성질의 것이 아니다. 우리는 이해되고 이해될 수 있는 세계 안에서 살아가지만 그것을 알지 못한 채, 무비판적으로, 통제해 가면서 제한시키지 않은 상태에서 그렇게 한다. 이것은 일종의 직접적인 세계다.

현재, 익숙하고 늘 변함없는 사회적인 분위기, 자신의 영적인 삶, 자신의 감정과 소원, 이런 것들은 너무도 자명해서 의문을 품지 않은 채 유일무이한 것으로 간주된다. 다른 모든 것들은 아주 순진하게 자신과 완전히 일치하는 것으로 여겨지고 그런 식으로 판단된다. 근본에 있어서는 오로지 '이성적인 것(자기 고유의 현존)'과 '미친 것(그런 것과 일치하지 않는 짓)'만이 존재한다. 우연히 그 어떤 날짜를 듣거나 과거에 일어났던 얘기를 듣거나 낯선 세계로부터 유래하는 이야기를 들으면, 이야기 속 사건은 현재와 동일한 본질을 가진 것으로 여겨진다. 이런 이야기를 듣는 사람의 세계는 역사가 결여되어 있다. 그런 사람은 오로지 직접적인 삶만 산다. 그리고 한

번도 자신이 하나의 좁다란 지평 속에서 살아가고 있다고 생각하지 않지만, 그러한 지평의 경계선 너머에 뭔가가 여전히 존재하고 있다는 것도 의심해 보지 않는다.

직접 이해할 수 있는 이런 세계, 자기 자신의 세계 내에서의 삶은 절대적으로 이해할 수 있는 세계에서의 삶이다. 거기서는 비교가 존재하지 않아 문제될 것도 없고 그래서 또한 자신의 현존을 특별한 것으로 의식하지도 않는다. 타자 내면세계의 외적인 존재에 관한 지식에서도 직접적인 것에 국한하는 삶은 그대로 유지된다. 낯선 것은 오해되어 자기 고유 세계의 동기와 목적으로 환원되고, 나쁜 의지나 우둔함에서 생겨 나온 것으로 여겨진다.

우리가 비록 나중에 이해할 수 있게 되는 세계상들을 습득하더라도, 가까이에 있는 이런 삶은 유일무이한 삶으로서 우리가 알아차리지 못하는 사이에 우리 자신 안으로 들어와 광범위하게 확장된다. 우리 세계는 그런 것으로 가득하다. 그런 직접적인 세계 안에서 살아가면서 그것의 인도를 받는 것이 정상이다.

직접적인 사회학적 세계상들은 매우 풍부할 수 있고, 개개 인간에게 영향을 미치는 구체적인 것들은 아주 다양해서, 이 모든 것들을 각자의 삶에 의식적으로 형식화시켜 받아들이게 되면, 일종의 포괄적으로 구조화된 세계상이 얻어질 것이다. 하지만 거의 모든 인간들이 자신들의 실질적인 세계상 안으로 흘러 들어가지 못하는 많은 것들을 경험한다.

(2) 타자와 이방인의 세계(객관적인 문화세계와 주관적인 체험세계)

이해된 것이 비로소 주체의 사실적인 반응에서 경험될 뿐 아니라 대상으로서도 경험될 때, 즉 알려질 때, 구분하고 파악하고 비교하는 것이 가능해진다. 이로써 비로소 이해할 수 있는 내용, 즉 정신적인 작품과 영혼의 이해 가능한 내용으로 구조화되어 있는 세계상이 태동한다.

우선 알려지는 것은 타자의 낯선 세계 일체가 존재하고 있다는 사실이다. 운명, 제도, 체험에는 다른 무엇인가가 여전히 존재하고 있다는 의식이 출현한다. 그리고 그런 타자를 알고 싶어 하는 관심이 생겨난다. 마치 낯선 것을 동화시키는 직접적인 것과 같이, 인간의 정신은 자신을 상실하기보다는 오히려 자신을 드러내 주장하고 다른 것과 비교하는 가운데, 낯선 것에 자신을 개방해서 그것을 보고 자신을 보존하는 가운데, 자신의 실재 및 경험 너머로 자신의 세계상을 확장해 나간다. 이런 발걸음을 처음으로 내디뎠던 이들이 그리스인들이었다. 그들에게 타민족과 타문화들의 존재 및 생소함은 탐구해서 알아낼 만한 가치가 있는 대상이었다. '타자'에 대해 이런 최초의 경이로움을 표하면서도 여전히 불분명하고 순박한 태도를 취했던 최초의 대표자가 우리에게는 헤로도토스다.

비교의 과정 속에서 세계상이 구성된다. 잘 알려져 있다시피, 정신의 영역들은 논리적 영역, 미적 영역, 종교적 영역, 정치적 영역, 경제적 영역 등의 형식으로 구분된다. 그리고 이해할 수 있는 영혼으로서의 주체는 이런 영혼의 표현, 창조물, 매체, 대상이기도 한 이해 가능한 내용으로서의 대상과 병치된다. 정신적인 것의 수많은 개별 연관들은 그런 식으로 태동하는 세계상 속에서 내적 연관을 형성하고 엄격한 규칙성을 따라서 움직이는 자율적인 영역들로 분리된다. 그러나 그러한 것들은 주체 안에서 서로 얽혀 있기 때문에 모두가 다시 서로 관련을 맺는다. 인간세계의 전체성과 대비되는 이런 개별화된 태도들은 그래서 양극으로 나뉘어 대조될 수 있다. 한쪽은 객관적인 문화의 세계상을 구축하고 다른 한쪽은 인간과 체험의 세계상을 구축한다. 전자는 전적으로 객관적이고, 후자는 전적으로 주관적-심리적이다. 체험과 따로 분리되어 현존하는 것의 내용, 즉 객관적인 의미를 이해하는 것과 인간 및 인간의 체험을 이해하는 것이 서로 대립해 있다. 궁극적으로는 둘 모두가 다른 쪽 없이는 불가능해서 둘은 사실 늘 함께 붙어 다닌다. 양극단은 가끔씩 근사치 정도로 접근할 수 있을 뿐이고 이와 함께 세계상은 텅 비어 메마르게 되고, 그런 다음에는 성장을 멈춘다. 객관적으로는 역사적 자료들만 끝없이 수집되고, 주관적으로는 늘 몇몇 유형과 규칙의 강제에 따라 이해되고 '역추적된다.' 그래도 대상적인 것 일반의 세계상을 묘사하는 것, 즉 무의미하고 일반적이며 객관적인 세계를 묘사하는 것은 가능하다. 그것은 '의식 일반'에 대해 완전히 비심리적이고 비인간적인 세계상, 즉 철학적인 세계상이다. 이와는 반대로 모든 것을 심리적으로 바라보고 영적인 현존에 대해서 똑같이 일방적인 세계상을 제공하는 것이 가능하다. 이해할 수 있는 세계관 일반으로 종합의 범위를 계속 넓혀 가기 위해서는 일시적인 관점들로서의 저러한 두 일방성이 수차례에 걸쳐서 반복적으로 시도되어야만 할 것이다. 이러한 종합은 궁극적으로 구체적이고 역사적인 직관 안에서 일어날 것이다. 이해에 도달한 것은 오로지 개별적인 역사적 현상들에 대한 묘사 및 파악에서만, 즉 세부적인 사례 보고집에서만 보일 것이다.

주관적인 경험세계와 달리 객관적인 문화세계는 경험과 창조로부터 독립해 있는 것으로 보이는 세계, 말하자면 즉자적인 세계다. 의미 없는 초월적인 법칙성의 세계, 논리적인 것, 심미적인 것, 학문들의 세계다. 더 나아가 사회학적 구조의 세계, 기술의 세계, 정치 및 전략의 세계, 법의 세계, 국가의 세계, 교회의 세계, 경제 법칙의 세계, 모든 종류의 조직 및 기구들의 세계, 직업의 세계, 관료주의의 세계 등이다. 즉 객관적인 정신의 세계다.

객관적인 문화세계와 주관적인 인간세계는, 그것들이 더 이상 서로 아무런 관련성이 없을 때, 그것들 각자가 취하고 있는 고립된 모습으로 몇 마디로 간단하게 특징지어질 수 있을 것이다.

a) 문화의 객관적인 세계상은, 따로 분리해 표상할 경우에 낯선 타문화와 완전히 낯선 타인들의 문화 내용에서 엄청나게 풍부한 내용을 얻어 낼 수 있고 개별적인 정신과학 분야들에서 그런 것을 획득했지만, 주관적인 경험세계와 아무 관계를 맺지 않는 경우에 그것은 외적인 특성을 띨 뿐이다. 정신의 영역에서 그것은 자연에 대한 기계론적 세계상과 일정 정도 유사한 측면이 있다. 그것이 여러 객관적인 문화적 연관들(경제, 법, 정치, 전략, 연설, 언어 등)의 많은 개별화된 자율성들을 다루고 있기는 하지만 그 어느 곳에서도 그것의 내부로 침투해 들어가지는 않는다. 모든 객관적인 문화적 내용들은 관찰되어 파악될 수 있고, 마치 완전히 독립적이고 자율적인 것들인 양 소유될 수 있기 때문에, ―그것들이 결코 스스로 '만들어질' 수 있는 것들이 아님에도― 그것들을 만드는 사람들이 제대로 관찰되고 있지 않기 때문에 (아마도 이론적으로 생각해 볼 수 있다고는 하더라도) 이런 유형의 세계상에 예속되어 있는 사람들에게는 (역사와 삶 속에서) 인간을 보지 못하는 특징이 있고, 인간들의 특징적인 차이에 대한 감이 거의 부재하다. 인간이 가지고 있는 특징들은 여기서 늘 외적으로만 관찰되고 '성취', '통찰력', '작품'에 따라 가치 평가가 이루어지며, 이런 업적들은 그것들을 인지하는 사람들에게 어필되는 새로움의 정도에 준해서 가치 평가된다. 인간 개인의 본질적 차이에 대해 감이 낮은 경우 수용적인 개인들은 종종 기준 없이 과대평가되지만, 다른 한편으로는 상대에 대한 존경심이 거의 부재하고, 적절한 거리두기의 기준 없이 인류의 위인들과 거의 친구를 대하는 듯한 거친 교류가 이루어진다. 동시대인의 평가에서는 어디서나 외적인 성공과 효과가 (그에 반대되는 모든 이론에도 불구하고) 결정적이다. 외적인 문화

의 내용들을 따를 경우에는 어디서나 가능하지만, 개인-심리학적 내용을 따를 경우에는 가능하지 않은 비교하기가 도입된다. 즉 겉으로는 유사한 것에 관심을 가졌지만, 본질적으로는 완전히 서로 다른 사람들을 비교하는 것이 도입된다. 예를 들어 니체가 완전히 강제적으로 시인으로 분류되어야 했던 경우처럼, 작품이 관례적인 객관적 문화 이미지에 맞는 것으로 분류되지 않을 때에는 개성이 완전히 무력해지는 것이 특징적이다.

b) 이런 식의 세계상과 상극관계에 있는 것이 주관적인 경험세계와 인간세계에 대한 상이다. 전자를 '합리적', '외적'이라 부를 수 있다면, 후자는 '직관적', '내적'이라고 부를 수 있다. 전자는 폭력적인 특성이 있고, 후자는 좀 더 자연스러운 특성이 있다. 여기서 인간과 모든 문화 내용들은 인간 및 인간 본질의 다양성을 고려한 것으로 보인다. 전자의 세계상은 분명하게 엄밀한 과학적인 세부 연구의 기초 작업에 더 적합하다. 거기서는 모든 것들이 어느 정도 차이는 있어도 객관적이다. 후자의 세계상은 생각의 모호성, 모든 개념들의 느슨함으로 오도되기도 하지만, 그에 반해 인간의 영리함, 인간 본질에 대한 자유로운 시선과 연관해 있고, 경험의 순수성과 비순수성에 대한 감각과 연관해 있으며, 본능적인 확실성, 내면성과 연관해 있다. 고립되어 있는 객관적인 세계상을 가지고 있는 사람은 — 모든 상반되는 이론적인 견해와 자신에게 문화적인 자료를 공급해 주는 그 자신의 훌륭한 작업에도 불구하고 — 작품들과 가치들의 황야에서 무한히 외롭게 서 있다. 후자는 그에게 운명이 되는 다양한 내적 관계에 서 있는 반면, 전자는 사람과의 모든 단절을 일시적인 고통스러운 체험으로 느끼는데, 이는 그가 근본적으로 그 누구와도 영혼 대 영혼의 관계에 서 있지 않기 때문이다. 고립되어 사유된 영혼에 대한 세계상에서 인간은 모든 객관성들을 존중하지 않고, '객관적인' 정확성, 기본 원칙, 명법들에 어긋나

는 것에 대해 고통스러워하지도 않는다. 이런 부류의 인간들은 영혼의 내용이 아니거나 그러한 것으로 표상되지 않을 경우에도 객관적으로 연구하려 들지 않는다.

(3) 무한한 이해의 세계상(이해 가능한 세계의 무한성)

자연이 제한된 우주 안에서 표상될 수 있는 것처럼, 이해 가능한 세계상 속의 모든 분화는 다양한 형식들과 영역들로 이루어진 하나의 폐쇄되어 있는 전체를 형성할 수 있다. 그리고 제한된 수의 가능성들만 존재한다. 인간과 인간의 문화가 무엇인지는 대체적으로 알려져 있다. 복수의 현존 형태들이 어떻게 가능할 수 있었는지를, 즉 있을 수 있는 모든 가능한 형태들을 역사가 보여 준다. 인간 자체가 가능한 것으로부터 생겨 나온 하나의 조각이고, 모든 변화는 기존 형태들의 반복적인 순환일 뿐이다. 미래가 새로움으로서의 반복으로 보이지 않는다고 하더라도 자기폐쇄적인 세계상은 여전히 그대로 남아 있다. 비록 다음과 같은 발달 노선을 간과하고 있다고는 해도 인간은 자신이 발전 중에 있다는 것을 안다. 신화사적으로 볼 때의 역사는 인간의 타락, 구원, 세계의 최후심판 같이 전적으로 정해진 단계들로 이루어진 기독교적 구원 과정으로서의 일의적인 역사가 될 수도 있을 것이고, 인간들이 그러한 과정상의 식별 가능한 어느 한 지점에 존재하고 있는 역사일 수도 있다. 그렇지 않은 경우 그 전개 노선은 모종의 행복, 사회적 조화, 기술 문화 등의 목표를 가진 진보적인 전개에 대한 믿음 아래에 과거의 모든 것을 진보 과정으로 재해석하는 그런 성질의 전개일 수도 있다. 그러한 자기폐쇄적인 모든 세계상의 경우에서 ─ 이러한 세계상은 이른바 역사철학들에서 상세하게 제시되었던 것이기도 한데 ─ 인간은 말하자면 안전한 길 위에 서 있는 것처럼 느낀다. 모든 운동에서 인간이 확고하게 서 있을 수 있는 것은 그러한 운동 자체가 인간이 알고 있는 의미와 법칙을 가지고 있기 때문이다. 인간은 인간이 무엇인지를 알고 있다.

이런 유한적이고 자기폐쇄적인 세계상과 대조적으로, 이해할 수 있는 것을 보는 방식은 그것이 무한적인 것을 보고 있기 때문에, 경이 및 질문으로부터 벗어나 있을 수가 없다. 이러한 것은 폐쇄된 세계상 안에 고정시킬 수도 없고 욱여넣을 수도 없으며, 완벽한 개요의 형태로 선명하게 제시될 수도 없다. 인간은 개별적인 것만을 파악할 수 있을 뿐이다. 그리고 그때마다 태동과 동시에 극복되는 그런 잠정적인 전체상에 자신을 위치시킬 수 있을 뿐이다. 전체의 의미와 과정을 보고 아는 능력은 우리 인간에게 주어져 있지 않다. 전반적으로는 알려져 있지 않은 경로의 부분적인 파편들만 주어진다. 인간이 무엇인지는 더 나아간 삶의 과정 속에서 겪게 되는 새로운 경험이 비로소 보여 줄 것이다. 실현되는 것은 얼마 되지 않는다. 여전히 우리 앞에 놓여 있는 무한성에 초점이 맞춰질 때, 역사가 우리에게 인간의 가능성에 대해서 가르쳐 주는 것은 단지 암시일 따름이다. 살아가고 있다고 느끼는 모든 사람들은 자신의 실존을 통해서 이러한 미래에 함께 영향을 미치고 있다는 것을 알고 있고 자신의 행동, 결정, 그리고 자신의 활동을 통해서 뭔가 궁극적인 것을 결정하고 있다는 것을 안다. 삶이 무한히 중요한 것은 그것을 통해서 영혼이 무엇인지가 비로소 결정되기 때문이다. 그것은 자기폐쇄된 전체상을 통해서 선취되는 것이 아니라 결코 그 끝을 모르는 과제, 책임 및 경험을 통해서 문제시된다. 인간 및 인간의 역사에 대한 자기폐쇄된 상들은 습관과 규칙에 호소하고 책임과 의미를 밀쳐 내도록 자극한다(비록 그것이 간접적으로는 아주 강력한 활동을 고무시킬 수 있기는 해도 말이다). 이해 가능한 무한한 영역으로 정향하는 일은 (비록 그것이 간접적으로는 자신의 본질을 상실한 상태에서 끝없는 정관으로 유혹될 수 있는 것일지라도) 살아 있는 정신성, 그것의 발의 및 힘을 필요로 한다. 무한한 이해라는 세계상 속에서 인간 앞에는 무한한 경험 가능성과 문화 내용들이 놓여 있다. 인간이 자신의 영혼 및 문화적 현존이 가지고 있는 한계와 상대성을 보는 것은 그런 것들이 객관적인 형태를 취하고 있을 때다 (왜냐하면 주관적인 힘으로서의 삶의 실체는 특히 이 대상적인 이미지에서 자신이 잠재력의 측면에서 무한하다는 것을 느낄 수 있기 때문이다). 인간에 의해 도달된 이해의 한계선에서 인간은 비로소 규정되어 있지 않은 먼 곳에 무한한 가능성이 있다는 것을 알게 된다. 이해 속에서 이런 무한성을 체험하기 위해서 인간은 가장 낯설고 가장 먼 곳에 있는 것, 즉 가장 낯선 문화, 가장 경이로운 인간, 정신병리학적인 것으로 눈길을 돌리는 경향이 있다. 부분적인 이해 속에서, 오래전에 알려져 있는, 자기 스스로 경험했던 것들과의 부분적인 일치 속에서 인간은 점점 더 멀리에 있는 것, 무한적인 것을 느낀다. 이해 가능한 것의 무한성은 공간적인 무한성과 비교 가능할 정도로 유사하다.

2) 2차

이와 함께 단순한 전체성(영혼, 개성, 사회 등)의 이념 아래에서 모든 개별적인 요소들을 직관적으로 분석하기 위해 전체에 대한 축소된 역사적인 직관을 포기하는 역사적인 세계상이 가능해진다. 학술적인 작업에서는 질문을 엄밀하게 세분화시키고 일반성으로부터 거리를 두는 작업이 도입된다. 이전에는 자명하게 통일적이고 전체적인 것으로 두루뭉술하게 여겨졌던 '시대', '민족'은 이제 끝없이 분해된다. 경제적인 연관, 정치적인 연관, 종교적인 연관, 그리고 마지막으로는 생물학적인 연관 같은 개별 연관들이,

그것들의 인과적 의미의 범위가 정량적으로 추정되지는 않더라도, 보이기에 이른다. 사회 집단 및 사회 세력들을 이해의 방법을 통해서 여러 유형들로 구분해서 구성할 때, 사람들은 그것들에 그냥 단순히 경험적 타당성만 부여하는 것이 아니고 그것들을 필요에 따라 만들었다가 다시 필요에 따라 버린다. 세계상 자체는, 그것이 무한을 겨냥할 때 유동적인 것이 되어 왔다.

모든 이해될 수 있는 것들은 그 가치도 곧장 본능적으로 평가된다. 따라서 그런 이해할 수 있는 것 자체는 그 본질에 있어서 가치적인 특성을 가지고 있지만, 모든 자연-기계론적인 것들은 가치적인 특성 없이 그냥 단순히 수단적인 가치만 갖는다. 이해되는 것들의 세계는 동시에 가치의 세계이기도 하다. 이해된 세계상에 대한 한계 표상들에는 이런 가치화가 상당한 정도로 개입해 있다. 순수하게 고찰할 때 인간은 그런 가치화를 자제할 수 있다. 그러나 가치화는 항상 고찰에 이르기 위한 길잡이이고, 항상 단순한 고찰의 대상이 살아 있는 느낌 속으로 수용될 때마다 신속하게 재도입된다.

한계 표상에는 여러 종류가 있다. 첫 번째로 (시대와 민족의) 문화 전체에 대한 표상이 있고 두 번째로는 인간의 개성에 대한 표상이 있다. 두 가지 표상들은 무한이 의식될 때는 항상 해체된다. 그러면 그것들은 이념들로 변하는데, 이러한 이념들을 도식적으로 대표하는, 직관적으로 구성되고 규정되는 여러 유형들이 출현하지만, 이념으로서의 이런 것들은 구체적인 문화 및 개성을 지향하면서 생생하게 현전한다. 한계 표상들은 세계관적으로 가장 특징적인 것들이다. 인간이 시대와 문화를 어떻게 보고 인간을 어떻게 보는가가 인간을 특징짓는다. 인간은 경험적인 감각 속에서의 이러한 현실의 지평 너머로 나아가 신화적인 세계를 본다. 자연-신화적인 영역은 영혼-신화적인 영역과 짝을 이룬다. 그중 후자에 속하는 세 가지 한계 표상들이 문화, 인물, 신화적 영혼들인데, 이것들을 좀 더 상세하게 특징지어 보자면 다음과 같다.

(1) 문화들

동시대, 동일 민족, 이러한 것들은 후세에 대한 이해, 예를 들어 동양, 그리스주의, 로마주의, 비잔틴주의, 중세, 바로크 등에 대한 이해에 있어서 변화를 겪는다. 접근 가능한 객관적인 자료들의 분량, 우리 인간의 이해 기관인 이해 능력, 그리고 우리 영혼의 필요와 이상과 갈망, 이 세 가지 요소들이 과거 세계의 상을 결정한다. 자료의 존재 및 그에 대한 접근 가능성은 심리학적인 물음의 범위 밖에 있다. 이해할 줄 아는 능력은 그 자체로 연습이 필요하고, 개인의 기질에 따라 상이하며, 양적으로도 그렇지만 방향이 어떠냐에 따라서도 제한받는다. 그러한 이해 능력의 사실적인 차이는 개략적인 모습으로 나타난다. 예를 들어 수 세기에 걸쳐 진행되었던 고대에 대한 여러 다양한 모방들에서 나타난다. 이해 능력이 있다고 할 때, 그러한 능력에 날개를 달아 주는 결정적 힘이 바로 이상에 대한 갈망이다. 자신의 이상은 과거에 실현된 것으로 여겨지고, 실제 과거는 자신의 이상을 위해서 발견된다. 시대나 민족 속에서 이상을 발견하는 것은, 지상의 한정된 현상들 일반에서 하나의 절대적인 이상을 표준 및 모델로 소유하는 인간의 성향에 의해서 결정되거나 그렇지 아니면 그와는 반대로 모든 한정된 것들을 이상으로 나아가는 길로만, 단편으로만, 이율배반적이고 모호한 것으로만 보는 경향을 통해서 억제된다. 역사의 세계는 전형적으로, 사람들이 진보에 대한 신념을 가지느냐 아니면 좋았던 옛날을 그리워하느냐에 따라서 달리 평가되면서 나타난다. 진보적인 사람들은 늘 높은 곳에 초점을 맞추고, 과거에서는 오로지 자신의 성취와 사고에 대한 예비 단계, 예견만을 보며 시선이 이미 늘 미래에 가 있다. 그런 사람은 들뜬 기분 상태에서 미래를 본다. 그러한 사람은 현재에서 긍정적이고 위대하고 만족스러운 측면을 본다. 그런 사람과 구분되는 사람이 복고적인 사람이다. 이런 사람은 현재에서 왜곡되어 있는 것, 깊숙이 침전되어 있는 것, 야만적인 것, 불안한 것을 본다. 그리고 그에 대한 반응의 일환으로 과거에서 좋은 측면이 있는지를 찾아본다. 이러한 태도는 모든 시대에서 항상 존재해 왔다.

이미 살아 있는 인간들에 대해 호메로스는 이렇게 말한 적이 있다. "그들은 지금 현재 존재하는 것들이다(οἷοι νῦν βροτοί εἰσίν)." 헤시오도스는 황금기의 시대, 성서의 낙원 시대를 알고 있었다. 후기 고대인은 자신의 시대를 초라한 시대로 간주하고는 고전 시대를 자신의 전범으로 여기면서 흠모했다. 르네상스와 인문주의는 고전 시대를 이상으로 여겼고, 낭만주의는 중세를 이상으로 여겼다. 조르다노 브루노에게는 당시의 시대가 최악의 시대였으며, 피히테에게는 자신의 시대가 완전한 죄악의 시대였다. 19세기 말의 시기를 살았던 사람들은 세기말의 둔탁한 분위기를 잘 알고 있었다.

유럽에서는 고대 그리스 정신과 중세가 이상으로 승격되었고, 그다음에 동양, 인도, 로마주의가, 그리고 지난 수십 년 동안에는 거의 모든 문화가 이상으로 승격되었다. 그와 더불어 그것들은 각각의 주도적인 이념에 준해서 직관적으로 파악되었다. 사람들은 원시적이거나 아주 세련된 것, 철학적 정신 또는 수사학적 정신, 직접적인 것 또는 반성된 것, 개인주의나 집단주의를 바꿔 가면서 선호했다.

사람들에게 체화되어 있는 이해 방식의 변모와 풍요로움 속에는 이미 고대 그리스 정신이 두드러진다. 이러한 현상은 전형적으로 다음과 같은 구체적인 예를 가지고서 직관적으로 설명해 볼 수 있다.

이미 고대 후기 그리스인들조차 자신들의 과거를 고전적인 것으로 느꼈다. 이러한 태도는 그들을 거쳐 로마인들에게 전승되었고, 르네상스는 로마인들과 고대 후기 그리스인들의 눈을 통해 고대 그리스 정신을 고전적이고 통일적이고 완벽하고 모방의 가치가 있는 것으로 여겼다. 고대에 대한 로마적인 이해와 독일적인 이해에서 전형적으로 상이한 것이 감지된다. (르네상스 시대의 이탈리아와 프랑스에서 몇 세기를 걸쳐 살았던) 로마인들은 원래 로마주의만 보았다. 키케로는 이미 로마와 그리스 문화를 비교하면서 로마 문화가 여러 모로 우월하다고 생각했다. 그리고 로마인들은 그 둘을 전혀 구분하지 않고 로마주의를 고대라 명명하는 가운데 그것을 로마주의로 생각하고 느꼈다. 로마주의와 달리 고대 그리스 정신 그 자체는 비로소 18세기 독일인들에 의해 발견되었고, 그리스인들의 이상은 이 시대를 관통해 '고상한 단순성과 고요한 웅장함' 속에서 명료하고 투명하게 빛났다. 그리고 나서 독일인들은 역사 연구와 가치 평가적인 경험에서 원래의 이런 통일적인 이해를 분화시켜 하나의 절대적인 고전 시대의 이상을 극복한 후에 풍부한 이상적인 가치들이 양극단으로 광범위하게 분열되어 있는, 풍부하고 모순적인, 오늘날의 시대에 더 잘 알려져 있는 헬레니즘적인 현실에 그것이 뿌리를 내릴 수 있게 만들었다. 호메로스 시대와 호메로스 이후 시대에 살았던 귀족적이고 호전적인 사람들과 식민지 사람들의 도덕적인 순수성과 유능함에 대한 막스 부어카르트의 애정, 기원전 6세기에서 기원전 5세기 사이의 비극적인 고대 그리스 시대에 대한 니체의 동경, 고전적인 페리클레스 시대에 대한 광범위한 찬사, 플라톤과 아리스토텔레스, 프락시텔레스, 스코파스, 뤼시포스가 살았던 기원전 4세기에 광범위하게 발전했던 모든 예술과 철학 사상들에 대한 예찬, 기원전 3세기에 있었던 위대한 학문의 시대에 대한 평가, 고대 후기의 종교와 추상화에 대한 애정. 그래서 오늘날 아주 이질적인 성질을 띠는 정신적인 경향들은 '그리스적인 것'을 표준으로 받아들일 수 있게 되었고, 자신의 기반이 되는 이상을 받아들일 수 있게 되었다.

(2) 인간의 성격

인간을 보는 유사한 기본 형식들이 반복해서 되풀이된다. 어떤 한 부류의 사람은 모든 인간들의 본질이 동일하다고 생각한다. 그에게 그것은 자명하다. 그리고 그가 지적인 영향을 받아 이론적으로 그 반대를 주장하는 일이 생기더라도, 사실상 그는 모든 차이를 '삿된 의지'와 '몽매함'에서 찾는다. 즉 사람들에게 '새로운' 것이나 '지능적인' 것이 있는지의 유무에 따라 차이를 발견한다. 두 번째 부류의 사람은 인간들의 특성의 차이를 보기는 해도 그것들을 마치 식물들을 속(屬)으로 분류할 때처럼, 피부와 머리카락을 가진 모든 개체들을 분류할 때 사용하는 도식들을 사용해서 바라본다. 세 번째 부류의 사람에게 모든 개인들의 무한성은 지적인 분석을 위한 체험이자 영구적인 지평이 된다. 그런 사람에게 인간의 성격은 이념이 된다.

통상적인 견해는 인간에게서 이상적인 모습을 보거나 쓸모없는 모습을 보지만, 다른 종류의 견해는 이미 고착되어 있는 평가적인 성질의 편견 같은 것 없이 자유롭게 사실적인 것에 관심을 기울인다.

한 견해는 유형들과 도식들만 보고, 다른 견해는 개인이 가지고 있는 개성도 본다. 알렉산드로스나 카이사르 같은 역사적인 인물들은 그들의 실제 현실은 고려되지 않은 채 역사에서 존재하는 유형이 될 수 있다. 그러나 다른 한편에서 견해는 현실로 나아가는데, 이 경우 역사적 인물들의 현실은 인간에게 정신의 본래적 영역으로서의 마지막 지평이 된다. 그 어떤 실제 인물도 절대적인 이상이 되는 경우는 없고, 각 인물들은 본질 속에 무한히 머물 뿐 전형적인 도식이 되지는 않는다. 신격화와 추상적인 이상화로 향하는 경향에도 불구하고 인간은 위대한 인물들의 범위 내에서 유일하게 최고로 행복한 정신과 영혼의 실재를 발견한다. 인간이 비록 시간적인 존재 안에서 절대 그 자체를 소유할 수는 없더라도, 시간 속에서 존재하는 이런 인간들이 인간에게는 그래도 절대적인 것에 대한 가장 확실한 보증이 된다. 그러한 보증 일체가 인간의 내부에서 오는 것이 아니고 외부로부터 오는 것인 한에서는 그렇다. 영혼에 대한 인간의 세계상은 올림포스 신들의 형상, 천사와 성스러운 것들의 집단이 아닌, 이런 인격적이고 무한하며 스스로 모든 곳에서 여전히 문제적인 모습들에 의해서 제한된다. 그의 정관은 여기서 인물들에 관한 불완전한 직관으로 종결된다.

(3) 영혼-신화적인 세계상

역사에서 인간의 성격들이 최종의 직관적인 지평을 형성하는 경우는 드물다. 이러한 지평은 오히려 인간의 영혼까지도 포함하는, 영혼들에 관한 신화적인 표상 세계에 의해서 잠식당한다. 때때로 실제 인물들을 신격화해서 얻어지는 전형적인 형태들은 동시에 악마, 신, 천사 및 성스러운 것 등에서 표상되기도 한다. 이러한 세계는 환상적이면서도 동시에 구성적이고 명확하며 투명하다. 이런 형태의 인물들은 애초부터 유형으로 간주되어 '필연적인 것으로' 구성되기 때문에 실제 인간들보다는 훨씬 덜 문제적인 심리를 자체 내에 간직하고 있다. 모든 영적인 것이 그런 것처럼 이런 세계도 감각-공간적인 차원에 내재한다. 자연-신화적인 세계상도 이 영혼-신화적인 세계의 무대인 것이다.

영혼-신화적인 세계는 사고를 통해서 승화된 형식으로 구성된다. 플로티노스의 경우를 예로 들어 보겠다. 개별 인간의 영혼은 세계 영혼, 천상의 영혼, 지상의 영혼, 동물의 영혼과 대조를 이룬다. 세계 영혼과 개별 영혼을 비교해 보면, 가령 다음과 같은 이미지가 제공된다. 세계 영혼은 창조적이지만, 개별 영혼은 그렇지가 않다. 세계 영혼 안에서 모든 힘들은 조화를 이루지만, 개별 영혼 안에서는 분열과 파편들이 존재한다. 세계 영혼은 시간 속에서 살지 않기 때문에 기억도 없고 반성도 없다. 시간 속에서 살아가는 인간은 기억과 반성에 의존하지만, 세계 영혼은 외부로부터가 아니라 본성적으로 가지고 있는 시간초월적인 인식 안에서 살아간다.

저러한 구성들은 또한 실제 인간을 직관하는 데도 유익할 것으로 간주될 수 있다. 저러한 구성들에 기준을 두고 가늠해 보면 우리 영혼의 종류는 훨씬 더 정확하게 규정된다. 가령 칸트가 우리 오성의 본질을 일종의 구성된 '원형적 지성', 즉 '직관적인 오성'과의 대조를 통해서 특징지었던 것처럼, 플로티노스의 생각에 따르면 구성은 존재하지는 않지만, 우리가 '신화적'이라 칭하는 현실은 존재한다. 그런 신화적인 정신 및 영혼의 전체 세계를 한번 생각해 볼 수 있다. 그런 세계는 우리 영혼(지성이나 인격)의 개개 속성들을 제거해 버리거나 사람들이 할 수 없는 능력들을 가정하거나 우리가 우리의 영혼을 억제함과 동시에 다른 영혼의 속성들과 관련지으면서 갖게 되는 우리 영혼의 속성들을 절대화하고 무한히 발전시킴으로써 생겨난다.

그렇지만 영혼-신화적인 세계는 원래 생각을 통해서 고안된 것이 아니다(이런 사고적 구성물은 오히려 그러한 세계의 최종 산물이다). 그런 세계는 자연-신화적인 것이 그런 것처럼 의미, 관계에서 체험되고, 오늘날 단순히 '심미적'이라 칭해지는 모든 기분과 경험에서 체험된다. 자기성찰의 가장 내면적인 경험들은 신화적인 투사, 양심, 무의식을 찾아내고, 동기 투쟁은 자기기만과 자기 속임수의 방식들을 찾아낸다. 그런 식으로 우리 자신의 영혼은 신화적인 존재가 되고, 도플갱어, 수호신, 악마의 유혹 같은 신화적인 존재들로 둘러싸인다. 영혼은 현 상태를 이해할 수 있게 만들어 주는 신화적인 이야기를 가지고 있다. 영혼은 예를 들어 초자연적인 고향을 가졌는데, 신성 모독, 무모한 자만감, 변화의 욕구, 자기귀속 욕망 등을 통해서 그 고향으로부터 추방되었다(플로티노스, 『엔네아데스』[55] V, 1, 1). 여기 현세에서 영혼은 자신이 어디서 유래했는가를 망각하지만, 기억을 통해서 재차 되살려 낼 수 있다. 이런 신화적인 이야기는 결코 지적으로 생각해 낸 것이 아니다. 오히려 증거까지는 아니라고 하더라도 이 세계에서 주어지는 체험들에서 자신의 근원을 발견한다. 플로티노스는 예를 들어 다음과 같은 식으로 그것에 대해 설명한다(IV, 8, 1). "종종 내가 육체의 잠에서 깨어나 정신을 차리고 외부 세계로부터도 벗어나 내 자신에게로 되돌아올 때, 나는 경이로운 아름다움을 본다. 그러면 나는 내가 더 좋고 높은 세상에 속해 있다는 것을 굳게 확신하게 되고, 내 안에서는 최고의 영광스러운 삶이 힘차게 작용하고 나는 신성과 하나가 된다."

정신적인 것과 영적인 것에 대한 세 가지 한계 표상들이 있고, 그 각각은 절대화될 수 있다. 당대의 시대정신의 결과로서의 문화 영역에 대한 표상이 지배적인 위세를 떨칠 경우 개인은 사라진다. 개인의 성격은 단지 증상으로서만 사람에게 부착되어 외부의 영향을 받지만, 그 자체는 도구일 뿐이다. 거창한 역사적인 관점은 개별 인간이 두드러지는 것을 그냥 두지 않

<hr />

55 (옮긴이) 『엔네아데스(Ἐννεάδες)』. 플로티노스의 제자 포르피리오스가 각 아홉 편씩 여섯 권으로 정리한 플로티노스의 54개 논문집이다.

는다. 인간 개성에 대한 표상이 궁극적인 성질의 것이 될 경우 인간은 절대화되기 때문에 쉽게 신적인 특성을 지니게 된다. 인간은 자신을 초월해 성장해 나간다. 마침내 영혼-신화적인 것이 지배적인 표상이 될 때 인간은 자신이 일거수일투족 악마에 둘러싸여 있다는 것을 경험한다. 모든 것들이 어마어마한 의미를 갖고, 인간은 자신이 선사 시대적이고 초감각적인 관계 속에 존재하고 있는 이해할 수 없는 의미들의 운반자임을 경험한다.

이 모든 절대화들은 형이상학적인 성질의 세계상들이며, 그러한 세계상 안에서 비로소 규정되어 확산된다.

인간의 다양한 가능성에 관한 지식, 낯선 것에 대한 이해, 객관적 정신 세계에 대한 지식, 가장 모순적인 것들을 포괄하고 있는 이 어마어마한 피조물의 세계에 대한 지식은 이해와 가치화의 밀접한 연결 때문에 인간에게 압력을 행사한다. 상호비교는 자신의 현존을 문제 삼고 본능적인 욕구의 안정을 박탈한다. 강력한 것은 인간으로 하여금 단순한 이해적인 직관과 모방만으로도 내적인 복종과 만족을 강요한다. 이런 경향의 연장선상에서 역사적 심리적 세계상이 마침내 완전히 절대화될 때 사람들은 역사주의와 심리주의에 대해서 말한다. 이러한 절대화에 빠지는 사람이 보이는 특징은 다음과 같다. 그런 사람은 다투기보다는 이해한다. 선택하거나 긍정하거나 다투는 대신 작용하고 있는 모든 것을 인정한다. 왜냐하면 그것이 이미 거기에 존재하고 있었고 작용을 일으키고 있었기 때문이다. 어떤 것이 발전해 가는 관계를 묘사하는 것은 그에게 비판과 다를 바 없다. 예를 들어 철학 체계에 맞서서 싸우거나 그것을 다른 것으로 대체하거나 그것에 굴복하는 대신, 그는 단순히 그 체계가 어떻게 해서 그렇게 되었는가를 묻고 어떻게 하면 다른 모든 것들과 마찬가지로 그것을 인정하고 그로부터 자신에게 해당하는 그 어떤 책무성을 도출해 내지 않고서 즐길 수 있는 지를 묻는다. 이해를 절대화함으로써 인간은 마침내 자기 개인의 실존을 박탈당한다. 그에게는 모든 것이 중요하고, 그래서 아무것도 중요한 것이 없다. 역사와 한계 없는 이해는 이미 형성된 모든 것을 그대로 정당화하는 데 기여하거나, 그렇지 않고 그와 반대로 역사의 모든 단계를 거치면서 가치로운 것들을 파괴해 버리는 악마의 여정을 그에게 보여 준다. 그러면 역사는 그가 모든 것을 부정하는 데 기여한다. 왜냐하면 그가 모든 것을 이해하기 때문에 모든 곳에서 부정적인 것, 즉 악한 것이 함께 작용하고 있는 요소로 바라보기 때문이다. 이런 식으로 인간은 자기 삶의 힘을 박탈당한다. 그에게는 일반적인 성질의 열망과 부정, 또는 둘 모두가 혼돈스럽게 뒤섞여 있는 상태만 남고, 어쨌든 수동적으로 관망하는 것과 단순히 반응하는 식의 가치감각만이 남는다. 현재에 대한 의식, 순간적인 현존의 의미와 무한한 중요성에 대한 의식, 결정과 책임에 대한 의식, 한마디로 말해서, 살아 있는 실존 의식이 그에게서 사라진다.

역사주의에 대한 이러한 도식화는 더 나아간 구분을 요구한다. 절대화는 두 가지 방향으로 진행될 수 있다. 첫 번째는 삶의 내용에 대한 무한한 이해를 절대화하는 것이고, 두 번째는 고정되고 제한된 역사적 심리적 이해를 절대화하는 것이다.

가능한 것에 대한 이해가 무한해지는 것, 무한한 변증법이 펼쳐지는 것, 이런 것은 불가피하다. 서로 상반되는 것들이 금방 이해 가능하게 된다. 모든 진실된 것은 다시금 의문에 부쳐진다. 그 어디서도 궁극적인 고정은 있을 수 없다. 객관적으로 자율적으로 조건화되어 있는 이러한 발달이, 욕구하고 가치화하는 것을 방해할 정도로 지배적이게 되면 허무주의가 태동하는데, 이 허무주의는 반작용으로 제한된 세계상, 필연적인 편협성, 무한한 반성의 강제적인 중단을 요구한다. 그래서 니체는 인간이 무한한 이해 속에서 자신의 삶을 상실하거나 살아 있다면 환상이나 잘못 한정된 지평이 필요하다고 보았다. 그렇지만 세 번째 가능성도 있다. 무한한 이해와 한없는 진리에 대한 갈망을 가진 인간에게 이 흐르는 세계가 절대화되는 것이 아니라, 그 안에서 인간의 힘과 충동들이, 단순한 일반성 속에서 자신의 개성을 잃지 않고, 완전히 구체적이고 진실해짐에 따라 그 안정성이 더욱 커지는 그런 매개체가 되는 것이다. 무한한 인식은 수단으로 남아 있을 수 있고, 니체가 말하는 양자택일은 심리적으로 필수적이지 않을 수 있다.

두 번째 절대화가 제한된 역사적 세계상의 절대화인데, 이 세계상은 인간 행동 및 삶의 종류에 대한 특정의 고정된 양식들(예를 들어 인간의 특성, 역사적인 흥망성쇠의 법칙 등)이 궁극적인 것이라고 주장한다. 이러한 절대화는 마비의 효과가 있다. 왜냐하면 그런 절대화 속에서 인식은 완결되어 있는 것이 되고 이를 통해 인식은 자신의 본질에 잘 맞지도 않게 파괴적인 것을 갖기 때문이다. 순수한 인식에게는 항상 문제와 질문이 있다. 그래서 그것은 구체적인 경우를 여지없이 완전히 꿰뚫어 볼 수 없다. 동시에 인식의 범위 바깥에 놓여 있는 개별적인 것은 항상 살아 있는 결단에 내던져진다. 무한한 반성은 살아 있는 활동에 호소하는데, 이러한 활동은 반성이 선취할 수 없는 것이며 완전히 파악될 수 있는 성질의 것이 아니다. 자기완결된 폐쇄적인 인식은 고정된 양식을 부여함으로써 구체적인 것을 훼손시킨다. 하지만 무한한 이해에 대한 절대화가 허무주의로 이어진다고 하면, 고정된 역사적인 이해에 대한 절대화는 존재하고 있는 것을 보존하는 삶으로 나아가게 한다. 왜냐하면 그것은 일단 그런 식으로 역사적이 되어 버린 것이기 때문이다. 저러한 허무주의자는 수동성에 빠진다. 그런 허무주의자에게서는 삶의 자리에 세계사에 관한 직관이 대신 들어서고, 순간적인 상황에서의 구체적인 행동의 자리에 위대한 세계사적 관점에서 말하는 활동이 대신 들어선다. 그러나 편협한 사람은 이런 것을 할 수는 있어도 동시에 자기 딴에는 만족스럽게 정당화할 수 있는 기존 습관에 그대로 머문다.

독일에서는 역사주의가 한편으로는 헤겔을 통해서, 다른 한편으로는 역사학파를 통해서 훌륭하게 대표된 적이 있다. 삶의 문제가 반격을 감행하기 시작한 것은 헤겔에 반대하는 키에르케고르와, 역사학파의 정신에 반대하는 니체에 의해서였다. 이런 역사주의적인 정신의 사례로는 역사주의적인 상대화에서 즐거움을 느꼈던 루돌프 하임의 경우가 있는데, 이런 즐거움이 더 이상의 아무것도 원치 않는 자족적인 것인 한에서 그는 다음과 같이 말하고 있다. "역사의 작업을 거꾸로 모방해 가면서 취할 수 있을 가장 계몽적인 발걸음 중 하나는 그때까지 독단적인 것, 객관적이고 이념적인 것, 형이상학이나 종교, 영원히 고정된 것으로 통용되어 온 것을 순전히 역사적인 수준으로 끌어내리고, 숙고된 인간 정신 안에서 그것들의 기원을 추적해 들어가는 것이다." 자신도 수긍하고 있는 역사학파의 정신을 딜타이는 다음과 같이 극명하게 요약하고 있다. "순전히 경험적인 고찰 방식, 역사적인 과정의 특수성에 대한 애정 어린 깊은 몰입, 개별적인 사실의 가치를 발전적인 연관으로부터만 규정하고자 하는 보편적인 역사 고찰의 정신, 그리고 현재의 삶에 대한 설명과 규칙을 과거의 유관한 연구로부터 찾아내고 결국 정신적인 삶이 모든 점에서 역사적이라는 식의 그런 사회 이론의 역사 정신이 이 학파에 살아 숨 쉬고 있었다."

3. 형이상학적인 세계상

형이상학적인 세계상 속에서 일군의 우화, 환상, 형이상학적인 시만 보는 이들에게는 이 형이상학적인 세계상이 감각-공간적인 세계상 및 영적-문화적인 세계상과 나란히 놓이는 것이 허용될 수 없을 것처럼 보일 것임에 틀림없다. 우리에게 중요한 것은 어떤 특정의 세계상을 정당화하는 것이 아니다. 중요한 것은 오히려 그것들을 소개하고 특징짓는 것이다. 관건은 인간의 영혼 안에 힘을 가진 것이 무엇인지를 보는 것이다. 하지만 저자가 '시'(詩)라고 칭하는 것은 모든 시대에서, 그리고 또 위대한 사람들 사이에서 늘 심리적으로 가장 효과적인 것들이었다. 사람들은 세계가 시공간에서 감각적으로 존재한다는 것과, 이해 가능하고 의미 있고 내적인 것만으로는 완전히 파악될 수 없다는 사실을 늘 반복해서 분명히 경험하는데, 이는 그들의 기관들이 자신에게 그 어떤 또 다른 구체적인 세계를 개시해 주지 않는 것으로 보이는 경우에도 마찬가지로 그렇다.

다른 두 방향에서 구체적-직관적인 것이 무한하게 다양한 측면으로 탐색될 수 있는 동안, 즉 직접적인 것의 이면으로 들어가면 저기서 원리적으로 추가로 사유된 것, 추가로 표상된 것을 항상 시공간 속의 자신 앞에서 구체적으로 가질 수 있게 되는 동안, 여기서는 세계상이 전혀 다른 곳으로, 즉 전체적인 것으로(또는 총체적인 것으로), 그리고 절대적인 것(또는 무조건적인 것, 궁극적인 것)을 향해서 움직여 나간다. 인간에게 절대적인 것은 인간이 그곳에 불가피하게 뭔가를 갖다 놓아야만 하는 그런 장소와도 같은 것인데, 그런 일을 인간은 자신의 삶에서 스스로는 의식하지 못한 상태에서 실천할 수 있거나 그렇지 않으면 의식의 측면에서 생각으로 행할 수 있다. 인간은 (심리적으로는 그럴 수밖에 없는데) 그 곳에 뭔가를 놓아야만 한다. 그것이 무(無)이든, 절대자는 없다는 테제이든, 어쨌든 그래야만 한다. 광신적인 무신론자들에 대해서 그들은 신이 아닌 그 무언가를 숭배한다는 말이 있어 왔다.

우리는 절대자가 무엇인지에 대해서 여기서 묻거나 결정할 필요는 없다. 우리는 그저 인간에게 절대자가 무엇인지를 정리 정돈해서 알고 싶을 따름이다. 우리가 인간에게 절대자가 무엇인지 묻는다면, 우리는 그것이 가지고 있는 힘에 대해서 묻는 것이다. 정신의 유형들을 특징짓는 것에서 해당 질문에 대한 직관적인 답이 비로소 제시될 수 있다. 하지만 우리는 여기서 먼저 세계상들을 유형화하고자 한다. 인간 앞에 대상적으로 존재하는 것이면서, 정신과 마주하고 있는 것이면서, 그 자신은 정신의 힘이 아닌 것을 우리는 '세계상'이라 칭했다. 세계상들은 대상적인 그 어떤 것으로서, 특별한 정신적인 공간이나 틀로 묘사될 수 있다. 정신의 유형들은 그러한 세계상들을 자신들의 본질적인 표현과 조건으로 소유하지만, 세계관적인 힘들은 본성상 대상적인 세계상들을 늘 자신 앞에 제시할 필요가 없으며, 그것들은 자신의 표현을 행위와 가치의 위계에서도 얻는다.

따라서 우리는 형이상학적인 세계상들에 대한 단순한 객관적인 유형학을 시도한다. 이때 우리는 모든 사람들에게 어느 정도 타당한 것으로 여겨지는 것을 고수할 것이다.

1. 모든 곳에서 우리는 감각-공간적 또는 영적-문화적인 세계로부터 유래하는 개별적인 직관들에 대해서 듣게 될 것이다. 이런 것들은 액면가 그대로의 의미를 가지고 있는 것이 아니라, 전체적인 것과 절대적인 것을 가리키는 지시체의 일종으로 그 의미가 있다. 따라서 저러한 구체적인 세계에서 자신의 자료를 취하는 개념들과 단지 형식적이고 합리적인 영역에서만 유래하는 개념들과의 결합은 저러한 감각-공간적이거나 영적-문화적

인 세계상의 관점에서 보면 혼란스럽지만, 형이상학적인 세계상의 관점에서 보면 유의미하다.

2. 전체적인 것과 절대적인 것이 우리에게 대상이 될 수 없다는 것을 간단한 논리적인 숙고 하나가 우리에게 보여 주는데, 그렇게 할 경우 주체로서의 우리는 그것을 하나의 객체로 마주하게 되기 때문이다. 즉 주체로서의 우리가 전체로서의 그것 안에 들어가 있는 것이 아니기 때문에, 전체가 더 이상 전체가 아닌 것이 되어 버리기 때문이다. 그 어떤 형이상학적인 세계상이 대상적인 것으로 결정화되어 버리면, 그로부터 사태의 필연성에 따라 심리적으로 항상 운동이 재차 반복된다. 따라서 실제의 형이상학적인 세계상들은 결코 본래적인 의미에서의 '전체'인 것이 아니라, 다른 것들과 나란히 옆에 또는 위에 위치해 있다는 의미에서의 '전체'다.

3. 이러한 세계상 속에서 살아가고 있는 자에게 형이상학적인 세계상 속의 대상은 본래적으로 실제적인 대상, 즉 실제 그 자체다. 우리가 어떤 사람에게 그의 형이상학적인 세계상이 뭐냐고 묻고 싶을 때 다음과 같이 좀 더 직접적으로 물어볼 수 있다. '당신에게는 궁극적으로 실제적인 것이 무엇인가?' 형이상학적인 세계상은 피라미드 구조를 하고 있는 세계상에서 항상 최첨단에 있는 것을 의미하지는 않는다. 그 어떤 정신 유형이 있고, 그런 정신 유형에게는 예를 들어 가치가, 그에 따라 대립 및 당위가 또는 자신이 실현해야만 하는 의미가 최후의 것이 되거나 또는 그런 정신 유형 스스로가 세상으로부터 창조해서 만들어 내야 하는 것이라고 할 때, 그러한 정신 유형에서 형이상학적인 세계상은 이선으로 밀려나거나 전혀 아무것도 아닌 것이 되거나 완전히 적이자 유혹자가 된다.

'세계를 안으로부터 하나로 묶어 주는' 본래적인 실제가 무엇인지를 묻는 질문은 형이상학적인 세계상을 형성하는 데 있어서 핵심이 된다. 아르케(ἀρχή), 원리, 원시적인 것 등을 묻는 질문이 되었든, 재료, 힘, 행동, 말, 의미 등을 묻는 질문이 되었든 어쨌든 그렇다. 이러한 식의 질문에 대한 답이 바로 형이상학적인 세계상이 된다. 예를 들어 이데아의 세계가 진실된 존재(ὄντως ὄν)인 반면, 시공간의 감각적인 세계는 비존재(μή ὄν), 즉 실제가 아니라는 플라톤의 표상은 우리에게 친숙한 표상들에 정면으로 배치되는 생각이다. 그런 식으로 형이상학자들(즉 사람들의 머릿속에서 사실적으로 살아 있었던 이런 세계상들을 형성해 냈거나 그러한 것들을 영혼 속에서 새롭게 만들어 내 비로소 일깨웠던 철학자들)은 계속해서 실제의 등급 차이에 대해서도 알고 있었다. 인간이 실제의 이런 단계들을 상하 수직 방향에서 통과해 가는 과정들이 인간에게 보일 때, 이때의 단계들은 가치 등급하고도 일치한다. 가치 그리고 특히 가치 대립과 당위는, 형이상학적인 세계상 속에서 마치 그런 것이 자신의 본래 환경이라도 되는 것처럼 여기면서 살아가는 사람들에게 부차적인 그 어떤 것으로 머물러 있다.

실제가 무엇인가에 관한 질문은 전형적인 현대인들에게는, 삶의 느낌에 관한 한 아주 단순해 보인다. 물리주의적인 세계상에서 실제적인 것은 측정할 수 있는 것을 의미한다. 즉 거기서 실제적인 것은 시공간에서 존재하고, 이를 통해서 어쨌든 늘 공간적이고 시간적인 측면, 즉 측정 가능한 측면이 있는 것이다. 그래서 물리학자에게는 측정 가능성과 실제성은 동치다. 자연과학이 아무리 질적인 성질의 사물들, 측정 불가능한 사물들과 관련해 있거나 자연과학의 측정 불가능한 측면에 따라 관심을 갖게 되는 사물들과 관련해 있더라도, 이러한 실제 개념은 종종 자연과학 전체에서 통용되는 개념이다. 그런 성질의 실제는 어떻게든 감각적 지각을 거쳐야만 하는 것으로 정의될 수 있다. 그것은 또한 시공간적이지만 질적으로는 감각적이다. 더구나 영적 세계의 실제는 시공간의 외부 세계에 영향을 미치고, 자신을 표현하고, 결과를 가져오는 그런 현실을 말한다. 어떻게든 밖으로 드러나지 않는 것은 심리학자에게는 실제적인 것이 아니다. 그런 실제적인 세계들은 여러 가지 논리적인 어려움(잠재력과 현실성, 근본과 현상 등)을 낳을 수 있고, 구체적인 경우 실제가 존재하는지의 여부는 우리에게 전혀 의심의 대상이 되지 않거나, 그러한 의심이 제기될 경우에도 실제(즉 감각-공간적인 세계 안에 존재하고 있는 그 어떤 현존재)를 확인하기 위해서 무엇을 묻고 조사해야만 하는지의 문제는 우리에게 진지한 의심의 대상이 아닐 수 있다.

하지만 이러한 실제만이 인간들이 사는 유일한 실제인 것은 아니다. 심리학적 고찰에서 우리는 우리에게 나타나는 실제를 확정하고자 하는 것이 아니라 인간 일반에게 실제가 어떤 것인지를 확정하고자 한다. 심리학적으로는 여러 다양한 인간들의 세계로서 실제로 다양한 세계들이 존재하고 있고, 매우 현대적인 인간들의 경우에도 실제에 대한 모든 이론, 모든 이야기가 있음에도 불구하고, 우리 각자가 실제로는 서로 다른 '실제' 속에서 살아가고 있는 것은 아닌지의 문제가 여전히 불확실하다. 인간에게 그런 상이한 종류의 실제들이 존재하는지의 여부에 대한 판단 기준은 이런 세계들이 사람의 영적인 삶, 감정, 기분, 행동, 기대, 희망에 미치는 결과들이다.

단순히 '직접적'인 것이 실제라고 한다면, 실제의 세계상에 대해서 발언할 수 있는 사람은 아무도 없다. 이와는 정반대로, 직접적인 것이 인간과의 관계 속에 던져지고 통제되고 정돈될 때에라야 실제는 인간에게 비실제적인 것과 대조되는 것으로서 태동한다. 경험과 사고 속의 상호연관들은 직접적인 것으로부터 생겨 나와, 인간을 위해서 인간에게 인간 상대적으로 존재하는 실제를 비로소 구축해 낸다. 그런 한에서 실제는 인간에게 결코 완결되어 있는 것이 아니다. 실제는 직접 주어지는 것과는 대조적으로, 그런 직접적으로 주어지는 것의 이면에 있는 그 어떤 것이자 나에게 열려질 수 있는 그 어떤 것으로 생각되기 쉬운데, 직접적인 모든 것들은 오로지 그런 것을 나타내 주는 표시, 기호, 단순한 현상일 뿐이다.

우리는 이제 세 가지 방향에서 형이상학적인 세계상의 유형학을 시도해 보고자 한다. 우리는 일련의 형이상학적인 세계상의 유형들을 1. 세계상 일반 전체 내에서 개별적인 세계상으로서의 위치에 따라서, 2. 형이상학적인 세계상들의 내용의 유형에 따라서, 3. 철학적인 사유의 주관적인 유형에 따라서 발견한다.

1) 세계상 일반 전체 내에서 개별적인 세계상으로서의 위치에 따른 구분

인간은 언제 어디서나 자신을 둘러싸고 있는 전체로서의 형이상학적인 세계상 안에서 살아갈 수 있다. 인간은 직접적인 전체성 안에서 살아갈 수 있거나, 그렇지 않은 경우 이쪽(즉 이승) 아니면 저쪽(즉 저승)으로 분리되어 있는 세계로 들어선다. 형이상학적인 세계상은 일종의 저쪽 세계(즉 저승) 가 되어 버리고, 인간은 완전히 그런 것도 아니고 항상 그런 것도 아니고 단지 일시적으로만 그 안에서 살아가거나, 그렇지 않으면 그 안에서 살아가는 것은 전혀 아니더라도 그저 단순히 그쪽으로 자신의 시선, 추측, 생각, 독단적인 생각 내용을 투사한다.

직접적인 세계의 전체성 안에서 살아가는 삶은 그 어느 것도 분리되게 하지 않고, 절대적으로 독립되게 하지도 않는다. 가장 고귀하고 가장 비열한 것, 가장 크고 가장 작은 것, 영구적인 것과 순간적인 것, 이 모든 것들은 이러한 인간의 형이상학 안으로 잠겨 들어 형이상학의 빛을 받아서 조

명된다. 모든 곳에서 인간들은 고향의 집에 와 있는 것처럼 안전하다고 느
낀다. 인간이 그 안에서 그것을 통해서 절대적인 것과 직접적으로 접촉하
지 못하는 것은 아무것도 없다. 절대적인 것이 어디나 편재해 있고 모든
것들을 관통한다. 절대적인 것은 추상적인 것이 아니고, 생각이 아니고,
다른 것과 어깨를 나란히 하고 있는 그 어떤 것도 아니거니와, 다른 것들
위에 놓여 있는 어떤 것도 아니며, 실제로는 전체이며, 감각적인 구체성 속
에서 그리고 생생한 경험 속에서 존재하는 그것은 정말로 모든 것을 포괄
하며, 구체적인 것을 초월해 있지 않으며, 그 이면에 있는 '배후의 세계'도
아니다. 그것은 내 안에 있고 나의 세계 안에 내재해 있다. 그것은 서로 분
리되는 세계상들과 내용들로 이루어져 있는 그런 혼돈과는 정반대되는 세
계상이자, 그 안에서는 무한하고 다양한 것들이 전체로서 사고되는 것(이
런 것은 아무 효과를 발휘하지 못하는데)이 아니라 오히려 체험되고 경험되는
그런 세계상이다. 모든 부분은 전체 안에 위치해 있기 때문에 모든 것들이
의미를 가지며, 개별적인 그 어느 것도 절대적인 의미를 갖지 않는다. 그것
들은 또한 그 자체로 파악되지는 않더라도, 항상 이러한 세계상 내에서 그
런 방식으로 체험될 수 있다.

직접적이고 분리되지 않은 전체성의 형이상학적인 세계상을 우리는 중
세의 형이상학적인 세계상으로 여긴다. 그것은 고대 그리스인들(철학자)의
세계상이다. 그것은 괴테가 말하는 세계의 느낌이자, 니체가 요구하고 동
경하던 것이기도 하다. 그것은 가장 원시적인 삶 속에서 가능한 것이고,
아무리 분리되더라도 새롭게 매개되는 직접성의 형태 속에서의 무한한 미
분화의 최종적인 결과로서 가능하다.

이런 형이상학적인 세계상이 자신을 표현하는 경우 의미상 그것은 하나
의 유일무이한 세계상일 수밖에 없다. 그것은 텅 빈 피안의 공간으로 투사

되는 것이 아니라 모든 구체적인 세계상들을 관통해서 이들을 모두 포괄한다. 인간은 자신이 몸소 파악하고 보고 경험하는 '사물들에 대해서 경건한 자세를 취한다.' 형이상학적인 세계일 것 같은 그런 격리된 세계가 태동하는 것이 아니고, 존재하는 모든 것이 또한 형이상학적이다. 살아감으로써 우리는 이미 형이상학적인 것 속에서 직접 살아가고 있으며, 그 어디서도 낯선 이질적인 것으로 비약할 필요가 없다. 하지만 전체로서의 전체는 개별자가 아니고, 개별자는 우리에 의해서만 경험되고, 전체는 오로지 개별적인 것 속에서만 경험되기 때문에, 그래서 모든 것들은 상징적이고 비유적인 특징을 갖는다. 이는 그것이 다른 것에 대한 상징일 수 있다는 것을 의미하는 것이 아니다. 전체가 그 안에 들어 있기 때문이다. 그것이 의미하는 것은 오히려 이런 것이다. 개별적인 것이 동시에 전체적인 것이 되고 그것이 전체 속에서 존재하고 있기에 '상징'이라 불리게 되는 것이다.

하지만 이런 형이상학적인 것을 생각으로 표현하게 되면, 그 모든 것들은 자신도 모르게 두 개의 세계, 즉 우리 삶의 개별적이고 구체적인 세계와 저러한 전체 세계를 따로 분리하는 것처럼 보이는 그런 표현법으로 나아간다. 그로부터 계속해서 교리가 생겨 나오는데, 그런 분리, 즉 이편과 저편으로 나누는 분리가 세계상의 기본 구조가 되는 그런 식의 삶이 태동해 나온다.

이편과 저편을 나누는 이런 분리로 세상은 쪼개진다. 한쪽에는 영혼이 없고 중요하지 않으며 유한적이고 버림받은, 극복의 대상인 이승의 세계가 있다. 우리는 그런 세계에서 살아가고 있고 그런 세계를 구체적으로 직관하고 있으며, 그런 세계에 얽매여 있다. 다른 쪽에는 피안의 세계가 있는데, 그 세계는 우리와 멀리 떨어져 있어서 우리가 볼 수 없고 그곳에 살고 있지도 않지만 우리는 그곳을 지향하면서 살아가고 있다. 그 세계는 유일하게 본질적인 세계이자 존재하는 세계, 무한하고 본래적인 세계이면서 우리가 도달하려고 갈망하는 그런 세계다.

피안의 세계는 이승 세계의 직관들이 저쪽의 다른 세계로 투사된 형상들로 가득 채워질 수 있다. 삶은 그런 피안의 세계에서의 삶이 아니고, 그런 것에 대한 단순한 믿음, 단순한 지향이다. 그 자체로 아무것도 아닌 이승 세계에서의 모든 의미가 어떻게든 그런 낯선 세계로부터 추론되어 정당화되어야만 한다. 그로부터 공허한 이승 세계를 형상화하는 사고 구조물들과 명법들이 태동해 나온다. 하지만 피안의 세계 그 자체는 불가피하게 비움의 과정을 거친다. 그것은 직접적인 전체로부터 발생해 나와서는, 텅비어 있는 이승의 세계와 마주한 상태에서 강제로 고정되어서는, 그로부터 발전되어 나온 사고 구조물들과 명법들을 통해서 이 이승의 세계를 어마어마한 힘으로 형태화시키는데, 피안의 세계는 따지고 보면 실체 자체로서는 아무것도 아닌 어떤 것이다. 회의 섞인 의문이 출현하는 순간에 그것은 폭삭 주저앉는다. 이승의 세계 역시 이전처럼 영혼을 박탈당하고 무엇보다 허무주의라는 절망이 생겨난다.

우리는 주객 분할의 상태 아래 살아가고 있기 때문에, 피안의 세계에 관한 사고의 형식은 가능한 한 가장 강력한 각인을 위해서 불가피한 형식인데, 그러한 각인을 완화시키는 데는 직접적인 전체성에 관한 교설과 악마의 교설 같은 것들이 효과적이다. 그 어떤 세계상의 형식도 인간을 이런 것들만큼 전체성으로서 파악할 수 없고 목표와 의미, 지원과 믿음을 선사해 줄 수 없다.

그래서 이승의 세계와 피안의 세계의 분리는 허무주의적인 회의로 붕괴되는 것 외에 하나의 새로운 종합을 획득한다. 이런 분리는 급격한 분리로 간주되기보다는, 위계적인 구조를 하고 있는 실제의 유형들 내지 실제성의 단계들로 변형된다. 비록 낮은 수준에서이기는 하지만, 인간은 모든 곳에서 전반적으로 이런 일련의 수준들에 걸쳐서 살아가고 있다. 피안의 세계가 존재하기는 하지만 그로부터 이승의 세계가 거부되는 것이 아니고, 이승의 세계 자체 안에서 피안의 세계는 다양한 단계로 존재한다. 그리고 가장 낮은 실제의 단계인 비실제적인 것이 마침내 소용없어 버려지게 되면, 오로지 버려질 경우 우리의 실제 삶이 그것과 일치하게 되는 것이 아니고, 그런 것을 안에 간직했던 것은 강화 과정 속에서 그것을 버리기 위한 것이었을 뿐이다.

분명한 것은 저러한 종류의 사고 표현에서는 가치 및 의미의 정도가 현란한 방식으로 실제의 등급으로 수렴된다는 사실이다. 실제 자체는 등급을 가질 수 없다. 어떤 것이 있을 때 그것은 실제적이거나 비실제적이다. 존재 등급이 논의의 주제가 될 때라야 음의 값은 비실제를 나타내고, 양의 값은 실제를 나타낸다. 모든 실제적인 것은 이제 절대적인 가치와 절대적인 무가치 사이에 놓이기 때문에, 실제의 등급에 대해 말하는 것은 가치 있는 경우에나 가능한 일이다. 그렇기는 해도 실제와 가치를 단순히 분리하는 것만으로는 실제의 등급에 관한 형이상학적인 세계상의 특성을 파악하기에는 충분하지 않다. 어쨌든 모든 가능한 가치 대립들이 저런 식의 등급에 속하기는 하지만, 그에 더해서 그 자체로 가치적 호소를 할 수 있어도 그 자체가 가치인 것은 아닌 직관성, 특히 실체 이념도 거기에 포함된다. 실제성의 등급과 전체 안으로의 그것의 지양 상태는 일치된다. 정신을 통해서 이뤄지는 규정으로부터 분리되어 있는 감성이 비실제적이고, 죄, 환상, 비진리가 비실제적이며, 영원 안에서 지양되지 않은 시간이 비실제적이고, 무한 안에서 존재하지 않는 공간적인 것이 비실제적이며, 자신의 유한성을 따로 격리시켜 그 너머로 나아가지 않는 유한적인 것 일체가 비실제적이다. 따라서 유한적인 존재로서의 개인도 비실제적이다. 하지만 무한자로서의 즉자는 실제적이다. 그에 반해서 개별적인 단순한 무한조차 비실제적이다.

그런 식으로 형이상학적인 실제는 모든 가치로운 것과 모든 실체적인 것이 모두 이양되는 일종의 피안의 세계가 되는데, 이 피안의 세계 모든 곳에 이승의 세계가 참여하고 있기는 해도, 그것이 가치롭고 유의미하고 실체적인 한에서만 그렇다. 실제적인 것에 관한 표상에서 출발하는 모든 힘들은 가치, 명법, 의미에서 출발하는, 특히 실체 이념에서 출발하는 것들과 결합되는데, 이는 인간을 위해 이런 형이상학적인 세계상을 형성하고 유지하고 작용하게 하기 위해서다.

2) 내용의 유형에 따른 구분

1. 신화적-괴물적인 세계상은 지구상에 있는 모든 민족들의 원시적이고 직접적인 세계상이다. 그것은 자연의 세계상 및 영혼의 세계상보다도 더 오래되고 더 실제적이다. 이런 형이상학적인 힘들의 실제는 극적인 방식으로 체험된다. 이 방향의 사건들에 대한 해석은 자명한 성질의 것이다. 통일성과 혼돈 등에 대해 묻는 질문들은 존재하지 않는다. 괴물적인 힘들은 그냥 단순히 거기에 존재하고 있을 뿐이고 원시인들에게 실제적인 것은, 모든 제한을 통해 분화된 개념 형성으로부터 유래하는 이런 단어들이 이런 낯선 초기 상태들로 이전될 경우에 절대적인 것이 된다.

이런 세계는 그 형태가 신화학으로 변형된다. 신화적인 세계상은 논리적인 관점에서 보면 결코 분명하지 않은데다가 모순이 없는 것도 아니지만, 어느 정도 자기완결적인 측면도 있고 상호연관된 측면도 있다. 그것은 자신이 가지고 있는 형성적인 형태를 고대 그리스의 신들에 관한 교설 속에서 발견했는데, 이 교설은 심오한 해석에 열려 있는 내용을 가지고 우리를 직접 장악하는 직관들을 통해 단계적으로 질서 지워진 세계를 우리에게 보여 준다. 여기에 담지되어 있는 내용이 아무리 무한하게 우월할지라도 우리가 중시하는 가치관으로 바라본 세계상의 성질은 모든 민족들의 보편적인 신화로부터 발전해 나온 것 중 첨단적인 것에 해당한다.

  신화적인 세계상이 가지고 있는 특징은 다음과 같다. 사고는 아직 직관되지도 발전되지도 않은 상태이고, 개념은 사고적인 관계와 직관적인 관계에서 아직 정당화되지 않은 상태이지만, (전통을 통해 전수되거나 자명한 것으로 밝혀진다 해도 그 어떤 경우에도 근거 짓기를 허용하지도 요구하지도 않으며, 근거 짓기에 관한 물음은 처음에도 전혀 제기되지 않는 그런) 이야기만 열거한다. 사람들은 그런 것 안에 기거하기는 해도 그에 대해 생각하면서 묻지는 않는다. 사람들은 그런 것에 대해 이미 알고 있는 사람이 전달해 주는 내용이 어느 정도 더 직관적이고 현실적인지를 묻는다. 세계 및 신들의 기원사(신통기와 우주론), 최후의 마지막 사건까지 진행된 세계 과정의 역사(세계 심판, 종말론), 삶의 역사, 유래의 역사, 제반 남신과 여신과 악마들의 운명에 관한 역사, 즉 계보학은 순간의 구체성을 직관하는 배경을 형성해 준다. 규칙과 의식, 마법적인 효과가 있는 교설들은, 인간들이 여기서 그냥 단순히 고찰하는 것이 아니라 능동적으로 행동하는 한, 인간에게는 개입의 수단이 된다.

  직관적인 역사와 인물들이, 현대 세계에서 '예술'이라는 이름으로 소비되고 있는 심오한 의미가 있는 형성물들에서 시작해서 신지학적 규율 준수에 관한 유사과학적인 동화 같은 설명에 이르기까지, 우리가 살아가고 있는 현시대에 널리 확산되고 있는 다양성들을 형성하고 있다. 이러한 것에는 순전히 실제성으로 체험된 것과, 순전히 실제적이지 않고 다만 오락용으로 고안된 것, 그리고 화젯거리로 사용되는 것 등 모든 것들이 포함된다.

나중에 특화될 철학적인 세계상이 일단 정신 형태들의 세분화로부터 생겨 나오면, 신화의 자리를 근거 짓기의 문제가 다소 의식적으로 대체하게 된다. 이런 종류의 문제가 우선적인 문제라기보다는 방어적인 성질의 것일지라도 그것은 이미 일찍이 신화창조의 한 통합 요소가 된다. 인간은 자신도 모르게 무의식적으로 무언가에 기댄다. 그것이 단순히 권위, 전통, 조상의 지혜가 아닌 한에서 그런 것은 항상 그 누구도 아무 때나 범접할 수 없는 그런 특수한 경험의 원천에서 유래한다. 그것은 특별한 종류의 내적인 이해 능력이자 특별한 의식 상태다. 그래서 그런 세계상에 도달하는 길은, 이런 특별한 의식 상태에 도달하는 데서 그 정점을 이룬다. 근거 짓기는 논리적인 명증성에 있는 것도 아니고, 일반적으로 널리 알려져 있는 직관성에 있는 것도 아니며, 자기 자신, 자신의 의식 상태를 바꾸어 자신 안에 특수한 것을 발생시키라는 요청에 있다. 인간의 경험, 체험, 갈등이 해석되어 철학의 세계로 고양되는 것은 아니지만, 형이상학적인 세계는 완전히 다른 근원에서 영적인 삶을 변형시킴으로써 비로소 창출된다. 그런 식으로 세계 영역들의 다양성은, 우리의 일반적인 인간 구조와 능력들에 호소하는 철학적인 세계상과는 대조적으로, 의식 상태의 다양성에 따라서 생겨 나올 수 있다. 불교에서 각 의식 영역들은 동시에 일정의 세계 영역들로 나타난다. '의식의 단계들'과 '세계들' 또는 '세계 영역들'이라는 개념들은 불교에서 완벽하게 서로 침투하고 있고, 붓다가 다양한 세계 영역들에 대해서 그것들이 겉으로 보이는 완전히 환상적인 것들이라는 식으로 가르치고 있는 모든 것들은 바로 명상적인 의식의 경험하고만 관계가 있다"(헤르만 베크, 『불교』, II, 52).

이런 특수한 경험들은 심리학적 탐구의 일부 대상이 될 수 있다. 그것들은 부분적으로 (우리가 정신병리학을 통해 알고 있는) 특정의 비정상적인 영혼의 과정들에 의존해 있는 경험들이거나, 그게 아니면 사람들이 부분적으로, 그러나 또한 부분적으로만, 우리 시대의 히스테리적이고 최면술적인 메커니즘들에서 발견할 수 있는 전형적인 배양의 산물들이다.

괴물적-신화적인 세계상은 이미 분화가 일어난 이후에도 여전히 큰 역할을 한다. 이는 (그저 하나의 멋진 것으로서의) 경이로운 것, 비밀스러운 것, 그리고 신비로운 것에 이끌리는 인간의 성향에 부합하기 때문에 무엇보다도 파생적이고 반쯤 진실된 형태들 속에서 나타난다. 이런 형태들은 그간 여러 세기에 걸쳐 현재에 이르기까지 존재하고 있다. 섀프츠베리는 1700년경에 그런 것들을, 오늘날 묘사되는 방식과 다르지 않은 방식으로 묘사한 바 있다.[56]

"사람들은 정신과 현상들의 본성에 대해서 박학다식하게 얘기했으며, 그것들에 대한 가장 놀라운 보고들은 우리 친구들을 최고로 황홀하게 했고, 우리 친구들은 기적 이야기를 하는 데 있어서 서로를 능가했고, 한 사람이 다른 사람을 놀라게 해 주는 믿기 어려운 노련함을 증명해 보여 주었다. 불운하고 기괴했던 것보다도 더 그들을 황홀하게 했던 것은 아무것도 없었다. 그들을 공포로 가득 채웠던 것만큼이나 그들을 만족시켰던 것도 없었다. 요컨대 이성적인 것, 파악 가능한 것, 그리고 이해할 수 있는 것, 이런 것들은 그들의 취향이 아니었고, 자연의 질서에 반하고 아무런 관련성도 없는데다가 나머지 다른 세계의 사물들과 조화를 이루지 못하는 것

56 Shaftesbury, "Die Moralisten", übers. in der *Die Philosophische Bibliothek*, 131쪽 이하.

이 그들에게는 전혀 불편하지 않았다." 섀프츠베리는 "우쭐대는 권위적인 어조와 주제넘은 진리의 표정을 짓고, 평소에 그랬던 것처럼 거만을 떨면서 전달된 완전히 소름 끼치는 이야기"에 대해서 말하고 있다. 그런 인간에게 회의주의는 불쾌감을 준다. 그런 인간은 마침내 인내심을 상실하고는, 모든 인류의 증언을 통해서 증명되는 것을 부정하는 것은 주제넘는 일이라고 말한다. 그런 인간에게, 사람들은 부정하고 있는 것이 아니라 단지 질문을 제기하고 있을 뿐이라고 말하는 것은 좋은 생각이 아니다. 인간들이 자신의 꿈을 현실로 받아들이는 것은 결코 작은 즐거움이 아니며, 인상을 남기고 싶은 욕망, 존중받고자 하는 욕망과 결합되어 새로운 것과 놀라운 것을 구하는 것에 비해서 진리에 대한 사랑은 절반만큼도 일반적이지가 않다. "인간에게 특이하고, 믿을 수 없는 것들을 듣고 얘기하는 즐거움보다 더 큰 즐거움이 도대체 어디 있겠으며, 경이로운 것을 추구하고 경이를 불러일으키는 이런 것이 대체 얼마나 경이로운 일이던가."

반쯤 진실된 이러한 형태들과는 대조적으로 괴테는 자신의 세계상에 괴물적인 것, 경험의 원천으로서는 전혀 특수하지도 않은 것을 요청한 바 있고, 인간 모두에게 호소하는 가장 진실되고 가장 승화된 방식으로 그런 것을 포착한 바 있다. 그에게 괴물적인 것은 긍정적이고 창의적이다(메피스토펠레스가 괴물적인 것은 그가 단지 부정적이기 때문인 것은 아니다), 그런 것은 이율배반적인 것을 계기로 감지할 수 있고, 일반적인 이해에 따르면 우연적인 것을 계기로 감지할 수 있으며, 무의식 속에서도 감지할 수 있고 '별자리'에서도 감지할 수 있다. 그것은 예측할 수 없고 그냥 감만 잡을 수 있을 뿐이며, 이해되지도 않는다. 그것은 분석할 수 없는 압도적인 것이다. 그것 자체는 직관될 수 없고 오로지 그것의 발현에서만 직관이 가능하다. 그것은 인간 내부의 기질과 운명에, 또는 둘 모두에 존재한다. 즉 운명과 개성이 서로 묶여 있는 형태로 동시에 존재한다. 그것은 공포스러운 것이 아니고, 우리 현존의 가장 심오한 실재가 겪는 충격 안에 스며들어 있으며, 그것은 정상적인 세계 옆에 나란히 놓여 있는 경이의 세계인 것이 아니라 모든 현존재들을 움직이게 하는 요소들에 내재해 있는 힘이다.

이런 세계상을 전체적으로 조망하기 위해서 그것에 관해 괴테가 산발적으로 말했던 것을 종합해 보도록 하겠다. 괴물적인 것에 대해 잘 알려져 있는 전반적인 설명은 『시와 진실』[57]에서 찾아볼 수 있다. 그것은 모순 속에서만 움직이고, 그에 따라 그 어떤 개념으로도 이해할 수 없으며, 더욱이 한 단어로는 파악할 수가 없다. "그것이 신적이지 않았던 것은 그것이 비이성적으로 보였기 때문이다. 그것이 인간적이지 않았던 것은 그것이 오성을 갖고 있지 않았기 때문이다. 그것이 악마적이지 않았던 것은 그것이 호의적이었기 때문이다. 그것이 영국적이지 않았던 것은 그것이 종종 짓궂은 짓을 보여 주었기 때문이다. 결과를 증명해 보여 주지 않았다는 점에서 그것은 우연을 닮아 있었다. 연관성을 나타내 주고 있었다는 점에서 그것은 섭리를 닮아 있었다. 우리를 제한시키는 모든 것이 그것에게는 관통 가능한 것처럼 보였다. 그것은 필연적인 것을 마음대로 조작하는 것처럼 보였다. 그것은 시간을 수축시키고 공간을 확장시켰다. 그것은 오로지 불가능한 것 속에서만 기뻐하는 것 같았고 가능한 것을 경멸하고 거부하는 것처럼 보였다. 모든 나머지 것들 사이에 끼어들어 그것들을 분리해서 연결하는 것처럼 보이는 이 존재를 나는 고대인들의 예시를 따라 '괴물적'이라 명명했다.

57 Johann Wolfgang von Goethe, *Dichtung und Wahrheit*, Cottasche Jubiläumsausgabe 25, 124쪽 이하.

그런 괴물적인 것이 신체적인 것, 비신체적인 것 모두에서 나타날 수 있고, 심지어 동물적인 것에서도 아주 특이한 모습으로 자신을 표현할 수 있지만, 그것은 특히 인간과 놀라우리만치 연관되어 있어서, 도덕적인 세계 질서에 대립하는 힘은 아니더라도 그것을 가로지르는 힘을 형성해 하나는 쪽지의 용도로 소용될 수 있고, 다른 하나는 봉투의 용도로도 소용될 수 있다.[58]

이를 통해 생겨나는 현상들을 지칭하는 수없이 많은 이름들이 있다. 왜냐하면 모든 철학과 종교는 이 수수께끼를 산문적이고 시적으로 해결하려고 노력해야만 했고, 앞으로도 계속 자신들의 재량에 맡겨져 있을 이 문제를 결국에는 떨쳐 내려는 시도를 해야 하기 때문이다.

하지만 이런 괴물적인 것이 어떤 인간에게 지배적으로 나타날 때는 가장 끔찍해 보인다. 그런 인간들은 정신 면에서나 재능 면에서 항상 최고로 뛰어난 인간들이 아니며, 또한 진심으로 자신을 거의 추천하지 않는 인간들이다. 하지만 그런 인간들에게서는 어마어마한 힘이 뿜어져 나오고 그들은 모든 피조물, 심지어 자연의 기본 요소들에까지 억지력을 행사한다. 그 효과가 얼마나 멀리까지 뻗칠 것인지에 대해서 누가 말할 수 있으랴? 모든 통합된 인륜적 도덕적 힘들은 그들에 대해 아무런 대항력도 갖추고 있지 못해서, 밝은 마음의 인간들이 그들을 야바위꾼이나 사기꾼으로 의심받게 만들려고 하는 것은 헛수고일 뿐이고, 대중은 그들에게 끌린다. 동시대인들이 그런 인간들을 발견하는 일은 거의 없거나 전혀 없다. 그들은

---

58 (옮긴이) 그 자체로 서로 다르면서도 종종 함께 존재하기도 하는 쪽지와 봉투를 도입한 것은 악마적인 힘이 도덕적인 세계질서와 갖는 두 가지 다른 관계 방식, 즉 전자가 후자와 조화를 이루는 경우와 충돌하는 경우를 비유적으로 설명하기 위한 것이다.

자신들이 싸움을 시작했던 우주 자체를 통하는 것 말고는 그 어떤 것을 통해서도 극복될 수 없다. 그리고 그런 진술들로부터 아마도 다음과 같은 유별나지만 어마어마한 대목이 태동해 나왔으리라. "신 자신이 아니고는 신에게 저항할 이는 아무도 없다(Nemo contra deum nisi deus ipse)."

괴물적인 것이 초감각적인 것과 관련이 있는 것은 분명하다. 그것이 또한 그 어떤 총체적인 것이라는 것도 건축물의 효과에 관한 설명에서 분명히 표현된바 있다. "전체 효과는 항상 우리가 경의를 표하는 괴물적인 것으로 머물러 있다."[59]

괴물적인 것이 부정적인 방식으로 특징지어지는 경우는 다음과 같은 경우다. 그것은 "오성과 이성을 통해서는 해결될 수 없는 그 무엇이다."[60] "시에는 확실히 괴물적인 무엇인가가 있는데, 특히 무의식적 시에는 모든 오성과 이성이 부재해서 모든 개념들에 걸쳐 영향력을 행사하는 괴물적인 뭔가가 들어 있다."[61]

실제적인 삶에 대한 경험들은 얽혀 있는 상태에서 ─특별한 의식 상태의 특수한 원천이 그렇게 하는 것이 아니고─ 괴물적인 것을 이해할 수 있게 해 준다. "그런 경우 사람들은 보다 높은 상위의 영향력을 믿고, 사람이 숭배하는 괴물적인 어떤 것을, 더 나아가 감히 설명하려고 하지 않는 가운데, 믿는 지경에까지 이른다."[62]

괴물적인 것이 더는 설명될 수 없다고 해도 그것이 발현하는 다양성은

••
59 Johann Wolfgang von Goethe, 앞의 책, 30, 124쪽.
60 Johann Peter Eckermann, *Gespräche mit Goethe in den letzten Jahren seines Lebens* (Reclam) II, 204쪽.
61 같은 책, II, 207쪽.
62 같은 책, II, 190쪽.

기술될 수 있다. 괴물적인 것의 조건에 관해서 이런 말이 있다. "그것은 또한 기꺼이 뭔가 어두운 시기를 선택한다. 베를린과 같이 선명하고 산문적인 도시에서 그것은 자신을 드러낼 기회를 거의 찾지 못할 것이다."[63] 괴물적인 것은 모든 열정에 동반되는 경향이 있고 사랑 속에서 자신의 본래 요소를 발견한다.[64]

괴물적인 것은 인간 안에, 사건 안에, 원래는 그 둘의 조합 안에 내재해 있다. 그것은 또한 자연에 내재해 있기도 한데, 괴테는 가장 이질적인 기회들에서 그것을 감지한 적도 있다. 인간 안의 괴물적인 것은 우선 절대적으로 개별적인 특성을 갖는다.[65]

당신을 세상에 내놓았던 그 날처럼
태양은 행성들을 맞이하기 위해서 떠올랐고.
당신은 곧장 계속해서 번성했지요.
당신의 출발을 인도했던 그 법칙에 따라서.
당신은 그래야만 하고, 당신은 그것을 벗어날 수 없지요.

이를 괴테는 다음과 같이 설명한다. "여기서 괴물적인 것은, 태어날 때 필연적으로 직접 발현되기 마련인 제한된 개인의 개성을 말한다. 즉 그것은 아무리 유사하더라도 개인을 다른 사람들과 구분할 수 있게 해 주는 그런 특징적인 것을 말한다."[66]

••
63 같은 책, II, 229쪽.
64 같은 책, III, 211쪽 이하.
65 Johann Wolfgang von Goethe, 앞의 책, 2, 252쪽.
66 같은 책, 2, 355쪽.

하지만 괴테에 따르면, 모든 개별적이고 특징적인 것이 괴물적인 것은 아니다. 괴물적인 것은 "중요한 개인들에게, 특히 높은 지위에 있는 개인들에게 기꺼이 자신을 내어 주기를 좋아한다."[67] "지위가 높을수록 인간은 그만큼 더 괴물적인 것의 영향권에 놓이게 된다."[68] 그래서 인간과 그의 괴물성은 마주한다. 인간이 괴물적인 것의 영향 아래에 놓일 때, "인간은 자신을 인도하는 의지가 길을 잃지 않도록 항상 조심해야만 한다."[69] 괴테는 우리의 더 나은 본성이 강하게 유지되어, 괴물적인 것들에게 적당한 것보다 더 많은 힘을 주지 않는 것이 중요하다고 요청한다.[70] "인간은 또한 괴물적인 것에 맞서 옳고자 하는 노력을 기울여야만 한다."[71] 이와는 반대로 또한 이렇게 말할 수도 있다. "인간의 무지함과 깨달음이 인간의 운명을 결정한다! 괴물적인 것이 매일 자기 마음대로 우리를 조종하고, 우리가 항상 해야만 하는 것을 우리에게 말해 주고 재촉하는 것이 우리에게는 필요했을 수도 있다. 하지만 선한 정신은 우리를 떠나고, 우리는 어둠 속에서 생기를 상실하고 더듬적거리곤 한다."[72]

괴테는 인간 개인 중에서 프리드리히 대제와 표트르 대제, 나폴레옹, 칼 아우구스트, 조지 고든 바이런, 오노레 미라보 등을 괴물이라고 불렀다. 그는 자기 자신에 대해서는 이렇게 말한다. "내 본성 안에 그런 것이 놓여 있지는 않지만, 나는 그런 것에 노출되어 있다."

나폴레옹의 경우. "그는 그 어느 누구와도 감히 비교될 수 없을 정도로

··
67 Johann Peter Eckermann, 앞의 책, II, 207쪽.
68 같은 책, II, 62쪽.
69 같은 책, II, 62쪽.
70 같은 책, II, 64쪽.
71 같은 책, II, 217쪽.
72 같은 책, III, 159쪽.

완전히 최고였다."**73** "거기서 나폴레옹은 완전히 상남자였다! 늘 빛났고, 늘 분명하고 결정적이었으며, 언제나 충분한 에너지가 장전되어 있어서 자신이 유익하고 필요하다고 인식한 것을 즉시 실행에 옮길 수 있었다. 전투에서 전투로, 승리에서 승리로 이어지는 그의 삶은 거의 신이 내딛는 발걸음과도 같았다. 사람들이 그에 대해서 말할 때, 그는 지속적으로 조명을 받는 상태에 있었다고 말할 수 있을 것이다."**74**

칼 아우구스트의 경우. "또한 돌아가신 대공조차 무한한 행동력과 불안정성으로 가득 찬 괴물적인 본성을 가지고 있었기에, 그의 왕국은 그에게 너무도 작았고 가장 큰 것조차 그에게는 너무나도 약소했을 것이다."**75** "돌아가신 대공의 경우는 아무도 그에게 저항할 수 없을 정도였다. 그가 굳이 착하고 친절하다고 증명하지 않아도 그는 자신의 차분한 현존 때문에 사람들에게 매력적으로 보였다. 그의 조언에 따라 내가 행했던 모든 것들이 내게 행운을 가져다주었기에 나의 오성과 나의 이성이 불충분한 경우에는 내가 무엇을 해야 할지 그에게 묻기만 하면 되었고, 그가 그것을 본능적으로 말하는 곳에서 나는 늘 훌륭한 성공을 미리 확신할 수 있었다. 그가 나의 이념과 더 높은 열망들에 힘을 실어 줄 수 있었을 것이라는 것은 아마 그에게도 허용될 수 있었을 것이다. 왜냐하면 괴물적인 정신이 그를 떠나 버려 오로지 인간적인 정신만이 남게 되었다면, 그는 시작조차 할 수 없었을 것이고 그런 일을 역겨워했을 것이기 때문이다."**76**

미라보의 경우. "그가 할 수 있었던 한도 내에서 외부 세계와 그것이 가

••
73 같은 책, II, 204쪽.
74 같은 책, III, 159쪽.
75 같은 책, II, 204쪽.
76 같은 책, II, 208쪽.

지고 있는 힘들을 사용했을 때, 미라보는 절대적으로 옳았다. 그는 구분할 줄 아는 천부적인 소질과 재능을 가지고 있었고, 그 재능이 엄청난 괴물적인 본성에 이끌리고 있었음을 느꼈고, 그래서 그의 재능은 그 괴물적인 것과 그것의 인도에 전적으로 내맡겨졌다. 그런 식으로 그는 자신의 화력을 가지고 관통해 나갔던 엄청난 힘들에 둘러싸여 있었다."[77]

괴물적인 것은 일어나는 사건 속에서 경험된다. "나와 실러와의 친교에서는 괴물적인 것이 완전히 우세했었다. 우리가 일찍이 공조할 수 있었고 나중에도 공조할 수 있었지만, 내가 이탈리아 여행을 떠났고, 실러가 철학적 사변에 염증을 느끼기 시작했던 바로 그 시기에 우리가 그렇게 할 수 있었다는 사실이 중요했고, 우리 둘 모두에게는 최고로 커다란 성공이기도 했다."[78]

"한 사람의 중년의 삶에서는 종종 전환점이 도래하고, 그 사람이 젊었을 때는 모든 것이 그에게 유리하게 돌아갔고 모든 행운이 그를 따라 다녔지만, 이제는 모든 것이 한 번에 갑자기 돌변할 수 있고 사고와 불운이 축적되어 간다는 것을 그들은 알게 되었다. 하지만 내가 그런 것에 대해 어떻게 생각하는지 그들은 알기나 할까? 사람은 다시 한 번 망가져 봐야 해! 모든 비범한 사람들은 그러한 수행을 부름받은 일정의 사명이 있다. 그런 사명을 성취했다면 그는 지상에서 더 이상 이러한 몰골을 하고 있을 필요가 없을 것이고, 신의 섭리가 그를 다시 다른 용도로 사용하게 될 것이다. 그러나 이 현실계에서는 모든 것이 자연스럽게 일어나기 때문에, 괴물들은 걸어갈 때마다 그의 발을 걸어 넘어뜨려 그를 마침내 복종시킨다. 그런 식

••
77 같은 책, II, 261쪽.
78 같은 책, II, 62쪽.

의 일들이 나폴레옹과 다른 많은 사람들에게서 일어났다. 모차르트는 36세에 사망했고 라파엘도 같은 나이에 사망했으며, 바이런은 그보다 조금 더 나이가 들어서 사망했다. 하지만 그들 모두가 자신에게 주어진 임무를 완벽하게 완수했다."[79]

"그래서 나는, 괴물들이 인류를 약 올려 최선을 다하게 만들기 위해, 모든 이들이 닮고자 하고 그 누구도 범접할 수 없을 정도로 대단한 매력을 지니고 있는 개별 인물들을 종종 내세우는 것이라고 생각할 수밖에 없다. 그래서 그들은 언행이 모두 완벽했던 라파엘을 내세웠고, 그래서 그들은 모차르트를 내세웠으며, 그래서 그들은 시 영역에서 셰익스피어를 내세웠고 …"[80]

어찌나 다양한 이질적인 영역 모든 곳에서 괴테가 괴물적인 것을 보고 있었던 것인지가 아주 경이롭다. 다음과 같은 일련의 것들을 한번 비교해 보도록 하자. "모든 최고 수준의 생산성, 모든 번득이는 중요한 어구, 모든 발명, 최고의 결실과 결과를 가져다주는 모든 사고는 그 누구의 힘도 아닌 개인의 힘에 달려 있다. … 그것은, 자신이 원하는 대로 인간을 제멋대로 다루면서 자기 의지대로 행하고 있다고 믿지만 무의식적으로 자신을 굴복시키는 괴물적인 것하고 관련이 있다."[81]

해방 전쟁에 대해서는 이렇게 말하기도 했다. "전반적인 궁핍과 전반적인 수치심이 마치 괴물 같은 전국을 엄습했다."[82]

괴테는 책상 앞에 묶여 있는 식자들과 국가 공무원들이 빠지게 되는 "우

••
79 같은 책, III, 170쪽.
80 같은 책, II, 107쪽.
81 같은 책, III, 166쪽.
82 같은 책, III, 220쪽.

울증이라는 괴물"을 잘 알고 있었다.[83] 불쾌감과 우울증은 사악한 성질의 괴물이라 불린다.[84] 리스본 지진 이후에 "공포라는 괴물"이 유럽 곳곳을 휩쓸고 있다.[85] 성급함과 오만은 위험한 성질의 괴물이라 불린다.[86] 세상 돌아가는 것에 대해서 이런 말이 있다. "세상에는 우리가 생각하고 바라는 만큼 그렇게 신속하게 목표에 도달하는 법이 없다. 세상에는 늘 지체하는 괴물들이 있어서 그것들은 모든 곳의 틈새에 존재하고 있고, 사람들은 모든 곳에서 그런 것들을 직면하게 되고, 모든 것들이 전반적으로 앞으로 나아가기는 하더라도 매우 더디게 진행되어 나간다."[87]

이쯤에서 괴테에게는 좋은 성질의 괴물과 나쁜 성질의 괴물이 존재한다는 생각이 떠오른다. 이러한 대조는 다음의 세계상을 특징짓는 데 있어서 결정적이다. 괴테는 인간을 놓고 서로 다툼을 벌이는 축복받은 괴물과 저주받은 괴물들[88]에 대해서 말한다. 그는 유익한 성질의 괴물[89]과 그와 반대되는 반(反)괴물[90]을 알고 있다.

『친화력(Die Wahlverwandtschaften)』에서 오틸리에는 이렇게 말하고 있다. "나는 나의 궤도를 이탈해서 다시는 그리로 들어갈 수 없게 되었다. 힘으로 나를 압도하는 적대적인 성질의 괴물이 외부에서 나를 방해하는 것 같았다. 내가 나와의 합일 속에서 내 자신을 되찾았더라면 어땠을까."[91]

••

83 같은 책, III, 179쪽.
84 Johann Wolfgang von Goethe, 앞의 책, 22, 100쪽.
85 같은 책, 22, 32쪽.
86 같은 책, 39, 62쪽.
87 Johann Peter Eckermann, 앞의 책, III, 185쪽.
88 Johann Wolfgang von Goethe, 앞의 책, 4, 90쪽.
89 같은 책, 14, 173쪽.
90 같은 책, 14, 194쪽.
91 같은 책, 21, 285쪽.

괴테는 또한 '괴물(적인 것)'에 관한 세계상, 즉 괴물(적인 것)을 수용하지는 않고 그것을 추구하는 우리 내부의 힘들이 어떻게 거짓에 빠져 방황하는지에 대해서는 드물기는 하지만 가끔씩 지적하기도 한다. "괴물적인 인간들에 대한 일정의 미신은 결코 그치지 않을 것"이고, 우리가 이론적으로 완전히 존경심을 표하게 되는 그런 문제적인 진리가 적용될 경우에는 (종종 알렉산드로 칼리오스트로의) 거짓말과 가장 편리하게 결합될 수 있을" 장소는 언제라도 발견될 수 있다.[92]

> 그리고 괴물들의 도덕보다 더 경멸적인 것은 아무것도 없지,
> 여전히 인간성이 부재하는 국민의 입에는.[93]

괴테가 말하는 괴물적인 것은 질서와 로고스, 조화와는 모순되는 모든 것을 말하지만, 그냥 단순히 부정적인 것이 아니고 그런 것 중 일부분이다. 가장 중요한 것에 있어서 우리를 지배하는 이해 불가능한 것이 괴물적인 것인데, 피상적인 것이나 고정되어 있는 도식적인 세계상에 집착하지 않는 생생한 경험을 하는 모든 이들은 이런 것을 칙칙하고 공포스러운 것으로서 경험할 수밖에 없다. 그렇지 않았으면 단순한 생각의 대상이 되었을 이것은 괴테의 표현에서는 철두철미하게 직관적으로 보였기에, 묘사에 있어서 때로는 모순적이고 완전히 통일적이지 않음에도 통일적인 방향을 향하고 있기는 하다. 감각화를 고수하면서 괴테는 철두철미하게 현세적인 것에, 체험적으로 볼 수 있는 표현들에 머물렀고, 단지 몇몇 경우에

..
92 같은 책, 30, 178쪽.
93 같은 책, 4, 193쪽.

서만 초기 신화의 이미지를 사용했다. 즉 유사 인격적 존재로서의 '괴물'을 감각화시키는 것에 머물렀다. 그리고 행성의 위치를 이용한 점성학적 규정에 기대고, 선재(先在)[94]에 기대고, 마법적인 효과들에 기대는 일은 드물었다(『빌헬름 마이스터의 편력 시대』의 마카리에).

괴테는 괴물적인 것을 추구한 것이 아니고, 단지 경험의 한계를 경험했고 존중했을 뿐이다. 이를 통해서 괴테의 세계상은 괴물적인 것을 자료로 삼고 그런 것을 추구하고, 그런 것에 교화되어 전율하고, 그런 것을 한계로 받아들이기보다는 그런 것을 열망하고 대상으로 삼는 이들의 신지학적인 구성과 대조를 이룬다.

2. 신화적-괴물적인 세계상에 비해서 철학적인 세계상은 다음과 같은 특징이 있다. 그것은 권위에 기반해 있지 않고, 단순한 수용과 믿음에 기반해 있지 않으며, 전해 들은 이야기에 기반해 있지 않다. 그것은 오히려 자신의 본래적인 경험에서 얻어 낸 인간 일반에 대한 통찰에 호소한다. 그것은 특정의 의식 상태에 있는 특정의 경험에 기반하거나 계시에 기반해 있는 것이 아니고, 정당화의 맥락에서 인간 모두에게서 자율적인 증거를 사용할 것을 요구한다. 실제의 상징이든 예술적인 상징이든 간에 그것은 단순한 상징과는 대조적으로 정신적이며, 형성되는 것이 아니고 사유된다. 따라서 그것은 이미지로서가 아니라 사유라는 매체를 통해서만 접근 가능하다.

우리가 철학적인 세계상의 유형학을 정립하려고 시도할 경우 객관적인 유형학은 첫째, 다음의 물음에 따라 가능하다. 절대적인 영역에서 인간을 대표할 수 있는 것이 무엇이며, 인간에게 전체란 무엇인가. 둘째, 철학적인

⋮

94 (옮긴이) 영혼이 육체를 입기 이전을 말한다.

사유 유형을 발전시켜야만 하는 주관적인 유형학이 있다. 절대적인 것의 유형들과 철학적인 사상가들의 유형은 대조적이다. 궁극적으로 둘 모두는 자체적으로 존재하는 것이 아니고, 정신 유형으로 간주될 수 있는 힘들의 표현으로 존재한다는 사실은 충분히 반복해서 언급되었다. 그런 것들은 여기서 따로 분리해 특징지어질 수 있다.

우선 내용적인 유형들부터 설명해 보기로 한다.

a) 각각의 구체적인 세계상들의 절대화. 이런 것은 앞에서 기계주의, 자연주의, 심리주의, 역사주의 등으로 특징지어졌다. 하나의 특수한 세계상을 전체적인 것으로 절대화하는 일은 종종 있었던 일이고 재차 반복해서 일어나는 일인데, 그런 절대화는 그러한 세계상 안에서 현저하게 또는 전적으로 살아가고 있고, 이제 절대적인 것과 전체적인 것을 향한 철학적인 충동에 사로잡혀 있는 이들에게는 불가피한 필연성으로 보인다. 이 모든 절대화는 두 가지 포괄적인 유형들로 구분될 수 있다. 두 가지 종류의 세계인 감각-공간적인 세계와 영적-문화적인 세계 중에서 어느 하나가 절대화되면서 가장 넓은 의미로 이해되는 유물론 아니면 유심론이 생겨나는데, 많은 특수한 유형들이 이 두 부류에 귀속될 수 있다. 총체화하는 세계관 중에서 하나는 객체 또는 대상에서 출발하고(유물론), 다른 하나는 주체에서 출발한다(유심론). 두 경우에서는 특수-형이상학적인 세계상은 관건이 아닌데, 그것은 앞서 이미 설명했던 세계상들을 단순히 따로 고립시켜 절대화시키고 있기 때문이다. 두 경우에서는 경험으로부터의 분리와 사고의 내용을 비워 내는 것이 관건이다. 이 모든 유형들은 상호 대립적임에도 불구하고, 정신 형식의 유형 측면에서는 서로 밀접하게 관련되어 있다. 내용은 이질적일 수 있지만 사고의 유형은 어디서나 동일하다. 그래서 그것들은 서로 이해하기도 하고 서로 다툴 수도 있고, 서로에 대해 관심을 가

질 수도 있다. 정신의학에서는, 예를 들어 칼 베르니케의 뇌 신화와 지그문트 프로이트의 심리학적 신화가 똑같은 뇌에서 어렵지 않게 함께 발견될 수 있다. 에피쿠로스학파의 유물론과 스토아학파의 유심론은 동일한 수준에 위치하고 있기 때문에 서로 의미 있는 논쟁을 벌일 수 있다.

이런 상황을 의식하는 철학자는 그래서 자신이 주체나 객체에서 출발하지 않는다는 점을 강조하는 경향이 있다. 그런 철학자는 따로 분리해서 절대화시키는 것을 잘못된 것으로 여기기 때문에, 유물론자는 유심론자가 되는 것을 원치 않는다. 그래서 동일철학은 '절대자의 무차별성'을 출발점으로 삼았다. 쇼펜하우어는 처음으로 주체 또는 객체 중 어느 한쪽에서 출발하는 오류를 범하지 않기 위해 주체와 객체로 분할되는 첫 번째 형식인 '표상'에서 출발한다고 주장한다. 이 유형에는 결국 한 가지 공통점이 있다. 구체적인 세계상들을 절대화하는 대신 우선 사유 일반의 형식에 대해서 묻고, 모든 세계상들의 범주들에 대해서 물으며, 무엇이 모든 대상들에 적용되는 기초 학문이 되어야 하는지에 대해서 묻는 것이 그것이다. 이런 식의 사유에 대한 사유에서 그것은 새로운 뭔가를 포착한다. 말하자면 사유를 믿고 형식을 절대화하고, 이제 합리주의와 범논리주의라는 이름 아래 통용되는 하나의 새로운 특수한 세계상을 획득한다.

b) 합리주의적이고 범논리주의적인 세계상. 사람들은 여기서 전체로서의 세계에 대해서 그것이 자료라고 말하는 대신, 그리고 그 어떤 구체적으로 직관적인 것을 절대적인 것으로서 주장하는 대신, 그것을 로고스, 우주, 양 및 수, 존재, 변화 등으로 파악한다. 이런 것들은 우리의 직관들을 연결해 주는 형식들이자 모든 것들을 포괄할 수 있는 그물망의 형식이며, 여기서는 절대적인 것으로 파악되는 그런 형식들이다. 그런 형식들과 그것들의 자기 법칙적인 연관들 내에서, 새로운 경험을 굳이 하려고 하지 않

아도, 사고하는 것이 가능하다. 특히 사고의 경이로운 힘과 그것이 가능하게 하는 것을 처음 체험할 때 인간은 자신의 사고 자체를 절대화하는 경향이 있고, 다른 모든 것이나 직관과 대조적으로 단순히 환영에 불가할 뿐인 사고 속에서만 절대적인 것을 찾는 경향이 있다. 그러한 체험과 열망에 논리학과 수학이 동기를 부여해 준다. 파르메니데스에게서 사고는 이미 모든 것이었는데, 그로부터 출발하면 다른 모든 것들은 그저 우습고 기만적으로 보일 따름이었다. 철학사 전체를 관통하고 있는 이런 것을, 예를 들어 스피노자는 다음과 같이 표현한 바 있다. "관념들의 순서와 연결은 사물의 순서와 연결과 동일하다(Ordo et connexio idearum idem est ac ordo et connexio rerum)." 헤겔이 내디뎠던 가장 위대한 발걸음은, 마지막으로 다시 한 번 그런 것을 완전히 진지하게 받아들이고, 그렇게 함으로써 자기 스스로 절대화되는 사상의 이런 세계상이 지금까지 차지해 왔던 지위에 그것의 위치와 특성을 부여해 주는 것이었다. 자신의 논리학에서 헤겔은 변증법적으로 운동하는 사고의 단계들을 발전시켰고, 절대적인 것에 대한 지금까지의 파악을 이성에 대해 취할 수 있는 단 하나의 가능한 관점을 절대화하는 것으로 여겼다. 이런 입장들, 즉 그토록 많은 종류의 개념적인 형태들, 합리주의적 세계상에 대한 그렇게나 많은 종류의 절대적인 것들에 대해서 우리가 명료한 조망을 가질 수 있게 된 것은 헤겔 덕분이다. 논리학의 각 개별 범주들은 절대자가 취해야만 하는 관점들이다. 존재(파르메니데스), 무(붓다), 변화(헤라클레이토스), 양(수, 피타고라스), 객체(라이프니츠, 모나드), 실체(스피노자), 주체(칸트, 피히테) 등 이 모든 것들은 절대적이다. 헤겔 자신에게 정신으로서의 절대적인 것은 이런 전체적인 것이고, 모든 개별적인 것은 오로지 계기일 따름이다. 논리학과 형이상학은 서로 일치한다.

c) 부정 신학. 사유하는 자는 자신이 사유하는 것을 자기 스스로 생각하면서 객체화한다는 것, 그렇게 함으로써 그는 그것을 제한시킨다는 것, 그와 함께 더 이상 전체를 갖지 못하게 한다는 것, 자신의 대상이 유한적이 된다는 것을 사유하는 자는 늘 반복적으로 경험한다. 합리성의 이런 불가피한 속성은 계속해서 재차 의식되고, 그리고 나서 세계상 전체는, 전체에 대해서는 부정과 역설만이 말해질 수 있다는 것과 함께 그 끝을 맺는다. 이를 통해서 경험, 노력, 믿음을 위해 유보된 것, 말로 표현될 수도 없고 인식될 수도 없지만 인간 안에 내재해 있고 인간이 끊임없이 노력하는 방향 쪽에서 내재해 있는 여러 힘들의 증상인 것, 이런 것들은 도무지 알 수 없는 것들이다. 내용 없이 단순히 보여 주기만 하는 이런 세계상(니콜라우스 쿠자누스의 '학습된 무지')은 서로 완전히 이질적인 칸트 철학과 고대 신학에서 형식 측면으로는 동일하다.

절대적인 것을 알고자 하는 충동과 관련해서, 또 그렇지 않은 경우 절대자에 대한 그 어떤 사고적인 의도도 없이 지내야 하는 것과 관련해서, 우리 사고의 범주들을 절대적이거나 초감각적인 것으로 이행시켜 생생하게 충족시키는 것은 부질없는 일이라는 것은, 잘 알려져 있는 다음과 같은 성 아우구스티누스의 진술에서 잘 드러나고 있다. "질 없이 선하시고, 양 없이 위대하시며, 필요 없이 창조하시고, 상황 없이 현전하시며, 형체 없이 모든 것을 포용하시고, 장소 없이 편재하시고, 시간 없이 영원하시고, 스스로는 변화 없이 변화를 일으키시고, 아무것도 받지 않으시는 신을 이해합시다."

부정 신학은 세 가지 방식으로 자신의 '지시체'를 획득한다. 탁월함의 방식을 통해서[이 세계가 가지고 있는 속성들의 높임, 초월존재(Übersein), 초감각적(Übersinnlich)이라는 단어에서 '초-(超, Über)'라는 말의 용법, 또는 겉으로 보기에 긍정적인 전지성(Allwissenheit)이라는 단어에서 '전(全, All)'이라는 말의 용법에서처럼], 부정의 방식을 통해서(단순한 '아님'을 통해서, 우리 세계에 존재하는 모든 것이 가지고 있는 한계, 예를 들어 사랑 등의 한계를 지양하는 것을 통해서), 인과의 방식을 통해서(우리가 몸소 경험할 수 있는 것을 매개로 그런 경험이 태동해 나온 원천일 수밖에 없는 것을 지시함으로써, 예를 들어 절대적인 것은 의미 있는 행동, 의미, 사랑 등의 기반이 되는 토대가 되어야 하기 때문에, 혼돈적이거나 죽어 있는 것이거나 우연적인 것일 수 없다고 생각함으로써) 그렇게 한다.

d) 신화-사변적인 세계상. 부정 신학에서는 창조적인 생동감, 체험의 신비스러운 깊이, 이데아로 정향하기 위해 형이상학적인 세계상이 포기된다. 사유 앞에서 신화적인 세계상은 해체되고, 절대화는 ─ 구체적인 세계상의 절대화든 형식들의 절대화든 ─ 부정 신학에 의해서 그러한 것으로 이해되고, 그래서 협소하게 인식되고 느껴진다. 전체는 우리에게 대상이 될 수 있는 것이 아니다. 왜냐하면 그럴 경우에 그것은 부분으로 제한되어 버리기 때문이다.

전체가 존재한다는 사실을 부정 신학도 의심하지는 않는다. 하지만 전체를 세계상으로서, 가장 바깥쪽에 위치해 있는 우리 존재의 지평으로 우리 앞에 대상화시켜 소유하는 것, 그런 것을 사유하고 또 직관하는 것은 인간의 본성적인 욕구인데, 이런 욕구를 부정 신학은 영원히 넘어서지는 못할 것이다. 그래서 ─ 인간들이 부정 신학적인 양식과 통찰을 자기 것으로 만들었을 경우에도 ─ 위대한 철학적인 도야 교육들은 계속 출현할 것인데, 이런 철학적인 도야 교육들은 정도의 차이가 있기는 해도 인간들이 그 안에 실제로 거주할 세계상으로서는 최첨단에 위치해 있는 세계상일 뿐이다.

플라톤, 플로티노스, 중세, 헤겔이 가르쳤던 것처럼, 이러한 위대한 철학적인 세계상들은 모두 동시에 신화-괴물적인 요소들을 간직하고 있고 절대화, 즉 범논리주의를 간직하고 있으며, 부정 신학도 하나의 요소로 간직하고 있다. 이러한 세계상들은 총체적인 성질의 세계상들이다. 그러한 세계상 안에서 살아가려면 그때마다 최고 수준의 교육을 받는 것이 전제된다. 그런 것은 별로 '옳은 것'이 아니라는 모든 통찰도, 과거의 세계상들도 그렇고, 이러한 세계상들이 인간을 계속해서 사로잡을 것이라는 것을 말리지는 못할 것이다. 사람들은 그런 것들을 '개념 문학(Lange)'이라 칭하기도 하고, (쇼펜하우어는) 예술과 과학 사이에 자리 잡고 있는 창작물이라 칭하기도 했다.

이러한 세계상들은 정신적인 힘들이 대상들에 투사된 것들로서, 인간 영혼에게는 불가피한 것들이다. 주객 분할 내에서는, 대상으로의 투사가 그런 것처럼, 감각적인 신화로서냐 구체적인 것의 절대화 또는 형식의 절대화로서냐, (격리되어 고립된 태도에서의) 예술적인 상징으로서냐 사변적인 세계상의 실제 상징으로서냐의 선택만 있을 뿐이다. 이러한 세계상들의 대상적인 내용들은, 그것들이 가장 발전된 형식을 취하고 있을 경우에는 인간에게 단순히 상징인 것만은 아니고, ―그런 대상적인 세계관의 내용들이 그런 상징이 되는 것은 우리가 그것들을 낭만적-심미적으로 즐기거나 그런 것들로부터 순수하지 않은 감각을 만들어 내는 경우인데― 오히려 인간과의 관계에서 실재라는 힘을 가지고 있다. 하지만 이러한 사변적인 세계상들은 개별적인 부분에서가 아니라 오로지 전체성으로서만 자신의 의미를 가질 뿐이기 때문에, 일단 그것들의 현실은 일상의 구체적인 감각적 실재와 동일한 수준에 쉽게 놓일 수는 없으며(후자는 '더 적은' 실재이기는 하지만 좀 더 구체적인 실재다), 더 나아가 그런 세계상들의 모든 사실적인 등장에 뒤이어, 개별적인 것들을 따로 골라내서 분리하고 신화적인 형식, 괴물론적인 형식, 절대화의 형식 같은 특별한 형식으로 나아가는 형태들이 계속해서 이어진다.

신화-사변적인 세계상들의 내용은 양극단 사이에 위치해 있다. 절대적인 것은 이념, 법칙, 형식의 시간초월적인 영원한 본질로 간주되거나 그렇지 않으면 일회성의 초감각적인 역사 과정으로 간주되기도 한다. 시간초월적인 형식이나 이념의 존재가 플라톤적인 의미에서 더 많이 등장할수록 세계상은 그만큼 모든 신화적인 직관성으로부터 더욱 벗어나 순수 개념적인 세계상이 된다. 플라톤에게 있어서 이데아가 처음에는 일반 개념이었지만 이후에는 객관적인 것, 존재하는 것으로서의 절대적인 것이 되고 있는 것처럼, 중세에 본질적인 형식에 해당하는 이념은 실체화된 본질이 되고, 그런 한에서 개념적인 것이 동시에 신화적인 것이 되고 있다. 절대적인 것이 일종의 변화를 통해 실현되는 것으로 보이거나, 아니면 시간초월적이고 일반적인 것이 가지고 있는 필연성과는 대조적으로, 그 자신이 겪는 위험, 그 자신의 창조적인 행위, 그 자신의 반복 불가한 결정, 그 자신의 자유와 함께 일회성적인 과정으로 보일수록, 신화적인 직관성은 그만큼 더 불가피하게 출현할 수밖에 없다. 플라톤에 있어서 신화가 출현하는 것은, 시간을 초월한 이데아의 세계가 완전히 비신화적으로 파악되는 가운데, 변화의 세계, 감각의 세계가 의문시되는 곳에서다.

알 수 있는 모든 것은 어떻게든 일반적이 되고, 일회적인 것과 변하는 것은 결국 매우 비합리적이고 직관적이기 때문에, 신화-사변적인 세계상에 대비되는 특징적인 태도가 생겨 나온다. 그중 하나는 신화적인 것을 고찰 대상으로 삼아서, 그것이 자신에게 객관적으로 확실한 것인지를 알고 싶어 한다. 다른 하나는, 알 수 있는 모든 것은 오로지 일반적일 수 있고 절대적인 것은 실존적일 수밖에 없다는 본능에 따라, 개인적이고 비합리적인 경험의 살아 있는 활동에는 찬성하되 객체적인 것으로서의 신화에는 저항한다. 하나는 자신의 형이상학적인 믿음 내용을 형상, 이미지, 상징에 구축하고, 다른 하나는 정신의 변증법적 운동 속에서 한계에 부딪히는 경험, 그리고 역설 속에서 절대적인 것을 지향하는 의도를 인지하지는 못해도 획득하고 직관할 수 있는 경험만 추구한다. 하나는 필연적인 것을 알고 직관하는 것 속에서 안도하고, 다른 하나는 자유가 무엇인지를 경험한다.

이러한 대립이 서로 화해 불가능한 것처럼 보임에도 불구하고 그것들은 창조적인 형이상학자의 실존에서 종합되는데, 그러한 종합은 원래 살아 있는 것이지만, 추종과 모방의 과정에서 모순적이고 피상적으로 변해 간다. 위대한 형이상학자들 간에 차이가 있다면 그것은 그들 각자가 모든 요소들을 종합할 때 강조점을 주로 어디에 놓는 경향이 있느냐일 뿐이다. 본질적인 이념이 되었든 논리적이고 윤리적이며 자연적 성질의 영원한 법칙이 되었든, 강조점은 시간을 초월해 있는 일반적인 것에 놓이는 경향이 있거나 그게 아니면 신화 그 자체로서 직관되는, 일회적이고 초감각적이고 역사적인 것에 놓이는 경향이 있다.

3) 철학적 사유의 주관적인 유형에 따른 구분

철학적 세계상들이 가지고 있는 특징들은 다양한 관점에서 기술될 수 있다. 마지막에는 철학적인 고찰 방식을 사용해 유형학을 만들어 볼 수도 있다. 그때는 사상가와 철학적 사고의 내용 간의 관계 유형이 초점이 되어야 할 것이다. 여기서 세세한 예시는 불가피해 보인다.

우리의 모든 사유에는 전수된 사상 세계의 무한한 자료들이 장착되어 있어서, 우리는 근래의 모든 위대한 사상가들에게서 사유 가능한 거의 모든 장치들을 발견하게 된다. 여기서 우리는 사상적인 세계상들의 고유한 특성을 아마도 가장 전형적이고 가장 순수하며 가장 논리정연하게 파악하기 위해서 비자의적으로 사상 세계에서의 진실된 원본 속으로 파고 들어가게 된다. 소크라테스 이전 시기의 고대 그리스 철학이 가지고 있던 거부할 수 없는 매력이 그런 것에 기반해 있다. 심리학적으로 의미 있는 사유의 방향들은 물론 모든 임의적인 사유에 비추어 예시적으로 설명될 수 있을 것이다. 우리가 소크라테스 이전 철학자들을 선택한 것은 그들의 상대적인 단순성과 위대성, 무엇보다도 그들에게서 철학적인 유형의 인물들을 드러냈던 니체의 예시 덕분이다.

전승된 유산 안으로 너무 깊이 들어가 해석하고 그것들로부터 너무 많은 것을 읽어 내는 것은 위험의 소지가 있다. 역사적인 진리는 그런 식의 유형화를 전적으로 요청하지 않을 수도 있다. 유형들을 직관적이게 만들어 저러한 유서 깊은 시대에 닻을 내리도록 하는 것이 가능하다면, 그러한 것은 이 경우 그다지 중요하지 않을 수 있다. 여기서 우리가 시도하는 것은 역사적인 탐구가 아니다. 중요한 것은 오로지 유형을 직관적이게 만드는 것이다.

개별 철학자들은 ―특히 이 시대의 철학자들은― 세계상을 보는 법을 가르쳐 줄 뿐 아니라 학문으로부터 개별적인 가르침들을 추출해서 제시해 주고, 우주적이고 역사적인 세계상이 가지고 있는 특징들을 제시해 주며, 삶의 원리들과 현존의 의미를 보여 준다. 현재의 추상화 작업에서 우리는 특히 철학적인 세계상을 추출해 내고자 한다.

이러한 작업은 이미 실행되었던 것처럼 다른 세계들로부터, 즉 공간적인 세계나 영적인 세계로부터, 윤리적 심미적 종교적 체험으로부터, 각 학문 분야들로부터 직관적인 자료들을 취하기는 하지만, 각기 고유하면서도 유사한 방식으로 직관되고 있다고 말할 수 있는 개념들의 삶이 그런 것들에 근거하여 구축된다. 하나는 세계 전체를 혼돈으로 보는 반면, 다른 하나는 세계 전체를 기계, 덧없는 허상, 예술과 놀이, 불행한 개별화의 타락과 참회, 법칙적인 질서(우주), 시간초월적인 항구적 동일성 또는 폭력적 과정으로 바라본다.

많은 철학자들이 확고하고 합리적인 관점을 가지고서 절대적인 것을 합리적으로 파악하고 그것을 다른 잘못될 가능성이 있는 것과 대조되는 '옳은 것'으로 생각하는 동안, 회의주의와 상대주의에서 태동되어 나오는 세계상들 간의 투쟁으로부터는 무한한 성찰의 가능성이 발달되어 나오는데, 이러한 성찰은 한편으로는 자의적인 사고의 변증법적 매개체가 되기도 하지만 다른 한편으로는 합리적인 방식으로 고정되어 버린 절대적인 것이 부재하는 개인적인 실존의 매개체가 되기도 한다. 절충주의적인 철학적 혼종들이 태동해 나오기는 해도 무한한 성찰이 형성되어 나옴으로써, 여러 일반성에 얽매어 있음에도 자유를 경험하는 실존적인 인물들이 비로소 가능해진다. 이 후자는 생겨나자마자 곧바로 다시 와해되어 버리기 때문에 더 이상 철학적인 세계상을 가지고 있지 않다. 다음과 같은 사고방식들의 유형화는 그들 모두에 의해서 근거 지워지기는 하지만, 더 이상 특징적인 세계상을 가져오지는 않는 이런 마지막 가능성은 배제하기로 한다.[95]

고대 그리스 철학의 시작 그리고 그에 따른 서양 철학의 시작은 일반적

∴

95 아래 설명은 주로 H. Diels. & W. Kranz, *Die Fragmente der Vorsokratiker*(Berlin, 1952)를 그 원천으로 하고 있다. Friedrich Nietzsche, *Die Philosophie im tragischen Zeitalter der Griechen*에서 인용된 부분은 딜스(H. Diels.) 전집 번호와 함께 제공되고 있다.

으로 밀레토스 출신의 탈레스로부터 시작된다. 그에 대해 우리가 알고 있는 것이라고는 본질적으로 그가 모든 것은 물(水)이라고 가르쳤다는 사실이다. 이 말이 세계상에 대해서 얘기해 주는 것이 뭐냐고 묻는다면 우리가 주장할 수 있는 것은, 신화적인 세계상에서 철학적인 세계상으로의 도약이 그러한 사유로부터 일어났다는 점일 것이다. 상인으로서 거대한 무역 도시들을 자주 여행했던 탈레스에게 물은 아마도 감각-공간적인 세계상에서 가장 포괄적이고 중요한 위상을 가지고 있었을 것이다. 직관적인 사고 속에 주어져야만 하는, 전체적인 것으로 향하는 철학적 충동이 물을 어떻게 모든 곳에 편재해 있는 것으로, 가장 인상적인 것으로, 아마도 또한 모든 것이 나오고 들어가는 중간 수준의 집합 상태로 절대화하는지를 사람들은 이해한다. 이는, 신통기와 우주론 없이, 하나의 단순한 개념을 가지고 전체적인 것을 향해서 어마어마한 도약을 감행하는 것과도 같다. 단순한 사유가 모든 것을 이해할 수 있게 만들어 주고 있는 것이다.

그보다도 훨씬 더 거대한 두 번째 도약이 아낙시만드로스에 의해 감행되었다. 전체는 아페이론(ἄπειρον, 무한한 것, 무규정적인 것)이다.[96] 이것은 감각-직관적인 것에서 순수 개념으로의 도약이다. 엄청나게 다양한 모습을 하고 있는 가시적인 모든 세계는 개별적이고 제한적이며, 규정되어 있다. 모든 것들이 나오고 들어가는 것은 그런 개별적인 것, 규정되어 있는 것(물도 이런 것일 수 있다)일 수 없다. 그것은 개별적인 것이 아니므로 직관적이지 않다. 따라서 그것은 오로지 부정 접두사 '비(非)' 혹은 '부(不)'를 통해서 부적으로만 규정될 수 있는 성질의 것이다. 구체적인 공간의 무한성, 구체적으로 이해할 수 있는 것의 무한성, 구체적인 개인의 무한성과는 대

96 그가 가르친 신화적이고 윤리적인 성질의 다른 전통은 여기서는 다루지 않는다.

조적으로 여기서 의미하는 것은, 그 어떤 구분도 없는 무한적인 것 일반을 말한다. 하지만 이런 개념은 우리의 사고에 유사한 방식으로 하나의 직관적인 내용을 담지하고 있다. 그것은 논리적으로만 생각되는 것은 아니다. 그것은 우리를 사로잡으며, 우리는 창조자의 사고적 황홀함을 절대 충분히 심오하게 상상할 수 없다. 아낙시만드로스는 비록 원시적인 형식이기는 해도 하나의 철학적인 세계상을 보았던 것이다.

앞에 언급된 두 사람의 철학적 전통을 이미 발견했던 사람이 이제 세 번째로 언급할 밀레토스 사람 아낙시메네스다. 그는 '수용적'이기는 했어도 자신이 되기를 원했고 독창적이기를 원했다. 그 자신은 새로운 그 어떤 것도 전혀 보지 못했다. 새로운 철학적인 세계상을 제시하기 위해서 그에게는 단 하나의 가능성만이 남아 있었다. 그는 결합을 통해서 중재했고, 어느 누구의 의견에도 동의하지 않았으며, 추정컨대 자기 혼자 궁극의 진실을 소유하고 있었다. 그는 사유했지만 새로운 도약은 없었다. 절대적인 원칙은 탈레스가 말하는 물 개념처럼 감각적이고, 아낙시만드로스가 말하는 아페이론 개념처럼 한계가 없는 것이어야만 했다. 그래서 그는 모든 것이 공기라고 가르침으로써 아낙시만드로스의 위대한 사상적 발걸음을 다시금 포기하기에 이른다.

이들 세 명의 초기 철학자들에게서 우리는 감각적인 것에서 절대적인 것으로 향하는, 감각적으로 보는 철학자의 유형, 즉 직관적으로(논리적으로만 생각하는 것이 아닌) 사유하는 사상가의 유형을 보게 된다. 마지막으로 관조하는 것도 직감적으로 생각하는 것도 아닌, 단순히 논리적으로 구성하는 철학자의 유형을 본다.

페르시아 사람이 밀레토스를 점령해 파괴함으로써 밀레토스의 발전은 끝이 난 것일 수 있거나 그게 아니라면 아마도 그 이전에 이미 끝나 버린 것일 수 있다. 같은 세기에 피타고라스학파로부터 하나의 완전히 다른 유형의 철학적인 세계상이 발전되어 나왔다.

우리는 피타고라스학파인들이 깊은 종교심 속에서, 신비주의 속에서, 그리고 오르페우스의 신비주의적 구원에 대한 욕구 속에서 어떻게 살아갔었는지를 상상해 본다. 그들은 대부분 철학 이전 시대의 신화적인 세계상을 고수하고 있었다. 학파인들의 생활은 엄격하게 규율화되어 있었고 유대적 방식의 삶이 지배적이었으며, 사람들은 귀족적이고 보수적인 정신 속에서 기본 원칙에 따라 생활을 영위했다. 각 개인의 개성은 뒷전으로 밀려났다. 사람들은 전통 속에서 완전히 하나로 통일된 것은 아니었지만, 그렇다고 각자 자신들의 본래적인 생각으로 볼 수도 없었던 세계상 속에서 살아갔다. 이런 분위기 속에서 다수의 개별적인 사람들에게서 연구가 진행되어 괄목할 만한 여러 구체적인 발견들이 이루어졌다(기본적인 것으로는 피타고라스 정리 같은 수학, 현 길이의 중요성에 대한 인식 같은 조화 이론, 지구가 자전하면서 태양 주변을 돈다는 천문학적 사고 등이 있었다). 피타고라스학파인들은 실제적인 자연 인식에 있어서는 우월했지만, 학파적이고 종교적인 유대로 인해서 철학적 사고가 전체로부터 자유로울 수 없었다. 전형적인 관계 하나가 있다. 보다 더 자유로운 철학적인 세계상에 대한 표상들을 그 기원을 따라가면서 비교하다 보면, 사람들이 전체 안에 묶여 있을 경우에는 개별적으로 편견 없는 특별한 생각들이 개발되어 나올 수 있다. 예를 들어 19세기에 살았던 그레고어 멘델과 에리히 바스만 같은 경건한 가톨릭 신자들은, 자연-기계론적인 세계상 속에서 살아가는 이들이었다면 감히 생각해 내지 못했을 과학적인 발견들을 성취해 낼 수 있었다. 그 자체로 늘 제한되어 있는 철학적인 이해관계와 그로부터 흘러나오는 선취적인 구성 활동 또한 대상을 제한해서 축소시키는 힘을 갖고 있다. 그래서 헤라클레이토스는 피타고라스학파인들에 비해서 자연과학적으로 통찰력이 부족했다. 피타고라스학파인들은 복잡하게 얽혀 있고 폐쇄되지 않고 통일적이지 않은 세계관을 가지고 있었던 까닭에, 개별적으로는 여러 유리한 자유로움을 누릴 수 있었다. 순전히 철학적인 세계상은 전체 속에서 더욱 커다란 통일성과 완결성을 가지지만, 그에 반해서 내용적으로는 그만큼 더 빈곤할 수 있다. 피타고라스학파가 학파적으로 사고하는 이들의 집단이었다면, 철학자들은 자기 책임 아래 독창적으로 사고하는 인상 깊은 인물들이었다.

중세를 지배하기도 했던 이런 사고 유형은 지금 특징지을 철학적인 사고 유형 밖에 놓여 있다. 지금까지는 일종의 일탈이었는데, 우리는 이제 이 일탈로부터 빠져나와서 다시 관조하고, 본질을 사고하고, 형식적으로 생각하는 머리를 가진 인물들에게로 되돌아가 보기로 한다. 한 사람의 철학자를 머리에서 발끝까지 모조리 하나의 유형에 포섭시키고, 그가 가지고 있는 사고 유형의 특징 하나하나를 다른 유형과 서로 대조하면서 과장해서 희화화하는 것은 물론 도식화된 자의적인 행위다. 면밀히 살펴보면, 아마도 각 유형의 인물들은 자기 고유의 무언가를 지니고 있을 것이다. 그런데 우리는 여기서 역사적인 탐구를 진행하고 있는 것이 아니다. 그래서 우리는 일반적인 유형을 명시적으로 설명하기 위해서 눈에 띄게 두드러지는 특징들을 사용할 수 있을 것이다.

밀레토스 출신 사람들과 피타고라스학파인들은 다음에 언급하는 철학자들에게는 어느 정도 알려져 있었다. 하지만 연속성에 있어서는 일정의 공백이 있었고 철학적인 세계상의 창출은 보다 더 큰 유형 안에서 즉흥적으로 새롭게 시작되었다.

우리 눈앞에 육신의 형상을 한 채로 서 있는 역사상 최초의 철학자가 헤라클레이토스다. 그가 개념을 정립한 것은 아니지만, 구체적으로 보는 것으로부터 사고하는 것(추상적으로 보는 것)으로의 완전한 비약을 실현하였으며, 후대인들이 긍정적으로 받아들이든 아니면 반대해서 싸우든 사유의 원천으로 기능했던 지적인 세계상을 창조해 냈다. 이런 철학적인 세계상은 이제 더 이상 치밀한 논리적인 양식으로 표현될 수는 없는 그런 위대한 철학적 특성을 요청했다. 그것 어디에서나 드러나는 특징은, 모든 개념이 사유되는 것이 아니라 보였다는 사실, 모든 개념이 유익한 심리적인 작용력으로 가득 차 있었다고 하는 사실이다. 이 철학적인 세계상을 최소한 멀리서나마 살펴보도록 하자.

"모든 것은 하나다"(50). 하지만 모든 것은 대립, 모순, 갈등, 투쟁 속에서 쪼개진다. 헤라클레이토스는 냉혹한 논리적인 일관성을 가지고 모든 곳에서 예외 없이 세상을 대립해 있는 것들의 분리와 재결합으로 본다. "모든 것들은 투쟁을 통해서 생겨난다"(8). "전쟁은 만물의 아버지다"(53).

그런 대립들로는 다음과 같은 것들이 있다. 다양한 음색, 남성과 여성, 혼합된 색상들, 활과 거문고, 신과 인간, 자유인과 노예, 낮과 밤, 선과 악, 직선과 곡선, 상승과 하강, 사멸과 불멸, 죽음과 삶, 겨울과 여름, 전쟁과 평화, 풍요와 빈곤, 젊은이와 노인, 깨어나기와 잠자기. 그런 식으로 헤라클레이토스는 논리적 모순에서, 상극관계에서, 실제 힘들의 갈등에서, 가치 대립 속에서, 그리고 단순한 구분에서 공통적인 것과 대립해 있는 것들을 ― 저러한 다양한 범주들을 분리하지 않은 채― 본다. 그런 광범위한 논리적인 분화 작업과 거기에 속해 있지 않은 것들을 분리해 낸 이후에도 전체를 직관하는 힘은 우리 시대에서 이율배반을 파악하는 경우에 변함없이 생생하게 살아 있다.

그런 식으로 대립물들이 아무리 심하게 대립하거나 서로 부딪히더라도, 그것들은 마치 원주의 시작과 끝이 하나이자 동일한 것인 것처럼(126) 하나이면서 동일하다. 투쟁에서 조화가 생겨 나온다. 예를 들어 아주 다양한 음조들이 합쳐지면 그로부터 매우 아름다운 조화가 생겨 나온다. "질병은 건강을 더 찾게 만들고, 악은 선을, 굶주림은 풍요로움을, 노고는 안식을 더 찾게 만든다"(111). "신과 함께라면 모든 것이 아름답고 선하고 정의롭지만, 인간은 어떤 것은 정의로운 것으로, 어떤 다른 것은 불공정한 것으로 여긴다"(102). 가치 대립은 오직 인간에게만 존재한다.

그런 식으로 헤라클레이토스는 모든 것을 하나로 본다. 그는 확실히 서로 맞아 떨어지는 대립물들을 보았지만, 그것들을 함께 보면서 ─ 늘 순수 논리학적인 모순율을 위반하는 가운데 ─ "선과 악은 하나"(58)라는 역설적인 표현법을 사용해 상반되는 것의 일치에 대해서 말한다. "나사못의 홈에서 곧음과 휘어짐은 하나이면서 동일하다"(59). "사즉필생(死卽必生), 생즉필사(生卽必死), 생사는 서로 자신의 죽음으로 살고, 자신의 삶으로 죽어 간다"(62). 낮과 밤은 결국 하나다(57). "신은 낮이자 밤이고, 겨울이자 여름이고, 전쟁이자 평화이고, 풍요로움이자 굶주림이다. 신은 마치 향료와 함께 섞여 다양한 이름을 가진 향기를 발산하는 불처럼 변화를 거듭한다"(67).

대립물들은 계속 서로 침투하면서 역전된다. "추우면 따뜻해지고, 따뜻해지면 추워지고, 축축해지면 건조해지고, 건조해지면 축축해진다"(126). 세계는 엄청난 규모의 투쟁과 화합의 병존 과정이자, 어느 한순간도 영구적인 것이 없는 그런 영원한 변화의 과정이다. "강물에 들어가지만 우리는 같은 강물에 들어가는 것이 아니며, 우리가 우리이기는 하지만 동일한 우리는 아니다"(49a). "사람이 같은 강물에 들어가더라도 그에게는 늘 다른 물이 흘러들어 온다"(12). "헤라클레이토스에 따르면 사람은 동일한 강물에 두 번 발을 들여놓을 수 없으며, 사람은 실체가 동일하지만 성질이 덧없이 변하는 그런 사물을 두 번 다시 만질 수는 없다. 그런 실체는 급격하고 신속하게 변함으로써 흩어졌다가 다시 모이고, 가까워졌다가 다시 멀어진다"(91).

이제 이런 어마무시한 과정이 갖는 의미는 무엇일까? 가까이 보면 헤라클레이토스에게 "최고로 아름다운 세계질서는 마치 무작위로 내버려진 쓰레기더미처럼 보인다"(124). 혹은 "시간은 체스판 위에서 말들을 이리저리 궁리면서 놀고 있는 어린 소년단과도 같다"(52). 이런 관점에서 볼 때 '아이들이 하는 놀이'는 헤라클레이토스에게 '인간의 사고 과정'이기도 했다(70).

하지만 세상을 관찰하는 헤라클레이토스는 세상을 그런 양식으로 — 아예 그 어떤 양식으로도 — 표현해 낼 수 없었다. 변화해서 붕괴되는, 대립물들의 변화 과정 안에는 여전히 다른 뭔가가 들어 있다. 헤라클레이토스는 협잡꾼들, 그리고 그들과 한통속인 일당들 모두를 잡는 디케[97]에 대해서 말한다(23, 28). 디케와 에리스[98]는 같다(80). 모든 것들은 투쟁과 필연을 통해 생겨난다(80). 그는 규범인 노모스(33, 44)를 알고 있고, 이성인 로고스(50, 72)를 알고 있다. "가장 지속적으로 교류해야만 하는 로고스, 즉 모든 것의 조정자와 함께 그것들은 분기된다"(72). "모든 인간 법칙들은 신적인 것에 의해서 양육된다." "왜냐하면 그것이 하고 싶은 한에서 명령을 내리고, 모든 것들을 만족시키고, 모든 것을 이기기 때문이다"(114). "태양은 자신의 한도를 초과하지 않을 것이다. 그렇지 않으면 디케의 부하인 에리니에[99]가 그것을 찾아낼 것이다"(94).

••
97 (옮긴이) 그리스 신화에서 디케는 정의, 질서, 법칙의 여신이다.
98 (옮긴이) 그리스 신화에서 에리스는 분쟁, 갈등, 불화의 여신이다.
99 (옮긴이) 그리스 신화에 나오는 여신으로 복수의 여신이다.

헤라클레이토스는 이러한 세계상과 이전 세계상을 모순 없는 하나의 연관 속에 묶어 넣으려고 하지 않았다. 그는 둘 모두를 보았다. 그가 보아서 알게 된 것도 그렇고, 모순율은 자신에게 최소한의 힘만 가지고 있을 뿐이라고 그는 말했지만 모순 자체는 그래도 현실적이다.

어마무시한 규모로 변모하는 세계 과정 속에서 인간이 하는 역할을 헤라클레이토스는 마치 눈앞에 전개되는 대상으로부터 아무런 형상도 보지 못하는 삼매의 마음으로 바라보았다. "영혼의 한계를 당신은 찾아낼 수 없고 이는 당신이 어떤 길을 걸어가든 그렇다. 그만큼 영혼에는 심오한 토대가 있다"(45). 성품이 인간의 운명을 결정한다(119). "가장 아름다운 원숭이도 인간에 비하면 못생겼고, 최고로 현명한 사람도 신에 비하면 지혜와 아름다움, 그리고 모든 다른 면에서 원숭이처럼 보인다"(82, 83).

헤라클레이토스는 그 어디에서도 순수 개념에 대한 열정이 없었고, 그 어디에서도 체계적인 접근법을 갖고 있지 않았다. 그는 관찰하는 관조자인데, 그 스타일은 본질상 격언적인 성질의 것이었음에 틀림없다. 물론 그의 단편들은 우리에게 격언의 형식으로 나타난다. 그래서 그의 모든 사고는 가시적인 공간적 세계로부터 또는 체험된 영적 세계로부터 유래하는 직관적인 내용을 획득하였고, 그 내용은 그에게 추상적인 내용이 아닌 구체적인 이미지로 나타났다. 그런 식으로 탈레스도 일자로서의 세계를 물로 보았는데, 그것은 그가 아직 추상적으로 생각하지 않았기 때문이다. 마찬가지로 헤라클레이토스도 영속적인 변화의 과정을 불로 보았다. 영혼과 세계는 영원히 타오르는 불꽃이다. 그는 세상의 세부 사항들을 설명해야만 하는 그 어떤 물리적인 이론을 구상하지 않았지만, 전체로서의 세계상을 보았다. 그것은 "그의 영원한 불이자, 앞으로 그의 영원한 불이 될 것인데, 그것은 정도에 따라서 희미한 불빛을 내기도 하고 소멸하기도 하는 그런 불이다"(30). 물질의 변화 과정에는 재차 동일해지는 두 가지 길이 있다. 불에서 시작해 물을 거쳐 땅으로 나아가는 길이 있고, 땅에서 시작해서 물을 거쳐 불로 나아가는 길이 있다. 영혼은 불이다. "영혼에게는 자신이 물이 되는 것이 죽음이고, 물에게는 자신이 땅이 되는 것이 죽음이다. 땅에서 물이 나오고, 물에서 영혼이 나온다"(36). 시간 순서에서 세계가 형성되는 시기가 있는가 하면, 세계가 불타오르는 시기가 있다(65, 66). 불은 세계이자 신이다. 하지만 그것은 또한 정의의 여신 디케이기도 하다. "왜냐하면 모든 것이, 다가올 불을 심판할 것이고 저주할 것이기 때문이다"(66). 그것은 후대인들이 '물활론적 범신론'이라고 칭했던 세계관이기도 한데, 이 세계관은 심오하고 신비로운 태도로부터 흘러나오고, 몇몇 뉘앙스와 함께 그 본질에 있어서 대다수의 위대한 철학들의 체험상의 출발점이 된다.

헤라클레이토스는 ─ 세속적인 현상이라고 할 수 있는 ─ 치밀하고 계산적인 철학자와는 대조적으로 관조적이고 창조적인, 최초이자 영원한 철학자의 유형이었고, 박식한 스타일의 사람과는 대조적으로 철학적인 천재였다. 그가 본 세계상은 본질상 충만하지만 모순으로 가득하고, 결코 상실되지 않는 영향력들로 이루어진 전체이기는 해도 완전히 비체계적이며, 상상할 수 없기는 해도 사고를 통해서만 이해할 수 있다. 개념들에서는 일관된 순수한 추상성, 예리한 구분, 정교한 규정이 결여되어 있다. 내용은 상징적이기는 해도 직접 직관될 수 있다. 이런 곳에서 비판적이고 논리적인 작업은 완전히 무의미해진다. 논리적인 작업은 그러한 창조된 직관에 근거해야만 비로소 시작될 수 있다. 헤라클레이토스가 델피의 아폴론에 대해서 했던 말은 그 자신에게도 적용된다(93). "그는 아무 말도 하지 않는데 숨기는 것 하나 없이 모든 것을 드러내 보여 준다."

세계상을 그 자체로 묘사하기만 하는 과업에서 빠져나와 우리는 이제 사람들에게도 그렇거니와 철학자들의 다른 관점들에도 영향을 미치고 있는 이런 헤라클레이토스적인 유형의 특징을 살펴보기로 한다. 오로지 합리성만이 결정권을 행사하는 한 저러한 세계상이 가지고 있는 폭과 이해 불가함은 철학자를 정죄하고 은둔시켜 버린다. 아무도 그를 이해하지 못하고 그도 대중을 경멸한다. 헤라클레이토스의 여러 단편들이 인간들의 이해 부족에 대해서 언급하고 있다. "그들은 들어도 이해하지 못한다. 그들은 청각 장애인 같다. 속담이 그들에게 입증해 준다. 그들은 현전하는데도 부재한다"(34).**100** 다음과 같은 말에서는 대중에 대한 경멸이 잘 드러나고 있다. "누군가가 최고이면, 나는 그 1만 배의 가치가 있다"(39, cf. 97, 104, 121). 직관하는 인간으로서 그는 박식한 사람을 배척하기도 한다. "박식이 오성을 갖도록 가르쳐 주는 것은 아니다. 그렇지 않았으면 헤시오도스와 피타고라스, 더 나아가서는 크세노파네스와 헤카타이오스에게도 가르침을 베푼 것이 될 것이다"(40). 구체적 관심은 자연과 별이 빛나는 천상을 향하고 있기보다는 훨씬 더 인간적인 것, 영혼적인 것, 정치적인 것으로 향해 있다. 다수의 윤리학적 심리학적 단편들이 존재한다. 그에 반해서 우주를 파악하는 데 있어서는 거리두기와 초연한 무관심이 있다(그는 태양의 너비가 1피트라고 생각했다). 그는 실제 개별 연구를 수행하지는 않았다. 모든 것은 오로지 관조로 나아가기 위한 수단이자 길일 따름이다. 인간적인 것의 상대적 특성을 그는 다음과 같이 묘사하고 있다. "만물이 연기로 변한다면, 그것들은 코로 구별될 것이다"(7). "당나귀는 금보다는 여물을 더 좋아한다"(9). "인간이 야만적인 영혼을 가지고 있는 한 눈과 귀는 인간에

100 (옮긴이) 헤라클레이토스의 「단편(Fragment)」 34에 나오는 구절이다.

게 사악한 증인이 된다"(107). 헤라클레이토스의 충만함과 다재다능함, 오로지 관조하는 사고는 아주 강력해서 역사 발전에 있어서 그의 철학은 난관 없이는 앞으로 한 발짝도 나아갈 수가 없을 정도였다. 그는 분명 위대한 인물의 운명을 타고난 사람이었다. 살아 있을 당시에도 그랬지만 사후에도 그는 자청해서 그를 스승으로 모시면서 따랐던 사람들에 의해서 둘러싸여 있었다. 그가 사망한 지 100년 후 에페소스에는 '헤라클레이토스의 추종자'라 불리는 일군의 사람들이 있었는데, 플라톤은 그들이 이해할 수 없는 모호한 말들만 사용해서 소통할 수 없었기 때문에 아무 토론도 할 수 없었다고 말한 적이 있다. 유일신에게 적합할 뿐 아니라 사람들 사이에서 널리 퍼져 나갈 수 있었을 세계상을 개발하기 위해서는 훨씬 더 큰 제약이 필요했던 것으로 보인다.

그래서 더 나아간 사상적 발전이 한 사람에게서 시작되었는데, 이 사람은 관조하는 태도에 있어서 헤라클레이토스와 친화적이기는 했지만 훨씬 소박해서 이른바 하나만을 보는 사람이었다. 그가 바로 크세노파네스였다. (그러한 이유에서 헤라클레이토스는 이후의 모든 시대를 거쳐 오늘날에 이르기까지, 가장 강력한 영향력이 있는 철학자이자 늘 새롭고 온전해 보이는 철학자로 남아 있다.)

크세노파네스는 세계 전체를 일종의 유일무이하고 불변하는 신성으로 보았다. 그것은 "유일무이한 신으로서 신들과 인간들 중에서 가장 위대한 존재였고, 형태에 있어서나 사유에 있어서나 죽을 운명에 처해 있는 유한한 존재들과는 전혀 다른 존재였다"(23). 이 신성은 "모든 눈, 모든 정신, 모든 귀"(24)이자, 정신이 행하는 사고력을 이용해 특별한 노력을 기울여 우주를 휘젓는다. 우리 주변의 그 어떤 존재도 전혀 상상될 수 없는, 유일신이 취하는 그런 관조적인 시선에서 그는 사람들의 모든 종교적이고 감각적인 표상들에 대해 경멸적인 태도를 취했다. "가령 도둑질과 이혼, 그리고 서로 속이는 행위같이 인간에게서만 모욕이고 불명예일 뿐인 것들을 헤시오도스와 호메로스는 신들에 갖다 붙였다"(11). "죽을 존재인 인간들은 신들에 대해서 그들이 태어나 자신들과 같은 복장을 하고 목소리를 가진 것으로 착각한다"(14). "하지만 소와 말과 사자가 손이 있거나 손으로 그림을 그려 인간처럼 작품을 만들 수 있다고 한다면, 말은 말 같은, 소는 소 같은 모습을 하고 있는 신의 형상을 그릴 것이고, 모든 종이 갖추고 있는 외모의 몸을 그릴 것이다"(15). "에티오피아인들은 자신들이 섬기는 신이 피부가 검고 납작한 코를 가지고 있다고 주장하고, 트라키아인들은 자신들이 섬기는 신이 파란 눈과 빨간 머리카락을 가지고 있다고 주장한다." 크세노파네스는 정신적으로 직관하기 위해서 감각적으로 보는 것을 거부한다. 크세노파네스는 유일신을 바라볼 때 그것을 불타고 있는 과정이 아닌 완벽한 안식으로 바라본다. "그는 늘 같은 장소에 있기를 고수해 아무데도 가지 않는다. 그가 한때는 이쪽으로 다른 때는 저쪽으로 방황해 돌아다니는 것도 어울리지 않는다"(26).

크세노파네스는 전체가 하나인 세계를 자체 내에 머물러 있는 신성으로 보았고, 그에 더해 밀레토스인들의 가르침과 그들의 물리론적 천문론적 견해들을 후대에 전수했다. 그것은 헤라클레이토스보다 더 간단하고 더 규정되어 있는 것이었고, 여기서 그는 관조된 것을 논리적으로 정교화하는 길을 발견했다. 이 길을 파르메니데스[101]가 걸어가게 되면서 엘레아학파가 생겨났다.

모든 신화적인 상상의 존재를 상정하지 않고 세계를 처음으로 하나의

[101] 그런데 파르메니데스가 실제 역사적으로 크세노파네스에 의존했는지의 여부는 알 수 없다.

물("모든 것을 하나")로 보았던 탈레스를, 아낙시만드로스가 자신이 제시했던 아페이론(무한자) 개념을 통해 계승했던 것처럼, 신성을 직관했던 크세노파네스를 파르메니데스는 자신의 존재 개념을 통해 계승한다. 그것은 오로지 감각적이거나 상징적인 방법으로만 이해할 수 있는 것이었기에, 아낙시만드로스가 물에 대해서 더 이상 말하지 않았던 것처럼 파르메니데스도 신성에 대해서 더 이상 말하지 않았고, 오로지 존재에 대해서만 말했다. 그는 존재를 직관하는 신비로움을 체험했을 뿐 아니라 정당화하고 반박하는 가운데 개념 형성의 가능성을 철저하게 타진했고, (헤라클레이토스 및 크세노파네스와는 대조적으로) 잘 정돈되어 있는 사고연관, 즉 체계적인 정신적 구조물을 설계해 냈다. 관조에 기반해 있는 순수한 사고가 그의 세계상을 창조해 냈다. 그 중심에는 존재에 관한 사고가 자리하고 있다. 인간이 잠시라도 아무것도 없다고 생각한다면, 과거에도 그랬고 앞으로도 세상이 완전히 없을 것이라고 생각한다면 세상은 대체 어떻게 될까? 그러한 생각의 심연으로부터 그 어떤 생각이 솟구쳐 나온다. 즉 "존재하는 것은 존재한다. 그것이 존재하지 않는 것은 불가능하다"(4). "왜냐하면 그것이 어떻게 존재할 수 없는지는 도대체 드러내 표현할 수 없고 상상할 수도 없기 때문이다"(8). 관조하는 체험의 온전한 힘을 가지고 존재에 대해 이런 식으로 의식함으로써 파르메니데스는 자신이, 세상에 대한 관조에서 어디서나 변화와 대립을 보았던 헤라클레이토스와 대조된다고 느꼈다. 헤라클레이토스는 존재와 변화를 엄격하게 대립시키지 않았지만 — 왜냐하면 헤라클레이토스는 오로지 관조한 것만을 말로 번역했기 때문에 — 파르메니데스는 '존재-변화'라는 예리하게 대립하는 개념쌍을 주조해 냈다. 그 이후 합리주의적 철학자들에게 헤라클레이토스와 엘레아인들은 변화와 존재를 가르치는 스승들로 대조되었는데, 이는 가르치는 특수한 내용에 따른 구분이지만 오늘날의 관점에서 그 가르침의 내용들은 본질적이지 않다. 파르메니데스가 가령 존재를 부정하는 대신 변화를 가르치고 입증했다고 하더라도, 마찬가지로 그는 모든 것들을 관조하는 헤라클레이토스와 반대되는 사람이었을 것이다. 왜냐하면 헤라클레이토스는 존재를, 그 속에서 새로운 것이 나타나지는 않지만 모든 것이 반복되고 항상 상승과 하강 운동을 하는 사물들의 영원한 순환 속에 있는 것으로 가르쳤기 때문이다. 헤라클레이토스 자신은 — 그의 단편 속에 이런 것이 포함되어 있는 것은 아니지만 — 존재와 변화를 가르쳤을 것이고, 대립을 설정한 다음에 이렇게 말했을 것이다. "변화와 존재는 동일하다." 파르메니데스의 철학적인 시선에서 본질적인 것은 합리적인 정당화 및 체계화 절차를 직감에 한정하고 도입하는 것이다. 직관적 철학적 세계상의 자리에 그는 직감에 기초해서 진행되는 정당화의 맥락에서 사유된 철학적인 세계상을 제시하고 있다.

파르메니데스는 존재에 대해서 더 깊이 사유해 들어간다. 존재는 생성된 것도 아니고 사멸하지도 않으며, 흔들리지도 않고 하나의 전체이고, 통일적이며 상호연관되어 있다(8). 그것은 존재하지 않는 것으로부터 변화를 통해 생겨 나올 수 있는 것이 아니다. 모든 존재는 영원하고 하나이기 때문에 존재가 생겨나고 사라지는 것은 절대 있을 수 없다. 그것은 분리될 수 없고 완전히 상호연관되어 있으며, 움직이는 법이 없고, 자기 자신 안에 머물러 자신을 고수하며, 자신 안에 머물러 존재한다. 사라져 없어질 것의 일종인 언어에 고정되는 것 모두는 사실을 가장하지만, 존재하지 않는 그것들은 존재할 수 없고 존재하지도 않는다. 그 어떤 변화도 없고, 사라짐도 없고, 비존재도 없고, 그 어떤 위치 변화도 없고, 반짝이는 색조의 변화도 없다. 존재는 경계를 가지고 있어야만 한다. "그런 식으로 존재하는 것은 모든 방향으로 폐쇄되어 있는데, 그것은 온전하게 둥근 구체와 유사하고, 그 강도는 중심에서 모든 방향으로 동일하다."

존재에 관한 이러한 철학적인 세계상은 현존 체험에서 성장해 나오는데, 우리는 그것을 철학적인 세계상이 아닌 부분적인 세계상만 제공해 주는 우리 감각들의 모든 직관들을 논리적으로 구축할 때 직면한다. 더 깊이 생각하는 가운데 파르메니데스는 모든 개념적인 예리함과 함께 두 가지 표상들을 발전시켜야만 했다. 1) 감각은 속이고 지성은 진리를 가르쳐 준다. "당신을 이 길로 강요하지 말고, 오로지 당신의 시선을 초점이 없게 하고, 당신의 청각을 그냥 웅웅거리게 내버려 두고, 당신의 혀를 그냥 자유롭게 두라. 아니, 논란의 여지가 다분한 시험은 지성을 사용해서 결정하라"(1). "멀리 있는 것이 당신의 지성에 어떻게 믿을 만하게 가까워지는지를 잘 관찰해 보라"(2). 2) 지성만으로 파악할 수 있는 진리 세계는 현상 세계와 대립해 있고, 명료하고 명확한 생각은 죽을 운명의 존재인 인간의 견해들과 대립해 있다. 따라서 철학자는 존재 개념을 발전시킨 이후에는 두 번째로 죽을 운명의 존재인 인간세계의 현상 개념을 발전시켜야만 한다. 파르메니데스도 그렇게 한다. 존재하지 않는 것을 지칭하고 있기에 전혀 이름할 수 없는 개념들이 세계 안으로 들어서는 것을 그는 허락한다. 빛과 어둠의 대립, 세상의 변화, 탄생과 짝짓기 등. "이런 (존재하지 않는) 사물들 각각에 인간들은 이름 도장을 찍어 왔다"(19).

이 두 번째 세계에 대해서는 경멸조로 말해진다. 지성에 대한 그의 신뢰는 남다르다. 지성의 기반이 관조였다는 사실은 망각되고 있다. "왜냐하면 사유와 존재는 동일한 것이기 때문이다"(5). 그러나 전체 결과는 눈에 잘 띄지 않는 딱 하나다. 그것은 존재다(ἔστι γαρ εἶναι). 보다 더 상세한 모든 설명은 버려야 할 비존재 개념으로 나아간다. 순수 개념에서 느끼는 쾌락은 현상계를 멀리하면서 모든 것들을 내던지고, 직관적인 정신에게는 결국 아무것도 아닌 무, 하나의 공허한 개념, 단순한 존재, 이런 것이 저런 쾌락의 모든 것이다.

이와 함께 관조하는 사상가는 제한적인 문제점을 통해 자신의 제자인 제논이 엄청난 집중력을 발휘해서 걸어갔던 길로 이미 들어선다. 순수한 사고는 모든 직관으로부터 분리되고, 단순한 형식논리학 내에서(제논은 변증법의 창시자라 일컬어지기도 한다) 작업을 진행하는 지성만이 아마도 여전히 하나의 세계상을 가지고 있는 것으로 믿을 수도 있지만, 수단으로 사용되는 사고 기계의 작동으로 인해 그러한 세계상은 완전히 상실되기에 이른다. 기본 원리는 이제 더 이상 철학적인 세계상을 보는 것이 아니고, 모순율뿐이다. 이제 더 이상 직관된 것이 '보이는' 것(헤라클레이토스)이 아니고 주장들이 '증명'된다. 이제는 증명이 만사가 될 수 없는 곳에서도 '증명'이 만사가 되어 버린다. 위인들이 체험하고 감동을 주었던 관조가 성취해 낸 것을 이제 논리의 사다리(니체)를 매개로 진행되는 계산이 성취해 주어야만 한다. 인간에게서 다른 모든 확실성이 사라져 버렸기 때문에 사람들은 그 대신 형식논리학적 '확실성'을 갈망하게 된다.

이러한 유형의 논리적인 세계상을 제논은 거창한 — 사소하지 않은 — 방식으로 재현해 낸다. 그는 1) 존재자의 다양성은 있을 수 없다는 것을 '증명하고', 2) 운동은 있을 수 없다는 것을 '증명한다.' 운동의 불가능성에 대한 증거로는 아킬레스와 거북이의 경주 사례가 있다. 아킬레스는 거북이를 결코 따라잡을 수가 없다. 왜냐하면 아킬레스는 처음에 절반 거리만큼 뒤처져 있어야만 했는데, 그런 다음에 그 절반을 따라잡는 것을 무한 반복해야만 했기 때문이다. 원리는 이것이다. 완벽한 무한은 사유될 수 없다.

이런 형식적 사유의 결과는, 다음에 기술하는 방법도 그렇지만 영원히 전형적인 것이다. 하나의 선언지가 주어지거나 모든 가능한 완전한 목록이 주어지고, 그 어떤 결과가 모순율에 위배되는 것이 보임으로써 각각의 가능성이 하나씩 반증된다. 올바른 것은 살아남은 것이어야 한다는 결론이 도출된다. 또는 모든 것이 불가능한 것으로 '증명'되고 모든 인식은 불가능하다는 결론이 도출된다. 각 경우에서 결과는 완전히 공허한 개념이고, 그래서 전혀 신경 쓰지 않아도 되는 개념이다. 사람들이 직관에 기반해서 근거 짓는 일을 모두 포기하게 되면, 모든 논리는 부정만 할 수 있고, 부정 형식의 진술만 할 수 있으며, 이런 일은 부정적인 방식으로 정의되는 개념 하나 — 여기서는 존재 — 말고는 아무것도 남지 않을 때까지 계속된다.

그 자체가 원래 직관에 기반해 있었던 헤겔식 변증법이 파생됨으로써 형식적인 절차가 근래에 또 다른 유형을 획득하게 되었다. 사람들은 모든 모순들에 대한 중재를 찾고, 모든 것을 인정은 하지만 아무것도 완전히 인정하지는 않으며, 매우 영리하기는 하지만 실제로는 아무것도 의미하지 않는다. 이 길은 모순율을 따르는 길보다 더 복잡하기는 해도, 심리학적으로 보면 세계상은 서로 유사하다.

관조적인 유형, 본질적인 사고 유형, 생각을 비우는 유형 외에 이제 새로운 유형이 데모크리토스에게서 출현한다. 세계 전체를 포괄적이고 사려 깊게 보면서 하나의 질서 잡힌 체계로 수렴하는 유형이 바로 그것이다. 삶과 세상을 보고자 하는 욕구로 (여행 욕구 및 수집 욕구로) 이미 항상 가득 차 있는 상당한 전통의 무게를 짊어지고 그는 당시의 전체 세계상을 포괄하고 있는 여러 저술들에 자신의 지식을 기입해 넣는다. 철학적으로 그는 (레우키포스에 의해 발견된) 원자론과 기계론적인 자연-인과적 세계상을 발전시켰다. 그것이 철학적이었던 것은 오로지 그것이 세계 그 자체인 것으로 절대화되었다는 사실을 통해서였다. 그것은 원래 관조되었던 것은 아니지만 구체적으로 보는 것을 감안해서 고안되었고, 형식적으로 계산되고 치밀하게 증명된 것은 아니지만 모든 지식의 질서에 대한 차분한 확신에 부드럽고 신중하게 그 기반을 두고 있다. 데모크리토스에게 있어서 특징적인 것은 그가 존경스럽고 차분한 성격의 인물이며, 세계 곳곳을 두루 돌아다니면서 경험과 지식을 쌓았으며, 시각에 휘둘리지 않고 실체 없는 계산에 의지하지 않은 채 사물을 살피고 설명하고 정돈하는 것에 만족하였으며, 윤리적으로 순수하다는 데 있다. 왜냐하면 그는 사람들과 갈등을 일으킨 적이 없고 사적인 이해관계가 없는 사상가일 뿐 아니라 종교에는 전혀 관심이 없는 똑똑한 인간 관찰자였기 때문이다. 그는 다음과 같은 이상을 가지고 있었다. 가장 행복한 상태는 모든 욕망으로부터 벗어난 고요한 마음의 상태이고 관조적으로 사고하는 인식이며, 비인격적인 정신으로 살아가는 삶이다. 이것은 아리스토텔레스가 최고선으로 여겼던 이상과도 같다.

지금도 여전히 완전히 독창적이고 특별한, 그리고 자신의 발견에 대해 놀라움을 금치 못하는 신선함을 가지고 궤변론과 회의주의는, 이제는 철학 전통을 통해 현존하고 배울 수 있는 방대한 분량의 사상적인 자료들 속에 자리를 잡고 함께 살아가 보려고 노력했다. 단순히 논리적인 유형의 세계관은 무자비한 논리적인 일관성을 가지고 확충되었다. 사고는 실천적인 목적을 위한 수단일 뿐이다. 모든 철학자들은 서로 모순되며, 같은 증거를 가지고 서로 상반되는 것을 증명한다. 정교한 개념 구분은 변증법적 기교를 세련되게 만든다. 엘레아 사람 제논의 전통을 이어받아 논쟁술과 궤변술이 구축되었고 형식논리학이 만들어졌다. 거기서 직관되는 것은 아무것도 없고 그냥 개념들이 옷만 바꿔 입을 뿐이며, 인식되는 것은 아무것도 없고 그저 계산적인 논증만 진행된다.

이러한 토대 위에서 이제 완전히 새로운 콘텐츠를 가지고 저러한 관조,

관조적인 사고의 리듬이, 즉 소크라테스, 플라톤, 아리스토텔레스에 대한 수용과 중재를 통한 정돈 작업이 재차 반복된다.

궤변론자인 소피스트들이 펼치는 형식논리학적인 활동의 파괴적인 흐름 속에서 소크라테스는 개념의 본질을 의지처로 발견하게 된다. 그는 증명하거나 반박하지는 않았는데, 적어도 그런 것은 그에게서 특징적인 것은 아니었다. 비록 소피스트들이 하는 방식을 사용하기는 했어도 그는 산파술을 통해 사람들로 하여금 각 개념의 본질, 본래성, 실체성을 보도록 했고 그로써 그 개념을 명료하게 정의할 수 있는 방향으로 인도했다. 이 모든 것을 그는 체계를 구축하기 위한 목적으로 행한 것이 아니고, 그때그때 곧바로 생겨 나오는 뜨거운 논쟁의 화제가 되는 특정 문제들을 위해서 그렇게 했다. 이러한 본질 직관에서 모든 확고한 것을 발견하는 가운데 그가 가르친 것은 앎이 미덕이라는 것이었다.[102] 그는 아무것도 저술하지 않았다. 관조하기와 생활하기, 산파술적인 작업과 개인적으로 영향력 행사하기, 이런 것들은 그에게서 비교 불가할 정도로 통일성을 이루고 있었다. 그는 역사상 가장 영향력 있고 명료했던 인물 중 한 사람이었다.

이런 관조하기를 이제 플라톤이 체계적인 사고로, 방법적인 학파의 형성으로까지 발전시킨다. 그로부터 그의 이데아론이 성장해 나오게 된다. 그는 개념의 본질을 '이데아'라 칭했고, 또 다른 초감각적인 세계의 무시간적 존재에서 그런 것들을 목도했다. 플라톤은 (엘레아인들이 말하는 현상과 존재, 아낙시만드로스가 말하는 개별자와 무한자와 유사하게) 관념의 세계와 감각의 세계, 이 두 세계를 보았다. 그 두 세계는 단순히 보이는 이미지들이

∴
102 개념적 사상가로서의 소크라테스에 대한 이러한 전통적인 이해는 논쟁의 여지가 있다는 점을 단지 언급만 하고 넘어가겠다.

아니라, 원형은 매우 가치로운 것이고 원형의 복사본은 원본보다는 낮은 가치의 수준에 자리 잡고 있는 것이었다.

제반 철학적인 지식 및 구체적인 지식을 포괄하는 전체 체계는, 플라톤 아카데메이아 출신이기는 해도 과거 고대 그리스 철학 전체의 지식과 개념으로 무장하고 있었던 아리스토텔레스에 의해 창출된다. 모든 것들을 서로 엮으면서 모든 의견들에 가능한 권리를 부여해 주고, 개념들을 최대한 세밀하게 분해해 꼼꼼하게 정돈하는 가운데 그는 고대 그리스 사상의 분위기 속에서 살아가면서 고대 그리스 사상을 완전히 자기 것으로 소화해서는, 개인적으로 느끼는 열정이나 독창적이고 창의적인 비전을 함께 섞어 넣지 않은 상태에서 그것을 후대에 전수했다. 다재다능한 재주와 철학적인 관점을 겸비하고 있었던 그는 어마어마한 질서 속에 있는 정신적인 창조물들을 자신의 것으로 만들고 가르칠 수 있는 형식으로 다듬어 전달할 수 있는 능력을 갖추었던 영원한 대학자의 유형에 속한다. 서로 반대되는 의견들과 조망이 쉽지 않은 사실들의 혼돈 속에서 그는 서로 결합하고 통일을 이루는 조직물들을 발견해 그것들을 통째로 인류에게 전해 주었는데, 이는 인류가 천재에게서조차 거의 얻어 낼 수 없는 성질의 것이었다. 그러한 질서를 통해서 철학자는 세계상을 획득할 뿐 아니라, 그의 지도 아래 훈련과 함께 학습된 학문을 통해 그 폭과 수준에 있어서 더 높은 수준의 정신에 도달할 수 있었다. 이제는 아무나 그런 것을 볼 수 있게 되었다. 자료를 정리하는 사람은 그저 단순히 분류만 하는 것이 아니고, 관찰된 통찰들의 상호연관성을 만들어 내는 한에서는 일종의 창조자가 된다.

기술된 유형들의 특징을 다음과 같이 요약해 볼 수 있을 것이다.

관조적인 유형은 가장 독창적이고, 존재와 사유에서 가장 통일적이며, 존재하는 개성으로서는 가장 효과적인 유형이다. 이 유형은 구체적으로 관조된 것, 심지어 전체에 대해서도 비체계적으로 지향한다. 이 유형은 간결하고 함축적이기는 해도 '기발한' 것은 아니고, 그 방식은 각 단편이 의미와 개인적인 존재에 따라 전체로부터 흘러나오는 식이다. 이러한 개성을 가진 인물들은 체계적인 것을 싫어하고 계산만 하는 것을 좋아하지 않으며 본질적인 것, 존재하는 것으로부터 파생되어 나오는 것에 적대적이다.

실체적인 사상가는 철학 개념의 자원 측면에 있어서 가장 창의적인 사상가다. 그런 사상가는 존재보다는 사태에 더 관심을 둔다. 그런 사상가는 연관성을 찾고 논리적인 근거를 찾는다. 그런 사상가에게 중요한 것은 한정하기, 비교하기, 분리하기, 그리고 나서 문제들을 연관 짓고, 합리적으로 정확하고 철저하게 작업하는 것이다.

내용 없는 사고에서 사태와 개인적-철학적 실존 같은 것은 관심의 대상이 아니다. 남아 있는 것은 형식적인 것, 말하자면 합리적인 속에 들어 있는 기예의 측면을 즐기는 것이다. 추구하는 목적은, 논쟁술이 추구하는 권력의지 및 영향의지에서 시작해서 회의론자가 추구하는 마음의 평정에 이르기까지 아주 다양하다.

질서 잡힌 수용은 전체 자료들을 동시에 가장 광범위하게, 가장 다양하게 형식화하고, 본질적인 것을 형식화해서 파악하는 것을 이상으로 삼는다. 그것은 항상 인간에 의해 창조된 정신을 직면하고, 사물과 거리를 두고, 삶과 세상을 직면해서 자신이 직접 경험하고 창조하지 않는다. 포괄적이고, 균형이 잡혀 있고, 보존하는 시선과 온화하고 화해적인 성질의 정돈 작업이 생겨 나온다. 획득한 것들에 대한 세심하고 세계적인 지배에 기반해 있는, 겸손과 박식함이라는 기발한 이중성을 갖는 과학적인 학교 교육이 등장한다. 그 자체가 통일적으로 완결되어 있는 것으로서 이러한 유형에만 고유한 체계들을 구축하는 데서 지적이고 심미적인 욕구가 동시적으로 충족된다. 그리고 정신적인 권력 의식이 발휘된다. 개인적 실존은 완전히 관심 밖의 것이 되고, 그 자리에는 가끔 일종의 놀이가 되기도 하는 이런 구축 작업이 대신 들어선다. 완결된 체계에는 통일된 원칙이 요구된다. 모든 철학적 지식은 하나 또는 몇몇 원칙들로부터 파생되는 것을 바란다. 전체가 한눈에 들어올 수 있어야만 하는 것이다.

유형들은 또한 그것들의 영향을 통해서 간접적으로 특징지어질 수도 있다. 관조적인 유형의 철학자들은 ― 그들이 전혀 관심을 받지 못하는 경우가 아니라면 ― 우리와 후대에 소름 끼치는 감동을 주는 영향을 미친다. 관조적인 유형의 사상가가 우리를 경이로움, 의문, 바라보기의 혼돈 속에 빠뜨리는 동안, 실체적인 유형의 사상가는 유사한 영향력을 행사하기는 하지만 동시에 규율적인 영향력을 행사한다. 내용 없이 사고하는 법을 가르치는 유형의 사상가는 형식 교육만을 제공해 주고, 오로지 부정성을 통해서만 긍정적인 것을 비로소 온전히 의식할 수 있게 해 준다. 마지막으로, 질서를 만들어 관리하는 유형의 사상가는 우리가 본래적인 원천 깊숙한 곳에 들어 있는 것을 더 잘 이해하도록 가르쳐 주고 안내해 준다.

특징지어진 유형들은 역사적인 발전에 있어서 규칙적인 순서까지는 아니어도 종종 전후 순서에 따라 출현한다. 철학하는 인간들은, 자신의 사고 유형이 한번 주조되면, 드물지 않게 지나간 과거에서 자신의 사고 유형을 재발견해 선호하는 경향이 있는데, 이런 것은 비인격적인 경이와는 대조되는 인격적인 성질의 사랑이다. 플라톤은 파르메니데스를 사랑했고, 니체는 헤라클레이토스를 사랑했으며, 많은 철학 교수들이 아리스토텔레스나 데모크리토스를 사랑한다. 그에 반해서 가령 아리스토텔레스는 헤라클레이토스를 (그가 모순율을 무시한다는 이유로) 거부했는가 하면, 야코프 부르크하르트는 아리스토텔레스를 경멸했다.

3부

정신의 삶

3부 서론

태도들과 세계상들은 실제로는 함께 공존하고 있는 것을 따로 분리해서 고정시키는 추상화이자, 오로지 힘들의 봉사 아래에서만 현존하거나 힘의 현상으로만 현존하는 것을 독립적인 요소들로 취급하는 추상화다. 그러한 요소들을 하나의 전체로 만들어 주는 힘이 무엇인가에 대해서 질문할 때, 우리는 세계상을 보다 더 심오하게 이해할 수 있게 된다. 그러한 요소들은 스스로 결합되어, 게다가 ─ 소위 순열 규칙에 따른 ─ 다양한 조합 아래 전형적인 조합 내지 융합으로 형성되는 것이 아니다. 오히려 저러한 힘들 자체는 영혼적인 삶에서, 그 자체로는 그 어떤 자립적인 현존도 갖고 있지 않은 저러한 요소들이 비로소 인위적으로 추상화되어 나오는 원천으로서의 전체성들이다.

저러한 요소들이 우리의 고찰에서 전체적인 특징을 더 많이 가질수록 — 이런 것은 저러한 고찰을 통해서 생겨나는 이해 가능한 연관들을 절대화해서 도입하면 어디서나 가능했던 것인데 — 우리는 처음에는 훨씬 더 정적인 것으로 이해되었던 저러한 요소들의 특성 속에서 움직여지고 움직이는 역동적인 힘으로 이해되는 정신 유형들의 고찰에 더욱 근접할 수 있다. 가장 우선적으로 우리가 접할 수 있는 정신 유형의 영역들로는 태도의 영역에서의 열정적인 태도가 있고 세계상의 영역에서의 철학적인 세계상이 있다. 이것들은 정신 유형으로 접근해 들어가는 길인데, 이 길은 어디서나 분명해야만 한다. 왜냐하면 특징지어지는 그것들의 요소들 자체가 이런 정신 유형들의 발현일 뿐이기 때문이다. 앞서 개별적으로 기술되었던 것처럼, 우리는 앞에서 정신 유형들을 파악하기 위해 먼저 고립되어 있는 저 요소들에서 출발해서 점차 상승해 나가는 방식을 택해 논의를 진행했는데, 이번에는 그와는 정반대로 정신 유형들을 먼저 우리 눈앞으로 직접 가져와서는 그것들이 태도와 세계상들에서 어떻게 발현되는가를 추적해 보고자 한다.

비록 정신 유형들이 단순하고 명료하고 기본적인 것이 아닌 전체적인 것이라고 할지라도 — 또는 오히려 그렇기 때문에 — 그것들은 우리에게 직감적으로 주어진다. 우리는 그것들을 직관할 것이고, 그러한 직관을 확장하고 심화하고 분석하는 시도를 할 것이다. 정신 유형들은 외형적으로는 이미 전제되어 있는 도식에 따라 가령 대립쌍들로 구성할 수 있고, 전제된 요소들을 치환함으로써 발전시켜 나갈 수 있다. 그러나 심리학적인 인식이 창출되는 것은 오로지 우리에게 — 말하자면 본질적으로 — 직관적으로 보이는 정신 유형들이 합리적인 형식을 취할 때다. 즉 그것들을 안으로부터 파악하되 기계적인 도식이 아닌 직관으로부터 구성할 때다. 하지만 그것들이 인식을 위해 거기에 있는 것이라면, 구성은 직관으로부터도 성취되어야만 할 것이다. 직관은 조건이고 구성은 심리학적 인식 작업이 이루어 내는 특수한 성취다.

사실 시간이 지나면서 일련의 정신 유형들이 직관적으로 보였고, 분해되었고, 구성되어 왔다. 비관주의, 개인주의, 합리주의, 회의주의 등 정신 유형들에 부합하는 것으로 보이는 다양한 단어와 개념들이 우리 앞에 줄줄이 나타난다. 지금까지 보아 왔던 것을 간단한 양식에 고정시켜 유형별로 정렬해서 체계화하겠다는 목적 아래 우리는 그런 것들을 찾아낼 것이다. 우리가 직관으로부터 개념적인 고정화 작업을 진행해 나갈 때, 우리에게는 구성 및 체계화를 위한 수단이 되는 몇몇 일반적인 관점들이 우리를 안내해 줄 것이다. 이런 관점들을 발전시키기 위해서는 좀 더 설명이 필요하다.

1) 가치화와 가치표

태도들은 형식적인 가능성들로서, 그것들이 고수되어 구체적인 내용으로 채워지고 개별적인 목표들로 뻗어 나가는 데는 힘이 요구된다. 세계상들은 주체 자신에 의해서 제대로 획득되지 않을 경우, 즉 주체에 의해서 동시에 생산되지 않을 경우 단순한 대상 영역, 말하자면 생기 없는 거울 이미지에 불과할 뿐이다. 그러므로 그렇게 되지 않으려면, 살아 움직이는 경험 안에서 선택하고 방향을 정해 주는 힘들이 필요하다.

이런 힘들은 대부분 가치화 작업에서 외화된다. 어떤 사람은 형식적으로 모든 태도들을 취할 수 있을 것이고 모든 세계상들을 알 수 있을 것이기 때문에, 이런 요소들이 일종의 매개체로서 어떤 일정의 것이 그 안에서 그에게 중요한 것이 되지 못한다면 그는 살아가지 못할 것이다. 그것은 뭔가 중요한 것이어야만 하고 뭔가 가치 있는 것이어야만 한다. 모든 태도들은 일반적으로 존재하는 것이 아니라, 사람들의 개인적 삶의 내용을 이루고 사람들에게 결정적으로 중요한 개별적인 것들 안에서만 경험될 뿐이다. 삶의 힘이라 할 수 있는 가치화에서는 궁극적인 뭔가가 주어진다. 어떤 사람이 뭔가를 가치로운 것으로 평가할 때, 그가 왜 그것을 중요하다고 평가해야만 하는가는 객관적으로 정당화될 수 없다. 삶을 살아가는 한 사람들은 그렇게 한다. 그는 자신의 가치 평가를 명료하게 할 수 있고, 작성해서 기입할 수 있고, 객관화시킬 수 있지만 그런 것은 세상에 먼저 존재해야만 하고 비로소 경험되어야만 한다.

가치화들은 구체적이고 개별적인 것 안에서만 경험된다. 태도들과 세계상들 또한 그런 식으로만 거기에서 생생하게 존재한다. 하지만 일반적으로는 태도들과 세계상들을 주관적인 것, 개별적인 것으로부터 분리시켜 기술할 수 있고, 그리고 알 수 있는 것처럼 이제 또한 구체적인 가치화로부터 가치의 왕국을 일반적으로 개발해 낼 수 있다. 여러 세계상들이 존재하듯이 다양한 가치들과 가치 질서들이 존재한다. 그리고 인간은 습득해서 체화하지 않더라도 그런 가치들을 볼 수 있다. 습득의 힘은 각각의 구체적인 가치화로 머물러 있는데, 이런 구체적인 가치화가 이제 저러한 일련의 단순히 객관적인 가치들뿐 아니라 세계상들과 태도들을 주체에게 비로소 생생한 것으로 존재하게 해 준다.

무수히 많은 가치들이 존재하지만 이것들이 항상 실현될 수 있는 것이 아니다 보니 가치들 간에 충돌이 일어난다. 인간은 선택해야만 하고 이때 선택은 인간의 선호도에 따라서 진행된다. 가치 간의 투쟁은 인간에게 항상 동일한 가치 간의 투쟁이 아니다. 그런 경우는 매우 드물다. 인간은 오히려 구체적인 실존 투쟁에서 행해지는 결단들을 객관화할 때, 가치들을 순위에 따라 정돈한다. 이와 함께 가치 순위(가치의 위계질서, 니체가 '가치표'라 칭한 것)가 등장한다.

제반 사물들에 매겨지는 가치 강조는 우리가 보기에는, 그때 사용되는 감각기관에 따라 다양한 형태를 취한다. 가치들은 단순한 느낌에 호소하고, 이 느낌은 공감 아니면 반감의 형태로 반응하고, 영혼 상태는 수동적이고, 기분에 따라 널뛰고, 전체적인 성질은 진부하고 책임성이 없으며, 정동을 움직이게 하기는 해도 영혼을 총체적으로 각인하지는 않으며, 유동적이고 다양한 것들을 통합할 수 있으며, 모순들이 눈에 띄지 않게 공존할 수 있게 해 준다. 이러한 느낌들이 객관화되고 이를 보는 사람들이 대상, 인간, 작품, 행위, 가치화 과정 등에 매겨지는 가치 강조를 관찰하면서 가치들이 이제 판단을 위한 검열에 내맡겨지게 된다. 가령 단순히 고찰하면서 타자를 윤리적으로 판단하는 경우나 자신을 회고적으로 돌아보면서 수동적으로 자기를 평가하는 것이 그런 경우에 속한다. 가치는 결국에는 의지에 호소한다. 의지는 감정 반응을 말로 표현할 수 있게 해 주고 성찰과 가능한 판단들을 매체로 사용하지만 의지에게 결정적인 것은, 가치화가 그 안에서 활성화됨으로써 현실적이게 된다는 사실이다. 뭔가를 선으로서 추구할 때 의지는 그것을 실제로 추구하는 것이지 그냥 동정하고 소원하는 선에서 끝내는 것이 아니다. 모든 것을 느낌으로 시험해 볼 수 있는 곳에서 의지는 행동을 위한 선택을 감행한다. 의지는 선택한 가치가 실존 속으로 스며들게 한다. 그것만으로도 현실에서 가치를 경험할 수 있고, 이러한 경험은 그냥 단순히 지적일 뿐인 이상형과 비현실적인 감정적 정동들을 대신해서 기준이 될 수 있기 때문에, 의지는 본래적으로 실질적이면서 가장 진정한 가치들이라고 할 수 있다. 의지는 자신만이 책임을 질 수 있다는 의식을 가지고 있다. 바로 여기에 가치화가 살고 있고, 창출되고 있고, 역으로 행위자에게 형성적인 영향을 미친다.

인간에게 중요한 것이 무엇인가 하고 둘러보면, 우선 다음과 같은 일련의 끝없는 가치들을 발견할 수 있다. 건강, 권력, 명성, 재산, 즐거움, 과학, 용기, 스포츠, 일, 곤충 수집, 장기 게임 등. 목록은 얼마든지 임의로 더 길어질 수 있다. 사람들을 비교해 보면, 사람들이 개인별로 얼마나 상이한 것들을 선호하는지, 그리고 자신에게 중요한 것, 자신에게 올바른 것을 얼마나 자주 일반적으로 중요한 것으로, 일반적으로 올바른 것으로 여기는지 알 수 있다. 무수히 다양한 표현들이, 즉 무수히 다양하게 가치 평가된 대상들이 아주 다양한 서열로 존재한다.

고찰자가 해야 하는 일은, 우선 가치들을 질서정연하게 정리한 다음에 사람들이 보기에 그것들이 어떤 우선순위로 존재할 수 있을 것인지를 살피는 것이다. 두 과업 모두 일의적이고 완벽한 방식으로 해결되는 것도 아니거니와 또한 해결될 수도 없다. 수많은 종류의 도식들이 존재한다. 도식으로서 이들 각각은 물론 자체적으로 완벽하다. 하지만 그것들은 모두 서로에 대해서 다소 피상적으로 남아 있고, 여러 다양한 관점들에 기반해 있으며, 그것들 중 어느 것도 그 자체로 선호를 요구할 수는 없다.

본래의 관심은 모든 가능한 가치들을 모두 포괄하는 하나의 도식이 아니고, ─ 그런 것은 기껏해야 용어적으로만 규정할 수 있을 뿐이고 그런 한에서만 유용할 수 있는데 ─ 가치들의 위계적 순위다. 실제적인 우선순위는 매번 선택을 할 때 또는 매번 삶을 살아갈 때나 구체적인 상황 속에서 결정된다. 삶의 상황 속에서 갖는 의미에 따라서 존재했던 이러한 가치 서열이 객관적으로 서술되고 더불어 그런 가치 서열에 대해서 ─ 아마도 생생하게 살아 있는 구체적인 경우에서만 고려되었을 ─ 보편타당성이 요청될 때 '인생론'이 생겨 나오는데, 이런 것은 단순한 '세계관'과는 대조적으로 실제로 영향력을 행사하는 철학적인 세계관의 주된 요소로 여겨진다. 이러한 인생론은 '최고선'을 확립하는 데서 그 절정에 이른다.

다수의 저러한 가치 서열 내지 인생론들이 예를 들어 다음과 같이 나란히 병치되어 비교될 수 있다.

서양 고대로부터 늘 되풀이되는 네 가지 기본 덕목들이 플라톤에 의해서 최초로 확립된바 있다. 그는 영혼이 부분들로 이루어져 있는 것으로 생각했다. 즉 영혼이 이성, 기개, 욕망으로 이루어져 있는 것으로 생각했다. 그것들 각각에는 세 가지 미덕, 즉 지혜의 덕, 용기의 덕, 절제의 덕이 배당되었다. 이 순서는 동시에 우선순위이기도 했다. 왜냐하면 이성이 지배력, 즉 헤게모니를 행사해야 했기 때문이다. 플라톤은 이 세 가지 외에도 네 번째 미덕을 꼽는다. 정의가 그것이다. 이것은 영혼의 특별한 부분에 해당하는 것은 아니지만, 영혼의 각 부분이 자신의 자리에 제대로 자리를 잡고 있어야만 한다는 것을 의미한다. 모든 것들은 가치의 위계질서 아래에 있기는 해도 각자 자신의 자리가 있어서 그 어느 것도 억압되고 배제되지 말아야 한다. 이런 정의는 가치의 위계질서에서 최상위를 차지한다. 척도와 질서의 이런 형식적인 요소가 플라톤의 가치의 위계질서에서 어느 정도로 최정점에 위치하고 있는지는 그가 『필레보스(Philebos)』에서 제시해 주고 있는 가치표가 잘 보여 준다(이 가치표는 '국가'가 갖추어야 할 네 가지 미덕들과 개별적으로 일치하는 것은 아니지만 전체적인 의미에서는 서로 일치한다). 모든 것들은 각자 자신의 자리에서 자신의 권리를 갖는다. 심지어 위계질서의 맨 아래에 위치해 있는 순수한 욕망까지도 그렇다. 그것 위에 '인식, 예술, 올바른 표상'이 위치해 있다. 즉 지식 영역에서 경험된 모든 것, 배워서 습득한 모든 것, 대량의 기술적인 지식이 그것 위에 위치해 있다. 그다음 층위에는 '이성 및 통찰', 철학적인 인식이 오고, 그다음 층위에는 '균일한 것, 아름다운 것 그리고 완벽하고 충분한 것'이 오고, 최상위 층위에는 '척도와 측정된 것', 그리고 시의적절한 것이 온다. 모든 실질적인 가치들 중에서 최상 층위에 있는 것이 철학적인 통찰력, 즉 이데아를 보는 것이다. 이런 철학적인 통찰은 국가에서도 지배적이어야 하지만 철학자들은 — 플라톤의 유토피아에서는 이런 식으로 불리는데 — 이러한 통치를 오로지 의무감에서만 수행해야 하고 자의성은 배제해야 하며, 자신들이 추구하는 본래적인 이해관계는 모든 인간적인 것과 현세적인 것 너머에 있는 진리 인식, 지혜에 놓여 있어야만 한다. 그리고 모든 실질적인 가치들 위에는, 마지막으로 모든 것들에 그것들의 자리를 부여해 주고 모든 것들을 조절해 주고 아무것도 파괴하지 않으며, 모든 것들을 질서 있게 만들어 주고 그 어느 것도 배제하지 않는 정의라는 형식적인 가치가 위치해 있다.

네 가지 기본 덕목들은 키케로에게서 다시 출현하는데, 심지어 용어까지 동일하다. 지혜, 용기, 절제, 정의가 그것이다. 하지만 사람들은 또한 완전히 다른 종류의 가치와 가능한 가치들에 대한 다른 성질의 파생 방식이 상이한 우선순위로 서로 연관되어 있는 것을 보기도 한다. 그에게 최고는 국가에 봉사하는 것이고, 진리를 인식하는 것은 그것보다는 덜 가치로운 것이어서, 진리 인식은 저러한 다른 활동들이 불가능할 때 또는 여가를 즐길 때나 고려해 볼 만한 성질의 일이다. 플라톤에게서 서로 섞이고 있는 욕망의 절제(플라톤의 소프로시네)와 정의, 이 둘은 키케로에서 그 의미가 완전히 변질된다. 절제는 '데 코룸(de corum, 단정함, 예의 바름)'이 되었다. 즉 고귀한 로마인들에게 걸맞는 것이 되었다. 그리고 키케로에게 정의는 오로지 인간 공동체 안에서 행해지는 활동에서만 볼 수 있는 성질의 것이었다. 보편적이고 인륜적–인간적인 의미는 사라진 반면, 신분적이고 국가적이고 정치적인 의미가 새롭게 대두되었다.

  네 가지 기본 미덕들은 기독교 세계에서 그대로 유지되지만, 그 의미와 우선순위는 재차 변화를 겪는다. 최고 덕목은 지혜이지만, 이 지혜는 더 이상 이데아를 변증법적으로 인식하는 것을 말하는 것이 아니라 신에 대한 직관적인 인식으로서, 이러한 인식은 저러한 네 가지 철학적 미덕들에 추가되는 믿음, 사랑, 소망의 세 가지 기독교 덕목으로 이어진다. 신에 대한 인식은 동시에 신에 대한 사랑이기도 했다. 그것의 특성은 여러 모로 신비로운 상태들의 특성과 일치한다. 그것은 은혜를 통해서 조건지어져 있고, 동시에 내용적으로는 자유롭지 못하고 교회적이다. 지혜를 고평가하고 있다는 점에서 플라톤과 키케로 간에 유사점은 있지만 — 전자에서와 달리 — 후자에서는 인간의 미시우주를 형성하는 데 있어서 표준과 질서에 대한 고평가가 없다. 즉 후자에서는 플라톤적인 광대함과 자유로움의 자리는 피안 세계로의 도피가 대체하고 있고, 모든 것을 질서정연하게 분류하는 작업은 본능 및 세속성을 억압하고 배제하는 작업이 대체하고 있다.

  변화는 인식의 가치화에서 극에 달한다. 플라톤은 인식을 최고로 친다. 인식은 자기 목적이고 정관은 인간 현존이 추구하는 목표인데, 인간 현존은 그러한 정관 상태에 있음으로써 이미 이생에서 감각적인 것의 족쇄로부터 벗어날 수 있게 된다. 인간은 인식하고자 하고, 세계는 인식되기를 바란다. 이것이 현존의 의미인 것으로 보인다. 그래서 아리스토텔레스와 다른 많은 후대인들은 가치 피라미드의 꼭대기에 철학적 사유가 있음을 인정해 왔다. 그러나 키케로는 행동으로 이어지지 않는 모든 인식은 유익하지 않은 것으로 보았다. 기독교인들에게서 인식은 신을 직관하는 것을 나타내는 또 다른 표현일 뿐이고 신학에 의존해서 움직이는 합리적인 운동일 뿐이다.

명칭상으로는 여전히 동일하게 머물러 있음에도 변화를 겪고 있는 네 가지 기본 덕목들에 관한 이러한 사례들은 가치 위계들이 얼마나 모호하게 규정되어 있는지, 가치 위계들이 바뀌면서 의미 자체가 또한 얼마나 변위되는지, 그리고 그런 가치 위계들이 하나 또는 몇 가지 관점에서만 가능한 가치 도식을 가정하고 있기 때문에 그것들이 얼마나 많은 가치들을 인위적이고 부가적으로 편입시키고 있는지를 보여 준다. 정렬되어 있는 순열을 통해서 다양한 순서로 매겨질 수 있는 가치들은 그리 많지 않다. 인생론이란 한때 존재했고 아마도 또 늘 유사하게 반복적으로 출현하는 살아 있는 가치로운 것들이 고착된 양식들이다. 하지만 그런 것들은 고갈되는 법이 없고, 새로 형성되는 생생한 가치화들은 이전의 가치 위계들을 반전시킬 필요까지는 없더라도 완전히 다른 의미, 다른 수준을 창출해 낼 수 있는 것이어서, 다른 가치 위계들과의 비교는 명백하지도 않고 일의적이지도 않다. 기본적인 덕목들의 경우에서도 마찬가지다. 명칭 자체는 그대로 남아 있었지만, 가치 위계가 단순히 뒤바뀐 것이 아니고 완전히 다른 가치들이 도입되고 있었고, 그 외의 다른 것들은 간과되었다. 예를 들어 키케로는 데 코룸을 새로 도입하였고 기독교는 신에 대한 직관을 새로 도입하였으며, 이와 관련해서 둘은 (마치 아리스토텔레스가 척도를 양극단 사이로 평준화시켰던 것처럼)**103** 플라톤적인 척도와 플라톤적인 정의의 본래적인 의미를 탈락시켰다.

따라서 완전히 다른 가치 도식을 전제하면 완전히 다른 가치 위계가 존재하게 된다. 그러한 것들에서 사람들은 방금 묘사했던 것들과의 접점을 발견하게 될 것이지만, 그런 다음에는 완전히 다른 관점 또한 발견할 수도 있다. 그냥 한번 열거만 해 보도록 하겠다. 아리스토텔레스는 포이에인

103 (옮긴이) 아리스토텔레스의 '중용' 개념을 말한다.

(ποιείν), 프라테인(πράττειν), 테오레인(θεωρείν) 형태로 오름차순 순서를 제시한 바 있다. 이는 개략적으로 가치 측면에서 볼 때, 창작하는 예술가에 비해 활동하는 정치가를 우선시하고, 활동하는 정치가에 비해 관조하는 철학자를 우선시하는 방식이다. 니체가 한때 제시했던 순서는 과학, 예술, 삶이다. 여기서 그는 과학을 최하위에 두고 있다. 그는 높은 순서대로 일련의 가치 위계를 다음과 같이 구별한 적도 있었다. 당신은 마땅히 해야만 하고, 나는 하고 싶고, 나는 존재한다.[104] 키에르케고르는 그 자신이 스스로 미적 윤리적 종교적 단계라고 칭했던 것을 일련의 가치 위계의 토대로 삼았는데, 이 가치 위계에서는 선행하는 것이 후행하는 것 안에 포함된다.

모든 가치 위계에 대해서 다음과 같은 질문을 제기해 볼 수 있을 것이다. 도대체 모든 상황에서 순서라는 것이 있어야만 하는 것일까? 가치 없는 존재를 생각할 수는 없다고 하더라도 가치들은 위계를 굳이 정할 필요 없이 다양한 순서가 가능하지 않을까? 가치를 대하는 모든 행동들에서 나타나는 가장 큰 대립은 이러한 질문들로부터 나온다. 어떤 극단적인 경우에서는 그 어떤 가치 충돌도 체험되지 않는다. 모든 것은 일어나는 대로 그냥 경험되고 향유된다. 가치는 각 경우에서 제각각 분리되어 있다. 심미적인 태도가 우세하다. 행동은 전반적으로 수동적이고 좀 더 기분적이다. 다른 한 극단적인 경우에서는 상호연관성이 중시된다. 여기서 삶은 총체적인 것으로 향한다. 이러한 경험과 행동을 다른 것들과 비교하는 질문을 통해서 개별적인 가치들을 따로 분리해 고립시키는 것은 불가능해진다. 삶은 일관적이어야만 해서 사람들은 자신과 모순에 빠지는 것을 원치 않는다. 첫 번째 경우에서 구속력 있는 가치 위계는 존재하지 않는다. 사실

104 (옮긴이) 달리 말해 이는 당위(윤리 도덕), 기호(예술), 존재(과학)를 말한다.

실제 상황에서 선호도가 한 번 주어지면, 그다음 두 번째 경우에서는 아무 원칙 없이 순서가 역전되더라도 자기 모순 같은 것은 느껴지지 않는다. 하지만 두 번째 경우에서는 불가피하게 서로 상충하는 가치 투쟁이 계속 경험된다. 단순한 고찰에서는 '영원한 형식 아래에' 하나의 조화로운 가치 체계가 존재할 수 있지만 삶에서는 모든 곳에서 선택과 결정이 필요하다.

어떤 한 전형적인 대립에서 이런 식의 결정은 두 가지 형태를 띨 수 있다. 하나의 극단적인 경우에서는 양자택일이 전체 가치 영역들을 배제하는 방향으로 나아간다. 가치들은 억압되고 부정된다. 그 어딘가에서 본래적인 의미의 금욕주의가 지배한다. 또 다른 극단적인 경우에서는 계층화된 질서의 이념이 선도적인 역할을 한다. 충돌할 경우 파괴는 되더라도 가능한 한 완전히 절대적으로 파괴되지는 않아야 한다. 모든 것들은 자신의 자리를 유지해야만 하고, 모든 충동은 규율과 절제 아래 그 어디에서 만족될 수 있어야만 한다. 구체적인 개별 사례에서 충돌이 파괴로 이어지더라도 전체적으로는 보존하려는 시도가 존재한다. 선택이 불가피할 때, 개별적인 경우 규율과 단호한 선택이 지배하기는 하지만 금욕은 그 어디에도 지배적이지는 않다. 첫 번째 경우에는 절대적인 악이 존재하고 있고, 걸어가는 길은 엄격하고 절대적이다. 두 번째 경우에는 궁극적인 악은 존재하지 않고, 걸어가는 길은 개방되어 있으며, 자유롭고 인륜적이다. 위대한 그리스적인 인물들과 기독교적인 인물들에서 두 유형 모두가 분명하게 드러난다. 둘 모두 특징에 있어서 퇴화를 겪는데, 하나는 유미주의로 나아가고 다른 하나는 편협한 광신주의로 나아간다.

철학의 사상사에서는 최고선에 대한 물음이 큰 역할을 해 왔다. 철학자들은 성찰을 통해 계속해서 최고선을 통찰할 수 있을 것으로 믿어 왔고 그것을 가르칠 수 있을 것이라고 믿어 왔다. 이러한 성찰은 최고선이 존재하고 있다는 것을 전제하며, 공허한 말이 아닌 한 그것은 궁극적으로 항상 삶을 통해 생동적으로 경험할 수 있는 것, 그러나 단순히 알려지거나 고찰 속에서 인식될 수 있지는 않은 것에 대한 객관화이자 이론화이다. 이런 객관화는 한 민족의 삶이나 한 문화 집단의 삶과 관련이 있을 수 있고 사람 각자의 삶을 표현하고 있는 것일 수 있어서, 사람 각자는 그 안에서 그 어떤 방식으로도 자신을 재발견할 수 있다. 그렇지 않은 경우 그것은 어떤 사람이 선지적인 철학자이자 가치 창조자로 등장하는 개인의 내밀한 사적인 삶을 통해서 새롭고 창조적인 가치들을 제정하는 것일 수도 있다. 역사적으로 영향력이 있었던 철학적인 인물들 대다수는 이런 양극단 사이에 위치해 있었지만 그래도 첫 번째 극단에 좀 더 근접해 있었다고 할 수 있다. 자기 스스로는 가치를 부여하지도 못하고 창조할 수도 없는 성찰은 가치를 단지 드러내 보여 주기만 하는 매개물일 따름이다. 성찰을 극도로 첨예화하면, 이것이 가치 차이에 대한 감수성을 비로소 높여 주고 가치화를 가능하게 만드는 데 필요한 대상세계들을 창출한다. 또한 모든 가치화와 모든 가치 선호, 모든 결정이 비합리적이라고 하더라도 이러한 비합리성이 비로소 존재하게 되는 것은 합리적인 것이 최대한 전개될 때이다. 살아 있는 본능과 진심 어린 선택에 — 이런 것들 자체는 아무것도 아닌데 — 비로소 물음을 제기하게 하는 전제조건들은 합리성에 의해서 제시된다. 일반적인 증거를 갖다 댈 수 있을 것이라는 기대 아래 절대적으로 유효한 가치 위계를 제시하고자 시도한다면, 이는 물론 가망 없는 일이다. 특히나 그런 고정된 가치 위계는 새로운 가치 관계를 생생하게 경험할 수 있는 가능성을 박탈할 것이다.[105] 이 책에서 고찰 작업만 진행하려고 하는 우리에게 본

••

105 논리적 참의 타당성을 인정하기 위한 전제로서 이론적인 증거가 인정되어야 하는 것처럼,

질적인 것은 가치 위계들의 다양한 가능성이다. 고찰자는 오로지 보려고만 할 뿐 결정 같은 것을 내리고 싶어 하지 않는다. 고찰자는 가능한 한 정제된 구분을 하려고 하고 가능성이 무엇이고 문제점이 무엇인지를 파악하고자 하며, 이를 통해서 초래되는 가치 평가와 가치 선호의 문제들은 항상 모호한 채로 남아 있는데, 구체적인 삶의 몫으로 남겨 두거나 선지자로서 가르침을 베풀면서 등장하는 사람들의 몫으로 남겨 둔다.

많은 것들이 최고선이라는 이름으로 가르쳐진 적이 있다. 행복, 쾌락, 영혼의 평화, 절도, 미덕, 자연성, 유용성, 신에 대한 관조, 고찰 활동, 실행과 창조하기, 문화적인 가치 체계 등이 그것들이다. 그러한 가르침 대부분에서는 몇 가지 공통점이 있다.

1. 그것들은 어느 정도 형식적이다. 구체적으로 무엇을 원해야 하는가의 문제는 새로운 결정에 위탁된 채 그대로 남겨진다. 일반적인 것, 형식적인 것이 무엇인가의 문제는 늘 불분명한 채로 남겨져 있고 구체적인 경우에서는 여러 다양한 해석이 허용된다.

2. 그것들이 교설의 체계로 개발되어 삶을 살아가는 인간들이 행하는 행동의 실제적인 토대가 되면, 그것들은 삶의 관점에서 볼 때는 막다른 골목 같은 것이 된다. 그것들은 무엇이 중요한지를 결국 알고 있기 때문에 객관적인 것, 정당화된 것을 위해서 경험과 책임 같은 것을 차단한다. 전자와 같은 것들은 전체와 관련되어 있다. 하지만 인간이 원할 수 있는 것은 개별적인 것뿐이고 전체를 원할 수는 없다. 인간은 유한한 존재이지 신

∙∙

늘 가치의 위계를 주장하는 삶의 처세술들에서는 가치 선호에 증거가 존재한다는 것을 인정하는 것만으로는 충분치 않고, 삶의 처세술들 각각을 인정하기 위한 전제로서 그것들만의 특수한 가치 서열이 필요하다.

이 아니기 때문이다. 최고선을 양식들의 체계로서 표현하면, 최고선은 인간의 삶을 고착시켜 경직되게 만든다.[106] 최고선으로서의 '삶'은 존재하는 것이 아니고 늘 과정일 따름이다. 그것은 완성된 전체로서 원해질 수 있는 것이 아닌데다가 전체로서 인식될 수 있는 것도 아니다. 그 대신 그 안에서 추구되는 최종적인 정향점은 모호한 채로 남아 있고 이데아로 남아 있다. 삶에 가장 무해한 최고선에 관한 교설은 그래서 가능한 한 가장 순전하게 형식적이다. 따라서 칸트 윤리는 그것이 이러한 의미에서 이해되는 한, 작용에 있어서 가장 생동적이다. 칸트는 자신이 최고선을 가르치는 교사의 반열에 오르는 것을 용납하지 않는다.

3. 최고선은 욕구의 대상과 즐기는 고찰 사이에 어중간하게 걸쳐 모호하게 빛나는 경향이 있다. 최고선이 완수된다면 의지는 더 이상 필요하지 않을 것이다. 그런 식으로 최고선은 가치로 간주됨으로써 세상에 존재한다. 그리고 개별적으로 의지의 대상이 되는 것은 동시에 세계 사건의 의미가 되기도 한다. 여기에 이제 다음과 같이 특징지어질 수 있는 상반적인 태도가 있다.

a) 인간은 세상을 진보하는 것으로서 생각한다. 일어나는 사건에는 방향, 즉 그것이 향하는 정향점이 있다. 인간은 사물의 본성과 세상의 행로

---

106 '행복은 최고선'이라는 가르침을 예로 들어 보자. 이제 곧 행복이 무엇인지 묻는 질문이 제기되는 것이 아니라 처세술의 형식으로 수단이 제시될 것이다. 사람은 자신을 조절해야만 하고, 가장 큰 행복이 무엇인지 생각해 봐야 하고, 일시적인 행복보다는 영구적인 행복, 약한 행복보다 강한 행복을 선호해야만 한다. 행복은 현실에서 늘 그 반대의 측면인 불행과 불쾌를 동반하기 때문에 궁극적으로는 욕구를 제한하는 것이 가장 좋다. 욕구가 적을수록 그만큼 더 행복하게 된다. 간단하게 말해 그것은 열정을 포기하고 단순한 현존을 긍정하지만, 과정으로서의 삶을 저지하는 교설이기도 하다. 모든 것이 있는 그대로 머물러 있어야만 한다는 것 등등.

에 대한 믿음이 있다. 개별적인 것들은 자신의 '운명'이 있고 자신이 수행해야 할 '사명'이 있다. 사람들은 다 함께 행동하지만 사건 전개는 운명을 따라 어디로 필히 흘러갈 것인지를 사전에 알고 있다. 사람들은 현재 단계가 필연적으로 거쳐 갈 수밖에 없는 하나의 단계이며, 자신의 운명을 완수하고 있는 단계라는 확신 속에서 마음의 안정을 찾는다. 앞으로 분명 오게 되어 있는 미래를 선취하는 삶도 가능하겠지만, 현재 상태를 긍정하는 것도 마찬가지로 가능하다. 사람들은 현존에 대한 믿음을 가지고 있으며, 현존하지는 않아도 선한 인간 본성을 믿으며, 그 어떤 상황에서도 마음의 평정을 상실하고 싶어 하지 않는다.

b) 위와 상반되는 종류의 인간은 다음과 같이 느낀다. 모든 것은 내가 하기 나름이다. 현존이 전개되어 나가는 것은 단순히 미리 정해져 있는 것도 아니고 확실한 것도 아니며, 우리는 최종적인 목표점을 알지 못한다. 모든 것은 당사자에게 달려 있다. 또 세상이 어떻게 진행되어 나갈지는 각자 자신에게 달려 있다. 세상이 전개되어 나가는 과정은 필연적인 과정이 아니라 문제적인 과정이며, 그래서 위험한 과정이기도 하다. 결국에는 하나의 특정한 발전 노선을 따라간다고는 해도 제동과 퇴보는 물론 전개 방향 자체도 우리에 의해 결정되게끔 되어 있다. 이런 인간은 자신이 마주하고 있는 대상적인 것 안에서 최종의 목표를 모르더라도 자신의 삶에 대해 어떻게 살아가야 할지를 안다. 가령 다음과 같은 것을 안다. 자신이 알고 있고 자신이 실제로 경험한 가장 광범위한 범위 내에서 자신에게 잘 드러나 보이고 가치로운 목표들을 향해서 구체적으로 행동하면서 살아가기, 그것도 이런 것을 목표 일반으로서가 아니라, 그 너머로는 자신이 아무것도 더 이상 볼 수 없는 한계이자 제한된 목표점이라는 사실을 잘 아는 가운데 그렇게 하기. 그런 사람은 일정의 위계적인 가치 구조를 하고 있는

틀과 궁극적으로 선한 세계의 필연적인 발전 노선에 관한 이론 속으로 은밀하게 기어들어가 숨지 않는다. 그런 사람은 자신이 의식하고 있는 인생의 경로를 살아 내는 것으로 삶을 다할 수 있다. 중요한 것은 그가 온 힘을 쏟아 최선을 다해서 산다는 사실이다. 왜냐하면 그것이 아무리 작은 것이더라도 그가 그것을 직접 행하지 않으면 그것이 저절로 나올 것이라고 절대 생각할 수 없기 때문이다. 궁극의 최고선을 그는 알지 못하지만, 그가 사는 삶은 그가 원하고 할 수 있는 것을 그에게 비로소 보여 줄 것이고 그런 것을 계속 보여 줄 것임에 틀림없다. '최고선'은, 일단 그에 의해서 인정이 되면, 그가 자신의 삶을 선취할 수 있게 해 줄 것이다. 그는 또한 인간의 '운명'과 '사명' 같은 것을 잘 알지 못한다. 그가 이런 개념들을 듣는다면, 그에게 그것들은 그런 것들을 필요로 하는 사람들의 이해관계를 나타내기 위한 훌륭한 말들이거나, 그게 아니면 그런 단어들을 사용하는 사람들이 객관적이고 최종적으로 간주하는 사변적인 성질의 발전적인 세계관에 잘 들어맞는 것이라는 사실을 나타내는 데 훌륭하게 적합한 말들로 보인다. '운명'이라는 것은 나만 선택할 수 있고, 내가 하나의 객관적이면서 항상 유한한 지향점으로써 원할 수 있고, 더 나아가 그것을 나는 믿음의 내용으로 소유할 수 있지만, 그것을 나는 다른 사람들에게 정신적 폭력을 행사하는 용도로 너무 쉽게 사용할 수도 있다. 이런 인간은 세계의 행로에 대해서 그것이 혼자서 잘 돌아갈 것으로 믿지 않지만, 그때마다 구체적인 목표, 이념 그리고 유동적인 유토피아를 소유하고서, 다만 궁극적으로는 더 나아간 미래, 즉 최종의 목표를 예견하지 않는 가운데 세계를 형성해 나가는 인간의 의지를 믿는다. 그런 인간은 살면서 자신이 알고 있는 바대로 자신의 몫을 행한다. 하지만 그는 현존이 무엇인지를 잘 알지 못한다. 그가 아는 것이라고는 누군가가 현존에 대해 안다고 하면서 그것을 직접 실현시키고자 할 때 현존은 고착되어 버린다고 하는 사실뿐이다.

2) 한계상황

인간이 모든 가치를 긍정하면서도 파괴하도록 강요하는 가치 충돌은 인간의 현존을 가치 파괴의 과정으로만이 아니라 가치 창출의 과정으로 보이게 해 주는 여러 경우들 중 하나일 뿐이다. 이러한 가치 파괴와 가치 창출의 저해는 무한히 다양한 구체적인 개별 상황들에서 경험된다. 이런 상황들은 개인 각자에게 처음에는 절대적으로 필연적인 것으로 보이지 않지만 그렇지 않을 수도 있다. 이는 행동하는 사람에게도 해당되는 사항으로, 행동하는 사람은 모든 개별적인 상황을 넘어 인간이 되는 것 자체와 관련되어 있고, 유한한 현존과 함께 불가피하게 주어지며, 우리의 시선이 주객분할의 대상 쪽을 향하는 한에서는 도저히 미치지 못하는 그 무엇이기도 한, 특정의 결정적이고 본질적인 상황에 처하게 된다. 우리 현존의 한계에서나 느껴지고 경험되고 사고되는 이러한 상황들을 우리는 그래서 '한계상황'이라 부른다. 이런 상황들의 공통점은 ─ 늘 주객이 분할되어 있는 상태에서의 대상세계에서 ─ 확고한 것이 없고, 의심의 여지가 없는 절대적인 것도 없으며, 모든 경험과 모든 생각을 배겨 낼 수 있는 그 어떤 의지처도 없다는 사실이다. 모든 것은 흐르고 모든 것은 정지 없는 운동 상태에 있어 의문에 붙여질 수 있으며, 모든 것은 상대적이고 유한하며, 반대되는 것으로 분해될 수 있으며, 결코 전체적인 것, 절대적인 것, 본질적인 것이 아니다.

삶에서 이러한 한계상황들 자체는 견뎌 내기가 무척 어려워서, 그러한 것들은 완전히 명료한 형태로 우리의 생생한 경험 속으로 들어오는 경우는 거의 없지만, 우리는 사실 한계상황에 직면하면 거의 항상 의지처를 찾게 된다. 의지체가 없으면 삶은 아마 멈추어 버릴 것이다. 사실 인간이 절망에 빠지는 경우는 비교적 드문 편이다. 절망 상태에 이르기 전에 인간은 의지처를 찾는다. 모든 이들이 그런 것은 아니지만 극소수의 사람들이 한계상황에 처하고 그 안에서 살아간다. 우리는 그런 사람들이 그런 상황에 빠지지 않게 되는 조건이 무엇인지 또는 그런 사람들이 그런 상황으로부터 나오기 위한 조건이 무엇인지를 묻고자 한다. 이렇게 함으로써 우리는 다양한 정신 유형들의 중심부에 들어선다. 인간이 어떤 의지처를 가지고 있고, 그런 것을 어떻게 지니고 구하고 발견하고 보존하는지 등등, 이런 것들은 그러한 인간 내면에 있는 힘들을 특징지어 주는 표현들이다. 정신의 유형들에 대해서 물을 때 우리는 사람들이 자신의 의지처를 어디에 갖고 있는지를 묻는다.

한계상황을 더욱 상세하게 설명하기 전에, 전체 상황의 특징을 다른 말로 다시 한 번 설명해 보도록 하자. 인간은 본질적으로 주객 분할의 형식 속에서 살아간다. 그때 절대적으로 고요한 안식 상태에 있질 못하고 늘 어떤 목표, 목적, 가치, 재화 등을 지향한다. 이는 단순히 합리적으로 명료하게 사유된 목적 같은 것을 말하려는 것이 아니라, 오히려 살아가는 사람들에게 아마도 합리적으로 명료하게 의식되지 않는 좋음에 대한 인간 각자의 태도, 모든 노력의 방향을 말한다. 사람에 따라 다양한 가치들이 어느 정도 위계화된 순서로 정렬된다. 즉 어떤 것들은 다른 가치들에 대한 단순한 수단으로 정렬되거나 또는 다른 가치들에 비해서 덜 가치로운 것으로 정렬된다. 그러한 상대화가 일단 한번 시작되고 나면, 상대적인 가치와 절대적인 가치 간의 구별은 모든 구체적인 가치들의 절대화를 의심스럽게 만드는 방향으로 나아간다. 그리고 알고 싶어 하는 욕구와 실행하고자 하는 행위와 관련해서 물음이 제기된다. 인간과 인간 삶의 총체성에 본래 중요한 요소인 최고의 가치에 기여하기 위해서 나는 무엇을 해야만 하는 걸까? (절대적인 '지향점'인) 궁극의 목적에 대한 물음, 그리고 인간이 일련의 가치를 어떻게 구성하는지에 대한 물음이 제기될 때 인간은 항상 한계에 도달하지만, 가치 위계의 문제는 그런 한계 너머로 계속 더 진행되어 나아가야만 한다.

가치 추구는 모든 곳에서 계속 저항에 부딪힌다. 그런 저항들은 우연적인 것으로, 피할 수 있는 것으로, 극복할 수 있는 것으로, 복합적인 성질의 것으로 체험되고 이해된다. 그러한 것들 자체는 유한적인 특성을 가지고 있기는 해도 그 어떤 한계를 갖고 있는 것은 아니다. 인간이 부딪치는 저항들은 불행과 고통을 의미하지만, 가치의 성취가 실현 가능한 범위 내에 있는 한 그러한 저항들은 지배 가능한 것들이자 비교적 극복 가능한 방해물일 따름이다. 그러나 이 경우에도 세계의 경험은 인간에게 절대적인 것으로 나아가는 일련의 것들을 보여 준다. 인간이 가치들 및 그것들의 실현에 대한 지배 의식이 있는 것처럼, 인간이 총체성을 확인하려고 하자마자 인간은 세계 과정의 저항과 파괴 속에 자신이 이미 달성한 것과 달성 가능한 것들이 묻혀 있다는 것을 발견하게 된다. 한계점에 다다르면 모든 곳에서 절대적인 우연, 죽음, 죄책감 등이 경험된다. 그의 눈에는 가치 태동의 조건에 보장되어 있거나 필연적인 것은 아무것도 없지만, 궁극적인 것은 우연적인 것이고 인간의 경험적인 눈으로 보기에 가치들의 모든 현존에는 완벽한 파괴가 뒤따른다.

외적인 상황은 ─ 그것은 완전히 변화무쌍하고 다양한 인간들에게 불규칙적으로 닥치는데 ─ 모든 사람들에게 양날의 검과도 같아서 인간들을 촉진하는 것인가 하면 억압하는 것이기도 하고, 불가피하게 제한하는 것이기도 하고 파괴적인 것이기도 하고, 신뢰할 수 없는 것이기도 하고 안전하지 않은 것이기도 하다. 좀 더 심오한 인식과 규정에 도달할수록 일반적으로 더 명료해지는 것이 있는데 — 이는 셀 수 없이 많은 인간들이 개별 사례들에서 체험하고 경험하고 다시 망각하는 것이기도 한데 — 그것이 바로 세계의 이율배반적인 구조에 대한 의식이다. (객관세계에서는) 원했던 모든 것들이 실제로 실현되는 경우 원치 않았던 것과 서로 연결되고, (주관세계에서는) 원치 않는 것, 의지에 반하는 것이 원하는 것하고 서로 연결된다. 우리 자신과 세계는 이율배반적으로 분할되어 있다. 이런 것은 객관적인 세계 상황의 — 그 종류가 어떤 성질의 것이건 간에 — 불가피하고 본질적으로 변화 불가한 비참함 속에서 현현하기도 하거니와 — 아주 다양한 종류의 — 죄, 파산, 버림받음, 무가치함, 무시당한다는 의식 속에서 현현하기도 한다.

합리적인 영역 안에서 파괴적인 것은 '모순'이라 불린다. 합리적인 영역에서 모순이 발견되면 거기에는 뭔가 거짓된 것이 존재할 수밖에 없다. 모든 합리적인 영역에 모순이 존재한다는 것이 마침내 밝혀지게 되면 그것은 이미 알고 있던 지식의 파괴로서 경험되기도 한다. 모든 대상적인 것은 합리적인 방식으로 형식화될 수 있기 때문에 모든 파괴적인 과정들, 모든 대립적인 성질들은 모순으로 생각될 수 있다. 죽음은 삶과 모순관계에 있고, 우연성은 필연성 및 의미 등과 모순관계에 있다. 인간들이 유한한 상황을 전체적으로 보려고 유한한 상황으로부터 거리를 둘 때, 인간들은 — 이것이 모든 한계상황의 가장 일반적인 양식이기도 한데 — 그런 모순들을 모든 곳에서 보게 된다. 세계관적인 힘들이 인간을 움직이는 한 인간은 구체적이면서 유한한 것에 머물러 있을 수 없다. 모든 구체적인 것은 유한한 특성을 지니면서도 동시에 무한한 특성도 지니기 때문이다. 인간에게 중요한 것이 무엇이 되었든지 간에 인간은 항상 무한 또는 전체 방향으로 나아간다. 심지어 인간은 무한한 것을 대면하면 신비로운 체험 속으로 피신하면서 한정된 기간 동안이기는 해도 만족과 안정을 발견하기도 한다. 그럼에도 인간의 의식이 깨어 있는 상태에서 주객 분할의 상태에 머물러 있게 되면, 모든 무한성은 인간을 '이율배반'이라 불리는 모순의 심연으로 이끈다. 인간이 ― 사유 속에서가 되었든 자기 경험, 자기 형성에서가 되었든, 행위할 때가 되었든 창조할 때가 되었든 ― 모순을 극복하는 해결책을 찾으려고 노력할 때 인간은 원래 깊이 없는 모순들의 해소에만 도달할 뿐이고, 그와는 반대로 무한한 것들에 직면하면, 즉 경우에 따라서 도달할 수 있을 한계에 다다르면 이율배반, 즉 주객 분할의 상태에 있는 인간 현존에게는 궁극적이면서 본질적인 것으로 나타날 수밖에 없는 양립 불가성으로 이어지는 대립이 첨예화되기에 이른다. 사람이 주객 분할의 상태에서 무한성을 직면하게 되면, 사고 간의 양립 불가성과 행동 간의 갈등은 해결책을 찾아내기는 고사하고 오히려 그런 것들이 무시무시하게 증가한다는 것을 알게 된다. 우선 우연적인 상황으로부터 발생되어 나오는 의무 간의 갈등이 불가피한 죄책감으로 변하고, 완전히 집중적인 합리성으로부터는 자기 파괴적인 열정적 사고 같은 것이 생겨 나온다.

우리가 이제 한계상황을 보다 더 정확하게 특징짓고자 한다면 아마 다음과 같은 조망이 그 목적에 부합할 것이다. 본질적인 것은 첫째, 현존의 '이율배반적인 구조'다. 객관적인 세계상의 한계가 이런 구조를 하고 있다면 그런 구조에 주관적으로 상응하는 것이 모든 삶과 연결되어 있는 고통이다. 이러한 일반적인 것에 대한 개별적인 사례들로 구체적인 현실에서 아주 인상적인 것들이 투쟁, 죽음, 우연, 죄책감 같은 특별한 한계상황들이다. 지금 여기 나열되어 있는 순서로 그 자체가 아직 심리학인 것은 아니지만, 정신 유형의 심리학을 파악하기 위한 전제조건이라고 할 수 있는 고찰 작업을 계속 진행해 보자.

(1) 현존의 이율배반적인 구조

대립적인 개념들: 서로 대립관계에 있는 여러 개념들이 있다. 논리적인 대립(예를 들어 긍정 판단과 부정 판단)이 있는가 하면 그와 대비되는 실제적인 대립(예를 들어 끌기와 밀치기, 삶과 죽음)이 있다. 이 둘과 다른 것이 가치 대립(예를 들어 유용함과 유해함)이다. 논리적인 대립의 유형은 '모순'이라 일컬어진다. 실질적인 대립은 첫째, 동일성과 달리 단순한 상이성(예를 들어 파란색과 녹색)으로 나타나고, 둘째, 양극성(예를 들어 따뜻함과 차가움, 어둠과 밝음)으로, 즉 양극 간의 극단적인 대립으로 나타나며 그러한 양극성이 점차 약화되고 있는 것으로 이해될 수 있는 일련의 전환들을 거쳐서, 셋째, 서로 대립하는 힘들 간의 다툼(예를 들어 양의 전기와 음의 전기, 수평 수직 방향에서의 힘의 평형, 서로 다투는 본능들)으로, 즉 서로 억압하고 지양하고 상쇄하면서 새로운 수준에서 상이한 힘으로 통합되는 그런 대립적인 힘들 간의 다툼으로 파악될 수 있다.

이율배반 개념: 이런 모든 대립들이 이율배반인 것은 아니지만 절대의 관점과 가치의 관점에서 보게 되면 그것들은 모두 이율배반이 될 수 있다. 해결될 수 없고, 인식과 생각의 한계에 서 있고 파악될 수는 있어도 오류, 실수, 오해라 할 수는 없고 단순히 피상적인 것이라서 금방 제거될 수 있는 것이라고 할 수도 없는 그런 논리적인 모순이 이율배반이다. 무한에 직면하면 모순은 우리 인식의 경계에서 이율배반으로 나타난다. 그래서 무한, 한계, 그리고 이율배반이라는 개념들은 한 통 속에 함께 존재한다. 실제적인 대립들이 궁극적인 것으로 파악되기는 해도 그때의 궁극적인 것이

가치 평가의 관점에서 본질적인 것으로 보이면서도 의심스러운 것으로 보일 때, 그리고 실존이 본질적으로 상반되는 대립물로 분기되어 있는 것으로 파악될 때, 즉 이러한 대립적인 힘 또는 현상들이 서로 합쳐질 때 실제적인 대립들은 이율배반이 된다.

이율배반의 종류: 사고하고 느끼고 행동하는 현실의 인간은 말하자면 두 세계 사이에 위치해 있다. 그의 눈앞에는 대상의 왕국이 존재하고, 그의 뒤에는 주체의 힘들과 기질들이 존재한다. 그의 상황은 양쪽 모두로부터 규정되는데, 그의 앞에 있는 대상, 그의 뒤에 있는 주체, 이 둘 모두는 무한하고 무궁무진하고 상호 침투가 불가능하다. 양쪽에는 결정적인 이율배반들이 놓여 있다. 우선 대상 측면에서 이를 분명히 밝히고 그러고 나서 이를 주체 측면에서 분명히 밝혀 보도록 하자.

a. 대상 측면에서의 이율배반들

대상 측면의 이율배반들은 생각과 인식 상대적으로 존재하거나 그렇지 않은 경우 행동 상대적으로(이론적으로 또는 실천적으로) 존재한다.

a) 생각과 인식 상대적인 이율배반들

인식이 전체적인 것, 궁극적인 것, 무조건적인 것을 목표로 하는 곳이면 어디서나 ─ 칸트가 보여 주었던 것처럼 ─ 이성의 자연스럽고 불가피한 속임수로 이율배반들이 나타난다. 극적인 사례가 공간이다. 별이 빛나는 하늘을 볼 때 아마도 우리는 무한을 직접 보고 있다는 생각을 하게 된다. 하지만 그것은 그저 일종의 기분이자 단순한 의도일 뿐이다. 왜냐하면 우리가 보고 있는 것은 다양한 발광점들을 머금고 있는 제한된 규모의 평평한 천구이기 때문이다. 하지만 우리는 천문학이 하는 경험과 측정에 대해서 알고 있고 그런 것들을 통해서 도달하게 되는 우주 공간의 가장 바깥쪽에 있는 지평에 대해서도 알고 있다. 우리는 생각을 통해서 이러한 사실들로 추적해 들어가고, 직접 눈에 보이는 별이 빛나는 하늘에 모든 지식을 동원해 투사함으로써 그에 대한 조망을 획득한다. 우리는 우리가 도달한 모든 끝의 이면에서 또 다른 공간을 생각하지만, 우리의 생각을 완성해 가면서 우리가 무의식적으로 제한되어 있는 우주를 반복적으로 상상하고 있는 것을 알아차리게 된다. 우리는 도달 가능한 모든 끝에 이어지는 다음 공간을 생각하는 것 말고는 달리 생각할 수가 없다. 그리고 우리가 세계 전체에 대해서 말할 때도, 우리가 총체적으로 완결되어 있는 무한성을 하나의 전체로 가지고 있기라도 한 것처럼 그것을 표상하는 것 말고는 다른 방도가 없다. 우리는 세계를 유한한 것으로는 직관할 수도 없고 생각할 수도 없다. 그냥 하는 말이 아니고 정말로 진지하게 하는 말이라면, 우리는 무한한 세계를 우리 눈앞에 대상화할 수 없다. 무한한 공간은 우리가 정말로 깊숙이 안으로 파고들게 되면 우리에게는 불가능한 것으로, 상상 불가능한 것으로 보이고, 유한적인 공간조차 그렇다. 별이 총총한 하늘, 그와 동시에 그것의 생생하면서도 상상 불가능한 무한성에 직면할 때 많은 사람들은 현기증 나는 생각과 느낌에 빠질 수도 있을 것인데, 이런 생각과 느낌들은 어디에서나 우리 세계의 한계를 드러내는 이율배반을 보여 주는 비교적 무해한 경우라고 할 수 있다.

모순 명제가 출현할 때, 그중에서도 공간 세계가 무한하면서도 유한하다는 모순이 상대적으로 단순한 예일 뿐이라면, 모순율은 생생하게 사고하는 머리 속에서는 삼중의 기능을 가질 수도 있다. 모순율은 첫째, 전체 인식, 세계 자체를 공허한 것으로 지양하는 기능을 수행한다. 회의론적 사고방식이 이런 식이다. 그렇지 않은 경우 모순율은 둘째, 생각을 움직이게 만들어서 생각이 앞으로 전진해 나갈 수 있는 힘을 제공해 줄 수 있다. 왜냐하면 모순이 있는 곳이면 어디서나 박차가 가해지거나 관심이 일어나기 때문이다. 회의론자들은 모순율에 대해서 그저 생각만 하는 것은 마치 다람쥐 쳇바퀴 도는 것과도 같다고 가르쳤다. 따라서 생생한 인식은 구체적으로 개별적인 것 속에서 인식하면서 전진해 나감으로써 반응을 하는데, 이때 유한한 것 속에서 진행되는 이런 단계들은 모순의 한계로부터 자신의 열정을 얻어 낸다. 목표에 도달하지는 못해도 인식의 힘들은 이율배반들을 통해, 게다가 무한에 직면해서 생명력을 부여받아 유한한 것 안에서 활동한다. 이러한 힘들을 우리는 칸트 이래 '이념'이라 칭한다. 가령 전체로서의 공간 세계는 이념인 것이지 우리에 대해 존재하는 개별 사물 같은 대상이 아니다. 즉 그것은 유한하거나 무한하지도 않고, 불가피하게 그 둘 모두로서 인식된다. 마지막으로 셋째, 힘으로서 효력을 발휘하는 이념들 속에서 작용하고 있는데도 의식되지 않는 모순율은 작용하고 있더라도 그 자체로 사고의 대상이 될 수 있고 그 한계에서는 이율배반에 관한 철학적인 세계상이 생겨 나올 수 있다. 그러한 세계상은 가장 바깥쪽 지평을 의식하는 세계관이 필요하다는 판단에서 비롯된 비교적 빈곤한 상부구조다. 그것은 이념들이 힘으로 작용하는 것을 배제하지 않는다. 그 자체로는 공허해도 그것은, 세계는 인간에게 이념을 통한 운동 속에서만 존재하는 것이지 이념에 대한 직접적인 파악 속에서 존재하는 것이 아니라는 것을 보여 준다.

이런 철학적인 세계관을 발전시키고자 하는 이들의 과제가 있다면 그것이 바로 이율배반과 이념들을 체계적으로 연구해 확립하고 정돈하는 일일 것이다. 여기서 간소하면서도 완전하지 않은 개요 하나를 제시해 보겠다.

모순들은 사고의 진행 과정에서 생겨 나오거나 그게 아닌 경우 대상 안에, 인식 가능한 것 안에, 객관세계 자체 안에 놓여 있다.

(a) 사고의 이율배반들(변화와 운동)

사고의 이율배반들로는 초기 고대 철학이 문제삼았던 것들을 예로 들 수 있다. 변화와 운동은 겉보기에는 직접 주어지고 직관적인 것이지만, 사고되는 경우에는 완전한 논리적 모순에 빠진다. 자기 스스로 움직이는 것이 그 예다. 물체는 한 장소에 자리를 잡고 있는 것으로 사고되어야 하지만, 그것은 스스로 움직이기 때문에 동시에 찰나의 시간이 지나면서 다른 장소에 있어야만 한다. 변화 중에 있는 뭔가는 존재하고 있지만, 그때 그것은 동시에 다른 것이 되고 있는 중이기 때문에 동시에 존재하지 않기도 한다. 그것은 존재함과 동시에 존재하지 않는 것이 되는데, 이것은 모순이다. 엘레아인들은 이러한 난점들을 잘 알려져 있는 궤변의 형식으로 간결하게 표현한 바 있다. 그 밖에도 우리는 연속성을 사고할 때 그것을 불연속성으로 분해하지 않고서는 도무지 사고할 수 없다. 그리고 우리는 모든 불연속성을 연속성으로 변환시키려고도 한다. 연속과 건너뛰는 비약은 서로 대립적인데, 우리 인간의 사고는 늘 그중 하나에서 다른 하나로 나아가려는 경향이 있다. 비약이 되었든 연속이 되었든 그 어느 하나에 안주해 만족하는 법이 없는 것이다. 이 모든 경우들에서 어려움은 무한성이 존재한다는 사실과 관련이 있다. 그러나 이러한 무한성에 대해 깨닫게 되면 그 모든 난점은 실제로 해결된다.

여기서 이율배반적인 난점들을 만들어 내는 모든 것들은 우리에게 전체로 직접 주어진다. 운동과 변화, 연속과 불연속 또는 연속과 비약 모두를 우리는 직접 한 번에 본다. 다만 여기에 형식적인 활동으로서의 사고의 난점이자 방법적으로 해결 가능한 방법의 난점(미적분 계산으로 인한 양적인 것들의 무한성)만이 존재하고 있을 뿐이다. 이 경우 인간은 진지하게 여겨야 하는 상황과 마주하고 있지 않다. 그래서 여기에서 절망은 없다. 고대 철학에서 그랬던 것처럼 이런 이율배반들은 아직 제대로 통찰되지 못한 상태에서 예시적인 역할만 했을 뿐이다. 그것들은 직접 해결될 수는 없고 간접적으로만 극복될 수 있다는 점에서 이율배반들이다. 하지만 그런 것들을 극복하는 활동은 자발적이고 살아 있는 활동이 아니고 학습될 수 있는 기술-방법적인 성질의 것이다. 이런 방법들이 알려지기 전에 그것들은 자신들이 원래 의도했었던 순수한 이율배반들의 상징적인 특성을 가지고 있었을 것이다.

(b) 현실의 이율배반들(세계, 삶, 영혼)

현실의 이율배반들은 이념들을 통해서 극복되는 것들이다. 그것들은 해결되지는 않는데, 그 이유는 이념들이 전달될 수 있고 학습될 수 있는 양식들이 아니고 사람 각자에 의해 자발적으로 생성되는 힘들이기 때문이다. 이러한 힘들이 — 여기서는 인식의 힘들이 — 향하고 있는 방향들은 세계, 물질, 에너지, 생명, 영혼 등으로 명명될 수 있다. 이 개념들은 우리에게 주어지는 대상들을 지칭하지 않는다. 칸트가 말한 것처럼 그것들은 인식에게 주어지는데, 이는 마치 결코 성취될 수 없는 이런 과업 앞에 무한성이 놓여 있는 것과 같은 방식이다. 우리로 하여금 끝없는 길을 걸어가도록 재촉하는 이율배반들은 우리에게 항상 최종적인 것으로 머물러 있다. 무한성이 충족되면 이율배반들은 해소될 것임에 틀림없다. 실제로 주어지는 자료 어느 하나라도 우리가 간과하지 않는 한 그런 것은 우리로서는 상상할 수도 없고 생각할 수도 없다. 몇몇 이념들의 이율배반을 열거해 보겠다.

이율배반으로서의 세계: 세계는 불가피하게 이율배반적으로 사고된다.

세계는 무한하기도 하고 유한하기도 하고, 무한히 나뉠 수 있는가 하면 궁극의 통일적인 단위들로 이루어지기도 하고, 법칙에 따라 필연적이기도 하고 이해할 수 없는 우연적인 것이기도 하고, 또는 자유로운 활동들로부터 발생해 나오는 것이기도 하다. 전체로서의 세계를 우리는 결코 대상화할 수 없다. 세계에 대해서 말한다고 할 때 그것은 공허한 말이거나, 아니면 포기된 무한성을 자체적으로 굳게 폐쇄되어 있는 전체로 실체화하는 것이거나, 그게 아니면 어떤 경우에도 결코 성취될 수 없는 주어져 있는 대상이라는 이념이다. 우리는 세계를 총체적으로 직관할 수 없고 생각할 수도 없다. 우리는 계속해서 이율배반들에 도달하게 되는데, 이는 그러한 것들에 안주하기 위한 것이 아니라 그것들로부터 자극을 받아 새로운 원동력을 얻어서 구체적인 현실 속에서 인식적으로 진보해 나가기 위해서다.

이율배반으로서의 삶: 삶이란, 형식적으로 규정할 경우 각 부분이 전체를 통해서만 가능한 것처럼, 각각의 부분들로 구성되어 있는 전체적인 것이다. 게다가 부분들과 관계들은 기계에서와는 달리 유한적이 아니라 무한적이다. 여러 다양한 기능들과 부분들의 복합체로서의 삶, 그리고 일종의 힘, 일종의 통일적인 전체로서의 삶은 내적으로 모순적인 범주들인데, 사람들의 인식 활동은 그러한 범주 안에서 삶을 불가피하게 반복해서 사고한다. 삶에는 이율배반적인 성질을 갖는 대립들이 더 많이 있다. 삶은 절대 총체적인 것으로 존재하는 것이 아니고, 정체되어 있는 자기폐쇄적인 존재로서 존재하는 것도 아니며, 늘 움직이는 가운데 대립물들로 분해된다. 삶은 자신의 반대인 죽음과 불가항력적으로 연결되어 있으며, 남성적인 것과 여성적인 것으로 분화된다. 우리 자신은 '인간 일반'일 수 없고(인간이란 완결된 현실이 아니라 그 자체가 이념이다), 남성적으로 존재하거나 여성적으로만 존재한다. 우리의 현존은 그런 절대적인 궁극의 것으로서의 대

립물들과 연결되어 있다.

이율배반으로서의 영혼: 영혼은 (생명과 유사하게) 불가피하게 총체성 또는 통일성으로, 그리고 부분들의 복합체로 생각될 수 있고, 이해 가능하고 이해되지 않는 것으로, 또는 단순히 설명 가능한 것으로 생각될 수 있다. 심리학적 인식은 통일성에만 초점을 맞추는 것이 아니라 부분들에도 초점을 맞춘다. 이러한 이율배반 너머로는 더 나아가지 않는다. 심리학적 인식의 다양한 이율배반들은 영혼, 성격, 질병 등의 이념들에서 나타난다.

현실에서의 이 모든 이율배반들은 그로부터 현존의 비현실성이 도출되어 나올 수 있을 그런 모순들이 아니다. 그것들은 전적으로 분명한 실재들로 우리는 그 안에서 생생하게 실존한다. 그런 이율배반들의 현실성은 인식의 한계와 다름없는데, 이런 인식의 한계는 인식을 끊임없이 움직이게 한다. 여기서 인간은 궁극의 상황에 처하게 되고 그런 상황 때문에 인간은 인식적으로 반복해서 회의에 빠지게 되지만, 바로 이것을 통해서 이념적인 성질의 힘을 획득하게 된다. 그러나 인간이 어떤 식으로든 이미 형성된 이율배반들을 사태를 철저히 파악하는 인식으로서 여길 경우, 이는 오로지 구체적으로만 전진해 나갈 수 있고 그런 과정에서 비로소 이율배반을 경험하게 되는 인식 활동의 죽음을 의미한다. 일반적으로 그런 이율배반들은 사유되는 것 안에서는 아직 포착되지 않는다.

b) 가치 평가와 행동 상대적인 이율배반들

인간이 현실을 인식할 뿐 아니라 그 가치를 평가하고, 자신의 실존을 위해 가치 평가와 목적에 기반해서 행동하는 가운데 현실에 개입하게 되면, 이를 통해서 객관적으로 주어져 있는 상황은 인간에게 훨씬 더 파편화되어 있는 것으로 나타난다. 가치는 전반적으로 가치로운 것과 무가치한 것의 대립쌍으로 이루어진다. 일반적으로 모든 가치로운 것에는 무가치한 것이 따라다닌다. 가치들은 그 자체로 타당성을 지니고 성취되거나 촉진되어야 하는 그 어떤 것으로서 대상의 형식을 취하거나 특별한 영역의 형식을 취한다. 이러한 가치의 영역과 현실 간에는 팽팽한 긴장이 존재한다. 현실적인 것이 가치도 갖고 모든 가치가 현실적이기도 하다는 것과는 반대로 현실은 가치 대립에 대해서 중립적이다. 가령 인간은 자신의 입장에서, 최소한 의도의 측면에서, 가치를 실현하는 길을 끊임없이 걸어간다. 이때 시간이 경과하면서 가치 실현에 있어서 실제로 '진보'가 일어나느냐 그게 아니면 각 개인에게 있어서 제한된 일정의 기간 안에 — 기간이 좀 길더라도 — 가치 실현과 가치 파괴의 연속이 존재하느냐 하는 것은 객관적으로 볼 때 문제로 남아 있다.

가치를 실현해 나가는 와중에 인간은 이제 다음과 같이 일반적인 양식으로 표현될 수 있을 이율배반들을 만나게 된다. 가치들이 현실적이 되는 것은 오로지 그 자체의 가치 부정적인 힘들과 조건들을 통해서다. 현실 속에서 모종의 가치를 원할 경우 사람들은 객관적인 상호연관들 때문에 무가치한 것들을 어쩔 수 없이 감내해야만 한다. 가치를 지향하는 모든 행동들에는 행위 주체가 원하지도 않았고 원할 수도 없는 결과가 동반된다. 그 어떤 행위도 순수하게 부차적인 결과를 동반하지 않는 가운데 원했던 영향만 가져오는 경우는 없다. 일례로 다음과 같은 일이 벌어질 수 있다. 나는 인간애와 정신문화를 원한다. 이런 것들을 어디서든 실현할 수 있기 위해서 나는 인간 착취라는 것을, 그것이 내 시선으로부터 아직도 여전히 은폐되어 있을지라도 — 어쩌면 어쩔 수 없이 — 실제로는 그냥 감수하게 된다. 나는 인식을 원한다. 즉 전달 가능하고, 가르칠 수 있고, 배울 수 있으며, 증명 가능하고, 어쩔 수 없이 통할 수밖에 없는 것을 원한다. 그리고 나는 나와 모든 사람들을 무차별적이게 만드는 일련의 올바른 것들의 합에 도달하거나 그게 아니면 '중요한' 인식에 도달한다. 이를 통해서 ('중요성'이 인식 영역 내에 머물러 있고 그러한 인식이 실용적 경제적 기술적 국가적인 목적 등 비인지적인 목적에 봉사함으로써 '중요'하게 되는 것이 아닌 한에서) 나는 전달 가능하고 증명 가능하며, 강제할 수 있는 것과는 반대되는 새로운 비합리적인 요소로서의 이념에 생명을 불어넣는다. 나는 불멸하고 영속하는 것을 원하기는 하지만, 충만된 순간에만 본질이 획득된다는 사실을 나는 경험해야만 한다. (전쟁에서) 나는 미래가 안정되기를 바라지만, 이를 통해 나는 정복주의적인 제국주의에 일조하고 있을 뿐이다. 나는 방어한다고 하지만 사실은 공격하고 있다 등등.

절대적으로 옳은 '그것을 알 수는 없기 때문에, 그것을 원하는 것조차 불가능하게 만드는 행동적인 이율배반은 인간 사회 곳곳에서 출현한다. 인간 사회는 가치가 서로 상반되는 대립적인 세력들을 통해서 존재하지만, 그 방식은 가치 평가의 각 세계관에 따라서 매번 양쪽 각각에 긍정적이거나 부정적인 가치 강조가 놓이는 방식일 수 있다. 그런 식으로 모든 발전, 진보, 창조, 발명의 원천인 개인주의적 자존심은 그것에 반대되는 상극으로서 연대적인 참여와 사교적인 실존의 조건이면서 개인적인 실존의 조건이기도 한 공동체에 대한 종속과 대립관계에 있다.

b. 주체 측면에서의 이율배반들

인간 내면에는 어디서나 불가피한 대립들이 존재한다. 그런 것들은 가령 심리적인 것의 경계에 위치해 있고, 가장 승화된 영혼적인 과정들의 근원이면서 아주 중요하다고 할 수 있는 대립 현상들에서, 욕구와 욕망들에서, 사람들의 성격적인 특성들과 성향들에서, 자아 형성의 가능성에서 볼 수 있다.

욕구들은 반대되는 것들이 서로 맞물려 있다. 욕구 상태에 있을 때 사람은 양극적인 상태에 있다. 사람은 그러한 양극 중 하나만, 즉 하나의 욕구만 떼어 낼 수는 없다. 기껏해야 양극성 전체를 그렇게 할 수 있을 뿐이다. 합리적이고 비직관적인 이해는 영혼 내부에서 대립물의 한쪽이 알려져 있을 경우 논리적으로 그 반대쪽의 부재를 기대하지만, 실제로는 한쪽의 훈련이 성격의 형성, 특히 행위에 주된 영향을 미칠 수 있더라도 체험 자체에는 두 측면 모두가 존재하고 있어서, 한쪽이 존재하고 있으면 다른 쪽도 존재하리라고 추론할 수 있다. 쾌락 욕구와 불쾌 욕구, 가학증과 피학증, 권력의지와 복종 의지, 사랑과 증오, 감각 욕구와 안정 욕구 등은 서로 연결되어 있다. 요컨대 모든 의욕에는 반의욕이 짝을 이루어 서로 대립해 있다.

서로 반대되는 것들로서의 대립물들은 서로가 서로를 일깨운다. 한 방향에서의 강력한 영혼의 발달은 갑자기 반대쪽 방향으로 돌변하는 경향이 있는데, 이것은 하나의 가능성이 순전히 고양된 발달인 경우에서 가장 강력하다. 이미 생리적인 영역에서도 한 가지 색을 오래 보게 되면 보색의 잔상이 떠오른다. 정서적인 삶에서도 마찬가지다. 강렬한 슬픔은 시간이 지나면서 마음의 내적 조건에서 놀라우리만치 작은 계기만 있어도 종종 쾌활한 상태로 바뀌는데, 이러한 쾌활함은 아마도 전체적인 상황에 적합하지 않고 그 역도 마찬가지다. 중세의 사람들에 대한 이야기가 그곳에서 특히나 분명했기 때문에 결국은 모든 곳에서 적용된다. "세계 지향과 세계 도피, 포기와 거친 욕망, 사랑과 끔찍한 잔인함, 자비와 기사도적인 완고함, 무미건조한 오성과 풍부한 감정, 신에 대한 친밀감과 신에 대한 저주 등 서로 대립해 있는 것들은 완전히 직접적으로 근접해 있다"(가스가 한 말을 폰 아이켄이 인용한 것). 많은 쾌락을 원하는 사람은 많은 불편함을 감내해야만 한다. 불편함을 원치 않는 사람은 스토아학파의 금욕주의자처럼 쾌락을 포기해야만 한다. 금욕은 욕망을 상승시킨다. 비로소 금욕주의자가 되어야 성 안토니우스의 유혹을 체험하게 되지만, 그렇다고 그것을 피할 수 있는 것도 아니다.

특성상 서로 반대되는 속성들은 가까이 연접해 있다. 괴테는 그것을 다음과 같이 일반화해서 표현한 바 있다. "우리가 악이라 칭하는 것은 선한 것의 다른 측면일 뿐으로, 후자는 전자의 존재에 필요하고 전체에 귀속되어 있는데, 이는 마치 불타는 열대 지역(zona torrida)과 차갑게 얼어붙은 라플란드(Lapland, 핀란드 최북단 지역)가 공존해야 적정한 천체가 가능할 수 있는 것과 같다."[107] 그리고 니체는 이렇게 말한 적이 있다. "우리가 통찰한 것은 이런 것이다. 인간의 모든 성장과 함께 그것의 이면도 함께 성장할 수밖에 없다. 이런 개념이 허용된다는 가정 아래, 최상의 인간이란 현존재의 대립적인 특성을 가장 강력하게 표현해 주고 있는 사람일 것이다."[108]

개인의 발전은 대립 속에서 완수되는 것이기 때문에, 우리가 가끔씩 뭔가를 부정할 수 있는 것은, 우리가 삶의 원칙들에 따라서 하나씩 차례대로 살아 본 연후에나 비로소 가능한 일이다. '죄인'이 되어 본 사람만이 '도덕적'일 수 있다. 어떤 사람에게 명료하고 그의 삶에서 실현 가능한 것은, 그 이면에는 반대적인 것이 있기 때문에, 다른 사람에게는 공허한 것이거나 아무것도 아닌 것이거나 진실하지 않은 것일 수 있다. 전회를 이룬 위인들

••

107 Johann Wolfgang von Goethe, *Zum Shakespeare-Tag*, Cottasche Jubiläumsausgabe 36, 6쪽.

108 Friedrich Wilhelm Nietzsche, *Der Wille zur Macht*, Taschenausgabe 10, 123쪽.

인 성 아우구스티누스, 성 프란치스코, 레프 톨스토이는 세속계에서의 현존 이후 자신들만의 삶의 방식을 획득했다. 아무런 전제조건 없이 그런 사람들을 추종하는 모든 사람들 각자에게서 이런 형식의 삶은 완전히 다른 성격을 가질 수밖에 없다.

우리 인간의 실존은 상반되는 양극 사이에서 존재하는데, 양극 각각은 우리를 혼돈으로, 또는 죽어 있는 현존의 형식으로 이끌지만 그것들은 모두 함께 상호 대립되는 것들, 즉 교육과 자연적인 성장, 관습과 독창성, 형식과 영혼성, 적응과 자기 주장 등을 요청하고 그런 식의 대립적인 결과들을 낳는다.

그래서 자기형성이 살아 있는 성질의 것인 한 그것에는 처방법들로 요약될 수 있는 그 어떤 지름길은 없다. 그런 것이 있다면 아마도 일시적이고 결정적인 양자택일이 존재할 수 있을 것이다. 하지만 일반적인 형태의 양자택일도 절대 있을 수 없다. 자기형성에 있어 자기이해의 가장 민감한 지점이 대립물들이 상호 전환되는 지점이다. 극도로 미세한 체험에서만, 즉 객관적으로 명료하게 표현될 수 없는 그런 자기 지각 속에서만 인지될 수 있는 체험에서 대립물들이 아주 가는 선 같은 것을 통해서 구분되고 있는 것을 볼 때, 달리 말해서 그러한 희미한 선이 간과되면 그런 대립물들이 거의 감지되지 않는 것을 볼 때, 그것은 사람에게 절망적인 일이다. 현상적으로는 유사하지만 의미와 윤리적인 성질의 측면에서는 — 인격 형성에 상반되는 결과를 낳기 때문에 — 서로 상반되는 것들이 반대쪽으로 바뀌는 일이 자주 반복된다. 사랑은 권력 본능으로 바뀌고 자의식은 허영심으로, 자기 교육은 허영심으로, 상호 이해는 자기중심적인 반사로 바뀐다. 이때 이를 감지하지 못하고 속는 일이 다반사로 일어난다.

* 이율배반적인 상황에 대한 인간의 반응

이율배반적인 상황은, 그것을 어느 정도 의식하고 있는 인간에게 삼중적인 작용을 일으킬 수 있다.

1, 인간이 파멸된다. 거친 본능과 무조건적인 삶의 의지를 가진 인간은 자신에게 유리한 것만 하고, 순진한 확신을 가지고 자신이 추구하는 목적에 유용한 한에서만 성찰을 도구로 사용하지만, 그에 반해 사려 깊고 정직한 인간은 객관적인 이율배반을 통해서 조건화되어 있는 관계로 불안해한다. 그런 사람은 무언가를 원하기는 하지만 수단은 원치 않고, 목표를 향해서 노력은 하지만 결과를 원치 않으며, 뭔가를 원하기는 하지만 또한 그 반대를 원하기도 한다. 그런 사람은 모든 것에 공정하려고 해서, 예를 들어 모든 것이 의심의 여지가 있고 편향적인 것으로 판명날 수 있기에, 인식에 있어서 한 발짝도 앞으로 나아가지 못하는 경우가 있다. 도처에서 이율배반들이 분명하게 나타날수록, 모든 행동과 인식 그리고 삶을 마비시킬 정도로 불안이 커져 간다.

2. 인간이 이율배반들을 회피한다. 인간은 대립물들이 서로 영향력을 행사함에도 불구하고 이를 단순히 무시하고 그것들을 그냥 나란히 배치해 놓는다. 그렇지 않은 경우 인간은 대립물들이 적절하지 못한 수준에서 통합되고 있는 것처럼 보이게 해 줄 방법을 궁리한다. 인간은 타협을 하고는 '~만이 아니라 ~도', '이것도 아니고 저것도 아닌'이라는 양식을 사용해 대립물들을 그럴싸하게 중화시켜 버린다.[109] 혹은 마지막으로 그리고 무엇

..

109 예를 들어 보자면, 리더의 권위를 따라야 할지 아니면 스스로 위험과 책임을 지면서 자율적으로 행동해야 할 것인지에 대한 질문이 사람들에게 생동적인 것이 될 때, 유사 해법은 이런 양식이 될 것이다. "당신은 당신의 리더를 자유롭게 선택하면 된다."

보다도, 행위자가 필연적으로 편협하다고 보고 대립쌍의 한쪽을 매번 간과해 버린다. '행동하는 사람은 항상 양심이 없다.' 그렇지 않은 경우 이율배반에 대한 인식을 아예 포기한 채로 만족하고는, 그로부터 모든 것을 위한 정당성을 이끌어 내고, 생생한 이기주의적 힘들이 무분별하게 펼쳐지지 못할 경우에는 혼란스러워 한다. 그는 충격, 절망, 위기마다 겪는 재융합의 과정을 '어쩔 수 없는 일'이라는 식의 신속한 위안으로 모면한다.

3. 인간이 힘을 얻는다. 한쪽을 무시하는 사람은 이율배반에도 불구하고 힘을 얻지만 이는 회피하면서 얻는 힘이다. 그러나 이율배반을 매개로 힘을 얻는 경우도 있다. 반성적인 성찰의 매개체인 질문의 무한 변증법은, 임의적으로 또는 무의식적으로 제한하지 않는 경우, 이율배반을 정직하게 경험한다. 삶의 구체적인 상황은 의미 충족을 요구한다. 이러한 의미 충족은 인간이 성숙해 가면서 이율배반을 경험하는 동안 심화된다. 그 어떤 합리성도 부정하는 것은 아니지만 그 어떤 합리성으로도 충분히 정당화되지 않고, 보편적인 방식으로도 정당화되지 않는 결단으로 나아가는 형식 없는 살아 있는 종합에 대한 끊임없는 시도에서 인간은 결코 주눅들지 않은 채 계속 앞으로 나아간다. 결코 한 번도 통합을 이루어 본 적이 없는 통합에의 의지가 그러한 의지를 자신의 생명력으로 삼고 있는 이율배반으로부터 생겨 나온다. 이러한 생명력은 개인이 정신적인 충격을 받아서 새롭게 획득되는데, 그것은 또한 형이상학적인 것을 향한 의도, 즉 무한한 것과 접촉하고자 하는 의도가 대상화될 수 없는 방식으로 체험됨으로써 획득된다. 이러한 힘은 언제나 인간과 세계가 무엇인지를 알아내고자 하는 모험이자 시도로서 결코 가만히 있으면서 소유할 수 있는 것이 아니며, 처방법과 규칙들로 정리될 수 있는 것도 아니다. 그것은 정신적인 삶 그 자체다. 이율배반의 종합은 살아 있는 활동으로서만 존재하고, 살아 있는 활동에

게 이율배반은 수수께끼 같은 것이며, 고찰자가 그것을 상대로 행하는 분석에서는 무한한 것이기도 하다. 그러한 종합 활동에 일정의 양식이 사용되어 그것이 지적인 방식으로 진행될 때 그것은 단순한 놀이에 불과할 따름이다. 양식이 지시할 수 있는 것은, 모든 고찰에게는 항상 기껏해야 투시 불가한 것으로 남아 있고 궁극적인 그 어떤 것으로만 뭉뚱그려질 수 있는 생생한 힘일 뿐이다. 여기서 순전히 이론적인 고찰은 계속 우회를 하기 위한 도구다.

전반적으로 완전하게 교육받은 사람일수록 모든 이율배반들은 그가 보기에 가장 분명한 것이어야만 하고 그에 대한 체험이 가장 심오해야만 할 것이겠지만, 대부분의 사람들을 관찰해 보면 이율배반들이 종종 사라지고 없는 것처럼 보인다. 사람들은 그런 것들이 전혀 존재한 적이 없었노라고 믿을 지경이다. 그 이유는 사람들이 그런 것을 회피하고, 풍부하지 못한 생활을 영위하고, 편향적으로 생각하고, 습관적으로 획일적인 삶을 살아가기 때문일 수 있다. 하지만 그러한 과정에서 불가피하게 발생하는 폐해는 초기에는 이해할 수 없는 모든 종류의 부작용에서 그 효과가 나타나며, 그것이 명시적이고 사람에게 방해를 일으키는 방식으로 올라올 때에는 '신경 과민'이라 불리기도 하는 영혼의 비합리적인 특성에서 그 효과가 나타나기도 한다.

관찰은 또한 위대한 인물들은 이율배반이 해소될 수 있을 정도의 조화로운 삶을 살아간다고 가르치고 있는 것으로 보인다. 그러나 그것도 절반은 속임수다. 그런 위인들의 현실적인 실존에 접근할수록 관찰자는 그들의 실존에서 절망과 극복을 통해서 관철된, 가장 깊은 고통을 사력을 다해서 이겨 낸, 격렬하고 열정적인 정신의 과정이 있었다는 것을 분명하게 확인할 수 있다. 조화로운 해결의 모습은 다른 이들을 위해 외부로 투사되어 예술품, 시, 철학 체계, 종교적인 세계관 전체 속에, 조화로운 인물들의 예술작품 속에 구현된 것들을 추후에 세상이 보게 되는 것이다. 교화된 상태의 관찰자는 한없는 고통과 투쟁이었던 것을 이제 안식 속에서 편안하게 즐기고 있을 뿐이다. 하지만 관찰자는 착각을 하고 있다. 저러한 이념의 세계를 창조하고 관조하는 것은, 고요하게 앉아서 획득하는 것이 — 이런 경우 이념이 상실되어 사라져 버린다— 아니라 오히려 정신의 과정이 이율배반들을 종합하고 끝없이 살아 있는 활동을 전개하는 와중에 무의식적으로 지향하는 목표의 상징이자 유토피아다.

유토피아의 공통점은 현존재의 이율배반적인 구조를 무시한다는 점이다. 유토피아의 종류는 부지기수다. 국가 수준에서의 유토피아가 있는가 하면, 사회적 삶의 수준에서의 유토피아가 있고, 이성적이고 고귀한 인간 본성의 유토피아가 있는가 하면, 세계에 대한 완벽한 지식이라는 유토피아가 있으며, 모든 자연력들을 지배하고자 하는 유토피아에서 시작해서 삶을 지배하고픈 유토피아(질병이나 죽음을 없애고자 하거나 어떻게 해서라도 질병을 없애고자 하는, 그래서 죽음이라는 것이 삶의 완결 이후에 오는 아무 고통 없는 바람직한 잠이 되는 것) 등에 이르기까지 아주 다양하다. 그러한 유토피아들은 겉으로는 이율배반적인 것을 수용하는 것 같으면서도 즉시 그것을 조화롭게 해소해 버린다. 즉 이율배반적인 성질을 곧바로 무시해 버리는 것이다. 그런 것이 유토피아에서는 가능하다. 유토피아는 여러 예술작품들이 그런 것처럼 외관상의 일시적인 해결책이거나, 그게 아니면 사람이 원하기만 하면 그리고 또 시간이 어느 정도 흐르기만 하면 옳고 바른 것에 관한 지식인 것으로 믿어진다. 유토피아에 대한 이러한 믿음은 활동성을 극도로 자극할 수는 있지만 이런 활동성은 생기가 없고 단선적이다. 정신의 거주처로서의 유토피아는 죽는다. 왜냐하면 그곳에서 이율배반적인 것은 말살되고, 생동하는 성장이 출현해 나오는 것이 저지되기 때문이다. 유토피아를 믿는 인간은 부지런하기는 해도 그 자신은 죽은 인간이나 마찬가지다. 그리고 그가 영향을 미치는 곳에서 그는 파괴를 일삼는다. 왜냐하면 살아 있는 모든 것이 유토피아에 잘 들어맞지 않기 때문이다. '그가 생각하는 곳에는 풀이 더 이상 자라나지 않는다.' 그가 행동하는 곳에는 모든 것이 황량하거나 경직되거나 무정부 상태가 된다.

이율배반에 대해서 취해지는 생생하고 진실된 태도 중에는 이율배반적인 세계관 속에서, 특히 종교적인 것에서 표현되고 있는 태도가 있다. 어디서나 그렇듯이 여기서도 길은 곧바로 고정된 형식들로 굳어지는데, 여기서 이러한 형식들은 자신들의 기원을 심오한 의미의 양식들에서 여전히 보여주기는 해도 이제는 종교적인 교설로서, 그것의 이율배반적인 상황에 대해서는 여전히 깨닫지 못해 왔던 인간들을 위한 유한한 틀로서 존재하고 있는 형식들이다. 이런 이율배반적인 세계 해석들 중에서 일부를 설명해 보자면 다음과 같다.

특히 최고로 활기차고 개인적인 힘을 가진 이들에게 이율배반들은 최종의 궁극적인 것으로 간주되고 확인되고 영광될 뿐 아니라 세계 자체로 절대화된다. 그들은 대립성을 자신들의 힘의 원천으로 체험하고 그것에 대해서 '예'라고 말하면서 그것을 수용한다. 이러한 세계관은 개인주의 시대의 초기에 나타나는데, 그 시대는 개성이 먼저 돌파구를 뚫고 나와 거인들만 개인이 될 수 있었던 시대다. 칼 조엘[110]은 소크라테스 이전 철학자들과 르네상스 철학자들의 철학적인 표현 속에서 유사성을 보았다. 두 진영 모두에서 공통적인 것이 '우주적인 모순'이다. 예를 들어 헤라클레이토스와 야

.·

110 Karl Joel, *Der Ursprung der Naturphilosophie aus dem Geiste der Mystik*, 80쪽 이하.

코프 뵈메는 "둘 모두 생명을 원하기 때문에, 둘 모두 날카로운 대립을 찬양한다. 즉 생명을 낳는 투쟁을 찬양한다." 헤라클레이토스는 그런 것을 '만물의 아버지'라 칭했고, 뵈메도 다음과 같이 말한 적이 있다. "다툼 속에서 모든 것들이 생겨 나온다. 다툼이 없으면 만물은 아무것도 아니며, 아무 운동도 없이 그냥 가만히 있을 것이다."

그런 다음 이율배반적인 것은 체계의 특성을 다루는 거의 모든 철학들에 어떤 식으로든 수렴되기에 이른다. 이에 대한 예로는 결국 헤겔을 들 수 있는데, 그는 부정을 세계의 원리로 만들었고 이율배반들을 모든 이들의 살아가는 원리가 아닌 사유의 원리로 만들었으며, 그것들을 존재가 아닌 사유를 통해서 해결하였고, 궁극적으로는 전체성, 절대성 일체를 통해서 그것들을 극복하고 있다. 이런 식으로 그는 분열, 허무주의적 운동, 모든 이율배반적인 것을 자신의 자기완결된 조화로운 전체 체계 안에 통합할 수 있었다. 그는 종종 그것을 니체에 뒤처지지 않는 황홀한 위용을 부려 가며 묘사하기도 했다.

조화 지향 인격의 끝없는 전개라고 하는 인륜성의 가장 위대한 유형인 괴테도 이율배반적인 것을 최고의 궁극적인 것으로 보았다. 하지만 그는 특이하게도 그것을 이 세계로 절대화시키지 않고 오히려 그것을 "괴물적인 것"[111]의 한 측면으로 여기는 가운데 그것을 우연성, 자의성 등과 연관 지었다.

이율배반적인 것은 살아 있는 인간들에 의해 완전히 극복되는 것은 아니지만 항상 구체적이고 개별적인 것들에서 비합리적인 방식으로 극복된다. 늘 '통일성'이 경험된다. 특히 가장 강력한 이율배반론자들은 역설적

111 Johann Wolfgang von Goethe, 앞의 책, 169쪽 이하 참조.

인 표현을 사용해서 신비롭거나 생생하게 살아 있는 그런 통일성을 기꺼이 가르치려고 한다. 헤라클레이토스는 신을 낮과 밤, 여름과 겨울, 전쟁과 평화의 통일체로 가르쳤다. 니콜라우스 쿠자누스는 대립물의 우연의 일치 원리를 잘 알고 있었다. 우리의 인식은 "그 안에서 대립물들이 서로 일치하는 직관적인 단순성"에 이르지 못하는 한 대립물 너머로 나아가지 못한다. 그래서 그는 "인간이 알 수 없는 것이 있다는 자각 아래 불멸의 진리에 대한 인간의 개념들을 넘어섬으로써 불가해한 것을 도무지 이해할 수 없는 것으로 이해하기를 원한다." 모든 곳에서 대립물들은 서로 일치한다. "그리스도의 생애, 고난, 십자가에서의 죽음이 우리에게 모든 것들을 보여주듯이 가장 작은 것은 가장 큰 것과 일치하고, 최고의 낮춤은 최고의 높임과 일치하며, 신앙심이 깊은 자들의 가장 수치스러운 죽음은 영광 속에서의 삶과 일치한다." 신은 모든 대립물의 일치다. 우리가 유한한 것, 절대적으로 가장 큰 것이 아닌 모든 것, 즉 다른 식으로 존재하는 것에서는 대립적인 것 말고는 아무것도 경험적으로 지각하지 못하기 때문에, 절대적으로 가장 큰 것은 모든 대립적인 것들 너머에 있다는 결론, 즉 모든 대립물의 일치라는 결론이 따라 나온다. 모든 대립물들은 그 안에서 차이가 부재한 하나의 통일체이자 절대적인 동일성이다. 그래서 절대적으로 가장 큰 것은 그 안에서 또한 절대적으로 가장 작은 것이 된다.[112]

그 외 기독교 세계에서도 신을 파악하는 양식들이 이와 유사했다. 뵈메는 신이 빛과 어둠, 분노와 사랑, 선과 악의 통일체라고 가르쳤다.

••
112 쿠자누스(Nicolaus Cusanus)의 구절은 길드마이스터(Karl Hamann Gildmeister)에 의해 인용된 것. Johan Georg Hamann, *Der Magus in Norden: Leben und Schriften*, VI, 41~48쪽.

마지막으로 대립물의 일치 원리에 대한 모든 비합리주의자들의 타고난 성향을 공유하고 있었던 요한 게오르크 하만이 언급될 수 있을 것이다.[113] 그는 이렇게 썼다. "한쪽 극단에서 다른 쪽 극단으로 비약하는 것보다 더 쉬운 일도 없는 것 같고 그것들을 하나의 중도로 결합하는 것만큼이나 어려운 것도 없다. … 이런 일치는 내게 늘 모든 모순들의 유일하게 충분한 근거인 것 같고, 그것들의 해소와 중재 그리고 건강한 이성과 불순한 비이성 간에 일어나는 모든 불화를 종식시키기 위한 참된 과정과도 같다." 다른 곳에서 그는 대립물들의 일치 원리에 대해 얘기하면서, 자신은 왜 그런지 이유도 모른 채 그것을 좋아해 왔고 그것을 늘 모순율과 충족이유율에 대립시켜 왔다고 말한다. 왜냐하면 학창 시절부터 그는 줄곧 후자가 궁금해서 견딜 수 없었고, 마니교 없이도 물질적인 세계 및 지적인 세계의 요소들 속 모든 곳에서 모순들을 발견해 왔기 때문이라고 말한다.

　　이런 다양한 경우들에서 목표는, 우선은 이율배반적인 세계관의 토대 위에서 신비로운 통일을 이루는 데 있다. 신비주의자들에게 있어서 그와 유사한 성질의 양식들은 매우 풍부하다. 통일성은 특수한 성질의 인식 속에서 '관조된다.' 즉 특별하게 고양된 상태에서 경험된다. 신비주의가 삶의 지배적인 형식이 되었더라면, 생동적이고 이율배반적인 인물들과 정반대되는 인물들이 출현할 것이다. 인간은 모든 이율배반들에 직면해서, 신비로운 체험 안으로 피신해 들어감으로써 마음의 평화를 얻는다. 하지만 종교적인 사람은 가능하면 이러한 현존 속에서 이율배반적인 세계관을 고수하면서 그 안에서 존재할 수 있다. 그런 사람에게 이율배반적인 것은 어디

113　헤르더(Johann Gottfried Herder)에게 1781년 4월 27일에 보낸 편지, 로트(Roth) 발행, 6권, 181쪽.

에서나 결국 역설로 남는다. 신비적인 것을 다소 의식적으로 거부하는 가운데 역설을 믿는 것은 그런 사람에게 종교적인 의미를 가질 수 있다. 종교적인 표상들은 물론 현세적인 인식의 표상들과 마찬가지로 이율배반으로 끝난다. 이런 것들은 회의론자들을 도와서 그들이 이 모든 종교적인 표상들의 무용성을 합리적인 방식으로 쉽게 드러내 줄 수 있게 한다. 그러나 이율배반들이 결국 인식을 지양할 수 없는 것처럼, 종교적인 표상의 이율배반들이 종교적인 삶과 경험을 없앨 수 있는 것은 아니다. 이런 종교적인 삶과 경험은 이율배반에도 불구하고 존속하지만, 격렬하게 증가할 경우에는 이제 이율배반 자체를 긍정할 수밖에 없고, 역설을 믿음의 핵심으로 파악하게 된다. 이는 개인주의적인 인물이 이율배반적인 세계관을 열정적으로 찬미하는 것과도 유사하다. '불합리하기 때문에 믿는다(credo quia absurdum est)'는 말을 우리는, 역설로서의 이율배반을 믿음의 중심에 두는 이런 종교성의 양식으로 사용할 수 있다. 마지막으로 키에르케고르는 이런 역설의 본질을 아마도 최초로 근본적으로 특징지었던 사람이다. 그의 말을 재현해 보면 다음과 같다.

전방위적으로 이율배반적인 상황에서 단 한 가지 확실한 것은 인간의 실존, 인간의 순간적인 실존이다. 실존에 대한 이런 의식은 이율배반적인 상황에 대한 의식을 통해서 인간에게 다가온다. 수학적인 인식에서 가장 탁월하게 성취되고 있다고 할 수 있는, 문제에 대한 객관적인 사고, 즉 모순의 해결 같은 것과는 완전히 대조적으로, ─그래서 키에르케고르에 따르면 모든 수학적인 지식은 실존하는 인간과는 아무 상관없는 것인데─ 실존의 진지함을 체험하는 것, 그런 것을 의식하는 것은, 모든 것들이 실존하는 사람들의 행동, 삶, 결정에 어떻게 의존해 있느냐에 따라서 발달한다. 그런 것은 자신이 한 번도 해 본 적도 없고 살아 본 적도 없는 것을 책상 앞에 앉아서 곰곰이 생각하는 사유자, 실제 삶을 살아가지 않는 사유자의 변증법적 사고와는 대조적으로, 실제 삶을 살아가고 있는 사람의 열정이다.

인식 자체가 이미 열정적인 실존의 와중에 발휘될 수 있는데, 그러면 모든 현실적인 실존은 이율배반적인 한계상황을 만나기 때문에 곧바로 역설이 존재하게 된다. "왜냐하면 역설이 사유의 열정이고, 역설 없이 사유하는 자는 열정 없이 사랑하는 자, 즉 평범한 후견인 같은 자이기 때문이다. 하지만 모든 열정에서 가장 강력한 잠재력은, 자극이 오성을 그 어떤 식으로든 몰락으로 이끌 수 있음에도 불구하고, 오성이 자신의 몰락을 원한다는 것이다. 따라서 그 자신도 생각해 낼 수 없는 것을 발견해 내는 것, 이것이 바로 사유의 최대 역설이다."[114] "따라서 오성의 역설적인 열정은, 실제로는 존재하지만 알려지지 않은, 그런 한에서 거기에 존재하고 있지 않은 그런 알려져 있지 않은 미지의 것에 계속해서 부딪친다. 오성은 거기까지다. … 그런데 그 알려지지 않은 미지의 것이 뭘까? … 그것이 알 수 없는 것이니 미지의 것이라고 한다면, 또는 그것을 알 수 있다고 하더라도 말로 표현할 수 없으니 미지의 것이라면, 미지의 것이 한계로서 바르게 파악되더라도 열정은 만족되지 않는다. 하지만 한계는 열정을 동기부여해 주는 것이기는 해도 열정에게는 동시에 고통일 뿐이다. … 그래서 그 미지의 것은 무엇인가? 그것은 사람들이 끊임없이 도달하는 한계이며, 그 자체로… 이질적인 어떤 것, 절대적으로 상이한 그 어떤 것이다. 하지만 절

114 인용은 디더리히스(E. Diederichs)에서 출간된 독일어 번역판을 따랐음. Søren Kierkegaard, Werke 6: *Kjerlighedens Gjerninger* (*Works of Love*), 34쪽. (옮긴이) 『사랑의 역사』에서 키에르케고르는 타자애로서의 사랑의 본질과 실천적 중요성을 논하고 있다.

대적으로 상이한 것이란, 그것에 대해서는 아무도 그 어떤 징표도 갖고 있지 못한 것이다. … 그런 절대적인 상이성은 오성도 생각해 낼 수 없다. 왜냐하면 오성은 자신을 절대로 부정할 수 없고 오히려 자신을 이용해서, 즉 자신을 통해서 그런 상이성을 사고하기 때문이다. 그리고 오성은 절대적으로 자신을 초월할 수 없기 때문에 자신 너머에 있는 숭고도 자신을 통해서 사고한다. 그래서 미지의 것이 그냥 단순한 한계로 머물러 있지 않다면, 상이한 것에 대한 하나의 생각은 상이한 것에 대한 여러 생각으로 인해 혼란스러워진다. 그러면 미지의 것은 분산된 상태에 있게 되고 오성은 이런 문제를 해결하고자 자신의 저분권 안에 있는 것 중에서 (그것을 지칭하기 위해서 가령 어마어마한 것, 우스꽝스러운 것 등의 표현을) 선택한다."[115]

유한한 것 안에 머물다 보니 총체성에는 도달할 수 없는 '객관적인 진리'가 모순 없이 존재할 수 있고 별로 중요하지도 않지만, '주관적인 진리'는 진정한 진리, 즉 실존하는 자의 진정한 진리이며 자신이 역설 속에서 표현되고 있음을 발견한다. "실존하는 주체의 내면성의 절정은 열정이고, 그것에는 역설로서의 진리가 상응한다. 그리고 진리가 역설이 된다는 사실은 정확히 실존하는 주체와의 관계에 기반해 있다."[116]

역설에서 절정에 이르는, 실존하는 자의 진리를 다음과 같은 소크라테스의 인식이 잘 나타내주고 있다. '나는 내가 아무것도 모른다는 것을 안다.' 그는 또한 '만약 그 어떤 불멸성 같은 것이 있다고 한다면'이라는 식으로 말함으로써 불멸성을 '객관적으로는 문제가 있는 것'으로 설정했다. 그렇다면 그는 의심하는 회의적인 사람이었던 것일까? 절대로 그렇지 않다.

●●
115 Søren Kierkegaard, Werke 1, c. 6, 40쪽 이하.
116 Søren Kierkegaard, Werke 6, 274쪽.

그는 자신의 전체 삶을 이런 '만약'에 걸고 죽기를 각오했고, 불멸성에 대한 열정을 가지고 자신의 삶이 — 불멸성이라는 것이 있다고 한다면 — 그런 것을 받아들일 수 있게끔 배열시켰다. 그에 반해서 세 가지 증거들을 가지고 있는 자들은 자신의 삶을 전혀 그런 식으로 배열시키지 않는다. 소크라테스에게는 '약간의' 불확실성마저도 도움이 되었다. 왜냐하면 그 자신이 무한한 열정으로 자신을 거들었기 때문이다. 따라서 소크라테스적 무지는, 내면성의 열정으로 굳게 다져진 실존하는 사람에게, 영원한 진리는 역설적인 형태로 존재하고 있다는 것을 나타내 주는 표현이다. 그럼에도 소크라테스적인 무지에는 아마도, 시대의 요구에 부응하고 개인 교사[117]를 염두에 두고 생산된 객관적인 진리 체계 전체에 담겨 있는 것보다도 더 많은 진리가 담겨 있을지도 모른다."[118]

키에르케고르는 "사람이 역설에 주의를 기울이고 역설을 없애 버리는 설명을 최고로 두려워함으로써 매 순간 역설을 고수하는 것을 '가장 엄밀한 의미에서의 종교적인 것'으로 인식한다. 역설은 가장 엄밀한 의미에서의 종교적인 것이 존재하는 것과 맺는 일시적인 관계 형식이 아니고, 본질적으로 전자가 곧 후자가 되는 것을 통해서 조건 지어지는 것이기 때문에, 역설을 제거하는 설명은 동시에 실존하는 것을, 세속적 시간에도 속하지 않고 영원성에도 속하지 않는 그 어떤 환상적인 것으로 변모시켜 버리는데, 그런 것은 더 이상 인간이 아니다."[119]

키에르케고르는 기독교를 그러한 역설로 파악한다. 신이 시간 안에 존

••
117 (옮긴이) 개인 교사 또는 사강사로서 지식을 사고파는 것에 관심을 두었던 소피스트를 지칭한다.
118 Søren Kierkegaard, 앞의 책, 277쪽.
119 같은 책, 258쪽.

재하고 있다는 것, 시간적인 역사적 현상이 영원한 의미를 가진다는 것, 이러한 역설을 믿고, 예수를 믿는 것에 구원이 있다는 것(이는 비신자에게는 분노를 일으킬 수 있고 어리석음의 징표로 비춰질 수 있을 것인데), 이런 것은 역설이다. 그리스도인에게는 "극한의 실존적인 궁핍 속에서 이해하지 못한 상태로 이런 비밀과 믿음의 관계를 맺는 것이 지복"이다. 기독교는 이해되는 것을 전혀 원치 않는다. 기독교는 자신을 객관성의 잘못된 길로 빠지는 것을 막기 위한 역설을 자처해 왔다. 기독교는 단지 현실에서 실존하는 사람을 위해서 존재하고자 하고, 본질적으로 내적인 믿음 안에서 실존하는 사람들을 위해서 존재하고자 한다. 이러한 내재성은 다음과 같이 표현될 때보다 더 정확하게 표현될 수는 없을 것이다. "기독교라 함은 무한에 대한 열정에 사로잡혀 있는 불합리다. 기독교에게 최고의 이해란 이해될 수 없다는 사실을 이해하는 것이다."[120]

(2) 고통

모든 한계상황들의 공통점은 그것들이 고통을 초래한다는 사실이다. 하지만 또 다른 공통점이 있는데 그것은 모든 한계상황이 현존의 즐거움, 의미의 즐거움, 성장의 즐거움과 함께 하는 힘들을 키운다는 사실이다. 고통은 다른 여러 한계상황들 중에서 하나의 한계상황이 아니며, 모든 한계상황들이 주관적인 관점 아래에서 고통이 된다. 즐거움과 고통은 불가피하게 서로 연결되어 있다. 둘 모두 궁극적이고 압도적이며, 극복할 수 없고, 우리 상황에 본질적이다. 우리는 항상 한쪽만 붙들고 고통이라고 하면서 부정적인 가치들을 열거한다. 아마 긍정적인 가치인 기쁨, 고양, 의미도 묘

··
120 같은 곳.

426

사해 볼 수 있을 것이다. 그런데 차이가 있다. 수동적으로 관망하는 고찰의 입장에서 볼 때 이율배반적인 특성을 갖는 한계상황은, 그것이 현존 전체를 대상으로 하는 경우 다시금 최종적인 것이다. 이런 상황에 긍정적으로 반응하는 것이 능동적인 삶인데, 이런 삶은 뭔가를 가치로운 것으로 평가하고 뭔가를 중요한 것으로 찾아내고, 여럿 중에서 선호하는 것을 선택하고, 가치 순위를 경험해서 생성해 내고, 이념의 힘을 개발해 내고, 이율배반적인 상황을 무한한 종합으로 발전시켜 나간다. 성찰에서는 이율배반적인 것과 고통은 최종적인 것이다. 하지만 삶에서는 그렇지 않다. 현존의 비참함을 그토록 잘 드러낼 수 있는 숙고하는 성찰은 삶에 호소하는 길을 통하지 않고서는 가치 긍정으로 이어질 수가 없다.

예를 들어 다음과 같은 것들을 한번 떠올려 볼 수 있을 것이다. 자연을 구경하는 사람이 느끼는 자연의 모든 '분위기'와 달리 자연에서 일어나는 모든 생명체들의 끊임없는 무자비한 투쟁, 성장한 모든 것들이 죽어 가는 것. 몇 번이고 반복적으로 견뎌 내야만 하는 지독한 신체적 고통. 가장 사랑하는 사람을 떠나보내는 것. 무력한 상태에서 가장 사랑하는 사람이 괴로워하고 파괴되는 것을 목도하는 것. 하나의 문화, 문화 일반이 몰락해 가는 것을 알면서 경험하는 것. 어떻게 하고 싶어도 도무지 어떻게 할 수가 없는 것(기질, 빈곤, 질병). 자신이 정신적으로 병들어 가고 있는 것을 스스로 알아차리는 것. 죽음에 대한 두려움. 피할 수 없는 죄책감 속에서 절망하는 것. 우연적인 사건에서 무의미를 느끼는 허무한 경험 등등.

a. 반응의 유형

쾌락과 고통, 가치와 무가치의 대립이 절대화될 수 있다. 그것도 한쪽이 더 우세한 것으로 여겨질 수 있다. 그렇게 되면 비관주의와 낙관주의가 생겨나는데, 이것들은 대립물로서 서로가 서로를 조건 짓고 일깨운다. 그렇게 되면 그것들은 가치를 강조하는 특성을 절대화하는 것으로 규정될 수 있다. 가치 강조의 절대화에 본질적으로 대립해 있는 것이 가치 위계질서의 절대화다. 후자는 최고로 세밀한 가치 감각의 개발로 이어지고, 가치의 정도 차이의 파악으로 이어질 경우에는 가치들에 대한 무진장한 분화가 뒤따른다. 그에 반해서 전자는 모든 가치 질서를 쉽사리 선과 악이라는 일반적인 대립으로 축소시켜 버린다. 그러나 가치의 서열을 절대시하는 귀족들의 부정적인 것에 대한 무자비한 무관심은 모든 종류의 악에 대한 섬세한 감각과 대립해 있을 뿐 아니라, 모든 형태의 긍정적인 것과 모든 위축된 것이 가지고 있는 섬세한 감각에 대립해 있다.

낙관주의와 비관주의는 각자 자신의 양식으로 출현하는데, 전자는 이 세계가 가능한 모든 세계 중에서 최고의 세계이고, 모든 악은 선에 봉사한다고 말한다. 이에 대해서 후자는 이 세상에는 쾌락의 합이 불쾌의 합보다 훨씬 적어서, 이 세상이 아예 없었더라면 훨씬 더 나았을 것이라고 응수한다.

또 다른 제3자가 보이는 반응은 앞의 두 입장들을 막다른 골목으로 여긴다. 이런 부류의 사람은 구체적인 개별 행동과 현세적인 삶 속에서 마주하는 양자택일 말고는 저런 식의 가치 대립을 절대화하는 법이 없다. 그러한 사람은 세상 전체를 뭉뚱그려서 저런 식으로 규정하지 않는다. 세상이 무엇인지는 삶이 먼저 보여 줄 것이고 세상은 결코 완성된 모습이 아니다. 그래서 그런 사람은 세상이 어떤 것인지의 문제도 결국 자기 자신에게 달려 있는 것으로 느낀다. 그런 것은 절대로 존재하고 있는 것이 아니라 비로소 형성되는 것이다. 그리고 내가 이미 세상 전체에 대해서 말해야 하는 경우에도 가치 대립이라는 것은 어쨌든 주객 분할 상태에서 주체 상대적으로만 존재하는 것이지, 그것을 초월해서 존재하는 것이 아니다. 전체로서의 세상은 가치 긍정적인 것도 가치 부정적인 것도 아닌데, 나는 세상이 무엇인지 알지 못하며, 어쨌든 주객 분할 아래 대상에 적용되는 범주들을, 내 자신의 삶을 박탈당하지 않는 한, 현존 전체에 적용할 수는 없다. 그렇게 함으로써 나는 대자적으로 모든 것을 고정시키고는 그것을 최종적인 것으로 삼아 버리기 때문이다.

낙관주의자의 정서가 그러하므로 그는, 가치 있는 것을 위해서 가치 없는 것을 없애는 것이 불가능할 때 가치 없는 것을 그냥 감수하려고 하고, 그렇게 함으로써 가치 없는 것의 의미를 축소시키면서 모든 곳에서 선한 것을 찾으려고 노력하는 것이다. 비관주의자의 정서는, 그에게는 단 한 번만의 고통조차 다른 모든 가치들을 통해서 상쇄될 수 있는 것이 아니기에 기꺼이 그렇게 되지 않기를 바라는 것이다. 그러나 삶을 살아가는 사람에게 낙관주의자는 조화를 창출하는 수다쟁이임과 동시에 모든 것에 쉽게 만족을 느끼는 사람으로 보이고, 비관주의자는 피곤에 찌들어 있는 생기 없는 불평자로서 그저 단순히 고찰만 하고 고통받으면서 삶을 힘들게 살아가는 사람으로 보인다. 하지만 둘 모두 막다른 길목에 갇혀 그로부터 전혀 빠져나오질 못하는 사람들처럼 보인다. 왜냐하면 그들은 개별적인 것을 전체로서 절대화하고 있기 때문이다.

고통에 대한 모든 묘사는, 그것이 비관적인 태도든 조화 지향적인 태도든 성질상 이미 고통을 대하는 태도를 통해서 결정된다. 한 사람이 이미 어떤 고통을 전면에 부각시키고 있느냐에 따라서 그 사람의 성격이 보인다. 예를 들어 삶이 무상한 것이 아니라고 한다면 붓다는 삶을 즐기고 기뻐할 수 있었을 것이고, 그것을 사랑했을 것이다. 그러면 죽음은 끔찍한 것이 될 것이다. 쇼펜하우어에게 삶 자체는 이미 압도적으로 고통스러운 것이었으며, 그는 기쁨을 누릴 수 없다는 것을 보여 주었고, 삶의 긍정적인 면에 대해서 아무런 능력이 없다는 것을 보여 주었으며, 삶을 살 수 없어 비참해져서는 거의 죽음을 사랑했다. 고통에 대한 몇몇 설명들은 다음을 직관하는 데 도움을 줄 수 있다.

파스칼: "가장 제한된 정신에게조차, 이 지상에서 우리를 위해 진정으로 영원히 지속되는 만족은 없고, 우리의 모든 기쁨은 헛된 무상한 것이며, 우리의 고통은 끝이 없다는 사실을 이해할 수 있다." "모든 이들은 행복하기를 바란다. … 모든 이들은 불평한다. … 현실은 우리를 결코 만족시키는 법이 없고, 우리는 희망 고문에 휘둘리고 희망 고문은 우리가 죽을 때까지 우리를 계속 불행으로 데려간다. … 별, 곤충, 질병, 전쟁, 악덕, 범죄 등 자연에는 이상하게도 인간의 최종적인 목적과 행복을 결정하는 그 어떤 것도 존재하지 않는다. 진정한 행복을 잃은 이후 인간에게는 모든 것이, 심지어 그 자신의 파멸조차, 모두 그렇게 보일 수 있다. … 사람이 일부분만 갖고 있을 경우 그에게 누락되어 있는 것은, 그가 가진 것이 그에게 기쁨을 가져다주는 것보다 훨씬 더 많은 슬픔을 유발한다. … 우리는 늘 살기 위한 준비만 할 뿐 결코 삶을 살지 않는다. … 본능이 우리에게 가르쳐 주는 것은 우리는 우리 안에서 우리의 행복을 찾아야만 한다는 것이다. 우리의 열정은 우리를 바깥쪽으로 몰아붙인다. "당신 자신의 내면으로 들어가라. 거기서 당신은 당신의 행복을 찾을 수 있다"는 철학자의 말을 우리는 신뢰하지 못한다. 금욕주의자인 스토아학파인들은 우스꽝스러운 사람들로 취급된다. 스토아학파인들은 자신의 내부에 있는 열정을 억누르고 신이 되기를 바라지만, 다른 사람들은 그와는 반대로 이성을 내던지고 동물이 되기를 바란다. … 우리는 행복을 찾아 헤매지만 우리가 발견하는 것은 오로지 불행뿐이다. … 사람들은 인간 속에서 위대함과 비참함을 발견한다." "요컨대 인간은 자신이 비참하다는 것을 안다." "인간, 이 얼마나

키메라 같은 존재이던가! 이 얼마나 혼돈의 존재요, 모순의 노예… 도무지 이해할 수 없는 부조리한 존재던가!"

쇼펜하우어: "삶 전체가 고통이다." 아무 목표도 없이, 쉬지 않고 끊임없이 갈구하는 것. 그것은 필요, 결핍, 고통에서 생겨난다. 채워져 만족되자마자 곧바로 지루함이 들어선다. 삶은 현존 투쟁이지만, 현존하고 있을 때는 시작할 수 있을 현존이 아무것도 없다. 우리의 소원은 한계를 알지 못하기 때문에, 충족된 소원은 다시 새로운 소원을 잉태한다. 삶이 뭔가를 선사해 주었던 것은 그것을 빼앗기 위함이다. 행복은 늘 미래 아니면 과거에 있다. 삶에의 의지는 자신을 좌절시킬 수밖에 없는 노력이다. … 모든 만족은 부정적일 뿐이고 고통만이 긍정적이다. 커다란 기쁨은 선행하는 커다란 고난의 결과로서만 생각할 수 있다. 우리를 둘러싸고 있는 모든 것들이 고통의 흔적을 지니고 있다. 세상은 지옥이다. 사람은 사람에게 늑대다(homo homini lupus). 행복한 사람들의 가장 행복한 순간은 잠자는 순간이고, 불행한 사람들의 가장 불행한 순간은 깨어 있는 순간이다. 세상은 보기에는 아름답지만 실제로는 그렇지가 않다.

b. 고통이 궁극적이지 않은 것으로 여겨질 때의 반응 방식

비관주의와 낙관주의, 그리고 이 둘 모두를 거부하는 생명력, 이런 것들은 매우 일반화된 추상적 유형들이다. 고통에 대한 일련의 개별적인 반응들 속에서 그것들은 보다 더 구체적인 형태를 취하는데, 우리는 이제 그것들을 특징지어 볼 수 있다. 우선, 고통은 궁극적인 것이 아니기에 완전히 피할 수 있는 것처럼 처신하는 반응이 있다. 특히 자신이 고통으로부터 크게 영향받았다고 느끼지 않는 한 고통을 궁극적인 것으로 이해하려고 하지 않는다.

자신에게 있어서는 사실을 알려고 하지 않고 사실을 작업하지도 않고, 경험도 하지 않음으로써, 즉 자신의 지평을 협소하게 유지함으로써 고통을 피하고, 다른 사람들에게 있어서는 그들로부터 거리를 둠으로써 고통을 피하고, 고통이 치료 불가능한 경우 적시에 포기함으로써 고통을 피한다.

사람들은 활동하면서 생겨날 수도 있을 고통을 생각하지 않음으로써 또는 활동을 함으로써 고통으로부터 벗어난다. 고통이 활력을 마비시키지 않는 한, 그렇게 할 수 있다. 여기서도 사람들은 인위적이고 본능적으로 자신을 편협하게 만든다. 그런 상황에서 하는 활동 자체는 감각 및 생각에 따라 유한하고, 본질적으로 기술적인 성질의 활동들일 수 있다. 그것이 이상적이고 보편적이라면, 고통 체험은 멀리 둘 수도 없고 물리칠 수도 없을 것이다. 그런 것은 창조 작업이 아닌 유한한 행동에서만 성공할 수 있다.

사람들은 피할 수 있고 제거할 수 있을 것이라는 암묵적인 전제 아래에서만 고통과 싸운다. 여러 경미한 고통의 경우들에서 그런 것은 성공을 거둔다. 그리고 그로부터 죽음, 질병 등 불가피한 고통들에 ─ 특히 원시적인 정신 수준에서 ─ 대처하는 생각들이 형성되어 나온다. 이율배반과 한계들에 대한 의식 없이 형이상학적-신화적 세계상들이 마술적인 행위에 이용된다.

인간은 신 앞에서 자신을 낮추고 신탁에게 묻고 온갖 제물을 갖다 바친다. 고통은 형벌에 기여하고 징계에 기여하고 시험에 기여한다는 생각은 그 자체가 고통에서 벗어나는 하나의 수단일 뿐 궁극적인 것은 아니다. 그런 것은 규정된 삶의 방식, 처방된 행동을 통해서도 지속할 수 있을 것이다. 그리고 그런 식으로 되지 않는 것은 가만히 기다리면 자신의 선한 영향력을 행사하고 나서 그대로 사라져 버릴 것이다. 신의 목적 대신 생물학적 목적을 우위에 있는 것으로 보고는, 고통의 문제를 생물학적 측면에서 합목적적인 것으로 이해하고 방어하고 인정하고 굴복시키려고 하는 오늘날의 생각이 아마도 이와 비슷하다고 할 수 있는데, 이런 생각에는 인간이 생물학적 지식을 충분히 심화시켜 생물학적으로 적절한 고통이 생겨나는 상황을 피할 수 있게 되면 고통을 잠재적으로 완전히 제거할 수 있을 것이라는 은밀한 생각이 들어 있다.

마지막으로, 고통이 모든 이들에게 균등하게 배분되지 않을 경우에는 고통을 좋은 쪽으로 바꾸어 고통을 받아들인다. 즉 자신이 겪는 고통, 자신의 무가치함을 좋은 쪽으로 해석해 앙갚음하거나, 다른 사람의 고통은 ─ 그의 죄의식, 열등감 등으로 인한 ─ 그의 몫으로 간주하면서 자신의 행복은 정당화한다.

c. 고통이 궁극적인 것으로 여겨질 때의 반응 방식

고통이 인간에게 궁극적인 것으로, 한계로, 불가피한 것으로 이해되는 경우 그것은 더 이상 개별적인 것이 아니라 총체적인 것이 되며, 상황으로서 새로운 특성을 갖는다. 인간은 이제 다음과 같은 식으로 반응한다.

1. 체념하기: 이는 원래 상황을 실제로 다룰 만한 그 어떤 태도도 취하지 못한다는 것, 그럴 만한 능력이 없다는 것을 의미한다. 고통의 목적, 의미, 권리와 관련된 질문들에 대해서 그 어떤 대답도 불가능한 것으로 인식되고, 고통으로부터 벗어나기 위한 행위는 부질없는 것으로 인식된다. 욥이 했던 다음과 같은 외침만이 남아 있다. "누가 전능하신 신께 질문을 제기할 수 있단 말인가!" 하지만 이해하지 못하겠다는 체념은 더 나아가면 전혀 다른 전개 가능성을 지니게 된다. 이해하지는 못하더라도 인간은 '믿고' 구체적으로 행동한다. 여기서 체념은 양식 및 지식과 관련해서만 존재하고 그렇지 않은 경우 그것은 가장 긍정적이고 강력한 형태일 뿐이다. 그

렇지 않으면 인간은 사는 즐거움에 자신을 제한시킨다. 비록 모든 것들이 헛되더라도(이 말은 설교자인 살로모니스가 했던 위로의 말인데), 사람들은 여전히 이 땅에서 먹고 마시고 기쁨을 누릴 수 있다. 설교자는 다음과 같이 삶을 선호한다. '살아 있는 개가 죽은 사자보다 더 낫다.'[121] 모든 감각, 모든 지향점은 포기된다.

2. 현실 도피하기: 현존은 더 나아질 수 없는 것이기에 완전히 냉정한 평정심을 갖는 것, 모든 고통과 모든 즐거움을 포기하는 것, 결국 아무것도 추구하지 않는 것이 정답이다. 개인이 힘이 있고 자신만 생각하는 한 자살에 이른다. 하지만 세계관으로시의 그러한 태도는 현존 일반과 관련되어 있는 태도다. 그런데 세계와 고통은 떼려야 뗄 수 없이 서로 연결되어 있다. 그래서 세계의 종말만이 구원을 가져올 수 있다. 모든 인간을 그리로 안내해 줄 교설이 개발될 것이다. 그것은 전적으로 비종교적이면서 무신론적인 방식일 수 있다. 도덕적 종교적 세력들이 거기에 개입해서 영향을 미칠 필요는 없다. 그것은 삶과 세계에 대한 호불호가 전혀 없는 무(無) 속에서 생겨나는 구원이다.

3. 영웅 의식 갖기: 인간은 고통 속에서 개별자로 홀로 서서 자신의 사적인 의미 세계 속으로 고양된다. 그는 고통을 통해 자신을 의식하기에 이른다. 그는 그것을 회피하지 않고 도전으로 받아들인다. 그것이 사라져 없어질 때까지 그것을 마주하면서 견뎌 낸다. 그는 그 궁극을 알지 못하는 현존을 긍정하기까지는 아니더라도 자신의 현존과 그것의 의미는 긍정한다. 그는 사막에 홀로 서서, 특히 고통이 최고조에 이를 때 자신에게서 생명과 힘이 솟아나는 것을 느낀다.

⁝

121 (옮긴이) 한국 속담으로 치면 '산 개 새끼가 죽은 정승보다 낫다'는 말에 해당한다.

4. 종교적-형이상학적인 태도 취하기: 영웅적인 힘, 무를 향해서 나아가는 인간의 세상에 대한 무관심, 아무런 의심의 여지없이 믿는 체념의 한 유형, 이런 것들은 희귀 체험과 삶의 형성에서 함께 발견되는 것들로서, 절대자와의 경험적인 관계에 기반해 있으며, 인간은 그런 절대자 앞에서 마치 영웅처럼 더 이상 외로워하지 않으면서도 영웅처럼 자신에 대해 자신 스스로가 전적으로 책임이 있다고 여긴다. 고통은, 다른 경우들에서도 그렇지만, 궁극적인 것이자 불가피한 것으로 이해되고, 삶과 세상에게는 본질적인 것으로 이해된다. 하지만 충격받을 때 인간의 내면에서는 그 자체로 말로는 이루 다 표현할 수 없는 체험이 생기는데, 그 체험은 신에 대한 확신을 직접 표현하는 것에서 표현되기도 하고 더 나아가서는 생각 속에서 표현되기도 하고, 모든 생각들이 그런 것처럼 그것은 문자 그대로 고통의 정당화를 통해서 '유한한' 초감각적인 세계를 구축하기도 하지만, 그 발생적 기원에 있어서는 지식, 의지, 능력의 한계에 접해 있는 괴로운 상황들로부터 생겨 나오는 신비 체험의 직접적이고 역설적인 투사일 수밖에 없다. 고통 속에는 고양되고 심화되고 의미가 확장되는 경험들이 있는데, 그것들은 다음과 같은 특징이 있다.

1. 그런 경험들은 신과 연결되어 있다. 예를 들어 「시편」에는 이런 구절이 있다. "당신만 계신다면 저는 하늘과 땅에 대해 묻지 않을 것입니다.[122] 저의 몸과 마음이 쇠약해져도 당신께서는 신이시고 언제나 제 마음의 위로요, 그리고 저의 부분이십니다."[123]

2. 그런 경험들은 고통에 대한 생각 속의 신성 자체에 있다. 신은 고통

122 (옮긴이) 「시편」, 25절.
123 (옮긴이) 「시편」, 26절.

안에 현전하면서 함께 괴로워한다.

그러한 생각들은 아마도 처음에는 구속력 없는 순진한 체험의 표현이겠지만, 합리적인 필요에서 생겨 나와 고통이 어디에서 오고, 고통이 무슨 의미가 있으며, 고통이 어떤 결과를 가져다주고, 고통이 어떻게 사라지는가를 가르쳐 주는 형이상학적인 세계관으로까지 확장되어 나아간다. 고통에 대한 저러한 '정당화'를 사람들은 라이프니츠 이래 '변신론'이라 칭한다. 그러한 변신론에서 한계상황의 경험은 견고한 틀을 형성하고, 이 틀은 반대로 경험을 곧장 확고한 궤도 위에 머물 수 있게 해 주며, 뒤따르는 것들에게는 자명한 것이 되기도 하고 그 이후에는 재빠르게 다시 전환되어 새로운 종류의 유한성을 체험하게 해 준다.

그런 변신론에는 비종교적인 변신론이 있다. 즉 생물학적으로 정당화되는 (현대적인) 변신론이 있는가 하면, 조화로운 우주로 고통이 용해되고 있는 (스토아주의식의) 변신론도 있고, 고통을 형벌과 규율로 파악하는 변신론 등 여러 변신론이 존재한다. 세계 자체 안에서 동기를 찾는 그런 모든 변신론들은 경험을 통해서 계속 논박된다. 생물 세계에서의 비목적론을 통해서 논박되는가 하면, 인간들의 모든 자그마한 소망들을 도외시하면 조화를 볼 수 없다는 것을 통해서 논박되기도 하고, 개개 운명에서 처벌과 죄과가 불충분하다는 것을 통해서 논박되기도 한다. 이 모든 것들은 항상 변신론에 반대하고 새로운 경험으로 이어지는 한계상황을 반복하고 있을 따름이다. 결코 경험으로 검증될 수 없는 형이상학적인 자명성만이 비판을 감당할 만한 정당성을 제공할 수 있다. 막스 베버는 차라투스트라식의 이원론, 인도의 업(보)론, 그리고 예정설이라는 세 가지 변신론만 일관되게 인정하고 있다.

1. 차라투스트라는 선악의 대립을 세계의 형이상학적인 기본 구조 자체

로 전환한다. 선한 힘과 악한 힘, (그와 동시에 순수와 불순, 빛과 어둠, 그리고 다른 여러 종류의 가치 대립들에서 이해되고 있는) 이 두 가지 힘들이 서로 다툰다. 이러한 투쟁의 현장이 인간인 경우도 있다. 고통은 정당화되는 것이 아니라 맞서 싸워야 하는 것으로 여겨진다. 인간은 선한 힘의 편에 서야만 한다. 부정적인 가치를 이렇게 절대화하는 것은 (이는 기독교의 영지주의에서, 마니교에서, 그 이후에는 중세 하층민들의 기독교적 표상에서, 지옥과 낙원, 악마와 신 등에서 계속 이어지고 있는데) 항상 새로운 종교 체험으로 이어질 수 있다. 절대적인 것과의 관계, 신과의 관계는 늘 반복해서 획득되었고, 고통은 신의 탓으로 여겨지지 않았으며, 신은 정당화되었다.

2. 인도의 업(보)론: '윤회의 바퀴'가 인간들을 한 실존에서 다른 실존으로 데려간다. 매번 윤회를 거치면서 인간들은 광의의 축적된 업보, 죄과를 속죄해야만 한다. 윤회 시에 인간은 자신의 삶의 방식에 따라 상승하기도 하고 하강하기도 한다. 고통은 자신이 저지른 일에 대한 자연스러운 자연법칙적인 응보다. 고통에서 벗어나려면 윤회의 수레바퀴를 벗어나야만 하는데, 그 방법으로는 분별적인 지식(이에 대한 경험적인 기반이 영혼적인 사건 과정에 관한 내적 고찰이다), 금욕, 모든 욕망적 충동의 억제와 소멸(경험의 영역에서는 잠자기, 평정심 갖기)이 있다. 이때는 자신의 영혼에 대해서만 관심이 있을 뿐 신과는 그 어떤 관계도 맺지 않는다. 신들 역시 윤회의 수레바퀴 안에서 존재하는 형식들일 뿐이다.

3. 개신교 종파의 예정설: 숨어 있는 신께서 해 주시는 불가해한 조언은 최종적인 것이다. 우리는 그 의미를 이해할 수 없다. 우리는 오로지 신의 도구일 뿐이다. 그 도구가 무슨 용도인지 아는 이는 아무도 없다. 그날그날의 과업을 완수하는 것은 세상사에 얽매임 없이 이 세상에서 신을 영광되게 하는 일이다. 다음의 교설은 종교적이다. '의미의 중심에 신이 계시다.'

변신론과 함께 발전하는 합리적인 세계관을 볼 때마다 우리는 그런 세계관 그 자체가 유한한 특성을 띠고 있는 교설들로, 그리고 한계상황을 자명한 것으로 여기면서 살아온 사람들로 하여금 한계상황을 더 이상 발전의 계기로 삼지 못하게 만드는 교설들로 고착되고 있다는 느낌을 받는다. 이런 배경에서 한 단계 더 높은 수준의 다음과 같은 전환이 곧바로 진행된다. 고통으로부터의 해방은 마법적인 목표가 되고, 가능할 수 있는 것이 되고, 적어도 일정 정도까지는 실현 가능한 것이 된다. 미래에는 메시아 왕국, 낙원, 새로운 재탄생, 열반 등 고통이 지양되었거나 약화된 상태들이 기다리고 있다. 고통을 겪어야 하는 한계상황은 더 이상 최종적인 상황이 아니다. 그 의미는 단지 고통으로부터의 해방이다. 태도는 분명 고통의 부정이다. 종교-신비적인 경험 대신 독단적인 지식과 당연한 것으로 여겨지는 일련의 삶의 규칙들이 들어선다.

원래 한계상황과 관련해서 고통은 종교적인 것의 근원으로 체험되고, 종교적인 것은 긍정적이고 가치 있고 의미 있는 것으로 체험된다. 이때 모든 의미와 가치는 정식화된 형태의 사고로 표현되지 않고 모든 표현은 필연적으로 역설적이어야만 하고 또 그런 것으로 머물러 있어야만 한다.

이런 종교 체험이 가치 있는 의미 체험이자 현존의 정점으로 경험될 때 고통은 부정도 긍정도 되지 않고 오히려 '극복'된다. 즉 폐지되는 것이 아니고, 그것이 가지고 있는 고립성과 무관계성이 박탈된다. 그리고 그런 체험을 위해서는 고통이 전제조건이라는 것이 불가피하게 인식된다. 그리하여 고통을 극복하면서도 고통을 원하는 그런 역설적인 상황이 발생한다. 종교적인 인간이 고통을 원할 경우 그것은 고통에서 즐거움을 얻기 위한 것이 아니고, 자신의 고통을 인정하고 수용하기 위해서도 아니며, 종교 체험에 이르기 위함이다. 그런 사람은 고통받는 것을 원하지 않지만 그래도 여전히 그것을 원한다.

그렇지 않은 경우 고통은 마법적인 목적을 위한 고행의 수단으로서, 공덕을 축적하는 수단으로서, 신비 체험을 동반하는 신체-생리학적 상태로 들어가기 위한 수단으로서 필요하다. 반면 여기서는 고통이 요구되고 있는데 그 기원을 설명하자면, 그것은 항상 반복적으로 절대적인 한계상황으로부터 나와서 절대자에 대한 파악으로, 종교적인 것으로 나아가는 그 어떤 것으로서 요구된다. 사람들이 찾고자 하는 것은 상태가 아니라 삶에 대한 태도와 삶의 방식이다.

모든 역설적인 상황에서와 마찬가지로 여기서도 경계가 아주 미세하다는 것, 그리고 단순한 상황관리의 기술(技術), 고통에 대한 욕구, 마법적인 목적 등을 향해서 지속적으로 전환되고 있는 것이 분명하다. 이미 고통에 대한 소망 안에는 마치 질병과 고통에 대한 신비주의자들의 기도에서 그런 것처럼 거의 필연적으로 거짓이 스며 있다.

d. 교설과 삶: 키에르케고르와 니체

고정된 틀일 뿐인 모든 형식화된 전체론적 교설은 사람이 한계상황을 직접 경험할 기회를 박탈하고, 스스로 움직이면서 선택하는 경험 속에서 미래지향적인 현존의 의미를 구할 힘이 나오지 못하게 막아 버린다. 그 대신 투명하며, 영혼을 평안하게 해 주는 세계의 영원히 현재적인 의미라는 평온을 제공한다.

자신의 활동에 있어서 삶, 과정, 의미를 긍정하고, 세계를 기존의 것으로가 아니라 비로소 형성되는 것으로 바라보며, 현존에 대해서는 그것을 인식할 수 있는 것은 아니지만 자기 자신도 참여자로 함께 형성해 가는 것이기에, 그 어떤 절대적인 가치 판단을 허용하지 않는 사람이 그에 반하는 말을 할 경우 태동되는 것은 그 어떤 체계적으로 묘사된 교설이 아니라 지속적인 흥분, 떨림, 자신 및 타자의 생명력에 대한 호소다. 이런 살아 있는 유형에 해당하는 서로 상반되는 두 인물을 우리는 알고 있는데, 둘 중 한 사람은 고통을 궁극적인 것으로 선언하는 반면, 다른 한 사람은 쾌락을 궁극적인 것으로 선언한다. 키에르케고르와 니체가 그들이다. 이 두 인물은 모두 인간 안에는 살아 있는 과정에 호소하고, 개인 각자의 책임에 호소하며, 모든 것에 대한 정직과 성실 속에 내재해 있는 가장 심오한 개인적인 진지함에 호소한다. '내적인 전향', 자아의 가장 깊은 층위에서 일어나는 표현할 수 없는 결단과 선택은 각 개인들이 창의적으로 경험해야만 하는, 그 어떤 이론에 의해서도 전달될 수 없는 본질적인 성질의 것이다. 하지만 여기서는 자기기만의 위험성이 아주 크고 진실성, 정직성, 순수성이 결정적인 범주가 되고 있기 때문에, 두 사람 모두 끝없이 복잡다단한 이해심리학을 발전시킨다. 왜냐하면 교설 안에는 우리 삶을 매개해 주는 매개체만 수렴될 뿐 본질적인 것은 수렴될 수 없기 때문이다. 그 매개체는 심리적인 것, 심리적인 것의 무한한 변증법이다. 심리학적 교설과 함께 인간 내면의 책임 영역으로 점점 가까이 다가가서는 책임 의식과 자기기만의 위험에 대한 의식, 그리고 진실성에 대한 감각을 작용하게 만들어 주는 도구가 손에 쥐어진다. 견고한 교설의 틀은 또한 영혼 위로 베일을 펼친다. 삶, 무한한 것은 오로지 무한한 심리학을 매개로만 번성한다. 객관적이고 보편적이며 타당한 형식으로만 전달될 수 있는 심리적인 것이 비본질적인 것으로 간주되지 않는다면 우리는 그것을 '심리학적 세계관'이라 칭할 수 있을 것이다.

키에르케고르는 행복 및 불행의 세계(이런 것은 여기서 단지 외부에서 오는 우연적이고 개별적인 것으로 간주되고, 필요 없을 수도 있고 피할 수도 있는 것으로 간주된다)와 고통의 세계(이런 것은 전체적이고 본질적인 것으로 인식된다)를 구별한다. 직접적인 삶을 살아가는 인간은 자신에게 불행이 닥치지 않는 동안은 고통을 무심코 외면하지만, 불행이 그를 덮치면 당황해 어쩔 줄 몰라 하면서 절망하는 반면, ― 한계의 단계를 알고 있고 끊임없는 변증법에 내맡겨져 있는 ― 내면 지향의 종교적인 인간은 끊임없이 고통을 안고 살아간다. 직접적으로 삶을 살아가는 인간이 행복을 갈구하는 것과 같이 그런 내면 지향의 종교적인 인간은 고통을 갈구한다. 예를 들어 종교적인 사람이 "아브라함이 겪은 것과 같은 큰 고통을 받게 해 달라고 하느님께 기도할 때 그는 자신을 착각하고 있을 수 있다. 그런 기도는 과도한 성질의 종교성이다. 종교적인 인간이 고통을 외부에서 오는 것으로 이해하고 있다는 사실은 오해다." 그 결과 그는 지속적인 불안정 상태에 빠지는데, 그 안에서 그는 절대자와의 관계를 경험한다. 상황은 결국 역설적이다. 안정된다는 것은 고통이 정지되는 것, 그와 함께 종교도 정지되는 것을 말한다. 안정 지역으로의 탈출구는 늘 완전히 가까이에 있다. 종교적으로 각성한 사람의 확신, 명료한 도그마들을 개발해 소유하고 있는 사변이 그 경우다. 완수된 것으로서의 모든 구원은 고통으로부터의 탈출이지만 이는 또한 한계상황을 체험함으로써 키에르케고르가 말하는 의미에서의 종교와 삶의 과정을 지양해서 폐기하는 것이기도 하다. 종교의 영역에서 저러한 것이 통하는 한 사람들은 고통 안에 삶이 있는 것으로 믿는데, 이는 마치 즉각적으로 행복을 성취해 낼 수 있다고 믿는 것과도 같다. 고통을 굳이 겪을 필요는 없지만 자신이 고통을 겪고 있다는 사실을 발견할 필요는 있다. 종교적인 인간은 '고통의 비밀을 최고 삶의 형식으로' 파악한다. 고통을 넘어설 가능성은 없다. 실존자가, 즉 유한하면서 무한하고 시간 속에서 살아가는 인간이, 이러한 고통이 절대자와의 관계를 의미한다는 앎을 통해서 고통을 초월할 수 있다고 한다면 그는 또한 자신을 시간 안에 실존하는 자에서 영원히 존재하는 자로 변신시킬 수 있을 것이다. 종교적으로 고통받는 개인은 동시에 그러한 고통의 의미에 대해서 기뻐함으로써 그러한 고통을 초월할 수 없다. 그러므로 종교를 다음과 같이 완전한 구원과 해방으로 이해하는 것은 오해다. "불행이 외부에서 안으로 들어와 사람 마음을 짓밟는다. 이때 신과의 관계가 개시되고, 그러고 나서 그 관계가 점점 무르익으면서 종교적 인간은 다시 행복해진다."[124]

니체는 고통을 부정하지 않고, 그것의 의미도 부정하지 않고, 위대한 사람이 되기 위해서는 끊임없이 고통당할 수밖에 없다는 것도 부정하지 않지만, 그에게 고통은 최종적인 것이 아니고 늘 삶의 힘(생명력)으로 전환되어야만 하는 그 어떤 것이고, 그것이 최고의 쾌락이다. 형이상학적인 것이나 신과는 아무런 관계도 맺지 않은 채 완전히 자기 독립적으로 움직이는 이런 내면 지향적인 인간의 삶의 과정에 그는 강조점을 둔다. 삶의 힘의 표현으로서 최종적인 것은 쾌락이다.

슬픔이 말한다. 사라져라.
그럼에도 모든 쾌락은 영원하기를,
깊고 깊은 영원함을 바란다.[125]

∴

124 (옮긴이) 여기서 야스퍼스는 종교적 구원을 고통에서의 탈출이 아니라 고통을 통해서만 얻을 수 있는 것으로 본다. 즉 고통을 통해 인간은 자신의 한계를 극복하고 신과 연결될 수 있는 기회를 갖게 된다. 종교는 고통을 극복하는 방법을 제시하는 것이 아니라 고통을 통해 삶의 의미를 발견하는 방법을 제시하는 것이다. 종교를 완성된 구원과 해방으로 보는 것은 그가 보기에 종교의 왜곡이다.

125 (옮긴이) 니체의 『차라투스트라는 이렇게 말했다(*Also sprach Zarathustra*)』의 3부 중 '또 하나의 춤의 노래' 3절, 돌림노래의 한 구절.

키에르케고르의 관점에서 니체는 비종교적이다. 니체의 관점에서 키에르케고르는 삶에 적대적이다. 어쨌든 키에르케고르는 기독교인으로서 고백하고 있고, 니체는 반기독교인으로서 고백하고 있다.

(3) 개별적인 한계상황들

지금까지 기술된 한계상황들의 일반적인 특징은 모든 개별적인 한계상황들에서 재차 반복된다. 꼬치꼬치 따지지는 않겠지만 한계상황을 좀 더 구체화시키기 위해서는 개별적인 한계상황들을 묘사하는 것이 필요하다. 그 각각의 경우들은 다음과 같다. 투쟁, 죽음, 우연, 죄의 저변에는 이율배반들이 놓여 있다. 투쟁과 상호협조, 삶과 죽음, 우연과 의미, 죄와 속죄 의식은 서로 연결되어 있어서 하나가 다른 것 없이는 존재하지 못한다. 하지만 경험세계에서는 늘 가장 바깥쪽에 있는 경계, 즉 최종적인 것은 가치가 부재해 있는 측면이 있지만, 형이상학적인 의식에서는 그 관계가 역전될 수 있다.[126] 경험적 세계상에서 모든 상호협조는 서로 투쟁 관계에 있는 단위들을 형성하기 위한 기반일 뿐이다. 인간이 존재하는 한 모든 의미 연관들은 종국적으로 우연을 통해서 제한되고, 인간이 존재하는 한 모든 생명은 죽음을 통해서 제한되며, 모든 면죄는 늘 새로운 죄를 통해서 제한된다. 이제 개별적인 한계상황들에 대한 논의를 개진해 보자.

⦂

126 (옮긴이) 한계상황은 일반적으로 경험세계의 마지막 극한이자, 경험세계에서 통하던 것이 더 이상 통하지 않는 상황이다. 둘은 서로 대립해 있다고 할 수 있다. 가령 통상적인 삶에서 행복을 누리던 사람이 고통을 당하는 한계상황을 만나게 될 때, 여기서 행복과 고통은 서로 대립해 있다. 여기서 중요한 것은 행복과 고통, 통상적인 상황과 한계상황 어느 하나만이 아니라 둘의 변증법적 조합이다. 고통에서 삶의 의미를 배운다는 것은 이러한 배경에서 이해된다. 그리고 이러한 조망적인 혜안을 가질 수 있는 것이 경험적 시선을 초월해 있는 형이상학적 시선이다.

a. 투쟁

투쟁은 모든 실존의 기본 형식이다. 존재하는 모든 것들은 장소가 필요하고 물질적 조건들이 필요한데, 그 둘 자체는 또한 다른 가능한 존재들로부터 뺏어서 취하는 것들이다. 생물 세계에서 생존 투쟁은 — 여기서는 현존하는 권력관계들이 겉으로는 평온한 상태에 있는 것으로 보이는데 — 수동적이지만 성장, 증장, 세력 등을 놓고 벌이는 투쟁에서는 능동적이다. 이러한 투쟁 없이는 상황이 아무리 은폐되어 있다고 하더라도 물질적인 존재 조건은 부재하는데, 투쟁이 종종 개별자에서 집단, 계급 등으로 전이되어 일어나는 관계로 개별자의 차원에서는 투쟁이 일어나고 있는지조차 잘 느껴지지 않는 인간에게서조차 그러한 투쟁이 부재할 경우 그런 물질적 조건은 존재하지 않게 된다. 인간의 영혼에서 투쟁은 더욱 다양한 형태를 취한다. 물질적인 권력을 쟁취하기 위한 투쟁, 어느 것 하나 잔인하지 않은 것이 없는 전쟁, 경제적인 투쟁 외에도 정신적인 세력들 간에 벌어지는 '경연' 형식의 투쟁이 존재한다. 정신적인 성취들은 서로 비교되고 관련되며, 서로 의문을 제기한다. 비록 여기서 구축력만 진실하다면, 모든 작품들이 아무런 장소적인 제한이 없는 무한한 정신 공간에서(무기력함의 모든 고통과 승리의 모든 기쁨에서) 끝까지 파괴되지 않고 구축될 수 있기는 하지만, 그 모든 것들은 그것들을 창조해 내는 이들 간의 경쟁 없이는 살아남지를 못한다. 파생된 결과들에서만, 즉 동시대에 미치는 영향, '성공', 인정받은 성취들에 대한 물질적인 보상 등에서만 경연은 투쟁이 취하는 것과 같은 축출과 파괴의 형태를 취한다. 마지막으로, 인간들이 서로 의문을 제기하는 조건 아래에서만 살아 있는 과정으로 번성해 가는 사랑 투쟁이라는 것이 있다. 살아 있는 진정한 사랑조차 투쟁 없이는 번성할 수 없다. 모든 형태의 사람 관계에서 사랑은 투쟁이 없을 경우 관심, 기사도 정신으로 변질되어 나타날 것이다. 즉 ―쌍방통행이 아닌― 일방적인 압도와 동화가 사랑이라는 이름 아래 보호, 걱정, 배려로 위장되어 나타날 것이다. 그런 식으로 투쟁은 어디서나 물질적 정신적 영적 실존을 두고 벌어지는 투쟁이다. 투쟁은 궁극적으로 각 개인 안에 존재하고 있고, 개인이 살아 있는 한 전반적으로 개인을 편히 쉬게 놔두는 경우가 거의 없으며, 그 개인으로 하여금 자신 안에 들어 있는 여러 가능성들을 포기하도록 유도한다. 투쟁이 없으면 삶의 과정은 중단되고 속물적인 만족, 부르주아적인 독선 속에서 쉴 공간을 만들어 주지만, 여기서 말하는 쉰다는 것은 이제 '신경 과민'이라는 이름 아래 전개되는 모든 종류의 비합리적인 영혼 현상과 관련이 있다. 그렇지 않아도 이때 말하는 이런 피상적인 휴식은 투쟁을 은폐하고 있을 따름이다. 내가 획득하는 모든 자리는 다른 사람을 밀어냄으로써 확보된다. 내가 갖는 모든 성공은 다른 사람들을 왜소하게 만든다. 다른 사람들이 나에 대해 그렇게 하는 것처럼, 나의 실존 자체는 다른 사람들의 실존을 빼앗는다. 그래도 모든 실존에는 상호 간의 협력들이 있다. 이미 생물학의 세계 모든 곳에서도 그렇다. 그러한 상호 간의 협력들이 없으면 유기체의 삶은 존재할 수 없을 것이다. 하지만 경험적인 관점에서 볼 때 이런 상호적 관계는 단순한 단위들로서만 나타나는데, 그것들은 자신의 입장에서 투쟁을 하며 그 과정에서 삶의 번성에 없어서는 안 되지만 동시에 상호 협력의 힘에 의해 제한되기도 하는 긴장상태를 만들어 내기도 한다. 그러나 최종적인 것은 항상 투쟁 중에 있는 단위들이다. 부조와 상호성은 내부에 있는 타자들이다. 그리고 사람들이 인간세계 전체를 평화적인 질서를 갖춘 전체로 상상하더라도 각 개인에게서의 투쟁이, 비록 제한된 형식에서 이기는 해도 각 개인 안에 있는 가능성들을 파괴할 때까지 계속되는 것처럼, 물질적 측면에서는 개인의 실존을 파괴할 때까지 계속될 것이다.

투쟁이라는 한계상황에 대한 반응들로는 다음과 같은 것들이 있다.

1. 인간은 사랑에 대한 자신의 신념에 위배되는 투쟁은 원치 않는다. 인간은 악에 저항하지 말라는 명령에 따라 행동한다. 이것이 진정한 현존 형태인 한 인간은 불가피하게 곧 멸망하게 된다. 그렇지 않으면 그 신념은 총체적이지가 않아서 그다음 형태로 전환되어 움직여 나간다.

2. 인간은 투쟁이 최종적인 것임을 잘 모른다. 인간은 — 일정의 물질적인 조건이 그대로 유지되고 있는 상태에서 — 사교적인 교류 형식을 유지하는 가운데, 즉 평화와 사랑의 가면을 쓴 상태에서 마치 투쟁 없이 존재할 수 있기라도 한 것처럼 자신을 가장한다. 유토피아적인 평화주의의 교설 속에서, 즉 물질적으로 유익하고 정신적으로 편안한 중립성을 보존하는 것을 정당화하는 가운데, 인간은 그것이 마치 하나의 업적이라도 되는 양 살아 있는 힘의 중심으로부터 벗어난다.[127] 자기 존재의 사실적인 조건에 대한 자기 망상 속에서 인간은 한편으로는 신경질적이고 악의적이고 예민하며 다른 한편으로는 조용하고 성실하다. 실제로는 자신에게 유리한 투쟁적인 정황 속에서 살아가면서도 투쟁 없이 살아가는 것이 가능하다고 인간은 믿는다.

3. 인간은 투쟁을 위한 투쟁을 인정해 받아들인다. 인간은 투쟁의 느낌 속에 빠져서 살아가고 투쟁을 통해서만 행동한다. 그것이 투쟁에 대한 수사학적인 과시일 필요는 없다. 그것은 마치 전쟁 같은 투쟁에서 — 누구를 위한 것이든 — 현존의 의미를 경험한 고대 게르만인에게서 볼 수 있는 것

127 (옮긴이) 인간은 본질적으로 투쟁의 존재인데, 그것을 부정하고 마치 평화적으로 살아갈 수 있는 것처럼 가장하고 있는 것을 이르는 말로, 여기서 '힘의 중심'은 투쟁적인 삶을 의미하고 '업적'은 투쟁적인 삶을 거부하고 평화적으로 살아가는 것을 업적으로 생각한다는 것을 염두에 둔 말이다.

같은 삶의 태도요 실존일 수 있다. 정신 영역에서는 그에 부합해서 경쟁적인 태도가 독립화된다. 정신 노동은 그것이 경쟁적인 한에서만 즐겁다. 일할 때는 다른 사람들의 능력이 처진다는 표상이 기본적으로 동반된다. 중요한 것은 사실 자체가 아니라 비교 우위와 승리다. 그래서 최종적인 발달 단계에서 정신적인 것은 그저 형식적일 뿐이고 영혼이 없으며, 탈정신적이게 된다.

4. 실질적이고 의미롭고 사실적이고 사적으로 살아가는 인간은 이율배반의 종합 속에서 유한하게 한시적으로 선택하면서 실존하기도 하지만 또한 어쩔 수 없이 투쟁하면서 실존하기도 한다. 인간은 투쟁 일반에 대해 '예' 또는 '아니오'로 답하는 것이 무의미하다고 생각한다. 구체적인 실존에서 투쟁은 불가피하고 위엄과 힘을 부여해 준다. 전체라는 이념 안에서는 투쟁이 지양되어 있는 것으로 생각될 수 있다. 모든 실존은 전체적이지 않고 개별 인간은 유한하며, 유한한 존재로서의 그가 살아가고자 하는 한, 자신을 속이고 싶어 하지 않는 한, 투쟁은 그로서는 피할 수 없는 현존 형식 중 하나다. 이는 그가, 예를 들어 물질적인 측면에서 자신에게 이익이 되는 정황 때문에 투쟁을 수동적으로 허용하고 이것이 가져다주는 열매를 즐긴다고 하더라도 마찬가지다. 그가 이런 것을 즐긴다는 것은 결정적이며, 그렇게 함으로써 그는 입장을 취한 것이 되고, 그의 실존이 사랑과 '악에 대한 무저항'에 기반해서 구축된다고는 더 이상 말할 수 없게 된다. 그의 실존은 모든 실존이 그런 것처럼, 여기서는 그것이 그의 개인적인 성취가 아니더라도 잔인한 착취에 기반해서 구축된 것이다. 삶을 살아가는 사람은 그런 것을 파악해서 알고 있고, 다른 경우에도 역시 그렇게 살아가고 행동하는 것처럼 여기에서도 투쟁은 하나의 현존 형식이라는 사실을 의식하고 있다. 그리고 그것이 이미 투쟁인 것이면, 그는 능동적인 투쟁을 자

신의 본래 영역으로 간주한다. 가능한 가치 위계들 중 하나는 ─ 그것들에 있어서의 공통점은 그것들이 투쟁 그 자체가 아니라 투쟁의 본질을 의미하고 있다는 것인데 ─ 그것의 맨 꼭대기에 사랑 투쟁이 자리잡고 있는 경우다. 하지만 이것 또한 투쟁은 투쟁이다.

b. 죽음

"이승에서의 삶은… 우리 영혼에게는 너무 짧다. 보라, 가장 비천한 사람이든 가장 지위가 높은 사람이든, 가장 무능한 사람이든 가장 위엄 있는 사람이든, 모두가 모든 것에 생기 있기보다는 지쳐 간다는 사실을. 그리고 또 어느 누구도 자신이 간절히 바라는 목표에 도달하지 못한다는 것을, 왜냐하면 설령 어느 누군가가 자신의 인생길에서 오래도록 행복하더라도, 종종 희망했던 목표에 도달하는 순간에, 마침내 누가 파 놓은 것인지를 아무도 모르는 구덩이 속으로 떨어져서는 그냥 아무것도 아닌 것으로 간주될 것이기 때문이다.

아무것도 아닌 것으로 간주된다고! 내가! 나에게 나는 모든 것이다. 나는 오로지 나를 통해서만 모든 것을 알기 때문이다!"[128]

상황에 대한 이런 식의 고전적인 묘사는 다음과 같은 것을 말해 준다. 인간은 자신의 목적을 달성하기 이전에 죽는다. 존재하지 않는다는 것은 모든 것이 끝났다는 것을 말한다. 죽음은 지극히 사적인 것이다. 달리 말해, 상황은 세계의 일반적인 상황이면서 동시에 특수한 개별적 상황이다.

1. 일반적인 상황: 모든 것, 현실의 모든 것은 하나도 예외 없이 무상하다. 비현실적인 것은 피타고라스의 정리처럼 단순히 타당할 뿐 무상하지

:.
128 Johann Wolfgang von Goethe, 앞의 책, 36, 3(1771).

않고 영원하다는 것, 의미는 시간과 상관없이 그 의미를 유지한다는 것, 이런 것은 일종의 동어반복이다. 무상하다는 것은 의미상 현실하고만 관련이 있다. 모든 경험, 모든 상태는 즉시 사라지고, 인간은 변해서 망각되고, 이런 일련의 일들은 우리 행성들의 현존으로까지 무한대로 계속 뻗어나간다. 전체로서의 세계에 대해서는 그것이 무상하다고도 단언할 수 없고 무상하지 않다고도 단언할 수 없는데, 무한한 것으로서의 세계는 우리에게는 대상이 될 수 없기 때문이다. 예를 들어 사람은 자신의 죽음에 대해서 신경쓰지 않고 살아갈 수 있다. 다시 말해서 사람은 자신이 하나의 일반적인 어떤 것 안에서, 즉 수 세대 수천 년에 걸쳐서 실현되는 과정에 자신이 함께 참여해 있다고 생각하면서 살아갈 수 있다. 그러나 현세적인 사물들의 영역에다 자신이 원하는 만큼의 목적과 의미를 아무리 확장하더라도, 실현되는 모든 것들은 멸망의 위협에 처해 있을 뿐 아니라 우리 눈에 그것은 불가피한 일이다. 경험을 의미하느냐 인간 개인을 의미하느냐, 어느 한 민족을 의미하느냐 인간 문화를 의미하느냐의 문제는 존속 기간의 양적인 차이, 존속 기간의 지속 가능성의 불확실성만 있을 뿐 원칙적으로 모든 곳에서 동일하다. 모든 것들은 현사실성으로서는 일시적이고 제한되어 있으며, 몰락의 길을 걸어가게 되어 있다. 불가피하게 사라질 수밖에 없는 의식의 영역을 협소한 영역에서 넓은 영역으로 이전시킬 수는 있다. 멸망을 피하기 위해 한계상황을 눈감아 버리거나 회피할 수는 있지만, 이런 것은 한계상황 내부 어딘가에서 멈출 수밖에 없다. 그리고 현실을 소위 절대적인 것으로, 영원한 것으로, 파괴 불가능한 것으로 인정해서 수용할 수밖에 없다.

　2. 개별적인 상황: 무상의 종류는 언제 어디서나 동일한 인상을 갖지 않는다. 철학적으로 정향된 정신에게 어린 시절의 체험과 사건들을 망각하

는 경험 충격으로 느껴질 수 있다. 개인을 초월해 있는 전체, 민족, 문화의 멸망(예를 들어 고대 문화의 종말, 마지막 '그리스인들'에게는 투르크인들에 의한 콘스탄티노플의 함락 같은 사건)은 역사 속에서 종종 가슴 아픈 사건으로 경험되어 왔다. 자신의 개인적인 죽음이 여러 다양한 시대에서 겉으로는 완전히 별것 아닌 것으로 여겨졌던 때가 있었지만, 개인주의적인 자의식이 도래하면서 그것은 어디서나 되풀이되는 무시 못 할 한계가 되었다. 여기서는 타인의 죽음, 이웃의 죽음에 대한 일반적이거나 특별한 모든 경험과는 비교될 수 없는 인간 자신의 죽음과의 특별한 관계가 어디에나 존재하고 있다. 사람들에게는 완전히 전달할 수 없는 그 무엇, 완전히 비밀스러운 그 무엇, 완전히 은폐되어 있는 그 무엇이 있는데, 이것들을 사람들은 자기 스스로는 말할 수 없고 다른 사람들에게도 전달할 수 없다.

인간이 맺는 자신의 죽음과의 관계는 다른 모든 무상한 것과의 관계와 다르며, 오로지 세상의 파멸만이 비교 가능한 표상일 뿐이다. 인간은 모든 종류의 덧없는 소멸이 완수되는 것을 경험하고 나서 그런 덧없는 소멸을 대상화할 수 있지만, 오로지 자기 존재의 소멸 또는 세계 자체의 소멸만이 인간에게는 총제적인 성질을 띤다. 일반적으로 또는 다른 사람에게서 인간은 죽음을 신체적인 과정으로, 이웃의 부재로 이해할 수 있지만, 그 자신은 여전히 존재한다. 인간은 신체적 고통, 두려움, 죽음에 대한 두려움, 피할 수 없는 죽음에 대해서 경험할 수 있다. 그리고 그러한 위험을 간과할 수 있다. 하지만 그는 죽음에 대해 그 어떤 경험도 갖고 있지 않고, 늘 살아 있는 자들이 죽음과 맺는 관계에 대해서만 경험할 수 있다. 인간은 또한 이 모든 경험들을 우회할 수도 있고, 그러한 경험 없이 아무도 모르게 죽어 갈 수도 있다.

죽음이란 상상할 수 없는 것, 원래 상상 불가한 그 어떤 것이다. 그것에서 우리가 상상하고 생각하는 것은 오로지 부정적인 것, 그것에 동반되는 부대 현상일 뿐 결코 긍정적인 것이 아니다. 그런 식으로 우리는 이웃의 죽음을 그 본래적인 의미에서 '경험하지' 못한다. 우리의 이웃은 우리를 떠나지만 우리에게는 여전히 그대로 존재하고 있다. 그는 있으면서도 있지 않다. 죽음에 대한 우리의 일반적인 지식과 죽음에 대한 우리 경험의 관계는 전적으로 이질적이다. 우리는 일반적으로 죽음을 알 수는 있지만, 동시에 우리 안에는 본능적으로 그런 것을 필연적이 아닌 것으로, 가능하지 않은 것으로 여기는 뭔가가 있다. 우리가 심리학적으로 관심을 갖고 있는 것은 죽음에 대한 완전히 개인적인 반응 행동, 즉 한계상황으로서의 죽음에 대해 개인이 체험하는 반응이다.

이런 물음은 한계상황으로서의 죽음이 인간의 체험 안으로 들어왔을 때나 출현할 수 있다. 원시 부족민들 사이에서는 그렇지 않았다(여기서 죽음은 종종 불가피한 것으로 간주되지 않고, 어떤 나쁜 의지를 통해서 인과되는 것으로 간주된다). 또한 인간이 죽음의 역할에 대해 완성된 표상들을 전통적으로 감각적인 현실만큼이나 확실하고 자명한 것으로 받아들이던, 개념에 속박되어 있던 시대에도 그렇지 않았다. 또한 한계 체험으로서의 죽음을 지양하는 불멸 사상에 대한 모든 감각화 및 구체화가 성횡했던 시대에도 그렇지 않았다. 그런 식으로 중세 기독교의 광범위한 집단들에서 인간은 사후에 연옥에 가고, 영원한 삶, 감각적으로 상상할 수 있는 삶을 가지고 있으며, 사후에 형벌과 보상을 받는 것이 확실하고 자명한 것이었다. 이승에서 살아가는 동안 인간이 어떻게 살고 어떻게 행동하는가가 결정적이고, 반복적으로 죄를 지으며 살아가는 사람은 심리학적으로 마치 시험을 치러야 하는 것을 알고 있으면서도 시험을 제대로 준비하지 못하는 사람과도 같다. 이 모든 경우들에서 죽음에 대해 감각적으로 느끼는 공포는 노력을 통해서 얻을 수 있는 보상에 대해 감각적으로 느끼는 표상을 통해서 어느 정도 극복된다. 원래는 전혀 다르게 동기부여되었던 종교적인 극복들에 대해 가해지는 거의 모든 해석들과 형식들이 그런 것으로 변질되기에 이른다. 한계와 무한에 대한 의식이 상실되어 죽음은 유한적으로 상상된 세계의 한 단순한 단면이 되고, 죽음은 한계상황이기를 멈춘다. 한계상황으로부터 성장해 나오는 특별한 체험 같은 것은 더 이상 남지 않는다.

죽음을 한계상황으로 인식할 때 인간은 어떠한 반응을 보일까? 그에게서는 불멸성에 대한 감각적인 표상이 붕괴된다. 즉 유한한 표상 내용들에 대한 집착으로서의 '믿음'이 사라진다. 영혼의 불멸성을 증명해 그것을 가지고 신앙을 대체하고자 하는 지성은 심리적인 힘을 발달시키는 데는 완전히 비효율적인데, 그런 것은 기껏해야 모든 것에도 불구하고 보존되어도 인정받지 못하는 신앙의 표현이며, 유한한 내용을 지속적으로 믿는 신앙의 힘에 기반해서 인식되기는 했어도 아직 체험되지는 못한 한계상황을 대하는 행동이다. 죽음이라는 한계상황을 의식하고 있는 인간에게 지성은 불멸성에 대한 숙고를 위한 용도로도 무의미하다. 왜냐하면 지성은 그것의 본질에 따르면 한정 가능한 것, 그래서 유한적인 것에 머물기 때문이다. 일단 한계상황에 이르면 그것이 양식들로 표현될 수 있다고는 해도 원래는 삶의 입장, 삶의 태도인 그런 새로운 힘들을 개발해야 하는 반응만 남는다. 여기서도 양식들은 종종 합리적인 귀결의 논리를 따라 개발되는 것처럼 보이지만. 그리고 이런 것은 한계상황의 상실 아래 새로운 유한한 감각성으로 고착되어 가는 과정에서 충분히 자주 일어날 수 있는 것이지만, 살아 있는 반응에서 합리적인 귀결은 항상 한계상황을 만나 영혼이 충격받은 이후에 남아 있거나 그로부터 비로소 성장해 나오는 힘들로부터 생겨 나오는 그런 최종적인 태도를 통해서 제한된다. 우리는 가능성들을 조망해 보고자 한다.

가장 가까운 반응은 순전히 부정적인 반응이다. 한계상황을 깨달으면 모든 원시적인 신념의 내용들은 파괴되지만, 그 자리를 새로운 것이 대신하지는 않는다. 합리적인 귀결은 이율배반으로 이어질 뿐이고, 이율배반이 무한할 경우에 그것은 실천적으로 승화되는 그 무엇이다. 현재 순간의 현존 너머로 보이는 것은 아무것도 없고, 현존 자체가 혼돈스러운 모습으로 현현한다. 책임은 있을 수 없다. 사람은 우연에 따라 살아간다. 이 상태에서 최고의 주관적인 존엄성은 삶의 모든 상황에서 입증되는 모든 의미와 모든 신념을 일관되게 부정하는 데서 달성된다. 하지만 여기서 객관적인 고찰자에게는, 단순히 부정적인 것이 결국 불굴의 일관성과 주관적인 진실성 속에서 긍정적인 의미를 보여 줌으로써 부정의 존엄성은 지양된다.

이러한 허무주의적인 반응에 비해 다른 모든 반응들이 하나같이 동의하는 것이 있는데, 그것은 그들이 현재 우리에게 유일하게 알려져 있는 삶에서 절대적으로 궁극적인 것을 보고 있지 않다는 것이고, 그들이 삶에서, 도덕적인 것을 초월한 가장 광의의 의미에서, 우리가 책임지고 결정 내려야만 하는 것을 보고 있다는 사실이다. 어떤 의미나 존재, 또는 어떤 과정은 이런 삶을 초월해 있다. 불멸 사상은 한계상황을 무시하지도 않고 망각하지도 않는 대신 한계상황을 극복하는 힘을 표현하는 것으로, 가장 최고로 다양하고 자기 모순적인 형식으로 반복적으로 묘사된다. 하지만 사람에 의해서 결정이 내려지는 것, 이런 삶 너머에서 의미나 존재를 갖는 것, 이런 것은 바뀐다. 그것이 완전히 명료하고 상상 가능하고 생각 가능한 형태로 표현되면 그것은 이미 다시 절대적인 경계가 부재하는 유한적인 것의 내부 상황으로 후퇴한다. 그래서 영혼의 충격과 영적 힘들의 엄청난 증가 속에서 절대적인 것과의 관계는 죽음에도 불구하고 계속 추구되고, 일정의 유한한 것이 계속해서 절대적인 것으로 간주된다. 본래 죽음이라는 한 계상황의 체험은 항상 절대자와의 관계를 통해서 극복된다. 실존 중단에 대한 분명한 의식이 있고 감각적인 불멸을 가정하지 않을 경우에도 그렇다. 우리는 곧바로 고전적인 의미에서의 불멸성에 대해서 거의 항상 다시 듣게 된다. 가능한 것들 중에서 몇 가지만 현전화시켜 보면 다음과 같다.

1. 삶의 태도에 영향을 미치는 핵심 체험인 무상 체험에 대한 고전적인 사례로는 불교가 있다. 고요한 삶을 유지할 수 있다면 삶은 아름다울 것이 겠지만, 모든 것이 무상하기 때문에 모든 것이 무의미하다. 아름다운 여인 들이 삶의 쾌락을 즐기라고 유혹하자 붓다는 다음과 같이 말한다.

> 즐거움의 힘에 대해서 나를
> 무관심하고 둔감하게 만드는 것이
> 아름다움 때문이 아닌 나 때문이라면,
> 내 마음이 우울하고 슬픈 것은
> 오로지 내 눈에 모든 것이 변할 수 있는 것으로 보이기 때문이리라.
> 이러한 사물들에게서 존속이 확보된다면…
> 나 또한 사랑을 만끽하련만…
> 너희는 변하지 않게 할 수 있느냐,
> 그리고 이 여인들의 아름다움을 결코 시들지 않게 할 수 있느냐,
> 그러면 나는, 사랑의 기쁨이란 것이 악으로부터 자유롭지는 못해도,
> 그래도 그것이 내 마음을
> 사로잡도록 그냥 놔두고 싶을 것이다. 하지만 보라,
> 다른 이들이 어떻게 늙고, 병들고, 죽는지를.
> 지족하라, 저러한 것들로부터 만족을 얻는 일은

더 이상 발생하지 않느니…**129 130**

그러한 체험에 유일하게 바람직한 것은 오로지 무상의 종식이다. "그래서 영생으로의 구원이 아닌 영원한 죽음의 휴식이 갈망된다. 이런 식의 구원을 바라는 이유는… 삶을 혐오해서가 아니라 죽음을 싫어하기 때문이다"(막스 베버). 사람이 영원한 안식이라는 목표에 도달할지 못 할지의 여부는 현생에서 결정된다. 이때 심리학적으로 확실히 효과 있는 것이 다음과 같은 태도다. '덧없이 무상한 것을 나는 아예 즐기고 싶지 않다.' 그러나 인간이, 선악을 막론하고 모든 열정과 모든 의지를 포기하지 않은 채 삶에의 의지가 죽지 않게 내버려둔다면, 영원히 재탄생해서 무상함을 계속 경험할 수밖에 없다고 하는 인도식 전제는 합리적으로 작용한다. 그로부터 삶의 방식이 그 형태를 잡게 되는 것은 삶을 초월하는 의미를 통해서다. 모든 것이 무상하기 때문에 세상의 가치를 부정하는 불교의 허무주의는 그래서 개인주의자들의 무책임한 허무주의와 극명한 대조를 이룬다. 중요한 것은 어떻게 사느냐다. 이승에서의 삶은 결코 상관없는 것이 아니고 우연한 성향들에 내맡겨 둘 성질의 것들이 아니다. 모든 것을 사양하면서 붓다는 다음과 같이 말했다.

행하라,
늘, 우리 마음에 드는 대로, 이것 또는

129 Aśvaghoṣa, übers, bei Reclam. 51쪽.
130 (옮긴이) 아슈바고샤(Aśvaghoṣa)는 인도 출신의 불교 시인이자 『대승기신론(大乘起信論)』의 저자로 알려져 있는 마명(馬鳴)을 가리킨다.

저것을 만끽하면서, 그리고 나쁜 것은 아예
쳐다보지도 말라. 이것이 사는 법이니라![131]

죽음에 대한 혐오로부터 죽음에의 의지가 생겨 나온다.[132] 모든 것이 죽을 수 있다는 것을 괘념치 않는 마음으로 체험함으로써 죽음은 극복된다. 더 이상 아무것도 사랑하지 않는 사람은 잃을 것이 전혀 없다. 아무것도 누리지 않는 사람은 더 이상 아쉬울 것이 없다. 모든 것에 무관심한 사람은 망가질 것이 아무것도 없다. 그러한 초연함에 도달하느냐의 여부가 인간 삶을 결정한다. 그러면 인간은 죽음을 원하고 실제로 그것을 원할 수 있게 됨으로써 죽음을 극복할 수 있다. 인간은 죽음을 자살로 실현시킬 수 없는데, 그렇게 하면 삶에의 의지와 열정이 환생 이후의 삶에서도 다시 그곳에 있을 것이기 때문이다. 다른 사람들에게는 위안이 될 수도 있을 환생 사상은 여기서 영원히 반복되는 죽음으로 가는 최고로 끔찍한 죽음의 증대다. 불교 신자는 궁극적인 죽음을 원한다.[133] 불자가 그런 상태에 도달하는지의 여부는 그의 삶이 결정하고, 그는 자신의 삶에 대해 책임이 있으며, 그것이 그가 현존하는 의미다.

2. 불자에게서는 죽음 및 무상으로부터 무(無)의 고요 속에 영원히 머물고자 하는 욕망이 생겨 나오고, 그는 그것을 실현할 수단을 믿는다. 마치 그 수단이 가지고 있는 의미가 성립하기 위한 전제인 영원한 환생을 믿는

:::

131 Aśvaghoṣa, 앞의 책, 52쪽.

132 (옮긴이) 죽음이 너무 두려워 그 두려움으로부터 벗어나고자 죽고 싶은 마음이 일어나는 상황에 해당한다. 달리 말해, 죽음에 대한 부정적인 태도로부터 이 부정적인 태도를 극복하기 위해 죽음에 대한 긍정적인 태도가 생겨 나오는 상황에 해당한다.

133 (옮긴이) '궁극적인 죽음'이란 죽음조차 죽은 상태, 즉 죽음조차 극복된 상태를 의미한다.

것처럼. 죽음은 그것을 긍정할 때 극복된다. 그것과 전혀 상반되는 반응이 일시적인 무상과 죽음 속에서 영원한 변화 및 전환을 긍정적인 요소로 읽어 내는 것이고 이런 체험으로부터 불멸성을 믿는 것이다. 죽음으로부터 새로운 삶이 생겨 나온다. 이런 식의 믿음은 종종 환생이라는 표상 형식을 취하기도 하지만, 이는 소망할 만한 것으로서 그렇다. 여기서 죽음은 부정을 통해 극복되고 있는데, 그런 죽음은 최종적인 것이 아니다. 충만하고 풍요롭게 살고, 상승하는 삶을 사는 것이 중요하다. 그러면 죽음 이후에도 계속해서 상승할 것이다. 부정하는 것 대신 상승하는 것을 통해서 죽음을 극복하는 이런 태도는 (이 둘은 모두 혼돈이나 자살로 이어지는, 삶에 대한 혐오와는 대조적인데) 역사적으로 소크라테스 이전 시대의 철학자들 중 일부와 르네상스 시대의 철학자들에 의해서 대표된 적이 있다. 칼 조엘은 예언자였던 피타고라스와 엠페도클레스에 대해서 다음과 같이 말한 적이 있다. "그들은 자신들이 무한하다고 느꼈고, 자신들의 삶이 짧고 좁고 일회적인 것을 그저 믿을 수 없었다. 그들의 자의식은 죽음에 반하는 증언을 해 주고 있었다. 삶과 자신에 대한 괴물적인 느낌으로부터 환생의 교설이 생겨 나올 수밖에 없었다. … 특히 개인주의는, 레싱과 리히텐베르크, 그리고 니체가 보여 주고 있듯이, 신을 믿지 않는 흄조차 … 변호할 줄 아는 이런 교설들로 진행되어 나가는 경향이 있다." "사실인즉 고대 자연철학자들에게는 죽음이란 것은 없고 오로지 변화만이 있을 뿐이다." "불은 공기의 죽음으로 살고, 공기는 불의 죽음으로 살며, 물은 땅의 죽음으로 살고, 땅은 물의 죽음으로 산다." "우리는 영혼이 죽은 이들로 인해서 살고, 영혼이 죽은 이들은 우리의 죽음으로 인해서 산다"(헤라클레이토스). "죽는 것도 없고 태어나는 것도 없다. 모든 것은 그저 변할 뿐이다. … 영혼의 변화에 관한 이론은 발생도 망각도 부정한다. … 영혼의 사라짐은 단지 다른 모습으로 재탄생하기 위해서일 뿐이다. … 르네상스(부활)도 마찬가지다. … 케플러는 '다시 태어나기 위해서 죽는다(moriens renasci)'라고 선언한 바 있다."

불멸에 대한 괴테의 믿음은 그 어떤 신화적인 기록 없이도 삶을 통해 죽음을 극복한 대표적인 사례다. 괴테가 한 말 중에서 특징적인 구절들을 선별해서 모아 보았다.[134]

불멸의 이념에 대한 감각적이고 물질적인 측면에 반대해서:
당신은 내게 영원한 생명을 단번에 만들어 주고 싶은가요? 시간 속에서 내가 너무 오래 기다리지 않도록 해 주세요.[135]

이 대지로부터 나의 기쁨이 솟아 나오는구나…
나는 더 이상 듣고 싶지 않나니.
사람들이 앞으로도 또한 미워하건 사랑하건
그리고 또 저런 영역들에서
위가 존재하든 아래가 존재하든.[136]

나를 절망에 빠뜨릴 수 있는 것이 있으니 그것은
여기서 나를 강제로 압박한 이들에 의해서
영원성조차 협소해질 수 있을 것이라는 것.
그것은 단지 오래된 어불성설인데,

∴

134 종교에 대한 괴테 자신의 입장 고백(Leipzig, 1888), 포겔(Carl Vogel)이 사용한 것임.

135 Johann Wolfgang von Goethe, *Xenien*(1796).

136 Johann Wolfgang von Goethe, *Faust*, I.

저 위에도 찬란한 험담만이 있겠지.[137]

그것이 싸워 이겨야 할 새로운 과제와 난관들을 내게 주지 않는다면, 나는 영원한 행복이라는 문제를 어떻게 시작해야 할지 모를 것이다.[138]

다른 종류의 입장들과 관용에 대한 감각:

항상 그랬고 당연한 일이지만, 영원을 갈망하고 목말라하는 자는 자신의 구미에 맞고 자신의 위에서 잘 소화될 수 있는 음식을 상상 속에서 그곳에 마련한다. 부드러운 동양인은 잘 꾸며진 탁자 주위에 자신의 낙원을 꾸며 넣는다. 용감한 북부인은 천국 깊은 곳에 위치해 있는 아스가르드로부터 거대한 전장을 조망하고는, 벤치에 앉아 있는 오딘 신부 옆에 자리를 잡고, 영웅심에 맥주 한 잔을 비우며 휴식을 취한다. 그리고 학식 있는 사상을 펼치는 신학자이자 세계의 전령사는 끝없는 실험과 영원한 연구를 통해 자신의 지식을 증진하고, 자신의 인식 능력을 확장할 수 있는 아카데미를 그곳에 세우기를 희망한다.[139]

비록 내가 개인적으로 루크레티우스의 가르침에 어느 정도 의존하고 내 모든 요구들을 내 삶의 순환고리에 포함시킨다 해도, 엄마처럼 온유한 자연이 민감한 영혼을 위해서 좀 더 부드러운 소리와 울림들을 서로 조화를 이루게 해 주는 파동으로 나지막하게 내 주고, 유한한 사람들에게 다양한

137 Johann Wolfgang von Goethe, *Xenien*, VI.
138 뮐러 총리(Kanzler Müller)에게, 1825.
139 게시물, "라바터의 영원에 대한 전망(Lavaters Aussichten in die Ewigkeit)"(1772).

방식으로 영원하고 무한한 것에 대한 연민을 부여해 준다는 사실을 내가 알게 될 때, 나는 늘 기쁘고 상쾌하다.[140]

상상할 수 없는 죽음. 지성은 불멸을 생각할 능력이 없고 다음과 같은 것을 생각하거나 근거 짓거나 반증할 수 없다.

내가 어떻게 스러질 수 있고, 당신이 어떻게 스러질 수 있단 말인가? 사실 우리는 스러지기 마련이다. 스러진다는 것, 그것은 무엇을 말하는가? 그것은 다시 하나의 단어요, 내 심금을 울리지 못하는 하나의 공허한 울림일 뿐이다.[141]

괴테가 확고하게 말한 것이 있다. 그가 생각하는 본질에 따르면, 존재하지 않는다는 것을 생각하는 것, 생각하는 것이 정지되고 사는 것이 정지되는 것을 생각하는 것은 절대 불가능하다. 그런 한에서 모든 사람은 자신의 불멸에 대한 증거를 자기 안에 가지고 있다. 그것도 완전히 비자의적으로. 하지만 사람이 객관적으로 자기 자신으로부터 벗어나려고 하자마자, 사람이 개인의 영속성을 독단적으로 증명하고 파악하려고 하자마자, 저러한 내적 지각을 속물적인 방식으로 치장하자마자, 사람은 모순에 빠진다.[142]

중요한 것은 행동이다.

내 믿음의 한 조항은, 우리는 현재 상태에서의 굳건함과 성실성을 통해

140 슈톨베르크 공작(Graf Stollberg)에게, 1789.

141 Johann Wolfgang von Goethe, *Die Leiden des jungen Werthers*, II.

142 뮐러 총리(Kanzler Müller), 1823.

서 더 높은 다음 단계로 도달할 수 있는데, 여기 현세에서는 한시적으로 그렇고 내세에서는 영원히 그럴 수 있다는 것이다.[143]

죽음을 만지고 있는 그림은 지혜로운 사람에게는 공포로 비춰지지 않고, 경건한 사람에게는 종말로 비춰지지 않는다. 그런 것은 그런 사람들을 삶으로 밀어넣고 행동하는 법을 가르쳐 준다. 그들이 환난 속에 있을 때, 그런 것은 그들이 미래에 구원될 것이라는 희망을 강화시켜 준다. 두 부류의 사람들 모두에게 죽음은 삶이 된다.[144]

우리의 시선은 저 위쪽에 사로잡혀 있고.
눈을 깜박이면서 그곳을 응시하는 어리석은 자가
자신의 이야기를 구름 위 하늘에다 시로 쓰고 있구나.
그런 사람은 여기 땅 위에 굳건히 서서, 주위를 둘러보아야 하나니.
유능한 자에게 이 세상은 침묵하지 않을지라.[145]

불멸의 이념에 천착하는 것은 귀족 계급, 특히 할 일 없는 여인네들에게 적합하다. 그러나 이미 여기에서 뭔가 질서정연한 것을 생각하고 그래서 매일 그것을 향해서 노력하고 투쟁하고 성취를 이뤄야만 하는 유능한 인간은 미래의 세계는 쉬도록 그냥 내버려두고, 현실세계에서 활동적이고 유용한 사람이 되려고 노력한다.[146]

..

143 크네벨(Karl Ludwig von Knebel)에게, 1783.
144 Johann Wolfgang von Goethe, *Herrmann und Dorothea*, IX.
145 Johann Wolfgang von Goethe, *Faust*, II, 5.
146 에커만(Johann Peter Eckermann), 1824.

모든 것이 변한다.

생성된 것을 생성하기 위해

그것이 굳지 않도록 중무장시키기 위해.

영원히 살아 있는 활동이 작용을 시작한다.

그리고 과거에는 없었지만, 이제 그렇게 되려고 하는 것

순수한 태양, 오색창연한 지구가 되려고 하는 것.

그것은 그 어떤 경우에도 정지해서는 안 된다.

자극받아야 하고, 창조적으로 행동해야 하고,

비로소 자기 스스로 형성하고 변신해야만 한다.

그것은 겉으로만 잠시 정지해 있는 것처럼 보일 뿐이다.

영원한 것은 모든 것 속에서 계속 활동한다.

그 어떤 것도 무로 분해되어서는 안 되기 때문이다,

그것이 존재 상태에 머물러 있기를 바란다면.[147]

이러한 변화 속에는, 이러한 변화에도 불구하고 영원한 것이 있다.

불멸에 대한 믿음.

그 어떤 본질도 무로 분해될 수 없다.

영원한 것은 모든 것 속에서 계속 활동한다.

존재하는 것에서 계속 행복을 유지하라!

존재는 영원하다. 왜냐하면 법칙들이

생생하게 살아 있는 보물들을 간직하고 있기 때문이다,

147 Johann Wolfgang von Goethe, "Eins und Alles", 1823.

우주는 그런 보물들로 자신을 장식한다.[148]

미래도 계속 살아 있을 것이라는 믿음, 그런 행운을 나는 놓치고 싶지 않다. 실제로 나는 **메디치스**(Lorenzo von Medicis)와 함께, 모든 사람들이 현생 외의 다른 뭔가를 희망하지 않고, 이번 생을 위해 죽었노라고 말하고 싶다. 저런 이해할 수 없는 것들은 일상적인 고찰의 대상이 되기에도 그렇지만, 생각을 파괴하는 사변의 대상이 되기에는 너무 멀리 떨어져 있다.[149]

사람 나이 75세면 죽음을 생각하지 않을 수 없다. 그런 생각이 나를 매우 평화롭게 만든다. 왜냐하면 우리의 정신은 완전히 파괴될 수 없는 본질을 가지고 있다는 것을 나는 확신하기 때문이다. 그것은 영원에서 영원으로 계속 작용하는 그 어떤 것으로서, 지상의 우리 눈에 그것은 아래로 지는 것처럼 보이지만, 실제로는 결코 아래로 지는 것이 아니고, 끊임없이 빛나고 있는 태양과도 같다.

자연에 대한 신:
자연, 그것이 나를 이 세상 안으로 밀어넣었지만 또한 밖으로 끄집어낼 것이다. 나는 자연을 믿는다. 자연은 나를 작용하게 하는 것을 좋아한다. 그것은 자신이 만든 작품을 싫어하지 않을 것이다.[150]

∴

148 에커만, 1829.
149 에커만, 1824.
150 Johann Wolfgang von Goethe, *Die Natur: Aphoristisch*(1780/1781).

몰락을 모르는 힘들:

저런 지고한 영혼의 힘의 몰락에 대해서 자연에서는 결코 언급될 수 없고, 그 어떤 상황에서도 주제화될 수가 없다. 자연은 자신의 자산을 그렇게 마구잡이로 허비하지 않는다. 빌란트의 영혼은 천부적으로 하나의 보물이다.[151]

인간은 불멸을 믿어야만 한다. 인간은 그럴 만한 권리가 있고, 그렇게 하는 것이 그것의 본성에 부합하는 것이며, 그것은 종교적인 약속 위에 구축될 수 있다. … 우리가 계속 존속할 수 있다는 것에 관한 확신은 나의 경우 활동 개념에서 비롯된다. 왜냐하면 내가 목숨을 다하는 그날까지 부단하게 작용한다면, 현재의 내 정신이 더 이상 견딜 수 없게 된다 하더라도 자연은 나에게 다른 형태의 현존을 제시해야 할 의무가 있기 때문이다.[152]

이런 힘들을 괴테는 모나드 또는 엔텔레키로 파악한다.

각각의 엔텔레키는 한 조각의 영원성이며, 그것이 지상의 신체와 연결되어 있는 몇 년 간은 그 세월이 그것을 늙지 않게 해 준다. 이 엔텔레키가 더 작은 것일 경우 그것은 신체적으로 흐릿해져 지배력을 거의 행사할 수 없게 된다.[153]

엔텔레키적인 모나드는 오로지 부단한 활동을 통해서만 자신을 유지해

151 팔크(Johannes Daniel Falk)에게, 1813.
152 에커만, 1829.
153 에커만, 1828.

야 한다. 그것이 그의 또 다른 본성일 경우 그것은 영원토록 분주하지 않을 날이 없게 된다.[154]

나는 우리가 앞으로도 계속해서 존속할 것이라는 점을 의심하지 않는데, 그것은 자연이 엔텔레키 없이 돌아갈 수 없기 때문이다. 하지만 우리는 같은 방식으로 불멸하지 않는다. 미래에 위대한 엔텔레키로 현시되기 위해서 우리는 또 하나의 엔텔레키가 되어야만 한다.[155]

3. 불멸이란, 그것이 감각적인 표상 속에 있는 영원한 존재와 관련이 있든 시간을 초월해 있는 의미와 관련이 있든 영원한 환생과 관련이 있든 간에, 그 안에서 죽음이 극복되어 있는 것으로 여겨지는 생각 일체를 지칭하는 개념이다. 이러한 생각은 체험을 표현한 것으로서, 그 자체로 증명될 수 있는 것이 아니다. 신 증명이 인식 용도의 증명이 아니라 절대자로 승화해 가는 길을 묘사하기 위한 것인 것처럼, 그런 식의 증명 같은 것이 구해져야만 한다면 그러한 일에서 의미가 존재하는 한 중요한 것은 죽음의 한계 너머로 영혼을 고양시켜 나가는 노정을 보여 주는 것이다.

온갖 종류의 불멸 사상들에 있어서 공통점은, 신앙인들에게 중요한 것이 이번 삶을 어떻게 살 것인가 하는 문제라는 것이다. 내용적으로 이것은 또한 이승에서의 삶에서 절대자와 관계를 맺을 수 있다는 믿음이 중요하다는 것을 말하는 것일 수 있다. 이러한 중요성을 의식하는 것이 지배적일 때 종교적 삶이 그 자체로 목적이 된다. 왜냐하면 모든 것들이 그것에 의

••

154 첼터(Karl Friedrich Zelter)에게, 1827.
155 에커만, 1829.

존하고 있기 때문이다.

키에르케고르[156]는 이런 입장을 순수한 방식으로 발전시켰다. 그에게 서는 불멸을 믿는다는 특별한 내용은 나타나지 않고 오로지 주관적인 내면성, 즉 죽음 및 불멸에 대한 주관적인 관계, 즉 의미의 가장 강렬한 묘사만 나타나고 있다. 믿음을 찾는 것이 중요하다고 느끼는 것이 불신자의 입장이다. 여기서 증명할 수 있는 것은 아무것도 없으며, 불멸에 대한 물음도 체계적으로는 제기될 수 없다. 결정적인 것은 완전한 주관성 안에 놓여 있다.

"불멸에 대해 객관적으로 묻는 것이 불가능하기 때문에, 그 질문은 객관적으로 답해질 수가 없다. 불멸은 주관성을 강화하는 것이자 주관성을 최고로 발전시키는 것이기 때문이다. 비로소 주관적이고자 하는 노력에서 질문이 제대로 출현할 수 있는데, 그 질문이 어찌 객관적으로 답해질 수 있겠는가?" "나의 불멸에 대한 의식은 전적으로 나에게 속해 있다. 내가 나의 불멸을 의식하는 바로 그 순간, 나는 절대적으로 주관적이 된다." 죽음은 이해할 수 없다. "죽음이 내일 당장 닥쳐 올 정도로 은밀하다고 해 보자! 이미 이런 불확실성이 어떤 한 실존자에 의해 이해되고 준수되어 또 그것이 불확실한 것이다 보니, 모든 일에 있어서 함께 고려되어야 한다면, 즉 내가 세계사(그것이 실제로 나와 관련이 있는지의 여부는 신이 아신다)에 간여해 내일 당장 죽음이 찾아오더라도 시작할 가치가 있는 것을 시작할지 여부를 내 자신이 분명히 해야 한다면, 엄청난 어려움이 야기된다." "이러한 불확실성에 대해 기한을 정해서 한 번씩 생각해 본다는 것은 그것에 대해서 전혀 생각하지 않는 것이나 마찬가지다. … 따라서 내가 살아가는 매

∴

156 Søren Kierkegaard, Werke 6, *Kjerlighedens Gjerninger*, 242~253쪽.

순간에 그것을 생각해 보는 것이 점차 중요해진다. 삶에서 불확실성이 매 순간 존재하기 때문에, 그것은 오로지 내가 매 순간에 그것을 직접 극복함으로써만 극복될 수 있다." "내가 죽는다는 것, 이것은 내게 일반적인 의미에서의 그 무엇이 아니다. 내 자신에게 나 또한 일반적인 의미에서의 그 무엇이 아니다. 아마도 다른 사람에게라면 '나'라는 사람은 어쩌면 그런 존재일 수 있다. 하지만 주관적이 되는 것이 주어진 과업이라면, 모든 주체는 자기 자신에게 일반적인 의미에서의 그 무엇과는 반대되는 그 무엇이다."

"그래서 내가 물어야 하는 것은, 죽음에 대한 표상이 과연 존재할 수 있는 것인지, 사람이 그런 것을 표상적으로 예상하고 예상대로 경험할 수 있기나 한 것인지, 아니면 그것이 실제로 실현됨으로써 비로소 그것이 존재하게 되는 것인지 등이다. 그리고 그것, 즉 죽음이 실제로 존재한다는 것은 무(無)를 의미하다 보니, 그것이 부재해야 그것이 비로소 존재하게 되는 것인지, 달리 말해 죽음을 관념적으로 생각함으로써 죽음을 극복할 수 있게 되는 것인지, 그게 아니면 임종의 순간에 죽음에 대한 표상을 통해 죽음이 지양될 수 있는 상황에서, 물질성이 죽음에서 승리해 인간이 개처럼 죽어 가게 되는 것인지의 여부다." 죽음이 인간의 표상 안으로 수용될 수 있는지의 여부에 대해 '그렇다'라고 답한다면, "그러면 우리는, 죽음의 불확실성을 생각해 죽음에 대비하기 위해서 매 순간 그것을 생각해야 할 경우, 죽음에 대한 표상이 한 사람의 전체 삶을 어떻게 변화시키게 될 것인가를 묻고, 죽음을 준비한다는 것이 어떤 의미인지 묻는다. … 그리고 나라면 죽음을 어떻게 준비할 수 있을까? … 사람들은 죽음의 의미에 적합한 윤리적인 표현을 요청하기도 하고, 죽음의 극복을 위해 종교적인 표현을 요청하기도 한다. 사람들은 죽음의 수수께끼를 풀어 주는 표현을 요청하기도 하고, 살아 있는 사람이 죽음에 대해 계속해서 생각하지 않을 수 있는 구속력 있는 표현을 요청하기도 한다." "하지만 주관적이 되는 것이 주어진 과제라고 한다면, 개별적인 주체에게 죽음에 대한 생각은 그런 것들 중에서 그 어떤 것도 아니고 하나의 행위다. 왜냐하면 주체성의 발달은 인간이 자신의 실존에 대해 성찰하면서 행위로 일을 관철시키는 것에, 즉 인간이 실제로 생각한다는 것은 생각한 것을 실현하는 것에 있기 때문이다."

c. 우연

어떤 현존, 어떤 사건이 필연적이지 않은 것으로 간주될 때 그것들은 우연적이라 불린다. 수많은 종류의 우연 개념들이 있어야 하는 것만큼이나 수많은 종류의 필연적인 상호연관들이 존재한다. 인과적 필연성과의 상관관계에서의 우연성, 합목적적이고 의도적인 행위와의 상관관계에서의 우연성, (역사적인 사건의 연쇄에서 형이상학적 세계의미에 이르는)[157] 객관적인 의미연관과의 상관관계에서의 우연성 등이 그것이다. 어떤 관점 아래에서 우연적인 것은 다른 관점 아래에서는 필연적인 것일 수도 있다. 예를 들어 목적의 관점에서 우연적인 것은 인과적으로는 필연적인 것일 수 있다.

하지만 우리가 계속 생각하다 보면, 우리의 현존과 이해의 한계 어디서나 우연은 즐비하다. 몇몇 관계들을 나열해 보겠다.[158]

자연법칙성과의 관계에서 보면 실제적인 현존은 우연적이고(세계가 존재하고 있다는 것 자체가 알 수 없는 일이다), 모든 일반적인 필연성과의 관계에서는 개별적인 성질을 가지고 있는 것이기도 하다. 자연법칙들로는 현존도 그렇지만 개별적인 것도 이해되지 않는다. 생각해 볼 수 있는 세계법

:
---

157 Wilhelm Windelband, *Die Lehren vom Zufall* (1870).
158 Ernst Troeltsch, *Die Bedeutung des Begriffs der Kontingenz*. Schriften II, 773쪽 이하.

칙과 달리, 그런 것으로부터 도출될 수 없는 다양한 개별 법칙들도 우연적이다. 개별적인 것은, 그것이 유일한 전체로 생각되든 아니면 모든 종류의 개별화된 개체성으로 생각되든, 늘 우연적이다. 세상에 존재하는 모든 새로운 것, 모든 비약, 모든 창조, 인과관계의 방정식으로 환원될 수 없는 모든 것들은 법칙성의 관점에서 볼 경우에는 우연적이다. 화학에서처럼, 새로운 것들이 규칙을 따라 반복적으로 생겨나는 한 일회적으로 생겨나는 모든 새로운 것들은 우연적이다. 심리발달론의 관점에서 볼 때, 단순히 주어지는 것으로서의 모든 성장 단계들은 우연적이다. 우리에게 모든 실제와 모든 인식은 무한한 것으로부터의 선택을 통해서 구성되기 때문에, 개별적인 연관은 필연적이지만, 그것을 선택하는 원리(관심이나 이념들)는 우연적이다. 우리가 보기에 가치들은 필연적으로 하나의 원리로부터 파악되는 것이 아니며 그것들의 현존은 우리에게는 우연적이다 등등.

우리는 세계를 필연적일 뿐 아니라 서로 연관되어 있는 것으로 보기도 하고(합리주의), 또한 우연적이고 혼돈적인 것, 즉 아무 연관 없는 것으로 볼 필요도 있다(비합리주의)는 사실에는 불가피한 이율배반이 들어 있다. 즉 우리는 항상 한쪽으로 치우치는 일 없이 '중도'를 걷는 대신 한쪽 극단을 가지고 다른 쪽 극단을 제한시키고 있다는 데 불가피한 이율배반이 있다. 우연 또한 늘 궁극의 그 무엇으로 남아 있다.

우연에 대해서 스스로 생각해 보면서 의미를 찾고자 하는 한 각 개인들은 자신의 삶 어디서나 그러한 우연을 어마어마한 사실로 경험하게 된다. 형이상학적인 의식이 각 개인에게 주는 사랑은, 당신이 아주 오래전에 나의 누이였거나 아내였던 관계로, 나의 삶에서 일어나는 우연한 만남과 연결되어 있다. 부모와의 우연한 만남으로 인해 비로소 가능해진 내 자신의 현존, 경제적 상황, 교육, 적절한 환경적인 분위기와의 만남, '행해야 할 과업'과의 조우 등과 같은 우연한 상황들에 연결되어 있는 우리 삶의 운명들. 발생하는 사건들이 자신에게 이롭든 해롭든, 인간은 자신의 능력 범위를 벗어나 있는 그런 우연들에 자신이 속박되어 있다는 사실을 알아차리고, 이후의 자신의 존재가 그러한 우연들에 의존해 있다는 사실을 현전화할 수 있게 되고, 미래를 향한 상태에서 자신에게 다가올, 그것들의 속성상 그에게 잘 알려져 있지 않은 우연들을 의식할 수 있게 되고, 매우 구체적인 우연을 예상하면서 결정하는 것을 볼 수 있게 될 것이다.

　모든 것이 덧없다는 식의 체념적인 무반응인 경우가 아니라면, 우연성에 대한 반응은 거의 형이상학적일 수밖에 없다. 인간은 자신의 운명 속에 하나의 연관이 있다는 느낌, 즉 모든 우연들이 하나의 실로 서로 연결되어 있다는 느낌을 받는다. 운명은 하나의 체감된 의미가 있고, 완수된 전기(傳記)의 형태로 묘사될 수 있는 총체성을 가지고 있다. 인간은 별자리 아래에서 뭔가를 느끼고, 자신을 운이 좋은 사람으로 느끼기도 한다. 예를 들어 루키우스 술라는 자신을 (라틴어로 행복, 행운을 뜻하는) '펠릭스(felix)'라 칭했고, 율리우스 카이사르도 자신을 펠릭스라 칭했다. 얼핏 보면 우연으로 간주되는 사건들도 상호연관된 의미를 가지고 있고, 사람이 그것들에 대해 취하는 전반적인 태도에 따라서 운명의 여신을 뜻하는 그리스어 '튀케(tyche)', 라틴어 '파툼(fatum)', 그리고 운명을 의미하는 영어 '페이트(fate)', 비운을 의미하는 '둠(doom)', 천벌을 의미하는 '네메시스(nemesis)' 등으로 구분된다. 사람들은 순전히 경험적으로 대부분 올바르게 이런 식으로 말할 수 있다. 능동적이고 살아 있는 인간의 성향은 무수히 많은 우연들 중에서 자신에게 적합한 것을 선택한다. 어떤 사람에게 무심코 지나치는 우연이 다른 사람에게는 운명이 되기도 한다. 운명이란 통일성을 유지하는 특성이 아주 이질적인 사건들을 선택적으로 강조하면서 처리하는 작업일 따름이다. 살아가는 인간은 개별적인 경우들에서는 종종 그런 식으로 일을 수행할 수는 있어도 전체적으로는 그렇게 느끼지 않는다. 이해할 수 없는 우연, 불행, 그리고 행운이 그의 삶을 만든다. 그의 현존은 우연적이며, 그는 자신에 대해서, 장 바티스트 달랑베르가 세계에 대해서 그렇게 말했던 것처럼, 이런 식으로 말할 수 있다. 가장 이해할 수 없는 것이 내가 존재한다는 사실이라고.

우연성으로 인해 충격을 경험해 본 적이 있는 인간이 삶을 대하는 전반적인 태도와 의미 의식에 있어서 어떤 식으로 반응하는가는, 억압되어서도 유한화되어서도 감각화되어서도 안 되는 다음과 같은 양식의 표현에서 관찰할 수 있는데, 그 이유는 그러한 양식들에 내재해 있는 원래의 살아 있는 영적 충동을 포착하려면 그래야만 하기 때문이다. 어떤 무엇인가가 현존을 조종하고, 신은 놀이 삼아 세상을 건설했다가 계속 파괴하고, 신의 불가해한 의지(예정)는 세상을 조종하며, 우연들은 이전의 업으로부터 생겨 나온 필연적인 결과들이며, 그러한 업이 새로 환생하면서 남겨 놓는 영향은 선하고 악한 삶이다.

이 모든 양식들의 공통점은 그런 양식들을 주조한 인간이 우연에 만족하지 않고, 그것의 이면에 은폐되어 있는 것으로 향하는 의도 속에서 그런 우연을 극복하고자 했다는 사실이다. 그 어떤 양식으로도 인간의 사유는 그것을 성취할 수 없고, 우연은 늘 또 다른 곳에서 살아 남는다. 세상의 현존은 어떤 경우에도 우연으로 머물러 있다. 그렇지 않으면 그런 세계를 창조한 신의 현존이 그런 식이다.

이러한 양식들은 생생한 충동의 일시적인 산물 내지 분리물인데, 그런 생생한 충동은 현존 활동이 벌어지는 여기를 포함한 어디서나 한계상황을 극복하고 한계상황에서 긍정적인 의식을 생성하고 의미, 지지, 필연성의 체험을 제공해 주며, 그로부터 구체적인 삶의 활동들을 위한 힘을 창출해 낸다. 하지만 다른 사람들을 위해서 그런 것들을 대상의 형식으로 구속력 있고 적절하게 표현할 수는 없다. 그런 것을 시도하게 되면 자신의 아날로 그적인 체험을 위한 권위 있는 해법으로 받아들여지거나, 대상적인 형식으로 말해질 경우에 불가피하게 개입되는 지성적인 작업을 통해서 파괴될 수밖에 없다.

인간이라는 이념이 존재한 이래로 가장 심오한 영향을 미쳐 왔던 것이 우연을 알아차리는 것이었다. 매우 광범위한 범위에 퍼져 있는 개인의 성향에 따른 인간 불평등에 대한 경험, 인종, 성별, 연령 등에 따라 겪는 인간 불평등에 대한 경험, 인간이 문명적이고 물질적인 조건에 의존해 있다는 경험, 이런 것들은 인간의 불평등을 인간 이념 일반과 인간의 평등 이념에 비춤으로써 측정된다. 둘 모두가 현실적이고, 인간의 평등 및 불평등 모두가 추구되어 왔다. (사람 누구에게나 가능할 것 같은 것에 준해서 측정되는) 아주 부당해 보이는 불평등은 일종의 우연적인 것이면서도 현실적으로 극복이 불가능한 궁극적인 것으로 경험된다.

모든 것들은 우리 모두가 모르는 필연적인 법칙들에 따라 그런 것이라는 말은, 자연의 법칙성을 형이상학적으로 실체화하고 우연을 단순히 부정하는 누군가에 의해서 행해지는 관념적인 성질의 극복이다. 예정설의 종교적 의미는 우연을 그냥 부인해 버리는 것이 아니고, 이해할 수 없는 무한한 것, 절대적인 것, 신적인 것이 벌이는 활동을 세계의 기반으로 삼는 것이다. 무한을 향한 의도, 한계상황의 극복이 체험되고 그것을 나타내는 표현이 발견되는데, 그 표현이 문자 그대로 이해될 경우, 그것은 임의의 신성한 인격을 구체화한 것으로 해석될 수 있지만, 순전한 의미에서는 우연을 피하지도 부인하지도 못하는 처지에 있으면서 이런 현실에 직면해서 절망하지 않고 그 안에서 종교적으로 긍정도 부정도 할 수 없는 절대자로의 상승을 경험할 줄 아는 종교인이 도달하는 체험의 경지를 나타내기도 한다.

d. 죄

그 어떤 가능한 경험에서든 모든 가치 실현이 언젠가는 아무 결과도 없이 소멸하게 될 것이라는 사실, 모든 가치 실현이 우연이라는 조건들에 연결되어 있다는 사실은 충격적이기까지 하다. 하지만 그중 어느 것도 죄책감을 불가피하게 만드는 이율배반만큼 심오하지는 않다. 죄를 유한한 것, 불가피한 것으로 간주하는 것이 가능하고, 본질적인 죄가 아닌 개별적인 죄만 파악하는 것도 가능하다. 이 경우 인간은 한계상황에 처하지 않고 윤리적인 낙관주의 아래에서 죄책감을 느끼지 않는 삶을 살아갈 수 있다. 한계상황의 관점에서 볼 때 유한한 것에 대한 집착, 이율배반에 대한 무지, 그리고 유한한 인간의 오만으로 비춰지는 윤리적인 자기확신의 의식을 스토아학파인은 획득한다. 여기 이런 한계상황에 처해 인간들은 뿌리째 흔들린다. 파괴와 무의미가 난무하는 소용돌이 속에서 윤리적인 자기확신을 가지고 자신을 (인물로서가 아니라 도식과 양식으로서) 확고한 의지처로 삼는 스토아학파인은 여기서 최후의 의지처를 상실한다. 자기 자신의 독립적인 가치 및 의미의 뿌리가 파괴되는 것을 느끼는 가운데 인간은 완전히 절망에 빠진다. 아우구스티누스, 마르틴 루터, 키에르케고르 같은 최고로 심오한 종교적 인간들이 겪은 체험이 바로 그런 성질의 것이다.

윤리적인 가치 평가의 범위는 아주 광범위하다. 윤리적인 가치 평가는 행위 및 행위 결과와 관련해 있다. 둘 중 어느 쪽이 되었든 간에 윤리적인 평가에 따라 요구될 수 있는 것이 아닌, 원치 않는 불가피한 결과들이 다음과 같은 괴테의 말을 증명해 준다. "행위자는 항상 양심이 없다." 행위에 있어서 '책임을 진다'의 말의 진정한 의미는 죄를 스스로 떠안고자 의지했다는 것이다. 그럴 수밖에 없는 이유는 이율배반을 피해갈 수 있을 유일한 가능성인 '아무것도 행하지 않기'가 윤리적으로 부정적으로 가치 평가되기 때문이다. 경험적인 실행에서 '아무것도 하지 않기'는 실존 의지의 부정으로서 자기 자신의 현존을 신속하게 파괴하는 방향으로 흘러갈 수밖에 없고, 그것이 아니어도 '행하지 않기'를 통해 즉시 최고의 '비호감'으로 변질될 수밖에 없기 때문이다. 그런 식으로 행하기와 아무것도 행하지 않기 사이에서, 그리고 행할 경우라 하더라도 의도적으로 행하는 것과 어쩔 수 없이 행하는 것 사이에서 인간은 부초처럼 이리저리 떠밀리는 상태에서 어떤 방식으로든 죄를 벗어날 수 없다.

그에 따라 윤리적인 가치 판단은 개별적인 행위의 기반이 되는 태도와 동기의 영역으로까지 뻗어 나간다. 여기서 윤리적인 자기통제가 시작되는데, 일단 시작되면 이 자기통제는 결코 만족하는 법이 없고 뭔가를 완전히 순수한 것으로 보지 않는다. 인위적인 고립 속에서라면 각각의 개별적인 동기는 완전히 순수하게 보일 수 있겠지만, 느낌 및 신념의 조건과 충동들이 섞여 있는 총체성은 그럴 수가 없다. 그런 순수성은 아마도 그 어떤 맹목성을 고수함으로써 달성될 수 있을 것이다. 그러나 의미 있는 행위의 전제조건이면서 윤리적인 행위의 전제조건인 실재에 대한 완전한 조망을 획득하려는 노력은 충분히 성취될 수가 없다.

윤리적인 가치 판단은 외적으로 드러나는 행동과는 아무 관계도 가질 필요가 없는 모든 감정과 모든 종류의 영혼 작용들로 계속해서 확장된다. 여기서 통제적인 자기반성은 모든 것들을 중요한 것으로 여기면서 항상 영적인 것을 총체성, 인간 이념, 윤리적 순수성으로 배열시키고 정향시키려고 애쓴다. 그렇지 않은 경우에는 여느 때처럼 내용상 여전히 매우 문제적이라 칭해질 수도 있다. 하지만 그런 통제적인 자기반성은 바닥 없는 무한성으로 내몰린다. 긍정적인 감정에서도 서로 반대되는 충동들, 완전히 불수의적인 무수한 충동 및 본능들이 의식에게 완전한 불확실성을 가져다준다. 의식은 ─ 그러한 자기통제와 자기관찰에 정말 진지하게 임하는 한 ─ 어디서 자신을 찾아야 하는지, 어떻게 변화되어야 할지에 대해서 더이상 알지 못한다. 의무와 성향, 도취적인 고양과 지속적인 동기, 올바름을 지향하는 선의지와 비진정성, 진정성과 창조적인 유한한 생명력 등은 그가 결국에는 극복할 수 없는 대립들이다.

이런 윤리적인 가치 평가에서 인간은 자신에게만 적용할 수 있는 절대적인 기준을 자기 스스로에게 적용한다. 그리고 절대적인 기준을 정함으로써 그는 ─ 이러저러한 개인에게서가 아니라 전체 속에서 ─ 지속적으로 윤리적인 불충분성 및 채무 의식에 머물 수 있게 된다. 이와 반대로 절대적인 기준을 포기하면 '변명'이 이어지고 합법성, 관습, 예의 등을 위해서 윤리의 영역을 벗어나게 된다.

윤리적인 가치 평가를 위한 절대적인 기준 및 이율배반은 일반적으로 그런 식으로 잘 묘사될 수 있다. 그러나 개별적인 인간은, 아무리 많이 얘기하더라도 자신의 윤리적 죄책감을 전달할 수 없다. 이런 최종적인 '죄책감'을 ─ 이때 꼭 일상적 의미에서 말하는 피상적인 범죄와 실수 같은 것만 생각할 필요는 없는데 ─ 인간은 어떻게든 자기 혼자서 외롭게 경험한다. 그리고 (적극적으로 함구한다는 의미가 아니라 표현되지 않은 채로 남겨 둔다는 의미에서의) 침묵은 모든 의사소통의 의지에도 불구하고 그 어딘가에서는 어쩔 수가 없다.

윤리적인 한계상황에 대한 반응은 통일적이지 않다. 그것을 기술함에 있어서, 이는 모든 윤리에 적용되는 것인데, 어떤 사람이 자신이나 타인을 윤리적으로 대하는지, 이때 그가 절대적인 기준을 가지고 있는지 또는 비교하는지, 자신에게 자신이 가장 결정적인 것이라고 느끼는지 또는 그가 사람들의 성격 및 행위를 객관적으로 판단하는지, 그가 자기 자신의 죄의식으로 또는 인간세계 일반에서의 죄의식으로 고통을 받는지는 전혀 상이하다는 사실이 규명될 필요가 있다. 이러한 대조에서 사람들은 항상 양 측면 모두에서 전혀 이질적인 태도와 결과들을 관찰한다.

대다수의 사람들은 이런 윤리적인 한계상황을 경험하지 못한다. 사람들은 생기 있는 힘과 함께 존재할 수 있고, 금욕주의적인 자기확신적 도덕적 엄격성과 함께 존재할 수 있으며, 공동체의 습관적이고 공식화된 원칙들 같은 권위 있는 규범들에 복종하면서 존재할 수도 있다.

한계상황 자체에 대한 반응들이 있는데, ― 그런 한계상황이 단순히 파괴적으로 작용하지 않는 한, 혼돈의 상태 및 극복할 수 없는 절망에 내몰려 자기를 혐오하기도 하는데 ― 그런 반응들이 낳은 결과들은 역사에서 볼 수 있는 전형적인 지위, 양식, 교설, 행동 방식에서 나타나고, 독창적이고 새로운 근본 체험 같은 것 없이 곧장 그대로 모방되는 경향이 있다. 이런 반응들의 유형들로는 다음과 같은 것들이 있다.

1. 이런 이율배반들을 객관화해서 그것에 반응하기. 경험세계에서 객관적인 조건 및 주관적인 기질 덕분에 극복할 수 없는 것이기도 한 윤리적인 가치 대립의 이율배반은 엄격한 대상화 작업을 통해서 최종적인 것으로 만들어지기도 한다. 형이상학적인 의미에서의 급진적인 악, 즉 악마가 존재한다. 세계는 근본적으로 이원적이다. 원죄로 인해 우리는 불가피하게 죄에 얽혀 있다. 예정에 의해 인간 간에는 차이가 있다. 인간의 과제는 긍정적인 원칙을 위해서 싸우는 것이거나(사실상 이러한 입장은 곧바로 유한화되는데, 이는 이원론에서 객관화가 이미 유한화이고 마법적인 존재가 윤리적인 노력

476

을 점차적으로 밀어내는 것과도 같다), 그게 아니면 예정되어 있는 것에 대해서 확신을 갖도록 노력하는 것이다.

2. 초기 기독교인들의 속죄 의식. 인간은 신성한 은혜를 통해서 구원을 받는다고 느낀다. 죄는 인간을 압도할 힘이 없다. 인간은 해방감을 느낀다. 이율배반은 이제 더 이상 궁극적인 것이 아니다. 그것은 은혜 안에서 지양된다. 이러한 의식은 '정당화론'에서 객관화되는데, 이 이론은 은혜와 자유의지가 대립하는 곳에서 어려움을 겪는다. 은혜가 한 번이라도 강조되면 은혜! 은혜! 이렇게 외치면서 게으른 생활 속으로 신속하게 빠져 버린다고 비난받는 이들이 루터교도들이다. 그런 것에 역행해서 이제는 자신의 입장에서 자유의지를 강조하고, 궁극적으로는 종교적인 것을 윤리적인 것에 의존하게 만드는 윤리적 세력들이 반발해서 생겨 나온다. 그런 다음 결국 이러한 준법적인 복종, 예를 들어 칸트의 '끔찍한 정언명법'에 종교적인 의식이 다시 반항한다.

3. 죄가 극복되지 않은 상태에서 궁극적인 것으로 객관화되어서 일상적인 생각 안으로 수용되면, 자신의 악한 성질을 여러 다양한 변형들로 상상함으로써('난 진짜 나쁜 인간이야' 등) 반은 고통스러워하고 반은 즐기는 가운데 전형적인 딱한 죄인 의식이 생겨 나온다. 죄는 이를 건설적으로 사용한다.

4. 키에르케고르는 죄에 대한 독창적인 심리학적 입장을 제시하고 있다.[159] 그는 대립을 형이상학적인 원리로 객관화하지도 않고 불쌍한 죄인

----

159 Søren Kierkegaard, Werke 7: *Indøvelse i Christendom*(*Instructions in Christianity*), 209~237쪽. (옮긴이) 『그리스도교의 훈련』에서 키에르케고르는 기독교적 삶을 신과의 관계 회복으로서의 사랑의 실천으로 규정하고 있다.

의 감상적인 의식으로 빠지지도 않지만, 주관적인 실존에서의 죄의식을 절대화한다. 키에르케고르는 어디서나 절대자('영원한 지복')와의 관계를 나타내기 위해서 현대적인 의식에서 전형적이라고 할 만한 표현, 즉 비판철학적인 사고 속에서 초감각적인 세계, 절대자에 대한 순진한 지식을 상실한 인간에게서 전형적인 것으로 보이는 표현을 찾아낸다. 키에르케고르는 그 표현을 원래부터 믿음 없는 사람들을 위해서, ― 믿음이라는 것이 그 자체로 절대적인 성질의 내용을 분명하게 소유하는 것으로 이해되는 한에서 ― 믿음을 구하려고 노력하는 사람들을 위해서, 절대적인 것 일반에 대한 의식을 소유하고 싶어 하고 존재의 결정적인 중요성에 대한 의식을 갖고 싶어 하는 사람들을 위해서, 불가지의 종교를 요청하는 사람들을 위해서 발견해 낸다. 그런 식으로 현재의 경우에서 키에르케고르는 1. 한계상황에서의 궁극적인 죄의식을 각각의 개별화된 죄에 대립해 있는 총체적인 죄의식으로 규정하고, 2. 이러한 개별화된 죄에 대한 '영원한 기억'을 '영원한 지복과 맺고 있는 관계를 나타내는 표식'으로 규정한다.

한계상황을 만나면서 그 자체로 절대적인 것에 대한 의식이라고 할 수 있는 가장 강력한 실존 의식이 두드러진다. 그로부터 유한한 세계에서 펼쳐지는 모든 실존은 추상적으로 보이고, 그것은 아무리 세분화되어 있더라도 도식을 따라서 전개되는 실존이다. 무한적인 것 또는 절대적인 것에 직면하게 되면 인간은 마치 자신의 당연한 삶이라도 되는 것처럼 살아온 추상적인 일반성들의 베일로부터 벗어나는 것 같은 느낌을 갖는다. 그래서 키에르케고르는 이렇게 말한다. "죄는 실존의 가장 구체적인 표현이다. … 개인이 추상적일수록 그만큼 영원한 지복과의 관련성은 축소되고 죄로부터도 멀어진다. 왜냐하면 추상화는 실존을 무관심하게 만들지만, 죄는 실존의 가장 강력한 자기 주장을 나타내는 표현이기 때문이다."

최종적인 죄 의식에서 인간은 자신을 존재하게 만든 자에게 죄를 전가하고 싶을 수 있는데, 이는 충분히 가능한 생각이다. 하지만 한계상황에서 그런 것은 불가능하다. 한계상황에서 유한화는 배제되고, 인간은 자신의 무한성만이 아니라 객관적인 무한성도 보기 때문이다. 한계상황에 직면해서 인간은 자신을 초월할 수 없는데, 이는 유한한 상황에서는 가능하다. 유한한 상황에서 인간은 다른 유한자와 관계 맺을 수 있고, 죄를 남에게 전가시켜 자신을 면죄시킬 수 있다.

이런 최종적인 죄의식이 가지고 있는 특징이 총체성이다. 그리고 이율배반, 무한, 한계, 절대, 이 모든 개념들이 동일한 것을 중심으로 돌아가고 있는 것처럼, 죄의 총체성이 가지고 있는 특성을 키에르케고르는 다음과 같이 언급할 수 있었다. "한 개인에게서 총체적인 죄는, 개인이 자신의 죄를, 그것이 유일무이한 죄든 가장 사소한 죄든, 영원한 지복과 관계를 맺게 할 때 생겨난다."

인간은 '결합'을 통해서 총체성에 도달한다. 개별적인 것은 개별적인 것으로 남아 있어서는 안 되고 개별적인 것과의 비교를 통해서 결합되어야 하고, 인간의 윤리 영역에서 적용되는 절대적인 기준과도 연관될 수 있어야만 한다. "그리고 결합되어 있을 때는 모든 것들이 실존 깊숙이 침잠해 들어가 존재한다. 기억으로 확보된 인간 심판관 앞에서 (영원성을 상기하는 대신에) 비교적 상대적으로 판단될 경우에 (집단적인) 죄는 충분하지 않으며, 모든 죄를 합해도 마찬가지다. 핵심은 자신의 삶을 비교적인 것, 상대적인 것, 외적인 것에 기준을 두고 영위하고 그런 것을 자신에 대한 최종 심급으로 삼아서 자신을 통제하는 경찰의 권리를… 갖는 것이 비윤리적이라는 사실이다." "결정적인 것은 오히려 총체적인 죄다. 열네 번의 죄를 짓는 것도 그런 총체적인 죄에 비하면 어린애 장난 수준이다." 어린애는 자신의 죄를 '결합' 없이 개별적인 것으로 남겨 둔다. 어린애는 용서를 빌고, 벌을 받고, 더 나은 아이가 되려고 노력하고, 죄를 망각한다. 어린애는 그 어떤 궁극적인 죄의식을 갖고 있지 않다. 이런 궁극적인 죄의식은 "이러저러한 죄가 아닌, 본질적인 죄에 대한 결정적인 의식"이다.

총체적인 죄의식을 가지고 있는 인간은 "죄책감의 굴레에 영원히 갇혀 살아간다." "그것은 결코 이따금 한 번씩 갖게 되는 죄의식이 아니라 관계를 맺을 때마다 지속적으로 갖게 되는 죄의식이고, 그런 관계가 모든 것들과 결합될 때마다 갖게 되는 죄의식이다. … 사실 그 안에 모든 실존의 기예가 놓여 있다."

지금까지의 우리의 사유 과정은 세계관의 운동을 한계상황으로부터 이해하는 것이었다. 우리는 이 관계를 또한 반대로 뒤집어 볼 수도 있을 것이고, 한계상황 안에서 체험하면서 머무는 것, 즉 궁극적으로 불확실하고 의심스럽고 이율배반적인 모든 것 안에 머물러 체험하는 것을 세계관적인 태도의 표현으로 간주해 볼 수도 있다. 고통, 우연, 죄를 궁극적이고 극복할 수 없는 것으로 받아들이고 간과하지 않는 것을 그러한 시각에서 바라볼 수도 있을 것이다. 키에르케고르는 그 관계를 항상 다음과 같은 식으로 바라본다. "죄의식은 영원한 지복을 바라는 인간의 실존적 파토스를 나타내 주는 결정적인 표현이다." 그것은 "영원한 지복에 대해 인간이 취하는 관계를 나타내 주는 징표"다.

그러나 우리가 세계관적 관계가 어디에 있는 것인가를 질문할 때, 우리는 오로지 상황과 그 결과들만 언급하게 될 것이다. 다른 경우와 마찬가지로 이 경우에도 체험에 대해서는 본질적으로 다음과 같은 식으로 언급된다. "죄에 대한 영원한 기억은 밖으로 표현될 수 없고, 그런 기억은 그런 것하고 통할 수 있는 아무런 공통분모가 없다. 왜냐하면 모든 외적 표현은 죄를 유한한 것으로 만들어 버리기 때문이다." 바로 이것이 궁극적인 내면성에 대해서 어쩔 수 없이 침묵해야만 하는 이유 중 하나다. 침묵해야 할 또 다른 이유는 상식적인 것을 방어하기 위함이다. 이런 종류의 침묵이 키에르케고르를 사로잡은 적이 있다. "자신이 가장 잘 알고 있는 친구가 그것에 대해서 알았더라면 말릴 수도 있었을 그런 노력을 인간은 분명 스스로 자신에게 요청해 볼 수 있을 것이다." 인간은 이런 절대적인 기준을 말할 수도 없고 말해서도 안 된다. "진실로 자신의 삶을 살아 보려고 모험해 온 사람이라면 누구나 침묵의 척도를 가지고 있다. 왜냐하면 친구는 그런 것을 조언해 줄 수도 없고 조언해서도 안 되기 때문이고, 자신의 삶을 모험해야 할 때 그것을 함께 숙의해야 할 신망 있는 사람을 필요로 하는 사람은 그럴 능력이 없기 때문이다." "침묵하는 사람은 자신 외에는 아무도 비난하지 않으며, 자신의 노력 때문에 그 누구도 불쾌하게 만들지 않는다. 왜냐하면 각각의 인간 속에는 이러한 공유 지식이 이상과 공존하고 있고 또 그래야만 한다는 것이 그의 자신감에 찬 확신이기 때문이다." "이상과 침묵의 관계 속에는 한 인간에 대한 판단이 들어 있다. … 그것은 전적으로 최상의 것이다." 이상과 침묵의 관계 안에는 최고의 노력조차 하찮게 만드는 척도가 존재하고 있다. … 그에 반해서 말이 많은 사람들은 아무 노력도 기울이지 않은 채 수다를 떨면서 말로만 거대한 발걸음을 내딛는다. … 침묵과 이상의 일치 속에는 지칭 대상이 없어서 아무 의미도 없는 단어 하나가 누락되어 있다. 그것이 속죄하는 변명이다."

죄를 유한하게 만들려고 하는 욕구는 당연하고 정상적이다. "은폐되어 있는 내면성을 영원히 기억하는 것"은 소수 사람들만 행할 수 있는 일이다. 따라서 우리가 만나는 죄와 만족에 대한 이해는 유한적인 것이다. 특히 저렇게 무한한 죄와 그에 대한 경험 너머에는 기껏해야 역설적인 표현을 통해서나 깨질 침묵이 놓여 있다. 키에르케고르는 이런 유한한 개념을 부분적으로 다음과 같이 묘사하고 있다.

1. 죄는 "다른 사람의 죄와 비교되면서(자신이나 다른 사람의 우연한 일로 치부되면서) 망각"되거나 면죄가 이루어진다. "이를 통해 인간의 삶이 아이의 삶처럼 가볍고 거리낌없는 것이 된다." 그렇지만 "궁극적으로 정신적인 결정에 기반해서 행동하는 사람이 몇이나 되는지는 늘 의문이다. 그것이 의문인 것은… 죄가 인간의 내면에 있고 그 내면이 은폐되어 있어서 객관적으로 관찰할 수 없기 때문이다."

2. 죄와 영원한 구원은 일요일의 예배를 통해서만 잠시 결합된다.

3. 중재: "중재는 인간이 총체적인 결정에 몰두하지 못하게 하고 인간을 바깥 일로 바쁘게 만들어서 인간의 죄를 밖으로 유도하고, 인간의 형벌적인 고통을 밖으로 끌어낸다. 왜냐하면 중재의 슬로건 및 표어가, 외부가 내부이고 내부가 외부라고 하는 것인데, 이를 통해서 절대자와의 절대적인 관계가 사라져 버리기 때문이다."

만족에 대한 완성된 이해로는 다음과 같은 것들이 있다.

1. 시민적인 형벌 개념: 그것은 이러저러한 죄에 부응해서 이해된다.

2. 복수라는 심미적-형이상학적인 개념: "내면성이 외면화된다. 그래서 분노의 여신들을 볼 수 있었던 것이지만, 바로 이러한 가시성 때문에 내면성이 덜 끔찍하게 될 수 있었고 분노의 여신들이 제한될 수 있었다. 복수의 여신들은 사원 안으로 들어갈 수 있었다. 반면 사람들이 죄의식을 개별적인 죄에 대한 괴로움으로 여긴다면, 그러한 은폐가 끔찍한 것을 심화시킬 것이다."

3. "모든 자발적인 참회"는 죄를 끝낼 수 있게 해 준다. 그 이유는 이런 참회로 죄가 용서될 수 있기 때문이다. "중세의 참회에서 존경할 만한 점

은, 개인이 자신과 관련해서 절대적인 기준을 적용했다는 사실이다." 중세의 참회는 "감동적이고 열광적인 비진실"이었다. 중세는 말하자면 신을 개입시키는 것이었다. "사고 실험을 해 보자. 한 인간이 홀로 죄와 신을 마주하고 있다. … 그는 절망에 빠져 속죄할 방안을 궁리하고 있다. 신을 다시 선하게(우호적이게) 만들 수 있을 그 무엇인가를 필사적으로 궁리한다. 하지만 잘 생각이 나지 않는다. 이런 식으로 참회에 빠져 고통을 겪고 있는 인간을 상상해 보고, 할 수 있으면 한번 비웃어 보라."

요약하자면, 키에르케고르는 상황만 제시해 주고 결말을 내는 것을 거부하면서 세계관적인 체험 자체에 대해 아무 언급도 하지 않는다. 그는 단지 이런 힘들이 완전히 탈세속적이라는 사실, 즉 고독하게 신과 함께 있는 것을 암시할 뿐이다. 그는 세계 형성을 고무하는 그 어떠한 자극도 제시하지 않는다. 윤리적인 것은 자신에 대해 입장을 취하는 문제이며, 모든 목적들은 세속적인 행동을 거치지 않고 절대자에게 직접 초점이 맞춰져 있다. 이런 것이 사유가 가지고 있는 성찰적이면서 고독한 종교성이다.

3) 삶의 과정

한계상황의 특성은 인간이 처해 있는 상황을 이율배반적인 상황으로 보여 주는 데 있다. 인간은 그런 것으로 인해 부서질 수 있지만, 인간은 또한 삶의 힘과 버티는 힘도 가질 수 있다. 부서져 해체되느냐와 버티느냐는 항상 의식되는 대립으로서는 아니더라도 실제의 삶에서는 상충관계에 있다. 구체적인 상황들은 바뀌지만, 도식적인 한계상황들은 계속해서 반복된다. 반응은 무한히 다양하지만, 유형에 따라서 일종의 유사한 삶의 과정이 발생한다. 이런 과정은 또한 예를 들어 앞서 기술된 것처럼 최고의 선에서,

독단적인 이율배반적 세계관에서, 낙관주의나 비관주의 등에서 거의 항상 외견상의 안정을 찾는다. 이를 통해서 다양한 형식의 정신 유형들이 태동해 나온다. 삶의 과정은, 그것을 전체적으로 볼 때, 우리에게 이러한 정신 유형들에 대한 기초적인 분류를 제시해 준다. 그것은 개개의 한계상황들에 대한 반응들을 묘사하는 곳에서 이미 늘 반복되는 공통점이었다. 이제 그 특징을 다시 한 번 논의해 보기로 한다. 물론 각각의 특성이 충분히 일반적인 것은 아니다. 다양한 매체를 통해 반복적으로 나타나는 형태에 주목할 때에만 이러한 과정의 이념이 개발되어 나올 수 있다.

세계관을 통해 포착된 삶은 주체-객체의 분리된 모습 속에서 나타난다. 인간이 사회 제도, 윤리적 명령을 전혀 성찰하지 않고 오히려 그것들이 관습 속에서 두루 적용되고 있는 그대로 여기고, 마치 자연적으로 주어져 있는 것인 양 절대로 논의의 여지가 없는 것으로 여길 때, 즉 그것들이 혹시 다른 어떤 것이 될 수 있는 여지가 있는 것은 아닌지를 전혀 생각해 보지 않고 마치 그것들의 모습이 실체라도 되는 것처럼 인간이 그것들 안에 갇힌 상태에서 움직여 살아갈 때, 그곳에는 거의 대부분 직접적인 자명성 아래에 객관성의 틀이 개인과 서로 합치되어 하나가 된다. 인간과 객관성의 틀은 여기서 완전히 융해되어 있어서, 개인에게 일어나는 과정으로서의 세계관은 더 이상 특수하지 않다. 세계관에 대한 이런 종류의 고찰 작업은 개인심리학적 관점이 아닌 사회심리학적 관점에서만 가능하다. 왜냐하면 아주 다양한 세계관들이 그런 자명한 직접성의 형식으로 출현할 수 있고 사회심리학적으로 서로 비교될 수 있기 때문이다. 세계관적인 틀 자체가 상황으로서, 상황의 한 요소로서 경험되는 것이 의식적으로 진행되고 그러한 경험과 관련해서 질문이 제기되는 곳에서 고찰 작업은 개인심리학적인 특성을 띤다. 개개 영혼에 관한 심리학적 고찰의 영역은 이런 것에서 시작해서 세계관적 지지대를 찾는 개인적인 원초적 체험, 가령 탈신격화된 세계에서의 종교적인 원초적 체험으로까지 확장된다.

이런 식의 질문의 제기는 다른 삶의 형식들도 여전히 가능할 수 있다는 의식과 함께 출현한다. 이전에는 객관적으로 자명했던 삶의 형식, 세계상, 믿음 표상이라는 견고한 틀에 가려져 있던 한계상황들에 대한 의식적인 경험과 한없는 성찰 운동 및 변증법적 운동이 기존하는 자명한 틀을 해체시켜 나가는 과정을 개시해 준다. 기존에는 틀이 그 자체로 전혀 의식되지 않았지만, 이제는 그 틀이 무엇인지 아직 그것을 멈출 힘은 없더라도, 그것을 결속이나 구속으로 경험하거나 의심스러운 것으로 경험한다는 것이 무엇인지 어느 정도 명확해진다. 이런 해체 과정이 사회 속에서 보다 더 일반적이 되면, 개인의 세계관에 대한 심리학의 대상이 될 수 있는 삶이 비로소 등장한다. 이제 개인 안에는 분해 과정에서 생겨 나온 부산물로 여전히 효력을 미치는 틀의 파편들이 남아 있다. 이런 해체 과정은 사라질 때까지 진행될 수 있다. 그러면 틀은 더 이상 존재하지 않고, 인간은 마치 껍질이 벗겨 나간 조개처럼 더 이상 살아갈 수 없게 된다.

인간이 파멸되지 않고 살아간다는 것은, 인간이 낡은 틀을 해체함과 동시에 새로운 틀을 건설한다는 사실을 통해서 알 수 있다. 삶이 벌이는 이러한 사출 활동은 항상 모종의 틀 고정 작업이기도 한데, 이러한 사출 활동 속에서만 삶은 인식 작용을 일으킬 수 있고, 이러한 사출 활동 과정이 삶 그 자체라고 할 수 있다. 따라서 삶 과정 속에서 틀이 해체되는 것은 새로운 세계관적 틀을 만들기 위해서일 뿐이다. 중요한 것은 결국 해체가 아닌 변형이다. 생성되는 틀은 인간 삶이 밖으로 표출되면서 가질 수 있는 형식들이라면 무엇이든 갖출 수 있다. 세계 형성에 있어서의 행위, 실제적인 성격의 형성, 실제적인 인식의 성취와 창조, 예술작품 및 시작(詩作)의 성취와 창조, 마지막으로 합리적인 틀의 형식인 철학 교설 등이 그런 형식들이다.

고정된 틀이 해체되고 새로운 틀이 형성되는 이런 삶의 과정, 해체 과정이면서 동시에 재용해의 과정인 이런 변화는 일회적인 과정이 아니라 항상 끊임없이 갱신되는 살아 있는 현존의 형식이다. 심리학적 고찰을 수행하는 동안에 우리는 이런 식의 과정만 볼 수 있을 뿐 최초의 시작점이나 최종적인 끝점은 볼 수가 없다. 우리의 지각을 통해서 접근할 수 있는 역사적이고 개별적인 시작점을 우리는 이미 매우 복잡한 내용을 가진 구조물로서 보지만, 우리에게 객관적인 목표가 될 수 있을 그런 목표는 볼 수가 없다. 이것은 말하자면 우리에게 알려져 있지 않은 경로 중 어느 한 단면을 우리가 지각하는 것과도 같다. 우리의 철학적 욕구에게 이것은, 우리가 볼 수 있는 경로의 형식과 내용으로부터 전체 경로의 궤적 및 형태를 사변적으로 계산해 보는 동기를 부여해 줄 수 있다. 이런 것은 주로 보이는 것만 설명하고자 하는 심리학적 고찰의 의무 사항에는 포함되어 있지 않은 사항이다. 사실 심리학적 고찰은 여기 우리의 세계관적 고찰의 가장 외부 한계에서 우리가 과연, 우리의 심리적 형식들과 연결되어 있는 우리의 현존으로부터 더 이상 심리학적 고찰의 대상 영역이 아닌 곳으로 도약해 들어갈 수 있을지에 대해 거의 어쩔 수 없이 회의한다. 하지만 심리학적 고찰은 그와 동시에, 이런 도약의 시도가 절대적이고 궁극적인 것을 성취해야겠다는 의식과 함께 항상 새로운 틀을 창조해 내기도 하는 그런 살아 있는 과정이기도 하다는 통찰을 발전시키기도 한다. 심리학적 고찰은, 우리가 살아가고자 할 때는 단지 틀 안에서만 살아갈 수 있다는 것을 안다. 심리학적 고찰은 틀 구축의 힘 속에서 삶의 힘을 본다. 그렇게 함으로써 또한 삶의 본질을 본다. 단순한 고찰에 내재해 있는 저러한 한계 초월하기에서, 즉 경계가 궁극적인 것인지를 회의하는 저런 활동에서 심리학적 고찰은 동시에 삶의 구원 가능성을 보기도 한다. 심리학적 고찰은 그 자신이 쉽게 해체 과정 속의 한 요인이 되기는 하지만 삶이 계속 전개되기 위해서 필요한 하나의 요인이라는 것도 알고 있고, 박테리아가 모든 시체들을 장악하기는 해도 살아 있는 몸은 장악하지 못하는 것처럼 자신이 결국 진정하지 않은 틀이나 살아 남은 화석 그리고 힘도 생명도 없는 인간들만이 겪는 해체 과정을 주도하는 힘이라는 사실도 알고 있다. 심리학적 고찰은 자신이 본질상 창조적이지는 않지만 삶의 성장에 봉사할 수 있고, 이를 통해 그것에 해를 끼치는 것은 불가능하다는 것을 잘 알고 있다. 심리학적 고찰은 사실 삶이 무엇인지를 가르쳐 주고 있고, 자신의 삶을 분명하게 의식해 삶에서 자신의 임무가 무엇인지를 확신하는 사람에게는 그 어떠한 해악도 끼칠 수가 없다. 오늘날 도달해 있는 재용해 과정의 수준에서 저러한 사람은 저러한 심리학적 고찰을 자신 안에 하나의 요소로서 수용하지 않을 수 없다. 그런 것을 회피하면 늘 의심을 살 수밖에 없다.

즉 삶의 과정에는 틀이 해체되고 형성되는 과정이 포함되어 있다. 분해 과정이 없으면 고정화 과정이 출현하고, 틀이 없으면 무화 과정이 출현한다. 하지만 틀의 분해와 형성 과정은 살아 있는 전체로부터 분리될 수 있는데, 이를 통해서 한편에서는 틀의 무화 과정이, 다른 한편에서는 틀 속에 갇히는 과정이 태동한다. 세계관의 동기라 불리는 것들에는, 부분적으로 무화, 불안, 그리고 고통을 피하고 싶어 하는 동기가 포함되어 있다. 인간은 예를 들어 확고한 세계관적 틀로 한계상황을 은폐함으로써 한계상황에서 겪는 고통을 벗어나려고 한다. 인간은 무한히 운동하기보다는 안식을 원한다. 인간은 살아 있는 생생한 힘들과 그것들이 행하는 선택이 져야만 하는 절대적인 책임보다는, 합리적인 것에 기반해서 진행되는 객관적 정당화를 원한다. 따라서 무한 책임, 활력적인 성장 및 창조 활동에서 현존을 체험하려는 인간의 충동 외에도 무(無)를 향한 충동과 틀 형성을 위한 충동도 동시에 존재한다.

이런 소견에 따를 경우 우리가 분석하고 있는 정신 유형들의 구분이 이해가 간다. 우리는 첫 번째로 해체의 과정을 고찰하고 있고, 두 번째로는 틀을 고찰하고 있다. 이로써 우리는 그중 핵심적인 부분에 무한한 생명적인 것이 들어 있는 과정의 면면들을 파악할 수 있게 된다. 이것을 우리는 3부에서 설명한다. 그러한 측면들 각각이 독립적일 수 있고 그 각각이 정신 유형으로 고찰될 수 있다. 즉 오로지 해체의 과정이거나 오로지 일종의 고정된 틀일 수 있는 그런 정신 유형으로 고정될 수 있다. 삶조차 자신을 이해하는 가운데 자신을 교설로 객관화할 수 있고, 그 자체로 더 이상 살아 있는 것이 아닌 특수한 형태의 정신 유형을 개발해 낼 수 있다. 따라서 삶 자체는 자신을 하나의 전체로서는 파악하지 못하고 자신을 대상화하는 일련의 궤적들 중에서 일부분만 가시화하며, 삶 자체가 끊임없는 운동 및 융해의 과정이기는 해도 그러한 궤적 위에 놓여 있는 일련의 정신 유형 전체는 그래도 특징지어질 수 있다. 그것들 중에서 그 어떤 것에 대해서도 그것이 '옳은' 것이라고 말해서도 안 되고 '틀린' 것이라고 말해서도 안 되며, 전체성으로서의 정신 유형 자체라고 말해서도 안 되고 삶 자체라고 말해서도 안 된다. 그럼에도 불구하고 우리가, 예를 들어 괴물적인 유형의 특성을 가지고 이런 시도를 하는 것으로 보인다면, 그렇게 함으로써 우리는 다른 유사한 유형과 마찬가지로 한계 개념만 설정하고 있을 뿐이고, 이때 이 유형은 내용 없는 형식일 뿐이어서 종종 다른 유형으로 채워질 수 있다는 점을 명심해야만 한다.

재용해의 과정은 역사적인 순서에 따라 일어나는 과정으로 간주될 수 있거나 인간 개인에게서 일어나는 과정으로 간주될 수 있다. 후자를 고찰할 때 전자를 함께 고려하지 않을 수 없는데, 후자는 전반적으로 작은 규모의 개별적인 것들이 어떤 것인가를 보여 주며, 동시에 전자를 위한 전제 조건이기도 하다. 우리가 ― 헤겔식으로 표현해서 ― 세계의 형태들과 의식의 형태들을 대조한다면, 경험 사례 연구를 위해서는 그 둘의 분리가 명료하고 결정적이지만, 유형 형성을 위해서는 묘사 작업에 그 두 가지가 모두 사용될 수 있다. 왜냐하면 그것들은 묘사 방식만 다를 뿐 결과적으로 동일한 것을 보여 주기 때문이다. 그러나 우리가 행하는 현전화의 중심에는 무의식적으로 인간 개인이 자리하고 있다.

4) 정신 유형들의 구조

각 정신 유형에 대해 우리는 그 '구조'를 묻는다. 이때 우리가 전제하는 것이 있다. 그것은 우리가 하나의 통일적인 구조를 갖춘 세계관의 직관적인 전체성만을 정신 유형이라고 칭한다는 사실이다. 좀 더 복잡한 구조물들은 성격학적이고 사회학적인 유형들로서, 이런 것들을 우리는 여기서 다룰 수 없다. 그런 통일적인 구조는 종종 유형의 '원리'라 불릴 수도 있는 양식으로 표현될 수 있다. 그것은 종종 유형의 '이념'을 보여 주는 표제어로 명명될 수도 있다. 각각의 유형은 그 자체로 하나의 무한한 전체인데, 그것의 구체적인 발전은 결코 종결되는 법이 없다. 우리는 항상 구성된 유형이 궁극적인 성질의 유형인지 어떤지, 아니면 제한된 구성, 즉 '요소들'에 속해 있는 도식으로 증명되는지 어떤지, 그리고 좀 더 깊이 찾아봐야 하는 힘 현상일 뿐인지 어떤지를 의심한다.

유형의 통일적인 구조는 펼쳐져 전개될 때 드러난다. 그 안에 내재되어 있는 전형적인 세계상과 태도들은 유형을 특징짓는 역할을 한다. 그 외에도 그 안에 내재해 있는 전형적인 가치의 위계질서도 추가된다. 즉 각 요소들에 중요도가 어떻게 배분되는지, 어떤 것이 더 선호되는지, 어떤 것이 가치 위계의 정점에 놓이는지, 어떤 것이 최고선, 궁극의 목표점, 해야만 하는 과업, 요청, 근본 원칙인지가 추가된다.

정신 유형들은 원칙, 이념, 힘으로 이해될 필요가 있다. 이는 그것들이 완전히 투명하지 않다는 것을 말하고, 우리가 결국 하나의 힘만 가정해야 하는지 아니면 복수의 힘들을 가정해야 하는지, 얼마나 많은 힘들을 가정해야만 하는지를 결코 알 수 없다는 것을 말한다. 이로부터 도출되는 결론은 정신 유형들은 세계상들이 그런 것처럼 분명한 형태로 분리되어 나란히 배열될 수 있는 것이 아니라는 사실이다. 그것들은 거의 정적인 성질의 전체성을 가지고 있지 않다. 그런 것을 특징지을 때는 거의 항상 앞쪽에 운동이 배치되고 자기완결된 유형들은 여기저기서 암시될 뿐이다. 여기서 우리에게 중요한 것은 과정이다. 아마도 어떤 때는 개별적으로 태도, 세계상 그리고 가치표에서 정신 유형이 개발되겠지만, 이 도식들은 마구잡이로 적용되지는 않을 것이다. 정신 유형의 본질이 힘과 운동이라면, 개별 정신 유형의 구조를 구성하는 작업은 그것들을 고착시키는 것이다. 그런 고착화는 모든 개념적인 작업에 동반될 수밖에 없는 불가피한 결과이지만 유형 간의 상하관계, 유형 간의 전환이 움직임을 보여 줌과 동시에 유형들을 상하의 체계로 질서 지워줌으로써 되돌릴 수 있다. 질서는 종종 동시에 가능한 운동의 경로들을 보여 준다. 이런 운동 과정들을 위해서 우리는 앞서 묘사된바 있는 한계상황, 의지처, 삶의 과정이라는 기본적인 개념들을 사용한다.

1. 회의주의와 허무주의

1) 허무주의의 개념, 과정, 형태

세계관의 첫 번째이자 마지막 근본 물음은 삶에 대해서 전반적으로 긍정하는지 아니면 부정하는지, 최고가 무(無)에 있는지 아니면 현존에 있는지, 궁극의 목표가 해체와 소멸인지 아니면 행동, 창조, 구축적인 삶인지를 묻는 것이다. 이러한 두 가지 가능성 사이에 존재하고 있는 중간 과정 같은 것은 없지만, 개개인의 영혼 안에는 아마도 무한히 많은 조합들이 존재할 것이다. 삶은 그 어떤 대가를 치르면서 무조건 긍정되는 것이 아니고 삶이 희생되는 경우도 있는데, 이런 것은 무에의 의지로부터 생겨나는 것이 아니라 의미에의 의지로부터 생겨난다. 삶이 파괴되는 일이 일어나는 것은, 단지 그 특성상 삶은 살 만한 가치가 있는 것처럼 보이고 긍정적인 삶에 대한 욕망도 있지만 막상 그렇게 될 가능성이 폐쇄되어 있는 것처럼 보이는 경우다. 나에게 비존재에 대한 의지는 무 일반에 대한 의지가 아니다.

우리가 삶과 현존이라 부르는 것은 우리 인간의 시선에서는 현실의 측면, 가치 강조의 측면, 의미의 측면들을 가지고 있다. 완수된 무에의 의지라 함은 존재, 가치, 의미를 균일하게 허무한 것으로서 체험하고 판단하고 그리고 나서 유일하게 남아 있는 '의미'에 따라서 행하려는 의지일 것이다. 즉 무가 되기 위해서 뭔가를 포기하려는 의지일 것이다. 이런 허무주의는 경험적으로는 거의 일어나지 않는다. 허무주의란 오히려 완수된 허무주의라고 하는 저러한 이상적인 최종 상태에 도달하기 위한 과정을 일컫는 이름이라고 할 수 있다. 이런 의미에서 허무주의의 정의는 다음과 같이 이해될 필요가 있다. 그것은 "가치, 의미, 바람직한 것을 극단적으로 거부하는 것"(니체)이자, 그 안에 자신이 추구하는 모든 목표가 결여되어 있으며, 그 안에서 어디로 향해서 갈 것인지에 대한 물음도 제기되지 않고 답해지지도 않으며, 모든 가치 평가가 결여되어 있는 그러한 영혼 상태를 말한다.

완벽한 허무주의에 대해서는 말할 수 있는 것이 아무것도 없다. 그것이 절대적인 무를 원하듯 그것 자체가 무다. 그런 완벽한 허무주의를 자신의 연장선상에 놓여 있는 것으로 해석하는 과정들은 아직 절대적인 무의 상태에 있는 것이 아니고, 그 어느 것을 부여잡고 그것을 기준 삼아서 다른 것들을 아무것도 아닌 것으로 여기는 가운데, 그런 것이 되기를 갈구한다. 허무주의의 한 유형은 모든 가치와 의미를 거부하고 단순히 무가치하고 무의미한 실재를 긍정하는 일에 집착하는 것이다. 또 다른 유형은 실재를, 이런 실재가 가치와 의미의 관점에서 어떤 식으로든 정당화될 수 없기 때문에, 유지될 수 없는 것으로 여기거나 파괴될 만한 가치가 있는 것으로 여긴다. 앞의 가치 허무주의를 가령 실천적인 유물론자가 대표한다면, 뒤의 존재 허무주의는 불교가 대표한다. 둘 모두가 모든 것은 가짜이고 잘못되었고 속임수라 말한다. 하지만 그렇게 말할 때 그들의 생각은 정반대다. 존재 허무주의자는 오로지 가치와 의미에만 관심을 두는 우리를 존재가 마치 그 존재 안에 그 어떤 의미나 가치가 들어 있기라도 한 것처럼 속이고 있다고 생각한다. 가치 허무주의자는 가치와 의미에 대한 모든 문구들이 사실상 혼자서만 유일하게 작용하고 있는 단순한 현존에의 의지 하나만을 은폐하고 있다고 생각한다.

영혼적인 삶이 여전히 존재하고 있는 한 오로지 그런 상대적인 허무주의만 가능하고 절대적인 허무주의는 불가능하다. 왜냐하면 인간은 그 어떤 무언가를 여전히 원하기 때문이다. 무를 원할 때조차 인간은 바로 이 원하는 의지에서 여전히 의미를 소유하고 있다. 존재 허무주의는 엄청 격렬할 수 있으며, 불교가 가르치고 있는 바와 같이, 세계를 형성하는 능력이 좁은 범위에 국한해 있다.[160] 그에 반해 가치 허무주의는 종국적으로는 무상하고 혼동스러우며, 자신의 세계관에 대한 어떤 종류의 더욱 풍부한 이론도 발전시킬 수 없다.

허무주의의 개념 영역을 개략적으로 규정 짓고 있는 이러한 대조는 여전히 도식적이고 조야하다. 허무주의의 형태들이 특별히 개발될 필요가 있다. 그것들 모두가 우리에게 가르쳐 주고 있는 것이 있는데, 그것이 모든 형태의 객관성 측면에서 영혼을 허무주의로 몰아가는 반복적인 연관들이다. 이런 연관들로는 다음과 같은 것들이 있다.

1. 내가 하나의 세계관에 입각해서 의도를 가지고 그 의도를 따라갈 경우, 그 의도를 실현하는 과정에서 겪는 사실적인 경험은 늘 본래의 생각과 모순을 일으킨다. 그 누구도 폭력을 당하지 않게 하기 위해 인간들에게 평등의 권리가 부여되고, 이런 새로운 평등의 권리를 부여받은 이들 중에서 일부는 곧바로 다른 형식 아래에서 출현하는 권력을 장악하기에 이른다. 사람은 명료하고 이해 가능한 인정하고 행하려고 하지만, 결국에 가서는 자신에게 텅 비어 있는 형식만 남게 되는 경험을 한다. 사람은 다른 사람과 통하기를 원하고, 양쪽 진영 모두가 옳은 것으로 여기는 표현들에서 완전히 하나가 될 수 있을 것으로 믿지만, 외부 상황이 바뀌면 양쪽 모두가 완전히 다른 것을 의미하고 있다는 것을 경험하게 된다. 가령 세계시민주의자가 국수주의자가 되고, 사회주의자가 독재자가 된다. 사람은 목표 지향적으로 자신의 삶을 형성하고 받아들이며, 기본 원칙이 삶을 가능하지

---

160 (옮긴이) 존재의 무가치를 주장하는 존재 허무주의가 인간 삶에 통할 수 있는 범위는 협소한 반면, 그것이 가져다주는 파급 효과는 엄청나다는 의미다.

못하게 하는 것을 경험하고, 순간적으로 그리고 세계관적 이론 안에서 추진력을 획득하고 승인을 얻어 내는 것이 매일 매해 모든 시간 내내 인간의 삶을 지속시켜 주는 것은 아니라는 경험을 하게 된다. 모든 것이 완벽하게 기계적일 때, 모든 것이 고립되어 있는 폐쇄된 시스템에 머무르는 한에서 — 거의 실현 불가능한 이상적인 경우에서 — 삶은 계산과 예측이 가능할 것이겠지만, 그렇게 되면 생생한 삶을 살아가는 사람들은 단순한 생활 여건을 마련하는 데 부담이 되는 것 외에 다른 어떤 관심도 갖지 않을 것이다. 한편에서는 의견과 기대, 다른 한편에서는 경험이 서로 부딪치고 충돌해서 모순을 일으키는 것을 경험하는 것, 이런 것이 삶이다. 이런 경험들은 그것들이 건설되어 가는 과정 안에서 발전할 수 있지만, 그렇지 않은 경우 이런 각 경험들은 다음과 같은 판단들에서 표현되고 있는 부정적인 것의 고착화 과정으로 이어질 수 있다. 모든 인간들은 아무 가치도 없다. 나는 무능하고 비난받아 마땅하고, 세계는 우연으로 가득한 혼돈일 뿐이다 등등. 절망은 영혼이 재융해되는 과정(종교 영역에서는 개종, 부활)의 근원이 될 수 있다. 하지만 절망이 그 자체로 고착되어 버릴 경우 허무주의가 생겨난다. 저렇게 끊임없이 갱신되는 자기 모순의 절망을 경험하는 과정에서 성찰은 제대로 된 올바른 길을 찾아보려고 노력하지만, 그런 경험과 함께 허무주의로 나아가는 과정이 오히려 촉진되기도 한다.

2. 저런 성찰에는 모든 합리적인 태도를 취해 성찰 대상을 분해하고 상대화하는 경향이 내재해 있다. 사유의 본질에 대한 이런 경험은 고대 그리스의 소피스트들에 의해서 지상에서 처음으로 이루어졌다. "개념 앞에서 살아남을 수 있는 것이 아무것도 없다. … 개념에는 말하자면 고정되어 있는 것이 아무것도 없다. … 개념은 자신이 모든 것을 사라지게 하는 절대적인 힘이라는 것을 발견한다. 그러면 이제 모든 사물, 모든 존재하는 것,

고정된 것으로 여겨지는 모든 것들은 이제 유연해진다. 그런 견고한 것들은 ― 그것이 존재의 견고함이든 아니면 일정의 개념, 원칙, 관습, 법칙들의 견고함이든 ― 흔들리기 마련이고 자신이 기대고 있는 의지처를 상실한다."[161] 성찰은 좋은 믿음과 권위에 의존해서 중요한 것을 받아들이는 것이 아니라 자신을 설득하려는 의지에서 비롯된다. 그것은 확실성을 얻기 위해 질문을 제기하고, 자신의 직접적인 지지 기반이 되는 전체성을 해체해서는 '측면들'과 '관점들'로 분리해 그 상태를 유지하지만, 다른 '측면들'이 타당해질 때는 기존에 견지하고 있던 것을 곧바로 포기하고 나서 이제 무엇보다 일정의 통찰에 도달해야 한다는 생각 아래 일련의 관점들을 발전시킨다. 그러나 모든 명제에는 반명제가 있고 모든 근거에는 반근거가 있다는 사실을 경험하면서, 성찰은 모든 고착된 것이 해체되고 있는 영역에 자신이 존재하고 있다는 사실을 경험한다. 소피스트들은 "근거에 관한 한 모든 것은 근거를 통해 증명할 수 있고, 모든 것에 대한 근거와 반근거를 발견할 수 있게 해 주는 것을 앎으로써 이런 것을 성취했다. … 이런 것은 반성적 사유의 특수성 안에 놓여 있다. … 최고로 나쁜 행위에는 그 자체가 본질적인 성질을 갖는 하나의 관점이 놓여 있다. 그런 것을 끄집어내 들이대면 사람은 자신의 행위를 변명하고 방어한다. 전쟁 중에 탈영한 범죄에는 자기 생명을 보존할 의무가 내재해 있다. 그래서 최근에는 아주 큰 범죄, 암살, 반역 등이 정당화되어 왔는데, 이는 사람의 의견, 의도 안에는 그 자체로 본질적인 규정, 예를 들어 사람은 악에 반대하고 선을 증진해야 한다는 규정이 놓여 있기 때문이다. 교육받은 사람은 모든 것을 선의

161 Georg Wilhelm Friedrich Hegel, Werke 14: *Vorlesungen über die Geschichte der Philosophie*, 5쪽.

관점 아래에서 비춰 보고 모든 것을 선하게 만들고, 모든 것에서 본질적인 관점을 타당하게 만드는 법을 안다. 사람이 최악의 경우에 대해 선한 근거를 갖고 있지 못하다면 그 사람은 교육에 있어서 진척이 없는 것이나 마찬가지다. 아담 이후 세상에서 악이 행해져 왔지만, 이런 것들은 선한 근거들을 통해서 정당화되어 왔다."[162] "교육받지 못한 사람은 근거를 들어 자기 자신을 규정한다. 하지만 전반적으로 그들은 자신이 직접 알고 있는 것과는 다른 어떤 것(적법성)을 통해서 규정된다. 의식의 전면에 떠오르는 것은 단지 피상적인 이유일 뿐이다. 소피스트들은 이런 토대 위에서는 확고한 것이 하나도 없다는 사실을 알고 있었다. 이것이 사유의 힘인데, 사유는 모든 것을 변증법적으로 다루며 모든 것을 흔들어 놓는다."[163]

3. 온갖 종류의 실현 과정에서 자기 모순을 경험하는 것, 반성을 통해서 모든 것을 가능하게 만들 수 있다는 것을 경험하는 것, 이런 것들은 허무주의의 원천이다. 하지만 그러한 경험에도 불구하고 그러한 경험을 함으로써 풍요로워진 인간이 '본질', '진실', '실체' 또는 그런 식의 다른 표현들에 귀기울이게 되면서 허무주의의 흐름은 제한되기에 이른다. 인간은 진실하기를 바라고 현실적이기를 바라며 순전하기를 바란다. 이런 파토스가 오래전부터 반성에 대항해 왔다. 하지만 진실성과 진정성의 의지 자체 안에도 허무주의의 경향이 있음을 니체는 발견했다. 삶의 의지라는 파토스는 모든 구체적인 경우에서 추상화된 측면들을 사유하는 대신, 본질 주변을 사유하는 대신, 즉 본질을 지나쳐 사유하는 대신, 사태 자체와 본질을 볼 것을 요청하고 주장한다. 그것은 삶에 대해서 그냥 단순히 생각하는 대

162 같은 책, 24쪽 이하.
163 같은 책, 26쪽.

신 삶을 실제로 직접 살아 볼 것을 요청하고 주장한다. 즉 가면 뒤에 숨어 아무것도 아닌 것이 되는 대신, 피상적인 풍요 속에서 가짜가 되는 대신, 진짜가 되고 실질적이 되어 볼 것을 요청하고 주장한다. 하지만 뭐가 또 진정한 진짜냐는 질문이 제기되면, 진정성에 대한 압박감에서 자기 자신이 시험되어 교육되고, 일련의 끝이 없는 껍질 벗기기 작업이 파괴를 통해서 자타의 심리를 열어젖히면서, 겉보기에는 최종적으로 보이는 각각의 것들의 뒤를 더 나아간 것들이 뒤따르고, 어느 한순간에 최종적인 것으로 나타나는 각 영혼의 정동의 이면에는 뭔가 다른 것이 은폐되어 있으며, 다른 것의 뒤를 또 다른 뭔가가 다시 뒤따르고, 모든 것이 가면이고 모든 것이 껍질이고 모든 것이 전경이 되어 버린다. 그리고 그 뒤에는 고도의 집중적인 탐색을 요하는 그 어느 것도 발견되지 않기에 이른다. 모든 것들이 그 이면에 실체를 결여하고 있어서 속임수의 연속인 것으로 보인다.

> 자신의 지식 속에서 분열되어
> 백 개의 반영된 이미지들 사이에서
> 너의 거짓 자아 앞에서,
> 백 개의 기억 사이에서
> 모호하게,
> …
> 자승자박되는,
> 자기인식자여!
> 자기 처형자여![164]

164 (옮긴이) 니체의 『디오니소스 송가(*Dionysos-Dithyramben*)』 중 「네 가슴 속의 양을 찢어

내가 진정으로 살아가고 있다고 생각하는 삶은 사실 하나의 일반적인 도식 속에서 파악된 삶이라는 생각이 내게 든다. 내가 말을 하면 그 언어는 삶, 삶의 표현, 삶의 소통을 불가능하게 만드는 그런 일반적인 것이 된다. 그리고 내가 진실성을 추구하고자 하는 마음에서 질문을 제기하면 사태 자체, 즉 본질은 어디서나 의심스러운 것이 되어 버린다. 자기 모순과 반성의 경험은 구원처럼 보였던 바로 그 진실성을 통해서 허무주의로의 추진력을 제대로 얻게 된다. 그런 진실성은 무자비하다. 그래서 그것은 실용적인 유물론, 자의적인 주관성의 어중간한 허무주의에 일시적으로 고정되는 것을 지양하고 급진적인 허무주의로 나아간다. 이러한 연관을 니체는 우리 시대와 연관시켜서 다음과 같이 해석한 적이 있다. "기독교를 통해서 고도로 발달되기도 했던 진실성에 대한 감각은 모든 기독교적인 세계 해석과 역사 해석이 저지르는 거짓과 위조에 역겨움을 느낀다." "신이 진리다"라는 믿음으로부터 "모든 것이 거짓이다"라는 광적인 믿음으로의 전환. 이런 허무주의적인 통찰을 니체는 "팽창된 진실성이 낳은 하나의 결과"라고 말한다. 진실성, 심지어 도덕으로부터 생겨 나온 진실성은, 처음에는 비진실에 대한 대응이 필요해서 출현했지만 "오래 습관화되다 보니 허위적이게 되어 버린" 도덕에 대해 대립각을 세운다. "이런 대립은 ─ 우리가 인식하는 진실을 중시하지 않는 것과 인간들 사이에서 속이는 것을 허용하는 것을 더 이상 중시하지 않는 것은 ─ 도덕의 해체 과정을 초래한다."[165]

허무주의로 나아가는 경향 속에서 인류가 실존할 수 있다는 것이 참으로 놀라워 보인다. 경험은 우리에게 대다수의 사람들이 그런 허무주의로

라!(Zerreiße das Schaf in deinem Herzen!)」참조.

165 Friedrich Wilhelm Nietzsche, Werke 9, 7~12.

부터 거리를 두고 떨어져 있으며, 허무주의로 가는 과정이 실제로 작동하는 경우에도 그 과정이 끝에까지 거의 이르지 못하고, 그 과정 중간에서 견고한 뭔가가 허무주의로 빠져드는 사람들을 붙잡아 주는 일련의 단계들이 여전히 존재하고 있다는 것을 가르쳐 준다. 그런 견고한 것은 어쨌든 합리적으로 근거 지워질 수 있는 것이 아니다. 그것은 반성의 결과가 가르쳐 준다. 그것은 인간에게 내재해 있는 것, 예를 들어 인간의 야만적인 본성 같은 것으로서, 이는 저러한 견고한 것이 허무주의자가 말하는 무는 아님을 말한다. 그런 고정된 것은 인간 영혼의 궁극적인 힘으로, 그런 힘은 더 이상 탐구될 수 없고 오로지 확인될 수 있을 뿐이다. 그러한 고정된 것에는 세 가지 유형들이 있다. 1. 허무주의자를 마치 경험적으로 실재하는 것처럼 살아 있게 유지해 주는 의미나 의지처에서 볼 수 있는 것, 말하자면 선택적인 것이자 단편적인 것이며 추상적인 것이 있는데, 이런 각종 고정된 것들은 우리에게 허무주의의 형태들을 알게 해 준다. 2. 일종의 고정되어 있고 죽어 있는 해골이나 딱딱하게 굳어 버린 틀 같은 것이 있다. 이 책의 2부에서 다루어지는 유형들이 이에 해당한다. 3. 온전하고 충만한 삶 그 자체가 있다. 이 책의 3부에서 다루어지는 유형들이 이에 해당한다. 세 번째 유형은 개인의 사적인 실존으로부터만 이해될 수 있고, 두 번째 유형도 거의 대부분 익히 알려져 있는 심리학적 기제에 따라 진행되는 외부로부터의 육성 및 각인 과정을 통해서 이해될 수 있다. 첫 번째 유형에서 우리는 다른 두 유형의 잔해들을 볼 수 있다. 그것들은 심지어 두 집단을 형성한다. 즉 인간은 자신이 지배할 수 없는 허무주의에 대항해서 자신을 방어하거나 그렇지 않으면 허무주의와 하나가 되어 그것의 한 요소로 존재한다.

2) 허무주의 운동의 단계와 형식들

인간이 자기 방어를 위해서 반대하는 허무주의의 형태들.

인간은 자신의 외부 어딘가에 확고한 것을 둠으로써 자신을 방어하려고 하는데, 그런 고정된 것 자체는 산발적인 성질의 것이다. 예를 들어 내세, 부정적인 것, 부정하는 행위 같은 것이다.

1. 인간은 자신을 무상한 존재로 여기는 가운데 모든 가치를 내세에 두어 왔다. 인간은 자신에게 금기의 말과 행동을 하는 데서 자신의 의미를 찾는다. 내세를 진지하게 믿으면서 유럽의 종교성은 항상 이런 유형의 종교성을 발생시켜 왔다. 이런 유형의 종교성은 모든 현실에 대한 실제적인 허무주의로 나아간다. 헤겔은 그것을 다음과 같이 기술한 바 있다. 현실 속에서 행하고 즐기는 것은, 자아나 현실이나 모두 무상하기 때문에, 모든 의미를 상실한다. 내세적인 것인 본질적인 것, 보편적인 것만 존재하도록 하기 위해서 자아는 소멸되어야만 한다. "의식이 자신을 의식하는 것은 현실적인 개별자로서의 인간의 동물적인 기능 속에서다. 인간의 동물적 기능들은 즉자 대자적으로 아무것도 아닌 것이자 정신에게 아무런 중요성도 본질성도 갖지 못하는 것으로서, 아무 편견 없이 행해지는 것이라기보다는 오히려 적이 그 안에서 자신의 고유한 본래 모습을 드러내기 때문에, 그런 것들은 오히려 진지한 노력의 대상이 되고 가장 중요한 것이 된다. 그러나 그 적이 패배하면서 자신을 창조해 내고, 의식이 그 적으로부터 자유로워지기보다는 오히려 자신을 항상 그것에 달라붙어 고정되면서 자신이 오염되고 있는 것을 보고, 동시에 의식이 하는 노력의 내용이 본질적이기보다는 아주 저급한 것이 되고, 일반적이기보다는 아주 개별적인 것이 됨으로써, 우리는 자신 및 자신의 작은 행동에만 초점을 맞춘 상태에서

뭔가를 부화하려고 애쓰는 불행하면서도 가난한 인격을 보게 된다." "이런 행동 내용들이 바로 의식이 자신의 개별성을 소멸시키는 내용들이다." 외부의 명령(교회 및 사제)에 복종하고 따름으로써, 자신이 하는 행위 및 노동의 결실을 거부하고, 거기서 누리는 즐거움을 거부하고 포기함으로써 그리고 금식과 고행을 통해 그런 식의 포기를 최고 수준으로 끌어올림으로써 의식은 자신으로부터 해방된다. "자기 스스로 내리는 결단을 포기하고, 그러고 나서 개인적인 소유물과 향유를 포기하는 이런 계기들을 통해서, 마침내 이해되지 않은 일을 수행하는 긍정적인 계기를 통해서 의식은 자신이 진정으로 그리고 완전하게 내외적으로 자유로워진다는 의식을 갖게 된다. … 의식은 진정으로 자아를 처분해 버렸다고 하는 … 확신을 갖는다."[166]

2. 내세에 대한 믿음이 감소하거나 무력해져도 이런 유형의 허무주의는 남아서 더욱 분명해진다. 자신을 실체 없는 존재로 느끼는 사람은 자아를 소멸시키는 활동을 통해서 자신을 실체적이게 만든다. 바로 이렇게 홀로 남아 있는 부정적인 것 안에 의미, 긍정성, 의지처가 놓여 있다. 비진실성의 체험, 성격의 지속적인 태도에 체험은 아무런 영향도 미치지 못한다는 무력감의 체험, 내면에 의지처가 부재한다는 체험은 인간이 자신의 본질적인 소질을 꽃피우지 못하게 절망감을 안겨 준다. 인간은 자신에게서 그 자체가 무(無)라고 할 수 있는 바닥없는 심연을 발견한다. 자아의 본질 부재에 대항해서 여전히 본질성을 파악하고자 할 때 도움이 될 수 있는 것은 오로지 의지뿐이다. 의지는 인간으로 하여금 자기 자신에 대해 억지력을 행사할 수 있게 해 준다. 의지는 인간이 자신에게 뭔가를 하지 못하게 하고, 명령을 내리더라도 본능적으로 그렇게 하는 것이 아니고 중요한 것

••
166 Georg Wilhelm Friedrich Hegel, *Phänomenologie des Geistes*.

이 무엇인지에 대한 이해로부터 그렇게 하며, 그 지점을 양식, 원칙, 명령, 의무로 기술해 주는 인정된 세계관을 가지고서 그렇게 한다. 그런 인간들이 살아가는 삶의 이력을 보면, 무게 중심이 항상 포기하기, 희생하기, 참회하기 등에 놓여 있다. 그렇게 되면 관찰자에게는 인간 삶에 요청되는 긍정적인 것이 당사자에게는 혼돈스럽고 거칠며 우연한 작용을 일으키고, 희생하기, 참회하기, 포기하기의 행위를 불러일으키기 위해서 존재하는 것처럼 보인다. 하지만 이러한 자기부정의 활동들은 의미 및 상호연관을 가지고 있고, 일관성이 있고 억지력도 있다. 이러한 자기 파괴의 행동은 — 이는 자아가 본질을 깃고 있지 않다 보니 자아에게는 낯선 어떤 사실직인 명령, 즉 '의무'의 차원에서 수행되는 것일 수도 있고, 그러한 '사실적인 내용' 없이 행해지는— 자신의 생명을 버리는 자살에서 절정에 달한다. 그래서 인간은 자살을 통해서 자신의 본질에 도달한다고 하는 역설이 생겨난다. 자멸적인 행동에서 획득되는 무실체의 실체는 아마도, 공덕에 기반해 있는 유일무이한 것이라고 말해질 수 있을 것이다. 그것은 의지의 행동만으로 얻어진다.

실체가 부재한다는 의식을 가지면서 자기 파멸에 이른다는 의미에서 서로 결집하면서도 서로 상극관계에 있는 두 종류의 사람들이 있는데, 그것은 경험이 풍부한 사람과 경험이 없는 사람이다. 경험이 풍부한 사람은 순수성과 본질을 찾아다니는 사람인데, 그런 사람은 겉으로 경험은 풍부해도 그 어디에서도 핵심은 발견하지는 못 한다. 심층에서의 실체에 대한 강렬한 욕구 측면에서 보면, 표층에서의 저러한 경험의 풍부성은 공허한 것으로 보이는데, 바로 이런 대립으로부터 자살이 생겨 나온다. 더욱 가난해지게 되면 인간은 아마도 실체를 느끼게 될 것이고, 생존 능력이 있는 상태에 도달할 수 있을 것이다. 그에 반해서 이미 가난 속에서 살면서 실체의 부재를 느껴 본 빈곤한 사람은 평생에 걸쳐 실체를 두고 치열한 싸움을 벌인다. 이때 합리적인 이성이 도움을 준다. 자신을 형성시키기보다는 자신에게 참회만 강요하기 위해서 행해지는 자기부정의 행위들은 상황이 자신에게 '의무'를 부과할 경우에는 오로지 '어떤 하나의 일'을 위해 죽을 수 있는 그런 삶을 구성한다. 그에 반해서 저런 부유한 인간은 풍요롭고 심오하기는 해도 항상 나중에 순수하지 못한 것으로 느껴지는 유사 실체를 체험하는 삶을 살아가고, 눈사태와도 같은 풍요로움에 헌신하는 삶을 살아가며, 여전히 늘 긍정적인 태도로 실체를 모색하면서 고군분투하는 삶을 살아간다. 그렇지만 이러한 삶에는 자살이라는, 삶의 부정적 정점이 아니라 단번에 실체로 비약하는 것일 수 있는 유일한 출구에 대한 예감이 수반된다(실제로 일어나는 자살 대부분이 이런 식으로 이해되어서는 안 된다는 점은 자명하다).

존재가 허무한 특성을 가지는지 또는 허무주의가 보이는 것인지, 행위 속에 실제로 허무주의가 내재해 있는지 또는 허무주의로 여겨지는 것인지, 이런 것은 현상의 전체 형태를 변형시키는 대립을 의미한다. 분명하게 의식하지는 못하면서도 허무주의적이라고 느끼는 유형의 인간은 자신을 자아의 살해 속에서, 행위의 부정 속에서 방어한다. 허무주의에 대한 통찰은 진지하게 받아들여질 경우 자살로 이어진다. 그렇지 않은 경우, 허무주의에 대한 통찰에도 불구하고 계속 살아가는 것은, 허무주의와 하나가 되어 그것을 자신을 구성하는 하나의 요소로 만듦으로써 가능하기는 하다. 그러나 인정한 것이 아닌, 본능적이고, 어쨌든 아직 심각한 수준까지는 아닌 허무주의 속에서 진행되고 있는 자기방어는 부정성 속에서 존재를 발견하는 대신 강제력을 동원할 경우 긍정적인 것으로 선회할 수 있다. 오늘날 발전되어 나오는 외부 지향적인 삶, 이것은 우리에게 현대의 평균적인 허무주의의 전형적인 모습을 보여 준다.

3. 세상에서 한 번이라도 긍정적이었던 것, 진정으로 경험해 보았던 것, 이런 것은 허무주의적인 인간의 감각 대상이 된다. 그런 인간은 과거에 있었던 모든 세계관, 모든 종교성, 모든 예술, 모든 것을 시도해 본다. 그 모든 것들은 그런 인간에게 '실체'를 가져다주어야만 한다. 시, 음악, 신비, 감각, 취미, 열망 등을 향유할 때 손쉽게 도달할 수 있는 도취, 다양한 정신 유형, 다양한 시대, 다양한 인간들에서 항상 변하는 열정, 예술의 형식과 단순히 비판적인 공허한 인식에서 행해지는 형식에 대한 공허한 감탄, 신비로운 것, 교회 공동체, 학파 및 대가들에 대한 헌신적인 추종, 이 모든 것들은 실제적이지만 지각되지 않는 다채롭고 혼란스러운 허무주의의 매우 다양한 유형과 정도에 대한 이미지를 제공해 준다. 이런 인간은 철학의 명료함 및 통찰력을 요청하지 않고, 명확하고 냉정한 관찰을 요청하지도 않으며, 뭔가 긍정적인 것, 세계관, 망각된 본질의 회복, 허무주의적인 영혼을 채울 것 등을 요청한다. 이러한 인간은 열정적으로 감격하는 것을 원하고, 무엇인가를 찾으려 하고, 존경하고자 하며, 그런 것들에 대해서 어느 하나의 항목만이라도 제공되어 획득되면 그것으로 만족한다. 마침내 그는 틀에 박히게 되면서, 그 어떤 기술(技術), 교회, 공동체, 신비물, 인물, 대상 속에서 자리를 잡고 정착한다. 여기서 그는 습관과 시간을 통해서 자신에게 깊이 각인된 하나의 실체를 이상하고 우연하게 발견하였지만, 여전히 이런 인위적인 틀로부터 다시 이탈할 위험을 지니고 살아간다. 그리고 관찰자의 시선에는 늘 허무주의적인 존재의 모습으로 남아 있다. 과학에서는 통찰이 아닌 교화가 추구되고, 예술에서는 이념이 아닌 황홀경이 추구되며, 신비주의에서는 힘이 아닌 해탈('구원')이 추구된다는 점이 어디서나 유사하다. 아무런 책임 없이 움직이는 정동으로 풍성한 망토 안에는 어

디나 무가 숨어 있다.

　4. 이러한 유형에서는 사실적인 실체, 현재 순간의 자아, 자기 주변에서 전개되는 허영심 투성이의 실존에 한정해 관심을 보이는 불쌍한 자기의식이 쉽게 출현하는데, 이런 자기의식에게 모든 교육 세계는 단지 수단일 뿐이고, 그런 이유에서 이 자기의식은 정신 안에 순전히 형식적으로 내재해 있는 가능성들을 아무 방해도 받지 않고 전방위적으로 발전시키며 이러한 정신 세계를 수용해 삼키고 되새겨서 빛나게 하기는 해도, 결코 동화시키지는 않는다. 이러한 유형은 외관상 무한히 풍부하지만 본질적으로는 아무것도 아니다. 거기서는 마음이 내키는 대로 생각하는 것이 모두 허용된다. 사회성, 신문, 현재 일체는 자아가 그 모든 부질없음에도 불구하고 그 작용의 거울 속에서 자신의 효과를 보고, 자신에 대해서 확신할 수 있는 요소이다. 거침없는 생각은 일련의 바로크 양식의 경이로운 생각들로 이어진다. 그러나 사람은 자신이 말한 것을 망각한다. 그 이유는 사람이 아무것도 믿지 않는데다가 그 어떤 사태도 본질적이지 않기 때문이다. (실체적인 유형의 인간은, 망각을 하더라도, 변치 않고 상존하는 자신의 본질로부터 그와 유사한 사고 및 타자와 공유할 수 있는 것을 생산해 내겠지만) 이런 사람은 자신도 어쩔 수 없이 이질적인 것을 생산해 낸다. 이런 우연적인 연상적 사고를 하는 이들의 피상적인 풍부함은 눈이 부실 정도이고, 사고의 올바름들뿐 아니라 깊이들도 없는 것은 아니지만 그런 것들은 우연히 생겨나는 것이며, 정작 그런 사고를 생산해 내는 당사자에 의해서는 느껴지지도 않고 견실하게 유지되지도 않는다. 그런 것들은 다시 혼돈 속으로 잠기고, 누군가가 그것들을 흥미를 가지고 다루지 않는 한 그냥 무의미한 것으로 남는다. 진부한 것들에 대한 두려움에서 표현들은 장황하고 조잡한 형태를 띠게 된다. 목적의식이 확실한 곳에서는 단순하고 간결하며 자연적인 표현

은 사라지고 당연한 표현 행위도 사라진다. 단어와 문구가 늘어나 켜켜이 쌓이는 것이다. '체험'과 '깊이'가 진지한 척하면서 표현되기는 해도, 그것들은 — 주관적일 뿐 사실은 현실성이 없기 때문에 — 아무 거리낌없이 공개적으로 남용되어 그에 반하는 방식으로 행동한다. 그것들에 흥미를 갖는 사람들은 선의를 가진 사람들, 잘 믿는 사람들, 영혼 없는 사람들, 그리고 히스테리적인 사람들뿐이다.

헤겔은 이 유형이 어떻게 늘 새로운 옷을 입고 등장하는지를 묘사해 왔다. 헤겔은 "자신이나 다른 사람에게서 유래하는 모든 생각보다도 더 똑똑한 척하는 허영심을 묘사한다. 이 허영심은… 늘 모든 생각을 해체시키는 방법을 알고 있고 모든 내용 대신에 무미건조한 자아만 발견할 줄 아는 자신의 오성에 탐닉한다." 찢긴 의식은 '언어'를 자신의 한 요소로 활용한다. "찢긴 의식이 현존하는 방식은 일반적으로 말하기와 갈라 놓고 판단하기에 있다. … 이런 식의 판단하기와 말하기가 모든 것을 압도하는 동안, 그것들은 진실한 것이자 불굴의 것이 되어 버린다. … 대자로서의 자아, 그것의 고유한 허영심은 "모든 것을 판단해서 설득할 줄 알고, 현실의 확고한 본질을, 판단이 설정하는 확고한 규정들처럼, 아주 재치 있게 모순적인 형태로 드러낼 줄 안다. 따라서 그것은 모든 순간을 다른 순간에 대항해서 말하는 것, 즉 일반적으로 모든 것을 뒤바꿔서 말하는 법을 바르게 안다. … 그것은 불일치와 갈등의 측면에서 본질적인 것을 알기는 하지만, 자신이 행하고 있는 것을 통합의 측면에서는 잘 알지 못하므로 본질적인 것을 판단하는 것은 잘 해도 이해하는 능력은 없다. 이런 과정에서 이 허영심은 자기 자신에게 자기의식을 제공하기 위해서 모든 것들의 허영심을 필요로 한다. … 그것이 얻고자 추구하는 최고의 목적은 권력과 부다." 하지만 이러한 힘들은 그에게도 허영이다. "그러한 것들을 소유하는 데 있어서 그가 그런 것들로부터 벗어난다는 것을 그는 재치 있는 언어로 묘사하는데, 그래서 그러한 언어가 그에게는 최고의 관심사이자 진리 전체가 된다."[167]

이 유형에서는 허무주의 안에서 유일하게 확고한 것인 원시적이고 이기적인 자아가 발달되어 나온다. 이런 자아는 저런 자기형성과 재치 있는 언어에 존재하는 허무주의적인 요소를 한편으로는 수단으로 사용하고, 다른 한편으로는 그것 자체를 본질적인 것으로 여긴다. 자아가 실제로 확고하다면, 허무주의와 하나로 통합될 수 있는 가장 개략적인 유형이 처음으로 발생한다. 완벽하게 사고된 허무주의는 존재할 수 없고, 그것은 항상 고정된 것을 필요로 한다. 그것은 일반적인 것일 수 있다. 예를 들어 이전의 부정성이나 자의성 같은 것일 수 있고, 개별성 속에 존재하는 주관적인 실체 같은 것일 수 있다.

* 인간과 하나로 화합되는 허무주의 형태

1. 모든 허무주의적인 언설과 양식에도 불구하고 인간은 속으로는 완전히 확고하다. 인간은 더 이상 상처받지 않으며 모든 절망으로부터 멀리 떨어져 있다. 인간은 허무주의의 전 영역을 이해해 그것을 자신의 것으로 만들어 왔다. 그러나 그에게 그것은 수단이다. 인간은 자신의 본능에 의해 무조건 지배되고, 자신에게서 아무것도 부정하려 들지 않으며, 감각적인 쾌락의 영역에 머물러 있고, 권력과 타당성을 두고 벌이는 투쟁의 영역에 머물러 있다. 거기서 모든 허무주의는 무해하다. 인간이 이것을 실체로 받아들인다면 인간은 아무 문제가 없고 생존할 수 있다. 인간은 이제 모든 회의적인 사고 과정, 모든 허무주의적인 발달을, 예를 들어 자신 앞에서나

167 같은 책.

타인 앞에서나 필요에 따라 자신의 행동과 특성들을 궤변적인 방식으로 정당화해서 상대의 요구를 매우 의심스럽고 근거없는 것으로 묘사하기 위한 수단으로 사용할 수 있다. 추동적인 심리적 힘은 활력이자 무조건적인 의지인데, 이것은 충동과 성향을 따르고, 자신을 완전히 개인적이고 주관적인 자아로 관철시키며, 어제의 것과 상반되는 것일 수도 있는 욕구를 오늘 요구한다. 아테나이의 소피스트들은 부분적으로 이런 정신 유형을 명시적으로 가르쳤다. 약한 것을 강한 것으로 만들고 화술을 통해 권력을 쟁취하고 객관적으로 타당한 모든 것들을 부정하는 것, 이런 것이 그들이 했던 수업의 의미였다.

2. 이런 주관적인 자의성은 허무주의를 수단으로 삼지만, 계속되는 변화의 불안정과 절망에 빠져 그 안에서 파멸될 위기감을 느끼고 결국에는 소멸된다. 이런 주관적인 자의성은 동시에 허무주의로 이어지는 정신적인 운동들을 경험함으로써 최고 수준에서 형성되어 자각되어 왔다. 이제는 더 이상 권력 본능, 자기관철의 의지가 의지처를 제공하는 것으로서 선택적으로 출현하지 않고, 오히려 그 자체가 허무주의의 흐름에 휘말린다. 하지만 이제 자아의 부동성에 대한 단순한 느낌, 즉 그 자체로 아무 내용도 없는 아타락시아(ἀταραξία)가 의지처로 출현한다. 내용에 상관없이 모든 것이 그저 단순히 수용되기 때문에, 확실한 것은 이런 자아에게 아무런 불안도 야기할 수 없다는 사실뿐이다. 엘리스의 퓌론에 대한 일화가 있다. 폭풍우가 치는 동안 그는 배 위에서 두려움에 가득 찬 동료들에게 전혀 무관심한 채 조용히 먹기만 하는 돼지를 가리키면서 이렇게 말했다고 한다. "현자도 저런 아타락시아 상태에 있어야만 한다." 천성적으로 아무것도 모르는 동물이 가지고 있는 저런 무관심을 현자는 이성적인 앎을 통해서 가져야만 한다. 현자는 삶, 교육, 상황이 가져오는 모든 것을 그 자체로 자

신에게 접근하게 내버려두고, 그것을 그 어떤 구속력이 있는 것으로 여기지 않거나 중요한 것으로 여기지 않고, 그것을 그것의 '원래 자연 그대로의 방식으로', 그것이 자신에게 적합하게 되는 방식에 따라서 반응한다. 그는 자신의 취향이라면 최고로 정교한 교육을 받지만 어떤 방식으로도 자신을 고정하지 않는다. 그는 자신의 이런 우연적인 자아 말고는 다른 어떤 것에 대해서도 관심을 두지 않는다. 심지어 그 자아의 내용에 대해서도 진지하게 고민하지 않고 그냥 놔둔다. 세상에서도 그렇고 자기 자신 안에도 그렇고, 뚜렷하게 진지하게 대할 만한 가치로운 것이 있거나 책임질 만한 가치가 있는 것은 아무것도 없다. 그 어떤 상황, 익숙한 형식, 관습이 초래되든 모든 것은 그에 '맞게', 그것에 '속하는' 대로 또는 내용에는 아랑곳하지 않는 이런 다의적인 양식들이 말하는 것에 따라 가벼운 몸짓으로 행해진다. 중요한 것은 아르키메데스적인 점과도 같은 자아가 흔들리지 않는 것일 뿐, 다른 모든 것들은 아무런 상관이 없다. 이러한 부동심을 스토아학파는 생각의 객관성 및 타당성에 대한 믿음, '정확성'에 대한 믿음에서 획득할 수 있다고 보았고, 회의론자는 다방면에서 모든 것들을 부정하거나 의심함으로써 그러한 부동심을 획득할 수 있다고 보았다. 이런 순전한 유형의 회의론자는 고대 그리스의 퓌론에 의해서 실제적으로 그리고 이론적으로 발전되었다. 우리는 섹스투스 엠피리쿠스의 저작들을 통해서 퓌론을 알고 있다.[168] 근대에서는 미셸 드 몽테뉴가 가장 인상적인 대표 주자였다. 이런 유형은 모든 허무주의자들에게 가장 분명하고 가장 매혹적인 유형 중 하나다. 모든 허무주의자들은 그런 유형에서 마음의 평온을 찾는다. 물론 그

..

168 Sextus Empiricus, "Pyrrhonische Grundzüge", übers. in der *Die Philosophische Bibliothek*.

런 유형은 양호한 개인적인 성향을 통해서만 실제로 존재할 수 있다. 하지만 이 유형은 그러한 개인적인 성향으로부터 모든 추진력과 모든 절망을 빼앗아 갔다. 그 유형은 다음과 같다.

퓌론은 — 마치 정신 유형의 구조적인 이미지가 세계상, 태도, 가치의 위계에 따라 설계되어야 하기라도 하는 것처럼 — 세 가지 질문을 제시한 바 있다.

세상은 어떤 모습을 하고 있는가?(세계상)

우리는 세상과 어떤 관계를 맺어야만 하는가?(태도)

이런 태도를 취할 경우 우리에게서는 무엇이 생겨 나오는가?(가치의 위계질서)[169]

회의주의적 정신의 세계상은 첫 번째 질문(세상은 어떤 모습을 하고 있는가?)에 대해서 다음과 같은 식으로 답한다. 그런 것을 우리는 알지도 못하거니와 알 수도 없다. 우리는 오로지 각각의 개별적인 지각, 직관, 경험만 가질 수 있을 뿐이다. 그러나 뭔가가 그 자체로 또는 지속적으로 어떤지를 우리는 결코 '증명'할 길이 없다. 모든 것은 스스로 증명되어야 하거나(모든 곳에서 지각과 사고 가능성들은 서로 모순되기 때문에 이런 것은 불가능할 것이겠지만) 또는 다른 것을 통해서 증명되어야만 한다. 이런 것도 불가능한데, 전자로 환원되지 않는 한 이런 것은 무한 퇴행으로 이어지기 때문이다. 모든 것들에는 근거와 반근거가 있으며, 좀 더 자세히 살펴보면 근거와 반근거의 동질성이 항상 결과되기 때문이다. 우리가 우리의 경험을 통해서 알

‥

---

169 이런 질문들은 칸트의 세 가지 질문, 즉 나는 무엇을 알 수 있는가, 나는 무엇을 해야만 하는가, 나는 무엇을 원할 수 있는가와 비교되어 제시되었다. 예를 들어 Johann Eduard Erdmann, *Geschichte der Philosophie*, 1, 162쪽.

고 있는 것은 늘 '현상'이지 사물이 아니다. 모든 현상들은 본질상 보편타
당하지 않으며, 지식의 예비 단계도 아니거니와 지식도 아니다.[170]

두 번째 질문(우리는 세상과 어떤 관계를 맺어야만 하는가?), 즉 태도에 관한
질문에 대해서 제시되는 답은 그래서 다음과 같은 식이다. 결정을 내리지
않고, 부정도 긍정도 하지 않으면서 "오로지 엿보기만 하면서(회의하면서),
항상 탐구하면서(탐구심을 가지고서), 절대로 확신하지 않는 상태에서(독단적
이지 않으면서), 늘 경이로워한다(아포리아적이다)." 이러한 행동을 표현하기
위한 차원에서 일련의 전형적인 회의주의적 관용구가 사용되기도 한다. 예
를 들어 이런 것들이 있다. 절대로 '그것은 이러저러하다'가 아니라 '내가 보
기에 이러저러하다' 같은 관용구, 나는 그 현상을 지금 여기서만 그렇게 보
고 있다는 식의 관용구. 이런 관용구는 그 자체로 항상 적용되어서는 안 되
며 오로지 회의하는 사람 자신을 상대로만 사용되어야 하고, 해당 순간에
만 적용되어야 한다. 왜냐하면 회의론자는 독단적인 부정론자가 아니기 때
문이다. 하지만 이러한 행동의 결과는 말이 없는 것이 아니고, 그냥 멍하니

---

170 나중에 고대에 와서 회의주의는 정신 유형으로서는 자주 도외시되고 '확률' 이론에서 단순
한 지적 회의주의로 바뀌는데, 이 확률 이론은 정신 유형으로서가 아니라 과학적 태도로
서 현대 과학적 경험주의의 관점에 해당한다. 단순히 이론적 입장으로서의 회의주의는 그
어떤 정신 유형도 아니다. 그것은 (모든 과학에서) 방법으로서의 회의에 해당한다. 그것은
여기서 합리적인 것 속에서 특별한 방식으로 독립적이 된다. 이념이 빈곤해서 아주 조심
스러워 하는 비판가와 빈곤은 강점으로 바뀌고, 생각의 결핍이 ─반박하기 쉬운─ 생각
의 풍부함에 대해 우월해야만 한다. 창조적인 이들에 대해 '아니오'라고 말하면서 반대하
는 이들이 있다. 하지만 그들은 또한 생겨난 금을 정화하는 비판적인 산이기도 하다. '회
의주의'라는 단어가 모든 의심하는 입장을 나타내는 데 사용된다면, 그것은 완전히 피상
적인 지칭을 위해서 그것이 가지고 있는 모든 고유한 의미를 상실한다. 개별적인 경우에
서의 의심(비판, 지적인 주의력)과는 대조적으로 개념에 대해 행하는 일반적인 의심이 필
요하고, 단순한 지적인 의심과는 대조적인 의심(결정 유보)은 삶의 모든 영역들에서 존재
한다.

있으면서 시간만 낭비하는 것이 아니다. 회의론자는 오히려 자신의 직업을 (다수가 의사라는 직업을) 가지고 있다. 왜냐하면 회의하는 사람은 '자연의 지시에 따라서'(즉 체험, 충동, 상황 등이 초래하는 대로) 살아가고 '상황의 강요'에 복종함으로써, 일반적으로는 전혀 타당하지 않은 순간적인 체험들의 사실성을 인식하면서 그것들과 관계 맺기 때문이다. 그런 사람은 현상들이 그때마다 주어지는 대로 그 안에서 살아간다. 또한 상황들의 이러한 강요에 풍속 및 관습, 그리고 정치적 체제가 포함되지 않을 경우 방향이 잡히지 않아 혼돈스러울 수 있고, 어떻게 행동해야 할지의 문제는 아무 관심도 없는 것으로서 완전히 포기될 수도 있다. 회의하는 사람은 모든 곳에서 그런 것처럼 여기서도 맞추려는 자세를 취하고 잘 적응한다. 퓌론은 그런 식의 희생적인 사제였고, 몽테뉴도 그런 식의 가톨릭 정통 사제였다.

세 번째 질문(회의주의적인 태도로부터 생겨 나오는 것은 무엇인가?), 즉 최고의 가치에 대한 물음에 퓌론은 자신의 삶과 가르침을 통해서 이런 식으로 답하고 있다. 궁극적으로는 소극적인 행동으로부터 아타락시아(ἀταραξία, Unerschütterlichkeit, 평정심), 아파테이아(ἀπάθεια, Apathie, 부동심), 아디아포리아(ἀδιαφορία, Gleichgültigkeit, 무차별성)가 성장해 나온다. 인간은 상황이 자신에게 강요하는 고통을 수용해서 감내해야만 한다. 그러나 그것은 중용적인 고통을 말한다. 왜냐하면 고통을 또한 악으로 여기는 사람은 두 배로 고통스러울 것이기 때문이다.

앞서 사용했던 용어를 사용해서 이 유형을 요약해 보자. 회의론자는 생각 비우기라고 하는 철학적인 세계상을 가지고 있고, 다방면에서 다른 방향의 세계상들을 체험으로서 가지고 있고(가능성에 따라서 고등교육을 받기는 했어도 그에 대해 책임감은 갖지 않으려고 하고), 회의론자에게는 열정적인 태도가 결여되어 있으며, 철학적 시선이 결여되어 있는 것처럼 이념들도 결여되어 있다. 회의론자는 모든 다른 태도들을 우연 및 필요에 따라서 경험한다. 회의론자는 아무것도 모른다는 유보적인 태도를 가지고 학문을 하는데, 이때 기꺼이 관찰한 것을 열거하고, 받은 인상을 재현하거나 형식적인 방법을 적용하는 선에서 머무는 것을 선호한다. 회의론자는 예술과 관계는 맺지만 아주 협소한 의미에서의 '심미적인 것', 즉 '취향'에 머문다. 회의론자는 아무 원칙도 없이, 세상에서 자신이 처하게 되는 우연한 위치가 요구하는 대로, 즉 전통, 관례, 관습에 따라 살아간다. 그는 그 어느 곳에서도 실제 상황을 통해서 주어지는 체험이 강제하는 것 그 이상으로 행동하지 않는다.

회의론자는 본성상 사물의 본질에 부합하는 객관적인 작품을 만들어 낼 수 없고, 그 어떤 철학 체계도 개발해 낼 수 없으며, 학교를 설립하고 싶어 하지 않을 수도 있다. 그는 아무런 구속력 없이 자신을 표현할 수 있고 또 그러기를 바란다. 그는 자신의 모습을 있는 그대로 보여 주는데, 다만 아타락시아를 유지하는 선에서 그에 필요한 몇 가지 기술적인 수단들을 요청하고 있는 것처럼 보이다가도 그다음에는 그런 것들조차 내려놓는다. 자신이 저술한 모든 에세이에서 몽테뉴는 자신에 대한 자화상만 그리기를 원했다. 그는 오로지 자신만이 자신이 저술하는 책의 주제가 될 수 있다고 말한다. 회의론자는 가능한 모든 것들을 언어적으로는 불가피하게 주장의 형식을 빌려 말할 수는 있어도 그것에 가치를 부여하려고 하지 않으며, 자기 자신을 냉철하게 반박할 때도 있다. 이 모든 것들은 그의 본질을 표현하고 있을 뿐 그 이상도 그 이하도 아니다.[171]

171 개별적인 것은 무시하고 그 어떤 방식으로든 타당하고 객관적인 것만 중시하는 사람은, 회의론자를 사악하고 버림받고 주제넘고 공허한 사람으로 여길 것임에 틀림없다. 그런 사

3. 소피스트는 권력과 지배의 목적에 봉사하는 수단으로 허무주의적 매체를 필요로 하고, 회의론자는 허무주의적 요소 안에서 부정도 긍정도 않으면서 움직이는 가운데 자신의 아타락시아에만 관심을 가지며, 행위 허무주의자는 아무 목적도 없이 오로지 부정하는 것 자체에 초점을 맞춘다. 그는 더 이상 망설인다는 의미에서 의심하는 것이 아니고, 부정하기를 독단적으로 수행한다. 그의 앞을 가로막고 있는 것은 무엇이든 허무주의라는 수단을 통해서 파괴된다. 그는 모든 것을 파괴한다. 존재하는 것은 아무 가치도 없고, 좋다는 것도 속임수에 불과하다. 그는 박살내 부숴 버리는 것에 탐닉한다. 그가 이론적으로, 문학적으로 박살내면서 몰두하느냐 아니면 능동적이고 실천적으로 몰두하느냐는 근본적으로 사회적 상황의 차이일 뿐이다. 이 유형의 사람은 아마도 항상 권력 본능을 느끼겠지만, 그 권력 본능은 동화적이지도 않고 예속적이지도 않으며 절대적으로 형식적이고 파괴적이다. 그런 사람은 현존 속에서 그 어떤 깊은 실망감, 혐오감 같은 것을 느끼는데, 이는 모든 것에 대한 파괴적인 분노로 변한다. 이런 허무주의는 절망의 상응물이다. 의지처의 절대적인 결핍은 여기서 절망 속으로 해소되는 것이 아니고, 모든 타당하고 객관적인 것들을 파괴하면서 맹렬히 분노를 일으키는 쪽으로 나아간다. 여기서 붕괴되어 버렸을 경우 최후의 의지처를 자아의 살해, 자살, 자신에 대한 부정적인 행위에서 찾는 것이 아니고 외부를 향한 부정적인 행동을 통해서 찾는다.

∵

람은 회의론자를 모순에 찬 인간이라고 비난하겠지만 그는 회의론자의 실체, 즉 아타락시아(평정심)의 엄밀성과 우연한 주관성의 개별적인 기질은 전혀 건드리지 못한다. 예를 들어 몽테뉴에 대한 말브랑슈(Nicolas Malebranche)의 비판(*De la Recherche de la vérité*, II, 3, 5) 참조.

따라서 결과는, 허무주의적인 정신 유형들은 결국 자신들의 개별적인 존재, 성격적 기질 속에서 눈에 띄지 않는 의지처를 가지고 있으며, 정도에 따라서 개인주의 유형으로서의 유미주의자 아니면 에피쿠로스주의자에 속하거나, 그게 아닌 경우에는 다른 모든 것들이 허무주의적인 흐름 속으로 가라앉는 동안 허무주의적인 정신 유형들은 자신이 기대고 있고 의식적으로 붙잡고 있는 한 지점을 발견한다는 것이다. 절대적 허무주의는 심리학적으로는 불가능해 보인다. 하지만 그것에 가장 근접해 있는 것을 사람들은 종종 정신병적인 상태에서 체험의 일종으로 관찰할 수 있다.

3) 정신병에서의 절대적인 허무주의

1. 인간이 정말 희망 없는 절망 속에 처해 — 너무나도 격렬해서 오로지 당사자가 자살하는 것을 외부로부터만 인위적으로 막을 수 있는— 우울증을 겪고 있는 상태가 있다. 그런 사람에게 모든 것은 더 이상 실제로 존재하는 것이 아니고 그저 환상, 착각일 따름이다. 그런 사람에게 모든 인간은 죽어 있으며, 세상도 더 이상 존재하지 않는다. 그런 사람이 의사나 가족 구성원에게 접근하는 경우는 단지 '단발적으로 일어나는 경우'뿐이다. 환자는 혼자서 존재해야 한다. 그는 '영원한 유대인'이다. 하지만 그 또한 실제로 존재하고 있는 것이 아니다. 그 역시 그저 가짜 존재자일 뿐이다. 그 어떤 것도 가치가 없다. 환자는 그 어떤 느낌도 가질 수 없다고 스스로 말하지만, 그는 가장 극심한 절망감에 빠져 있음을 느낀다. 그는 예전의 인간이 아니다. 그는 그저 하나의 점일 따름이다. 이러한 체험 각각은 감정과 망상 속에서 가장 풍부하게 구체화된다. 몸은 부패해서 속이 텅 비고, 삼키는 음식은 빈 공간으로 굴러 떨어진다. 태양은 꺼져 버린다

등등. 이러한 상태에서는 오로지 정동의 강약만 있고 절망 자체만 있을 뿐이다.

2. 완전히 다른 유형의 정신병에서 허무주의적인 움직임이 관찰될 수 있다. 정신 속에서는 항상 의지처에서 무(無)로의 이행이 전개된다. 질병이 진행되어 나가는 초기 단계에 있는 환자들은 저러한 절망적이고 심각한 우울증 상태에 비해서 아직은 비교적 제정신 상태에 있는 편이다. 의지처 중 하나가 아직도 존재하는 한 인간은 허무주의 안에서 그래도 살아갈 수 있다. 하지만 가장 끔찍한 충격이 발생하는 경우가 있는데, 사람에게서 아주 자명한 것이, 말하자면 발 아래에서 푹 꺼져서 떨어져 버리는 관계로 ― 우리의 경우 질병의 진행 과정을 통해서 ― 의지처를 아무리 구해도 찾을 수가 없는 경우다. 이제 비로소 훨씬 분명해지는 것은, 회의론자는 모든 것에도 불구하고 자신의 개인 기질, 자신의 체험과 강박을 의지처로 삼아서 기대고 있다는 사실이다. 궁극적으로 그는 철저한 개인주의자이고 그의 내용적인 현상 형식에 있어서 회의주의적인 정신 유형에 속할 뿐이다. 그는 회의주의적인 정신을 가지고 있지만 그가 그런 정신인 것은 아니다. 인간이 회의주의적인 정신 유형을 소유하고 있을 뿐 아니라 본질적으로 그런 인간일 때, 그 이미지가 어떤가를 보여 주는 하나의 구체적인 사례가 있다.[172]

교육을 받았고 철학에 관심을 가지고 있으며 조현병 증상을 앓고 있는 한 20대 환자가 있었다. 심각한 급성 정신병이 발발하기 수년 전부터 완벽

---

172 이 사례는 나의 초기 작업, 즉 신경학 및 정신의학 전 분야를 위한 학술지(*Zeitschrift für die gesamte Neurologie und Psychiatrie*, 1913)에서 짧게 요약해 발췌한 것이다. 작성된 내용의 대부분은 환자 자신에게서 나온 것이다.

한 신중함과 질서 잡힌 상태에서 느리게 변화해 가는 발작이 수차례에 걸쳐서 발생했다. 병리적인 변화가 발발할 때마다 그는 철학적인 탐구에도 눈을 돌렸다. 그는 확실한 것을 원했고 형이상학적인 절대자를 찾고 있었다. 모든 곳에서 그가 인식한 것은, 모든 것에는 정도의 차이가 있기는 해도 각자의 이유가 있으며 그럼에도 모든 것들은 또한 논박될 수 있다는 것이었다. 그래서 그는 본래적인 세계관의 철학자들로부터 점차 거리를 두면서 단순한 논리학자들에게로 관심을 돌리기 시작했다. 이는 그가 이들에게서, 비록 본질적인 것은 아니더라도, 그 어떤 안전함을 찾기 위한 것이었다. 철학 체계에 대한 그의 충동은 포기되었다. 단순한 논리학자로서의 에드문트 후설이 그에게는 중요하게 되었다. 하지만 세계관으로서의 철학 체계를 갖추는 능력이 그에게는 결핍되어 있을 뿐 아니라, 그가 후설에게서도 모순을 발견했다고 생각했을 때, 완전한 절망으로의 전개는 당연한 일이었다.

삶에 대한 그의 태도를 처음부터 적절하게 표현해 주고 있는 것이 회의주의였다. 한편으로 그는 세계관에 대한 충동이 있었고, 입장을 취하지 못하는 무능으로부터 빠져나와 순전히 지적이고 합리적인 방법들에 매달리게 되었는데, 말하자면 이러한 것들에 최대한 매달렸으며, ─그 내용이 그의 욕구에 아무런 흔적을 남기지는 못했지만─ 난해하기로 소문난 후설을 연구했다. 왜냐하면 그가 결국은 지적인 실패를 경험하기는 했지만 그가 여기에서 가장 큰 확실함, 가장 결정적인 예리함을 발견했기 때문이다. 이미 이전에도 그는 어떤 것도 진리로 여길 수 없다고 느꼈고, 과학만이 아니라 삶 그리고 예술에서 신뢰할 수 있는 입장 표명은 있을 수 없다고 느꼈다. 그는 어느 정도 수준에서 도구들(비판적 지능, 감수성, 공감 능력 등)을 소유하고 있었지만, 모든 입장 표명에서 의지력 같은 것이 있다는 것을 규칙적인 안정감을 가지고서 경험할 수는 없었다. 철학적인 대화에서 그는 특히 두 가지 점을 강조하곤 했는데, 그것들은 지적 영역에서 항상 그의 사유 활동의 말미를 장식했던 것들이기도 하다. 그는 칸트의 변증론에서 무한소급을 배워 알게 되었고, 그 안에서 우리가 경험적으로는 절대로 무조건적인 것, 최종적인 것에 도달할 수 없다는, 그런 인과 사슬의 무한성을 알게 되었다. 그리고 모든 논리학적 숙고들에서 그는 크고 작은 순환들을 발견하였고, 이러한 인식을 통해서 그의 사유의 건축물이 무너져 내렸다. 그는 모든 곳에서 무한소급과 순환을 발견하였고, 흐르듯이 연속적으로 진행되는 무한소급 속에서 실제 조사를 세부적으로 진행하기 위해서 기댈 수 있는 의지처를 자의적으로 세우거나, 완전한 통찰력의 도움을 빌어서 순환을 종식시키는 데 사용하기 위해 자명한 전제로 받아들일 만한 지점을 발견하지 못했다. 자신의 입장에 대한 완전한 불확실성으로 인해 환자는 자신의 망상을 대할 때도 회의주의를 유지했는데, 그는 자신의 망상에 대해 완전한 통찰을 가지고 있지 않았고, 그것을 회의하는 망설임을 가지고 대했다. 우리 환자의 회의는 고통 투성이의 일상적인 체험으로, 그에 대한 이론적 묘사는 — 이는 오래전부터 잘 알려져 있는 철학자들의 사상과 별반 다르지 않은데 — 단지 표현일 뿐이다.

확실한 것도 의지할 것도 없는 관계로 인간은 체계적인 철학적 세계관 같은 틀에서 피난처를 구한다. 이러한 전개와 비교할 수 있는 일이 또한 대다수의 조현병적 증상이 진행되는 과정에서도 발생한다. 고통스러운 불안정기가 지나면 망상에 만족하는 시기가 도래한다. 좀 더 재능 있는 사람에게서 망상은 또한 세계 체제 같은 객관적인 형태를 취하기도 한다. 그것은 그냥 단순히 자신의 인격과 관련이 있는 주관적인 망상으로 나타나지 않는다. 우리 환자에게서는 특별한 점이 있는데, 그것은 그가 관찰 당시에 하나의 과정을 통해서 비정상적인 불안정성을 획득하기는 했어도, 망상 체계로 이어지는 일반적인 경로를 거치지는 않았다는 사실이다. 그는 비정상적으로 고통스러워한다. 그때 그는 — 드문 경우이기는 해도 — 어느 정도의 통찰력과 토론 능력을 갖추고 있어서 건강한 사람들과 여전히 교류할 수 있으며, 사람들은 그와 기꺼이 얘기를 나누고 그의 정신이 가지고 있는 민첩성, 감수성 그리고 상대적인 폭, 정직하고자 하는 노력 등을 즐기기도 한다. 그러면서도 사람들은 망상 체계를 등록해서는 토론의 불가능성을 확립해 환자의 완전히 '미쳐 있는' 세계와는 아무런 접촉도 하지 않는 것이 보통이다. '정상인'에 있어서의 축소가 체계에 있어서의 축소를 의미하는 것처럼, 정신병자에게서 망상으로의 고립 및 편입이 그런 것에 비교될 수 있다. 이런 일반적인 결과, 즉 체계적으로 고정된 망상은 우리 환자에게서는 초기에는 나타나지 않는다. 환자의 망상적인 생각들은 어느 곳에서도 체계로 수렴되지 않고, 그의 세계관하고는 아무런 관련성이 없다. 그는 그것들에 대해 불안정하고 불확실한 태도를 보인다.

그러나 시험에 대한 실망에 기반해서 반사적으로 태동하는 그의 급성 정신병의 내용들 속에서 전체에 대한 욕구와 회의적인 절망은 구체적인 형태를 획득해 왔다. 정신병원으로 오게 만들었던 이런 정신병을 앓는 와중에 그는 수많은 세상사를 체험했다. 새로운 시대가 도래하였고, 신성한 인물들과 인간적인 인물들이 그와 교류하였으며, 그 자신이 새로운 세계 등을 위해서 고군분투했다. 이런 체험들로부터 우리는 짤막한 내용만 보고하기로 한다. 그가 겪은 회의주의의 고통 대부분이 그의 체험에 상당히 결정적이었다. 이러한 연관은 급성 정신병이 지나간 이후 환자 자신에 의해서 반복적으로 강조되었다.

정신병이 발발했던 초기에 그는 신이 자신에게 회의주의를 선물했노라고 저주하면서 다음과 같은 결단을 내렸다. "내가 신에게 강제하고 싶은 것이 있는데, 그것은 신이 나를 파멸시키거나 그렇지 않으면 그가 내게 통찰력을 내려 주어야만 한다는 것이다." 자신의 회의주의적인 절망으로부터, 그 자신이 스스로 말하고 있듯이, 저주의 필요성이 생겨 나왔다. "우리의 신을 나는 저주한다." "신이 죄를 저지르지 않았더라면 불행은 아마도 존재하지 않았을 것이다."

이제 황금기가 도래하였고, 그가 비록 허상 세계에서 살도록 저주받았음에도 불구하고 '초감각적인 세계'에 참여하게 되었다는 것은 그의 철학적-형이상학적인 필요에 잘 부합했다. 신이 그를 구원해 주기로 약속했다는 것을 그는 체험했다. 하지만 그런 일은 투쟁을 통해서나 일어날 수 있었다. 그는 자신의 입장에서 요구들을 제시했는데, 그가 초감각적인 세계에 들어가는 것이 허용될지의 여부는 그런 요구들에 달려 있었다. 그러한 요구들은 그가 가지고 있는 다음과 같은 회의적이고 허무주의적인 견해를 표현한 것이었다. 모든 존재는 신과 동등해야만 하고, 모든 가치의 차별은 중단되어야 하며, 악마 자체도 초감각적인 세계로 들어가야만 한다. 투쟁에서 그는 승리했다. 이제 그는 모든 신과 천재들을 자신의 품안에 소유하게 되었다. 이제 그는 자신이 이전에 요구했던 통일성과 질서를 창출해야만 했다. 전체는 하나의 통일체가 되어야만 하고, 예 또는 아니오의 대립, 투쟁, 동요, 분열, 신과 악마의 대립은 지양되어야만 했다. 이제 문제는 전체의 통일이다. 그것은 실현되지 못했다. 늘 의견의 불일치와 논쟁이 남아 있었다. 지상 세계가 마침내 하나의 통일체로 질서 지워졌을 때, 외계가 도래했다. 이 외계, 즉 무한 앞에서 그는 무력감을 느꼈다. 그것이 회의주의 속에서 느끼는 것과 동일한 것임을 그는 지금 체험하게 되었다. 그것은 여기 초감각적인 세계에서의 무한소급과 동일한 것인데, 이는 이전에 나의 생각들을 파괴했던 것이다. 하지만 현실에서는 도달하지 못했던 해결책이 정신병에서는 의지를 통해서 달성되었다. 그는 임의로 자신이 지상계의 신이 되기로 결정했고, 옛 신을 외계의 무한성의 신으로 임명했다. 그런 식으로 그는 행복하고 편안하게 느꼈다.

이러한 연관에서 이제는 의심이 계속 제기되었다. 그로 인해 그는 고통을 받았고, 의심이 여기서도 그를 떠나지 않고 있다는 '압박감'을 느끼게 되었다. 다음과 같은 원기 왕성한 주장들을 반복하는 것만으로는 그의 직성이 풀리지 않았다. "생각의 창조라는 것도 존재한다", "나는 오토 왕의 아들이다" 등등. 정신병 상태에서도 통일성의 형성은 실제로 결코 이루어지지 않는다. 그것이 성취되지 못하면서 그는 분노에 빠진다. "그리고 이 중성조차 통일성"이라고 그는 원기 왕성하게 주장하지만 이내 곧 "아니야, 그렇지 않아"라는 말이 뒤따른다. 모순을 해소하는 것은 불가능하다. 신과 악마는 동일할 수 없다. 그런 다음 이로부터 정신병의 종결에 반대하는 하나의 새로운 입장이 발달되어 나온다. 그는 더 이상 견디지 못하고, 그것이 단지 허상일지라도 허상 세계로 되돌아가고 싶어 한다.

삶이 자기의식으로 나아가고자 할 때 심리적 허무주의는 불가피한 단계다. 새로운 형태의 삶이 태동하려면 먼저 모든 죽은 것, 궁극적인 것이 비로소 의문에 붙여져야만 하고, 허무주의의 용광로 안으로 던져져야만 한다. 허무주의는 회피한다고 해서 벗어날 수 있는 것이 아니다. 허무주의가 극복되어야 하고 그것이 모든 종류의 정신 유형들에 들어 있는 단순한 요소가 되어야 하는 것이라면, 그것은 ─ 내적인 절망 속에서만 가능한 것이기에 ─ 직접적으로 체험되어야만 한다. 허무주의는 영적인 삶의 세계에서 겉으로만 살아 있는 체하는 것, 살아 있지 않고 죽어 있는 것의 파괴자다.

모든 삶의 형태는 언젠가는 한 번이라도 허무주의를 자기 자신 안으로 끌어들이지만 삶 자체는 그렇지 않다. 이것을 헤겔은 자신의 두 번째 단계(중재)마다 고요한 형식 속에서 인식했는데, 그것은 우선 니체에 의해서 생생하게 경험되어 그 결과는 사실적이고 이론적으로 일관성 있게 기술되었다. 그가 허무주의의 모든 폭풍들이 자신을 지나쳐 가게 했던 것은, 그가 그런 모든 것들을 버텨 낼 수 있었다고 하는 사실에 비추어서 삶을 인식하려 했기 때문이다. 그러나 그는 삶이 무엇인지에 대해서 (권력의지에 대한 교설이나 그와 유사한 교설들이 그런 성질의 것으로 여겨지지 않는다고 한다면) 그 어떤 긍정적인 이미지도 보여 준 적이 없다. 사실상 긍정적인 모든 것들은 즉시 다시 허무주의의 희생양이 되어 버릴 것이다. 어떤 틀이 틀로, 사육의 수단으로 간파될 경우 허무주의가 등장한다. 특히 긍정적인 힘이 이전의 틀을 폭파해 버리는 것이 아니라 단순한 진실성과 비판이 이전의 틀을 폭파하는 경우에 그렇다. 모든 세계상, 가치의 위계들은 ― 니체의 표현 방식을 빌리자면 ― 삶의 관점에서 보면 관점에 따라 왜곡되어 나타난다. 그래서 그것들은 항상 수정된다. 그러나 성장하는 삶의 이러한 활동들은 삶의 종류에 따라 새로운 관점들을 창출해 낸다.

허무주의의 영향들을 직관하고 겁에 질려 당황하는 존재는 다음과 같은 질문으로 자신을 표현한다. 그 어디에 아직도 의지할 곳은 있는 것인가? 또는 의지처는 어디에 있는가? 고찰자로서의 우리는 그 모든 허무주의에도 불구하고 인류가 살아가고 있고 그래서 인류는 어디서나 의지처를 가지고 있다는 사실을 알고 있다. 이제 의지처의 유형들을 특징지어 보기로 한다. 그런 것들을 우리는 다음과 같은 것에서 발견한다.

1. 허무주의에 의해서 파괴될 수 있는 한정된 유한적인 형식들에서,

2. 살아 있는 것, 무한적인 것에서.

2. 유한 속의 의지처: 정신적인 틀

우리 안에는 모든 것들을 의문시하고 모든 유한한 것들을 극복하려는 과정들에 저항하는 충동이 있는데, 그것이 바로 확고한 것과 안정된 것을 갈망하는 충동이다. 우리는 모든 개념들이 상대화되고 모든 존재 형식들이 의문에 부쳐지는 무한한 소용돌이를 도저히 견뎌 내지 못한다. 우리는 어지러워지고, 우리의 실존 의식은 사라지게 된다. 뭔가가 있으면 그것이 그 어떤 최종적인 것이자 완성된 것이기를 바라는 충동이 우리 안에 존재한다. 삶의 태도, 세계상, 가치 위계는 모두 그 어떤 '올바른' 것이어야만 한다. 늘 수행해야 하는 과업과 풀어야만 하는 질문만 가지고 살아가는 것을 인간은 그리 좋아하지 않는다. 인간은 자신의 행위에 대해서, 궁극적인 제도에 대해서 그 어떤 처방이 내려지기를 요구한다. 그 과정은 언젠가는 완수되어야만 한다. 사람들은 존재, 통일성, 완결성 그리고 안정 같은 것을 선호한다.

제한되어 있는 것 내부에 존재하고 있는 의지처는 원칙, 교설, 증명 가능성, 전통적인 제도, 절대적이면서도 동시에 일반적인 요청들에서 획득된다. 의지처가 객관화되어 이름으로 칭해질 수 있는 대상의 일종으로 다루어지면서 그것은 합리적인 형식에 던져진다. 가르치고 배울 수 있는 형식으로 가공되는 것이다. 무한한 것 안에서 살아가면서 기댈 의지처를 획득해 나가는 인간은, 무한성 때문에 포획될 수 없고 제한될 수 없는 이런 무조건적인 것을 확실하게 장악하지 못한 상태에서, 자신의 본질과 세계의 총체성에 내재해 있는 무조건적인 것에 동조하는 불안정한 상태에 놓인다. 인간은 절대적인 것에 직면해서 살아가지만, 사적으로 구체적인 실존에서가 아니라면, 그런 절대적인 것에 대한 모든 확고하고 최종적인 소유를 경멸한다. 왜냐하면 그에게는 절대적인 것을 객관적으로 파악하는 의미에서의 소유는 그저 추정된 것일 뿐이고 그를 바람직하지 않은 속박과 기계화로 인도하는 것이기 때문이다. 그에 반해서 틀은 결국 기계적인 방식으로 적용될 수 있는 것을 통해서 간단명료한 원칙들과 개별적인 명법들에 확고함과 확실성을 제공해 준다. 틀 안에서 살아가는 인간은 한계상황으로부터 격리되어 단절되는 경향이 있다. 그런 인간에게서 한계상황은 고정된 세계 이미지 및 가치의 이미지로 대체된다. 그래서 그런 인간은 현기증을 유발하는 한계상황의 과정으로부터 빠져나와 편안함을 제공해 주는 안락한 거주처 안에 정착할 수 있게 된다.

제한된 것들이 취하는 형식들은 여전히 직접적이고 자명하며, 순진한 특징이 있다. 그것들은 그 자체가 모든 삶의 요소들이고 모든 정신 유형들 안에 포함되어 있다. 모든 제한되어 있는 것들 안으로 스며드는 허무주의적인 과정들은 여기에서 절망의 근원이기도 하고 새로운 삶의 근원이기도 하다. 그렇지 않은 경우 제한된 것들이 취하는 형식들은 다소 의도적으로 반대 방향에서 선택되기도 한다. 인간은 의식적으로 허무주의의 심연으로부터 나와서 틀로 되돌아가기도 한다. 전자의 경우에서 효율적인 위기였던 허무주의는 후자의 경우에서는 파괴적인 것이 될 수 있고, 그것이 가진 위험은 모든 제한된 것들에서 그런 것처럼 지속적으로 배경에 머물러 있기는 해도, 그것이 승리하는 경우에는 여기 틀 안으로의 의식적인 회귀 이후 더 이상 아무런 생명력이 남아 있지 않을 수 있다. 이런 선택된, 아직 성장되지 않은 틀 안에서 살아가면서 인간은 이제 더 이상 그것에 대해 성찰하지 않으며, 본능적으로 성찰하는 것을 두려워한다. 그런 인간에게 틀은 자명하고 절대적이지만, 그렇다고 순진하고 생생한 방식으로 그런 것은 아니다. 그래서 제한된 것의 무조건성은 모든 곳에서 ―활동 가능한 범위와 구체적인 생동성의 자유를 가지고 있는, 제한된 틀 내에서의 순진한 삶과는 대조적으로 — 폭력적이고 의식적이며, 원칙적이고 추상적이며, 광신적이다. 틀은 그래서 성장하면서 형성되고, 그러고 나서 생생하게 살아 있는 것 또는 완성되어 있는 것으로 선택될 뿐이고, 그런 후에 기계적인 성질의 것이 되고 죽어 있는 성질의 것이 된다.

1) 일반론

모든 틀에서 공통점은 인간이 틀을 합리적인 형식의 보편타당한 것, 필연적인 것, 그리고 질서정연한 것, 즉 의무, 규정, 귀속으로서의 규칙 및 법칙 등으로 마주한다는 사실이다. 즉 모든 틀에서 공통점은 합리주의다. 이 개념은 모호해서 분석이 필요하다.

합리주의의 다양성은 합리주의가 자체적인 힘이 아니라 단순한 형성이라는 사실에 기반해 있다. 왜냐하면 이러한 형성은 완전히 상반되는 힘들을 뒤에 둘 수 있고 아주 다양한 자료들을 앞에 둘 수 있기 때문이다. 오성은 움직일 수 있고, 그것이 형성해 낸 것들은 그 자체로 쉽게 수정될 수 있다. 오성의 운동성은, 그것이 낳는 결과를 통해서 갖게 되는 합리적인 자기 법칙성과 강제력에도 불구하고, 본능, 욕구, 이념들이 가지고 있는 생명력에 비해 상대적으로 지엽적이고 피상적이다. 동일한 정신 유형이 극단적인 경우 아주 다양한 합리적인 형식들을 취하고 움직일 수 있지만, 기본적으로는 많은 변화 없이도 그런 식으로 표현될 수 있다. 하나의 예가 러시아인 유형인데, 이 유형은 사회주의에서 전제정치로 그리고 그 반대 방향으로 도약하기도 하고 하나의 철학에서 다른 철학으로 도약하기도 하며, 현재 순간의 철학을 열정적으로 숭배하면서도 다른 한편으로는 인간의 행복에 대한 믿음, 권력의지, 새로운 세계창조를 위한 슬라브적 선민의식, 정치적 제국주의 등과 같은 몇몇 일반적인 것들은 동일하게 그대로 유지하기도 한다. 여기서 합리적인 것은 극단적인 피상성을 보여 줄 수 있는데, 그 이유는 합리적인 것은 단순히 전수되어 일련의 과정에서 그냥 옷만 바꿔 입을 수 있기 때문이다. 합리적인 틀은 훨씬 더 깊숙한 곳, 즉 본래적으로 생성되어 오랜 전통 속에서 형성되고 보존된 곳에서 자리잡고 있다. 거기서 그것은, 다음과 같은 관점들에 따라 분류될 수 있는 다양성들을 획득한다.

합리화는 기존하는 가용 자료들을 공략해 인간들 앞에 하나의 완결된 세계상을 제시해 주거나 그게 아니면 가치로운 것들을 파악해서 인간들의 생활 태도를 규제한다. 두 경우에서 합리화의 근거와 목적은 변한다. 한편에서는 편의, 안정과 힘에 대한 욕구, 자신의 실존을 정당화하고자 하는 욕구, 그리고 더 만족스러운 재해석에 대한 욕구가 있고, 다른 한편에서는 삶을 유지하기 위한 수단(기술)을 확보하고자 하고 질서, 척도, 전환을 통해서 삶의 즐거움을 가능한 한 순수하고 지속적으로 창출하고자 하며(에피쿠로스적 규율), 수련을 통해 종교-신비적 경험들을 일깨워 반복 가능하게 만들려고 하고(영적 훈련), 교류 및 행동을 위한 규칙을 통해서 계급의 존엄성을 특징지으려고 하며(명예 개념들, '문명'), 자기훈련과 금욕을 통해서 자신을 독립적으로 만들려고 하거나(스토아학파), 또는 전적으로 순종해 의존하는 것에 가치를 부여하려고 하고(예수교), 제조법을 통해서 수공작업, 예술(고전주의), 각각의 직업을 가르칠 수 있게 만들려고 하는 등 다양한 목적들이 있다. 종교적인 연관에서 막스 베버가 보여 주었던 것처럼, 합리화는 또한 매우 구체적인 개별 표상에서 출발한다. 합리화는 예를 들어 신을 예찬하기 위해 수행하는 자발적인 세계 형성 작업이 더 이상 내면으로 침잠하지 않더라도 그것이 성공을 거두면서 이로부터 귀결되는 직업 노동의 집중화를 통해서 자신이 은총 받은 계급으로 선택받았다는 징표를 발견할 수 있다는 생각에서 출발한다. 그렇지 않은 경우 합리화는 인도 종교 체계에서 말하는 윤회로부터의 해방이라는 사고에서 출발하기도 한다.

역사적으로 존재하는 모든 합리화의 전체 범위를 분석하고, 세계를 하나의 문화 영역 안에 포괄하는 이런 형태들을 힘과 영향의 측면에서 분석하는 것은 경험적인 조사의 문제다. 여기서 우리의 임무는 가장 이질적인 자료와 동기까지 포괄할 수 있는 일반적인 유형의 합리주의를 구성해 내는 것이다. 이는 각각의 비합리적인 것과의 대조를 통해서 시도될 것이다.

(1) 합리주의의 특징

1. 합리주의 개념은 이질적인 자료까지 포괄해야 할 정도로 그 범위가 확장될 수 있지만, 자기 자신을 넘어섬으로써 자신의 의미를 상실하지 않으려면 더 이상 합리주의가 아닌 것과 아주 예리하게 거리를 둘 필요가 있다. 합리주의는 제한된 것, 제한될 수 있는 것, 고정될 수 있는 것, 유한적인 것을 고수하는 정신 유형이자, 오성으로 모든 것을 파악하고 그것 너머로는 더 이상 아무것도 보지 못하는 정신 유형이다. 무한은 이론적으로 생각될 수는 있어도 경험할 수 있는 것은 아니다. 무한은 생각을 통해서 유한한 것이 되고 또 혼돈으로 침잠하거나 제한된 특정 개념들의 질서 속으로 그리고 특별한 개념군으로 침잠해 들어감으로써 망각된다. 오성이 개념 형태로 사유할 수 있는 것만 존재한다. 그리고 이것은 세계상, 태도, 행위, 인간관계에서 본질적인 것이 된다. 모든 것은 명료하고 모든 것은 자신의 근거를 가진다. 사람들은 목적과 의미를 알고 있고 수단을 알고 있기 때문에 모든 것은 합리적이어야 하고, 오로지 합목적적으로 행동해야만

하고 살아야만 한다는 요청이 있다. 인간이 기댈 의지처는 여기서 오성에, 객관적으로 타당한 것에, 합리적인 것의 고유법칙들에 있으며 그리고 자신의 사유 능력에 있다. 인간은 사유하는 자로서 안전하다고 느끼고, 보호받는다고 느낀다. 사유는 무엇이든 할 수 있고, 유연하며, 어떤 필요에서 유래하든 모든 이데올로기에 적용될 수 있기에, 합리주의는 다양하고 특수한 여러 내용을 갖는다. 하지만 그것은 항상 다름 아닌 오성에 호소한다. 그것은 늘 신중하게 숙고하고 약간은 오만하며, 항상 '올바르고' 항상 교의적이다.

확고하게 완결된 전체 안에서 살아가는 인간은 누구나 다음과 같은 것을 안다. 이러저러한 것이 세상이고 삶이다. 이런 것은 오로지 유한적이고 개별적인 것의 절대화를 통해서 또는 질서정연한 수많은 유한성들을 무한적인 전체로 절대화함으로써 도달될 수 있다. 이런 것과는 대조적으로 삶은 비합리적인 전체 속에서 전개된다. 모든 것은 개별적인 단순한 것이 되고 비유, 상징 그리고 마침내는 이념이 된다. 특별한 어떤 것이 전체로 절대화되는지는 합리주의와 자기 극복적인 합리주의 간의 대립과 관련해서 부차적인 문제다. 합리주의가 자신을 극복하는 것은, 합리주의가 (자신을 비합리적으로 편하게 부정하는 것을 통해서가 아니라) 자신을 극단적으로 확장 가능하게 만들고 동시에 자신의 특성과 한계를 보는 것을 통해서다. 철학적 성찰에서 이런 것은 칸트가 이루어 낸 '성취'다.

현재의 삶과 구체적이고 개별적인 것에서 무언가를 무조건 취하는 것은 세계상과 일반적인 요청을 절대시하는 것과 구별될 필요가 있다. 특히 후자를 행하는 사람은 개별적인 것에 쉽게 안주하는 경향이 있지만, 그렇지 않은 사람은 무질서하고 허무하게 붕괴되지 않는 한 구체적인 것, 개별적인 것에다 모든 무조건적인 열정을 부여한다. 그러나 합리주의를 부정하지 않고 극복하는 사람은 늘 모든 구체적이고 무조건적인 것의 이면에서 더욱 심오한 것을 느낀다. 종교적으로 표현하자면, 신 앞에서 모든 것은 아무것도 아니다. 무조건적인 것이 가지고 있는 힘이 아무리 강력하다고 하더라도 모든 것은 언젠가는 상대화될 수 있다. 그런 사람은 이 의미를 현실이 아닌 고찰에서만 취한다. 그것은 신뢰하지 않음으로써 상대화될 수 있는 것이 아니고 그것이 현존하는 것, 살아 있는 것이 되는 한 보다 더 포괄적인 것을 통해서 상대화될 수 있다. 그것은 결코 정지 상태에 빠지는 경우가 없고 궁극적으로 확고한 토대를 갖는 일도 없다. 그 두 가지는 합리주의만이 해낼 수 있다. 하지만 아무 경계도 없이 자기 안에만 경계를 형성할 뿐인 무한한 위계 구조의 상대화가 생생하게 구축되는 동안 그러한 상대화는 항상 혼돈과 우연이라는 허무주의로 빠져들 위험이 있다.

합리주의에서 본질적인 것은 합목적적인 사유다. 그것은 어디서나 목적을 물을 뿐 그 너머는 보지 않는다. 비합리적인 생명력에서 중요한 궁극적인 충동은 보이지 않고 허용되지도 않는다. 현존의 가치와 현존의 의지처는 어디서나 '왜?' '무엇을 위해서?'라는 질문에 어떻게 답하느냐에 달려 있다. 삶이 합리주의를 극복하는 길은 삶이 동시에 합리주의를 수용하는 길을 통해서인데, 삶은 모든 유한한 것에서 목적과 의미를 발견하고 합목적적 사유 안에서 경계 없이 전진하며, 그 어떤 비합리적인 것도 온 힘을 다해 합리적으로 만들지 않고는 허용하지 않는 것에 모든 사활을 건다. 그러나 이러한 삶이 합목적적이고 의도적인 것을 최고 수준에서 증가시키는 동안, 그러한 삶은 끝없이 제기되는 질문으로 인해서 결정이 내려지지 않는 곳이기도 한 저러한 무한성 안에 모든 것이 자리를 틀고 있다는 것도 간파한다. 모든 목적들은 자신들이 그 작용을 멈추게 되는 무목적성을 통해서 극복되기는 하지만, 그런 무목적성을 포기하는 것에서가 아니라 오로지 목적을 최고로 추구하는 경우에서만 그렇다. 삶이 목적을 갖기는 하지만, 목적을 갖는 것이 인생의 전부는 아니다.

삶은 구체적인 것, 개별적인 것, 현재적인 것 안에 내재해 있다. 그로부터 이성과 목적의 문제들이 생겨 나와 활발하게 움직인다. 그에 반해서 곧바로 전체적인 것으로 뛰어올라 '무엇을 위해서?' '왜?' 등의 질문을 제기하면서 삶 전체에 대해 합리적인 방식으로 답하고자 하는 사람은 삶을 금방 상실하게 된다. 구체적인 목적을 자신들의 것으로 만들기에 앞서서 ― 인식적인 태도를 더 심오하고 광범위하고 무분별하게 취하는 가운데 ― 늘 궁극적인 '무엇 때문에?'라는 질문을 우선적으로 제기하면서 '의미 일반'에 대해서 답하려고 할 때 인간들은 어디서나 아무 목적도 없고, 무사안일하고, 우연하고, 아무 진실성 없이 행동한다는 것은 흔히 하는 경험이다. 비생산적인 성찰 속에서 무한한 것을 끊임없이 만들어 내려고 하는 동안 그들은 자신들의 실제 생활에서 아무 규율도 없이, 우연한 목적 외에는 아무 목적도 없이 움직이고, 일상적인 것과 유한한 것에 대한 철저한 숙달 없는 상태에서 살아간다. 사정은 이렇다. 인간은 늘 하나의 유한한 것에서만, 틀의 한 요소 안에서만 구체적인 목적을 가질 수 있다. 삶의 무한한 전체에서 목적을 갖는 것은 삶을 살아가는 이에게는 추상적인 성질의 일일 것이고, 삶을 일반적인 것 안으로 밀어넣는 성질의 일일 것이다. 고찰자로서만 그리고 포괄적인 신비로운 체험에서만 인간은 이러한 삶의 이념을 상위에 놓인 우월한 것으로 경험할 수 있다. 하지만 아마도 합리적인 방식으로는 그런 것을 파악할 수 없을 것이다. 이런 고찰적이거나 신비적인 태도는 목적 추구라는 형태로 출현함으로써, 전체 또는 삶을 목적으로 삼음으로써, 삶 자체를 해체해 버릴 것이다.

2. 합리주의의 특성을 또 다른 측면에서 계속 살펴보도록 하자. 인간에

게 필요불가결하고 보편타당한 것, 그것은 인간에게 어떤 때는 고통스러운 것이기도 하지만 동시에 어떤 면에서는 그 자체가 인간을 안심시켜 주는 것이기도 하다. 인간이 시간초월적인 타당성, 영원한 법칙, 객관성의 사상을 파악하고 그런 형식들 안으로 침잠해 들어갈 때는 소위 비인격적인 느낌, 심지어 시간을 초월해 있다는 느낌을 받는다. 제반 변화는 인간에게 단순한 현상이 될 뿐이고 모든 시간적인 것은 관심 밖이다. 인간은 시간을 초월해 있는 필연성을 관조하는 가운데 자신의 현세적인 실존을 상실하는 것에 만족해한다. 완전히 무시간적인 질서와 필연적인 세계상의 내용은 스토아적인 세계상, 스피노자주의적인 세계상 또는 헤겔적인 세계상만큼이나 판이할 수 있지만, 공통점이라면 불안정의 소멸, 즉 단순한 고찰이 매개해 주는 전체라는 품안에 안기는 것이다. 이것과 반대되는 것이 한계에 부딪치는 것, 모든 존재 안에서 역설 및 이율배반을 일종의 해소 불가한 것으로 경험하는 것이다. 합리주의에는 폐쇄된 세계상이 포함된다. 세계를 질서정연하고 필연적이며 궁극적으로 시간을 초월해 있는 우주로 보는 것이 그것에게는 필요하다. 철학적인 세계상들은 대부분 자신들의 근원을 거기에 두고 있다. 그 반대가 정신인데, 정신에게 세계는 이미지가 아니며 정신에게 궁극적인 것은 한계상황과 역설이다. 주체의 권능과 책임만이, 언어로 묘사되어 일반화된 대상으로 제시되지 않은 채, 절대적인 것으로 체험될 수 있다. 시간초월적인 필연성의 형태로 법칙과 질서를 묘사하는 세계상의 고전적인 예로는, 동일한 것을 원했던 모든 고대 그리스적 운동의 정점을 이룬 아테나이풍의 세계관이 있다. 우주는 폐쇄되어 있고 유한하며, 인간 현존이 가질 법한 척도와 한계를 가지고 있다. 그것은 완벽하고 합법칙적이며, 동시에 로고스이자 운명이고, 이성이자 정의다. 흐릿하고 어둡고 신비로운 모든 것들은 배제된다. 세계는 수정같이 맑고 투명하게 사고되어야 하고, 공 모양으로 상상되거나 완벽하게 규칙적인 운동을 하는 별 운동으로 여겨질 수 있다. 가장 고상한 합리주의의 형식으로서의 이런 정신은 신비주의적인 사색들, 북유럽적인 내향성, 기독교적인 역설들과는 완전히 대조적이다.

좀 더 진부한 형태를 취하고 있는 조화주의적인 세계관은 이율배반적인 세계관과는 대조적으로 나태함과 불확실함, 아늑한 무아지경과 존재하는 것들에 대한 속물적인 만족의 분위기에서 광범위하게 퍼져 있다. 무작위로 뽑아 낸 몇 가지 판단들을 통해서 그것들을 설명해 볼 수 있다.

"제대로 이해되기만 하면, 다양한 종류의 (종교적이고 사회풍속적이고 법률적이고 지혜로운) 법칙들은 서로 모순되지 않으며, 서로 모순될 수도 없다. 왜냐하면 그것이 어디서 유래하든, 무엇하고 관계해 있든, 인간의 본성은 자체 내에 그 어떤 모순도 허용하지 않기 때문이다. 불완전하게 파악될 경우 그들 간에는 물론 충돌도 발생할 수 있다. 여러 다양한 과학들의 소임은 그런 충돌을 방지하고 제거하는 데 도움이 되는 이론들을 제시하는 것이다."[173]

또 다른 한 저자가 내리고 있는 판단도 이와 유사하다.

"모든 자연과학적인 탐구의 최고 임무가 우주를 자체적으로 완전히 조화로운 하나의 유기체로, 즉 하나의 코스모스로 인식하는 것인 것처럼, 그런 것은 인류에 대한 모든 자연사적 탐구에서도 마찬가지로 일어나야만 한다. 세계를 하나의 자족적이고 자유로우며 조화로운 예술작품으로 파악하는 것은 현시대가 가장 자랑스러워하는 목표 중 하나다. 그래서 우리 인간의 좀 더 협소한 영역에서도 그러한 대단한 사고를 되풀이하고, 민족도

173 Robert von Mohl, *Enzyklopädie der Staatswissenschaften*(1859), 9쪽.

점차 자연사적으로 파악하며 하나의 완결되어 있는 예술작품으로, 정치 코스모스로 묘사하는 것도 현시대가 가장 자랑스러워할 목표 중 하나가 될 것이다."**174**

저러한 합리적인 세계상이 자기교육을 통해 자신을 결국에는 객관적 대상으로서의 무한에 용해시킬 것을 요청하는 동안, 절대적인 비합리성의 경험은 절망과 두려움을 직접 체험하는 가운데 의문을 제기하고, 우리 실존의 주관적인 힘에 호소하며, 위험과 삶에 대한 모험을 요구한다. 이때 시간이 다시 중요해지고 그 안에서 전개되는 실존이 다시 중요해진다. 합리적인 인간은 한계와 역설(절친한 사람이 사망하고 가치 파괴가 일어나는 등의 사건들)을 조우하게 되면 곧바로 그것의 '의미를 해석해 주는' 이론으로 만족한다. 그는 삶의 운동을 경험하는 대신 양식화되어 있는 합리적인 것만 경험한다. 새로운 삶의 운동을 합리적인 형태로 객관화하는 것은 또 다른 일이다. 이런 형태들은 휴식이라기보다는 표현이자 단순한 단계들이다.

절대적으로 필연적인 것은 또한 모두 시간을 초월해 있다. 그리고 필연적이라고 할 수 없고 단지 추상적으로만 주장될 수 있는 유일무이한 것, 그것은 시간 속에서 일어나는 일회적이고 구체적인 것이며, 모든 곳에서 무한적이고 관통해 들어갈 수 없는 생성이다. 그래서 시간초월적인 것이 본질인 합리주의의 대립물이 정신인데, 이런 정신에서는 시간 속에서 일어나는 구체적이고 개별적인 변화가 결정적인 의미를 갖는다. 내가 행하는 것과 그냥 일어나는 것은 중요하지 않은 것이 아니라 무척 중요하다. 시간 안에서는 그 어떤 무언가가 결국 결정되기 마련인데, 그런 것은 나에게 달

:

174 Wilhelm Heinrich Riehl, *Die Naturgeschichte des Volkes*(1854), I, 22쪽.

려 있는 문제다. 합리주의적 세계관에서 일반적이고 필연적인 것은 단순히 형식적인 것으로, 비본질적인 것으로, 그리고 단순한 매체로 축소된다. 그런 것은 우리를 삶으로부터 멀어지도록 유혹한다.

그 누구도 합리적인 방식으로는 해소시킬 수 없는 생성, 즉 역사에 대한 감각이 합리주의에서는 상실되어 사라진다. 합리주의에서는 직관 대신 법칙이 들어선다. 추상화시키면 죽어 버리는, 정신에 관한 보편타당한 이론들, 즉 자연법, 자연 종교, 인권 일반 등에 관한 이론들이 생겨 나오는데, 이 이론들은 우리의 합리성을 위한 불가피한 것이지만 절대화됨으로써 합리주의가 된다.

(2) 철학적 이론들

독창적인 철학 체계 내에서 우리는 합리적인 형식을 취하고 있으면서 고도로 분화되어 있는 세계관들이 다양한 수준에서 객관화되는 것을 관찰할 수 있다. 우리는 여기서 단편적이고 개별적 의견과는 대조적인 하나의 '유기적인 연관'을 관찰할 수 있다. 특히 안으로 더욱 깊숙이 침투해 들어가면, 우리는 각각의 체계가 단편적인 실현일 뿐이며, '본래적인 것'을 비틀어서 객관화시킨 것일 뿐임을 느끼고 인식한다. 체계에서 합리적인 연관들은 가장 표층에 위치한다. 그 이면에는 — 여기서 공허한 사유 활동이 아니라 진정한 철학이 관건인 한에서는 — 한편에서는 '이념들', 즉 '본래적인' 힘들이 은폐되어 있고 다른 한편에서는 이질적인 성질의 심리적인 동기의 상호연관들이, 예를 들어 구체적인 실존 조건들의 영향, 정당화의 필요성 같은 것들이 은폐되어 있다. 하지만 이러한 체계들은 합리적인 것을 통해서 틀로서의 속성과 영향을 갖는데, 이때 말하는 합리적인 것은 힘들에 비해서는 상대적으로 피상적인 것이기는 해도 동시에 본질적인 것이기도 하다. 이런 본질적인 것 안에서 합리적인 것의 고유 법칙성들이, 특히 모순율과 일관성의 요청이 심리적 충동들 및 독창적인 의견들과 갈등하는 힘을 전개한다.

철학들은 예전부터 합리성 덕분에 학문을 자청해 왔다. 그것들은 보편 타당한 통찰력으로 인도되기를 바랐는데, 이런 통찰력은 행동이 기대는 의지처요, 양자택일의 상황에서 결정을 위한 지침이 되는 것이어야만 했다. 그러한 철학들은 동시에 보편적인 세계상, 인생론의 체계, 가치 표, 요청 및 명법들을 제공해 준다. 살아 있는 생생한 힘들과 극단적인 성실의 의지가 이런 전체성을 반복적으로 파괴하는데, 이런 전체성 안에서 실천적인 입장과 과학적인 통찰의 기만적인 결합은 의지처를 제공해 주기는 해도 책임 있는 실존으로부터는 멀어지게 한다. 틀과 의지처를 향한 충동은 늘 그런 것들을 향해 나아가고, 그런 것들은 새로운 모습으로 다시 태어난다.

철학 이론들은 인간의 실존과 일치하지 않는다. 지적인 세계관과 실제로 존재해 왔던 세계관은 다양한 긴장관계에 놓여 있다. 실제하는 것은 이론과 관련이 있기는 해도 동일성의 관계를 맺고 있는 것은 아니다. 세계관적인 이론은 일종의 전범이고, 실현되지 않은 이상 또는 실존의 특정 측면을 표현한 것이고, 수단이자 가면 또는 단순히 지적이면서 순전히 관조적인 향유의 내용이다. 그것은 아주 강력한 효력을 가진 박차일 수 있는가 하면, 아무런 영향력도 행사할 수 없는 베개일 수도 있다. 그것은 자기 삶을 묘사하려는 시도일 수 있고, 존재하는 것을 의식화시키는 것일 수도 있다. 하지만 그렇게 함으로써 인생 자체가 이미 달라지기 시작한다. 단순히 지성적인 것의 자유로움과 비현실성은, 한 인간이 지적으로 다양한 관점들을 거치고 각 경우에서 자신의 언어로 말하고 나중에 그가 그런 것들을 '극복했다'고 설명하는 것 등을 가능하게 해 주고, 그럼에도 불구하고 인간이 실제로 동일한 세계관적인 실존 영역에, 예를 들어 에피쿠로스적인 자기향유의 영역에 머무르게 하는 것을 가능하게 해 준다. 단순히 합리적인 것, 그리고 무해한 통찰들이 가지고 있는 무한성과 실존, 활동, 경험, 느낌, 변화가 가지고 있는 매번의 한계성은 서로 대립해 있다. 실존이 끝없는 지성으로 접근해 가는 것, 이것은 절대화된 심미적인 태도를 위해서 실존이 수행해야만 하는 과제다.

그러나 살아 있는 실존 속에서 합리적인 것이 일단 한 번 출현하게 되면, 단순히 직접적인 것을 완전히 합리적인 것으로 만들고자 하는 열정적인 충동이 생겨난다. 하나의 유형은 합리적인 것 안에서 외부로부터 들어온 의지처로서의 틀을 찾는다. 그에 반해 다른 유형은 자신의 존재를 의식할 것을 촉구한다. 전자가 폐쇄되어 있는 틀 안에서 결국 편안함을 느끼는 반면, 후자는 합리적인 것으로 인해 충돌과 한계상황을 경험한다. 원칙들의 일관된 형성은 새로운 경험과의 충돌을 야기하고 마침내 합리적인 것의 자멸을 이끌어 내는데, 이런 자멸이 결국에는 새로운 힘과 원칙을 생겨나게 한다. 그래서 삶은 자신이 보기에는 죽어 있어서 생식력이 없는 것처럼 보이는 합리주의가 낳은 '결과'에 반응할 때, 그런 결과를 그냥 회피하기보다는 보다 더 크고 철저하고 절망적인 결과를 낳는 방향에서 합리주의에 반응한다. 삶을 추상적이고 관조적이며 심미적인 것으로 이끌어서는 삶의 내용을 비워 버리는 다양한 이론들은 삶에 유용하지 않지만, 그 안에서 작용하고 있는 합리성이 자기 자신을 반복적으로 의문에 붙이는 극도의 일관성은 오히려 삶에 유용하다. 그래서 칸트의 살아 있는 철학하기는 다음과 같은 것을 요청한다. '일관성을 유지하는 것이 철학자의 가장 큰 책무다.' 그래야만 충돌 안에 전제되어 있는 원칙들의 한계성이 경험될 수 있는 반면, 단순한 합리주의로서의 '연합 체계'는 쉽게 획득되는 안도감과 기만적인 자기 확신을 위해서 한계와 충돌하는 것을 차단한다. 세계관적인 힘들을 객관화하는 데 있어서 합리화 작업이 일관적일수록, 근원적인 힘과의 충돌은 결국 본래적인 힘과의 충돌을 그만큼 더 많이 경험할 것이고, 그로부터 영혼의 현존이 위기에 처할 경우 붕괴와 함께 새로운 창조가 생겨 나온다. 가능한 틀로서의 철학적인 이론들은, 철학사가 그것들을 분석해 주고 있는 것처럼 매우 다양하다. 합리적인 것의 모든 자율성에도 불구하고 그것들은 결코 합리적인 구조물인 것만은 아니다. 합리적인 것은 말하자면 이러한 구조물의 골격이며, 그것의 삶은 합리적인 것의 이면에서 찾아야만 하는 힘들 내부에 놓여 있다. 논리적인 분석은 오로지 뼈대만 파악할 뿐이고 심리학적 분석은 근육을 보고 싶어 하는데, 전체가 연관성, 운동, 생명을 갖게 되는 것은 이런 근육을 통해서다. 이런 것은 사례 연구로만 가능하지만 여기서는 오로지 일반적인 관점만 개발해 보기로 한다.

합리주의적인 사고방식은 저러한 모든 철학 이론들을 단지 합리적으로만 받아들여 비교를 통해 어떤 것이 옳은가를 시험한다. 자신이 사용하고 있는 틀에 대한 죽어 있는 이해 아래 합리주의자는 가령 누군가가 세계관을 '찾을' 때 이런 다양한 합리적인 체계들을 접해서 알고 비교해서 자신이 보기에 올바른 철학을 선택해야만 한다고 말한다. 그에 반해서 살아 있는 정신은 이론들을 정돈하지 않은 채 그것들을 선택에 맡긴다. 정신은, 세계관들이 삶, 감정, 행동에서 실존적으로 선택되는 것이지 교설로 선택되는 것이 아니라는 것을 알고 있다. 철학 안에서 세계관들이 표현될 때 그것들은 아마도 이성적인 구조물이 될 것이겠지만, 그렇다고 해서 단순히 이성적인 과정을 밟아서 형성되는 것은 아니다. 세계관은 실천적으로만 실현되고 경험되고 반박될 수 있다. 모든 이론적인 것들은 이전에 실제로 현존했던 것에 대한 객관화일 뿐이거나, 그게 아니면 순전히 지적이며 실체 없는 운동일 뿐이다. 삶은 전체적이며, 모든 이론적인 것들은 단순히 이론적인 기원을 갖는 것이 아닌 조건들 아래 각각의 개별적인 것들 안에서 움직인다.

인간이 하는 결정적인 선택은 합리적인 이론들 사이에서 하는 선택이라는 것이 합리주의의 특징이다. 합리주의는 자신을 극복하는 시작 초기부터 이미 최종의 합리적 가능성들을 개발하고는 이렇게 말한다. '결과적으로 당신이 진실하고 일관적이고자 한다면, 당신은 이런 기본 원칙 아니면 저런 기본 원칙을 인정해야만 한다.' 사람들은 예를 들어 행동을 할 때 신념이나 성공을 기준과 원칙으로 삼을 수 있을 거라고 말한다. 무엇이 옳은가는 합리적으로 인식될 수 있는 것이 아니라 선택의 문제이며, 그러한 선택에는 물론 각 경우에서 광범위한 결과들이 동반된다. 신념대로 행동하는 사람은 성공에 무관심하고 행동 자체 때문에, 원칙 때문에 행동한다. 성공 때문에 행동하는 사람은 성공만이 결정적이며, 신념은 별로 중요한 역할을 하지 않는다. 그러나 이제, 언제나처럼, 여기서 합리성이 두 양극단을 비춰 주는 대립을 설정해, 그 양극단이 함께 실질적인 본질을 중심으로 해서 그 주변을 일방적인 변질로서 돌고 있다고 생각해 볼 수 있다. 물론 이때의 중심은 타협이 아니다(이런 경우에는 그 자체가 오히려 일관성 없는 합리주의라고 할 수 있다). 즉 이때의 중심은 성공이 가능한 곳에서는 신념에 대해 말하면서도 본질적으로는 성공을 염두에 두고 발설하고, 그렇게 함으로써 그에게 기분 좋은 성공이 가능해지는 경우 은근 슬쩍 신념 얘기는 거둬들이는 식으로 행동하는 그런 타협이 아니다. 그 자체로 타협이 아닌 살아 있는 행동의 중심은 아마도 다음과 같이 특징지어질 수 있을 것이다. 행위의 모든 순수한 신념은 그 어떤 성공을 원하는데, 그중 하나는 외적인 성공이고 다른 하나는 내적인 성공이다. 인간은 성공 때문에 또는 신념 때문에 행동하는 것이 아니고, 성공에 대한 무한 책임 아래에서 성공과 관련이 있는 모든 것들을 숙고해야만 하는 의무 아래에서 신념에 따라 행동한다. 이때 인간은 마침내 한계상황을 경험하는데, 합리주의는 신념이냐 성공이냐의 선택 문제를 제시함으로써 이러한 한계상황을 빠져나온다. 그런다음에 그는 아무런 죄책감도 없이 오히려 자신의 일관성을 지킨 것에 대해서, 또 둘 중 어느 한쪽의 원리에 따라 무조건 진행하는 타협을 거부한 것에 대해서 자랑스러워한다.

(3) 선택과 양자택일의 의미

합리주의자는 전적으로 구체적이고 개별적이며 책임 있는 방식으로만 진행되는 선택의 문제를 일반적인 수준에서 재정위한다. 이를 더욱 명확하게 하기 위해 우리는 선택이 무엇이고 양자택일이 무엇인지, 그리고 그것들이 어디에 자리를 잡고 있는지를 분명히 해 보기로 한다.

모순율에 따르면 양자택일은 제3의 것이 부재하는 상태에서 상반되는 두 개의 합리적인 명제 사이에 존재하거나, 체험과 동기부여에 있어서 다양한 것들이 서로 통일될 수 없는 것으로 보이는 심리구조에서 존재하거나, 동시에 모든 것일 수 없고 모든 것을 사람이 동시에 수행할 수 없는 세계상황들에서 존재한다. 그런 양자택일은 형식적으로는 집합의 형식으로 표현해 볼 수도 있다. 어느 한쪽을 결정하는 사람은 '선택'하기 마련이다. 미래적인 경우에 그 선택은 하나의 일반적이고 사색적이며 선취적인 선택이거나 — 이런 것은 합리주의적인 선택이다 — 순간 속에 행해지는 것이면서, 합리적인 해석과 정당화가 지칠 줄 모르게 뒤따르는 구체적인 선택일 수 있다. 우리가 본질적인 유형들을 염두에 두고 있는 한, 두 경우 모두에서 행해지는 선택은 자기를 구속시키는 것, 최종적인 것을 결정하고 의무적인 것을 선택하는 것을 의미한다. 이러한 자기구속은 전자의 경우에서는 일반적인 것과 통찰로부터 생겨나고, 후자의 경우에서는 아주 구체적인 상황에서 행해지는 살아 있는 행위로부터 생겨 나온다. 전자의 경우에서는 고찰이 우선하고 후자의 경우에서는 능동적인 생동성이 우선한다.

그러나 고찰과 생동성의 영역에서 양자택일은 아주 다양한 의미를 갖는다. 능동적인 사람은 유한한 시공간에서 존재한다. 활발하게 존재하는 인간은 전체가 아닌 유한한 상황 안에 놓여 있는 유한한 존재로서 이미 결정되어 있고 제한되어 있다. 그런 사람은 존재하는 한 계속해서 선택해야만 하고, 더욱 활발하게 존재할수록 그의 선택 활동은 그만큼 더 결정적이고 더 규정적이다. 숙고하는 인간은 전체적인 것에 전념할 수 있다. 고찰에서는 대립물들이 차례대로 그리고 동시에 보일 수 있고 변증법적으로 통합될 수 있다. 여기서 대상은 무한하고 자체 내에 대립물들을 포함하고 있다. 고찰적인 인간은 선택이 필요없다. 인간은 무한한 것과 전체적인 것을 볼 수는 있지만 그런 식으로 존재할 수 있는 것은 아니다. 그런 것을 본다면 인간은 존재하는 것이 아니게 되고, 인간이 존재한다면 인간은 유한적이 되고 시간적이 되고 그와 함께 선택적이게 된다. 구체적인 개별 상황에서 행해지는 행동의 영역 및 삶의 영역 같은 유한한 영역에서는 궁극적인 양자택일이 존재하지만, 끝없는 성찰 일반에서는 그런 것이 존재하지 않는다. 궁극적인 양자택일은 오로지 사람이 선택해야만 하고 의지를 가지고 접근할 수 있는 곳에서만 존재할 뿐이다. 즉 유한하고 구체적이고 개별적인 것에서만 존재할 뿐이다. '전체'가 관건일 때 양자택일은 설 자리가 없다. 전체(예를 들어 '인격', '세계 일반')를 나는 원할 수 없다. 내가 원하고 결정해서 행동할 때, 나는 그 어떤 뭔가를 유한하게 제한한다. 존재 전체가 이런 유한화된 것 일체를 자체 내에 수용할지라도 나는 그렇게 한다.

따라서 양자택일은 행위를 위해, 삶을 위해, 의지를 위해 그리고 결정을 위해서 존재하지만, 총체성은 정관을 위해서 존재한다. 세계관에 대한 고찰은 오로지 두 가지 상반되는 목표들만 가질 수 있다. 그것은 인간의 눈앞에 이러한 양자택일이 가지고 있는 문제점을 보여 주고, 인간을 합리적인 선택으로 인도하기 위해서 합리적으로 파악되고, 보편타당한 최종의 양자택일을 찾아 구할 수 있다. 그렇지 않으면 그것은 그 안에서 선택이 생생하게 살아 있지만 총체성으로서는 선택될 수 없는 그런 영적 실존의 총체성으로 자신의 의도를 지향할 수 있다. 여기서 성찰은 이념에 따라 — 비록 그때마다 어쩔 수 없이 사실적이기는 해도 — 최종적인 양자택일을 통해서 제한되지 않는다. 모든 '최종적인 입장들'을 상대적으로 최종적인 것들로 파악하는 시도가 진행된다. 문제는, 합리적이고 대립적이고 최종적인 입장들 대신, 인간의 의식이 수용할 수 있는 '실질적으로' 본질적인 형태들을 직관하거나 정당화하는 것이 가능하냐는 것이다. 이런 직관성들을 구할 때 걸어가게 되는 길은, 저러한 본질적인 중심들의 주변을 움직이는 파생적인 형태들에서 비로소 출현하는 것으로 인식하는 쪽으로 나아가기보다는, 그때마다 모든 양자택일을 부차적인 것으로 보는 쪽으로 나아가게 될 것이다. 총체성으로부터 선택이 이루어질 때는 완전히 구체적으로만 선택이 이루어진다. 일반적이고 합리적인 양자택일은 일방으로 고정되어 있는 틀 안에서만 존재한다.

이때 늘 반복되는 질문이 있다. '총체성을 보는 것이 직관적으로 가능한가? 그게 아니면 그런 것은 은밀한 가치화인가?' '나는 직관성의 명증성을 요청하고 있는가? 아니면 가치 강조에 호소하고 있는가?' 이 책에서 진행된 고찰에서 저자인 내가 의도한 것은 물론 전자다. 중심에 서 있는 것은 늘 행동, 형태, 유형의 직관성으로, 이때 말하는 유형은 다른 것과의 관계에서만 특징지어질 수 있고 그 자체가 결국에는 양자택일의 대립쌍으로 표현될 수 있는(이 경우 이율배반적인 종합은 계속 직관적으로 추구될 것인데) 그런 것이다. 그러한 심리학적 고찰은 선택을 장려할 수도 없지만 그렇게 해서도 안 된다. 실존의 모든 중심들, 실존의 모든 본질적인 직관성들은 무의식적으로 일어나는 그 어떤 매력적인 것, 뭔가 긍정적으로 강조되는 가치를 갖게 될 것이다. 추상적인 것보다는 직관적인 것이, 한 측면보다는 전체적인 것이, 분리되어 나온 산물보다는 살아 있는 것이 더 낫다는 가치 판단으로부터, 파생된 형태들에 비해서 오로지 가치 강조가 항상 불가피하게 중심에 놓일 것이다. 여기서 요구되는 추정된 직관성의 이면에는 하나의 평가 또는 서로 얽혀 있는 일군의 해명되지 않은 가치화 과정들이 은폐되어 있다는 반론에 대해서는 일반적으로는 답할 수가 없다. 논의에서는 각각의 구체적인 경우에서만 직관성을 선보이는 시도가 늘 간접적인 방식으로, 늘 다른 사람의 직관성에 호소하는 방식으로, 절대 (수학적인 증명에서 볼 수 있는 것과 같은) 강제적이지 않은 방식으로 행해짐으로써, 상대방도 실제로 그것을 이해할 수 있을 것이다. 물론 그런 직관성을 가지고 있는 사람은 다른 사람을 강제할 수 있을 것이라고 생각할 것이다. 그러나 논의에서의 성공은 그와 반대되는 것을 말해 주고 있다.

대립물들에 대한 고찰은 그 어떤 대립도 궁극적인 것으로 여길 필요가 없고, 오히려 무한히 성찰함으로써 그 어떤 고정된 것도 지양할 수 있다. 성찰은 생생하게 살아 있는 모든 실존으로부터 가장 멀리 떨어져 있는 것이지만, 바로 그러한 이유에서 실존에게는 가장 훌륭한 매개체다. 그에 반해 합리주의는 자신이 절대화하고 있는, 추정컨대 가장 일반화된 최종적인 양자택일을 통해 행위, 상황, 세계상, 모순율, 결과, 한계상황 등이 가져다주는 결과들의 경험에 근원을 두고 있는 무한한 성찰에 종식을 고한다. 합리주의는 합리성에서 무한성을 걷어 냄으로써 살아 있는 행위로부터 추정된 객관적인 통찰 쪽으로 선택을 바꾼다.

합리주의는 살아 있는 것을 볼 때 그것을, 일반적인 기본 원칙들에 따라서 그리고 양자택일의 궁극적인 결정에 따라서 옳거나 그르게 행동하는 경우로만 볼 뿐, 이율배반적인 것이나 무한한 것 그리고 절대적으로 비합리적인 것에는 아무런 눈길도 주지 않는다. 인간들이 가장 의미롭고 구체적인 선택을 할 때, 예를 들어 직업을 선택하거나 배우자를 선택할 때 합리주의자는 인식에 기반해서 이런 선택을 올바르게 인도해 주는 수단을 고안해 낸다. 살아 있는 행위에는 단순히 전제이자 도움이 되고자 할 뿐 그 이상의 어떤 것도 아닌 수단만을 제공하는 한, 합리주의는 삶을 향상시키는 합리성이라는 매체를 풍요롭게 만들어 줄 뿐이다. 합리성은 아직 전형적인 틀로서의 합리주의인 것은 아니지만 그것이 주도권과 최종적인 결정 자체를 장악할 때는 비로소 합리주의가 될 수 있다. 직업 상담과 인종 우생학이 이런 모호한 상태에 처해 있다.

고찰 활동과 구체적인 삶에서 양자택일은 그 정도로 이질적이라는 것, 즉 고찰 활동은 항상 '한쪽만이 아니라 다른 쪽으로도' 지양해 나갈 수 있고 이런 것은 삶의 경우에서도 마찬가지로 결정적이고 궁극적인 것이라는 사실은, 두 가지 관점이 실제로는 혼합되어 있지 않다는 것을 의미한다. 의식적으로 행위하고 결정을 내리는 인간에게 '한쪽만이 아니라 다른 쪽도'는 어떤 경우에는 병치와 섞임이라는 무난한 불분명성을 의미하지만, 다른 경우 그것은 고찰하는 인간에게 자신을 결코 온전하게 의식하지 못하고 있는 상태에서 다양한 선택을 하면서 자신을 표현하는 생명력의 총체성을 의미한다. 그런 식으로 비일관성도 어떤 경우에는 편안한 양보이고, 다른 경우에는 자신을 옥죄고 있는 것으로 느껴지는 속박을 부숴 버리는 넘쳐나는 힘이기도 하다. 그리고 상황과 영적인 구조가 함께 벌이는 파괴적인 변증법 속에서 자신의 유한한 현존만을 돌보고 유지하려고 하는 편안한 중도 노선을 걷는 사람은 '한쪽만이 아니라 다른 쪽도'의 총체성에, 즉 '비일관적인 것'처럼 보이는 힘들에 기반하는 것을 좋아한다. 반면 살아 있는 인간, 힘의 담지자는 자신의 의지와 자신의 소망을 의식적으로 표현하는 데 있어서 가장 예리한 양자택일에, 즉 오직 하나의 위기가 지나간 이후에, 즉 하나의 합리적인 일관성을 폭파시키고 난 다음에 출현하는 새로운 성질의 양자택일에 기반을 두는 경향이 있다.

합리주의는 불가피하게 자신을 제한시키고 자신을 극복하게 해 주는 통찰들을 스스로 다시 합리주의적으로 절대화한다. 일반화된 표현 속에서 궁극의 양자택일을 볼 경우, 그것은 아마도, 그 안에서 세계가 서로 영원히 투쟁을 벌이는 별도의 가치 영역들로 분해되는 가치들의 세계상을 구축하게 될 것이다. 세계는 산산이 조각나 있는 것 같고 모든 곳에서는 궁극의 양자택일이 존재한다. 양자택일 위로는 아마 살아 있는 종합이 존재하고 있을 것이라는 사실을 합리주의가 통찰한다면, 합리주의는 상반되는 가치들의 세계상을 금방 쉽게 형성해 낼 것이다. 가치들은 계층 구조로 배열된다. 이율배반적인 종합으로부터 생겨 나오는 조화로운 전체 속에서 모든 가치는 그 어딘가에 자신의 자리를 잡고 만족한다. 모든 것이 제자리에 있고 그 어느 것도 폐기되지 않는다. 투쟁이 제한되기는 해도 부정되지는 않는다. 무한한 성찰에게, 그 어느 것도 다른 것에 대해 이론적으로 우선권을 갖지 않는 이런 두 이미지 사이에서, 곧 재기술하게 되는 주체의 살아 있는 실존 속에서 존재하는 것 외에는 다른 선택의 여지는 남지 않을 것이다.

2) 각론

모든 종류의 틀에 내재해 있는 합리주의는 이론적인 형식을 띠고 있다. 틀 간의 차이 그리고 그런 틀들이 구축하는 추동력의 차이는 그 외에도 대단히 크다. 그것들은 심지어 자신만의 제한하는 방식으로 비합리적인 것들을 자신 안으로 흡수해 끌어들일 수 있다. 그런 것들이 바로 대중이 취하는 세계관의 형태들이다. 그런 세계관들을 헤겔은 각 개인의 의식형태들과는 대조적으로 '세계의 형태들'이라 칭한다. 여기서의 의도는 복수의 여러 틀들을 묘사하는 것이 아니다. 다만 복수의 틀들을 분류하기 위한 하나의 관점이 개발될 수는 있다. 틀들에서 대립성이 발생하는 것은, 주요 강조점이 포함되어 있는 의지처가 주체에 놓이느냐 아니면 객체에 놓이느냐를 통해서다. 객체에서 의지처를 찾는 입장이 권위주의라고 한다면, 이러한 입장을 본질적으로 부정하는 가운데 주체에서 의지처를 찾는 입장이 자유주의다. 하지만 이런 자유주의는 의지처를 처음부터 또 다른 객체적인 것에 둔다. 즉 독립된 오성의 합리주의와 가치의 타당성(가치절대주의)에 둔다. 이런 형태들이 가지고 있는 특징을 간략하게 설명해 보기로 한다.

(1) 권위주의

가시적이고 감지될 수 있는 권위에 구속되는 것은 모든 원시적인 발달단계들에 내재해 있는 삶의 방식이자 세계관이지만, 이는 전적으로 순진하고 문제없는 방식으로, 분명하거나 의식적인 결정 없이 그러하다. 왜냐하면 다른 가능성은 전혀 출현하지 않고 그러한 구속은 자연 조건들에 속해 있기 때문이다. 그러한 구속은 절대로 가능한 자유에 대립해 있는 구속으로 체험되지는 않는다.

구속이 자유에 의식적으로 대립될 때, 갈등의 가능성과 결정 가능성이 존재할 때, 그때의 구속은 다른 얼굴을 갖는다. 이제 비로소 처음으로 한 정될 수 있는, 특별한 정신 유형으로 권위주의가 전개된다. 이전에 그것은 인간의 모든 정신적인 생명력들에게 아무 문제없는 테두리였던 반면, 이제 는 제한된 가능성을 위한 테두리가 된다. 이전에 그것은 모든 특별한 정신 운동에 현존을 부여해 주는, 완전히 일반적인 인간에게 안정된 의지처였 다면, 이제 그것은 다른 형식을 취하고 있는 의지처와 대립해 있는 특별한 형태의 의지처가 된다.

이런 한정된 권위주의가 가지고 있는 특징은, 인간이 자신을 포기한 상 태에서, 권위가 생활의 관습이든 그 어떤 전통이든 교회나 국가 같은 조직 이든 도그마든 철학 체계든 간에 그런 것들을 비판하려고 하지도 않고 비 판을 허용하지도 않는 가운데 그런 객관적인 것들에 복종하는 것이다. 조 직이나 체제 또는 권위자에게 무조건적으로 복종하는 것, 권위의 반경 내 에서 가능한 모든 회의들을 희생시키는 것(지성을 희생시키는 것), 개인적으 로 살아 있는 선택을 포기하는 것(권위는 선택을 허용하지 않고 이단이 되는 것을 허용하지 않는다. 따라서 변절자들은 이단아, 즉 선택한 자라 불린다), 하나 의 다른 것 안에서 온전하게 보호받는다는 의식, 이런 모든 계기들은 개인 자신은 상관없다는 의식, 자신은 자신이 알아서 하도록 '내던져져 있고', '무력하다'는 의식, 그런 것은 오로지 권위 있는 객체에 의해서만 구원될 것이라는 의식과 연결되어 있다. 자신의 인격에 대한 신뢰 부재는 그러한 인격을 비판하거나 그런 인격의 자율성을 금지시킴으로써 그런 인격을 상 당 부분 포기할 것을 요구하는 필요성과 연결되어 있다.

세계상 전체는 권위주의적인 이들에게 역사적으로 전승되어서는 결국 어떻게든 드러난다. 권위와의 충돌이 부재하는 개별적인 것들 속에서 그것은 자신의 구체적인 방향으로 드물지 않게 완전히 자유롭게 확장된다.

대상 지향적이고 반성된 모든 태도들이 현전하지만, 그것들은 모두 상대화되고 한계 내에서 유지되며, 그 어떤 것에게도 우위는 주어질 수 없고, (삶의 운영과 교육, 봉헌, 예배 등을 형성하기 위한 교의에 기여하는) 합리적인 태도를 우선시하는 것만큼은 분명하다. 그런 태도 자체, 그 어떤 개별적인 경험에서도 의지처가 존재하지 않지만 그런 것은 항상 (문제없고 절대적이며 객관적으로 확실하다는 의미에서) 전승된 것, 객관적인 것, 권위가 있어 '믿어지는 것'과의 관계에서만 주어진다.

권위적인 정신 유형과 설립자, 선지자, 창시자, 권위자, 교사 유형 간에는 커다란 차이가 있다. 선지자들 자신은 결코 권위주의적인 유형에 속하지 않으며, 그들은 자신이 의지하든 의지하지 않든 권위주의적인 유형이 생명을 얻는 효과만 일으킬 뿐이다. 그들은 자유로운 인격들로, 자신의 비전으로서의 계시를 가지고 있는데, 이것이 군중에게 영향력을 행사할 수 있고(이를 통해 비로소 그의 비전이 처음으로 계시된다), 그들은 아마도 본래적인 정신성으로서 권력 욕구를 가지고서 신자 공동체를 건설하는 데 능동적으로 작용하거나 그게 아니면 권위적인 정신 태도의 유형을 추구하는 군중의 욕구에 의해서 추종되거나, 종종 영향력을 행사하고 싶어 하는 사도를 통해서 그런 목적으로 변형되어서는 ─ 그들 자신은 아마도 되고 싶어 하지 않았을 수도 있는─ 권위자로 추앙되기도 하는 매우 개인적인 성격의 철학자, 종교인, 정신병자들이기도 하다.

그 자체로 아주 다양한 형태를 띠는 권위주의는 압도적인 다수의 사람들이 항상 그 안에서 살아왔던 틀이기도 하다. 그것은 아주 강력한 각인의 힘을 가지고 있으며, 다수의 사람들이 진지하게 무조건 경험하고 싶어 할 정도로 대중을 사로잡을 수 있다. 단지 개인적으로만 경험할 수 있는 세계관의 힘은 이런 무조건적인 힘을 거의 획득하지 못한다. 권위주의로부터의 해방은, 대중적인 현상으로서는 역사상 지금까지 대다수의 사람들에게서 허무주의로 이어졌지 정신으로 이어지지 못했다. 단순한 관조, 합리적인 것이 힘없고 효과 없는 무한한 성찰로 발전해 나가는 것, 이런 것은 대다수에게 삶의 매체가 되는 것이 아니라 허무주의적 운동의 매체가 된다. 사람들은 위대한 실존주의 철학자들에게서 대중을 각인하는 그 어떤 힘이 발산되는 것을 보지 못하는데, 그들이 권위자로 변모한 이후에나 그들은 그런 힘을 비로소 획득한다. 책임성이 강한 주체의 활기찬 정신성은 비교적 소수의 사람들에게만 국한되어 있는 것으로 보이고, 대중들에게 생기를 촉진하는 효과는 없는 것으로 보인다. 철학자가 다음과 같이 말할 때는 그렇다. '나를 따를 것이 아니라 당신을 따른다면, 다수의 인간들은 자신이 누구를 따라야 하는 것인지, 무엇을 해야만 할 것인지 알고 싶어 할 것이고, 틀과 처방전을 원하게 된다.' 그런 이해는 사람들을 행복하게 해 주는 권위를 의식적으로 원하고 강제하는 것으로 나아갈 수 있을 것이다. 결과는 도스토옙스키의 '대(大)심문관' 같은 것이 될 것이다.[175] 문제는 무조

175 (옮긴이) 대심문관 이야기는 러시아의 문호 도스토옙스키가 지은 소설 『카라마조프가의 형제들』에 나오는 액자 형식의 이야기이다. 소설 속에서 이 이야기 자체는 무신론적인 합리주의자 이반(카라마조프의 둘째 아들)이 자작한 극시의 일종으로 이반은 이를 자신의 동생이자 신실한 종교인 알로샤(카라마조프의 셋째 아들)에게 들려주는데, 이 이야기에서 알로샤는 예수에, 그리고 이반 자신은 대심문관에 빙의되고 있다. 이야기는 종교재판이 성행하던 15세기 무렵의 스페인 세비야에 예수가 강림하는 것으로 시작된다. 대심문관 추기경은 자신의 호위병들로 하여금 예수를 체포한 후 인간 및 인간 삶의 본질에 대해서 이야기를 나눈다. 인간의 자유를 옹호하는 예수와 달리 그는 기적, 신비, 권위로써 인간의 양심을 지배하고, 인간의 빵을 손아귀에 쥐고 인간이 자유를 버리고 자신에게 복종해야 한다는 입장을 고수하면서, 자신의 견해에 반하는 예수를 화형에 처하겠노라고 으름장을 놓는다. 하지만 예수는 대심문관에게 입맞춤으로 응답한다. 이성이 아닌 사랑으로 응답한 것이다. 대심문관은 결국 예수를 풀어 주면서 다시는 나타나지 말 것을 주문한다.

건적인 힘이 아마도 권위주의 없이 또 어떻게 나타날 수 있을 것인가 하는 것이다. 지금까지 무한한 것에서 의지처가 되는 정신 유형들은 세계의 형태였던 것이 아니라 개인의 의식적인 형태일 뿐이었다. 하지만 괴물적인 인물들에게서 볼 수 있는 이런 무조건적인 힘은 실제로는 사실이었다.

과거에 원해졌던 것으로서의 권위주의는 반동적이라 칭해진다. 그것은 새로운 것에 저항하고 거기에 있는 생명력을 보고 싶어 하지 않으며, 지나간 과거의 것을 복원하기를 원하고, 반복되는 모든 것이 결코 동일하지 않고 뭔가 다른 것이라는 사실, 기계화된 것이라는 사실을 결코 생각하지 못한다. 하지만 아직 구별조차 되지 않고, 원한 것도 아니고 원해질 수도 없는 순박한 권위주의는 살아 있는 정신적 자유와 독특한 방식으로 결합될 수 있다. 그런 것은 어머니의 자궁이고 살아 있는 영혼의 보호처이며, 인식과 분열에 따라 선택하는 책임 있는 경험을 통해 새로운 개인적인 힘들이 이미 거기에 긍정적으로 존재하고 형성될 때만 항상 극복된다.

(2) 자유주의

자유주의(정치 현상으로서의 자유주의는 이런 매우 일반적인 유형이 특별한 효과로 나타나며, 역사적인 형태로서의 자유주의는 역사적인 형태의 한 측면만을 다루고 있는 다음에 언급될 도식보다 훨씬 더 풍부하고 생동감이 넘친다)는 자신이 해방되어 나온 권위주의와 대립해 있다. 이런 대립적인 입장은 자유주의에게 고유한 것으로 남아 있고, 권위주의와 자유주의 이 둘은 제한된 것, 특정한 것 안에 머물기를 고수한다. 자유, 즉 권위에 대한 부정으로서의 자유는 자유주의가 내거는 슬로건이다. 그리고 자유의 의지처는 유한한 개별성 안에 있다.

모든 정신 유형에서와 마찬가지로, 여기에서도 유형의 존재와 정식화된 견해를 소유하는 것은 동일하지 않다. 자유주의가 말하는 자유는 우선 개인의 자의성으로 존재하지만, 이러한 자의성은 정식화된 견해 속에서 원칙과 요청들에 의해서 제한된다. 자유는 무한한 개별성에게 주어지는 것이 아니고, 제한된 형태로 파악될 수 있는 것에만 주어진다. 따라서 이러한 자유는 계약과 확립된 행동 규칙들에 의해서 자발적으로 제한된다. 따라서 이러한 자유는 절대적인 자의성이 아니라 제한된 자의성이다. 또 다른 (무한에 직면하는) 자유의 관점에서 보면 이런 자유주의에는 부자유의 둔탁한 분위기가 감도는데, 그런 것의 자유는 한편으로는 권위에 저항하는 부정적인 대립에서 존재하고 있고, 다른 한편으로는 행운이 있고 건강하고 경제적으로 우대받고 권력적으로 왕성한 개인들이 가지고 있는 제한된 자의성을 자유로 여기는 곳에서 존재한다.

이런 개인들의 의지처는 자기 자신의 힘에 대한 의식 속에 전적으로 기반해 있다. 그들은 자신들의 특권적인 지위가 우연한 행운이 아닌 자신들의 유능함을 통해서 정당화될 수 있는 것으로 생각한다. 권력 의식은 —지배를 행사할 때가 되었든 온정, 도움, 관용을 '기사도적으로' 베풀 때가 되었든— 그것의 최후 보루인 그들의 자기의식을 뒷받침해 준다. 이것은 또한 객관적인 타당성으로 간주되고 결국에는 절대적인 가치들로 간주되는 원칙들에 대한 객관적인 형식화를 통해서 뒷받침된다. 그런 식으로 가치절대주의로 묘사될 수 있는 새로운 형식의 의지처가 대상적인 것에서 태동한다.

자유주의의 세계상은 철학적인 세계상으로서는 탈형이상학적이고 탈총체적이다. 자유주의는 어디서나 제한된 것만 수용할 수 있을 뿐 무한성은 볼 수 없기 때문이다. 그런 무한성들은 오직 공허한 무한으로만 알려져 있다. 인식론적으로 자유주의는 '의식의 사실들'에 기반해 있고, —좀 더 원시적인 교육에서 순진한 현실주의에 머물러 있지 않는 한— 유아론적인 경향이 있다. 세계상들의 구체적인 영역에서 자유주의는 전적으로 제한되어 있는 유형 쪽으로만 향해서 자연-기계론적인 세계상 및 객관적인 문화의 세계상이라는 측면들에서 진보가 있을 것이라 믿고 성공을 기원한다. 영혼-역사적인 세계는 무한한 본질들로 간주되지 않고 항상 자신들의 '자유로운'(제한적으로 자의적인) 자아와 완전히 유사하게 다뤄지는 개별자들의 총합이다.

태도들 중에서는 능동적이고 합리적인 것이 선호된다. 능동적인 태도에서 자유로운 개인의 사적인 힘이 가장 잘 느낄 수 있는 방식으로 드러나고 있기 때문이며, 동일한 이유로 합리적인 태도가 자유로운 입장을 원칙들 안에 객관화시키는 방향으로 나아가기 때문이다.

삶의 여러 영역에서 이런 자유주의자는 실제로 권력을 요청하고 심지어 전제주의적이기까지 하지만, 그것은 '합리성'('이성'이라 불리기도 함)이라는 형식으로 그렇다. 자유주의적 정신 유형은 오로지 운이 좋은 사람들만 유지할 수 있다. 정치에서 그것은 자유 경쟁을 지지한다. 다만 이 자유 경쟁이 그것의 강력한 실존 속에서 자신의 개성을 유지하거나 촉진하고 다른 무엇보다도 권위주의와 사회주의의 긍정적인 힘들을 부정하는 가운데 그렇게 하는 한에서만 그렇다. 그것의 전체적인 본질은 궁극적으로 부정이다.

(3) 가치절대주의

여러 개인의 (의지할 곳 없이 내적 불안을 초래하는) 심리 구조 때문이든 외적인 나약함과 위험 때문이든, 자유주의가 인간으로 하여금 그의 내면에서 확고한 것을 제대로 볼 수 있게 해 주지 못하고 자신의 발로 스스로 설수 있게 해 주지 않는 한, 자유주의는 대상에 내재해 있고 기댈 수 있는 의지처 쪽으로 밀고 들어가 그로부터 안전 및 올바름의 느낌뿐 아니라 개인의 존엄성에 대한 느낌을 새롭게 획득한다.

대상에 내재해 있고 기댈 수 있는 의지처로 연결되어 있는 길은 자유주의 모든 곳에서 초기에는 '원칙들'(일반적인 인권, 의무, 계약, 모든 종류의 구속)을 제정함으로써 시작된다. 객관적이고 일반적인 타당성을 가지고 있는 것으로 선언되는 것은 권위주의에 완전히 대립해 있는데, 그 이유는 그것이 완전히 개인적인 통찰, 보편타당한 것에 대한 자유로운 확신에 기반해서 파악되는 것이기 때문이다. 하지만 권위주의와의 공통점도 있는데, 그것은 둘 다 객관적인 것에서 의지처를 찾지만, 권위주의에서는 객관적인 것에 대한 복종이 요구된다는 점이다.

객관적이고 일반적이며 보편타당한 '가치들'이, 별도로 요구되는 대상 영역의 일종으로 정의됨으로써, 특히 '절대적인' 가치들로 설정됨으로써 이런 정신 유형이 근본적으로 정식화될 수 있었다. 어디서나 제한된 것을 절대화함으로써 세계관이 태동하는 (그리고 인간의 오성에 한정된 것만 파악할 수 있는) 것처럼, 여기서 가치절대주의는 '가치들'에 대한 확신을 통해서 무조건적인 것을 경험할 뿐 아니라 인식한다. 이제 권위주의적인 종교에 비견될 수 있는 열정과 함께 이렇게 말해진다. '타당한 가치들이 존재하고, 절대적인 가치들이 존재한다.' 그리고 삶은 권위에 종속되는 대신 절대가치에 종속된다고도 말해진다. 현세에서 수행되는 주객 분할 아래, 필연적이지만 상대적인 형식을 가치 대립에서 보고 있는 철학자들(예를 들어 스피노자)과는 완전히 대조적으로 자유주의는 이제 이런 현실세계 자체에서 절대적인 것을 보고, 한정된 것에서 무조건적인 것을 본다.

타당한 것이지만 '보편적으로 타당한' 것이 있다. 예를 들어 학문들의 올바른 명제들이 그런 경우다. 철학 분야에서 그런 시간을 초월해 있는 보편타당한 것이 형식적이고 범주적인 것이다. 이런 철학 영역에서 사람들은 가장 우선적으로 학문으로서의 철학이 앞으로 발전해 나갈 수 있도록, 즉 통찰력을 궁극적으로 획득할 수 있도록 확립할 수 있다.

하지만 구속력 있는 타당성, 보편타당성, 시간초월적인 옳음을 인정하는 것과 다른 것이 있는데, 그것은 이런 타당성들을 절대화하는 것이다. 뭔가를 절대화한다는 것은 그것을 자신이 가지고 있는 세계관의 중심으로 삼는다는 것을 말하고, 위기와 한계상황에서 그것을 고수한다는 것을 말한다. 타당성과 옳음을 적잖이 시간초월적인 것으로 인정하는 사람에게 그러한 것들은 직업으로서의 과학과 생활 실천에서 세계관적으로만 중요할 뿐이고 그 외에는 비교적 신경쓰지 않아도 되는 것인 반면, 다른 사람에게 의지처가 되고 믿음의 내용이 되며 본질과 세계가 되기도 한다.

특성상 가치와 가치 담지자는 따로 분리되어 있는데, 후자는 구체적인 것이자 비합리적인 것이고, 전자인 일반적인 가치는 지속적으로 타당한 것으로 인정된다. 다만 개별적으로 이러한 인정이 실패하는 경우 그 이유는 매번 가치 담지자에 귀속된다. 예를 들어 의지처가 각 개인에게서 체험되지 않으면 개인에게서는 그 어떤 절망적인 실망감도 경험되지 않는데, 이는 '절대적인' 가치가 사실은 일반적이고 따로 분리되어 있는 상태로 — 또는 심지어 실망하는 개인 측에서의 피상적인 인정 속에서 — 존재하고 있기 때문이다. 개인에 대한 경멸이 필연적으로 생겨나고, 진정한 비합리성에 대한 개인의 경외심과 존중이 결핍되고, 개인의 성격을 보지 못하게 되며, 사랑의 체험과 감각이 결여된다. 중요한 것은 말 그대로 이제 더 이상 개인이 아니라 일반적인 가치이고, 사람이 아니라 '사태'가 된다. 마지막으로 자신의 '존엄성'을 일반적인 가치와의 관계에서만 (인정하고, 행위하고, 창조하면서) 발견하고, 이로부터 한 줄기 빛이 자신에게 되비춰지는 한에서만 자신에게 눈길을 주는 그런 자기경멸도 있다.

권위적인 광신주의와 다를 바 없는 가치절대적 광신주의와 (허영심, 권력 의지, 본능 같은) 인간의 지극히 개인적인 특성이 확산되는 것은 동시에 출현한다. 인격과 가치는 서로 관련이 있지만 그것들은 — 권위적인 정신 유형과 유사하게 — 와해되어 분리된다. 개별적인 금욕 행위들은 혼란스러워하는 개인에게 강제로 작용한다. 절대 가치들에 대한 원칙과 고수는 일반적으로는 안전하지만, 새로운 개인적 상황들에서 개인적인 본질 및 실제의 긍정적인 힘들에 직면해서는 놀라우리만치 약하고 불안정하다.

가치절대주의는 가치를 담지하고 있는 것, 물질적인 것, 직관적인 것, 꽉 차 있는 것으로부터 점차 멀어져 더 단순하게 일반적인 가치 강조로 그 방향을 튼다. 그것은 사물들의 표면을 미끄러지듯 스쳐 지나가고, 그런 사물들의 합리적이고 인식 가능한 '관계들'을 파악하는 가운데, '학문적'이기는 해도 사물과 인간의 내면과 본질 속으로는 파고들지 못해 직관을 결여하고 있으며, 모든 현실적인 개별 가치 판단들에서 착각을 일으키는가 하면, 이 모든 실제적인 실망에도 불구하고(그 실망이 어쨌든 잘 보이질 않아 주관적으로는 거의 경험되지 않음에도 불구하고) 전형적으로 생기 없는 방식으로 결코 포기하지 않으면서 가치를 강조한다. 어떤 가치절대주의자는 실망으로 가득한, 고통스러운 삶의 상황에 처해 있는 한 젊은이에게 위안을 준답시고 다음과 같이 말한 적이 있다. "절대적 가치들을 생각하시오!" 그러나 이런 진지한 호소 이후에 나오는 가벼운 자조 섞인 미소가 또한 여기에 임박해 있는 허무주의를 증명해 주었다.

그런 식으로 현실적인 인격으로서 한없는 보편타당한 세계에서는 '중요하지 않은' 외로운 인간은 가치절대주의 안에서 오래 존속할 수 없다. 그런 인간은 삶으로 내몰리고, 삶의 황량함은 견디기가 어렵다. 그런 인간은 우연적인 인간성들에 매달리고, ― 가치절대주의의 정신 유형과는 체험적으로 아무런 관계도 맺지 않은 상태에서 ― 개별 현실의 공상적인 가치들에 집착하고, 그에게는 우연일 뿐인 인간들의 공상적인 가치들에 집착한다. 자신과 사랑받는 인간의 개인적인 무한성에 대한 체험적 관계는 부재한다.

삶의 관점에서 볼 때 특징적인 틀들은 단순히 그리고 늘 막다른 골목인 것은 아니다. 물론 우리는 끊임없이 재용해되는 가운데 존재하는 순박한 틀과 죽어 있는 틀의 양극단을 서로 대조한다. 하지만 삶의 과정에서 인간은 또한 자신이 '인식하고 있는 틀 안에 어쩔 수 없이 머물러 있'을 수밖에 없다. 무조건적인 것이 활력적인 경우 다른 경우에서와 마찬가지로 그것은 인간에게 난감한 요구라 할 수 있는 양자택일을 요구하지만, 본능은 동시에 이런 양자택일을 거부하지 않고 기꺼이 충족시키면서 이론적인 지식의 폭력에 맞설 것을 조언한다. 일반적인 명령 같은 것은 없다. 개별적인 경우들에서 피부가 갑자기 벗겨져 나갈 수도 있고 한순간에 나비가 번데기 밖으로 날아갈 수도 있다. 다른 경우들에서는 번데기에 구멍이 뚫려 길이 보이더라도, 긍정적인 삶은 이전 틀의 마지막 남은 부분들이 강제 없이 저절로 모두 사라지게 될 때까지 가만히 기다릴 수도 있다. 삶에서는 실제로 성장하지 않은 모든 것, 단순히 부정적인 모든 것에 진정성과 진실성이 대항하고 부정적인 모든 것을 단지 긍정적인 성장의 불가피한 결과로 허용하기는 해도, 영혼에 대해서 그 어떠한 강압적인 영향도 허락하지 않는다. 그 안에서 우리가 성장해 온 구조물들은 우리 내부에서 그 어떤 방식으로든 형성된 것이고, 살아가는 사람들에 의해 결코 경멸적으로 취급되지 않는다. 니체는 살아 있는 사람에 대해 명료하게 직관하는 가운데, 많은 사람들이 자신의 마지막 족쇄를 벗어던졌을 때는 자신의 마지막 가치를 내던져 버린 것이라고 판단한다.

3. 무한 속의 의지처

서두: 일반론, 과제, 정신의 특성

해체 과정들과 견고한 틀 내에 존재하는 현상들은 비록 필연적으로 고립되거나 절대화되는 것은 아니어도 어쨌든 고립되어 있고, 그런 것들은 요소들로서는 필연적으로 전체에 속해 있고, 전체는 본래적인 의미에서의 '정신의 삶'이라 불린다. 이러한 전체, 즉 삶 자체에 대해 우리가 직접적으로 말할 수 있는 것은 아무것도 없다. 우리는 오로지 현상들 속에서만, 구조물의 다양성 속에서만 그것에 접근해 들어갈 수 있다. 우리가 이러한 삶에 대해 얘기할 때마다 우리는 우리가 하나의 요소, 하나의 틀 같은 것 또는 하나의 해체 과정을 만나왔다는 것을 나중에서야 비로소 알게 된다. 오로지 간접적인 절차만이 우리가 최소한으로나마 그러한 삶이 들어 있는 공간을 볼 수 있게 해 준다. 우리는 구조물만 가지고 삶 자체를 이미 가지고 있다고 생각해서는 안 되며, 구조물에서 전체를 향해 있는 의도를 배우는 것이 중요하다. 이런 이해할 수 없는 것을 우리는 낱개의 개념들로 파악하려고 하지만 이는 잘못이며, 그런 것은 가능한 한 전반적으로 역설적이고 오로지 변증법적인 방법의 형태로만 생각될 수 있는 개념들을 가지고 파악할 수밖에 없다.

우리는 여기서 비로소 세계관의 본래적인 힘들에 도달하게 되고 세계관 자체에 본래적으로 도달하게 된다. 지금까지 우리는 항상 개별적인 형태,

요소, 구조물, 매체 또는 우리가 적용할 수 있는 모든 단어만을 대상으로 삼아 왔다. 이런 모든 개별적인 계기들은 뭔가 제한적인 것을 가지고 있기 때문에 제한적일 수밖에 없다. 이제 우리의 대상이 되어야만 하는 궁극적인 힘들은 무한하고 전체적인 것들이고, 바로 그러한 이유에서 그것들의 본질에 따라 다른 대상들과 동일한 대상이 될 수 없다. 그것에 대해서는 끊임없이 말해진다. 그럼에도 불구하고 우리의 인식에게는 여기서 두 가지 결과들이 가능한 것으로 보인다. 첫째는 결코 도달할 수 없고 완전히 파악될 수 없는 이런 궁극적인 것에 대한 의식이고, 둘째는 우리의 합리선으로는 이해할 수 없는 것에 대해서 늘 이해하려고 노력하면서 말하기 위한 (모든 이들에게 친숙한 언어 안에서 발견할 수 있는) 도구라 할 수 있는 그런 특별하고 역설적인 개념적 어휘들에 대한 해명이다.

정신의 삶은 정신 그 자체이기도 하다. 오래된 언어 용법에 따라 우리는 이제 단순히 '정신'에 대해 얘기할 수 있다. 이 단어를 가지고 우리가 의미하고자 하는 것은 이런 전체적인 것, 살아 있는 것인데, 앞에서 우리는 항상 그것의 개별적인 발현들만 묘사했다. 정신이라고 하는 것이 무엇인가의 문제는, 비록 그것의 개별적인 발현들이 명확해질 수 있다고는 하더라도 궁극적으로 결코 명확해지지는 않는다. 우리는 우리의 의도를 이런 어두컴컴한 것, 점차 명확해지는 것, 그럼에도 명확해지지는 않는 것으로만 정향시킬 수 있을 뿐이다.

(1) 무한하고 자유로운 것으로서의 정신

삶은 어디서나 무한하다. 비교하는 가운데 다음을 기억할 필요가 있다. 신체의 생물학적인 생명은 아무리 복잡한 기계에 비교하더라도 무한하다. 그 생명은 자신 안에 하나의 전체를 이루고 있는 무한한 목적 연관들의 집합이다. 가령 돌의 무한성과 유기체의 무한성을 비교해 보자. 모든 개체들이 그런 것처럼 돌은 무한하다. 돌의 분해 작업, 지각 가능한 돌의 세부 사항들은 ― 아무런 의미나 목표도 없는 모든 개별적인 것들에 대한 해부와 파악을 진지하게 받아들인다면 ― 끝을 모른다. 재료에 관한 한 기계도 똑같은 무한성을 가지고 있다. 하지만 그것은 하나의 합목적적인 형상을 하고 있다. 그것에서 이런 목적 연관들이 묘사되는 것은 그럼에도 유한하고 완전히 투명하며 묘사가 가능하다. 기계가 점점 더 복잡해지고 있다고 생각해 보면 목적 연관의 범위는 점점 더 커지지만, 아무리 크더라도 그것은 투명하고 유한한 것으로 머물러 있다. 이런 커다란 유한성과 유기체의 무한성 사이에는 하나의 비약이 있다. 우리가 유기체의 목적 연관들을 파악한다면, 우리는 결코 끝에 도달하지 못한다. 우리가 이런 무한성을 ― 의미 가득한 절차를 ― 진지하게 받아들인다면, 우리는 (물리-화학적인 지식과는 대조적으로) 생물학적 지식을 획득한다. 유기체에 내재해 있는 이러한 집중적인 (목적 연관들의) 무한성은 한 개별적인 존재의 무한한 데이터와는 대조적이다.

정신의 삶도 신체의 삶과 같은 이런 무한성을 가지고 있다. 정신의 삶은 또한 그 자체가 전체성들로 닫혀 있고, 이런 전체성들의 내적 연관들은 무한하다. 이런 연관들을 파악하는 데 있어서 우리는 결코 그 끝에 도달하지 못한다. 여기서 매개체는 심적인 것이다. 그러나 심적인 것 안에는 그것이 갖고 있는 개별적인 형태에서 죽어 있는 물질의 사실들이 무한한 것과 유사하게, 현상들의 단순한 끝이 없는 것만큼이나 정신의 삶이 존재한다. 우리가 이러한 삶 일반을 다루고 있든 아니면 개별 성격들의 유일하게 구체적인 형태로 그것을 다루든, 그런 정신적 삶의 무한성은 상대적으로 거기에 존재하고 있다. 정신의 이런 집중적인 무한성은, 정신이 살고 있는 곳에서 정신이 혼돈 상태로 있는 그것의 무한성과 대조되고, 그것의 개별적인 생산물 및 현상들의 무한성 내지 제한성과 대조된다. 우리가 정신의 삶을 꾸려 나가는 곳에서 우리는 다시 개별적인 것을 갖게 되고 그와 함께 유한한 것을 손에 넣게 된다. 하지만 우리는 그것의 배후에서 뭔가가 힘으로 움직이고 있다는 것, 그런 움직임의 방향이 무한대로 이어지고 있는 것을 볼 수 있다. 산물, 현상, 움직임들에서 그러한 방향을 지각하는 곳에서만 우리는 개별자의 끝없음과는 대조적으로 정신의 본질로서의 무한성에 대해서 말한다. 하지만 그러한 방향이 지각되지 않거나 그런 방향을 배제하는 특징이 보이는 곳에서는 그렇지가 않다.

정신의 무한성은 예를 들어 변증법적인 것에서 자신을 드러낸다. 이런 매개체 속에서 합리적인 운동은 모든 방향으로 한없이 무작위로 진행될 수 있다. 그러나 그것은 항상 자신에게로 되돌아오고 항상 발생했던 운동으로 되돌아갈 수 있으며, 아무것도 잊어 버릴 필요가 없고 변증법적인 운동에서 길을 잃지 않지만, 상승하고 증가하는 것은 무한적이다. 여기서 무한적인 것은 그 방향이 전체를 향해 있다. 그래서 정신의 무한한 전체는 결코 존재하는 것이 아니고 되어 가는 것이며, 그것도 항상 새로운 연관의 창조 안에서 단순한 축적이 아닌 동화작용 안에서 그렇게 되어 간다. 정신의 무한한 전체는 대립들을 자신 안에 흡수하는데, 정지로 이어지는 화해 속에서 그렇게 하는 것이 아니라 그것이 계속 영향력을 행사할 수 있게 함으로써 그렇게 한다.

정신의 삶은 자유다. 삶은 그 어느 곳에서도 구체적인 개인에게 철저히 침투하는 것은 아니기에, 완벽한 자유는 경험적으로 볼 때 그 어디에도 없다. 삶에서 그것은 초보적인 형태로 발달 안에서 존재하지만, 순전한 설명에서 그것은 삶의 지향점을 구성해 준다. 본래적인 의미에서 삶의 모든 순간들은 다음과 같다. 삶은 운동이고 모든 것들은 동시에 거기에 있기도 하고 있지 않기도 하기 때문에, 정신적 삶의 본질은 결코 정지해 있는 것이 아니고 완수된 것도 아니며 자신의 자질들을 실현해 나가는 노정 속에 있다. 하지만 거기서 모든 것은 미래에 도달될 수 없는 이상일 뿐 아니라 그와 동시에 모든 것은 늘 단편적이고 표류적이고 모험적이며, 이미 성취하면서 존재한다. 살아가고 있는 인간은 사실적인 현재 속에서 늘 자신의 삶을 확인할 수 있지만, 그렇게 함으로써 그는 계속 앞으로 전진해 나아간다. 그리고 그가 자신의 목표를 달성했다고 생각하면서 사는 만큼 삶은 사라져 없어지게 된다. 인간이 ― 현재로서는 ― 결코 자유롭지 못한 것은, 그가 살아 있는 한에서 자유로운데도 그와 동시에 계속해서 자유로워야만 하기 때문이다. "매일 자유를 정복해야만 하는 인간만이 자유를 삶처럼 누릴 자격이 있다"는 말은 모든 형태의 정신들에게, 낭만주의자나 성인들에게, 이들이 살아가고 있고 순수한 동안 모두 적용되는 말이다.

자유에 대해서 말할 때 사람들은 그것을 필연성 및 자의성과 대조하면서 설명한다. 비판적-철학적 사유는 자유 개념을 가르칠 때 그것을 단순한 자연적 필연성에 대립되는 개념으로 가르치고, 필연적인 타당성 및 당연한 의무와 조화를 이루는 개념으로 가르친다. 그래서 그것은 자유 개념을 필연적인 타당성에 복종하지 않고 오로지 자연적 필연성에 의해 조건지어 있는 자의성과 대립해 있는 개념으로 가르친다. 자유는 의미의 필연성과 관련해서는 필연적이고, 자연적 필연성과 관련해서는 자유로우며, 자의성은 의미의 필연성에 비해서는 '자유롭고', 자연법칙의 지배를 받기 때문에 필연적이다.

여기서 우리는 이미 뭔가 석화되어 있는 이런 자유 개념에 대해서 이야기하는 것이 아니라 정신적 삶의 본질로서의 자유, 그래서 역설적인 개념이기도 한, 생생하게 살아 있는 것의 체험과 경험으로서의 자유에 대해서 이야기하고 있다. '자유'라 불리는 체험 및 힘의 종류들은 혼란을 암시한다.

자유주의의 자유는 우선 대립적인데, 그것은 한편으로 한 개인의 자의성이고 다른 한편으로는 제한적이고 유한한 양식 및 원칙에 따라 행동하는 자유다. 그것은 완전히 속박되어 있지 않다는 의미에서의 자유이고, 무조건적인 것으로 받아들여지는 제한된 것에 복종하는 자유다. 그것은 타인에 대한 권력의 자유 의식과 자기 자신에 대한 권력의 자유 의식이자, 타인과 자기 자신을 노예처럼 부리는 자의 자유 의식이다. 인간이 자기 자신의 주인이 되는 것은 형식적인 자유의 체험이다. 따로 분리되면 그것은 폭력이지만, 계기로서 그것은 모든 자유에 속한다. 그런 것이 출현하는 것은, 권위나 자신의 통찰력이 그 어떤 규정, 규칙, 명령, 처방을 구속력 있는 것으로 제시하고는 인간이 자신에게 저항하는 힘들에 대항해서 그런 것들을 따를 때이다.

정신의 자유는 이제 바로, 인간이 자신의 통찰력 아래 책임성을 가지고 자신 앞에 뭔가 구속력이 있는 것을 제시하는 방식에 있다. 자유 의식을 가진 인간은 아마도 기계적으로 자신을 극복하거나 또는 자신을 오히려 강압하면서 의무를 완수하는 인간일 것이다. 죽어 있고 강제적이며 비형성적인 이러한 자유 의식에 대조되는 긍정적이고 살아 있는 자유 의식은 의무로서의 의무의 내용을 밝혀 주고, 구체적이면서 항상 무한한 상황들로부터 명법이 자라 나오게 한다.

자신의 순간적인 충동이나 (자신과 마주하고 있는) 일군의 금지하는 명령들에 굴복하는 사람은 외적인 강제 및 저항들로부터의 자유, 주변 환경을 강제할 수 있는 자유, 그리고 양식들을 따를 자유처럼 순전히 형식적인 자유 의식을 가지고 있다. 그런 사람은 삶이 전체적이라는 사실, 의미 연관들이 존재한다는 사실을 깨닫는 순간 부자유한 의식을 갖는다. 그런 다음에 자신의 충동과 여러 양식들 및 의무들을 통해서 자신이 부자유하다고 느낀다. 그리고 이제는 결정, 결단, 통찰력이 더 깊은 곳에 있는 전체 인격의 연관들로부터 생겨 나오는 식으로 무한히 상승할 수 있는 능력을 갖춘 자유 의식이 생겨 나온다. 인간에게서 더 많은 말이 튀어나올수록, 주관적 객관적으로 주어져 있는 것들의 무한성으로부터 더욱 설득력 있는 방식으로 충동이 성장해 나올수록, 인간이 자신에게 더욱 충실해지고 그러한 상태에 머물러 있을수록 인간은 절대적인 자유까지는 아니어도 그만큼 더 자유롭다고 느낀다.

이런 식으로 연관성과 전체성을 획득하는 것을 우리는 다음과 같이 묘사할 수 있다. 정신은 자기 자신과 관계한다(헤겔). 그것은 그 어느 것도 고립된 채 단순히 나란히 서 있게 할 수 없다. 정신이 무엇을 경험하든 그것은 외적으로나 내적으로 전체와 관계되어 있어야만 한다. 하지만 항상 '자기'라고 하는 것이 문제인데, 정신과 자유를 경험하는 데 있어서 그것이 정확히 유한하고 물질적인 이해관계를 가지고 있는 자아, 단순히 한 개인의 경험적인 자아인 것은 아니지만, 그래도 그것은 오로지 유한한 개인의 이러한 형태 안에서만 존재한다. 자유로운 정신으로서의 정신은 이율배반적인 것을 종합할 수 있는 능력이 있지만, 개인 안에서의 자유는 모든 종합 너머에서 정확히 선택으로서 존재하고, 이러한 선택은 개인에게서 뭔가를 배제한다. 선택은 개인적인 실존의 한계를 나타내고, 정확히는 자유에 대한 열정을 가지고 있고, 정신적인 실존을 증거하고자 하는 열정을 가지고 있다. 왜냐하면 정신적으로 죽어 있는 인간만이 선택을 삼가고 어디서나 단순한 고찰과 함께 정신적인 종합을 이끌어 내는 것으로 만족하기 때문이다. 이런 것은 정신적인 실존에게는 혼돈이자 기만이다. 비록 내용에서 그리고 이런 내용에 대한 경험 속에서 종합적인 성질을 갖는 향상이 일어난다고 하더라도, 그런 정신적인 실존은 선택이라는 형식 속에서만 전체 연관을 획득할 수 있다.

아마도 자유를 다른 것으로부터의 '독립'으로 이해하는 사람들이 있을 수 있다. 그러나 이런 독립은 자기만족 속으로 도피해 자기고립 되는 것으로 나타날 수 있는데, 그렇게 되면 현존과의 연관이 붕괴되어 버리기 때문에 정신의 자유와는 상반되는 것이 되어 버린다. 자유로운 사람은 다른 사람과 관계를 맺으면서 그 사람에게 의존하게 되는데, 독립적이 되는 것은 그가 관계 자체에서 독립적이 되는 경우뿐이다. 이러한 독립은 경험적인 개인 혼자만의 독립인 것이 아니고, 오히려 정확히 정신의 자유 영역에서 최고로 의존적이면서 타자와의 관계 속에서 발전해 나가는 정신적인 자아의 독립이다. 자유로운 사람은 그래서 세상으로부터 도피하지 않고 세상과의 가능한 모든 관계를 찾아다닌다.

개인이 하는 유한성의 경험은 또한 다음과 같이 이해해 볼 수도 있다. 자유와 정신은 경험적이고 개인적인 실존을 부정할 수 있게 해 주고 의미 있게 해 주며 견딜 수 있게 해 주는 그 어떤 것이다. 자기가 된다는 것은 지속적인 자기 극복이며, 정신적으로 가장 자유로운 자기는 동시에 자기 파괴이기도 하다.

계속 반복되는 이런 역설이 있다. 자유롭다는 것은 전체로 존재하는 것을 말한다. 하지만 전체는 비로소 만들어져야만 한다. 인간은 전체성을 창조해 냄으로써 자유로워진다. 하지만 인간은 동시에 그때마다 전체성이 부재한 상태에서 존재하기 때문에, 실존에서 모든 형태는 정신과 자유의 관점에서 볼 때 소멸되도록 결정되어 있다.

정신적인 자유의 측면들은 달리 이렇게 묘사될 수 있다. 모든 제한된 것들은 간과될 수 있다. 제한되어 있는 것들에는 자유가 존재하지 않는다. 사유되고 인식되는 곳에서는 미리 제한되는 것이 존재해야만 한다. 세계와 인간들이 알려지고 인식될 수 있는 한에서 그것들은 필연적이고 예측 가능하며 자유롭지 않고 속박되어 있다. 주관적인 측면에서 자유는 체험 안에서 존재하고, 우리가 행하는 제반 활동의 근거이자 원천이 되는 모든 것들 안에 존재하며, 실재하더라도 궁극적으로는 파악될 수 없고 인식할 수 없는 무한성에 대한 체험 속 어디서나 존재한다. 대상세계와 자신의 본질이 가진 무한성을 직면할 때만 자유라는 것이 존재한다. 이념적으로 볼 때 자유에는, 조르다노 브루노가 말하는 무한한 감각-공간적인 세계상이 속하는가 하면, 무한한 이해라는 세계상이 속하기도 하고, 각 개별 영혼의 무한성에 대한 의식이 (때때로 겉보기에는 그 자체로만 가시적이고 개인 당사자가 자신에게서만 알아차리게 되는, 제한된 규칙성을 가지고 있는 개별 실존의 전형적인 형태와는 대조적으로) 속하기도 하고, 마지막으로 이념들과 이율배반들에 대한 철학적인 세계관이 속하기도 한다.

자유로운 정신의 구체적인 현상 형식은, 칸트의 엄밀한 사유에서 시작해서 모순으로 가득 차 있는 낭만주의적인 변덕에 이르기까지, 겉보기에는 자신의 삶을 소멸시키는 보헤미안에서 시작해서 세계를 적극적으로 형성하는 인간에 이르기까지 매우 다양하다. 하지만 자유는 그런 식으로 다양한 모습으로 나타나기도 하지만 또한 아주 드물게 나타나기도 한다.

단순히 반대하기와 부정하기로 살아가고 우연적인 본능, 욕구, 목표들로 살아가는 자유로운 사상가는 이런 의미에서는 자유롭지 않다. 무한에 직면해서 살아가고 무한성을 향해서 살아가는 사람만이 자유롭다. 자유로운 사람에게 한정된 모든 것(그것이 사유의 '합리성'이든 교류 시의 '예절'이든 시민적 삶의 행동규칙이든)은 상대적이다. 자유로운 사람에게 이 모든 것들은 존재하고 있고 부정되지도 않으며 (가령 원한 감정으로 인해) 거부되지도 않는다. 그것도 무조건 그런 것이 아니라 조건부로 그렇다. 하지만 자유로운 사람에게 무조건적인 것도 존재한다. 그런 무조건적인 것은 항상 오로지 무한한 것이자 무제한적인 것이며 일반적인 것으로서 비교 불가능하고, 그에게는 이 순간에 절대적인 것이자 구체적인 것으로만 파악될 수 있다. 자유로운 사람은 대립 속에서 살아가는 것이 아니라 긍정 속에서 살아간다.

비유를 들어 자유의 분위기를 특징지어 볼 수 있다. 그것은 공중에 떠 있는 삶이자 불안스럽게 평형을 유지하는 삶이며, 관조하면서 경이로워하면서 살아가는 삶이자, 오로지 이런 기반 아래에서만 개별적인 것과 제한된 것들이 확고하고 결정적이 되는 그런 삶이다. 그것은 늘 느낄 수 있고, 예를 들어 이 모든 제한된 것들 위에 놓여 있는 자유로운 인간들 간의 관계가 제한된 것들에 의해 공격받을 수 없는 삶이기도 하다. 그것은 지속적인 열망의 경향이 있는 삶으로, 무조건적인 것으로 간주되는 규칙들과 원칙들의 숨막히는 분위기 속에서 살아가는 삶과는 대조적인 삶이다. 자유의 세계는 대양의 바다와 같고 별이 총총 빛나는 하늘과 같지만, 속박된 세계는 새장과도 같아서 자신의 본질에 묶여 있는 인간은 종종 새장의 틈바구니 사이로 흥분된, 그러나 금방 망각되는 눈길을 잽싸게 던진다.

(2) 불합리한 발전적인 전환점을 믿음의 힘을 통해서 유지해 나가는 정신 과정

a. 전환점

모든 전환점에서는, 그것이 일상생활의 사소한 활동과 반응에서든 또는 아주 드물게는 삶의 방향을 결정짓는 것으로 출현하는 굵직한 결정에서든 모조리 남김없이 포획될 수 없고, 양식과 처방법에다 충분히 담아낼 수 없는 그 무엇인가가 유한한 틀 안으로 던져지고, 생생하게 살아 있는 것으로부터 유래하면서 무한하고 자유롭고 이율배반적인 형태로 존재하는 그 무엇인가가 유한한 틀 안으로 던져진다. 그래서 틀, 획득된 구조, 습관, 확고한 원칙들로 채워진 합리성, 이런 것들은 수단으로서 삶에 없어서는 안 되는 것들이듯이, 삶의 과정은 삶을 항상 현실 속으로 새롭게 전환하는 것이 필요하다. 이때 외부로부터 그 어떤 구조물이 항상 반복적으로 덧씌워지는데, 이것이 틀 형성을 위한 새로운 출발점이 된다. 전환 작업 그 자체는 인간이 원할 수 있는 것도 아니고 요구할 수 있는 것도 아니며, 인간에게는 그에 대한 통찰이 불가능하다. 누군가가 그에게 물을 경우 그는 속으로 그런 전환의 이유나 원인을 자문하고는 늘 유사한 방식으로 답한다.

그는 느낌, 본능, 영감을 이유나 원인으로 제시한다. 여기에 최선의 것과 가장 결정적인 것이 놓여 있다고 의식하는 가운데 인간은 끝없는 가능성의 길에서 가슴이 나침반이 되기를 요구하고, 그것이 알 수 없는 미래의 저 무한한 어둠 속으로 자신을 제대로 인도해 줄 것이라 믿는다. 좁은 의미에서의 소위 감정철학자들에게서만이 아니라, 이런 비합리적이면서도 결정적인 요인에 호소해 왔던 묘사들로부터 그 일부를 보고해 보겠다. 그것들은 아마도 모든 다소 다른 것을 의미하지만, 공통점은 그것들이 합리성 너머에서 이런 합리성을 규정하는 그 어떤 소통 불가한 것에 호소하고 있다는 점이다.

소크라테스가 최종적인 것으로 인식했던 것은 자신의 내면에서 자신에게 무엇인가를 하지 못하도록 충고하고 만류하고 금지하는 신적인 목소리였다(크세노폰에게서 그것은 인격적인 신성으로 묘사되었고, 플라톤에게서 그것은 내면의 소리 그 이상으로 묘사되었다). 이 내면의 소리가 오로지 금지만 한다는 것은 참 기묘하다. 여기서 긍정적인 것을 위해서는 이성에 대한 믿음으로 충분했고, 인간들이 이성에 대해 비로소 좀 더 많이 의식하게 되었던 시절에는 절대 되돌아오지 않는 발견의 기쁨을 순수하게 개념적인 작업에서 경험했고, 개념에 대한 무한한 신뢰를 가지고 있었다. 소크라테스에게서 이성의 한계는 그래서 여전히 부정적인 성질의 것이었다. 즉 금지하는 목소리, 그 외에도 무지의 지, 그리고 아무것도 전달하지 않고 오히려 다른 사람의 정신 속에 이미 있는 것을 낳을 수 있도록 해 주는 산파술 같은 것이었다.

주관적 정신에 대한 교설에서 헤겔은 각 인간이 가지고 있는 천재성에 대해 논하고 있는데, 거기서 말하는 천재성이란 "개인이 내리는 모든 결정들이 의존하고 있는 발언의 원천으로서의 신탁"을 말한다. 하지만 헤겔은 그런 것을 그저 단순히 개인들의 사적인 현상으로 간주해 버린다. "천재라는 말을 우리는 인간의 모든 상황과 관계들에서 인간의 행동 및 운명에 대해 결정적인 역할을 하는 인간의 특수성으로 이해해야만 한다."

키에르케고르는 '양심'이 개별자에게 전적으로 속해 있는 것이기는 하지만, 일반적인 것이 되기 위한 길이라고 여긴다. "이것이 양심의 비밀이다. 개별적인 삶이 그 자체로 가지고 있는 이 비밀은 그 자체가 직접적으로 그런 것은 아니더라도 가능성에 따라 개인적인 것이자 동시에 일반적인 것이다."

내면에서의 전회에 대해서 니체는 아주 일반적으로 이렇게 말한다. "척도와 평균이라는 매우 고상한 두 가지에 대해서 이야기하지 않는 것이 최선이다. 몇몇 소수의 사람들은, 내적 체험과 전회라는 신비스러운 경로를 통해 그런 것들의 힘과 징후를 안다. 그들은 자기 안에 있는 신성한 것을 경배하고 그것에 대해서 왈가왈부하는 것을 꺼린다."

결국 계산적인 이성 혼자서 결정하는 것은 아니라는 경험을 기반으로 이성에 대한 경시와 감정 및 가슴에의 호소가 생겨날 때, 여기서 오해 하나가 불식되어야만 한다. 가슴과 감정 그 자체는 아무것도 아니다. 가능한 한 가장 광범위하게 전개되는 변증법적인 것과 이성적인 것이야말로 감정이 구별과 방향을 찾을 수 있게 하는 매개체다. 합리성에 반대하고 감정에 호소하는 것은 비정신적이고 그래서 또한 죽어 있고 자의적이다. 정신의 삶은 명료함을 향한 삶이자 형태를 향한 삶, 목적을 향한 삶이다. 인간이 어디에서든 모든 형식의 합리성과 객관성을 시험하고 캐묻는 것을 회피한다면, 인간은 그런 삶이 속이는 힘들의 안개 속으로 빨려 들어갈 수 있다. 주어지는 감정이 아니라 이런 객관적인 것으로 향할 수 있는 것이 의지다. 의지는 내적 결정에게 힘이라기보다는 전제조건이라 할 수 있는 변증법을 무한히 펼칠 수 있다. 합리성은 아마도 동시에 항상 경직된 틀이 되는 위험, 모든 감정을 죽일 수 있는 위험을 안고 있기는 해도 이는 비정신적이고 혼돈스럽고 자의적인 감정 충동들을 가지고 있는 다른 성질의 인간이 직면하는 위험일 뿐이다. 그런 감정 충돌들이 아무런 맥락도 없고 자기 자신과 관계를 맺지 않아서, 자신에게 묻지도 않고 자신을 시험하지 않는 한 그것들은 비정신적이다. 사람이 합리성을 원할 수 있고, 내리는 결정이 감정을 동반하기는 하지만, 더 깊고 더 명확하고 더 연관성이 있을수록 합리성은 더 심오하고 더 광범위하다. 살아 있는 정신 과정들이 행하는 고찰의 관점에서 볼 때 합리성이 궁극의 답을 줄 수 있을 것이라는 믿음을 감정철학자가 거부할 때는 옳지만, 합리성을 제한하거나 더 부추기고자 할 때는 옳지 않다.

정신의 과정은 구체적인 상황에서의 단순한 결정들에서부터 종교 영역에서 부활과 회심이라 불리는 전체적인 인격 개조에 이르기까지 다양한 전환들을 경험한다. 그러한 것들이 경험적으로 나타나는 다양한 형태들을 추적하는 것은 여기서 다룰 주제가 아니다. 합리성과 비합리적인 충동 사이에서 상호작용하는 그러한 과정 자체의 특징은 비교적 간단한 예시를 통해서 설명할 수 있다.

프란츠 노이만[176]은 자신의 어머니를 떠나 학문을 생업으로 추구하느냐 아니면 어머니 곁에 남아 농부로 살면서 자신이 소유하고 있는 정신적인 힘을 죄다 포기하느냐 하는 선택의 기로에 직면해 있었다. 상황을 극도로 복잡하게 만드는 특별한 갈등들은, 그가 마음을 굳힌 이후에 자신의 가장 친한 친구에게 보낸 다음의 편지를 이해하기 위해서 굳이 묘사될 필요는 없을 것 같다. "칼, 나의 친애하는 친구 칼, 내 생각에 내 마음 안에서 일어났던 갈등은 모두 끝이 났다네. 청명하고 아름다운 저녁이었어. 태양의 마지막 광선이 다채로운 삶을 뒤덮고 있었고 자연은 조용하고 멜랑콜리한 고요 속에 감싸이고 있었지. 나는 다시 한 번 들판을 가로질러 걸어가면서, 자네와 나의 모든 사랑하는 사람들 그리고 나 자신을 생각해 보았다네. 그리고 단번에 갑자기 얼마 지나지 않아 나는 놀라우리만치 용기가 샘솟았고, 범상치 않은 희열에 사로잡혀서는 잰 걸음으로 앞으로 걸어갔지. 무조건적인 확신 같은 것이 내 앞에 서 있는 것을 보았어. 여기로부터 멀리, 멀리, 오늘 또는 내일 또는 일년 내내, 그것은 동일했지만, 확실한 것은 그것이 여기로부터 멀리 떨어져 있었다는 거였어. 나는 알고 있다네. 그런 순간들이 내 삶에서 어떻게 일어나게 되었는지, 어떻게 한 번에 문득 결정의 순간이 무르익어 현실화되었는지, 그리고 나서 그것이 어떻게

..

176 Franz Neumann, *Erinnerungsblätter von Louise Neumann*(Tübingen, 1907), 174쪽 이하.

내게 이해하기 어려운 것이 되었는지, 그것이 왜 이미 오래전부터 나의 주변에 나타나지 않았는지, 내가 어떻게 일정의 끝을 소심하게 맴돌았는지를 말이지. 그런 순간들은 나의 개입이 없더라도 내게서 일어난다네. 마치 외부에서, 즉 나의 외부에 있는 목소리가 너무나도 분명하고 이해할 수 있는 방식으로 말하는 것처럼… 그래서 오늘이나 내일 또는 연중 언젠가 그곳에 서 보겠다는 결정이 섰던 거지. 하지만 지금은 내가 여기서 살아가고 있는 의미가 완전히 다르다네. 더 이상 움직이지 않는 고요와 추위가 내 안으로 밀려들어 왔고, 절망적인 결단이라는 둔탁한 침묵이 내 안으로 밀려들어 왔지. 내 삶에서 저렇게 민감하고 수용적인 측면은 더 이상 볼 수가 없고 이제 다시 주변인들로부터 단절되어 완전히 자신 안으로 되돌아가서는, 자신에게 국한해 있는 삶에서처럼, 저렇게 차갑고 고요하게 사유하는 삶의 측면이 지배적이게 되었다네."

저러한 결단들은 ―개개의 본능이나 형성된 기본 원칙들을 기계 같은 확실성을 가지고 추종하는, 갑작스럽게 억지로 내려지는 모든 결단들과는 완전히 반대로― 인간이 오랜 세월을 거쳐 동기부여의 힘을 가지고 있는 모든 것들이 진지하게 그리고 특유의 아무 조건 없는 책임감을 가지고 자신 안에서 작용하도록 해 주고, 모든 삶의 측면들을 탐색하고 자신 안에서 효과를 발휘하게 만들어 줌으로써 출현한다. 그것은 마치 이런 구체적인 경우에 대해서는 인류 전체가 다루어져야만 하는 것과도 같고, 그것은 일어난 행위 안에는 최종적인 그 어떤 것과 정의할 수 없는 중요한 그 어떤 것이 놓여 있다는 실존의 절대적인 진지성에 대한 의식이며, 그것은 양식, 관습, 규범들에 아무것도 옮기고 싶어 하지 않는 책임성이다. 그런 결단의 내용은 부분적이고 구체적인 성질의 것이다. 그러한 것들은 추후에는 충분히 동기부여되지 않으며, 그러한 것들은 자신에게 삶을 인도해 가는 힘을 부여해 주는 자신의 확실성을, 모든 대상적인 것이 끌어들여지고 모든 이유들이 경험되더라도 그 어떤 대상적인 것 속에서 갖게 되는 것이 아니다. 그런 것들은 심리학적으로 모든 것들을 단순히 밀어내면서 자신을 억지로 주장하고, 그런 수준의 몸짓을 단순히 받아들이는 우연적인 결정, 성향, 본능과 구분하는 것이 어렵거나 전혀 확실하지 않다. 평생에 걸쳐서 일어나는 일련의 저러한 결정들이 개별적인 경우들에서 이런 구별들이 어떻게 이루어지는지에 대한 이해의 단서를 비로소 제공해 준다. 구체적인 경우 기준은 전적으로 주관적이다. 체험하는 사람은 자신의 책임 정도에 맞게, 결정이 얼마나 진지하게, 어느 정도로 자기기만과 억압 없이 존재하는가를 느낀다. 하지만 풀릴 것 같지 않은 복잡한 상황에서 결단이 어떻게 내려질 수 있는 것인지, 이런 비합리적인 특성은 체험하는 당사자에게는 마치 선물과도 같이 거의 경이로운 모습으로 나타난다. 전 인격을 사로잡는 변화와 심리적 경험은 거기서 서로 친화적이다. 변형과의 심리학적인 친화성이 존재하고 있다.

인간으로 하여금 서서히 무조건적인 결정을 내리도록 해 주는 힘들은 인간이 살아가야 할 삶의 방향을 제시해 주고 인간 의식에 의미와 당위의 확실성을 제공해 주지만, 그것들은 발현 과정에서 늘 문제적으로 남아 있다. 그곳에서는 쉼 없는 운동이 진행된다.

단순히 지적으로 관조하는 영역과 즐기는 태도의 영역과는 대조적으로 정신의 현실적인 실존에서는, 경험적 성질만 가지고 있는 정신의 유한한 형태들의 경계에 다다르면 늘 양자택일의 과제가 불가피하게 출현한다. 이러한 양자택일은 논리적인 행동으로서가 아니라 삶에 지향점을 제시해 주는 살아 있는 선택 활동으로서의 결단으로 나아간다. 이러한 궁극적인 선택은 항상 — 비록 합리성을 매개로 하기는 하지만 — 비합리적이다. 하지만 모든 충동, 본능, 성향, 근거에 기반한 합리적 시험을 회피하려는 모든 것들, 최고로 부분적이고 우연적인 모든 것들 — 주관적인 실존의 상대적인 총체성의 영향들과는 대조적으로 — 이런 것들은 현실적인 실존이 벌이는 이런 절대적인 결정에 기반해 있다. 그런 식으로 절대적인 결정은 방어와 통제를 위해서 끊임없이 객관적인 이성의 형식을 압박한다. 그것은 가능한 한 자신이 오해 받지 않기 위해 근거들과 형식들 속에서 객관적인 실존과 정당성을 확보하고자 노력한다. 하지만 (이 영역에서 절대적인 것을 확립하려고 하는) 경직된 강압 행위가 지적 형식들의 본질을 파괴하는 것을 되도록 피하려고 하는 이 길을 신중하게 걸어갈수록 그만큼 더 모든 합리적인 것에 고유한 상대주의로 빠져든다. 결국 이러한 과정에서는 통찰이 생겨나고 그에 상응하는 태도가 생겨 나온다. 자신과 타인에게 합리적인 형식을 취해 무한한 이야기와 답을 들려주고 그런 식으로 자신을 통제하려고 하는 그 모든 가능한 객관화 및 준비에 있어서의 결정적인 심급은 거기서 결코 발견될 수 없고, 오히려 점점 더 광범위해지고 심오해지는 객관화의 기반 위에서 생겨나는, 본질의 전체성으로부터 솟아 나오려고 하는 의식과 함께 생겨나는 저러한 선택적 결단 행위들 안에 머물게 된다. 주관적으로 체험된 비합리적인 활동들의 특성들에 점점 더 정교하게 그리고 점점 더 성실하게 반응하고 결국에는 더 이상 객관화시킬 수 없는 방식으로 다음과 같은 질문에 결정을 내리는 그런 책임감의 본능이 개발되어 나온다. 누가 말을 하는가? 충동, 성향이 말하는가? 아니면 본질의 전체성이 말하는가? 그리고 둘은 서로 어떻게 연결되어 있는가? 또는 내가 위치해 있는 영역은 총체성으로 수렴되고 있는 계층화된 영역 중 어느 수준에 해당하는가? 혼돈과 형식, 주관주의와 객관주의 같은 대립물들 간의 저러한 끝없는 동요는 그렇게 객관적으로 해결되는 것이 아니고, 책임을 의식하고 있는 영혼이 행하는 선택 속에서 주관적으로만 해결된다.

　지금까지 언급된 것을 이렇게 요약해 볼 수 있다. 정신의 삶은 연속적으로 진행되는 것이 아니고, 발달의 연속적인 국면들은 위기, 재융해, 변태를 통해서 중단되기도 하고, 비약을 통해서 새로운 것이 현존 안으로 유입되기도 한다. 비약은 말하자면 새로운 수준을 제공해 주고, 이렇게 해서 도달한 모든 위치는 생생하게 살아 있는 것으로서 무한성을 자체 내에 품고 있어서, 자체적으로 경계 설정 같은 방법을 사용하지 않는 통찰 활동이 아무리 실제적으로 진행되더라도 그것은 추론되고, 설명되고, 이해되지 않는다.

b. 믿음

　정신적 과정에서 일어나는 각각의 전환은 인간에게는 일종의 충격이기도 하다. 절망은 항상 위협을 가하며, 허무주의로 가는 길과 안전하게 보호해 주기는 하되 고착된 틀로 가는 길도 인간에게 위협을 가한다. 충격적인 전환점들에서 출현하는 의지처가 무엇인지, 계속해서 잡아 주는 동시에 충동질하는 힘이 무엇인지를 지칭하고자 할 때 사람들은 그것을 믿음이라 일컫는다. 이런 의미에서의 믿음은 특정 내용도 명제도 아니고 일종의 방향이자 많은 무조건성들 속으로 분산되는 무조건적인 것이다. 각 개별적인 것들이 개별적인 것으로서 유한한 특성을 가지고 있고 경우에 따라서는 과정이 더 진행되면서 상대화될지라도 그런 무조건적인 것은 오로지 이 무조건성들 속에서만 가시적이게 된다.

　믿음은 지식과 대립해 있고, 주체의 힘은 객관적이고 비인격적인 확실성과 대립해 있다. '믿음'을 불확실한 의견으로, '지식'을 '확실한 앎'으로 이해하면서 이 둘을 서로 대조하는 언어 용법에서 믿음과 지식의 대립은 중요하지 않게 된다. 주관적이고 불확실한 믿음은 여기서 예비 단계이자 열등한 것으로서, 그보다 더 확실한 지식 아래에 종속된다. 그러나 삶을 지탱하고 삶에 총체적인 의미를 부여해 주는 본질적인 지식을 포착하지 못하고, 모든 것이 무한한 변증법적 운동의 소용돌이 속으로 휘말려 들어가는 것이 정확히 정신적인 것이다. 믿음은 지식으로 나아가는 전(前) 단계가 아니라 지식을 향한 운동을 비로소 가능하게 해 주고 의미 있게 해 주는 그런 활동이다. 그것은 하나의 개별적인 것이라고 하기보다는 포괄적인 그 어떤 것이고 그냥 단순히 고립해 있는 힘도 아니며, 개별적인 내용도 아니고 특별히 종교적인 그 어떤 것도 아니고, 정신의 궁극적 힘이다. 믿음은 정신이다. 그래서 우리는 이런 의미에서 믿음을 개개의 유한성들 속에 내재해 있는 고요하고 자명하며 문제없는 확실성이라 부르지 않는다. 즉 직접적인 생명력이 잘 보전되는 현존에의 의지로 인해 갖게 되는 그런 성질의 확실성이라 칭하지 않는다. 믿음은 변증법적 흐름, 끝없는 문제 제기, 절망과 두려움과 연결되어 있는데, 모든 정신적 삶에게는 허무주의적인 운동들이 하나의 요소이면서 항상 하나의 가능성이기 때문이다. 비정신성은 절대적인 틀 속에서 객관적으로 안전하다고 느낄 수 있다. 정신은 운동에 대한 두려움 속에서 오로지 믿음의 힘으로만 존재할 수 있다.

믿음 속에서 인간은 주관적으로 실존하는 삶을 살아가고, 지식 안에서 인간은 객관적으로 타당한 것을 파악한다. 주관적인 믿음의 실존 속에서 절대적으로 확실한 것은 객관적인 형식에서는 늘 불확실하다. 이런 객관적인 불확실성, 이런 증명 불가능한 것은 항상 믿음과 연결되어 있다. 하지만 그것은 동시에, 실존에 기댈 만한 안전한 의지처를 제공하는 능력 문제에 있어서는 그 어떤 증거들보다도 더욱 확실하다. 왜냐하면 모든 객관적인 지식에도 불구하고 인간은 결코 의심을 막지 못하기 때문이다. 관건은 오로지 성찰과 변증법이 어느 정도 발달해 있느냐의 문제일 뿐이며, 최종적인 것보다는 객관적인 것에 의지할 때, 인간은 결국 모든 것을 잃게 될 것이다. 믿음은 총체성 및 절대적인 것과 관계가 있고, 지식은 늘 유한적이고 개별적이며 상대적인 것하고만 관계해 있을 수 있다. 믿음은 인격적인 힘이고, 인격적인 성취 없는 단순한 지적 노동에서 지식은 대상적인 것으로 받아들여진다. 믿음은 개인 영혼 전체의 감정이고, 지식은 모든 곳에서 개별적인 것으로서, 총체적인 상태에 있는 개인에게는 다소 상관할 바 없는 것이다. 믿음 안에서 인간은 의미와 목표를 경험하고, 전체로서의 영혼에게 지식은 결국 수단일 뿐이다.

믿음이 단순히 주관적인 과정으로서 모든 객관적이고 대상적인 것에 대조될 경우 그 이미지는 왜곡된다. 삶의 현상으로서의 믿음은 개념으로서는 역설적이고, 서로 대립해 있는 규정들 속에서만 포괄될 수 있다. 그것은 지속적으로 내용을 생산하고, 구체적인 대상성들에 자신을 내던지며, 개별적인 것을 무한적인 것에 연결시킨다. 평가를 그냥 단순히 이론적으로뿐만 아니라 실존적으로 수행할 수 있는 힘, 특히 이념들은 여기에서 보다 더 일반적으로는 믿음으로 특징지어지는 것과 같다. 그것들은 동일한 것의 양면적인 본질이 주관적 힘과 객관적 내용으로(증명 가능한 지식은 아닐지라도) 파악될 수 있다는 것을 보여 주고 있어서, 정의는 불가피하게 주관적인 것과 객관적인 것 사이에서 요동친다. 이념들은 특히, 그것들이 개별 대상들과 단순히 아는 방식이 아닌 특별한 방식으로 관계하고 있다는 점에서, 즉 개별 대상, 유한적인 것, 그리고 시간적인 것에서의 그것들이 그 너머에 있는 그 어떤 것으로 향해 있다는 점에서 믿음과 동일하다. 가령 인식하는 인간이 모든 알려져 있는 것에서 이념들을 추종하고 있고, 행위하는 인간이 모든 상대적인 목표들에서 그 어떤 절대적인 것을 지향하고 있음을 알고 있는 것처럼.

개별 대상에 대한 믿음의 관계는 언어상으로는 '뭔가를 믿는 것'과 '뭔가에 믿음을 주는 것'을 구별할 수 있을 때, 그 특징이 잘 포착될 수 있다. 사람들은 사람에게, 자기 자신에게, 사태 자체에, 조국에, 모순율 등에 믿음을 준다. 우리가 무언가에 믿음을 줄 때마다 여기서 우리에게는 뭔가 궁극적인 것, 뭔가 절대적인 것, 모든 시험, 표준, 비교, 의심을 초월해 있는 뭔가가 주어진다.[177] 믿음이 살아 있는 것인 한 개별적인 내용에서 위협적인 경직으로부터의 탈출구를 발견하고 자신의 무한성을 경험하게 되며, 자신이 개별적인 것 속에서 무한적인 것을 단지 선취하고 있을 뿐 그것에 도달하지는 못하는 경험을 한다. 믿음은 결코 완성되어 끝날 수 없고 결코 정지해서 쉴 수 없으며, 항상 과정 중에 있다. 따라서 그것의 확실성에는 불확실성이 연결되어 있고 그것의 특정 내용에는 그 내용의 지양이 또한 연결되어 있다. 그것의 의미는 변화 및 미래를 향해 있으며 정확히 그 속에서 영원한 것, 시간초월적인 것을 향해 설정되어 있다.

믿음, 그것은 인간 실존에서 구체적인 대상과 연결해서만 가능하고 작용을 일으킬 수 있으며, 그 자체로 경험적인 내용은 아니지만 상상에게는 사실과 유사한 것이면서 이제 파악 가능한 그 어떤 것으로서 개별적인 대상들 속에 있는 것이 아니라, 무한한 것과 전체적인 것 자체를 눈앞에 세울 수 있는 것 같은 그런 특별한 대상 영역들을 반복적으로 생산한다. 내가 어떤 사람에게 믿음을 준다면 그 사람은 나에게 절대적인 존재이기는

[177] 예를 들면, 어떤 일정의 영역에서 모순율에 따라서 생각하는 인간과 모순율을 믿음으로써 세계 및 삶을 궁극적이고 전적으로 결정되어 있는 관점에서 보는 오성적 합리주의자 사이에 존재하는 커다란 차이가 그런 식이다. 후자의 경우에서 틀과 같은 고착된 상태에 있는 믿음은 자신의 정신적 본질을 신속하게 벗겨 낸다. 한때 믿을 만했던 합리성의 파토스는 죽어 버린다.

하지만, 그 방식은 그에게서 절대적인 광선이 보임과 동시에 그가 그 어떤 방식으로 유한한 존재로 상대화되는 식이다. 하나의 유한한 형태가 동시에 절대적이면서 유한한 것으로 경험되고, 그것과 함께 단순한 고찰 속에서가 아니라 실존 자체 속에서 하나의 운동이 경험되는 것은 오로지 유일하게 살아 있는 과정이다. 이제 개별 형태가 아닌 절대적인 것 자체가 완전히 직접적으로 파악되어야 한다면 현세적인 삶은 불가피하게 덜 중요해질 것이고, 운동과 문제점 그리고 불안정으로부터 벗어나 절대적인 것의 고요 속으로 피신하려는 경향이 생겨난다. 여기서는, 금방 다시 삭제될 배경 및 부가물로서 정신에게는 불가피한 것이자, 틀로서는 광범위하게 확장될 그런 대상 영역들이 재차 생겨난다. 내용은 세 가지 유형으로 구분될 수 있다.

1. 믿음은 지식에 반대되고, 유한하고 이해할 수 있는 모든 것에 반대되기 때문에 역설이 되거나 완전히 부조리한 것이 된다(키에르케고르). 알 수 있는 모든 것, 합리적으로 묘사할 수 있는 모든 것을 부정하는 것 속에서 인간은 절대자에 대한 자신의 신앙적 관계를 위해서, 절대자가 내용을 정해서 부여하는 한, 오성을 부정하고 지성을 희생물로 강제하는 그런 역설적인 성격의 표현만 발견한다. 역설적인 내용들로는 두 가지 유형의 내용들이 도입되어 사용되는데, 이것들은 그 어떤 경우에도 항상 그리고 원래 그런 역설들로 절대 여겨지지 않는다.

2. 절대적인 것은 신화의 형식으로 사유된다. 절대적인 것은 무한하고, 마치 절대적인 것과 비교할 때 주객 분할된 세계 속에서의 유한적인 개인이 그런 것처럼, 일회적이고 개별적이다. 그렇지만 그것은 이성에게는 무한하여 개별자로서 인식될 수 없다. 인식은 항상 일반적인 것만 파악하고 개별자에 대한 인식은 오로지 일반성들을 적용하는 길뿐이다. 개별자로서

그것은 인식을 위해서 존재하는 것이 아니라 오로지 형이상학적인 체험만을 위해서 존재한다. 그래서 플라톤은 의미에 따라, 확실하고 일반적인 것에만 관련하는 인식과, 불확실하고 단지 개연적이고 사건, 변화, 개별적인 것, 일회적인 것에 관계하는 인식을 예리하게 구분했다. 후자는 개념의 형태로 주어질 수는 없고 오로지 신화적인 형식의 서사 속에서만 주어질 수 있다. 변화로서의 세계가 화두가 되고 있는 곳이면 어디서나 플라톤은 그런 그럴듯한 고대의 신화들에 대해 얘기한다. 그것 안에서는 다양한 방식으로 묘사될 수는 있지만, 그 어떤 방식으로든 불가피하게 귀환하는 하나의 지속적인 통찰이 얻어진 것처럼 보인다.

신화 안에 내용을 새겨 넣는 믿음은 영지가 된다. 하나의 형이상학적인 세계과정이나 아주 직관적인 이야기들, 가령 천사의 타락, 정신 간의 투쟁 등에 관한 얘기들이 주어지고 있느냐의 여부는 믿음을 가진 사람에게는 항상 그의 영혼을 생생하게 사로잡는 내용이 존재하느냐 또는 그의 믿음적인 태도가 표현하는 내용이 존재하느냐이다. 신화들은 그것들이 순전한 것인 한 단순히 (시인의 대상이 되는) 상징만이 아니라 구체적인 것이다. 믿음이 있는 사람들에게는 상징적인 것과 문자적인 이해가 상호 침투한다. 그런 사람은 의심하지 않는다. 왜냐하면 그런 사람은 자신의 삶을 대하는 신조에 있어서, 자신이 내리는 결정과 행위에서, 상징들이 그냥 단순한 상징인 것이 아니라 현실일 때나 가능할 법한 그런 힘을 경험하기 때문이다.

그러나 여기에는 늘 한계가 존재하는데, 그 한계는 모든 발전 속에서 극복된다. 그러한 상징들 안에서 표현되는 힘으로서의 믿음과, 그리고 절대적인 것과의 관계가 자신에게는 일종의 지적인 관계, 일종의 관찰이 되어버리는 그런 변질된 성질의 지식 사이에는 그러한 한계가 있다. 교회 교의학, 신학적 탐구, 형이상학적 사색은, 그러한 영역을 지식의 일종으로 다루고, 심리학적 관점에서 보면 그저 하나의 가정된 지식일 뿐인 내용으로 거대한 세계를 구축하는데, 이런 것들은 기호로서 그것들의 본래적인 생생한 원천들 덕분에 항상 깊은 인상을 불러일으킬지라도 해체적인 비판에는 구제 불능으로 쇠진되어 무너져 버리고, 이전 한때 그 이면에 있던 실존적인 믿음이라는 생생한 힘이 더 이상 존재하지 않는다면 더 이상 남아 있지 않게 된다. 유한화하는 지식, 환상적인 지식 속에서 신앙적인 영지는 그 성질이 바뀐다. 그런 식으로 모든 시대에는 '신지학'이라 불리는 내세적이고 비경험적이고 완전히 확실하고 직관적인 그런 '가시적인 것'하고만 관련해 있는 지식이 생겨난다. 유한적인 것과 과정 속에서 힘으로서 움직이는 믿음은 사라진다. 유한적이고 경험적인 것에 관한 지식에 유사한 지식이 그 자리를 대신한다. 신지학은 정신적 태도 면에서 자연과학적 실증주의와 친화적인데 내용만 상이할 뿐이다. 모든 정신들이 알려지면 세계는 정신이 부재하는 세계가 된다. 탐닉은 그것의 초감각적인 내용이 육체화되고 구체적이게 되면 열정이 되는 것을 그만두고 감각적인 성질의 감정이 된다. '보는 것'과 계산은 이념들을 통한 우회로를 거치지 않는 한 절대적인 무한으로 확장되지 않는다. 신지학자와 실증주의자는, 다른 많은 것들이 그런 것처럼 무한에 대해 생각만 하지 더 이상 그 안에 거주하지 않는다. 신지학적 내용들은 과거에 한때 살아 있던 믿음의 세계로부터 취해진다는 사실이 그것들에게 ― 신지학자들은 진실로 간주하지 않는― 심오함과 상징주의라는 영광을 부여해 준다.

살아 있는 믿음이 아예 신화를 형성하지 않고도 살아남을 수 있느냐 하는가는 의문이다. 믿음을 가진 모든 이들은 자신에게는 단순한 환상이나 상징 또는 단순한 시(詩)보다도 더 큰 의미가 있는 형이상학적인 세계상들을 어쨌든 무의식적으로 가지고 있을 확률이 높다. 인간이 믿음을 갖는 곳이면 어디서나 형이상학적인 세계상은 아마도 불가피할 것이다. 하지만 이 세계관이 이론적인 공식의 형태로 표현되면 합리적인 비판에 무방비로 노출될 것인데 이를 방지하기 위해서 그것을 그런 식으로 공식화하지 않고 그대로 두는 것이 얼마간이나 유지 가능할까 하는 문제는 답할 수도 없는 문제이거니와 삶의 현상으로는 모순적인 믿음의 역설을 재차 상기시킨다.

합리적인 고찰에서 신화적인 믿음의 내용들은 원래 오성도 합리적으로는 자기 스스로 획득할 수 있을 법한 성질의 지식으로 간주되거나, 초자연주의적으로는 계시와 직관을 통해서 주어지고 그다음에 권위에 근거해서 알 수 있게 되는 그런 초자연적인 지식으로 간주되거나, 마지막으로 반성적으로 보아 '마치 ～처럼'의 상징적인 방식으로 존재하고 있는 그 어떤 것으로 — 이러한 작업들 중 그 어느 것도 믿음의 본래적인 힘과 절대자와의 생생한 믿음적인 관계에 내재해 있는 사태 관계에 적중하는 것으로 여기지 않는 가운데 — 해석된다.

3. 믿음은 과거나 현재의 역사 속 개개 인물과의 관계에서 보다 더 대상적인 내용을 발견한다. 그 내용은 세 가지 형태로 나눌 수 있다. a) 인간들은 위대한 인물들을 추앙한다. 위대한 인물들은 인간들에게 일종의 정신의 왕국이고, 파악 가능하고 경험적인 세계에서 말하자면 의미와 절대성을 보증한다. 그렇지만 이쪽 현실세계에서 정신의 형태들을 보는 그런 인물들을, 초감각적인 세계에 올림픽의 신이나 천사 또는 악마로 투사하는 대신 숭배하는 것이 반드시 종속이나 속박을 의미하는 것은 아니다. 그런 인물들은 권위적이고 절대적으로 받아들여지는 것이 아니고, 복종과 모방을 위한 이상으로 받아들여지는 것이 아니며, 경험적인 형상들로서 가능성들을 가리키는 지표로 받아들여진다. 그러한 관계 속에서 그것은 원래 특별한 성질의 믿음이 아니다. b) 이러한 믿음은 역사적인 것, 하나의 인물, 하나

의 과정이 절대적으로 여겨질 때만 발생하며, 이제 ─ 그 자체로 하나이거나 그것의 자리에 하나의 한정된 수, 하나의 선택이 대신 들어서는 ─ 그런 인물에 대한 믿음이 그런 인물을 신 또는 절대자로 믿게 만들 때, 절대적인 것과 무한한 것이 특정의 시간과 장소에서 육화된 것으로 믿을 때 발생한다. 역사적인 것은 이제 신화적인 것을 대리하는 대표자가 되고 신화적인 것과 완전히 등가적인 것이 되며, 종종 신화와 하나가 된다. c) 이런 순진한 믿음이 스스로 투명해지고 반조되면 그것은 (키에르케고르가 말한 바 있듯이) 역설로 승화된다. 하나의 유한한 것이 다른 유한한 것과 맺는 관계는 뭔가 절대적인 것이어야만 한다는 것이다. 하나의 역사적인 것이 영원한 행복을 위한 출발점이 되어야 한다는, 이런 사고 불가능한 것, 모든 사고에 모순되는 것은 합리성을 파괴하는 한 방식으로서의 '불합리한' 믿음 내용이 된다.

믿음의 모든 대상적인 내용은, 그것이 구체적인 상황 속에서의 주객 분할 내에서 실존을 위한 하나의 유한적인 것으로서 정신 운동 속에서 육화되는 것이 아니라, 절대적인 것 자체가 되려고 하는 한 인간을 신속하게 고정된 틀의 막다른 골목으로 데려가고, 인간이 그것을 고수할 때 변증법과 성찰이 인간을 사로잡으면서 그를 완벽한 허무주의의 위험 속으로 이끈다. 하지만 믿음은 본질적으로 이런 삶에서의 힘인 것이지 초감각적인 내용이 아니라는 사실이, 믿음을 그것의 객관적인 내용과 관련해서 불안정하고 불확실하게 만든다. 믿음은 삶을 이끄는 힘의 토대 위에서 지적인 회의로 진행되는 삶이며, 그 믿음의 내용들이 영향력을 발휘할 경우 그런 삶은 진실하고 의미가 풍부해진다. 정신을 만드는 것은 내용을 받아들이는 것이라기보다는 오히려 믿는 활동이다. 모든 내용이 갖는 바로 이런 불확실성이 유한한 존재인 우리에게는 우리를 정신성, 신조, 그리고 힘으로 이끄는 유일무이한 수단이 된다는 사실을 칸트는 매우 탁월한 방식으로 보여준 바 있다. "어마어마한 위엄을 가지고 있는 신과 영원성이 끊임없이 우리 눈앞에 나타난다면"(확실성과 관련해서 우리가 완벽하게 증명할 수 있는 것은 우리가 눈으로 직접 확인해 증명할 수 있는 것만큼이나 타당한 것이기 때문에) 인간이 하는 행동은 "단순한 기계적인 메커니즘으로 변형"될 것이다. 물론 "법을 위반하는 일은 피해질 것이고, 명령은 수행될 것이다. 하지만 행동의 원천이 될 수밖에 없는 신조는 그 어떤 명령으로부터도 영향받지 않을 수 있지만, 행동에 박차를 가하는 동기가 여기서 금방 손닿는 가까운 곳에 있으면서 외부에 있는 것에서 이성이 먼저 튀어나와 작용하는 것이 허용되지 않는다. 그래서 대부분의 합법칙적인 행위는 두려움 때문에 행해지고, 소수만이 희망때문에 행해지며, 의무에서 행해지는 것은 아무것도 없게 될 것이다. … 그런데 우리의 경우 상황이 완전히 다르다. 우리가 온 힘을 다해 이성을 발휘해도 미래에 대해 우리는 매우 어둡고 모호한 전망만 얻을 수 있어서, 세계의 통치자는 우리에게 그의 현존과 영광을 오로지 추측만 하게 할 뿐 우리가 그것을 볼 수 있게 해 주거나 분명히 증명할 수 있게 하는 것이 아니다. 그에 반해 우리 안에 있는 도덕법칙은 우리에게 그 어떤 것을 확실하게 약속하거나 위협하는 것 없이 그리고 사심 없이 존중할 것을 요구한다. 어쨌든 이러한 존중이 활성화되어 지배적이 될 경우에나 비로소 그리고 오로지그런 것을 통해서만 초감각적인 영역에 대한 조망이 허용될 것이다. 그리고그것도 약소한 조망만 허용될 것이다. 진정한 도덕적 신조는 그런 식으로발생할 수 있다. … 그래서 우리를 실존할 수 있게 해 주는 불가해한 지혜가, 그것이 우리에게 부여해 주지 않은 것만큼이나 우리에게 부여해 준 것으로 존경받아 마땅하다"는 말이 여기서도 들어맞기를 바란다.[178]

..

178 Immanuel Kant, *Die Kritik der praktischen Vernunft*(Ed. 1788), 265쪽.

(3) 이율배반적이고 신비한 것과의 관계에서의 정신

모든 정신 운동은 주객 분할 아래 진행된다. 이런 분할이 일어나는 곳 어디서나 대립이 지배한다. 대상적인 세계와 주관적인 존재는 이율배반적인 구조로 분할되어 있다. 정신 운동은 늘 대립적인 것들과 관계한다. 대립이 없다는 것은 죽음이나 마비가 될 것이다. 대립은 삶을 조건지우는 것이자 생생하게 살아 있는 정신적 현상이다. 모든 물리적인 다양성이 저항을 통해서 발생하는 것처럼 정신적인 현존도 이율배반을 통해서 발생한다.

대립에 대해 정신은 취사선택하면서 또는 종합하면서 처신한다. 정신은 세계 자체가 둘로 나뉘는 절대적인 선택에는 결코 도달하지 않으며, 또 결과가 전체가 되고 정지가 되는 그런 절대적인 종합에 이르는 일도 없다. 정신은 양자택일의 열정이 있다. 제한되어 있는 모든 것, 모든 형성물, 겉으로 드러나 있는 모든 것, 말과 행동은 대립물의 한쪽 편에 위치해야만 한다. 이는 우리가 파악하는 모든 것들이 대립적인 성질을 띠기 때문이다. 하지만 각각의 구체적인 상황에서 그때마다 양자택일에 대해 한계를 느끼는 정신은 모든 존재 양식을 무한히 둘로 파편화시키는 것이 아니라 모든 살아 있는 대립물들을 자신 안에 포용할 수 있는 능력이 있다. 이율배반적인 상황들은 영혼을 긴장으로 이끌어 절망적인 위기에 이를 때까지 혼란에 빠지게 하지만 삶은 그로부터 힘들이 성장해 나오게 하는데, 이런 힘들은 이율배반 안에서 증장해서는 이해할 수 없는 새롭고 무한한, 그래서 불투명한 종합으로 나아간다. 가령 '아름다운 영혼', '실존주의적 사상가', '천재' 등의 범주에서 그러한 종합이 사유된다. 하지만 이율배반들의 종합은 자유가 그런 것처럼 결코 성취되지도 완수되지도 않으며, 늘 운동 중에만 성취되고 오로지 운동 중에만 존재하는데, 여기서도 물론 현전하고 경험된다.

삶이 대립물들의 종합 속에서 현전한다는 말은, 살아 있는 것에 대한 모든 묘사가 변증법적인 모호함 속에서 비자의적으로 움직인다는 것을 의미한다. 생생하게 살아 있는 정신으로서의 모든 정신 개념들은 궁극적으로 역설적이고, 모순의 원리에 준해서 형식적으로 판단할 경우에는 부조리한데, 하물며 이런 부조리가 현실일 경우에도 그렇다.

그러나 무엇보다도 정신의 이율배반적인 종합은, 정신의 삶에서 개개 대립쌍들이 대립쌍들로부터 계속해서 독립해 나오는 결과를 가져온다. 그리고 삶은 마치 좁은 벼랑 위에서 진행되는 것처럼, 말하자면 그 양편으로 혼돈과 화석화라는 서로 단절되어 고립해 있는 심연으로 떨어질 가능성을 머금고 있다. 그때마다 두 가지 가능성 사이를 헤쳐 나가는 이 과정 자체는 전체로서의 삶도 아니고 모두 합해도 전체가 되지 않으며, 또한 그것들의 평균도 전체가 되지 않고, 그저 단편적인 전개, 분해, 막장으로 추락하는 과정일 따름이다.

대립물들이 더욱 포괄적이고 다양화될수록 정신 운동은 그만큼 더욱 강렬해진다. 이것은 개인과 문화 전체에 해당된다. 문화적인 현존이 가장 생생하게 전개되는 곳은, 대립들이 균형을 맞춰 하나의 형식으로 수렴되지 않는 곳이다. 국가 체제는 최고 수준의 이질적인 세력들을, 어느 하나가 궁극의 우위를 점하지 못하게 하는 상태에서, 모두 함께 이끌어 가고 통괄할 수 있는 가장 활기찬 그 무엇이다. 문화는 가장 심오한 대립들을 문제들로 경험하는 가장 동적인 정신성이다. 기독교와 그리스 문화라는 양극단에 존재했던 보다 더 최근의 유럽 문화는 그 절정기에 동적인 정신성을 생산해 냈는데, 모든 그리스적인 것과 모든 기독교적인 것에 대한 아주 커다란 예찬에도 불구하고 그것은 우리에게 원시적으로 보인다.

이율배반을 매개로 진행되는 정신 운동은 주객 분할이 지속되는 한 계속 유지된다. 하지만 이런 분할 아래에서 정신은 한계를 모르고 계속 운동하는 가운데 상대화되고 극복되기 때문에, 즉 창출된 이후 모든 한계가 궁극적인 것으로서 드러나는 한에서 정신이 다시 그것을 무효화하기 때문에, 다시 말해 정신이 자신을 형성해가는 과정에서 모든 입장들을 자신 안으로 재흡수함으로써 매번 취하는 입장을 재차 벗어나기 때문에, 정신은 무한한 성질의 것으로서 주객 분할 너머에서 존재한다. 정신은 주객 분할 속에서 끊임없이 명료함과 투명함을 향해 운동하지만 — 명료함을 향한 이러한 욕구는 불투명한 안개 속에서 편안함을 느끼는 모든 어둠과 몽환적인 것들에 대해 정신이 내보이는 적대감인데 — 정신은 신비로운 것을 자신의 출발점 및 종착점으로 삼는다. 궁극적인 것으로서의 견고한 틀이 의지할 수 있게 붙잡을 수 있는 절대적인 뭔가를 제공해 주는 동안 정신에게는 무한성이 신비로운 경험으로 현전하는데, 그 안에서는 주객 분할이 승화된다. 신비적인 것은 정신이 명료함을 향해서 나아갈 때 자신의 자료를 취할 수 있는 근원이며, 신비적인 것은 모든 운동이 진행된 이후에 그 안에서 절대적인 것이 대상으로서가 아니라 포착되는 것으로서 유일무이한 그 무엇이다. 주객 분할의 전체 영역을 신비가 포괄하고 있지만, 정신은 그곳으로 도피하지 않고 그곳을 관통해 운동하면서 계속 자신의 활동 범위를 찾아 나간다. 그리고 주객 분할을 감싸고 있는 저러한 한계들로부터는 말로 형언할 수 없는 빛이, 형언할 수 없는데도 굳이 형식의 옷을 입으려 하는 의미가 저러한 분할 내에 있는 모든 개별적인 것들 위로 떨어진다. 이런 것이 상징이 되고 비유가 되기는 하지만, 그럼에도 끝없이 명료해지려는 — 본질적으로는 정신적인 성질을 갖는 — 의지 덕분에 그냥 단순히 그런 상징이나 비유로도 끝나지 않는다.

(4) 정신의 개별적인 형태를 특징짓는 데 필요한 소질

마지막에 전개된 논의들은 살아 있는 정신의 형태들에 대한 진술들을 분류하는 데 근간이 되는 것들이다. 정신은 우선 대립물들 사이에서 벌어지는 과정으로, 말하자면 양쪽으로 갈라지는 길 사이에 있는 벼랑 위에서 진행되는 과정 같은 것으로 간주될 필요가 있다. 이때 사람들은 어쩔 수 없이 좁은 벼랑 자체에 대해서 얘기하기보다는 그것에서 뻗어 나온 지선들에 대해서 더 많이 이야기하게 될 것이다. 그런 다음에 벼랑 위에서 합성된 형태가 구별될 수 있는 것은 아닐까 하는 물음을 제기할 것이다. 이런 것들은 본질상 궁극적으로 현실적인 것이 아닌 이념일 뿐이다. 하지만 아마도 모든 유형의 정신들 중에서 가장 활기차고 가장 복잡하고 가장 어두운 정신 유형들이기도 한 개개 형태들은 ─ 무한한 정신 자체가 파악될 수 있는 것이 아니기 때문에, 그것들이 가지고 있는 의미의 모든 한계와 함께 ─ 여기서 유의미하게 특징지어질 수 있을 것이다. 그것들이 그 안에서 결정을 내리면서 살아가는 현실의 종류에 따라서 현실주의자, 낭만주의자, 성자로 구분될 수 있다. 마지막으로는 신비주의가 정신의 시작점이자 종점으로 간주될 수 있다. 여기서 협의의 의미에서 신비주의의 길에 대립해 있는 이념의 길이 규정되면서 또 하나의 양극성이 출현한다.

1) 대립물들 사이에 있는 정신

정신은 주객 분할 내에 있는 무수히 많은 대립물들에 내재해 있는 역설적인 것으로 특징지어질 수 있다. 그것은 주체도 아니고 객체도 아닌 둘 모두이고, 유한하지도 않고 무한하지도 않으며, 개별적인 것도 아니고 전체적인 것도 아니다. 그것은 정지와 운동의 통일, 생성과 현존의 통일이라 불릴 수 있다. 모든 대립물들 중에서 이 두 가지가 가장 근본적으로 중요해 보인다. 왜냐하면 그것들이 가지고 있는 특성화의 능력이 가장 크기 때문이고, 모든 대립물들이 궁극적으로는 아마도 그런 것들로 환원될 수 있을 것이기 때문이다. 이 두 가지를 문제적 측면에서 상세하게 설명하기 전에 일반적인 측면은 다음과 같이 특징지어 볼 수 있을 것이다.

1. 삶의 과정은 자료와 형태, 혼돈과 형식의 대립으로 알려져 있는 정(正)과 반(反)의 대립 속에서 진행된다. 어떤 사람은 그것들이 하는 운동 안에 있는 풍부한 자료를 아마도 생명으로만 묘사하는 경향을 보일 수도 있다. 그런 식으로 그것은 혼돈적이다. 사람들은 또한 척도, 한계, 형식, 이성, 금욕만 정신적인 것으로 간주하는 경향을 보이기도 한다. 이런 것들만이 죽어 있고 속이 비어서 내용이 없다. 삶의 과정은 이 두 측면들의 투쟁이지만, 한쪽이 이겨야 하는 권력 투쟁인 것이 아니라 형태를 갖춘 풍요로운 종합의 방향으로 진행해 나가는 투쟁이다. 실질적인 삶의 풍요로움은 형태들을 계속해서 무성하게 만들고, 형식들이 그런 실질적 삶에 계속 완력을 행사해 그것을 고립시키고 기계화시킨다. 삶이 진행되어 나가는 과정들의 단계에 따라서 척도, 한계, 형식을 나타내기 위해 투입되는 교설들이 태동해 나오고 비구속성, 충만함, 삶, 혼돈을 나타내기 위해 투입되는 교설들도 태동되어 나온다. (자연주의, 낭만주의는 후자로 나아가는 경향이 있고, 고전주의와 이상주의는 전자로 나아가는 경향이 있다.) 이러한 관점 아래 우리는 삶이 진행되어 나가는 과정을, 앞서 말한 좁다란 벼랑 위에서 진행되어 나가는 운동으로 바라볼 수 있다. 그것은 한편으로는 혼돈, 다른 한편으로는 형식 사이에서 진행되는 삶이다. 형식들 중에서는 무척도와 척도를 서로 대립시키는 철학적인 세계상도 발견된다. 더 나아가 자기형성에서, 금욕에서, 각각의 경계 설정 작업에서 영향력을 행사하는 힘들도 있다. 이런 형식들은 모든 영역에서, 즉 능동 세계의 형성에 있어서, 예술에서, 합리성에서 특효가 있다. 합리적인 형식은 우리로서는 원리적인 설명용으로는 가

장 명료한 것인데, 특히 우리는 모든 세계관이 합리적인 형식을 발견해 왔던 곳에서만 세계관을 파악할 수 있다. 우리는 항상 합리적인 노정을 밟아 힘들에 도달하려고 하는데, 도달한 다음에 우리는 그러한 힘들을 '원칙'이라 명명한다. 여기서부터 우리는 삶의 과정에 대한 우리의 특성화를 혼돈과 형식의 종합으로 좀 더 분명히 하기 위해서 노력한다.

2. 살아 있는 모든 정신 유형들은 사람의 개성과 대상의 객관성이 관계를 맺고 있다는 공통점을 갖는다. 주체의 세계와 객체의 세계, 이 둘은 모두 무한하다. 정신적인 개인의 무한성과 무한한 객관세계. 기댈 의지처는 이제 둘 중 어느 한쪽에 있는 것이 아니라 양쪽 모두에 있다. 의지처가 계속해서 한쪽으로 치우치는 만큼, 정신의 이런 본질적 특성이 정지해 있는 소유물이 아닌 이념과 운동인 만큼, 정신의 삶에서 한쪽은 다른 쪽을 통해 파악되고 주체와 객체 둘 모두가 종종 동일한 것으로 파악된다. 전체는 결국 개성도 아니고 대상세계도 아니며, '정신'이라 칭해지는 전체다. (이것은 철학적인 세계상에 따라서 삶, 자연, 의지, 힘 등 일면적으로 설명될 수 있다.) 정신적인 삶의 과정은 주체와 대상이 항상 분리되어 서로 마주 보고 있다는 점에서 독특하고, 모든 생명력은 개성과 객관성의 통일을 지향한다는 점에서 독특하다. 실제로 수수께끼로 경험되면서도 자명한 것으로 경험되는 것, 개성이 일반적인 것이 되면서도 일반적인 것이 개성의 형태로 나타나는 것, 이런 것은 살아 있는 정신이 끊임없이 투쟁하면서 움직여 나가는 방향의 이념이다.[179]

..

[179] 결국 감각-공간적인 현상으로서의 인간 개인은 객관세계로부터 분리될 수 있고, 개성은 '절대적으로' 타당한 가치들로부터 분리될 수 있다. 말하자면 인간은 ―만약 이런 분리가 확고하게 유지되고 인간에 의해서 그의 삶에 실제적이고 궁극적인 분리로 전이된다면― 아래로부터는 자연의 인과성을 통해서 위로부터는 이런 일반적인 성질의 비인격적이고

개별적인 유형은 한편으로는 '개성', 다른 한편으로는 '객체'로 계속 분할되고, 분할될 때마다 양극단 간에 대립이 발생한다. 주체적인 것에서 기댈 의지처를 찾거나 그게 아니면 객체적인 것에서 기댈 의지처를 찾는 것이 그것이다. 단순한 틀로의 회귀가 ― 흔히 그리고 필연적으로 ― 일어나지 않는 한 대립적으로 분할되어 있는 유형들은, 단편적이고 침전물 같고 부서져 조각나 있다고는 해도, 무한성에 직면해서 그래도 여전히 자유롭게 움직이는 형태를 취한다. 인간이 도달할 수 있는 것이 바로 이런 형태들이기는 하지만, 순전한 유형은 이념과 이상이다.

개성과 객관성이 대립하고 통일되는 과정은 동시에 자기를 체험하는 과정이기도 하다. 따라서 삶은 세계인식인 동시에 자기인식의 과정이기도 하고 그 반대도 마찬가지다. 자기인식이 고립되면 그것은 내용 없는 것이 되어서 세부적인 것들과 우연한 것들로 이루어진 혼돈만 파악하게 되어, 그것은 더 이상 자기인식이 아니게 되고 그저 외적인 것들로 인공적 구조물을 구축하는 것이 된다. 세계인식이 고립되면, 그것은 추상적 것이 되고 공허한 것이 된다. 둘은 함께 과정으로서, 즉 결코 실제적인 동일성으로서

∴

초인격적인 타당성을 통해서 마치 두 개의 맷돌 사이에 짓눌려 무화되는 것 같은 경험을 할 수 있다. 그러면 심리적인 것이라는 개념이 허무한 것이 될 수 있어서 심리학이 무의미한 학문이 될 수 있다. 이런 것을 인지한 마당에 심리학적 고찰이 온전히 명료하게 보여 주고 인정해야만 하는 것이 있다. 그것은 심리학적 고찰이 정신 유형을 나타내는 개념으로서 주객 분할을 포함하고 있고 주체와 객체 사이에서 움직이기도 하고, 동시에 그 둘을 초월하면서도 주객 분할 전체에 기초가 되고 있는 그런 정신 유형의 형태들을 포괄하고자 하는 정신 유형의 개념들을 주조해 내고 있다는 사실이다. 이런 고찰은 형이상학적인 것으로 쉽게 빠져 버리는 형이상학적 고찰과 구분될 필요가 있다. 왜냐하면 이런 고찰은 실제로 경험되고 경험 가능한 것에 대한 직관 속에 머물러 있으며, 오로지 이념이자 방향으로서 심리학적으로 고찰할 때만 ―객관성을 포함하는 포괄적인 의미에서의― '개성들'의 삶에서 실제로 존재하는 것을 보여 주고 있기 때문이다.

가 아니라 지속적인 대립과 균형으로서, 세계관 속의 힘들이 일으키는 삶의 과정에서 출현하는 현상이다.

(1) 혼돈과 형식 사이의 삶(합리와 비합리의 대립에 비추어 특징짓기)

사람들이 니체를 — 이는 물론 그를 근본적으로 오해하는 것이긴 하지만 — 혼돈의 허무주의적 교사로 보고, 가톨릭 교회를 모든 생명에게 의지처와 의미와 형식을 제공해 주는 권위 있고 보편적인 조직으로 보았다면, 아마도 다음과 같은 주장을 제시했을 것이다. 인간은 궁극적으로 니체와 가톨릭 교회 중에서 어느 하나를 선택해야만 한다. 이런 양자택일은 많은 개별적인 인간들에게 특성상 올바를 수도 있고, 양자택일로서는 인간 모두에게 틀린 것일 수도 있다. 허무주의와 이념적 틀 사이, 혼돈과 형식 사이에는, 그 자체로 비타협적이고 둘 중 어느 한쪽에 속하지도 않으며 본질 같은 것도 부재하는, 무한한 전체로부터 생겨 나오는 삶이 존재한다. 이것을 드러내 밝히는 것이 바로 우리의 과제다.

a. 형식이란, 합리적인 교설의 다의성, 일관성 개념

형식은 끝이 없는 것에 반대되는 제한된 모든 것, 제한되어 규정된 모든 것이며, 질료적인 것, 물질적인 것, 혼돈적인 것에 반대되는 틀 지워진 모든 것, 흐르는 것에 반대되는 고정된 모든 것이다. 실제적이면서 살아 있는 모든 것들은 형식과 형식을 갖추고 있는 모든 것들로 구성되어 있는 전체지만 궁극적인 전체는 아니고, '생생하게 살아서 성장 중에 있는 각인된 형식'으로서의 전체다. 따라서 한편에서는 무형적인 것과 혼돈적인 것이, 다른 한편에서는 고정된 것, 움직이지 않는 것, 내용 없는 형식이 계속 서로 분리된다. 살아 있는 모든 형태들은 종종 특징지어진 것처럼 형식화될 수 있다. 즉 내용이 비워질 수 있다. 그렇게 되면 그것들의 내용과 그것들이 어떤 것과의 관계에서 성취되고 있는가는 관건이 안 되고, 단순한 형식, 운동 자체만 관건이 된다. 예술에서의 예술적인 기교, 형식적인 의무 윤리, 본질의 인식 없이 진행되는 엄밀한 학문으로서의 합리적 활동은 그런 형식화가 일어나고 있는 광활한 영역들이다. 형식의 종류 중에서 하나가 합리적인 형식인데, 여기서 우리는 그것에 대해서만 얘기하고자 한다. 합리적인 형식들에는 원칙, 명법, 인생론이 있고, 실제에 관한 개념, 당위에 관한 개념, 희망에 관한 개념 등이 있다. 그런 것이 없으면 질서도 연관도 시험도 통제도 존재하지 않게 되는 합리적인 형식들을 삶은 자신 안으로부터 계속 만들어서 제정한다. 합리적인 것 안에는 일관성과 모순이라는 형식적인 자율 법칙이 내재해 있다. 합리적인 것은 그것이 어딘가에서 생성되자마자 그런 자율 법칙을 따라 형성되고 발전되어 나가는 경향이 있고, 다른 모든 합리적인 것들과 대립되는 경향이 있으며, 삶에 없어서는 안 되는 무한한 변증법의 무경계로 인간을 데려가는 경향이 있다. 하지만 이런 마지막 단계가 발생하기 전에 합리적인 것은 어딘가에서 그런 연관과 무의식적으로 단절하면서 특정의 개별적인 틀에 고정된다. 이런 것들은 불가피한 것이어서 무한한 변증법 자체가 계속 하나의 틀 전체로 나타난다.

각각의 모든 세계관적인 힘들은 결국 합리적인 이론의 틀 안에 표현되기를 바란다. 이런 합리적인 이론들이 고찰자에게는 가장 풍요로운 공략 지점이고 가장 쉽게 접근할 수 있다. 그것들이 철학사를 구성하는 본질적인 내용이다. 하지만 이런 합리적인 이론들은 힘의 표현으로서는 다의적이다. 예를 들어 그것들은 그것들에 반영되고 있는 사실적인 삶의 표현이거나, 그와는 반대로 자신의 삶의 현실 반대편에 있는 것을 갈망하고 요구하고 목표하는 내용들일 수 있다. 그것들은 어떤 때는 삶이 창조한 것들이고 이런 삶과 관련해서 이해될 수 있는 것들이거나, 틀로서 고정되어 있는 가운데 외부에서 들어오는 모든 것들에게 형체와 의지할 지지대를 제공해 주는 것들이다(플라톤과 플라톤주의자, 헤겔과 헤겔주의자들은 본질적으로 차이가 있다). 그것들은 이미 현실인 것을 정당화해 주고 선한 양심을 제공해 주거나 또는 현실을 재구성할 것을 요구하고 원한다. 그것들은 현실적인 힘들이 표현된 것이거나 그게 아니면 그것들은 인간이 자신과 다른 이들을 속이는 단순한 수단, 가짜 형상들 및 가면들로 사용된다.

　이러한 다의성을 침해하지 않고서 그것을 꿰뚫어보기 위해서 세계관적 힘들을 규정하고 싶어 하는 관찰자에게는 늘 다음과 같은 것이 첫 번째이자 주된 길로 남아 있다. 세계관들에 대한 모든 이해는 그것들이 어느 정도나 합리화되어 있는가에 달려 있기 때문에, 그것들이 합리적인 형식들을 발견해 왔던 한에서만 우리는 그것들에 대해서 이야기할 수 있고 그래서 또한 우리는 오로지 그 어떤 원리, 명법, 가치가 우리에게 떠오르는 곳에서만 '이런 원리의 전제는 무엇일까?' 같은 질문을 제기할 수 있다. 그것도 수용하거나 거부할 수 있기는 하지만, 합리적인 시선에서 볼 때는 우선 더 이상의 전제조건을 가지고 있지 않은 그런 최종적인 입장에 우리가 도달할 때까지는 그렇게 할 수 있다. 우리가 이렇게 원리들을 향해서 역으로 구성 작업을 진행해 나가는 동안, 우리는 그와 동시에 그 반대 방향에서 결과의 방향으로 구성 작업을 진행해 나가는 가운데 관련된 원리들에 무엇이 합리적으로 추가되는지를 볼 수 있다. 삶에서 세계관들은 한두 가지 원리들과 그것들의 일관적인 결과에 부합해서 발견되는 것이 결코 아니다. 오히려 그것의 정반대가 답이다. 결과는 살아 있는 정신의 경향들 중에서 하나의 경향만이 추종해서 따르는 합리적인 자율 법칙일 뿐이다.

　모든 세계관적인 힘들 내부에서 일어나는 가장 커다란 분열은, 합리적인 모순율에 따라서 진행되는 세계관적인 틀 구성 과정을 통해서 일어나는 것으로 보인다. 일관성이 중요하고 자기 자신과의 합리적인 일치가 인간의 궁극적 가치라는 원칙을 공언하는 세계관만이 그런 식으로 파악되고 정의될 수 있다. 다른 세계관들이 존재한다는 사실 또한 의심의 여지가 없다. 실천에서는 일관성의 결여가 오히려 규칙이다. 그러나 일관적이고자 하는 시도들에 맞서 싸우는 것을 일종의 세계관적인 가치로 여기는 모든 구체적인 논의들은, 대체 '일관성'이라는 것이 본래 무엇인가라는 예비 질문으로 나아간다. 일관성은 아마도 단일한 것이 아닐 수도 있고, 합리적인 모순율에 따른 단순한 합치가 아닐 수도 있다. 마찬가지로 '타협'이라 불리는 것도 아마 모호할 수 있다.

이율배반을 이해한 모든 사람에게는 일관성이라는 것이 하나의 결정적인 문제가 된다. 세계와 인간 영혼이 유한하다면 그리고 이율배반이 없다면, 실제로 존재하는 모든 세계관들은 논리적인 일관성을 갖는 세계관과 타협적인 본성을 갖는 세계관으로 나뉠 수 있을 것이다.

우리는 세계관을 추상화해서는 그것을 고립된 상태에서 관조만 하는 한 인간이 가지고 있는 힘으로 상상하기를 좋아하는데, 그런 인간은 세계 및 시간 밖에서 가치 판단을 하고, 세계상을 가지고 있고, 관조적인 태도를 취하는 가운데 그런 것들에 대해서 말 그대로 객관적으로 표현한다. 그런 인간은 아무 본질 없이 독립적으로 존재한다. 현실 속의 세계관은 그와는 전혀 다르다. 세계관이 실제로 무엇인지는 항상 그 세계관이 작용하면서 부딪히고 변형을 일으키고 있는 세계에 의존해 있다. 실행되어 완수된 행위는 행위에 관한 이론과 다르고, 다르게 보인다. 단순한 가치평가의 충동은 실제 실행되는 행위의 결과와 다르다. 고립되고 관조적인 사람에게서조차 세계관은, 그가 사회 밖에 있는 적절한 환경을 통해서 자신을 유지할 수 있는 한 그의 현존의 생리-심리적 조건들에 의존해 있다. 그러한 조건들에 그의 이론이 자주 부딪히게 되는데, 그 결과, 그의 체험, 소망, 격정, 가치 위계들의 실제적인 전개는 그의 관조적인 이론과는 전혀 다르게 보인다. 이런 것은 영원한 대립으로 남아 있다. 즉 합리적인 형태로 묘사되어 있는 이론적인 세계관과 실천적인 세계관 간의 영원한 대립으로 남아 있다. 어떤 객관적인 세계관도 자신의 존재 이유이자 자신이 의지하는 무한성을 간과할 수 없고 알 수도 없다. 삶의 실천에서 전개되는 모든 일들은 이전에 이론적으로 보였던 것에 변형을 가져오고 이를 통해서 그 이론에 영향을 미친다. 양자 간의 영원한 순환 운동은 불가피하다. 이런 운동은 유한적이고 무한적이라는 두 가지 특성들을 가질 수 있고, 그것과 함께 '일관성'은 이중적인 의미를 획득한다.

1. 세계관은 현실 속에서 합리적으로 파악된 원리들을 바탕으로 가능한 한 광범위하게 전개되어 나오지만, 실제 현실이 수행하는 방해, 변이, 변형에 대해서는 진지하게 고려하지 않는다. 이는 마치 삶이 하나의 틀을 소유함으로써 현존의 가능성을 갖추기 위해 우선 하나의 틀을 구축해서 완성하고 싶어 하는 것과도 같다. 무한한 흐름 속에서 적합한 것만 구축되고, 보이는 반면, 그 외 다른 것은 무시되고, 공허하고 실체가 없는 것으로 여겨진다.

2. 처음에는 우발적이고 불가피한 것으로 여겨졌던 방해와 변형들을 알아차리게 되면 그다음에는, 세계관이 보다 더 다면적으로 전개될수록 세계관을 일직선으로 일관되게 수행하는 것이 불가능하다는 사실이 이해되기에 이른다. 그리고 이제 분열이 뒤따른다. 어떤 사람들은 획득한 틀을 그것의 유한성 속에서 바라보고 방해들을 개별적인 유한적인 것들로 바라본다(그런 사람들은 이러한 엄격함을 통해서 방해를 극복할 수 있다는 확신 아래,

그리고 다른 경우에서는 타협보다는 파멸이 더 낫겠다는 확신 아래 엄격함을 일관적으로 유지함으로써 절대적으로 가치 있는 것, 즉 자신들의 세계관을 보존할 것이다. 그렇지 않으면 그들은 다른 방식으로 멸망할 것이기 때문에 천천히 그리고 시간의 흐름 속에서 간접적으로 ―종종 '끝이 없는 여정'이라는 슬로건을 사용하고 종종 궁극의 완전성을 믿는 가운데― 순전하고 타협 없는 세계관을 현실로 가져오겠다는 확신 아래 타협에 임할 것이다). 다른 사람들은 많은 투쟁 끝에, 이러한 경험을 통해서 그들을 절망에 빠지게 만들고 창조적인 새로운 출발 상태에 빠지게 만드는 위기에 봉착하게 된다. 이전의 세계관은 파괴되는 것이 아니고 '극복'되는데, 헤겔의 언어 용법에 내재해 있는 이중적인 의미에서 '지양된다'. 즉 부분적으로 부정됨과 동시에 부분적으로 보존된다. 그리고 이제 그 자체가 전혀 다르게 보이는 현실에서 새로운 힘들이 전개되는 과정이 시작된다. 그리고 새로운 출발점을 포함하고 있는 새로운 틀이 그것에 내재해 있는 그것 고유의 일관성을 따라서 성장해 나온다.

비록 근본적으로 모든 형태의 틀에서 작용하는 항상 동일한 무한의 생명력이더라도, 생물이 다 성장한 후에는 이런 형성된 틀들은 회고적으로 ―이를테면 벗겨진 조개 껍질이나 뱀의 허물처럼― 그것들의 객관적인 형태 그대로 고찰에 던져질 수 있다. 이러한 고찰은 개개 형태 내에 있는 논리적인 일관성을 찾아낼 것이고, 원리들에 기반해서 구성 작업을 진행해 나갈 것이다. 하지만 이러한 구성 작업은 원리들 자체에서 한계에 부딪치게 될 것이고 그런 다음에 실제 세계에서 아무런 모순 없이 일관성 있게 전개되는 데 있어서 한계에 부딪치게 될 것이다. 이러한 한계들에서 고찰자는, 논리적으로는 이해할 수 없고 심리적으로만 일부를 이해할 수 있어도 완전히 이해할 수는 없는 원리들이 격변하는 현상을 보게 될 것인데, 원리들의 이러한 격변 현상은 원래 생생하게 살아 있는 세계관의 운동을 의미한다. 각각의 원리들은 합리적으로 형식화된 힘의 표현으로, 이러한 힘 자체는 그런 형식화된 것 그 이상이다. 왜냐하면 그러한 힘은 자기 스스로 전개되고 불현듯 역전되고, 그리고 위기 시에는 비약할 수 있기 때문이다. 원리의 일관성, 각 틀 전체를 우리는 우리 눈앞에 논리적으로 투명하게 제시할 수 있다. 하지만 새로운 것으로 재용해되는 과정을 우리는, 최종의 삶의 현상을 불투명한 것으로 그리고 ─ 구체적인 경우 ─ 일정의 특징들에서는 진정한 위기로, 생생한 과정으로 가정할 수는 있어도 결코 증명할 수는 없는 과정으로만 받아들일 수 있다. 하나의 틀을 ─ 이것을 불가피하게 유일한 것으로 간주하고는 ─ 확충하는 것, 인간들이 자신들을 재인식할 때 사용하는 이론을 만들어 내는 것, 이런 것들을 자신의 과업으로 경험하는 철학자는 모든 사람들의 삶을 질서정연하고 합리적으로 묘사하기 때문에 일관성 유지를 최고의 원리로 삼는다. 하지만 위기와 절망 속에서 겪었던 경험을 알고 있고 모든 이들이 거주하는 틀의 붕괴를 겪어 본 철학자라면, 신세계로의 커다란 비약을 완성하지 않는 한 논리적인 일관성을 가장 중요한 것으로 여기지는 않을 것이다. 그런 철학자는 오히려 비합리주의자, 비판가, 물음을 제기하는 자가 될 것이고, 저러한 격변이 일어날 경우에는 선지자가 될 것이다. 그는 최초의 철학자가 모든 이들에게 합리적인 형식들을 부여해 줄 때 사용하는 수단인 이론을 통해서 영향력을 행사하기보다는 오히려 자신의 존재를 통해서 영향력을 행사한다. 전자는 현존에 안식, 확실성, 충만함을 제공해 주는 사람이고, 후자는 자신의 현존을 통해서만 신뢰를 불러일으킬 수 있는 사람으로 고무적인 역할을 하는 사람이자 물음을 제기하는 사람이다. 전자는 자신이 지은 저술 내용에 모든 관심을 기울이고, 후자는 원하든 원치 않든 자신의 개성에 모든 관심을 기울인다.

재용해 과정의 결과를 우리는 이율배반적인 종합이라 부른다. 실제로 형성된 틀(우리는 이 틀을 근본적으로 넘어설 수 없는데)을 고려할 때, 뒤따르는 것은 선행하는 것에 비해서 총체적인 것으로 나타나고, 그런 총체성 안에서는 이전 세계관에 내재해 있던 모순들이 지양된다. 이것은 일종의 타협이라고 할 수 있는 형식-논리학적인 종합이 아니고 심리적인 종합이라고 할 수 있는데, 이런 심리적인 종합은 원리들을 지칭하는 새로운 표현을 발견해 내고, 이 새로운 표현은 새로운 힘으로부터 비롯되면서 동시에 그것을 강화하며 이전의 모순을 더 이상 경험하지 못하게 —그 대신 곧바로 새로운 모순들을 경험하게— 해 준다. 이율배반들은 그대로 남아서 말하자면 영혼에 자극제로 작용할 때만 새로운 창조의 힘을 갖게 된다. 기본적으로 이율배반은 해결되는 것이 아니고 새로운 수준에서 재인식될 뿐이고, 항상 새로운 틀이 창출될 뿐이다.

인간이 그때마다 자신의 틀을 진지하게 그리고 최종의 궁극적인 것으로 받아들이고, 온 힘을 다해서 자신의 발전에 힘쓰고 현실에서 완전히 철저하게 작업을 진행한 끝에라야, 말하자면 이러한 힘의 충동이 고갈된 뒤에 새로운 충동으로 이어지는 저러한 충격적인 위기들을 체험한 끝에라야 인간은 비로소 전적으로 진지하게 살아갈 수 있다.

이제 분명해지는 것은 우리가, 틀 내에서 진행되는 합리적인 일관성 외에도 틀이 생성되는 과정에서 이율배반적인 종합이라는 결과를 가정한다는 사실이다. 이율배반적인 종합이라는 이런 결과, 즉 살아 있는 정신력이 보여 주는 이런 자기 충실성을 우리는 합리적으로는 이해할 수 없고, 오로지 정신 과정이 겪는 위기의 임계점에서 합리적 수단들을 전제로 할 때만 볼 수 있다. 정신 과정의 이러한 일관성과 대립해 있는 것이 혼돈인데 이 혼돈에는, 서로 아무런 연관도 없고 쾌락과 순간에 따라 발생하며 우연히 늘 새로 발생하는 행동과 감정이 혼재해 있다. 그에 반해 이율배반적인 결과는 모든 틀의 극단까지 철저히 자기 것으로 만들고, 항상 오름차순으로 진행되는 창조 작업을 통해 틀을 형성해 내는 특징이 있다. 혼돈에는 반복과 회귀가 존재하지만 이율배반적인 결과에는 궁극의 극복된 것만이 존재하며, 모든 현재는 절대적이다.

b. 혼돈적인 인간, 엄숙주의적이고 일관적인 인간, 괴물적인 인간

논리적 결론을 내는 절차, 혼돈적인 병치와 선후 관계, 그리고 재용해하여 원리로 수렴하는 과정, 이 세 가지 모두로부터 구체적인 각 개인의 삶이 구축된다. 그중에서 어떤 하나가 우위를 점하느냐에 따라서 세 가지 인간 삶의 현존 유형이 구성된다.

1. 혼돈적인 인간형: 이 유형의 인간은 상황, 자극, 본능의 우연을 통해서 살아가는데, 이러한 삶은 인간이 결과에 대한 책임 없이 살아가는 삶이다. 그러한 인간은 자신의 본질이 실제로 재용해되면서 귀결되는 심각한 위기들을 결코 겪지 않는 반면, 격정적인 충격을 동반하기는 해도 후유증은 남기지 않는 수많은 유사 위기들을 겪는다. 개인의 본질은 고착되기보다는 용해된다. 이 모든 감각의 완전한 약화는 의지처의 부재로 이어지고 인간은 자신의 틀을 구축하는 대신 궁극적으로 다른 낯선 것을 찾으며, 권위적인 교회에 속박되거나 선지자를 추종하는 것 등에서 마음의 위안을 얻는다. 혼돈적인 인간은 힘으로 시작하지만 그의 행동은 무(無)로 향하는 경향이 있다.

2. 일관적인 인간형: 이 유형의 인간은 엄격하고 완고하고 광신적이며 논리적이다. 일단 원칙들이 주어지면 그것들은 무조건 준수될 뿐 아니라, 오래전 현실에서 나타났던 모든 이율배반들에도 불구하고 그것들 모두를

관철시켜서 결과로 나타나게 하기 위한 노력이 행해진다. 이러한 유형의 인간은 그러한 이율배반들은 안중에 없고, 오로지 자신이 궁극의 악이라 믿고 있는 모순들에 대한 감각만 있을 뿐이다. 삶은 어느 정도 기계적이고 합리적으로 계산될 수 있는 방식으로 진행되고, 결과물은 틀로 고착된다. 결국 형식이 모든 것이 되고 내용은 사라져 버린다. 그런 사람은 무조건적인 것에 대한 열정을 가지고 있어서 그러한 열정으로부터 모든 타협을 배척한다. 이로부터 그는 혼돈적인 인간형이나 다음에 설명될 괴물적인 인간형을 동일하게 취급한다. 그런 유형의 인간에게는 두 가지 유형 모두가 같은 종류의 타협자들이다. 그에게 삶은 단선적인 것으로 보인다. 따라서 그의 내면이 문제가 되는 경우는 없다.

3. 괴물적인 인간형: 이런 유형의 인간은 불투명성과 수수께끼 같은 성질을 가지고 있기 때문에, '괴물적'이라는 말의 고전적 의미는 이율배반적인 종합이라는 말로 재현될 수 있다. 위기에 따라 일어나는 재용해의 과정은 보통은 드문 편이다. 틀의 확장, 이율배반적인 성질의 문제 제기, 창조적인 힘들로의 귀환 간에 벌어지는 순환 운동이 동일한 한 인간에게서 계속해서 반복될 경우, 그것도 혼돈적이지 않고 상승하는 방향에서, 즉 동화와 보존의 노선에서 반복될 경우 우리는 괴물적인 인간형에 대해서 얘기하게 된다. 이런 유형의 인간에게서는 삶의 과정의 열정이 최고조에 달한다. 이런 인간은 유한한 것 속에서 고착화만 인지하는 것이 아니라 이미 이율배반적인 한계도 인지한다. 그런 유형의 인간이 하는 말과 행동이 프로그램과 전범이 될 때, 그런 인간은 자신이 살아 있지 않은 것에 집착하고 있다는 것을 알아차리고는 과거의 자기 모습을 부정한다. 이런 것은 혼돈과 완전히 대조되는 일종의 영원한 '극복'이다. 저러한 위기들은, 우리가 결코 간과할 수 없는 무한한 전제들로부터 새로운 것이 자라나는 과정들이

다. 이와 아주 유사한 것이 삶을 개인적으로 결정하는 것이다. 삶을 개인적으로 결정하는 것은 기초적인 원칙이나 처방법 또는 기계적인 계산법에 따르는 것이 아니고, 개인이 처해 있는 상황의 총체성에 대한 생생한 이해 속에 존재하는 이 모든 것들에 기초해서 획득되는 것이다. 이것은 말하자면 침잠했다가 결정을 가지고 돌아오는 것과도 같다. 일관적인 유형의 인간이 최후의 수단으로 계산법과 처방법을 고수하고, 틀을 대상으로 하는 작업에서 유한한 활동에 전념하면서 이런 틀의 원칙들의 타당성에 만족하는 동안, 괴물적인 유형의 인간은 하나의 무한성에서 다른 무한성으로 쫓기는 것처럼 보인다. 그가 하는 작업은 —이는 종종 엄청난 속도로 진행되는데— 그가 최종적인 것으로 믿고 있는 틀의 형성에 봉사하는 것으로 보이는 것이 아니라, 오로지 무한성의 다음 단계에 도달하는 데만 봉사하는 것으로 보인다. 유한한 형태화의 전개와 생생한 재용해 과정으로의 회귀 간의 대립은 그러한 유형의 인간에게서 최고조에 이른다. 바로 그러한 긴장이 유한적인 것을 상대로 진행되는 그의 일에도 일관적인 작업자라면 결코 도달할 수 없을 힘을 부여해 주고, 그가 그러한 과제를 폭넓게 하는 데 최대한 몰두할 수 있게 해 주며 서둘러 의무를 완수할 수 있게 해 주지만, 그가 다음 단계에 도달하는 데 불필요한 광대한 영역은 더욱 자주 그냥 지나치게 한다. 그의 능동적인 행동은 늘 상황의 총체성으로부터 나오고 그래서 일정 정도까지만 양식들로 축소되고, 합리적인 계산으로 축소될 수 있다. 그런 인간들에게서는 저러한 원환 운동의 위력이 최고조에 달하는 것처럼 보인다. 그들은 자신들을 지도자로 삼거나 또는 적대 세력으로 두려워해 근절시키려고 하는 자신 주변의 사람들을 매료시킨다. 그들은 결코 양식화될 수 없다. 그들은 구체적이고 현재적인 과업만을 위한 것으로 고정될 수는 없지만, 그래도 혼돈적인 유형의 인간이 보이는 무책임성과 달리 최고 수준에서 책임을 진다. 그들이 가는 길이 어디로 향해 있는지 그들은 결코 알 수 없다. 그들이 인간 일반에 비유되는 것이 아니라면, 그들은 일련의 세대 전체를 대표한다.

이런 세 가지 유형들이 교설, 명령, 정당화에서 어떻게 표현되고 있는지는 다음과 같이 정리해 볼 수 있다. 첫 번째로 창조적인 것으로서 괴물적인 삶이 있다. 교설은 고정되지 않고 체계적인 일반화의 경향도 없이 개별적인 것 속에서 단호하고 무조건적으로 다양한 형식을 취하는 가운데 자신을 극복할 수 있다. 이러한 이율배반적인 삶은 그것을 따르고자 하는 사람들, 즉 그것에서 교설과 예언을 보는 사람들에게 하나의 반작용을 일으키는데, 그것이 바로 엄격하게 일관적인 일군의 사람들이 모든 것들을 문자 그대로 일반화해 받아들이는 것이다. 예를 들어 예수의 괴물적인 삶에는 겉으로 드러나는 우연적인 세부 사항들에 이르기까지 '그리스도를 추종하자'는 교설이 뒤따르고, 마치 그것에 따라 영원히 그리고 일반적으로 살아가야 하는 것처럼 모든 말들을 액면가 그대로 수용하는 행동이 뒤따른다. 또 다른 혼돈적인 유형의 인간들은 괴물적인 것을 '극복하는 것'을 고수하고, 모든 종류의 자극을 받을 권리, 각자의 내면에서 '성장하는' 것에 대한 권리, 그가 해야만 한다고 느끼는 것에 강제될 권리 등을 도출해 내고, 아무런 규율 및 형성적인 작용도 없이 그냥 단순히 필요와 충동에 따라서 살아간다. 가령 기독교에서 계속 반복적으로 등장했던 자유주의적인 신비주의자들이 그런 경우에 속한다. 그러나 이것으로써 모든 가능성이 완전히 고갈되는 것은 아니다. 일관성 있게 추종하는 엄격주의적인 유형의 인간과 혼돈적인 유형의 인간들을 동시에 배척하면서, 스스로 괴물적인 유형의 인간이 아닌 상태에서, 살아 있는 것에 대한 감각이 출현한다. 그리고 이제 어마어마한 틀 안에 모든 이율배반과 모든 가능성들을 보관하는 총체성을 원하는 교설이 개발되어 나온다. 기독교에서는 교회의 교설이 발달되어 나오는데, 이 교회의 교설은 엄격주의자의 관점에서는 타협적이고, 혼돈주의자의 관점에서는 폭력적일뿐더러 자유에 반하는 것이지만, 괴물주의자의 관점에서는 모든 삶에 대한 교설에도 불구하고, 비록 아직 매우 포괄적이기는 해도, 틀로 남아 있을 뿐이다. 그리고 이런 가능성들은 기독교사에서 괴물적인 종교적 근본 경험이 재등장할 때마다 반복된다.

c. 네 가지 형태이자 교설로서의 발달: 삶, 엄숙주의, 혼돈, 총체성

이런 일련의 형태들을 완전히 일반적인 발달로서, 시간이 흐르면서 자신에게로 회귀하는 연속적인 발달로서 파악해 보자. 직접적이고 괴물적인 삶으로부터 상황과 기회가 주어지면서 잠언적인 형태의 교설이 태동해 나온다. 이 교설은 서로 대립하는 두 교설로 분화된다. 즉 엄격하게 일관적인 체계와 극단적인 주관주의적 성격을 가진 혼돈적 자유의 교설로 분화된다. 이 두 교설은 이율배반적인 삶에 대한 이해 속에서, 모든 것에 그것의 권리와 자리를 부여해 주는 가운데 체계적인 전체성을 이루는 하나의 틀로 종합된다. 그러나 모든 대립적인 것들을 수용해서 받아들이기 때문에 결코 '옳지 않은' 것은 아닌 이런 보편적인 체계들은, 그럼에도 고정되어 있는 것들이다. 그리고 삶은 그것들을 무한한 변증법을 형성하기 위한 매개체로만 사용한다. 삶은 그런 체계들에 복종하는 것이 아니라 그것들을 통해서 번성한다. 왜냐하면 그것들이 끝없는 반성, 이율배반적인 것, 가능성들, 구별들을 끌어들이기 때문이다. 그런 식으로 삶은 '매개된 직접성' 안에서 괴물적으로 머물고 또 그렇게 될 것이다. 예를 들어 다음과 같은 것이 될 것이다. 삶으로부터 한편으로는 18세기의 논리주의적인 오성의 계몽이 생겨 나오고, 다른 한편으로는 혼돈적인 낭만주의가 생겨 나오며, 이 둘로부터 헤겔적인 체계의 총체성 안에서 삶의 교리가 생겨 나온다. 그러나 키에르케고르는 이것을 가장 높은 성찰 형성의 매개체로 만들고 있는데, 이는 동시에 그가 그것에 가장 치열하게 반대함으로써 가능해진다.

그동안 우리는 교리적인 형태에 따른 형상들의 순환 운동에 대해 추상적으로 얘기해 왔다. 이 순환 운동은 동시에 실존의 종류를 특징짓기도 한다. 이러한 순환 운동은 실증적인 개별 분석에서 이상형으로 적용될 경우에는 개인들의 삶만이 아니라 세대의 연속적인 과정도 포괄할 수 있다. 이러한 운동 과정은 유사한 방식으로 결국 어떤 한 사람의 전체 전기를 포괄하는 것이기도 하지만, 이러한 전기 속에는 일상적인 체험에서의 주기들에 이르기까지 수많은 더 작은 주기들이 형성된다. 이런 다양성을 추적하는 것은 단지 사례 연구에서만 의미가 있을 뿐이다. 우리는 여기서 추상적이고 광범위한 유형의 노선에만 머무를 참이다.

괴물적인 정신은 세상 어디에서 출현하든 단편적으로 실현된다. 모든 현실은 유한하지만 괴물적인 정신은 어떤 유한성에도 자신을 사로잡히게 하지 않고 오히려 무한 안에서 존재하기 때문에 전체를 지향하는 의도를 가질 수 있지만, 실현 과정에서는 속지 않고 단편적으로 머문다. 이런 단편적인 특성은 하나의 시도에서 다른 시도로, 각 작업에서 다음 작업으로 넘어가는 격렬한 충동을 통해서 강화된다. 즉 하나의 작업이 채 끝나기도 전에 이미 다른 새로운 작업이 중요해지는 것이다. 정치적인 측면에서 그것은 웅장한 형태를 취하지만, 여러 세대에 걸쳐 쉼터를 제공해 주는 사상적인 건축물을 끝까지 차분하게 구축하는 정치가들(예를 들어 카이사르와 아우구스투스)과 비교할 경우, 그것의 크기에 비해서 영향력은 제한적이다. 과학적인 것에서 그것은 심오하고 사유에서는 결정적인 전환점이지만, 그래도 그것은 나중에 전혀 다른 방식으로 선지자(가령 헤라클레이토스, 소크라테스, 칸트, 니체)로 이해되지 않는 한 체계도 없고 후계자도 없으며 본래 학파도 없다. 반면 웅장한 체계를 가르치는 것을 잘못된 것으로 느끼지 않는, 상대적으로 덜 활성적인 인물들(아리스토텔레스, 그리고 독일에 국한할 경우에는 필리프 멜란히톤, 크리스티안 볼프, 헤겔)은 수세기에 걸쳐서 대중의 교육자가 되기도 한다. 그런 괴물적인 정신은 시민적인 삶에서 평온한 행복을 얻지 못한다. 예술 분야에서 그것은 자신이 거의 접해 보지 못한 완성된 작품(레오나르도)에 가깝기보다는 시범적인 시험에 더 근접해 있고, 그렇지 않은 경우 작품들은 유동적인 구조물이자 자신을 넘어서 있는 것을 지시하는 구조물이며, 자신의 정신을 개별적으로 표현하는 창조물이자, 자기완결되어 있는 전체성으로 작용하는 대신 그러한 정신을 지시해 준다(예를 들어 미켈란젤로와 고전적인 라파엘의 비교에서 라파엘의 작품은, 그것을 들여다볼 때, 모든 것은 완수되었고 삶은 끝났다고 하는 한 가지 사실 외에는 그 어떤 필요도 물음도 남겨 놓지 않는, 아주 독특하고 충만한 평온함, 거의 지복 같은 것을 제공해 준다). 단편적인 것은 본래 괴물적이고, 그 외의 다른 것들은 전체적인 것을 발견하고 표현하는 만큼 괴물적인 것으로부터 멀어진다. 물론 거대한 괴물적인 것이 전체성으로 작용할 수 있는 형태들을 형성해 내고, 사람들이 그것들을 창조자의 의도와 의지 측면에서 바라보고 심오하게 이해할수록, 그렇게 함으로써 동시에 불완전성을 더 잘 이해할수록 그것들은 단편적일 뿐이다. 그런 식으로 칸트의 저작들은 거대한 단편들이면서도 모순들로 가득하고, 이질적인 가능성들의 출발점이자 (모든 살아 있는 생물들처럼) 무한한 생식력으로 가득하지만, 가르치는 능력은 약한 하나의 전체 세계다(암기식으로 배우는 칸트주의자들은 부족한 인물들이다. 이들은 범위, 교육, 심지어 학습 가능성의 측면에 있어서 암기식으로 배우는 아리스토텔레스주의자들이나 헤겔주의자들에 비해서 훨씬 뒤처진다).

괴물적인 인간에게서 합리적인 세계관의 형식은 결코 전체적이지 않고, 오히려 합리적인 것의 본질에 맞게 제한적이고 상대적이다. 단순히 합리적인 것, 결과적으로 고착되어 있는 모든 것과는 달리, 그것은 내용 면에서 결코 완전하지는 않아도 항상 어떻게든 무조건적이다. 괴물적인 인간은 궁극적으로 — 그가 자신에게서 요구하고 있는 것과는 달리는 — 그 어떤 것에 묶여 고정되어 있는 것은 아니지만, 매 순간 마치 고정되어 있기라도 한 것처럼 살아간다. 혼돈적인 삶과는 달리 그가 취하는 입장들은, 변화되어 갈 때, 순서가 우발적인 것도 아니고 무관한 것도 아니며, 원형이 아니라 나선형으로 움직이고 분기하면서 성장해 나가기 때문에 지나간 것은 재소환되지 않는다. 괴물적인 인간은 합리적인 것을 매개로 움직이는 한 이때 매번 형성되는 것(가치화, 명령, 세계상들)을 밖에 제정하기 때문에, 합리적인 것이 자기 법칙성을 가지고 있다는 것을 항상 경험하고 엄격주의자에 못지않은 열정과 합리적인 것을 가지고 일관성을 추종한다. 그 어떤 위기 상황에서 이러한 일관성들의 전체 기반이 변할 때까지 이런 것은 계속된다. 그러한 위기는 그 어떤 갑작스러운 사건일 필요는 없고, 합리적인 형성 과정에 수반되는 과정일 수 있다. 왜냐하면 모든 교설들에서 살아 있는 힘들에 대해 거의 가장 결정적인 것이 다음과 같은 것이기 때문이다. 하나의 세계관적인 교설이 의식되어 발화되면 힘 자체가 동시에 다른 것이 되어 버린다. 사실적인 힘과 이론적인 틀은 원래가 한순간도 일치하는 법이 없다는 점에서 서로 상반된다. 일치가 도래할 수 있는 순간에 힘이 그것 너머로 성장해 나가거나 그렇지 않은 경우 사멸해 버린다. 합리적인 형식은 모든 형식들이 그런 것처럼 변하는 것으로서만 살아 있고, 형식화되어 고정된 것으로서는 이미 죽어 있는 것이다. 형성되어 가는 과정은 살아 있고, 고정된 형식은 죽어 있다. 하지만 이런 죽어 있는 것은 그것에 기반해 있는 삶에게 틀이 되고 기초가 된다. 삶은 공허한 것 위에 떠 있는 것은 아니지만, 삶은 자신이 분비해 내는 형식들을 동시에 타고 오른다. 모든 세계관적인 교설은, 그것이 틀의 가능성과 특정 형태의 비생명성의 가능성을 가져오는 것처럼, 동시에 새로운 삶을 위한 조건이 되기도 한다. 삶의 과정의 상승은 늘 새롭게 획득되는 이런 자의식 및 자기반성의 태도와 그것들을 하나의 교설 안에 객관화시키는 태도를 통해서만 가능하다.

세계관에 대한 형식화된 교설은 늘 유한한 표현을 가지고 있다. 모든 개념, 모든 형식화된 일반적인 명법은, 우리에게 대상이 되어 버린 모든 것들처럼 규정되어 있는 것들처럼 제한되어 있는 것이자 유한한 것이다. 힘들이 이러한 합리적인 묘사들 속에서 표현되지만, 이런 합리적인 구성물들은 그러한 힘들 자체는 아니다. 그 이유는 그러한 힘들은 단순히 합리적인 묘사들이 창조한 것들이기 때문이다.

살아 있는 인간은 이런 교설들을 완결되어 있는 확고한 처방법으로서가 아니라 의사소통의 매체, 질문과 운동의 수단으로서 관계 맺는다. 합리적인 형식이 유한적이 되고 그것이 무조건적인 것에 초점을 맞출 경우에는 원칙에 따른 엄격한 일관성이 강요되기 때문에, 살아 있는 인간은 그 안에서 움직일 수는 있어도 그 안에서 온전히 살아갈 수는 없다. 합리적인 형식은 일반적인 특성이 있고 그 안에는 충돌하는 원칙들이 서로 대립해 있다. 일관적인 엄격주의자는 세계관으로서 이러한 것들을 선택하는 것을 과제로 느낀다. 그런 것들은 그때마다의 합리적인 지평을 위해서 통일될 수 없고, 삶의 활동은 세계관의 교설들 중에서 선택하는 활동이어야만 한다. 그에 반해 괴물적인 유형의 인간은 세계관의 원리들 사이에서 행해지는 선택을 삶과는 완전히 동떨어져 있는 망령적인 것으로 보고는, 무한한 반성을 매개로 일반적으로가 아니라 구체적으로 드러나는 궁극적인 것으로서의 상황적인 개별적 충동 속에서 살아간다. 그런 유형의 인간은 현세적인 삶을 위해서 구체적으로 선택하는 반면, 다른 유형의 인간들은 추상적인 원칙들을 선택한다.[180] 괴물적인 것은 혼돈적인 것에 의해서 쉽사리 정당화에 이용된다는 사실(그런데 이런 식의 정당화는 무의미한데, 정당화는 늘 합리적이어야 하기 때문이다. 즉 살아 있는 행위를 합리적인 형식으로 변환시키는 것을 전제로 하기 때문이다), 그리고 원리에 준해서 지어진 건축물은 대부분 완전히 낯선 목적들을 위한 유용한 정당화 수단으로 사용될 수 있다는 점에 대해서는 더 이상 상세하게 설명하지 않겠다.

d. 일반론: 모두가 옳고 그른, 원하고 원치 않는, 삶과 전통

흥미로운 것은, 역사적으로 특히 영향력이 있었던 세계관적인 교설들에서 삶 자체가 이율배반적인 것으로 파악되어 왔다고 하는 사실이다. 형식 그 이상이면서 하나의 유한한 형식, 하나의 틀로서의 모든 고정된 형식을 재차 털어 내야만 하는 삶은, 보통은 일방적으로 합리적인 것을 극복하고자 하는 합리적인 수단들을 통해서 이론적으로 고찰되어야 하고 그리고 실천적으로 '인도'받아야만 한다. 하지만 합리적인 것은 자신에게 속해 있는 속성들을 결코 상실하는 법이 없고, 이런 교설들은 다른 모든 것들과 마찬가지로 틀이 된다. 하지만 그 자신은 결코 삶이 될 수 없다.

'흐름'에 대한 감각을 가지고는 있어도 모두를 위한 그 어떤 궁극적인 양식을 원하지도 않고, 모든 사람과 모든 시대에 해당되는 그 어떤 삶의 비

---

180 (옮긴이) 괴물적인 인간 유형의 특징을 개략적으로 말하자면, 현실주의적이기보다는 이상주의적인 유형이라고 할 수 있고 객관주의적이기보다는 주관주의적이며, 폐쇄적이기보다는 개방적이고 자유주의적이며, 보수적이기보다는 진보적이다. 이러한 태도는 주로 예술가, 철학자, 개혁가, 혁명가 등에서 흔히 관찰된다.

법이 되는 것도 원치 않는 그러한 합리적인 세계관들이 존재한다. 왜냐하면 그것들이 상대성을 인식하고 있기 때문이고, 그것들이 변화와 창조의 과정을 보고 있기 때문이며, 하나가 모든 것에 통하는 것은 아니라는 사실을 알고 있기 때문이다. 그런데 그것들이 이제 무한적인 것 자체를 하나의 세계관 안에 묘사하려는 시도를 감행한다. 그것들은 어딘가에서 무한적인 것을 보고 삶을 볼 줄 아는 깊이를 가지고 있다. 하지만 삶의 관점에서 볼 때 그것들은 그로부터 다시 하나의 유한한 신조와 처방법을 만들어 내는 실수를 범한다.

이러한 세계관은 최고의 사실적인 생명력과 이러한 생명력에 대한 이론을 서로 대립시킨다. 이러한 이론은 단순히 관조하고 분석하는 심리학적 이론으로서는 가능할 수 있지만, 가르치는 세계관으로서의 그것은 끊임없이 이율배반에 빠지는 위치로 밀려난다.

1. 그것은 '모든 것은 옳다'와 '모든 것은 틀렸다'라는 대립 사이에서 움직인다. 이런 것은 인간, 개인 그리고 종의 영적 정신적 발달의 살아 있는 흐름에서 출현한다. 모든 가능한 입장들에 대한 저러한 이분법적 파악은 하나의 단순한 고찰일 뿐 힘으로서의 세계관이 아니다. 그것은 충동이 아닌 지식만 제공한다. 실제적인 삶과 행동에 대해서 책임지고자 할 때 인간은 그것을, 이미 발생한 충동으로부터 틀을 구축하는 경우에서가 되었든 위기에 대한 최종적인 책임에서가 되었든, 자기 자신에게 진지하게 적용하는 것은 불가능하다. 인간이 취할 수 있는 모든 가능한 입장들을 알 수 있고 조망할 수 있다는 오만한 생각으로 모든 입장의 총체성을 정신의 진리로 파악하고 나서 그것을 모든 개별자들이 들어갈 수 없는 세계관이자 하나의 체계로서 표현하려는 시도는, 결국 무한을 유한으로 만들려고 하기 때문에 실패하기 마련이다.

2. 이런 세계관은 '나는 무엇을 해야만 하는가?'라는 질문에 대해 원래 다음과 같이 답한다. '새로운 위기를 맞을 때까지 당신은 여러 단계들을 거쳐 살아 내야만 한다.' 한마디로 말해서, 그러한 세계관은 괴물적인 인간이 될 것을 요구한다. 그러나 인간은 그런 것을 원할 수가 없다. 그런 것을 원할 만한 계기가 없기 때문이다. 그냥 단순히 공허하고 싶지 않고 목표를 세워야만 한다는 전제 아래서라면 인간은 무엇을 원할 수 있을까? 인간은 목적과 일에서만 작업을 구체적으로 진행해 나갈 수 있다. 예를 들어 합리적 결과들을 추구하고 틀을 증축하는 작업을 진행할 수 있다. 그는 자신의 내부에 있는 힘들을 억제할 수 있는가 하면, 억제하지 않고 그냥 자라나게 놔둘 수도 있고, 자신의 심리적인 지식과 다른 지식들을 이용해서 유리하거나 불리한 조건들을 초래할 수도 있다. 그는 충동력들의 혼란 속에서 선택할 수 있지만, 또한 다른 충동력을 통해서 내용이 규정되게 함으로써 그렇게 할 수도 있다. 그는 언제든 자신이 거주하는 틀을 더 넓힐 수 있을 뿐 아니라 다가오는 위기를 막고 요리조리 피할 수도 있다(위로의 기술, 타협의 기술, 궤변의 기술). 전자에서 의지는 삶을 증진하지만 후자에서는 삶을 파괴한다. 의지 자체는 형식적인 도구다. 그것은 스스로 창조할 수 없으며, 단지 그것 없이도 존재하고 있는 것을 선택하고 억제하고 촉진할 수 있을 뿐이다. 삶과 삶의 과정은 그런 것 없이도 존재하고, 그런 것이 있기 이전에 이미 존재할 수밖에 없다. 이러한 삶과 삶의 과정을 원하는 것은 무의미하다. 그런 것은 불가능하기 때문이다. 삶이 무엇이고, 무엇을 촉진하고, 무엇을 억제해야 하는지에 대해서는 사람이 삶을 살아가는 한 그 어떤 기준도 없고 그 어떤 처방법도 없이, 오로지 사람들의 움직임, 표현 현상, 성취, 행동에 대한 회고로부터 추론될 수 있을 뿐이다. 의지는 주로 유한한 것에 머무르는 데 유용할 수 있으며, 합리적인 일관성을 유지하고 기

계적인 작업을 하는 데 유용할 수 있다. 따라서 의지는 주로 죽음을 조장하는 것으로 보인다. 그러나 의지는 동시에 가장 피할 수 없는 삶의 조건들 중 하나이기도 하다. 왜냐하면 마치 몸이 골격을 필요로 하고 연체동물이 껍데기를 필요로 하는 것처럼 삶은 틀을 필요로 하기 때문이다. 그래서 이러한 세계관은 다음과 같은 상반되는 요구들에 부딪힌다. '살아야 한다. 원하지 말아야 한다. 그리고 원해야 한다.' 이런 대립은 심리학적으로는 올바른 관찰을 반영하지만 내용적으로 보면 요구하는 것이 아무것도 없다. 이런 대립은, 그것이 효과가 없는 한, 그런 대립 문제에 골몰하는 인간들을, 그 어떤 충동도 주지 못하고 혼란스럽게 해체시키는 효과가 있다.

3. 이런 세계관은 삶을 추구하지만, 내용적으로 요구사항을 제기할 때는 상대주의적인 틀 안에다 절대적인 정점을 두는데, 이때 말하는 절대적인 정점은 실제로 거의 항상 오늘날 현대 사회의 제도들을 보조하고 그것들이 선호하는 것들을 보존하는 것이거나, 그렇지 않은 경우 그것과는 정반대인 유토피아를 보존하는 것이다. 이러한 세계관은 삶에 대해 말하기는 하지만, 실제로 그것은 오랫동안 친숙해 왔던, 반복되는 형식 아래 전개되고 있는 전통적인 삶의 과정에서의 지속적인 상태들에 관한 세계관이거나, 비현실적인 열망에 관한 세계관이다. 거기서는 인간 일반이라는 이념의 자리를 대신해서 인간들이 취할 수 있는 모든 부분 형식들, 예를 들어 직업, 계급, 소득 수준 등으로 구분된다. 무한 그 자체를 고정시키려고 하는 이런 세계관이 가진 유한성은 삶이 유한한 파편들로 분해되어 생명 없이 석화되는 현상에서 그 모습을 드러낸다.

삶에 대한 세계관이, 합리적인 형식을 취하고 있는 전체성으로 고정되면, 이런 것을 사람들은 기꺼이 유기적인 세계관이라 칭한다. 그런 유기적인 세계관들은 개인에게는 인생론으로서 존재하고 소위 유기적인 사회론으로서 존재한다.

예를 들어 브라만교의 교설이 요구한 것은 모든 브라만이 (베다를 공부하는) 학생, 한 집안의 가장, 그리고 전사라는 삶의 형식을 차례대로 거친 후 마지막에 신비한 침잠의 고독 속에 빠지는 숲속의 도반이라는 삶의 형식을 거치는 것이다. 각 연령대에는 말하자면 그에 적합한 생활 방식이 필요했고, 각 생활 방식은 각각의 세계관을 대변했다. 젊은이에게 생생한 것은 노인에게는 생생하지 않고 그 반대도 마찬가지다. 신비한 침잠은 세상을 두루 횡단하면서 경험한 이후에나 비로소 경험할 수 있다. 이러한 교설은 그것의 상대주의 속에서 유기적으로 작동하지만, 궁극적으로는 사람들이 유기적이라고 칭하지 않는 그 어떤 틀처럼 고정되는 틀이다.

그런 인생론이 무엇인지, 즉 어떤 한 단계도 절대화하지 않고 나이에 맞게 요구사항을 조정하고, 사람 각자에게 모든 것이 귀속될 수 있게 하는 그런 인생론이 무엇인지는 기독교적 인물들의 절대주의적 가르침들과 비교할 때 더욱 분명해진다. 종교에 새로운 운동을 일으켰던 인물들 중에서 대다수가 자신들의 전반적인 생활 신조에 있어서 위기가 있었다. 기독교의 위대한 교부가 될 때까지 아우구스티누스는 세상의 즐거움, 고대 문화의 풍요로움을 열정적으로 맛보았다. 아시시의 성 프란치스코는 풍요로운 생활 방식과 기사도적인 성향의 젊은 시절을 보낸 후 20대에 이르러서야 병을 앓으면서 예수를 추종하게 되고 금욕적인 기독교로 전향했다. 이냐시오 데 로욜라는 종교에 대해서는 별로 생각하지 않은 채 질풍노도의 열정적인 전사의 삶을 살았고, 비로소 부상자로 병상에 눕게 된 상태에서 자신을 그리스도의 전사로 승화시켰다. 그들은 이전에 다른 모든 것들을 경험하고 즐긴 후에 자신의 인생 신조와 종교를 진지하고 결정적으로 가질 수 있게 되었다. 삶에서 저러한 선행 단계들이 없었더라면, 아마 불가능했을 수도 있었을 진정성을 그들은 자발적으로 묘사해 주고 있다. 그리고 그들은 다른 사람들이 자신들이 직접 극복한 저러한 전제조건을 아예 처음부터 거치지 않고 자신들이 마침내 도달했던 그대로 있기를, 그리고 그렇게 될 것을 원하기를 요구한다. 이것은 또한 톨스토이가 가진 종교성 전체의 분위기를, 그가 유일하게 참되고 바람직한 종교성으로 여겼던 농민적인 종교성으로부터 구별해 준다. 톨스토이는 세상에서 겪을 수 있는 온갖 가능성들을 실컷 즐긴 후 그것으로 끝장내고는 그 상태에서 농부가 알지 못하는 평화를 발견한다. 톨스토이의 종교성이 농민적 종교성과 친화성이 있는 것처럼 느껴질 수 있기는 하지만, 그것은 겉으로만 그럴 뿐이다. 그 어떤 농부도 그런 종교성을 가질 수 없고 농부로서의 톨스토이도 그런 것을 갖지 못한다. 그런 것을 그는 삶의 말미에 가서나 가질 수 있게 되었고, 그런 삶을 사는 것은 모든 종류의 종교적 감정 및 소망을 위한 전제조건이다. 그리고 그는 이제 모든 사람들이 노년에 가서나 될 수 있을 것을 아예 처음부터 될 수 있도록 안내해 주고 싶어 한다.

유기적인 삶의 교설과 절대적이고 배타적인 삶의 교설 중에서 대체 어느 것이 삶에 좀 더 근접해 있는 것인지를 누군가가 묻는다면, 사람들은 이렇게 확언할 수 있을 것이다. 둘 모두가 틀이기 때문에 둘 모두가 삶으로부터 똑같이 멀리 떨어져 있다고. 하지만 일방적이고 절대주의적인 교설들은 운동 및 대립을 만들어 내고, 유기적인 교설들은 그 작용에 있어서 덜 생생해 보이는 보수적이고 조화롭고 차분한 느낌을 주는 뭔가가 있다. 그렇다고 해서 그런 것이 일반적으로 주장될 수 있는 것은 아니다. 하지만 어쨌든 유기적인 교설들이 삶에 더 가까운 것이 아니며, 그런 한에서 그것은 고찰자를 기만한다. 괴물적인, 즉 유기적이고 이율배반적이고 종합적인 삶에 도달할 수 있게 해 주는 처방법은 어쨌든 존재하지 않는다. 그런 것은 의지의 과제가 아닌 삶의 과제일 뿐이다. 그러나 모든 삶은 그때마다 비교적 고정적인 그 어떤 구조적 틀을 필요로 하기 때문에, 여러 다양한 삶의 규정들이 그 안에서 사람들 각자가 자기 책임 아래 자기 생활을 영위할 수 있도록 다양한 유리한 전제조건들을 부여해 준다는 것은 분명 상상해 볼 수 있는 일이다. 각각의 규약은 하나의 유형에 특별히 적합할 것이다. 그러나 유기적인 삶의 교설들은 ─ 그것들이 얼마나 인상적이든지 간에 ─ 그 자체로 다른 삶의 교설들보다 그런 삶에 더 많은 것을 가져다주지는 않을 것이다. 개별자들이 가장 생생한 삶에 도달하는 데 필요한 구속과 자유의 척도는 예측 불가하다. 우리가 알 수 있는 것은 둘 모두 필요하다는 것뿐이다.

플라톤의 말에 따르면, 사람들이 사회적 상태에서 인간의 본성을 보는 것은 대저작에서나 가능한 일인데, 그런 인간 본성은 각 개인들에게서 더욱 불명확하고 은폐되어 있다. 또한 사회에 대해서도 사람들은 그것이 비유적 의미에서 일종의 삶을 가지고 있다고 말할 수 있다. 사회 속에서 인간의 가능성들은 여러 개인들에게 분포되어 있다. 진정으로 완벽한 인간은 그 어디에도 존재하지 않지만, 사람들은 다양한 인간들 전체에서 그 사회의 거시적인 인간 이념의 이미지를 보게 된다. 그리고 모든 시대와 상태들은 이런 거시적인 인간상의 풍요로움을 다양한 범위에 걸쳐서 소유하고 있기 때문에 그러한 인간 이념은 인간 발달 및 사회 발전의 전체 속에서 비로소 구체화되며, 그것의 기원과 종착점은 우리에게는 불투명하다. 이런 사회의 삶에 비해 본래의 '유기적인 사회이론들'[181]은, 발달을 완결된 전체

----

181 예를 들어 중세 가톨릭 사회이론. 유기적인 사회이론들에 대해서는 인도의 다르마 이론인 Ernst Troeltsch, *Die Soziallehren der christlichen Kirchen und Gruppen*(1912)과 Max Weber, *Aufsätze zur Religionssoziologie* Bd. II를 참조할 것.

로 보는 교설이며, 현존하고 성취된 것을 잘 감싸서 보존하지만 더 확장하는 데는 극도로 장애가 되는 교설이라는 점이 이제 드러난다. 합리적인 방식으로 삶에 가장 가까이 다가가는 것, 합리적인 방식으로 삶을 가장 풍부하게 이해하고 있다고 생각하는 것은 아마 여기서도 가장 삶에 적대적인 것일 수 있다. 살아 있는 것은 구체적인 개별 충동, 목표로 향해 있고, 이때 말하는 목표는 전체를 향해 있으며, 이념 상대적으로 존재하는 목표다. 전체에 관한 지식은 죽어 있는 지식이고, 이런 지식은 모든 행위를 전체로부터 합리적으로 규정한다. 즉 전체를 합리화하고 그렇게 함으로써 그것을 기계화하고 죽이려고 한다.

e. 특징적인 예시로서의 헤겔의 세계관

헤겔 철학은, 모든 사유의 대상들이 틀적인 성질과 유한한 성질이 있다는 것을 이해하면서도 동시에 삶을 무한한 것으로 이해한다. 하지만 헤겔 철학은 삶 자체를 교설적으로 파악하고자 할 때 무엇이 생겨나는가를 보여 주고 있는 하나의 실증적 사례라고 할 수 있다. 이런 사유적인 이해가 단순한 고찰이 되고자 하고 실제로 그런 한에서 그것은 교설도 예언적인 철학도 아니고 세계관도 아니며, 단지 예비 단계이자 일종의 자료일 뿐이다. 고찰의 일종으로 여길 경우 헤겔 철학은 우리에게 비교할 수 없을 정도로 교훈적이고, 여기서의 이런 설명도 헤겔에게 많은 것을 빚지고 있다. 헤겔 철학을 세계관으로 특징짓는 것이 여기서 우리의 과업이 될 것이다.

헤겔이 원하는 것은 고정되어 있는 유한한 틀이 아니라 삶이다. 하지만 삶은 그에게 사유다. 오성이 하는 사고는 단지 한 종류일 뿐이다. 그는 사유하면서 도달하고, 인간은 그를 뒤쫓아서 모든 것에 도달한다. 그런 식으로 헤겔은, 합리주의자가 그렇듯이, 사유에 대한 확고한 신념이 있다. 그와 동시에 그는 모든 이율배반들과 비합리성에 대한 감각도 지니고 있다. 그는 가차없는 예리함을 가지고 그런 것들을 발전시킨다. 그러나 그다음에 그는 그 모든 것들을 사유하면서 몸을 뒤로 젖힌 상태에서, 거대하지만 조화롭고 완결되어 있는 틀을 얻어 낸다. 사유는 전형적인 축조하기로서의 합리적인 사유 그 이상이 되고자 함으로써 삶을 대신한다. 절망, 그리고 그로부터 생겨 나오는 위기 및 재용해, 그리고 또 새로운 충동의 탄생에 대해서 헤겔은 둔감하다. 그에게서는 그런 것들로부터 항상, 합리적으로 파악되고 사유를 통해서 해결되는 이율배반들이 생겨 나온다.

헤겔의 교설에 내재해 있는 몇 가지 눈에 띄는 점들을 언급하면서 그것들을 다음과 같이 특징지어 볼 수 있다.

a) 삶은 사유다. 헤겔이 말하는 사유

헤겔은 사유, 사색, 그리고 후속 사유를 구분한다.

헤겔에게서 사유는 인간을 동물로부터 구별시켜 주는 것이다. "인간이 되는 것 그리고 인간적이 되는 것, 그것은 사유를 통해 영향받음으로써 가능하다."[182] 인식과 파악하는 인식은 '사유의 한 독특한 방식'이다. "이 차이는, 사유를 통해 근거지워지는 인간들의 의식 내용이 처음에는 사유의 형태로 나타나는 것이 아니고 오히려 느낌, 직관, 표상으로, 즉 형식으로서의 사유와 구별되는 형식들로 나타난다는 사실과 연결된다."[183] 종교적인 것, 법적인 것 그리고 도덕적인 것에서 — 그것이 감정이든 믿음이든 표

182 Georg Wilhelm Friedrich Hegel, *Enzyklopädie der philosophischen Wissenschaften*, § 2.

183 같은 책, § 2.

상이든 — 사유는 작용을 멈추고 쉬는 적이 전혀 없다.

헤겔이 어떻게 인간 의식의 모든 내용을 '사유'라고 칭하는지는, 예를 들어 신의 증거에 대한 그의 견해에 비추어 드러내 보일 수 있다. "이른바 신의 현존에 대한 증거들은, 사유하는 것인 정신 그 자체의 과정에 대한 설명과 분석으로만 간주되어야 한다. 감각적인 것 너머로 사유를 고양시키는 것, 유한적인 것 너머에 있는 무한으로 초월해 가는 것, 일련의 감각적인 것을 깨고 초감각적인 차원으로 도약하는 것, 이 모든 것이 사유 그 자체이고, 이런 도약이 오로지 사유다."[184]

살아 있는 체험만으로 입성할 수 있는 것, 합리적인 이성을 통해서는 그 누구도 끌어낼 수 없는 것, 느낌, 직관, 표상 같은 체험의 형식 속에서 과정으로 나타나는 것, 이런 것들이 헤겔에게서는 '사유'다. 만약 이러한 체험의 과정들이 신의 존재를 증명하는 방식으로 기술될 경우 그런 기술들은, 사유에서 기대할 수 있는 것처럼, 그런 과정을 체험하지 않은 사람들을 설득하려고 하는 것이 아니며 신을 믿지 않는 사람들을 신에게로 인도하려고 하는 것이 아니다. 헤겔은 다음과 같이 말한다. "형이상학적인 신 존재 증명은 그런 지식과 확신을 통해서 신의 존재에 대한 믿음과 확신이 본질적으로 그리고 오로지 유일하게 그런 식으로 초래될 수 있을 것이라는 취지로 제시되어 왔거나 또는 마치 그렇게 될 수 있기라도 할 것처럼 제시되어 왔다. 그런데 그런 식의 주장은 우리가 식료품의 화학적 식물학적 또는 동물학적 규정을 배우기 이전에는 그것들을 먹을 수 없다고 하는 주장과 다를 바가 없다."[185]

••
184 같은 책, § 50.
185 같은 책, § 2.

사색은 "사태에서 인식으로의 이행"이다.[186] 예를 들어 종교, 도덕, 법에서는 사유가 작동하고 있는데, "그러한 것들 안에는 사유의 활동과 사유의 산물들이 현전하고 포함되어 있다. 그러나 사유에 의해서 규정되고 이 과정에서 침투되는 느낌과 표상을 갖는 것과 그것들에 관한 생각을 갖는 것은 서로 다르다. 저러한 의식 방식들에 관한 사색을 통해서 얻어지는 사상들(Gedanken)에는 반성, 추론 등이 있고 철학도 있다."[187]

철학은 이미 준비된 인식이며, 철학적 사상을 이해하는 것은 "후속 사유라는 의미에서의 사색일 뿐"이다. "판단은 통상적인 의미에서의 사색을 요구한다."[188] 즉 사색 안에는 자신에 의해서는 아직 의식되지 않아서 더 나아간 사색을 통해서나 생성될 수밖에 없는 내용이 들어 있다. 형식의 형식이 존재하는 것처럼 사색에 대해 사색하는 생성적인 사색도 있다.

헤겔에게서 사유, 사색, 그리고 사색에 대한 이차 사색이 그냥 단순하게 '사유'라 칭해지는 하나의 흐름 속에서 함께 계속 결합됨으로써, 삶과 사유를 혼동하고자 하는 유혹이 그에게는 늘 존재한다. 그래서 헤겔주의자들은, 삶으로부터 동떨어져 있고 단순한 기계이면서 체험된 직관적 기반과 체험의 결과도 부재하며 중요하지도 않은 사유를, 오로지 빈 장치만 작동하는 경우에서조차 이미 본질적인 것을 가지고 있기라도 한 것처럼 믿는다. 헤겔 자신은 이런 위험을 감수하기에는 너무도 철저하게 직관적이었다. 그가 비록 때때로 더 많은 것을 요구하는 것처럼 보일지라도 그는 지속적으로 사유하면서 관조하는 사람의 유형을 대표할 수 있었다.

∴

186 같은 책, 서문(Vorrede).
187 같은 책, § 2.
188 같은 책, 서문(Vorrede).

의식의 저러한 모든 내용이 사유 안으로 병합되면서 그로부터, 우리가 방금 강조하기도 하였고 헤겔 자신이 부차적으로 언급하기도 하였던 구분과 겹치기는 하지만 그것과는 또 다른 구분, 즉 반성적 사유와 이성적 사유의 구분을 그가 통상적으로 하고 있다는 사실이 생겨 나온다. 반성적 사유는 우리가 말하는 의미에서 '합리적인 것'이고, 이성적인 사유(이는 또한 사변적 사유라 불리기도 하는데)는 아마 파악될 수는 있어도 인식될 수는 없는 직관성들에 대한, 순전히 합리적으로 따라잡을 수는 없는 그런 사색, 즉 이념들에 대한 사색이다. 여기에 칸트와 헤겔의 절대적인 대비가 있다. 왜냐하면 헤겔은 사변적 사유를 통해서 '무한적인 것을 개념 안에서' 파악할 수 있기 때문이다.[189]

철학적 사유를 모든 것 위에 군림하는 사유로 생각하는 헤겔은 철학적 사유를 다음과 같이 찬양한다.

"인간은 자신을 존귀하게 여겨야 하고 최고에 합당하게 자신을 존중해야만 한다. 정신의 위대함과 힘에 대해 인간은 충분히 위대하게 생각할 수 없다. 우주의 폐쇄적인 본질은 인식의 용기에 저항할 힘을 자체 내에 가지고 있지 않으며, 인식의 용기 앞에 자신을 열어 보여야 하며, 그리고 자신의 풍요로움과 깊이를 인식의 용기 앞에 내놓고 향유하도록 해야만 한다."[190] 인간은 "이론을 싫어하는 사람"의 적이자[191] "겸손한 사유"의 적이다.[192]

헤겔의 입장에서는 의식의 모든 내용은 사유이기 때문에, 그는 이런 사

<hr />

189 같은 책, § 9.
190 Georg Wilhelm Friedrich Hegel, Werke 13, 6.
191 Georg Wilhelm Friedrich Hegel, *Enzyklopädie der philosophischen Wissenschaften*, § 11.
192 같은 책, § 386.

유를 모든 형식의 표상, 직관, 느낌으로부터 해방시켜 순수한 사유에 이르게 하는 것이 가능하다고 본다.[193]

b) 진리는 전체다

헤겔은 모든 합리적인 사유는 제한적이고 유한적이고 고정되어 있다고 확신하기 때문에, 그에게는 그 어떤 개별자도 그 어떤 진술도 참이 아니다. 참된 것은 전체이고 모든 개별자는 그냥 순간에 불과하다. 모든 것을 전체 속에서의 한순간으로 이해함으로써 유한적인 것에서 무한적인 것으로 상승하는 것이 바로 철학적 사유가 수행해야 할 과제다. 이 전체는 무한하지만 완결된 원이고, 사유 운동은 전체 원을 통과하면서 무한한 전체의 진리를 소유하고자 그리고 그러한 진리가 되고자 필연적으로 순간에서 순간으로 이동해 간다. 헤겔적인 세계관의 이러한 특성은 우선 그 자신의 입을 빌려서 증명될 필요가 있다.

사변철학은 "주장을 하더라도 특정한 주장을 하지는 않으며, 명제의 형식으로 진리를 표현하지 않고 그 어떤 기초적인 원칙도 가지고 있지 않다. 또는 명제의 형식으로 표현될 수 있다고 해도 명제 자체에 속한 것은 이념으로서는 본질적인 것이 되지 못한다."[194]

따라서 진리는 개별적인 생각에 있는 것이 아니라 사유의 운동 속에 있다. "진리는 마치 술에 취한 광란과도 같으며, 그 광란에는 그 어떤 신체 부위도 취하지 않은 것이 없다."[195]

..

193 같은 책, § 3 부록(ExKurs), § 19, § 66, § 63 부록 참조.

194 Georg Wilhelm Friedrich Hegel, Werke 14: *Vorlesungen über die Geschichte der Philosophie*, 576.

195 Georg Wilhelm Friedrich Hegel, *Phänomenologie des Geistes*, hrg. von Georg Lasson,

"진리는 전체다. 그러나 전체는 발전을 통해서 완성되는 본질일 따름이다."[196] "의식이 자신에 대해서 하는 경험은 그것의 개념에 따르면 자신 내부의 의식 전체 체계나 정신의 진리 영역 전체를 포괄할 수 있다."[197] 의식의 개별 형식들(형태들)은 정신이 변화해 나가는 과정에서의 "개별적인 순간들"일 뿐이다. 이 순간들은 분리되어 자기 고유의 독립적인 형태들로 나타날 수 있기는 하지만, 실제로는 정신에 의해서만 현존하고 실재하며, 그것들이 진리를 가질 수 있는 것도, 그것들이 정신 자체 내에 머물러 있는 한에서다. "순간들의 고립은 정신 자체를 전제하거나 정신 자체 안에서만 존재하는데, 이것이 곧 실존이다. 그것들은 마치 그 자체로 고립되어 있는 것처럼 보이지만, 그것들이 어떤 식으로 순간 또는 사라져 가는 단위가 되는가는, 그것들이 자신의 기반과 본질 속으로 전진해 들어갔다가 다시 회귀하는 과정이 보여 주며, 이런 본질이 바로 저러한 순간들의 운동이자 해체 과정이다."[198]

진리인 전체는 하나의 원이고, 이 원은 무한하다. 원 이미지는 종종 회귀하는 이미지다.

즉자적으로도 그렇고 대자적으로도 실질적인 개별 활동은 "원 운동하는 모습을 하고 있고, 허공 속에서 자유롭게 움직이며, 때로는 방해받지 않은 채 확장되고, 때로는 자기 자신 안으로 좁혀 들어가서는 자기 안에서 그리고 자기하고만 노는 것에 만족하기도 한다."[199] "행위에 돌입하려고 하

··

31쪽.
196 같은 책, 14쪽.
197 같은 책, 231쪽.
198 같은 책, 285쪽.
199 같은 책, 258쪽.

는 개인은 각 순간이 다른 순간을 이미 전제하고 있는 그런 하나의 원 안에 위치하고 있는 것처럼 보이고 그러한 원에서 출발점을 찾지 못하는 것처럼 보인다. 왜냐하면 그는 자신의 목적이 되어야만 할 본연의 본질을 행위로부터 비로소 배우지만, 행위하기 위해서는 먼저 그런 목적을 전제해야 하기 때문이다. 그래서 그것은 즉시 시작되어야 하고, 어떤 상황에서가 되었든 시작, 수단, 목적에 대해 더 이상 주저함 없이 당장 활동에 착수해야만 한다. 왜냐하면 그것의 본질과 즉자적인 천성은 시작, 수단, 끝이 모두 하나이기 때문이다."[200] "본래적인 통일성 자체나 직접적인 것 자체가 진리는 아니다. 진리는 자기 자신이 되는 것, 자신의 끝을 자신의 목적으로 전제하고 그것을 시작점으로 소유하고 오로지 실행과 자신의 끝을 통해서만 실제적이게 되는 그런 순환하는 원이다.[201] 헤겔은 "그 자체로 닫혀 있는 상태에 머물러 있는 가운데, 자신의 계기를 실체로 유지하는 순환적인 원"에 대해서 말한다.[202] "정신이라는 실체는 그 자체로 순환하는 원이고, 시작을 전제하면서도 결국 최종 단계에 가서 그것에 도달한다."[203] "그런 식으로… 절대정신은… 발전의 끝에 가서 자신을 자유롭게 발현시키는 것으로 인식되고, 직접적인 존재의 형태로 자신을 해방시켜서 풀어 주는 것으로 인식되며, 저러한 결과에 선행하는 발전 과정에 개입해 있는 모든 것들이 포함되어 있는 세계이자 이러한 반전된 위치로 인해 시작이 원리로서의 결과에 종속된 채 그리로 변화해 가는 세계를 창출해 내기로 결심하는 것으로 인식된다. 학문에서 본질은, 순전히 직접적인 것이 시작점이라는 것

••
200 같은 책, 261쪽.
201 같은 책, 13쪽.
202 같은 책, 22쪽.
203 같은 책, 516쪽.

이 아니라, 전체가 자체적으로 자기 순환적이어서 그 안에서 처음이 끝이 되고 끝이 처음이 되고 있다는 것이다.[204] "철학의 각 부분은 철학적 전체, 즉 자체적으로 닫혀 있는 원이다. … 개별적인 원은 그 자체가 전체성이기 때문에, 그것은 또한 자신을 구성하는 요소의 한계를 돌파하고 더 나아간 영역들을 근거지워 준다. 그래서 전체는 원들의 원으로 묘사되고, 원 각각은 하나의 필연적인 계기가 된다."[205] "철학은 이런 식으로 다른 학문들이 말하는 의미에서의 시작을 갖지 않으면서, 자기 자신으로 되돌아가는 원으로 자신을 드러낸다."[206]

운동은 그것이 전체로 보일 경우, 동시에 정지이기도 하다. 절대 개념은 "어느 곳에나… 편재해 있는 일반적인 피(血)라 칭할 수도 있는데, 그 자체는 모든 차이들이자 동시에 그것들의 지양이고, 자신은 움직이지 않은 채로 자신 안에서 맥동하는 것이자, 불안해하는 일 없이 자신 안에서 진동하는 그런 것이다."[207] 취하지 않은 사지가 없을 정도로 제멋대로 비틀거리는 광란에 대해서는 계속 다음과 같이 말해지기도 한다. "그리고 각각의 사지는 분리됨으로써 즉시 용해되기 때문에, 그러한 광란은 또한 투명하고 단순한 정지이기도 하다."[208]

삶은 움직여 흐른다. 사유 자체는 모든 것을 흐르게 함으로써 삶이어야 하고 정신이어야 한다. 헤겔은 헤겔주의자들이 비자발적으로 그리고 기괴

••

204 Georg Wilhelm Friedrich Hegel, Werke 3: *Wissenschaft der Logik*, 64.

205 Georg Wilhelm Friedrich Hegel, *Enzyklopädie der philosophischen Wissenschaften*, § 15.

206 같은 책, § 17.

207 Georg Wilhelm Friedrich Hegel, *Phänomenologie des Geistes*, hrg. von Georg Lasson, 109쪽.

208 같은 책, 31쪽.

한 방식으로 보여 주었던 것, 즉 이러한 운동은 완전히 규정되어 있고 고정되어 있는 회전목마 같은 것이자 모든 단순한 합리성처럼 죽어 있는 것이라는 사실을 알지 못함으로써 그런 것이 가능하다고 생각한다. 삶은, 자신이 계속 살아가면서 그 자체로 분해되고 갱신되는 틀을 만들어 낼 수 있는 동안, 전체로서는 객관적인 것이 될 수밖에 없다. 그래서 헤겔에게서는 오성을 거부하는 태도가 이성에 대한 열정과 결합된다. 예를 들어 "논리적인 형식들의 내용 부재는 그런 논리적인 형식들을 고찰하고 다루는 방식에서만 존재한다. 그런 논리적인 형식들이 고정되어 있는 규정들로서 서로 동떨어져 있고 유기적인 단일성 안에 함께 결합되어 있지 않음으로써, 그것들은 죽어 있는 형식들이고 그것들의 살아 있는 구체적인 통일체이면서 그것들 안에 기거하고 있어야 하는 정신을 그것들은 소유하고 있지 않다." 사유 안에서 생생하게 살아 있는 것이 이념인데, 이 이념은 헤겔에 따르면 객관적이게 되고 이를 통해 심리적으로 죽어 있는 것이 되어 더 이상 이념이 아니게 된다.

c) 과업이 아닌 현존하는 것으로서의 무한. 당위에 대한 반대

원의 비유는, 또한 전체가 비록 무한하기는 해도 결코 도달 불가능한 무한한 과업이 아니라 현존하고 있는 것임을 보여 준다. 모든 것은 알 수 있고 헤겔에 의해서 알려졌으며, 절대적인 것은 인식될 수 있고 인식되었다. 이러한 교설은 칸트와 완전한 대조를 이룬다. 칸트에게서 이념의 끝없는 과업에는 늘 절대적인 것과의 거리가 있다. 헤겔은 칸트가 본질적인 지식 앞에 방해물을 놓음으로써 인간들로 하여금 가장 중요한 인식으로부터 멀어지게 했다고 비난한다. 그와는 반대로 헤겔은 지식의 영역 안에다가 모든 것을 포괄하기 때문에 무한적인 것 앞에 장벽을 세운다. 모든 것이 알

려져 있는 곳에서는 칸트적인 의미에서의 이념도 존재하지 않고, 살아 있는 무지도 존재하지 않으며, 무한한 운동도 존재하지 않는다. 오로지 원환 운동만 존재할 따름이다. 사람이 무엇을 사유하든 무엇을 알고 싶어 하든 무엇을 인식하고 싶어 하든, 사람은 그 어느 곳에도 굳건하게 머물 자리가 없고 빙글빙글 도는 원환 운동 안으로 진입해 들어갈 뿐이다.

칸트처럼 헤겔도 인식 활동을 벌이면서 등장하는 정신이 운동의 일종이라고 가르친다. 이러한 운동에서 정신은 원 운동을 하며 무한적인 것과 전체적인 것을 가지고 있다는 교설은, 헤겔을 칸트로부터 절대적으로 분리시킨다. 양 진영 모두가 다음과 같은 진술들에서 분명하게 묘사되고 있다.

"정신은 오직 당분간만 유한성 안에 머물러 있는 것처럼 보일 수 있다. 그것은 자신의 이상성을 통해서 자신을 넘어서 있고, 한계에 대해서도 그것이 고정되어 있는 것이 아니라는 것을 알고 있다. 그래서 그것은 그것 너머로 나아가 그것으로부터 자유로워지고, 이런 해방은 — 오성이 생각하듯 — 결코 완결되지 않는 해방, 즉 무한한 것을 늘 추구하기만 해 왔던 해방은 아니지만, 정신은 무한적인 것으로 진보해 나가는 이러한 과정으로부터 이탈해 나와 제한으로부터, 자신의 타자로부터 자신을 절대적으로 해방시킴으로써 절대적인 대자 존재로 나아가서는 자신을 진정으로 무한하게 만든다."[209] 헤겔에 의하면, 정신 일반이 사유하기 시작할 때 정신은 내적 필연성으로부터 생겨 나와 절대적인 지식의 관점으로까지 계속 이동해 나간다. 사실 절대지는 관건이 되는 본질 안에, 즉 절대적인 것 안에 존재하면서 그것의 소유물이자 운동 반경으로서 파악되고 세계 및 영혼 안에 존재하는 모든 것들로서 파악된다.

∴

209 Georg Wilhelm Friedrich Hegel, *Enzyklopädie der philosophischen Wissenschaften*, § 55.

특히 헤겔은 실재하지 않아서 실현되어야만 하는 단순한 가정으로의 당위에 대해서 거부감을 가지고 있다. 그는 말한다. "경험주의와 마찬가지로 철학도 존재하는 것만 인식한다. 철학은 존재해야만 하는 것, 그래서 존재하지 않는 것, 그런 것을 알지 못한다."210 또는 이렇게 말하기도 한다. 그러나 게으른 사유는 최종적인 목적이 이미 실제로 실현되어 있다는 것에 반대하는 한편으로 개념과 현실의 분리에 집착하면서 이러한 최고 이념을 실현되어야 할 당위로 삼는 손쉬운 해법을 강구한다. 그에 반해 살아 있는 조직과 예술적인 아름다움의 현실은 감각과 직관에게도 이상의 현실성을 이미 보여 주고 있다."211『엔치클로페디(*Enzyklopädie der philosophischen Wissenschaften*)』6절에서 헤겔은 자신이 했던 말에 대해서 다음과 같이 해설한다. "이성적인 것은 현실적이고, 현실적인 것은 이성적이다." 그리고 계속해서 말한다. "그러나 현실과 이념을 분리하는 것은 특히 오성이 좋아하는 일인데, 오성은 자신의 추상적인 꿈을 진실이라 여기고 주로 정치 분야에서, 마치 세상이 현실적으로는 그렇지 않지만 마땅히 어떠해야만 하는지를 경험해 보려고 세상이 오성을 기다려 오기라도 한 것처럼, 기꺼이 처방을 내리는 당위로 허세를 부린다. 그런데 세계가 현실적으로 오성이 말하는 당위대로 되어 있다면, 당위에 대한 오랜 지혜는 그러면 어디에 머물러 있어야 하는 것일까? 특정 시대, 특별한 집단들에게는 상대적으로 크게 중요할 수도 있을 법한 그런 사소하고 피상적이고 무상한 대상, 제도, 상태 등에 대해 오성이 당위적 의무감을 가지고 응수한다면, 오성이 아마 옳을 수도 있을텐데 … 자신의 주변에 있는 당위적으로 마땅하지 않은 많은

••

210 Georg Wilhelm Friedrich Hegel, Werke 7, II, 39.
211 Georg Wilhelm Friedrich Hegel, *Enzyklopädie der philosophischen Wissenschaften*, § 38.

것을 보지 못할 정도로 그렇게 영리하지 못한 사람이 어디 있으랴? 하지만 그러한 영리함이 그러한 대상들과 그것들의 당위를 가지고 철학적인 학문이 추구하는 이해관계 내부에 자리할 수 있을 거라고 상상한다면, 이는 잘못이다. 철학적인 학문은 이념과 관련이 있는데, 그 이념은 그저 당위적이기만 하고 실제로는 존재하지 않을 정도로 그렇게 무력하지는 않다."[212]

d) 실재에 대한 모호한 입장

당위에 대한 이러한 독특한 평가는 실재에 대해서 헤겔이 취하는 모호한 입장의 현상 방식 중 하나다. 그가 존재, 현존, 현실 등 다양한 개념들을 구별하고 다층적인 현실에 관한 철학적인 세계상을 수용함으로써, 현실이라는 단어는 경우에 따라서는 우리가 말하는 의미에서의 견고한 실재 또는 철학적으로 본질적인 것, 즉 이런 견고한 현실에서만 '참'인 그 어떤 것을 의미할 수 있다. 한편으로 우리는 헤겔에게서 직관적인 현실에 대한 깊은 몰입을 감지하지만 여기서 우리에게 눈에 띄는 것은, 그가 경험적 사실성에 대해서 이상하리만치 둔감하다는 것인데, 실제로 그는 그런 것에 대해서 무관심하고 심지어 경멸적인 태도를 보이기까지 한다. 실제로 주어져 있는 것들을 작업해 내는 대신(이런 것을 그는 대규모로 행하기는 해도 근본적으로 행하지는 않는데), 그런 것들을 체계적으로 발굴해 내는 대신, 실제

:.
212 이에 대해서는 다음(Enz. § 250)을 참조할 것. "개념 규정을 오로지 추상적으로만 유지하고, 특수한 것의 실행을 외적인 규정 가능성에 내맡기는 것이 자연의 무력함이다. … 저러한 자연의 무력함은 철학에 한계를 부여하고, 가장 부적절한 것은 개념이 그런 우연성을 이해해야 한다고 요구한다는 사실이다. … 개념을 실행하는 데 있어서 자연의 무력함 속에는 여러 영역에서, 경험적 고찰로부터 계급과 질서에 대한 고정된 구별들을 찾아내지 못하는 어려움이 놓여 있고 많은 영역에서는 불가능이 놓여 있다. 자연은 도처에서 본질적인 경계들을 어중간하고 나쁜 형상들로 섞어 놓는다."

적인 문제점을 체험해서 탐구하는 대신, 그는 개념적인 파악 속에서 출현하는 개념들의 변증법적 관계를 통해서 만족을 얻는다. 모든 것은 이성적으로 해석될 수 있다. 현실에서는 어떤 일이든 일어날 수 있는데, 그런 것을 이 철학은 유일하게 이성적인 것으로 정당화할 수 있다. 그런 한에서 헤겔은 극단적으로 영적이다.

실재를 대하는 헤겔의 입장을 다음의 진술들이 잘 특징지어 주고 있다.

"사실 철학은, 무한한 다수의 유한한 목적과 의도들로부터 인간을 자유롭게 해 주고 인간으로 하여금 그러한 것들에 무관심하게 만들어 그런 것들이 있든 없든 자신에게는 아무 상관없다는 식으로 생각하게 만들어 주는 그런 교설이다."[213] "개념들의 논리적인 형식들이 정말로 죽어 있고, 효력도 없고, 표상이나 생각을 담는 그저 그런 용기에 불과한 것이라면, 그런 것들에 관한 지식은 진리를 위해서는 전혀 불필요할 것이다. … 하지만 실제에 있어서 그것들은 그와는 반대로, 개념들의 형태들로서 실재적인 것의 살아 있는 정신이고, 실제적인 것은 이런 형식들의 힘을 빌려, 그것들을 통해서 그리고 그런 것들 속에서 진실이 될 뿐이다."[214] 철학에서는 "철학의 내용이 원래 살아 있는 정신 영역에서 생성된 것이고, 생성되는 가운데 세상에… 존재하게 된 내용 외의 다른 어떤 것이 아니라고 하는 사실, 철학의 내용이 현실이기 때문에 철학이 현실 및 경험과 일치하는 것은 필연적이라는 사실이 강조된다. 과학의 가장 지고한 궁극적 목표가, 이러한 일치를 인식함으로써 자의식적인 이성이 현존하는 이성과 화해하고 현실과 화해하는 것인 것처럼, 이러한 일치는 최소한 철학적 진리에 대한 외적인

213 Georg Wilhelm Friedrich Hegel, 앞의 책, § 88.
214 같은 책, § 162.

시금석으로 간주될 수 있다."[215] 하지만 일치가 부재하는 경우 이는 단순히 '자연의 무능함'일 뿐이다.

e) 모호성: 고찰 또는 평가적 교설

그러한 교설의 마지막이자 첫 번째 모호성은 고찰과 평가적인 태도를 분리하지 않는 것이다. 이러한 모호성은 실제로 고찰이 지배적이 되고 평가는 그런 모든 관조에 잘 어울리는 결과를 낳는다. 가령 모든 것은 아름답고 선하며 그리고 그 상태로 머물러 있어야만 한다는 식이다. 관조자의 (사유 활동 자체를 제외한) 비활동성은 모든 교설에서 확연하고, 특히 삶과 가르침을 동일시하는 교설 안에다 사람들이 자신을 가둘 때 결과적으로 더욱 그렇다. 이로 인해 한편으로는 삶이 (보편적인 고찰이 수행하는 사유의 강도와는 전혀 별개로) 심오하게 이해된 것으로 보여서 사람들이 이 체계에 매료되기는 하지만, 다른 한편에서는 사람들이 모든 생명력을 앗아가는 관 같은 장치 안에 잡혀 있는 것처럼 느끼는 일이 벌어진다. 사유와 삶이 동일시되는 곳에서 — 거기서 사유는 광범위한 사유 개념에도 불구하고 합리적인 태도로 머물러 있는데 — 사유의 삶일 뿐인 책임 없는 고찰 속에서 삶 자체는 그저 추정적으로만 현현할 뿐이다. 그래서 사유를 추적만 할 뿐 더 이상 사유하는 삶을 소유하지 못하고 사유를 재생산만 하는 사람은 그래서 죽어 있는 기계 장치에 불과하며, 생각은 많아도 마치 유령 같은 존재에 불과하다.

순수한 고찰 속에서 인간은 인격체로서 책임 같은 것을 지지 않는다. 그는 그 어떤 결정도, 그 어떤 최종적인 결단도, 그 어떤 절망도, 그 어떤 위

----
215 같은 책, §6.

기도 필요로 하지 않는다. 그는 "대상으로서의 삶에 자신을 내맡기는"[216] 임무만 가지고 자신의 삶을 살아가는 대신, 생생하게 살아 성장해 나오는 충동을 경험하는 대신, 사태 자체를 보는 것보다 개념적인 형식들의 변증법적 관계들만 보는 것에 만족하는 지성을 활용해서 이율배반들을 합리적으로 해결하는 과제만 가지고 있을 뿐이다.

따라서 실제적인 결과는 마치 세상이 관찰자의 인식에만 의존하는 것처럼 보이게 하는 것이고, 행동에 있어서의 실제적인 결과도 다른 사람들을 통해서 현실이 되어 버린 것에 정당한 해석을 부여하면서 타협하는 것, 즉 관조적이고 면책적인 침묵주의를 고수하는 것이다. 교설은 모든 전통이 그 안에서 안식처를 찾고, 모든 실재가 정당하다고, 안전하다고 느끼는 틀이 된다. 헤겔 철학은 토마스 아퀴나스 철학과 마찬가지로 인간의 정신을 관 속에 집어넣고는 죽어 있는 중국풍의 오색찬란한 형식으로 고착화시키는 데 적합해 보였다. 그런데 그러한 경향이 시작될 즈음 독일 정신이, 비록 헤겔에 대한 과격하고 잔인한 활동을 통해서이긴 했지만, 헤겔 철학의 전체 구조물을 마치 카드로 지어진 집을 무너뜨리듯 (헤겔 철학사상의 — 옮긴이) 전체 구조물을 무너져 내리게 했기에 헤겔 철학은 그런 것을 이루지 못했다. 그러한 필요들은 오래전부터 가톨릭 교회가 해결해 오고 있었다. 따라서 삶은 다른 힘을 필요로 했고, 헤겔의 사상체계에게는 부당하고 오해가 되는 일이지만, 그것은 자신의 전체 내용과 함께 무너져서는 피해를 입고 사라졌다.

헤겔 철학에 대한 반격은 다음과 같은 이유로 가해졌다. 1. 자연과학의 경우 '자연의 무력함'에 관한 헤겔의 교설 속에 내재해 있는 허점들 때문

216 Georg Wilhelm Friedrich Hegel, *Phänomenologie des Geistes*, 36쪽.

에, 2. 정치적 자유주의의 경우 헤겔식 교설의 복고적이고 전통주의적이며 보수적인 결과들 때문에, 3. 방향 감각을 상실하고 기계적으로 흘러가는 시대의 조급함에 대안으로 부상하는 쇼펜하우어의 비관주의 때문에.

헤겔 비판에 있어서 이 세 가지는 전부 빗나갔는데, 그러한 비판들이 헤겔을 이해하지도 못했거니와 제대로 알지 못했기 때문이다. 그러한 비판들은 물론 본질적인 일관성을 고수했다. 그러한 비판은 일시적으로 헤겔주의를 매장시키는 데 도움이 되기는 했지만, 새로운 세력으로 부흥하는 데 있어서는 무력했다. 왜냐하면 나중에 진행될 헤겔의 이해가 모든 사람들에게 그러한 비판들이 전혀 핵심에 도달하지 못했으며, 전혀 그런 수준에서 움직이지도 못했다는 것을 가르쳐 줄 수밖에 없었기 때문이다.

헤겔에 대한 참된 이해와 적절한 반론은 키에르케고르에 의해서 제시되었다. 책임을 강조하고 있다는 점에서, 시간적인 결단이 갖는 시간초월적인 의미를 강조하는 데 있어서, (비인격적인 관조 대신) 주관적인 사유를 강조하는 데 있어서, 양자택일의 문제를 새롭게 갱신하고 있다는 점에서, 역설을 이해하는 데 있어서, 사유로는 해결되지 않는 이율배반들을 이해하는 데 있어서, 삶에 대한 궁극적인 교설로서의 모든 체계를 포기하고 있다는 점에서, 세계 및 종교에서의 개인적이고 책임 있는 삶을 권장하고 있다는 점에서, 키에르케고르는 헤겔의 영원한 적수였다. 그는 양쪽 모두를 취하는 것에 상반되는 양자택일을 강조했고, 조화로운 화해를 지향하는 사유에 상반되는 절망을 강조했으며, 철학적인 사유에 상반되는 종교성을 강조했다.[217]

..
217 헤겔을 이해한 후 그로부터 긍정적인 힘을 받아서 헤겔을 반격했던 또 다른 이가 여기서 논할 수 없는 마르크스(Karl Marx)이다.

모든 고찰의 대상은 기존하고 있는 것뿐이다. 모든 고찰은 그런 것을 전체로서 받아들이는 경향이 있다. 그것은 자신을 완결되어 있는 것으로 느낀다. 그것은 비자의로 역사적이 된다. 능동적인 태도와 열정적인 태도는 새로운 믿음의 이미지를 가지고 있다. 고찰하는 사람은 이미 잘 알려져 있는 인간의 특성을 언급하지만, 창조하는 사람은 새롭게 각인될 수 있는 인간의 형상을 본다. 그가 보기에 인간의 본질은 변할 수 있다. 고찰하는 사람에게 세상은 이미 완성되어 있고, 창조하는 사람에게 세계는 비로소 실현될 그 무엇이다. 모든 선지적인 철학은 그러한 창조를 위한 동기를 제공해 주거나 그게 아니면 그 시점까지 달성된 것을 구제하는 데 사용될 틀을 제공해 준다. 헤겔의 고찰이 이런 의미에서의 철학, 즉 세계관이고자 하는 한 그것은 이런 어마어마한 규모로 진행되는 입관 작업의 일종이다. 그래서 헤겔 또한 자신과 함께 정신이 자기 자신에게로 되돌아와 정신의 역사가 완결되게 된 것이라고 생각할 수 있었다. 그는 사람들로 하여금 삶을 스스로 살아내고 창조하는 대신, 모든 것을 보고 파악하는 고찰로서 정당한 고찰의 과정에서 이미 삶의 충만함을 느끼고 만족하도록 유혹한다.

헤겔 철학은 합리적인 세계관이 도달할 수 있는 가장 궁극적인 성질의 것이기는 하지만, 세계관을 힘으로, 의지처로, 긍정적인 그 무엇으로 이해하고자 할 경우 그것은 실제의 자신 그 이상이 되려고 한다. 이를 통해서 헤겔 철학은 별개의 정신 유형으로 간주될 수 있는 추진력을 자신에게 부여하고 있는데, 이 추진력은 부당한 것이거나 어쨌든 인식으로서 자신에게 속해 있지 않은 것이면서 또한 그러한 것으로부터의 추상화를 통해서 부여되고 있는 성질의 것이다. 우리가 하는 고찰 전체는, 그것이 추구하는 의도를 볼 때, 헤겔이 인식적인 태도에 머물러 있는 한 그가 하고 있는 것과 별반 다르지 않다. 그러한 고찰은 인간 및 인간의 가능성들에 대한 심리학적 고찰이다. 우리는 우리 스스로 세계관적인 결론을 도출해 내는 것을 꺼리는데, 그것은 우리가 고찰만 하려고 한다는 사실을 자각하고 있기 때문이다. 우리의 본능적인 가치 평가가 늘 반응하면서 어쩌면 완전히 자기 스스로 괴물적인 유형인 '삶'을 모든 곳에서 정점으로 인정해 받아들이는 결론을 도출한다면, 우리는 이런 가치 평가적인 행동이 아직 세계관이 아니라 하나의 공허한 의도에 불과하다는 점을 분명히 해야만 한다. 우리 모두가 정신의 형태들을 고찰해서 이해할 수 있다고 해도 ─ 우리는 여기서 이런 것을 얻기 위해 노력하는데 ─ 우리가 '삶'이라 말하는 유형들로 우리의 긍정적인 의도를 지향하더라도 우리는 세계관을 가지고 있는 것이 아니다. 그러나 하나의 유형 안에서 우리가 실제로 존재하거나 또는 ─ 어떤 보기 드문 사람이 괴물적 의미에서의 삶을 살기로 선택했다고 할 때 ─ 그런 삶이 행동에서, 처세에서, 예술작품에서 또는 최종적으로는 예언적인 철학에서 형태, 이미지들을 창조해 낸다면, 세계관을 가지고 있다고 할 수 있다. 그런 한에서 헤겔은 단순한 고찰의 수준과는 다른 수준에 서 있다고 할 수 있는데, 이는 그가 철학을 세계관으로서 원했고 창조했기 때문이다. 하지만 그는 자기 스스로 고찰의 대상이 되어 그가 말하는 유형으로 특징지어지는 것을 감내해야만 한다. 하나의 정신 유형을 창조해 낸다는 것은 늘 삶의 궁극적인 표현이고, 그 안에 들어가 은신하는 것과는 완전히 다른 무엇이다. 이를 통해 헤겔은 모든 헤겔주의자들로부터 근본적으로 분리되었고, 창조자로서의 헤겔 자신은 헤겔주의자로서의 헤겔과 근본적으로 분리되었다. 정신 유형에 대해서 말할 때 우리는 틀 안에 존재하는 유형을 염두에 두고 있고, 헤겔주의자를 생각하거나 헤겔주의자로서의 헤겔을 생각하고 있으며, 각인된 속성에 따른 그의 대상적인 이미지를 생각하게 된다. 오로지 그런 것만이 특징적이다. 저러한 최종의 궁극적인 생명력만이 사라지는 법이 없다. 그런 것은 헤겔 머릿속에는 존재하고 있었지만 헤겔 주의자에게서는 거의 찾아볼 수 없는 것이다.

우리에게 결정적으로 중요한 것은 우리가 고찰자, 세계관의 심리학자로서의 우리 자신을 세계관을 창조하는 사람으로, 세계관을 각인하는 사람으로 여기지 않는다는 사실이다. 우리가 삶이 무엇인지를 통찰하고 있기 때문에 우리는 삶에서 자유와 정신만 바랄 수 있을 뿐이다. 이런 논쟁의 영역, 통찰의 영역에서 우리 자신은 단지 합리적인 삶을 살아갈 뿐이다. 의도의 측면에서 볼 때 우리는 예술가나 예언적인 철학자가 행하는 그런 주관성을 표현하고 있지 않고 단순한 객관성의 요소 안에서 움직이고 있다. 이런 것은 삶에게는 수단이 될 수 있다. 상호연관에 관한 지식은 — 그런 것이 여전히 너무 약소하기는 해도 없는 것보다는 여전히 더 나은데 — 모든 지식들이 그런 것처럼, 우리가 행동하는 데 있어서 목표와 관련해서가 아니라 예견 및 기대와 관련해서 우리가 실제 가능성들에 직면해 무엇을 해야 하는지, 우리가 우리 자신을 어떻게 대하고 형성하고 싶어 해야 하는지를 숙고할 때 우리가 결정을 내릴 수 있도록 도와준다. 물론 심리학적 통찰들이 자연-기계론적인 통찰 같은 것만큼 절대적인 구속력을 가지고 있는 것은 아니며, 특히 이해의 빈도와 역할에 관한 물음에 여전히 개방되어 있는 이해적인 통찰들은 영혼 자체가 형성되고 변화될 수 있기 때문에 더욱 그렇다. 모든 위대한 세계관적인 혁신은 기존의 심리학적 통찰들에 얽매이지 않고 오히려 그러한 것에 새로운 소재를 부여해 새로운 가능성과 현실을 창조해 보여 주면서 변성된다. 그래서 삶에 수단을 제공해 주고자 하는 사고는 그것이 정당화되는 경우에도 심리학자를 움직이게 하는 사고는 아니다. 심리학자를 직접 움직이도록 부추기는 것은 오로지 다음 문장에서 표현되고 있는 힘뿐이다. '세상은 인식되기를 원한다.'

중세의 삶의 교설이나 헤겔의 삶의 교설 같은 위대한 삶의 교설들에서 명료하고 통일적인 것은 미분화된 형태들 안에서도 출현한다. 그런 것들 중에서 좀 더 빈도 있게 출현하는 두 가지 유형을 특징지어 보자면 다음과 같다.

a) 기회주의자: 틀이 인정되며, 옳은 것과 그른 것이 있다. 하지만 모든 것이 희미해지고 불확실해지고 유연해진다. 출현하고 표현될 때는 단호하지만 지속되지 않는다. 그러한 경우 그에 대한 정당화를 위해서 삶의 교설들이 도입되는데, 역사적으로는 고찰과 욕구가 혼동되고, 심리학적으로는 가치감과 행동이 혼동된다. 심리학적으로 괴물적인 극복과 단순한 비일관성이 상호 침투한다. 태도에 있어서는 격정은 많고 행동은 적으며, 감정은 많고 실존은 적다. 궁극적으로 모든 것을 그대로 두고 싶어 하는 숙고와 고려는 실존에서 자기 뒤에 이어지는 것들을 놓쳐 버린다. 모든 행동은 때늦고, 삶은 놓친 기회들의 연속이다. 원칙과 이념이 부재한 추상적인 이상주의가 있다. 예를 들어 국가, 자유(하지만 일정한 한계 내에서의 자유), 강조된 애국심을 위한 추상적인 이상주의가 있다. 하지만 그곳에는 동시에 안식에의 성향, 전통 질서에의 성향도 있고, 웅대한 몸짓의 속물적인 현존에의 성향도 있다. 습관화되어 익숙한 것과 전승된 것은 타당해야만 하고 옛것과의 관계에서 합목적적이고 시의적절한 것이라면 미래적인 것도 승인된다. 또는 늘 거부되었던 것이 실현되는 경우 그것은 이제 전형적인 비일관성과 불충실성에도 불구하고 늦게나마 필요한 것으로 승인되고 설명된다. 예를 들어 정치에서 각 정부, 각 실제 권력을 추종하고 신뢰하는 태도 같은 것이 아니라면 명확한 기준 같은 것은 없다. 결정적인 양자택일은 거의 없고 오히려 삶의 이율배반적인 종합과 혼동되기도 하는 조정, 통섭 같은 것이 있다. 연설에서는 모든 종류의 가능한 위대한 원리들이 적용되지만 명예, 종교, 국가 같은 것에는 의존하지 않는다. 어느 곳에서는 모든 것이 먹혀 들

지 않는 경향도 있다. 하지만 한계상황과 무한성은 위태로운 것으로 경험되지 않는다. 선의지와 헌신 외에도 대화라는 불분명한 매체에 가려져 은닉되어 있는 많은 두려움과 기초적인 단순한 삶에의 의지가 존재한다.

b) '반듯한' 비본질적인 인간. 잘 정돈되어 있는 삶이 이해와 신중함 속에서 영위된다. 열정적이지 못한 인간으로서 결국 비본질적인 성질의 내적이고 외적인 억제에 속박된 채로 살아간다. 그런 인간은 ― 그의 원초적인 생명적 본능이 (예를 들어 돈, 세속적인 지위, 가족, 평판과 관련해서) 훼손되지 않는 한― 자유분방하지 않으며, 무조건적이지 않고 철저하며, 예외를 허용하지 않는다. 그런 인간은 이념 같은 것 없이 신중하게 숙고하고 의심하는 경향이 있다. 그런 인간은 정신적인 힘들에 대해, 특히 미적이고 학문적인 힘들에 대해 광범위하게 개방되어 있기는 해도 결정적인 순간들에는 불안해하면서 실패를 맛보기도 한다. 활기차고 소시민적인 것들이 최적의 상태로 잘 정돈되어 있지 않는 한, 그런 인간은 두려움 속에서 살아가는 가운데 자신을 방해하는 모든 것들을 증오한다. 그런 인간은 행동, 연설, 학술적 연구 활동 등에서 전반적으로는 나약함, 불안정 및 걱정에서, 부분적으로는 모든 것을 고려해야만 한다는 의무감에서, 정확성과 신뢰성에 대한 욕구에서, 과도할 정도로 신중을 기하는 경향이 있다. 그러한 신뢰성은 이념적으로 결정적인 것들에서는 잘 먹혀들지 않지만 개별적인 것과 합리적으로 파악 가능한 것에서는 과장되는 경우도 있다. 진정으로 강력한 출현과 자기 관철은 그 어디에도 없지만, 자기희생이 중요하게 요구되지 않는 곳에서는 도울 준비가 되어 있다. 강력하게 발달해 있는 윤리적인 상부 구조, 즉 '진리', 정확성 및 '신뢰성'에 대한 두드러지는 강조, 한마디로 말해서, 거대한 안전 체계가 있다. 거기에는 또한 '예절 감각', '관습', '적합성', '분별', 고상한 것과 평범한 것의 대조가 갖는 중요한 역할도 포함되어

있다. 이것들은 생생하게 살아 있고 순전히 인간적으로 자유로운 이념적인 태도와는 대조적인데, 이러한 이념적인 태도는 저런 모든 것에 존중해야 할 타당성을 인정하지만, 당장 합리적으로 파악할 수 있는 내용은 아니더라도 경험 가능한 내용을 위해서는 그것들을 계속 침해한다. 정확함에도 불구하고 그 어디에도 추진력이 부재하고, 모든 것이 무색무취하고 아무런 특징이 없다. 정신에 대한 매우 풍부한 수용적인 태도에도 불구하고, '품위'라는 형식에서 발전되어 나온 윤리적인 힘들에도 불구하고, 그런 인간은 제 힘으로 살아가지 못한다.

앞에서 묘사된 두 가지 유형들은 아무런 의식화된 철학적인 세계관을 가지고 있지는 않지만, 그것들이 가지고 있는 의미에 따르자면, 그것들은 결국 고찰과 삶을 혼동하면서 삶을 투명하게 묘사할 수 있고 소통 가능하게 만들 수 있다고 확신하는 저러한 삶의 교설들에 내재되어 있는 표현법들을 사용하는 것을 선호할 따름이다. 하지만 살아 있는 것 자체는 다른 방식으로 존재한다.

f) 간접 전달

세계관적인 힘들은 그것들이 교설로서 합리적인 형식을 획득함으로써만 개인들 간의 소통에 개입할 수 있다. 그런 것들의 형식화가 성공적이어야만 개인도 비로소 자신에게 명료해지고, 그런 식으로 자기 자신과의 소통에서 자의식적이게 된다. 따라서 살아가는 인간은, 결국 서로 다르지 않고 동일한 명료함과 소통을 동시에 추구한다. 그런 인간은 처음에는 일관성을 장착하고 있는 원리들로부터 나오는 교설들을 원하지만, 그때 그런 것들이 변화 과정에 있는 삶을 표현하고 있기는 해도 결국에는 고정된 것으로서 각인 작용을 일으키면서 편향적이고 절멸적인 방식으로 그리고 기계적으로 작용한다는 것을 경험하게 된다. 그것들은 단지 정신이 하는 운동이자 활동일 뿐으로, 정신의 힘들은 그런 것들을 모두 포괄한다. 이것이 살아가는 인간으로 하여금 편향성을 지양하고 모순을 수용하고, 가르침을 통해서 삶을 묘사할 수 있게 해 주는 그런 합리적으로 총체적인 교설을 우선 시도할 수 있게 해 준다. 하지만 삶은 바로 그런 총체성 안에서, 관찰자에게는 편향적인 원칙들보다는 삶의 현실에 더 가까워 보일 수 있어도, 효력의 측면에서는 아마도 훨씬 덜 생기 있는 보수적인 틀 같은 성질을 경험하기 때문에, 삶은 합리적인 형식으로 발전해 나가는 행동에서 최종 단계를 거친다. 삶은 마치 원칙적이고 일관성 있는 틀을 따르기라도 하는 것처럼 구체적으로 존재하려고 노력한다. 삶은, 교육 자료로서의 합리적인 총체성을 통해서 매개되는 무한한 변증법적 운동으로 나아가려고 노력한다. 그러나 삶은 그 둘을 넘어 그 이면에 더 많은 것이 은닉되어 있다는 사실을 경험하고, 변증법적인 것은 그저 매개물일 뿐 요청되는 교설이 아니라는 것도 경험한다. 거기서 삶은, 직접적인 전달에는 원리들이나 변증법적인 것과 같은 합리적인 것만 있을 뿐이라는 사실을 경험하기는 해도 그 둘의 이면에는 (키에르케고르가 말한 것처럼) 간접적으로 전달되는, 계속해서 소통될 수는 없는 이념들이 들어 있다는 사실을 경험한다. 삶은 이제 간접 전달이라는 형식이 존재하고 있다는 것을 이해하게 된다. 그런 간접 전달은 삶 자체가 그런 것처럼 원할 수 있는 것이 아니고, 원할 수 있는 것은 직접 전달 가능한 합리적인 것들의 무한한 전개일 뿐이다. 정신의 이러한 태도는 합리적인 것에 대한 의지를 보존하고, 아마도 전혀 다른 방식으로 그것을 경계 없는 무한한 곳으로 상승시킬 것이고, 그것이 진실한 한에서 합리적인 것이 가진 그 어떤 제한도 알지 못한다. 하지만 그것은 삶을 일반적으로 절대화된 원칙들과 유기적인 삶의 교설들의 막다른 골목에 갇히지 않게 보호해 준다.

선지적인 교사들, 즉 교설을 통해서 사람들에게 영향을 미쳐왔던 인물들 중에서 세 가지 전형적인 인물들을 이러한 태도들에 상응해 구분해 볼 수 있다.

1. 발견된 진리의 파토스로 무장한 채 합리적인 원칙에 따라 생활 및 행위의 규칙들을 규정하고 다른 모든 것들은 거짓된 것으로 거부하는 가운데 비변증법적으로 발전시키는 일관성의 원리들을 장착하고 있는 교사들이 언급될 수 있다. 그러한 교사들로는 예를 들어 아리스티푸스, 안티스테네스, 에피쿠로스학파인들, 그리고 스토아학파인들과 같이 위대하고 직설적이며 일관적인 스타일의 인물들이 있다.

2. 모든 것에 그것의 자리를 부여해 주고, 어디서든 결코 한쪽으로 치우치지 않으며, 모든 대립을 그것이 차지하고 있는 위치에서 정당하게 파악하고, 절대로 서둘러 일을 처리하지 않으며, 삶의 총체성을 가르치는 교사들이 있다. 그런 사람들은 두루 포괄적이고 합리적인 교육의 집적체이지만 그들의 풍부함, 그들의 합리적인 완전성에 있어서, 결국 그들의 실제 살아 있는 실존에 관한 한 어둡고 흐릿하고 개성이 결여되어 있는 측면이 있다. 그러한 사람들이 아리스토텔레스, 토마스 아퀴나스, 헤겔 유형의 위대한 체계 이론가들이다.

3. 간접 메시지를 전달하는 예언자, 즉 예언자라 자처하지 않고 불안에 빠지는 것에 주의하도록 자극할 뿐, 주의를 환기할 뿐, 사태를 문제시할 뿐, 그 어떤 처방도 직접 내려 주지 않고 어떻게 살아야 할지를 직접 가르치지 않는 그런 교사들이 있다. 즉 얼핏 보기에는 사람에게 생채기를 내고 절망에 빠뜨려서 힘들게 하고 그 어떤 '긍정적인' 것도 제공해 주지 않는 교사들이 있다. 그런 사람들은 의사소통에 대한 매우 강렬한 욕구를 가지

고 있기는 하지만 그러한 의사소통은 늘 호혜적인 의사소통이다. 원칙을 가르치는 교사들은 통찰되고 형식화된 현전하는 진리에 대해 충성하고 순종하기를 바란다. 총체성을 가르치는 교사들은 개별적인 것에 전혀 관심을 두지 않고, 모든 이들에게 적용되는 틀을 자명한 것으로 제시해 준다. 간접적인 방식으로 메시지를 전달하는 철학자들은 자신 스스로 개별자로서 개별적인 사람들의 내면으로 들어가 그들에게 내재해 있는 삶을 살 것을 호소하고, 자극을 통해서 그리고 끝없는 반성의 매개체를 개발해 그들이 성장하도록 돕지만, 그런 것을 의무적으로 따라야 하는 명령 형식의 교설로 제시하는 것을 원치는 않는다. 사람이 숭배하면서 충성을 다해 따르고자 할 때 그들은 그런 것을 거부하고 다른 사람들이 자유로워지는 것을 좋아한다. 그들은 이념상으로는 — 비록 사실적으로는 그렇지 않을 수 있어도 — 결코 우월 의식이 없고, 간접적인 전달의 의사소통에서조차, 본질적인 것 같은 직접적인 것을 직접 제시하는 일 없이, 자신에게 배우고자 하는 사람을 돕는 가운데 그들로부터 도움을 받기도 한다. 소크라테스, 칸트, 키에르케고르가 이 유형을 대표한다.

간접적인 메시지는 모든 합리적인 것의 배후에 있는 것으로서, 정신이 살아 움직이는 한 정신의 삶 안에 포함되어 있다. 모든 합리적인 것은 이를 통해서, 그것이 다른 두 경우에서는 갖고 있지 않은 색깔을 갖게 된다. 이런 간접 메시지는 그 특성이 좀 더 정확히 기술될 필요가 있다.[218]

소크라테스[219]는 젊은이들과 소통하는 자신의 방법을 산파술 또는 조산

∴

218 간접 소통에 대한 궁극적인 이해자가 키에르케고르다. 소크라테스는 적어도 이런 식으로 해석될 필요가 있다.

219 Platon, *Theaitetos*, 150 참조.

술이라 불렀다. 젊은이들에게는 인생의 성장이라는 것이 있고, 소크라테스는 거기에 더 이상 아무것도 추가하지 않은 채 그저 도울 뿐이다. 소크라테스는 다음과 같이 말했다. "내가 직접 지혜를 낳을 수는 없는 노릇이다", 그리고 많은 이들은 내가 다른 사람들에게 질문을 던지기는 하지만 그 어떤 것에 대해서도 아무런 답도 주지 않는다고 이미 비난한 적이 있는데, 이 점에 있어서 그 사람들은 옳다. 말하자면 나는 답을 할 만큼 현명하지 못하기 때문이다. 하지만 그 이유는 이런 것이다. 신께서 내게 조산 활동을 할 수 있게는 하셨지만 직접 생산하는 것은 금하셨기 때문이다. … 하지만 나와 교류하는 이들은 처음에는 부분적으로 자신들이 아주 무능하다는 것을 보여 준다. 하지만 이후에 계속 만나면서 교류하다 보면 신이 허락하신 모든 이들이, 그들 자신이나 다른 사람들이 보기에 놀라울 속도로 빠르게 발전하는 것처럼 보인다. 그런 것은 분명 나에게서 배운 것이 아니고, 그들이 자신 안에서 많은 아름다운 것들을 스스로 발견하고 그것을 확고하게 붙잡아 둔 결과다." 소크라테스의 방법은 교육 방법의 일종으로 해석될 수 있을 것인데, 이것이 특별히 제시하는 것으로 보이는 것은 바로 소크라테스가 제대로 된 출생과 기형적인 출생을 구별할 수 있었고 소크라테스의 도움이 없으면 젊은이들은 곧장 기형적으로 출산하게 된다는 사실이다. 하지만 이러한 사람의 모습 안에는, 그가 실제로 미친 영향력 안에는 ─ 그런 조건 아래에서는 최고로 이질적인 정신적인 방향들이 번성해 나왔는데 ─ 더욱 심오한 것이 숨어 있다. 소크라테스는 절대로 정해져 있는 교설을 강연하지 않았고, 그와 동시에 자신은 아는 것이 아무것도 없다는 사실을 알고 있다는 양식을 통해서 다른 사람들을 매우 불안하게 만들었으며, 동시에 당시까지 경험한 적 없는 문제의식과 충격적인 진지함을 동반하는 정신적인 책임을 그들에게 부과했다.

간접 전달이란 어떤 것에 대해서 의도적으로 침묵하는 것도 아니고, 가면을 쓰고 자신이 이미 알고 있는 것을 처음부터 발설하지 않는 것도 아니다. 이런 것들은 우월한 위치에 있는 사람이 행하는 속임수나 교수법일 수 있다. 간접 전달이란 명료성에 대한 매우 강렬한 열망과 형식 및 양식들을 찾는 모든 노력에도 불구하고 그 어떤 표현도 충분하지 않다는 것을 의미하고 인간이 이런 사실을 의식하게 되는 것을 말하며, 전달되는 모든 것, 직접적으로 말할 수 있는 것이 궁극적으로는 비본질적인 것들이기는 해도 동시에 본질의 간접적인 운반자라고 여기는 태도를 말한다. 그 어떤 교설도 삶 자체가 아니고, 교설을 전달하는 것이 삶 자체를 전달하는 것도 아니다. 간접적으로 메시지를 전달하는 것, 즉 직접적인 것을 그 안에서 어떤 다른 것이 작용하고 있는 매개체로 경험하는 것, 이것은 마치 여기서 삶 자체가 소통되고 있는 것과도 같은 그 무엇이다. 소크라테스조차 자신은 낳지 않고 낳는 것을 도울 뿐이라고 말하고 있다. 그런데 키에르케고르는 간접 전달을 '실존 전달'이라 칭한다.

모든 교설, 모든 합리적인 것은 일반적인 것이다. 따라서 여기에는 본질적인 것, 절대적인 것이 결코 있을 수가 없다. 그 이유는 정신의 실체, 즉 실존은 항상 동시에 절대적으로 개별적이기 때문이다. 따라서 개인에게서 정신은 명증성과 의사소통을 위해서 끊임없이 노력은 해도 동시에 어떤 식으로든 늘 고립되어 있고 어떤 식으로든 고독한 것이다. 그에게는 본질적으로, 그가 객관적이고 일반적인 원칙에 따라 실존할 수 있는 가능성이 있다는 조언을 다른 사람들로부터 받을 가능성은 전혀 없다. 하지만 간접 전달은 사람과 사람 간에 본질적인 것을, 훤히 드러내지 않은 채 서로 연결해 줄 수 있는 마치 실과도 같은 것이다. 인간은 자기 자신보다는 다른 사람과 소통한다. 간접 전달의 와중에 인간은 자신의 실존에 있어서 자신에게만 그런 것이 아니라 타인에게도 영향을 미치고, 역으로 영향을 받아서 경험하기도 한다. 그래서 명료성에 대한 가장 커다란 열정은 동시에 의사소통에 대한 열정이며, 모든 명료성은 간접적으로 존재하고 움직이는 어두운 것에 의해 둘러싸여 있다.

괴물적인 유형의 인간은, 그가 자신 및 다른 사람들을 이해하지 못하고 궁극적으로 다른 사람들도 그를 이해하지 못한다는 사실을 가장 적나라하게 경험한다. 그는 이해하고 싶어 하고 이해받고 싶어 하는 가장 격렬한 열망을 가지고 있다. 괴물적인 것이 무기력해지자마자 인간은 어떤 종류의 틀이 되었든 그 안으로 들어가 이해하는 가운데 만족감을 느낀다. 인간은 정신적인 소통, 성장, 정화의 무한한 과정을 계속하는 대신 지도자와 주인이 되어 제자와 후계자를 갖는다. 정신을 형식에 고정시켜 운동조차 고정된 형태를 취하는 곳에서, 움직이지 못하게 만드는 기사도주의 및 사도주의에 대해서 괴물적인 유형의 인간은 몸서리치면서 대립각을 세운다. 그런 인간은 순종하면서 헌신하고 싶어 하는 인간을 자기 쪽으로 끌어들여 수용하기보다는 오히려 멀리 밀쳐 낸다. 그런 사람은 자신을 따르는 일군의 숭배자들에게 판에 박힌 말을 해 주는 대신 모든 형태의 것들을 의문에 붙인다. 이때 양식들이 끊임없이 형성되지만 이내 곧바로 다시 부정된다.

다수의 사람들이 의식적인 의사소통을 원할 수 있는데, 간접 전달의 태도 속에서 이러한 의식적인 의사소통은 무한히 발전해 나가는 변증법, 성찰, 합리적인 것이 될 것이다. 이런 것은 의도될 수 있고 가르쳐질 수 있다. 그것이 정신 도야다. 키에르케고르는 이해되지 않는 것을 이해하기 위해서는 가능한 한 많이 이해하라며, 과업을 소크라테스 식으로 묘사한다. 살아가는 사람은 형식을 부정하지 않고 그것을 한없이 추구하는데, 다만 원칙이나 총체적인 것에 고정시키는 것을 반대하고 '주인', '예언자' 또는

'사도', '조합', '학교', '학파'에 고정시키는 것을 반대할 따름이다." 그런 사람은 결국 어느 한 사람에게 고백하는 것이 아니라, 힘 있는 사람을 보면 그를 존경한다. 소크라테스, 칸트, 키에르케고르, 니체 같은 인물들이 그런 유형의 인간에게 가장 강력한 자극을 제공해 주고, 헤겔 같은 이들이 가장 풍부한 도야를 제공해 준다. 다른 사람들도 그런 것을 행함으로써 하나의 인간 공동체가 형성되는 것을 자연스럽게 여긴다는 그런 일반적인 의미에서, 그가 누군가를 신격화하는 일은 없다. 사랑은 그에게 구체적인 것이고 피처럼 따뜻한 것이면서 절대적으로 개별적인 것이지, 결사체의 원천인 것이 아니다.

(2) 개별과 일반

인간의 기본적인 상황은 그가 하나의 개별자로, 유한자로 존재하지만, 동시에 보편적인 전체를 의식하고 있다는 사실이다. 인간은 자신의 유한한 실존형식에 얽매여 있기는 하지만, 총체성을 주장하기 위한 노력을 기울일 뿐 아니라, 그냥 단순히 개인만 되는 것이 아니고 일반적인 것에 순종하는 가운데, 전체의 일원이 될 필요성을 경험하기도 한다. 어떻게 해서 두 가지가 동시에 가능할 수 있는지는 생각할 수 없고 상상할 수도 없다. 유한한 개별자는 동시에 무한한 전체가 아니다. 이런 대립 사이에서 삶은 불안하게 완성되지 않은 채 움직여 나간다. 삶이 안식을 얻는 것은 그것이 하나의 유한한 것 안에 확립되고, 하나의 개인적이고 경험적이며 시간-역사적인 실존의 유한성 안에 또는 틀로 고정된 형식이 되어 버린 일반적인 것의 유한성 안에 확립될 때이다. 두 경우 모두에서는 문제가 멈추고 이런 생명력이 멈춘다. 삶은 오로지 이러한 이율배반 속에서 진행되는 과정으로서만 존속할 수 있다. 이런 무한한 과정 자체는 우리로서는 파악 불가능하다. 묘사될 수 있는 것이라곤 말하자면 이런 흐름의 바닥인데, 이것은 그러한 흐름이 가로질러 가는 장소들을 묘사해 줌으로써 가능하다. 하지만 단순한 고찰로는 그것이 어디서 왔으며 어디로 흘러가는지 분명치 않다.

실존하는 한 인간은 항상 필연적으로 단편적이다. 영혼의 총체성은 제한된 시간의 흐름, 제한된 공간적 역사적 정신적 상황 안에 갇힌다. 그렇지만 인간은 종국적으로 이런 특정의 단편이 아니고, 주어진 단편이 아니어서 그는 단순히 그것에 굴복할 수만은 없다. 그는 오히려 전체적이고 일반적인 것이 자신에 의해서 실제로 달성될 수 있을 것처럼 저러한 과정, 저러한 불안정함 속에서 살아간다. 전체를 고찰하면서 바라보고 그리고 그렇게 될 거라 믿음으로써 인간은 자신의 상황으로부터 벗어날 수 있을 것처럼 보인다. 그런데 그것은 단순한 고찰에 머문다. 그러한 고찰 속에서 인간은 자신의 구체적인 현존, 자신의 시간-공간적 역사적 운명적 조건성을 망각하고, 존재하기를 멈춘다. 그리고 나중에 구체적인 현존을 고통스럽게 체험하고 나서 그러한 현존을 하찮은 것, 짜증나는 것, 부도덕한 것 등으로 쉽게 힐난한다. 인간은 자신의 구체적인 실존으로서의 현존을 떠날 수 없으며, 자신의 현존을 구체적으로 무한히 중요하게 여김으로써 그러한 현존 안에서 역사적으로 변화될 수 있다. 인간은 시간적으로 존재하면서도 동시에 영원성에 대한 의도를 가지고 영원한 의미를 산다는 것, 유한하면서도 동시에 무한하다는 것, 일회적이면서도 동시에 보편타당하다는 것, 이에 따른 필연적 결과는 인간이 존재하는 것이 아니라 항상 변화의 과정 속에 있다는 사실이다. 정지로서의 종합은 불가능하다. 인간은 자신의 현실적인 모습, 자신의 성품, 습득된 자신의 인격에 호소할 수 없다. 왜냐하면 자신의 현실적인 모습은 개별적이거나 일반적인 것이 되기는 하지만, 동시에 둘 모두가 되는 것이 아닌 그런 고정된 것, 유한적인 것이기 때문이다. 인간이 살아가는 한 이율배반은 그대로 남아 있고, 그와 함께 그 안에서 일반적인 것이 개별적인 것이 되고 개별적인 것이 일반적인 것이 되려고 하지만 궁극적으로는 결코 그렇게 되지는 않는다. 인간은 그로부터 자신을 일반적인 것으로 구원해 낼 수 없거나 자신의 개별 현존이라는 개인적인 것으로 자신을 구원해 내지 못하고, 살아 있는 실존을 상실하거나 살아 있는 정신을 상실하거나 한다. 두 경우 모두에서 이율배반은 정지되고, 그와 함께 삶의 과정도 정지된다.

개별자, 주체, 자아가 무엇이냐의 문제는 영원한 논쟁거리다. 인간은 자신이 무엇인지 모른다. 이는 개별적인 것과 일반적인 것 사이에 있는 인간의 과정, 즉 인간 자신이 무엇인가를 경험하기 위해 그 안에서 살아가는 그런 과정의 과업을 나타내는 표현이기도 하다. 이때 인간은, 그가 만약 철학적 사상가라면, 다른 것 중에서도 합리적인 형태의 이미지를 밖으로 표출해서 설정할 수 있을 것이다. 자아가 무엇인지 궁극적이고 완벽하게 파악하는 것이 아무리 어렵더라도 그것은 매번 다양한 개별적인 방식으로 답해져야만 하고, 매번 마찬가지로 다양한 형태를 취하는 그런 일반적인 것과의 특별한 대조를 통해서 답해져야만 할 것이다. 다수의 단어쌍들을 신속하게 열거해 보자면 다음과 같다. 개인적 충동과 객관적 타당성, 자의와 사태, 개성과 작업, 나의 관심과 만물의 운행, 개인과 공동체, 시민과 국가, 개별적 삶과 운명, 삶과 법칙, 자유와 필연성, 개별적인 것과 일반적인 것, 영혼과 신, 영혼과 세계. 조망하는 데는 우선 타당성, 법칙, 명법이라는 추상적인 일반성을 전체성 내지 총체성이라는 구체적인 일반성으로부터 구분하고 있는(첫 번째 경우에서는 개별적인 것이 일반적인 것에 복종하고 있고, 두 번째 경우에는 전체에 대해 그것의 구성원 내지 부분이 서로 마주하고 있다) 아래와 같은 도식이 도움이 된다.

a. 개별과 일반 간의 대립: 여섯 가지

추상적으로 일반적인 것

① 보편타당한 것. 명법, 객관적 진리, 타당한 가치. 이러한 것들은 자의적인 것으로서의 개별적인 것과 대립해 있다.

② 인간에게 일반적인 것. 합자연적인 것, 평균적인 것, 통상적인 것, 빈번한 것, 인간에 속해 있는 것(사회학적으로는 대중, 관습 및 인습적인 것)과 특징적인 것, 독창적인 것, 특수한 것, 고유한 것, 일회적인 것은 서로 대립해 있다.

③ 필연적인 것. 내가 의존하고 있는 필연적인 것, 자연적인 기제 그리고 운명, 이러한 것들에 나는 의존해 있다고 느낄 뿐 아니라 그것들로부터 자유롭다고도 느낀다.

구체적으로 일반적인 것(전체성, 총체성)

④ 인간 일반. 인류라는 이념, 이런 것에 비해서 개별자는 늘 하나의 특수한 실현물일 뿐이다.

⑤ 사회적인 전체성. 가족, 민족, 국가. 이런 것에 대립해 있는 주권적인 개별자의 자기 의지, 구성원 내지 구성 인자로서의 인간.

⑥ 세계 또는 신. 신에 대한 반항, 자기 스스로 총체적이려고 하는 주체 의식.

이러한 대립들이 이제 좀 더 상세하게 특징지어질 것이다. 하지만 이들 모두에는 선취되어 예상될 수 있는 공통점이 반복된다. 무엇이 중요한가? 일반적인 것인가, 성취인가, 사태인가, 전체인가, 그게 아니면 자아, 개별자인가? 궁극적인 목표가 성취, 작업, 가치의 객관적 세계인가? 그게 아니면 영혼, 개별적인 인격의 주관적인 세계인가? 문화나 인간, 사물(작업)이나 성격, 국가나 개인 중에서 원하는 것이 무엇인가? 이런 양자택일은 보기에 개별자의 결단에서 구체적인 결정을 필요로 하는 특성을 띠고 있지 않다. 그것은 고찰을 위한 그리고 틀 형성적인 세계관을 묘사하기 위한 완전히 일반적인 대조라고 할 수 있다. 살아 있는 인간이 행하는 양자택일은 구체적이고 개인적이고 개별적이며 절대적이다. 저러한 양자택일은 일반적인 것, 양식 및 체계를 참조하기 원하는 근거 짓기 및 정당화에도 필요할 정도로 본질적이다.

이제 저러한 양자택일 문제 자체가 답해지고 결정되고 나면 개인주의와 보편주의의 일방적인 형태들이 생겨 나오는데 이것들은 일관적이고 합리적으로 명확해서 형식화된 세계관적 틀에 대해 합리적인 태도를 취하는 데 적합하다. 반면에 그런 것들이 답해지지 않을 경우 — 그리고 살아 있는 인간이, 무한한 것에서 의지처를 찾는 인간이 그런 것들을 답해지지 않은 채로 그대로 둘 경우 — 대립물들은 삶이 그 사이를 뚫고 흘러가게 되는 이율배반으로 존속한다. 그러면 고찰자는 다양한 관계들을 발견하게 된다. 예를 들어 항상 '사물'에만 관심을 갖는 인간은 그 사물이 자신의 일이 되는 한에서만 개성적인 인간이 된다는 것을 발견하고, 그 사물이 자신의 사물이 되는 것은 객관적인 결정을 통해서 달성되는 것이 아니라 개인적인 양자택일의 문제에 속해 있는 것이라는 사실을 발견하게 된다. 더 나아가서 모든 일반적인 것은 전달될 수 있는 의사소통의 매개체다. 그러나 완전히 일반적이고 완전히 전달 가능하게 된 모든 것들은 메커니즘이 되고 죽어 있는 장치가 된다.

인간은 삼중적인 이율배반 안에서 행동한다. 인간은 일반적인 것에 귀속될 수 있고 전체 안에 귀속될 수 있다. 인간은 일반적인 것에 귀속되는 것을 거부할 수 있고, 전체로부터 빠져나올 수 있다. 인간은 종국적으로 일반화되는 경향이 있고, 전체로 확장되어 나가는 경향이 있다. 처음 두 경우에서는 단순히 일반적인 것과 단순히 개별적이고 주관적인 것이 계속 분리되는 일이 벌어진다. 세 번째 경우에서는 상호 침투가 발생하는 것으로 보인다. 하지만 이러한 침투가 일단 완전히 명확해지면, 그것은 각 개인의 힘이 된다. 개인은 일반적인 사유자로서, 보편적인 인간으로서, 지도자 및 세계 형성자로서, 신격화된 신비주의자로서 자신을 확장해 나감으로써 그 어떤 저항도 없이 자체적으로 존재할 수 있다. 자기 충족적인 인간은 이러한 의식을 전체와의 대립 속에서 또는 전체와 동일시된 상태에서 가질 수 있다. 그런 인간은 후자의 경우에서 일반적인 것에 반대되는 개인이 되는 것이 아니라, 일반적인 것을 통해서 개인이 된다.

그때 고찰자에게 항상 제기되는 비판적인 질문은 이런 것이다. 그런 개별자는 도대체 어떤 자아인가? 인간은 항상 유한한 자아인 것이지 신도 아니고 국가도 아니며, 세계도 아니고 사유 일반도 아니다. 인간이 저러한 확장 속에서 일반적인 것 또는 전체적인 것이 되고 있다고 믿는 한, 인간도 자신의 자아를 상실하거나 그렇지 않으면 자신의 권력과 힘 그리고 자신이 처해 있는 상황들로 인해, 그 모든 확장에서 하나의 완전히 우연적이고 유한적이며 개인적인 자아로 머물 수 있다.

그래서 저러한 세 가지 행동 양식들 모두가 규정될 수 있기는 해도 삶의 관점에서 보면 그것들은 일종의 막다른 골목들이다. 여기서 우리는, 늘 그런 것처럼, 우리가 삶 자체를 파악하고 있는 것이 아니라 그것의 산물, 그것이 화석화시킨 것들만 파악하고 있다는 것을 경험한다. 그러나 우리가 이것들을 원형으로 구축함으로써 중심, 즉 삶을 향한 우리의 의도는 인식되지도 규정되지도 않는다.

a) 보편타당한 것

보편타당한 것은 진실된 것으로, 객관적인 세계로, 윤리적으로 옳은 것으로, 아름다운 것으로 존재한다. 그런 보편타당한 것이 실제로 항상 요구 사항으로 체험되고 인정되고 추종되는 것을 그 어떤 회의도 막지 못한다.

일반적인 것이라고 하는 세계상은 시대를 초월해 있는 개념이자, 형식이라는 세계상이자, 변치 않을 것이며 변치 않아 왔던 플라톤적인 이데아라는 세계상이다. 그런 것들은 영원히 존재하며, 변화하는 감각세계에게—영원히 개별적인 것들에게—대상적인 현존을 부여해 주는데, 다만 이는 그런 감각세계가 그런 것들에 참여해 있거나 그러한 것들 내에서 현전함으로써만 그렇다. 헤겔의 논리학에서 그렇듯이 이런 세계상은 어마어마하게 확장될 수 있고, 여기에서 심지어 기만적인 운동과 변화조차—그러나 범주로서만— 받아들일 수 있으며, 그것에서 개인적인 것은 절대 존재하지 않는다. 그것은 항상 개념적인 세계상일 뿐 현존의 세계상은 아니다. 세계는 정지해 있는 공과 같은 것(파르메니데스)으로서, 그 안에는 모든 대립이 지양되어 있는 불멸의 유기체(플라톤의『티마이오스』)로, 전체로는 영원히 정지해 있는 시끌벅적한 소동 속에서 움직이는 개념들의 영원한 순환 운동(헤겔)으로, 개별적인 것이 설 수 있는 자리를 허용하지 않는 세계로 간주된다.

개별자에게는 이러한 일반적인 것에 자신을 온전히 헌신하고 개별자로서 사라져 버리는 것이 유일한 과업일 수 있다. 플라톤에게서 최고는 이데아를 파악하는 관조적인 정관이다. 이것이 감각적이 되고 개인적이 되는 감옥으로부터 자신을 해방시키는 길이다. 이것은 아리스토텔레스가 말하는 최고선과 다를 바 없고, 헤겔에게 있어서도 철학에 의해 성취되는 정점은 절대지다.

이러한 입장과 극도로 대조되는 것이 자의적인 의견, 나의 개인적인 감정, 나의 개인적인 신념에 호소하는 것이다. 이렇게 함으로써 개인은 일반적인 것을 도외시하면서 자신을 따로 고립시킨다. 소통은 일반적이고 객관적인 것의 왕국에서만 가능하기 때문에, 인간이 판단을 내리고 자기 주장을 내세우는 한 다른 각자의 사람에게 선택지로 남게 되는 것은, 누군가가 자신의 감정을 고집하고, 비합리적이고 밖으로 내보일 수 없는 경험을 고집할 경우에는, 그를 그냥 가만히 내버려두는 것이다.

한쪽 극단에서는 개별자가, 그리고 다른 극단에서는 일반적인 것이 완전히 상실된다. 그런 것은 모든 삶이 반복적으로 — 일시적으로 — 걸려들 수밖에 없는 것이고, 삶을 살아가는 인간의 입장에서는 분명 현재 순간의 상황을 파악할 때 어쩔 수 없이 두 가지 일관된 가능성 사이에서 행하게 되는 양자택일이다. 하지만 그런 인간은 그 어떤 형태로든 정지해서 안식을 취하지 못한다. 일반적인 것은 존재하는 것이 아니라 사람들이 항상 찾아 헤매고 돌아다니는 그 어떤 것일 뿐이다. 궁극의 일반적인 것으로 나타나자마자 그것은, 그 전체가 아무리 풍부하고 다양하더라도 유한한 성질의 틀일 뿐이다. 그에 반하는 개별자의 자의성도 마찬가지로 유한하고 우연적이며, 고립되어 있고 삶을 온전히 채워 주지 못한다. 그런 대립 사이에서 살아가는 현존을, 키에르케고르는 실존적 사상가의 형태로 묘사한다. 과학적인 사유는 객관적 사유이고 개인에 따라 달라지지 않는 사고로서, 그것은 직업이나 개별 영역에 국한된 사유이기는 해도 살아 있는 세계관은 아니다. 만약 내가 이런 일반적인 것에, 즉 객관적인 의미이자 시간초월적인 진리에 헌신하고 그것을 실천하는 한에서만 의미가 있다고 믿는다면, 나는 시간적인 실존을 상실하지만 사실적으로는 시간 속에서 계속 살아가는 이상한 이중적인 존재가 된다. 즉 "추상이라는 순수한 존재 속에서 살아가는 환상적인 존재가 되고, 마치 지팡이가 옆으로 치워질 때처럼 그러한 추상적인 본질로 인해 옆으로 치워져서는 때때로 우울해 하는 교수의 형상"이 된다.[220] 추상적인 사유는 '영원의 형식 아래에서만' 존재할 뿐이고, 실존의 구체적인 변화 같은 것은 완전히 도외시한다. 삶이라는 것은 개인 내면으로 스며드는 것일 뿐, 개인 외부에 있는 것에 달라붙어 그냥 하나의 틀이 되는 것이 아니다. 이러한 객관성은 하나의 세계관을 살아 있는 세계관처럼 가장하고, 실제의 개인적인 실존을 우연하고 사소하고 자의적이고 비정신적인 성질의 것으로 남겨 둔다. 하지만 사유는 단순한 과학적인 사유 그 이상이며, 정신적인 삶 일반을 이어 주는 매개체다. 그것이 과학적인 사유를 자신의 영역 안에 소유할 때, 특히 다른 무엇보다도 그것이 실존으로부터 생생하게 생겨 나오는 것일 때 (그래서 그런 단순한 객관성 자체에 열정을 부여해 줌으로써 과학적인 사유에도 의미와 방향을 부여할 때라야 비로소) 그것은 분명 번성할 수 있다. 세계관적으로 철학적으로 사유할 때 나는 한계와 역설에 부딪히게 되고, 나 자신을 파괴하려는 사유의 열정을 경험하며, 비록 부분적으로는 객관적인 매체에 표현할 수 있다고는 하더라도 더 이상 정당화될 수 없는 충동과 내용을 경험하게 된다. 특히 다른 무엇보다도 나는, 모든 진실에도 불구하고 내가 그것을 아는 것이 아니라, 내가 그것을 직접 생산해 내고 그것에 의해 침투당한다는 사실의 중요성을 경험하게 된다. 객관적인 사유에서는 오로지 가능성들을 고려하고 모든 대상들을 동등하게 고찰하는 것이 중요하지만, 주관적인 사유에서는 결정이라는 것이 존재한다. 사실 주관적인 사유의 개념들과 물음들은, 과학적인 사유의 경계선 모든 곳에서 출현하기는 해도 대부분 그것들하고는

220 Søren Kierkegaard, Werke 7: *Indøvelse i Christerndom*, 2쪽.

전혀 관련이 없다. 예를 들어 임의로 불멸성에 대해 생각해 보면서 통찰력 있는 최종적인 결과물을 얻어 내지 못하더라도 여러 다양한 관점, 사유의 필연성, 증명 등을 개발해 내고, 질문을 분해하고 세분화하는 작업을 진행할 수 있다. 그래서 이러한 사유 영역 전체는 전혀 중요하지 않은 것이 아니다. 주관적이고 실존적인 사상가에게는 증거가 덜 중요하지만, 그가 진실한 한에서 그것을 객관적이라 주장하지는 않아도 결정에 대한 충동은 느낀다. 그래서 플라톤은 소크라테스로 하여금 불멸에 대해서 길게 설명하게 한 후 다음과 같이 말하게 했던 것이다. "이제 모든 것이 내가 설명한 대로 실제로 일어난다고 주장하는 것은 이성적인 사람이 주장하기에는 적합하지 않다. 그렇지만 그것이 이런 식으로 또는 비슷한 방식으로 일어나야 한다는 것. … 이것은 내 생각에 매우 적합하며, 그것이 사실 그럴 것이라고 과감하게 믿어 보는 것도 가치가 있다. 왜냐하면 그것은 좋은 시도이고 사람은 그런 것을 자기 자신에게 설득해야만 하기 때문이다." 삶을 마치 진리인 것처럼 살아간다는 말은 생각에 의해 침투당한다는 것을 말한다. 반면에 어떤 생각을 객관적으로 통찰하여 알면서도 그것이 마치 진리가 아닌 것처럼 살아가는 것도 가능하다. 실존적인 존재에게만 진리가 본질적이다. "학술적인 연구자는 불굴의 열정을 가지고 일할 수 있고, 심지어 학문에 열정적으로 봉사하면서 자신의 수명을 단축할 수도 있고, 사변가는 노력과 시간을 절약하지 않을 수도 있다. 그런 사람들은 개인적으로는 열정에 무한한 관심이 있지 않고 오히려 그와는 반대로 그런 것을 전혀 원하지 않을 수도 있다. 그런 사람들은 자신들이 하는 고찰이 객관적이기를 바라고 몰이해적이기를 바란다. 인식된 진리에 대해 주체가 맺고 있는 관계에 관해서 사람들은 다음과 같은 것을 가정한다. "객관적으로 참인 것에만 관심을 갖는다면, 그것을 습득하는 것은 사소한 일이다. 그런 것은 결국 자연스럽게 따라오는 것이고 개인에게 달려 있는 것이 아니다." 바로 거기에 연구자의 숭고한 평온함과 남의 말을 따라 하는 자의 우스꽝스럽고 생각 없는 태도가 놓여 있다."[221] 키에르케고르는 과학과 사변을 찬미한다. 그는 자신이 이런 것들을 경멸하는 것처럼 오해받는 것을 원치 않는다. 하지만 그러한 것들이 세계관 일반이 될 때, 그는 그런 것들이 심리적인 효과 측면에서 어떤 의미를 갖는지를 보여 준다. 즉 그런 것들 속에서 인간은 자신의 눈앞에서 자신을 사라지게 하고, 자신으로부터 자신을 멀리해 객관적이고자 한다는 사실을 보여 주고, 시간 속에서 영원해지고 싶어 하는 것은 환상일 뿐이라는 것을 보여 준다. 실존적인 사상가는 시간적인 것과 영원한 것의 종합을 필요로 하며 그에게 단순한 사변가는 진리가 아니다.[222] 키에르케고르의 정식에 의하면, 실존적인 사상가에게 진리는 내면성과 주체성이다. 그것은 감정의 자의가 아니라 항상 주체가 일반적인 것으로 침투해 들어가는 길이자, 주체가 진리와 맺는 본질적인 관계다. 실존하는 사람의 이러한 진리는 궁극적으로 항상 역설적이다. "자신이 실존하는 주체라는 사실을 망각하는 사람에게는 열정이 식고 그 대가로 진리가 역설이 되지 않지만, 인식하는 주체에게 인간은 환상적인 존재로 변하고, 진리는 그런 존재가 행하는 인식을 위한 환상적인 대상이 된다."[223]

살아 있는 인물의 각 특성을 설명하는 모든 정식에 혼동과 오해가 있을 수 있는 것처럼, 실존적인 사상가의 경우에서도 그럴 수 있다. 모든 것이

221 Søren Kierkegaard, Werke 6: *Kjerlighedens Gjerninger*, 118쪽 이하.

222 같은 책, 149쪽.

223 같은 책, 274쪽. 또한 그런 환상적인 인간들을 위한 "주술문(Beschwörungsformel)" (Søren Kierkegaard, Werke 7, 5쪽 이하) 참조. 현존하는 사상가를 요약하면서 정의하고 있다(같은 책, 48쪽).

객관적으로 고찰되고 모든 것이 근거를 기반으로 객관적이고 몰이해적으로 검증되는 과학에서 찾아볼 수 없는 '선택'은, 세계관적-철학적 인간들이 전형적으로 요청하는 것이다. 그러한 인간들은 사람들이 모든 세계관들을 접해서 알아야만 한다고 말하고, 모든 것을 검토해 명료한 것을 '선택'해야만 한다고 말한다. 고전적인 대표자로는 키케로가 있다. 그는 철학적인 인간의 자립성과 자율성에 큰 비중을 두고 모든 철학을 알고 싶어 했으며, 건전한 인간 상식을 가지고 검토하고자 했고, 모든 좋은 것을 결정하고자 했다. 그것은 군중을 대할 때 느끼는 얄팍한 독립성이지만, 그런 독립성은 자신을 관철시킬 만한 힘을 가지고 있지 않다. 그것은 당면하는 상황별로 고찰을 통해서 다양하게 내려지는 선택일 뿐이다. 그것은 개인의 본성에서 나오는 충동이 아니다. 그 결과가 구체적인 모든 것에 직면해 결단력이 결여된 상태에서 취해지는 상대주의적인 태도인데, 이는 매우 자주 선택되기는 해도 실존적으로 선택되는 것은 아닌 태도다. 선택은 지성적으로만 이루어졌을 뿐 실존 안에서 그것은 늘 연기된다. 그리고 재난 앞에서는 선택 전체가 무력하다. 형식과 상식을 배워 익히는 것이 정확히 자유사상가의 방법이지만, 거기에는 실존의 힘이 결여되어 있다. 마치 불멸성이 존재하기라도 하는 것 같은 삶을 살았던 소크라테스처럼, 내가 어떤 사상을 선택했느냐는 오로지 내가 그것에 따라서 삶을 사느냐의 여부에서 드러난다. 바로 이러한 삶 자체가 선택인 것이지, 늘 앞서 설명한 것처럼 제한되어 있고 이율배반적인 것도 보지 못하는 건전한 인간 오성이 내리는 지적 결정이 선택인 것이 아니다. 선택할 수 있는 여러 철학 체계들이 있다. 하나를 선택하거나 여러 선택지 중에서 새로운 것을 선택하는 사람은 실존적으로 사유하는 사람이 아니라 비본질적으로 몰두하는 사람이다.

행위에서 윤리적인 것은 보편타당하지만, 그것에 자신을 내맡기는 것이 문제가 되는 경우가 있다. 구체적인 상황에서는 보편타당하다는 것이 대체 내용적으로 무엇인지를 전혀 알 수 없기 때문이다. 윤리학 분야에서 그런 보편타당한 것에 대한 열정을 가지고 있는 칸트 철학은 다음과 같이 잘 알려져 있는 명제로 이를 정식화한다. "당신의 의지의 준칙들이 늘 동시에 일반적인 입법의 원칙으로도 적용될 수 있도록 행위하라."[224] 칸트 스스로 분명하게 말하고 있는 것처럼, 위와 같은 형식적인 규정들만 보편타당한 것으로 파악할 수 있다. 논리학이 그런 것처럼 윤리학은 그것 없이는 그 어떤 타당한 것도 존재할 수 없을 그런 형식들만 시간초월적인 영원한 조직물로 인식할 수 있다. 그러나 그런 것이 없으면 아무것도 유효하지 않다고 하더라도, 살아가는 세계관에 중요한 것은 바로 이런 형식 안에 들어 있는 내용이며, 그 내용은 살아 있고 영원히 개별적이고 구체적인 것이기 때문에 보편타당한 것으로서 인식될 수 없다. 칸트 윤리학에서 특별한 점은 그것이 윤리적인 것 안에 보편타당성이라는 전체 파토스를 포함시키고 있고, 동시에 철학적으로 인식할 수 있는 것에, 시간초월적인 형식에 국한하고 있으면서 또한 이 자체를 의식하고 있다는 점이다. 여기에 법칙이 존재한다는 것은 보편타당하다는 것이고, 그 법칙이 생생하게 파악되고 인식되려면 모든 개인적인 성향들에게는 복종이 요구되는데, 이것은 개인에 대해 격정적으로 호소한다는 것을 말하고 개인의 자율성을 규정한다는 것을 말한다. 여기가 "인간만이 자신에게 부여할 수 있는" 가치가 놓여 있는 곳이다.

..

224 Immanuel Kant, *Die Kritik der praktischen Vernunft*(Reclam), 36쪽. 그 유명한 구절 "의무, 그대 숭고하고 위대한 이름이여!(Pflicht, du erhabener großer Name!)" 등 105쪽.

윤리적인 것의 보편타당한 성질이 — 실질적이고 구체적인 명령이 아닌 — 형식적인 규정 너머로 나아가 구체적인 원칙, 요구, 의무에 반영되자마자, 보편타당하게 보이는 틀과 개인적인 자의성 간에 대립이 생겨난다. 개인은 어쩔 수 없이 물질적인 요구들을 계속 형성하겠지만, 윤리적인 활력이 존재하는 한에서 개인은 그것들을 반복적으로 녹여 내고 충동들로부터 그것들을 새롭게 재창조하게 될 것인데, 이때의 충동들은 객관화될 때 보편타당한 형식으로만 틀을 형성하는 가운데 자신의 모습을 드러내지만 그 안에서는 항상 일시적인 형태만 취한다. 형태 각각은 유한적이고 조건적이며, 그런 형태들을 창출해 내는 윤리적인 힘은 무한하고 예측 불가하다. 윤리적인 보편타당성이 가지고 있는 의미에 대한 분석으로서, 완전히 형식적인 저러한 칸트식 규정만이 실제로 파악 가능하게 보편타당하다. 이런 형식들은 모든 구체적인 윤리적 형태들의 조건이지만, 재차 해체될 수 없을 그 어떤 것이 아니다. 그리고 그 다양성은 무궁무진하다.

윤리에는 이중적인 의미가 있다. 한편으로 그것은 행위의 실질적인 내용, 즉 언어적으로는 늘 불충분하게 묘사되는 기본 원칙들과 요구들에 대한 전제조건을 제공해 주는 힘들을 의미한다. 다른 한편으로 그것은 그러한 명법, 당위 그리고 말로 표현된 기본 원칙들의 형태를 나타낸다. 첫 번째 경우에서 윤리는 살아 있는 무한한 충동들과 그것들의 상호 얽힘을 의미하고, 두 번째 경우에서는 그것들이 고착되어 있는 틀을 의미한다. 상세하게 규정될 수 있는 것은 두 번째인데, 그것은 늘 부차적이다. 저러한 첫 번째 힘들이 제대로 작동하지 않아서 우울증을 겪는 인간이 위험을 극복하고 자신을 구하고자 할 때, 그것은 기능상 늘 자의 및 우연에 대해서 방어기제의 역할을 담당한다. 첫 번째의 힘들은 보편타당한 것을 추구하고 그런 것을 영원히 추구할 것이다. 하지만 윤리적인 틀은 그런 것을 이미 소유하고 있음에도 점차 고착되어 가면서 첫 번째에서의 저러한 힘들을 결국에는 상실하게 된다.

그래서 개인으로서 도덕법칙에 복종하는 가운데 보편타당하게 된 의식 안에 윤리적인 안식 같은 것은 없다. 즉 무한한 일반적인 것의 자리에 폭력적인 힘을 행사하는 틀이 대신 들어와 개인이 개인으로서의 자아를 포기하고 복종함으로써 안정을 찾지 못하는 한에서는 그렇다. 계속 보편타당한 것을 찾아다니는 저러한 과정 속에서 살아가는 책임 있는 주체는 일반성의 의식 안에서 오로지 자유롭다고 느낄 것이다. 하지만 이것이 무엇인지는 관찰자의 관점에서 ― 우리는 여기서 항상 이런 관점을 취할 것인데 ― 구체적으로 관찰될 경우 늘 상대적이다. 이런 주체에게 그것은 가장 바깥쪽에 있는 지평이자 궁극적인 가치이고, 시간이 지남에 따라 주체의 자기 경험 및 세계 경험 속에서 위기 때마다 겪는 용해 및 변형을 통해서 항상 변할 수 있는 그런 것이다. 이것은 칸트의 형식적인 정언명법의 타당성을 방해한다기보다는 오히려 실제로 강조한다.

늘 그렇듯이 파생된 형태들과 함께 혼동이 생겨날 수 있다.

윤리적인 보편타당성에 대한 열정은 타자에게 폭력을 가하는 형식으로 출현하기도 한다. 고도로 객관적인 태도로 자신의 윤리적 경험을 요청의 형식으로 정식화해서 본질적인 충동을 고려하지 않은 상태에서 그러한 정식들에 복종해 온 사람들은 그런 요청을 다른 사람들에게까지 적용하면서 그들도 그런 것에 순종할 것을 요구하는 경향이 있다. 진실한 윤리적 활력은 윤리가 구체화되자마자 문제의식을 갖게 될 것이고, 윤리적 활력은 ― 다른 사람들의 윤리적 경험들을 대량으로 활용하는 가운데 ― 자신을 위해 윤리의 객관화를 만들어 내는 개인에게만 궁극적으로 절대적인 구속력을 갖는다는 사실을 경험으로 알게 된다. 형식의 측면에서 절대적으로 보편타당한 윤리는 그러한 보편타당성이 동시에 절대적으로 개별적인 것이 될 때만 그 내용이 현실에 발을 붙이고 존재할 수 있다. 그러한 개별적인 것은 자신 안에 있는 일반적인 것을 의식은 해도 구체적인 것 안으로 전이시킬 수 있을 가능성은 의식하지 못한다. 왜냐하면 그것은 보편적인 윤리를 개인적인 개별자에게로 전이시키는 것, 실존을 단순히 일반적인 것을 위해 지양하는 것을 말하기 때문이다. 왜냐하면 그것은 다른 사람에게 그 사람이 이제 더 이상 그냥 개별자로서가 아니라, 다른 사람과 공유 가능한 일반적인 것을 매개로 해서 — 임의로 많은 — 다수의 동일한 것 중하나의 모범적인 사례가 되는 삶, 즉 보편성을 갖는 자신의 삶을 살 것을 요구하는 것을 말하기 때문이다. 오로지 틀 안에 갇혀 있는 윤리주의자만이 다른 사람들이 구체적인 명법을 구체적으로 이행할 것을 요구한다. 그 안에서 그가 실천적으로 예외 없이 보여 주는 것이 바로 동화적인 권력 본능을 충족하는 것인데, 그러한 동화적인 권력 본능 안에서 자아는 스스로 보편타당하게 됨으로써 다른 이들에 대한 지배력을 확장한다. 자아가 타인에게 일반자가 된다는 의미에서의 일반화, 일반적인 것이나 전체의 자리에 자아를 대신 내세운다는 의미에서의 일반화가 틀을 잡는 과정은 어디서든 유사하다. 윤리주의자는 요청하면서 폭력을 행사하고, 절대지를 옹호하는 사상가는 전제하지 않으면 다른 사유 작업을 타당하게 진행할 수 없는 자신만의 체계 내지 가정된 올바름을 가지고 폭력을 저지르며, 정치가는 그 자신이 국가가 되고 전체가 됨으로써 폭력을 행사한다.

다른 사람들과 관련해서 어떻게 자신을 윤리적으로 정위시킬 수 있는지에 대해서는 다음과 같은 도식으로 정리해 볼 수 있다. 1. 우선 첫 번째로 자신을 위해서는 아무 이익도 바라지 않으면서, 만인이 자발적으로 복종해 온 정식들에 복종만 해야 한다는 불만 섞인 분노가 언급될 수 있을 것인데, 이 후자는 일반성에 대한 열정이 불타오르는 것이기는 하지만 강력한 권력 본능과 불가분하게 연결되어 있기도 하다(견고한 틀로서의 일반적인 것만 취해지는 동안 윤리적 삶은 절대적으로 개인적 삶이라는 사실은 망각된다).

2. 그와 동시에 개인적인 이점이 매우 자주 나타난다. 분노는 이해관계, 개인적 상처, 일반성에 대한 열정의 잔재 등이 해체될 수 없는 방식으로 혼합되어 있는 것이다.

두 진영 간에 존재하는 살아 있는 윤리적 관계는 구체적인 명령을 상대에게 전달하는 데 있는 것이 아니라, 사랑하는 마음에서 상대방에게 질문하고 자극을 가하고, 상대방이 내리는 결정 내용을 선취하지 않고 그의 개인사로 인정해 주고 그런 영혼을 구제해 주는 투쟁에 있다. 전제조건은 타자를 믿고 나 자신을 믿는 가운데, 그와 나의 내면에서 일반적인 것을 찾아내는 것으로, 다만 어디쯤에서인가 정식의 형식으로 찾아낼 수 있을 법한 그런 일반적인 것을 찾아내는 것이 중요한 것이 아니고, 개별자의 개인적인 모습을 계발시켜 주는 그런 일반적인 것을 찾아내는 것이 중요하다. 그런 쌍방적인 신뢰에서는 의사소통에 주저함이 없고 모든 것을 기꺼이 논의하려는 의지뿐이어서, 토론을 못하겠노라고 뒤로 빠지는 일이 없다. 객관적으로, 결과적으로, 내용적으로 표현될 수 있는 것은 어떤 것이든 경험할 준비가 되어 있다. 문제가 되거나 해결될 수 없는 것을 피할 의도는 없다. 하지만 무한적인 것은 개별적인 것 안에서, 합리화된 것과 합리화할 수 있는 것의 경계에서, 이율배반적인 한계상황에서 조망 불가하더라도 책임 있게 의미와 출구를 발견해야 한다는 믿음도 있다. 성급하게 작성된 의무들에 걸려드는 것은 거부되고, 무한한 자기 경험에서 비롯되지 않는 것, 권위로부터 인계받는 것, 낯선 것에 복종하는 것 등은 모조리 거부된다. 하지만 모든 근거와 반근거, 모든 정식들과 모든 문제점을 진지하게 경험하기도 전에 자의, 우연, 자신의 감정에 호소하는 것도 거부된다. 모든 일반적인 성질의 것이 그런 것처럼, 윤리는 사람 간의 소통 매개체지만 그것에서 일반적인 것, 전달 가능한 것은 단지 장치일 뿐이고, 합의와 — 사랑 없이는 결코 불가능한, 사실은 사랑 자체라고 할 수 있는 — 내적 결속은 개별자가 보편적이기를 원하고 자기 자신이 되기를 원하느냐에 달려 있다. 이 과정은 동일한 수준에서 벌어지는 권력 투쟁이 아닌 영혼을 위한 투쟁 속에서 간접적으로 전개된다.

우연적인 개인의 자의성은 틀 형태로 고정되어 있는 보편타당한 것과 대립해 있기도 하지만, 일반화를 지향하고 살아가는 과정과 대립해 있기도 하다. 자의적이고 유한한 개인으로서 주체는 의미도 전체도 '자아'도 찾지 않고, 오히려 자아의 수많은 개별적인 유한한 형태들 속에서 살아간다. 그런 것들은 예를 들어 특별한 충동 속에서, 다양한 성질의 쾌락과 향유 욕구 속에서, 생기 있고 사회적인 실존에 대한 구체적인 이해관계 속에서, 개인적인 감정 속에서 살아간다. 상황에 따라 기호에 따라 성찰되지 않은 자의적인 행위가 생겨 나오는데, 이것은 경험적이고 개인적으로 유한한 존재가 지향하는 목표점과 일치하며 예술적인 향유와 규율이 지향하는 목표점(자의성의 관념주의)과도 일치한다.

항상 문제적이고 이율배반적이고 영원한 불안정 상태에 빠져 있는 과정은, 그 안에서 개별자와 보편자가 생생한 형태로 통합되어 이상적으로 완결되어 있는 것으로 표상될 수 있다. 늘 비현실적인 이 형태가 '아름다운 영혼'이다. 그 특징을 프리드리히 실러는 다음과 같이 묘사하고 있다. "인간이 느끼는 모든 감각들의 도덕적 감정은 결국 격정에게 의지를 주도할 권리가 주저 없이 주어지더라도, 의지가 내리는 결정과 그것이 모순을 일으킬 위험에 빠지지 않을 정도까지 확실할 때, 사람들은 그것을 '아름다운 영혼'이라 부른다. 그래서 아름다운 영혼에서는 개별적인 행위가 원래 윤리적인 것이 아니고 오히려 전체 특성이 윤리적이다. … 아름다운 영혼은 그런 특성 말고는 그 어떤 다른 공적이 없다. 아름다운 영혼은 인류에게 가장 고통스러운 임무를 본능에 따라 행동하는 것 같은 가벼움으로 수행한다. … 아름다운 영혼 안에는 그래서 감각과 이성, 의무와 성향이 서로 조화를 이룬다. … 아름다운 영혼의 공덕이 있을 경우에만 자연은 자유를 소유함과 동시에 자신의 형태를 보존할 수 있다. 왜냐하면 자연은 엄격한 심성의 지배 아래에서는 자유를 상실하고, 감각의 무정부 상태에서는 자신의 형태를 상실해 버리기 때문이다."²²⁵ "인간은 개개의 도덕적 행위를 행하도록 운명지어져 있는 것이 아니고, 도덕적 존재가 되도록 운명지어져 있다. … 인간의 순수한 정신적 본성에 감각적인 본성이 더해지는 것은 도덕적 행위를 짐짝처럼 내던지거나 거친 포장지처럼 벗겨내기 위해서가 아니라 인간의 상위 자아와 가장 내밀하게 화해시키기 위해서다. 이미 아름다운 영혼이 인간을 이성적인 감각적 존재로, 즉 인간으로 만들었다는 사실을 통해서 자연은 이성과 감각 이 둘에게, 자연이 서로 연결해 놓은 것을 분리하지 말 것과, 인간은 자신의 신성한 부분의 가장 순수한 표현에서도 감각적인 부분을 배제하지 말 것과, 그리고 한쪽을 억압해 다른 쪽이 승리하도록 해서는 안 된다는 것을 의무로 선언했다. … 그것이 인간에게 천성이 되었을 때에라야 비로소 인간의 도덕적인 사고방식은 안전하게 보존된다. 왜냐하면 도덕적인 정신이 여전히 완력을 사용하는 한 자연 본능이 그것에 대해 여전히 반작용의 힘을 가해야 하기 때문이다. 그냥 단순히 패배

225 Friedrich Schiller, *Über Anmut und Würde*(Cotta'sche Buchhandlung, 1869), 11, 272쪽 이하.

당한 적은 재기할 수 있지만, 서로 화해한 적은 진정으로 극복된다."[226]

b) 인간에게 일반적인 것

인간에게 일반적인 것은 평균적인 것이고 평범한 것이며 빈번한 것이자 인간 그 자체에 속하는 것이고, 합자연적인 것이다. 그에 반해 개별자는 특징적인 것, 특수한 것, 독특한 것, 일회적인 것이다. 사실 인간에게 일반적인 것은 늘 아주 커다란 한 무리의 인간들에 있어서 공통적인 것으로, 그것은 항상 사회적으로나 문화적으로 조건지어져 있고 제한되어 있다. 그것은 도덕 세계, 관습 세계, 습관 세계로 존재하고, 정확히 일종의 집단적인 무리의 형태로 나타난다.

이런 인간에게, 일반적인 것에 자신을 내맡기는 것은 모든 이들이 하는 대로 하고 자기 자신의 특별함을 포기하는 것을 말한다. 사람들은 '우리 모두'라는 느낌을 가지고 집단 속으로 빠져들고 개별자로서는 사라지지만, 집단의 힘을 의식하게 되는 흐름에 휩싸여 자신이 안전하게 보호받는다는 느낌을 갖는다. 사람들은 다수성을 긍정하고 의미가 있다고 생각하면서 다수성에 복종한다. 사람이 자신이 되지 못하고 다른 사람과 동일해지는 것, 이런 것은 수월하고 정도의 차이는 있지만 성공을 가져오며, 그것이 교설이 될 경우에는 가장 광적인 형태의 올바름의 의식과 함께 격정적으로 출현해 나와 자아의 헌신적인 해체 과정에 추진력을 제공해 주고, 인간 집단에 공통적이고 가장 원초적인 욕구를 만족시켜 쾌락을 제공해 준다. 이런 헌신은 지속적으로 자신을 착각하고, 부당하게도 전체에 대한 헌신이라고 자처한다(이 후자는 아래 'e)' 항목에서 전자와는 본질적으로 다른 것

226 같은 책, 260쪽.

으로 특징지어질 것이다).

이런 대립 속에서 삶을 살아가는 한 개인은 인간에게 일반적인 것이 아닌 자신의 개인적인 특성들에 가치를 부여하고, 오로지 이것들만 특수하다는 이유에서 자기 자신의 특별한 성향에 가치를 부여한다. 개인은 자신의 고유한 점을 강조하고, 모든 방식을 동원해서 자신과 인간 집단 간에 거리를 만들어 내고, 사회적으로 조건화되어 귀족주의적으로 배양된 고상함과는 혼동될 수 없는 이런 절대적 개인주의자의 독특한 '고상함'을 길러낸다. 인간은 자신의 내부에 놓여 있는 특별한 배아들이 발아해 성장해 나오기를 바라고, 그 자신이 하나의 다양성이자 토양으로, 그로부터 아주 특별하고 심오하고 독특한 체험, 운명 그리고 우연들이 자라 나오기를 바란다. 인간에게 있어서 최고의 가치는 특별함이라고 하는 특수성이다.

두 극단에 직면해서 인간은 하나의 전체로 존재한다. 인간은 자신의 특수성을 힘과 한계로 받아들이지 절대적이고 궁극적인 것, 강조된 것으로 받아들이지 않는다. 오히려 동시에 그는 보편적인 인간이기도 하다. 인간은 하나의 개별자이면서 동시에 인간 종이기도 하다. 인간은 개인으로서 인간 집단 속으로 용해되는 것도 아니고 고상함 속에 고립되는 것도 아닌 그 둘 모두일 수 있다. 하지만 그것은 연속적이거나 병렬적인 방식으로가 아니라 생생하게 살아 있는 종합 속에서 그럴 수 있다.

c) 필연적인 것

인간은 필연성들에 둘러싸여 그것들의 지배를 받는다. 말하자면 인간의 위쪽으로는 '보편타당한' 논리적‒윤리적 필연성이, 아래쪽으로는 '자연법칙적인 필연성'이, 그리고 그 둘 사이에는 무(無)가 인간을 위협한다. 게다가 사회에서도 인간은 필연적으로 운명에 직면하게 된다. 이미 '보편타당성'이 논의되었고, 이제는 좁은 의미에서 말해지는 '필연성'이 고려될 차례다. 그러나 구체적이고 개별적인 경우에서 필연적인 모든 사건들은 마찬가지로 우연인 것처럼 보인다. 왜냐하면 그런 것들에 대한 묘사에서 필연성에 대한 개연성과 암시가 아무리 크더라도, 일반 법칙만으로는 개별자의 운명을 충분히 절대적이고 필연적인 것으로 파악하지 못하기 때문이다.

이러한 상황은 개별적인 자아가 서로 상반되는 복수의 행동을 할 수 있게 해 준다. 개별자는 굴복해 체념할 수도 있고 분기탱천해 솟구쳐 오를 수도 있다. 개별자는 소름 돋는 우연에 직면해 자신을 구제해 주는 필연성의 사고로 안정을 취할 수도 있고, 그렇지 않은 경우 이러한 우연을 돌파해 나갈 수 있게 해 줄 자신의 행운이 있을 거라 믿게 해 주는 열정을 우연에 관한 사고 안에서 얻어 낼 수도 있다.

필연성에 복종한다는 것은 내가 자연의 메커니즘을 긍정하거나 체념함으로써 그것에 복종하는 것을 의미하고, 사회적 운명을 불가피한 것으로 여기고 내가 그것에 복종하는 것을 의미하며, 내 자신의 영적 경험, 관계, 체험들이 마치 내게 이미 주어져 있는 관계로 내가 부자유하기라도 한 것처럼 내가 그것들에 복종하는 것을 의미한다. 인간은 모든 저항을 포기함으로써, 고통과 즐거움을 겪음으로써, 자연의 메커니즘에 복종한다. 인간은 생명적인 것의 필연성, 자신에게서 진행되는 육체적이고 정신적인 조직 활동의 현상들, 저절로 왔다가 사라지는 쾌락과 즐거움으로부터 빠져나오지 못한다. 인간은 유리한 조건에서는 그런 식으로 살아가고, 불리한 조건에서는 아무 희망도 믿음도 없이 절망해서는 그냥 무너져 내린다. 인간은 결국 영적인 체험들을 부자유한 것으로 받아들이고, 그것들에 대해서 주인 의식을 갖지 못하고, 자신을 그것들 밖에 있는 하나의 점으로 여기고는 허무주의에 빠져 괴로워한다. 해당 범주 내에 있는 모든 영적인 것을 부자유한 것으로 분류할 수 있을 그런 질병(예를 들어 '신경증')을 들먹이는 가운데 인간은 자신을 정당화한다. 인간에게서 이러한 부자유의 영역이 커짐에 따라 인간은 의미에 대한 의식 및 자신에 대한 의식을 상실해 간다.

필연적인 힘들이 넘쳐나면서 개별자는 자신이 상실되어 가는 것에 맞서 저항한다. 자유는 개별자에게 삶의 조건이고, 개별자는 자연의 메커니즘에 대항해 실존을 감행한다. 그는 완력을 쓰고 자연의 메커니즘을 무시하기도 한다. 여기저기서 나타나는 신체에 대한 금욕적인 부정의 엄청난 발현들은, 자유에의 충동과 자유의 체험을 여러 동기들 중에서 한 요소로 자리잡게 한다. 다음과 같은 플라톤의 교설이 있다. 영원한 이데아들에 대한 순수한 인식 안에서 육체와 욕망과 시간에 따른 헛된 변화로부터 자유로워지는 것은 자신을 집어삼킬 듯이 위협하는 자연적 사회적 불가피성들에 대한 개인의 저항을 나타내 주는 적절한 표현이다. 윤리 의식은 기질과 운명이 그런 것을 결정해야 한다는 것에 저항한다. 자유를 향한 충동 속에서 인간은 자기 자신이 되려고 하고, 자신에게 죄가 있다는 것을 받아들이려고 할 뿐 부자유에 기반한 정당화는 거부한다. 인간은 자신의 신경증, 질병, 재능, 운명에 호소하지 않는다. 자신에게 죄가 있는 한에서만 인간은 자신이 자유롭다는 것을 알게 되고, 그래서 그는 죄의식 및 자신의 과업의 한계를 무한히 확장한다. 인간은 부자유를 자신의 것으로 인정함으로써 자신을 자유롭게 만들려고 한다.

이러한 '인정'(키에르케고르)은 개별적인 것과 필연적인 것 사이에서 벌어지는, 본래적으로 살아 있는 과정이다. 단순히 플라톤적인 방식으로 관조하는 사람, 금욕하면서 부정만 하는 사람은 필연성의 세계로부터 빠져나와, 부정된 것과 억압된 것이 다른 형태로 항상 되돌아오면서 그 대가를 치른다. 모든 삶이 그렇듯이 그 자체가 매우 비합리적이고 역설적으로 보이는 자유로운 인정만 깊이 침투해서 작용한다.

필연성의 반대가 가능성이다. 나는 가능성의 의식을 가지고 있는 것만큼이나 자유 의식도 가지고 있다. 이런 가능성은 나 자신에게 달려 있거나 그렇지 않으면 운명에 달려 있다. 나는 가능한 것 속에서 살아갈 수 있고 필연적인 것을 무시할 수도 있다. 그러면 나는 환상적이고 비현실적으로 살아간다. 그렇지 않으면 나는 필연성들에 복종하면서 살아갈 수도 있다. 그러면 나는 운명론과 결정론을 단순히 이론적으로만 생각하는 것이 아니라, 그러한 것들 속에서 살아가는 한 단순히 일반적인 것, 법칙적인 것 안에서 살아간다. 살아 있는 역설적인 것은 이제 가능성과 필연성의 통일이다. 가능성 속에서 살아가고 그 가능성을 동시에 필연성 안에 제한시키는 사람은 '현실적인 사람'이다.[227] 필연적인 것 속에서의 삶과 가능한 것 속에서의 삶의 일방적인 모습들이 특징지어져야만 하고, 삶은 이 양극단의 중간에 있는 역설적인 것으로 규정될 수 있다. 일반적으로 가능성과 필연성이 있는데, 유한한 자아는 둘 중 한쪽에만 선택적으로 얽매일 수 있지만, 무한한 자아는 둘 모두에 직면해서 그것들을 자신 안에 수용할 수 있다.

필연성이 빠져 있는 가능성 속에서의 삶: "그러면 자아에게 가능성은 점점 더 커가는 것처럼 보인다. 그런 것이 점점 더 가능해지는 것은 현실적이 되는 것이 아무것도 없기 때문이다. 결국에는 모든 것이 가능한 것처럼 보이지만, 그런 일이 벌어지는 것은 심연이 자아를 집어삼켜 버릴 때 일어나는 일이다. 순간 뭔가가 가능한 것으로 나타나고, 그다음에 새로운 가능성

227 키에르케고르는 다음과 같은 것을 가르친 적이 있다. "현실은 가능성과 필연성의 통일이다." 다음과 같은 일면적인 형태의 특징이 그에게서 유래한다. Søren Kierkegaard, *Werke 8: Forførerens Dagbog(The Seducer's Diary)*, 32~39쪽 참조. (옮긴이) 『유혹자의 일기』에서 키에르케고르는 욕망과 소유로서의 사랑의 폐해에 대해 이야기한다.

이 출현한다. 마지막에는 이런 환상들이 연속해서 빠르게 나타나기 때문에 모든 것이 가능한 것처럼 보인다. 이는 마지막 순간에 개인 자체가 온통 허상이 되어 버리는 순간이다. … 사실 그에게 누락되어 있는 것은 원래 사람들이 자신의 한계라고 칭할 수밖에 없는 그 어떤 자신 내부의 필연성에 순종하고 굴복하는 힘이다. 그래서 불행이라는 것은 그런 사람이 세상에서 아무것도 되지 않았다는 것이 아니다. 아니, 불행이라 함은 그가 자신, 즉 자신의 자아가 아주 특정한 그 어떤 것이고 그래서 필연적인 것에 주의를 기울이지 못했다는 것이다."

가능성이 빠져 있는 필연성 속에서의 삶: "결정론자, 숙명론자 … 이런 사람에게는 모든 것이 필연적이기 때문에, 그런 사람은 절망한 사람으로서 자신의 자아를 상실해 버린 사람이다. … 결정론자의 자아는 숨을 쉴 수 없다. 왜냐하면 인간의 자아를 질식시키는 필연적인 것만 호흡하는 것은 불가능하기 때문이다." "인격은 가능성과 필연성의 종합이다. 그것의 존속은 그래서 숨쉬기, 즉 들숨과 날숨에 유사하다." "사람이 자포자기하려고 할 때 하는 말이 있다. '가능성을 창조하라, 가능성을 창조하라, 유일한 구원자는 가능성뿐이다. 가능성을 창조하라!' 그러면 절망하던 사람은 다시 숨을 쉬고 되살아난다. 왜냐하면 가능성이 없으면 인간은 숨 쉴 공기를 얻을 수 없기 때문이다."

필연성이 절대화되느냐 아니면 가능성이 절대화되느냐에 따라 인간의 세계상이 전형적으로 대립적인 형태를 취하는 동안, 살아 있는 자아의 세계상은 그 둘을 역설적으로 종합하려고 노력한다.

가능성의 세계상은 우연성을 절대화한다. 운명의 여신 튀케가 세계를 지배한다. 인간은 불합리하고 무의미한 세태의 모든 것들을 두려워할 수 있지만, 만약 인간이 강한데다가 자신의 행운조차 믿는다면, 또한 모든 것까지도 희망할 수 있다. 두려움이 많은 인간의 마음을 진정시킬 수 있는 것은 우선 인간이 우연성 대신 법칙성, 필연성을 볼 때이다. 인간세계에서는 이제 필연성이 지배하고, 운명은 법칙적이고 일정하게 결정되어 있다. 점성술적인 믿음을 일으키는 동기 중 하나는, 인간들이 벗어날 수 없는 운명을 인식할 뿐 그것을 영리하게 지배하려고 하지 않는 한, 아모르 파티(amor fati, 주어진 운명을 사랑하는 것)다.[228] 무자비한 강요가 그들을 짓눌러도 그런 사람들은 '우연의 무의미한 자의성'으로부터도 해방되게끔 되어 있다. 그런 무자비한 강요에 대한 통찰은 영혼에 평화를 안겨 준다. 필연성이 가져다주는 이러한 위안은, 가장 순수한 형태로는 예를 들어 스피노자의 세계상에서 찾아볼 수 있다.

그가 가르친 이런 교의가 있다. "영혼이 모든 사물을 필연적인 것으로 인식하는 한, 영혼은 정서에 대해서 그만큼 더 큰 지배력을 갖거나 그것으로 인해서 더 적은 고통을 받는다"라고 스피노자는 자신이 저술한 책의 한 주석에서 언급하고 있다. "이러한 인식, 즉 사물들이 필연적이라는 인식이, 우리가 더욱 명확하고 더욱 생생하게 표상하게 되는 개별 사물들로 확장될수록, 정서에 대한 영혼의 권력은 그만큼 더 커진다. 실제에 있어서 이것은 또한 경험으로도 확인된다. 왜냐하면 분실한 물건에 대해 느끼는 슬픔은, 물건을 분실한 사람이 그 물건은 어차피 되찾을 수 없을 거라고 생각하는 순간 즉시 완화된다는 것을 우리는 알고 있기 때문이다. 우리는 또한 그 어느 누구도 어린아이가 말을 못하고 걷지 못하고 이성적으로 생각할 수 없다고 해서 그 아이를 불쌍히 여기지는 않을 것이라는 사실을 알고 있

228 볼(Franz Boll)은 이를 『별에 대한 믿음과 별의 해석(*Sternglaube und Sterndeutung*)』 (Leipzig, 1918)에서 수행했다.

다. 하지만 대부분의 사람들이 성장한 상태로 태어나는데 어느 한 사람만 아이로 태어났다고 한다면, 모든 사람들은 그 아이를 불쌍하게 여길 것이다. 왜냐하면 사람들이 어리다는 것을 자연스럽고 필연적인 것으로 여기는 것이 아니라 자연의 결함이나 결핍으로 간주할 것이기 때문이다.[229] 스피노자는 사물을 특정한 시간과 장소와 관련해서 존재하는 것으로 파악하는 것과, 사물을 신적 본성의 필연성으로부터 유래하는 것으로 파악하는 것을 서로 대조시킨다. 필연성에 대한 이러한 식의 파악을 스피노자는 '일종의 영원성 아래에서(sub specie aeternitatis)' 파악하기라 칭한다. 사물을 이런 식으로 보는 지혜로운 사람은 마음이 요란한 경우가 거의 없고, 일정의 영원한 필연성에 준해서 자기 자신, 하느님, 그리고 사물을 의식한다. 사물을 우연적인 것이 아닌 필연적인 것으로 간주하는 것은 이성의 본성이다.

현자에 대해 스피노자가 그려 내는 모습은 유혹적이다. 목석 같은 무감정 속에서 스피노자는 모든 것을 필연적인 것으로 보고, 개별적인 것, 시간-공간적으로 정해져 있는 것을 무상한 것으로 본다. 인간은 필연성, 법칙, 로고스의 일반적인 것 안으로 용해된다. 모든 곳에서 인간은 거시적인 관점 아래 모든 현존하는 것들에 내재해 있는 필연성을 형이상학적으로, 역사적으로, 과학적으로 바라본다. 그리고 이런 필연성에 직면해서 안정을 도모하는 훈련을 하는데, 그는 필연성 속에서 신화적인 사랑에 빠져 개인으로서는 사라진다.

이런 철학에 완전히 물들여져 있던 스피노자의 독특한 개인적인 모습은 이러한 세계상이 이런 심리적인 영향을 종종 미치지는 못한다는 사실을 숨기지 못한다. 필연성에 대한 단순한 고찰은 개인적인 감각, 자아의 임무

••
229 Baruch Spinoza, *Ethica*, V, 6.

를 도외시하는데, 특히 다른 사람들이 겪는 모든 불행에 대해 저렴한 위로를 제공해 주고, 자신은 현장에 참여해 있지 않은 상태에서 세상에서 일어나는 사건들을 마치 로마 대화재 같은 것을 지켜보듯 그저 지켜보기만 한다. 이런 것이 겉으로 잘 나타나는 한 개인 자신은 그런 세계관이 각인되지는 않은 상태에서 우연히 만족해하면서 쉽게 그런 세계관을 추종하겠지만, 그런 세계상이 스며들지 않아서 상황이 달라질 경우에는 절망하기 쉽다. 그러한 세계관에 젖어 드는 것은 거의 불가능한데, 그 이유는 경험이 인간을 일반적인 필연성 속에서 존재하게 만들기보다는 오히려 늘 무한하게 비합리적인 개인으로 존재하게 만들고, 필연적인 연관들에 대한 모든 합리적인 예측이 가능하더라도 전체적으로는 마지막에 가서 비합리적인 운명으로 존재하게 하기 때문이다. 인간은 항상 자신의 가능성, 절대적으로 개인적인 자기, 개별자로서의 자신을 느낀다. 인간은 의미 없는 우연성을 만나 희망 없는 두려움에 휩싸이는 것에 저항할 뿐 아니라, 개인으로서의 자신을 지양하게 하고 인생의 남은 여정을 하릴없이 살아가게 하고 결정할 아무 과제도 없어서 자신의 개인적인 삶을 완전히 무의미하게 나타나게 하는 그런 무감정의 영혼의 평화에 대해서도 저항한다.

키에르케고르는 루트비히 뵈르네에게서 나타나는 필연성의 세계관과 위안을 조롱했다. 비록 진부한 형식으로 묘사된 것이기는 해도 그것은 방금 특징지어진 세계상과 동일한 성질의 것이다. 뵈르네는 소도시에서 살아가는 사람은 몇몇 불행한 사건과 범죄 사건에 휘말리게 되면 "사람에 대한 적개심과 신의 지혜로운 섭리에 대해 분노의 유혹을 받기가 쉽지만, 파리 같은 대도시에서 발생하는 사고와 범죄 일람표 형식의 개요는 개별적인 사건들이 주는 당혹스러운 인상을 완화시켜 준다"는 사실을 발견한다. 키에르케고르가 전해 주고 있는 바에 따르면, "사람은 자신이 직접 불행을 당하지 않는 한, 편안한 마음 상태에서 당혹스러운 일을 겪는 것을 방지할 수 있는 방편을 소유한다. … 그리고 만약 누군가가 기아로 죽어 가야 한다면, 매년 얼마나 많은 사람들이 기아로 죽는지를 오로지 표에서 찾아보고는… 위안을 삼는다." 뵈르네가 기재한 이런 내용에 키에르케고르는 괄호를 사용해서 다음과 같은 말을 추가한다. "거기(파리)에서 우리는 악의 자연적인 필연성을 인식하고 있다. 그리고 필연성은 자유보다도 더 나은 위안이 된다. (특히 사람들이 더 이상 고통을 받지 않기 때문에 더 이상 위로도 필요하지 않을 때 그렇다)."**230**

자신의 마음 안에 일반적인 것이 현전하도록 애쓰는 사람은 하나의 세계상을 필요로 할 것이다. 그러한 세계상 안에서는 필연성이 우연성을 소멸시키기도 하지만, 결코 그치지 않는 가능성이 실천적으로, 필연성이 개별적인 모든 구체적인 것들에 대해 미치는 영혼적인 영향을 지양하기도 한다. 그러한 세계상으로는 예를 들어 ― 아마도 다수의 대중에게 역사적으로 영향력 있는 유일한 것으로는― 장 칼뱅의 예정설이 있다. 이 이론은 애초부터 모든 것을 지배하고 있음에도 그것이 개별적인 인간 자신과 다른 개인들에게 어떻게 작용하는지에 대해 개별적인 인간들은 궁극적으로 결코 의식할 수 없다. 따라서 모든 것은 가능한 것으로 머물러 있고 실천적으로는 인간의 활동을 극도로 자극한다. 여기서 세계상은 단지 영원한 행복의 문제나 저주(은혜의 예정)의 문제하고만 관련해 있다. 그러한 예정 속에 내재되어 있는 필연성은 스피노자의 그것과는 전혀 다른 특징을

---

230 Søren Kierkegaard, Werke 4: *Stadier paa Livets Vei*, 444쪽 이하. (옮긴이) 『인생길의 여러 단계』에서 키에르케고르는 삶을 (심)미적, 도덕적/윤리적, 종교적 단계로 구분하고 있다.

가지고 있다. 그런 필연성이 개인적인 필연성이라면, 스피노자에게는 오로지 일반적인 필연성만 존재할 뿐 개인적인 필연성은 아무것도 아닌데다가 아무 상관도 없다. 일반적인 것에서만 필연성을 보고 개인이 일반적인 것으로 파악될 수 있는 한에서만 거기서 필연성을 보는 세계상은, 개인이 자신과 타자, 즉 개별적인 자아에만 초점을 맞출 경우 개인의 가능성을 결코 파괴시킬 수 없을 것이다. 자아가 저러한 일반적인 필연성들로 남김없이 흡수될 수밖에 없을 때, 그리고 필연성이 ─ 그것이 가지고 있는 논리적인 의미와는 모순되게 ─ 개인을 변화 불가한 운명으로 직접 통제할 때만, 그런 자아는 자신이 파괴된다는 느낌을 갖게 된다. 일반적인 필연성은 철학적인 세계상으로 존재할 수 있지만(그리고 개인에게 공간을 제한하기보다는 오히려 개인을 본래적인 실체의 극단으로까지 끌어올릴 수 있을 것이지만), 개별적인 인간의 필연성은 그것이 사고로는 불가능하기 때문에 신비적인 세계상, 서사적인 세계상으로만 묘사될 수 있다.

d) 인간 일반

인간에게 일반적인 것을 우리는 일반적인 것, 일반적으로 알려져 있는 것, 평균적인 것, 통상적인 것의 합이라고 했다. 인간 일반이라는 것은 전체성의 이념이다. 평균화되어 있고 서로 닮아 있는 것을 말한다. 인간 일반은 빈번한 것과 희귀한 것, 통상적인 것과 정선된 것 간의 차이에 대해 무차별적이고, 오히려 위계적으로 적절하면서 조화롭게 형성하는 가운데 인간적인 것을 자체 내에 받아들이는 것, 그런 도달할 수 없는 인간적인 것 전체를 말한다.

르네상스 시대에는 단순히 능력과 체험의 다양성에서 느끼는 즐거움으로 보편적 인간이라는 이상이 존재하고 있었다. 인륜성이라는 이상으로서의 인간적인 것 일반에 대한 헌신은 그 심오한 표현이 독일 관념주의 시대에서 발견된다. 이 이념에 따르면 인간은 자신을 소우주로 느끼고, 자신 안에서 인간의 전체성을 실현하는 노력을 기울인다. 그런 인간에게 개별적인 것은 그 어느 것도 절대적이지 않으며, 모든 것은 전체와 관계를 맺고 있다. 순간의 체험, 구체적인 운명 속에서 절대적인 것이 잠깐 체험되지만, 그것은 다른 더 나아간 인간의 과업 일체와 갈등하는 가운데 즉시 사라져 버린다. 순간에서 느껴지는 절대적인 것은 추후에 상대화되고, 내면의 혼란과 죄의식에서는 개별자와 전체성 간의 이율배반이 경험된다. 하지만 그런 이율배반은 (전체성으로서의 인륜성의 이념 속에서, 문학적인 세계상 속에서, 다양한 인물들의 창조 속에서, 또는 철학 개념들을 통한 고찰 속에서) 조화롭게 해결되는 경향이 있다. 모든 것들은 나중에는 다른 여러 체험들 중에서 일부 체험이 되는데, 그것들은 원래 영원하고 절대적인 것으로 여겨지던 것들이다. 모든 개별자가 해체되는 것을 진지하게 여기는 한, 인간의 성장은 처음에는 모든 영역에서 인간이 각 개인, 다른 성의 타자, 각각의 직업을 가진 이들과 내밀한 관계를 맺을 수 있게 인도해 주지만, 인간을 확고하게 붙잡아 두려고 했던 이러한 관계들은 계속해서 해체되고 인간은 삶의 과정에서 점점 더 외로워지게 된다. 이는 인간이 이해받지 못해서가 아니라 인간이 개별자와, 특히 사랑에 있어서, 무조건적인 관계를 맺어 보겠다는 절대적인 결단을 발견하지 못해서 그것을 확정짓지 못했기 때문이고, 인간이 자신을 떠나 하나의 인간 그 이상이 되려고 하는 것, 즉 전체성, 인간 일반, 소우주가 되려고 하기 때문이다. 인간은 자신의 삶의 과정에서 경향상 점차적으로 더 많이 고찰적이고 반성적으로 되어 갈 것이다. 왜냐하면 인간이 하는 모든 체험들은 점차 상대화되고 제한되는 경향이 있고, 그런 체험들 중에서 어마어마한 훈련을 통해서 철저하게 잘 구조화되고 정돈되어 점차 덜 개별화되는 자아만 남을 것이기 때문이다. 인간성의 이상에서는 삶을 살아가는 것 대신에 그것을 고찰하는 것, 즉 그 모든 것을 이해하는 것이 이념적인 측면에서가 아닌 사실적으로 추구된다. 윤리까지 포함해서 인간은 모든 영역들을 받아들이기 때문에 자신의 개별 운명들이 해체되고 그에 대한 불신이 생겨날 때, 그로 인해 심히 괴로워하게 되고 체험을 위해서 운명이 일어나는 것을 의식적으로 거부한다. 이런 경향이 그에게는 어쩔 수 없이 존재하기 때문에, 그에게는 욕망을 포기해야 된다는 원칙과 고통을 참아 내야 한다는 원칙만 남고, 그런 부정적인 성취 속에서만 그는 윤리에 복종한다. 그 이유는 인륜성에 모순되는 개별자로서의 그가 절대적인 것을 경험할 수 있는 긍정적인 결단을 내리지 못해서 절대적인 것을 체험할 수 없기 때문이다. 아주 훌륭한 예로서 괴테가 언급될 수 있다. 그는 나중에 한 여성에 대한 모든 사랑을 포기했는데, 크리스티아네 불피우스라는 여성에 대한 사랑을 인내해 냈다. 인간의 세계상은 결국 조화롭고 낙관적이다. 제반 세력들 간의 모든 투쟁에서 조화로운 해결로 나아가는 경향이 인간을 지배하고, 인간은 세계 속에 이런 조화가 형성되어 있는 것을 목격하며, 자연을 신뢰하고, 인간에게 절대적으로 이율배반인 것을 거부한다(괴테는 칸트가 급진적인 악을 가르쳤다고 불평하면서 비판한 적이 있다). 인간이 실행할 수 없는 것이 있는 한(그리고 그 어느 누구도 인간보다 더 진실하고 더 객관적이지 않은 한) 인간은 그런 실행할 수 없는 나머지를 불가사의한 것으로 바라본다. 괴테의 세계상을 관통하는 괴물적인 것은 모든 곳에서 존경받는 한계로 그려진다. 인간은 거대한 양자택일의 문제로부터 빠져나오려 하고, 모든 것을 이해하면서, 힘들을 강제로 분열시키고 충돌시키는 소용돌이 안으로 빠져들지 않으려고 한다. 인간은 영웅적이지는 않아도 조화롭게 연결하는 특징이 있다. 인간은 하나의 카드에 모든 것을 걸지 않는데, 그것은 그에게 그 어떤 구체적인 개별자도 절대적이 될 수 없기 때문이다. 그의 힘들은 한 점으로 집중되지 않고, 자신을 거세게 일으켜 세우지도 않으며, 행동으로 세계를 움직이거나 자기 스스로 파괴되지도 않으며, 끊임없이 광활해지는 흐름 안에서 조용히 흐르면서 모든 것과 접촉하고, 모든 것들에게 뭔가를 제공해 주면서 전진해 나간다. 인간의 성격은 가장 풍요롭고 가장 충만한 모습으로 변해 간다. 그것은 이런 말일 수 있다. '나는 인간의 어떤 것도 내게 낯설지 않다고 생각한다(nihil humanuni a me alienum puto).' 그렇지만 이것과 반대되는 특징을 갖는 것 하나만 제외하고 말이다.

인간은 하나의 구체적인 운명에 결정적인 가치를 부여함으로써 인간 일반이라는 전체성으로부터 빠져나온다. 인륜성이라는 이상에서 모든 개별자들은 유기적이고 보편적인 전체를 위해서 상대화되지만, 그에 반해 저러한 인간은 구체적인 것에 대한 절대주의자가 된다. 인륜적인 인간은 모든 것을 극복해서 동화시키고, 절대주의자는 체험을 — 예를 들어 어떤 한 인간에 대한 사랑을 — 삶의 궁극적인 운명이 되게 할 수 있다. 인륜적인 인간의 관점에서 볼 때 이런 것은 난폭하고 부자연스럽고 뒤틀린 것이다. 절대주의자의 관점에서 인륜적인 인간은 더 이상 존재하지 않는다. 왜냐하면 인륜적인 인간은 이승에서의 모든 유한적이고 구체적인 것을 이미 실존이 아닌 단순한 고찰을 위해서 존재하는 하나의 전체로 상대화해 버리기 때문이다. 인륜적인 인간은 결국 전지전능한 존재로서는 아무 실체도 없이 꺼져 버리는 경향이 있는 반면, 절대주의자는 실존적으로 비로소 영원한 의미, 실체를 획득한다. 왜냐하면 절대주의자는 오로지 유한적인 것 속에서 무한하게 실존할 수 있기 때문이다. 절대주의자는 — 그에게는 이것이 삶인데 — 좁은 길을 통과해야만 한다. 소원, 운명은 그에게 의미가 된다. 인륜적인 인간은 항상 모든 개별적인 운명, 개별적인 체험의 배후에 서서 그런 것을 하나의 '체험'으로 상대화해 수용하는 '완전한' 인간으로 발전된다. 절대주의자의 특징은 그가 형식화된 종류의 일반적인 명령들에 순종하지 않는다는 사실이다. 하지만 그는 구체적으로 선택하지 않을 때, 자신의 선택을 고수하지 않을 때, 충실하지 않을 때, 실존에서 절대적인 것을 경험하지 못할 때, 상실된 자신의 본질을 얻고자 고군분투한다.

저러한 대립은 위대한 인물들 사이에서도 존재한다. 한편에는 플라톤, 괴테, 훔볼트가 있고, 다른 한편에는 소크라테스, 키에르케고르가 있다.[231] 사람들이 한쪽에 최고의 가치를 부여하자마자, 다른 쪽은 모든 인간적인 충만함과 인간적인 모습에도 불구하고, 절대주의자가 가지고 있는 모든 힘과 무조건성에도 불구하고 같은 기준에 따라 가치를 상실한다.

진실된 인물들은 전인적인 모습으로 존재한다. 진정한 인물들 뒤에는 그보다 훨씬 더 빈번하게 볼 수 있지만 진실하지 못한 인물들이 물 흐르는 듯한 순서로 이어진다. 절대주의자의 뒤에는 단순한 광신자들, 고정관념을 가진 자들이 이어진다(예를 들어 절대주의자는, 고찰이나 사고에서 보편적이고 상대주의적이지만 오로지 삶에서만 절대주의자가 된다), 인륜적인 인물 뒤에는, 책임 없이 많은 것을 배우고 할 수 있으며 체험은 하지만 동화시키지 않음으로써 전체 형태로 나아가지 못하는 인물이 이어진다.

진실한 절대주의자 유형에 대해 키에르케고르는 다음과 같이 아주 명료하게 말했다.

"다양한 것들이 '동시에' 존재할 수 있다. 그리고 의미가 적은 것일수록 그만큼 '동시적'이 되는 것이 용이할 수 있다. … 하지만 의미의 중요도에

231 키에르케고르는 괴테의 특징을 기술하고 있다. Søren Kierkegaard, Werke 4, 129~135쪽.

따라서 의미가 있는 것은 동시에 다른 것이 될 수 없는 특성이 있다."[232] 고트홀트 에프라임 레싱은 진리에 대한 유일하면서도 항상 활성화된 충동에 대해서 다음과 같이 말한 적이 있다. "'유일무이한'이라는 말은 많은 생각보다는 하나의 생각, 하나의 유일한 생각을 갖는 것이 더 낫다는 의미에서, '무한한'이라는 말 말고 다른 어떤 말로도 더 잘 이해될 수 없다."[233] "소크라테스는 그리스에서 가장 인기 없는 사람이었는데, 그것은 그가 무수히 많은 생각을 하면서도 말은 가장 단순한 사람처럼 하기 때문이다. 하나의 생각을 지속적으로 유지하는 것, 윤리적인 열정과 정신의 대담성을 가지고 그 생각을 관철해 나가는 것, 그 생각에 내재해 있는 대립들을 대단한 열정과 공평무사함을 가지고 자신에게도 마찬가지로 적용하는 것, 그래서 동시에 그것에서 가장 심오한 진지함과 가장 유쾌한 농담, 가장 심오한 비극과 최고의 희극을 보는 것, 그런 것은 어느 시대를 막론하고 늘 인기가 없다."[234] 어떤 인간이 개별적인 것에서 절대적인 것을 얻어 낼 때, 그것을 키에르케고르는 "무한 운동을 일으키는 것"이라고 말한다. 무한 운동을 완수하는 '기사(騎士)'는 "우선 삶 전체의 내용과 현실의 의미를 하나의 유일한 소원 안에 집약시킬 수 있는 힘을 갖게 될 것이다. 어떤 사람에게 이러한 집중, 이러한 완결성이 결여되어 있고, 그의 영혼이 처음부터 여러 다양한 것들로 향해 있다면, 그는 결코 그런 운동을 실행에 옮기지 못할 것이다. … 더 나아가 기사는, 사고 활동의 모든 결과를 하나의 의식 활동에 집약시킬 수 있는 힘을 갖게 될 것이다. 그에게 이러한 자기완결성이

• •
232 기독교에 대한 공격. Søren Kierkegaard, Werke 4, 108쪽.
233 Søren Kierkegaard, Werke 6, 193쪽.
234 Søren Kierkegaard, Werke 4, 383쪽.

결여되어 있다면, 그의 영혼이 애초부터 여러 가지를 지향한다면, 그는 운동을 완수할 시간을 결코 획득하지 못할 것이다. … 그런 사람은 자기 삶의 전체 내용이 찰나의 순간에 결정되었어야 한다고 바라기에는 너무도 자긍심이 강한 사람이다"[235]

절대주의자는 하나의 생각을 가지고 있는데, 그 생각은 삶이 본질적인 곳이면 어디서나 무조건적이고 배타적이다. 그에게는 본질적인 것만이 중요하다. 그는 자신의 아버지(신), 자신의 종교에 절대적으로 충성하고, 오로지 한 여인만을 사랑하고 마침내 그 여인에게 속박된다. 그럼에도 불구하고 절대주의자에게는 전체적인 인간이 되는 것이 의무다. 이런 것은 절대주의자의 존재 전체에 퍼져 있고, 그래서 이런 특성이 또한 그를 단순한 광신자와 구별되게 해 준다. 왜냐하면 전혀 다른 특성을 지닌 둘의 대립이 있기 때문이다. 보편적으로 교육받은 인간, 정신 구조가 전체적으로 발전되어 있는 인간과, 특수하고 일방적인 능력 및 이해력을 소유하고 있는 인간은 서로 대조된다. 이러한 대조는 실존의 본질과 관련이 있는 것이 아니고 실존의 형식과 관련이 있으며, 구체적이고 개별적인 것과 관련이 있는 것이 아니고 정신적인 것의 매개체와 관련이 있다. 두 번째로 (이러한 대조는 이런 전체적인 묘사 안에서 그 의미가 있는데) 자신의 개인의 운명, 자신이 체험한 것, 그리고 인간관계를 본질적으로 자신의 성장을 위한 자료로 여기고 그것 모두를 상대화하는 인간이 있는가 하면, 그와는 대조적으로 사적인 것, 운명을 절대적으로 받아들여 충실하게 유지하는 또 다른 유형의

••

235 Søren Kierkegaard, Werke 3, *Philosophiske Smuler*(*Philosophical Fragments*), 36쪽 이하. (옮긴이) 『철학적 조각들』에서 키에르케고르는 그리스도교 신앙을 이성이나 도덕으로는 정당화할 수 없는 순수한 믿음으로 논하고 있다.

인간이 있다. 전자는 결국에는 자신의 존재를 용해시켜 버리기 때문에, 인간 일반의 이념으로 용해되어 버린다. 후자의 존재 이유는 그런 구체적으로 현실적인 것이 그에게 절대적인 것을 매개해 주고, 개별적인 것이 그에게 본질적으로 상대화할 수 없는 것으로 남아 있기 때문이다. 그러나 이 두 번째 유형에게는 첫 번째 유형의 인간에게는 전혀 없는, 상대화 가능한 것과 상대화 불가능한 것 간의 경계가 객관적으로 규정될 수 있는 것이 아니고, 오로지 실존 속에서만 존재한다. 인륜적인 인간에게는 교육 전체가 궁극의 목표가 되는데, 그러한 목표 내에서 실존의 절대성은 사라져 버린다. 절대주의자에게 교육 전체가 목표로 남아 있기는 하지만, 그렇다고 절대적인 것으로 남아 있는 것은 아니다. 이를 특징짓는 데 있어서 다시 키에르케고르가 했던 말이 유용할 수 있다. "우리는 모든 것을 할 수는 없다"라는 말은 삶의 어디서나 타당한 말이지만, 그렇다고 사람들이 수행해야 하는 과제를 망각해서는 안 되며, 부분적으로는 안타까운 마음을 가지고 일면성을 고찰해야 하고 이런 마음은 모든 일에 뛰어들겠다기보다는 질서 잡힌 뭔가를 해 보겠다는 강한 결단으로부터 비롯되어야만 한다. 모든 유용한 개별성은 늘 뭔가 일면적인 측면이 있고, 그러한 일면성은 그것의 진정한 위대성을 보여 주는 간접 증거일 수는 있어도 위대함 그 자체는 아니다. 2등 자리인 강력한 일면성은 도달할 수 있는 거의 최고의 자리이지만, 그것이 2등 자리라는 사실을 잊어서는 안 될 만큼 우리는 아직 이상 실현으로부터 멀리 떨어져 있다."[236]

　여기서 말하는 전체성은 실존의 단순한 매개체인 정신 구조를 말한다. 고정관념을 가지고 있는 사람은 불가피하게 파편화를 증가시키는데, 이런

236 Søren Kierkegaard, Werke 7, 43~46쪽.

파편화는 삶의 한계상황으로 인해 정신 구조에서도 출현한다. 그러나 정신 구조와 관련해서 절대주의자가 느끼는 '전체를 향할 의무'는 그가 보기에 물질적인 것, 실제의 운명 속에서는 양자택일과 모순율을 배제하지 않는다. 그가 삶에서 이런 것을 고수한다고 하는 사실이 그를 절대주의자로 만들고, 그가 자신의 정신 구조(교육)를 따라 총체적인 것을 향해서 노력한다는 사실이 광신자로부터 그를 구분해 준다. 절대적인 양자택일은 개별자로서의 그에게만 존재하는 것이고, 상호 소통 가능한 모든 것, 일반적인 것은 그에게 총체적인 인간성이라고 하는 저 매개체 안에 존재하고 있다.

앞서 묘사되었던 대조, 즉 조화롭고 인간적인 보편주의와 이율배반적인 절대주의 간의 대조를 우리는 마지막으로 다시 한 번 몇 가지 주요어를 사용해 그 특징을 기술해 볼 수 있다.

절대주의자는 모든 일반적인 것을 상대화하므로 그에게 있어서 절대적인 것은 온전히 개별적인 것이며, 그는 자신이 그 안에서 실존하고 있다는 것을 의식한다. 인륜적인 인간은 개별적인 것을 상대화하고 그것을 가능성으로, 교육 자료로 변형시키는데, 이로 인해 구체성이 사라질 수 있다. 절대주의자는 구체적인 것을 '인정하지만', 인륜적인 인간은 그렇지 않다. 절대주의자에게 절대적인 것은 개별적임과 동시에 개인적인 것이다. 절대적인 것이 개인적인 것에서 순수하게 실현되지 못할 때, 그것은 인륜적인 인간에게서 경시된다. 인륜적인 인간은 시선을 늘 밖으로 향하고, 그래서 또한 모든 것들을 다양하게 상대화할 수 있다. 인륜적인 인간은 그것을 제한된 것에 한정된 것으로 느끼는데, 그 제한된 것은 절대주의자에게는 본질적인 것이다. 인륜적인 인간이 사랑하는 것은 전체적인 힘인데, 이는 개별 대상에도 적용된다. 절대주의자가 사랑하는 것은 자신에게는 절대적인 존재인 각각의 개인을 향한 사랑 안에서만 존재한다. 인륜적인 인간은 이념만 고양시키는데, 각각의 개인은 그러한 이념의 단편적 모습일 뿐이다. 절대주의자는 개인을 하나의 이념으로 사랑하며, 그 이념만 해도 그에게 는 일종의 환상적으로 일반적인 것이 된다. 두 유형 모두 이미 도달한 것 에는 만족하지 못하는데, 그 이유는 둘 모두가 이념 아래 살아가기 때문이 다. 하지만 인륜적인 인간은 상대화하고 포기하고, 절대주의자는 완전히 본질적으로 시작된 이런 개별적인 과정에 모든 의미를 부여하고 그 과정이 이념 아래 계속 진행되도록 한다. 인륜적인 인간은 자신의 현존을 위해서 비자의적으로 이념이라는 의미의 보편타당성도 생각하지만, 절대주의자는 자신에게 절대적인 것인 개별적인 것이 자신의 입장에서는 이념 아래에 있 는 것으로 보기는 해도 모든 이들에게 통하는 보편타당성을 가지고 있는 것으로 여기지는 않는다.

e) 사회적인 전체성

단순한 집단과 달리 사회적인 전체성은 그 어떤 구조를 하고 있다. 국 가, 민족, 가족은 합리적인 투명성에서 시작해서 자기 자신 안에서 생생하 게 느껴지는 불투명한 실체라는 이념에 이르기까지 상당히 이질적인 구조 를 갖고 있을 수 있다. 모든 것들을 마주한 인간은 자기 자신이 포섭되어 헌신하며 예속되어 있다고 느끼며, 저항감과 함께 자신이 개별자로서 고립 되어 있다는 느낌을 받는다. 그렇지 않으면 그는 자신의 자아를 결국 확장 해서 지배적이게 만드는데, 이 모든 것은 그의 의지와 전체 의지가 일치하 고 그와 동시에 그가 자의식 속에서 개인이자 전체가 되고, 공동체가 그의 형성적인 활동을 효과 있게 하는 매개체가 됨으로써 실현된다.

헌신된 자의식은 본질적으로 자신을 개인이 아닌 집단의 일원으로 느낀 다. 그에게 정치적인 현존, 사회적 존재로서의 현존이 의미와 행복인 것이지 개인 자체는 무의미하다. 자신의 토대가 되는 자신의 종족, 자신의 민족, 자신의 국가로부터 분리된 이런 인간은 마치 죽어 있는 것처럼 느끼는 반면, 환상적으로 모든 것으로부터 쉽게 분리되는 인간은 자신의 뿌리 없이 인간 일반 혹은 보편적인 인간으로 느낄 수 있다. 속이 텅 비어 있는 개개 원자의 추상성과 절대적인 구속 사이에는 여러 형태의 경험적인 인간들이 놓여 있다.

모든 실존 영역에서 서로 대립해 있는 것들이 추적될 수 있다. 예를 들어 일의 영역에서 서로 대립해 있는 것들로는, 사람 각자의 소유물이자 지배의 영역이기도 한 도구를 가지고 하는 일과, 하나의 조직 내 도구 앞에서만 할 수 있는 일이 있다. 개인의 사적인 목표에만 기반해서 개인적으로만 성취할 수 있는 일이 있는가 하면 공동체를 통해야만 성취될 수 있는 일도 있다. 자신이 하는 일을 통해 세상을 변화시키고 형성하는 데서 느끼는 기쁨, 즉 개인적인 지배 의식과, 어느 한 집단의 구성원으로서 집단 노동을 통해서 이루는 세계 형성에서 느끼는 기쁨, 즉 집단 구성원으로서 느끼는 지배감은 서로 대비된다.

현존하는 집단 및 조직들은 스스로를 객관적인 것으로 여기고 외적으로는 물론이고 내적으로도 인간의 영혼에 어마어마한 강제력을 행사하는데, 이런 강제력에 인간이 저항할 경우 인간은 실존을 박탈당하게 된다. 이와는 대조적으로 개인주의자는 국가, 질서, 사회가 개인에 봉사해야 하며 그 반대가 되어서는 안 된다는 이론을 제시한다. 그 자체가 개인들의 총합에 불과한 전체에 개인을 희생시키는 것은 잘못이라는 것이다. 전체는 개인의 목적을 위한 장치일 뿐 그 외 아무것도 아니라는 것이다.

이러한 양극단과는 대조적으로 삶을 구체적으로 살아가는 인간은 자신의 뿌리, 자신의 특수한 조건성 및 이러한 개인의 절대적인 가치를 의식한 상태에서 삶을 살아간다. 인간은 개별자로 실존할 수 있지만, 그것은 오로지 그가 동시에 전체를 수용함으로써이다. 그런 사람에게 개인은 그 자신이며 동시에 자신의 입장에서는 따로 분리될 수 없는 전체의 한 부분이다. 그런 사람은 자신이 구성원으로 있는 전체의 가치와 무가치를 짊어지고, '인정하고', 조상의 죄를 짊어지고, 심지어 조상과 함께 죄의식을 느끼겠다는 열정을 가진다.[237] 그런 사람은 자신이 어디서 왔는가를 외적으로도 그렇지만 내적으로도 부인할 수 없다. 그런 사람은 충실할 뿐 아니라 실질적으로 연결되어 있다고 느낀다. 하나의 단순한 개인은 결코 추상적인 원자로 존재하지 않는다. 개인은 사회를 통해서만 존재하며, 사회 없이 개인은 아무 것도 아니다. 그렇지만 유일하게 실재하는 것은 개인이다.

공동체에의 헌신, 공동체에 대한 영원한 소속감 외에 인간 안에는 그런 것에 대항해서 원자로의 추상적인 비약으로서가 아닌 하나의 과정으로서, 살아 있는 이율배반적인 문제로서, 자립하려는 개인적인 충동이 존재한다. 역사적으로 창의적인 것의 대부분이 이러한 개별자의 고립으로부터 태동해 나왔는데, 이런 것은 초기에는 공동체에 의해서 거부되지만 이후에는 수용된다. 사회적인 연대 없이는 정신적으로 습득한 것들의 연속성과 보존도 없는 것처럼, 개인주의적인 고립의 힘이 없어도 새로운 창조가 있을 수 없다. 칸트는 사회성과 비사회성의 대립을 보여 주었고, 인간의 발달을 '반사회적인 사회성'으로부터 이해했다. 칸트에 의하면, 이러한 대립으로부터 재능, 개성 그리고 가치로운 모든 것이 발전해 나온다. 단순한 공동 의식은 고립하려는 모든 세력들을 사멸시킨다. 공동체가 그런 것들을 동화시키고 보존할 수 있는 한에서만 공동체는 그런 개인들을 받아들인다. 정

237 Søren Kierkegaard, Werke 5, 23쪽.

신의 가장 강력한 개인주의적인 힘들은 모든 시대에서 파괴되지 않는 한 항상 고독으로 내몰린다. 그런 것들을 수용해 왔던 수천 년의 전통에 기반해서 그런 고독한 사람들(예를 들어 니체, 키에르케고르)은 마치 반사회적인 존재처럼 살아간다. 그들은 공동체의 성취들(정신적 전통)을 자신들의 편의대로 사용할 수 있지만 그것의 반대, 즉 공동체에 대한 소속감은 체험하지 못하고 그 안에서 그 어떤 표준과 의무를, 그런 것을 향한 갈망이 그들을 감동시킬지라도, 보지 못한다.

여러 모로 개인은 국가와 대립해 있다. 국가는 개인(예를 들어 알키비아데스)[238]을 위한 단순한 수단으로 사용된다. 실존 및 교육을 위한 수단으로 국가는 의무적으로 존중되었으며(예를 들어 플라톤주의 철학자의 경우), 자의식과 본질적인 것에서 개인은 자신을 전체 밖에 세우지만, 그럼에도 전체에 종속되어 기능한다. 그렇지 않으면 개인은 결국에는, 예를 들어 후기 그리스 철학자들이 공직으로부터 물러나 고독한 삶을 살았던 것처럼, 국가로부터 전면적으로 철수한다. 그들은 세계가 국가라고 가르쳤고, 원자적인 개인주의와 짝을 이루고 있는 무한한 보편주의라고 가르쳤다. 유일하게 의미 있는 것은 각 개인들의 영혼의 평화와 관조적인 행동이었다.

f) 세계 또는 신

인간이 현존의 전체성을 의식할 수 있고 이러한 전체를 마주한 상태에서 자신을 개별자로 느낄 경우, 전체성, 총체성이 되려고 하는 충동과 자

238 (옮긴이) 고대 그리스 아테나이의 정치가이자 군인으로서 펠로폰네소스 전쟁 당시 아테나이, 스파르타, 페르시아 등을 오가면서 참가하는 전투마다 승리로 이끌어 천재적인 전술가로 알려져 있다. 그와 동시에 개인의 영달을 위해 국가조차 헌신짝처럼 버리는 지조 없는 전술가로도 알려져 있다.

기 자신이 되려고 하는 대립적인 충동이 인간을 지배한다.

절망적인 상황에서 가장 손쉬운 해결책을 얻는 것은 인간이 자신의 자아를 우주 안으로 흐르게 할 때, 인간이 범신론적인 무한의 분위기 속에 자신의 자아를 녹여 없앨 때, 인간이 전체 안에서 일어나는 열정적인 운동 속으로 사라져 버릴 때다. 이에 부합되는 세계상이 있는데 그런 세계상 안에서 개인은 그저 허상일 따름이고, 개인은 주객 분할 내에서만 '개별화의 원리'에 입각해서 유효할 뿐이다. 모든 개별적인 것은, 마치 강물이 바다로 흘러가듯 다시 우주로 흘러 들어간다(스토아학파인들이 이런 식으로 생각했다). 전체 그리고 이상적인 형태의 체계망만이 불멸적이고 진정으로 존재하며, 모든 개별적인 것은 그림자, 모사물, 폐기물일 따름이다. 어리석고 죄 많은 고립화를 통해서 생겨 나온 모든 개별적인 것은 자신이 생겨 나왔던 곳으로 다시 돌아가기만을 갈망할 뿐이고, 그것은 더 이상 자신이 되지 않기만을 갈망한다. 그러나 인간은 그럼에도 개인으로 존재하는 것을 지속하기 때문에 저러한 것은 오로지 기분, 도취, 신비 속에서만 가능한 일이다. 자신의 자아를 상실하는 것을 진지하게 받아들일 때 인간은 무한적일 수 있지만 여전히 하나의 우연히 살아 있는 개인으로 머물러 있다. 유한한 존재로서 인간은 —그 외 각 세계관에 따라서— 그 외에도 가능한 한 확실하게 무한한 존재가 되기 위해서 총체성 속으로 용해되고, 범신론적인 믿음 안에 머물고, 도취 속에서 하나가 되는 스토아적인 형식의 자기수양, 금욕적인 수행을 실천할 임무만 가지고 있다. 분명한 형태를 갖춘 규율이 부재할수록 그만큼 분위기가 중요해지고, 유한한 현존과 무한한 현존의 혼재가 —서로 침투하는 것 없이— 유입될수록 그만큼 저러한 형태들은 더 불명확해지고 미분화되고 순수하지 않게 된다.

그런 식의 무한화에 대해서 키에르케고르는 다음과 같이 적고 있다.

"환상적인 것은 사람을 무한으로 이끌어 인간을 자신으로부터 멀어지게 하고 이를 통해 자기 자신에게로 되돌아오지 못하게 막는다. 그런 식으로 느낌이 환상적이게 되면 자아는 점점 증발해 버려서 결국 비인간적인 것이 되고 그 어떤 개별적인 인간에 귀속되지 않게 되며, 비인간적인 방식으로 어떤 추상적인 운명에, 예를 들어 추상적인 인간성에 충만한 느낌으로 참여하는 그런 성질의 추상적인 느낌이 된다. 류마티스를 앓는 사람이 자신의 감각적인 느낌들에 대해서 주인인 것이 아니고, 그런 느낌들이 바람 및 날씨에 의존해 있는 것처럼… 자신의 감정이 환상적이 되어 버린 이에게 있어서도 마찬가지다. … 인식이 환상적이 되는 경우 인식도 마찬가지다. 인식의 측면에서 자아 발달의 법칙은, 자아가 진정한 자아가 되기 위해서는 인식의 증가와 자아 인식의 증가가 일치해야 하고, 자아가 인식을 많이 할수록 그만큼 자아가 자신을 인식해야만 한다는 것을 말한다. 그러나 이러한 일이 일어나지 않으면, 인식이 상승할수록 그 인식은 일종의 비인간적인 지식이 되는데, 이런 지식의 습득에는 인간의 자아가 소비된다. … 의지가 환상적이게 되면 자아는 점점 더 소멸되어 사라진다. 그러면 의지는 계속해서 추상성과 구체성의 균형을 맞추지 못해, 목표를 세우고 결의를 하는 데 있어서 의지가 무한해질수록 뒤이어 동시에 당장 수행될 과업은 작아지게 된다."[239]

자아는 이 모든 해체에 저항한다. 인간은 저 모든 형태들을 비현실적인 것으로 경험하고 자신이 되기를 바란다. 모든 대상적인 것은 인간에게 단순히 대상적인 세계상일 뿐이고, 또 전체 세계상도 인간 자신이 헌신해 자신이 그것의 한 구성원임을 느낄 수 있을 정도의 전체가 되지는 못한다.

• •
239 Søren Kierkegaard, Werke 8, 28쪽 이하.

인간에게 전체는 '신'이라 불리는 것이지만 인간은 정작 그것이 무엇인지 모른다. 그러한 신은 인간의 밖에 있는 대상으로 존재하는 것이 아니고, 세계상의 한 구성원 내지 그런 구성원을 포괄하는 전체로서 존재하는 것이 아니고, 오히려 인간 오성에게는 그저 역설일 뿐이고 오로지 '부조리한' 형식으로 존재하지만, 인간에게는 — 비교의 방식으로 얘기하자면 — 마치 의미 같은 것을 의미하는 것일 수 있다. 이러한 신과 관련해서 인간은 이제 자신이 되거나 그렇지 않으면 신을 부정하면서, 전적으로 자신의 책임 아래 온전히 자기 스스로, 오로지 자기 자신으로 존재한다.

첫 번째 형태에서의 인간은 헌신은 하더라도 용해되어 사라지지는 않는다. 유한한 존재로서의 인간은 유한 속에서만 실존할 수 있지만, 물론 어디서나 신과 관계를 맺는다. 이런 것은 합리적으로 객관화할 수 없거나 부조리해서, 불가피하게 인간의 말문이 막힐 수 있다. 후자의 경우에서는 소통 불가한 것이 있는데, 그것은 인간이 뭔가를 비밀로 하고 싶어서가 아니라 자신이 신과 관계하고 있다는 것을 체험은 하더라도 개념적으로 이해하지는 못한다는 것을 말한다. 이런 인간은 최대한의 노력을 기울여 유한한 것 속에서 모든 것을 성취하려고 할 것이고, 근면한 태도로 유사한 일을 하는 그 누구 못지않게 그것을 매우 진지하고 중요한 것으로 받아들일 것이고, 구체적인 것 속에서 무조건적인 열정을 가질 것이고, 모든 것이 비본질적임을 경험할 것이며, 동시에 모든 것을 신과 연관시킴으로써 그것들을 상대화할 것이다. 다만 그것들이 상대화된다고 해서 부정되는 것은 아니고 그것들의 힘이 박탈되는 것도 아니다. 인간이 자신의 일과 삶을 경험하는 방식의 배후에는 늘 뭔가가 있고, 다른 사람 못지않게 그들 자신에게조차 결국 절대 비밀로 남아 있는 뭔가가 있다. 여기에 외형적으로는 에피쿠로스학파인들의 쾌락주의적인 태도와의 유사성이 명백하게 있을 수 있다. 즉 '내가 소유하는 것이지, 내가 소유되는 것이 아니다'[240]라는 말과의 유사성이 명백할 수 있다. 하지만 이런 즐기는 태도에서는 투명한 목표로부터 유래하는 전적으로 형식적인 규율이 중요하다. 여기 종교적 상대화에서는 유한한 것이 고착되는 것을 막고, 그것이 아무리 위대하더라도 절대화되는 것을 막아 모든 것을 비밀로 남겨 두고, 이런 모든 유한한 과업들이 마치 절대적이 되기라도 하는 것처럼 살아남게 하는 것이 중요하다. 인간 자신에게 불투명하기 때문에 생겨나는 비밀, 소통될 수 없는 것이 가장 선명하게 드러나는 것은, 예를 들어 인간이 목숨을 건 모험에서처럼 극단적인 결단을 내리는 경우에서다. 여기서는 그 누구도 말을 붙일 수 없고 유의미한 질문을 받을 수도 없다. 의사소통에 있어서 책임을 의식하고 있는 인간은 여기서 질문을 받을 경우 항상 말리는 조언을 해 줄 것이다. 오로지 합리적이고 유한적인 것 자체에서 투명하게 드러나는 기준들만 타인에게 적용될 수 있다. 목숨을 건 모험으로서의 행동에 적용되는 기준들은 절대적으로 내적이자, 인간 자신만이 경험할 수 있는 신비로운 것이다. 그런 것을 경험하는 사람은 다른 사람에게 묻지 않을 것이다. 이는 그 외의 경우 현세에서 계산 가능하고, 투명한 것을 넘어서는 결정의 경우에도 마찬가지다. 사람들은 항상 자신하고만 상의하고 타자와는 절대 상의하지 않을 것이고, 다른 사람이 물어보면 최소한 그 사람을 위해 그런 결정들을 고려해 볼 수는 있을 것이다. 그 결과 의사소통에서 기준이 항상 낮아지거나 환상적인 오해 속에서 제안되어 그 본질이 비워지거나 파괴되고, 그렇지 않은 경우 —마지막으로— 아마 여기서도 간접 전달 같은 것이 있을 수도 있다.

••
240 (옮긴이) 앞서 1부에서 나온 아리스티포스의 말이다.

키에르케고르는 기독교를 해석하는 데 있어서, 역사적으로 대다수의 신자들에게 잘못된 것으로 여겨질 수도 있는 방식으로 해석한다. 그러나 이 해석은 기독교 내에서 실제로 이해할 수 있는 영역 너머에 있고 여기서 직접 접근할 수는 없어도 우회적으로 기술될 수 있는 사실과 관련해 있을 가능성을 가리킨다. 신과의 관계에서 개별자는 어디서나 역설과 부조리를 만난다. 그가 믿는 것에 내용이 있다면 그 내용 자체는 불합리한 것일 수 있다. 그의 모든 요구는 자신이 나중에야 비로소 이해할 수 있게 될 부조리한 것을 믿지 않는 것이지만, 그의 믿음 내용은 궁극적으로 불합리한 것이다. 이는 신이 개인으로서, 인간으로서 존재한다는 것을 말한다. 즉 예수 그리스도를 신으로 믿는다는 것을 말한다. 아무것도 그리로 인도할 수 없고, 그런 것은 어떤 식으로든 그럴 듯하게 설명될 수 없으며, 오히려 그와 반대로 항상 불합리한 것으로만 보일 수 있을 뿐이다. (혹은 그것은 헤겔의 사변적인 기법에 따라 단순한 상징으로 변형된다. 표상의 수준에서 믿어지는 것이 개념 수준에서 사변적으로 이해되면, 그것은 부조리뿐만이 아니라 신앙의 모든 특징적인 것까지도 상실하기에 이른다. 그래서 정통 기독교인과 순수한 기독교인은 늘 헤겔의 종교 철학에 저항해 왔다). 신앙인에게는 신앙의 '조건'이 신 자신에 의해서 부여되어야만 하는데, 이는 신앙인 자신은 자력으로 그리로 나아갈 수 없기 때문이다. 그래서 '은총'과 '부활'이 여기서 본질적인 범주들이 된다. 희석되어 묽어지면 이러한 범주들은 '개별자'의 모든 종교성으로 전이되지만, 그렇게 되면 신에 의해 부여된 '조건' 안에 놓여 있는 특수성을 상실하게 된다. 그러면 그런 범주들은 우리가 의식적으로 원할 수 있는 것이 아니고, 우리에게 주어져 우리 안에서 성장해 자라나는 모든 것들로 재해석된다.

예수 그리스도에 대한 그런 믿음 속에서 종교적인 개별자는 하나의 개별자로 머문다. 또한 그가 한 개인에게 복종하더라도 그는 신과의 관계에서 개별자로 머문다. 그 이유는 이러한 개인이(이러한 개인에게는 개인이 2천 년 전의 시대를 살고 있거나 현재 시대를 살고 있거나 간에 아무 상관이 없고, 이런 개인에 대한 신앙은 지식, 경험, 검증, 교류에 기반해 있는 것이 아니라 주어지지 않아서 모든 사람이 도무지 이해할 수 없는 그런 '조건'에 기반해 있다) 바로 신이기 때문이다. 종교적인 개별자들에게 항상 본질적인 것은, 인간 간에는 동일 수준에서의 관계(인간 간의 관계에서 모든 권위를 배제하는 소크라테스적인 관계)로만 가르치고 자극하면서, 또는 배우고 자극받으면서 가능한 것으로 머물러 있다.

그러나 사실상 이런 전체 관계는 인간의 권위, 인간 개인 또는 (인간 개인인 경우에서도) 권력, 지원 의지, 궁극적인 세계관에 있어서의 지도력에 복종할 것을 촉구하는 힘들에 의해서 쉽게 사로잡힌다. 그래서 기독교인들은 거의 항상 개인들을 숭배하는 경향이 있었다.

만약 여기에 일반적인 특성을 갖는 심리학적 가능성이 있다고 한다면 — 이런 것은 고찰자의 관점에서는 필히 있어야만 하는 것인데 — 거창한 기독교적인 사례 말고도 다른 사례들도 발견하게 될 수 있을 것이다. 기대해 볼 수 있는 것은, 그러한 사례들이 가장 격렬한 방식으로 서로를 거부할 것이고 그것들 모두는 인간 개인과의 이러한 특수한 관계를 제외하면 그들의 시대에 맞게 자유롭고, 인륜적이고, 과학적이고, 개별적으로 방해받지 않을 것이라는 사실이다. 그것들은 모두 절대적으로 자유로운 연합으로 시작해서 곧바로 일정의 형식, 의식 행위, 상징들을 갖추는 경향이 있고, 외적 조건이 충족되고 대중적인 성공을 거둘 경우 마침내 교회를 건설하는 선까지 발전해 나갈 것이다. 그러한 연합은 특별히 은총을 입은 재능 있는 거물급 인사가 행하는 것이기 때문에, 아마도 처음에는 완전히 거부되었을 것이다. 하지만 이는 위의 과정이 발달해 가면서 바뀌게 되는데, 발달 중에는 이미 일찍부터 히스테리적으로 소질 있는 사람도 어렵지 않게 나름의 역할을 수행할 수 있다. 신뢰받는 지도자는 절도 있는 영향력을 미친다. 추종자들은 ― 추종자들에게는 절대적인 존재인 개인과의 세계관적-종교적인 유대가 중요한데 ― 정신적으로나 형식적으로나 고상해지고 세련되어진다(많은 사람들에게 이는 아마도 그 어떤 가치를 획득하기 위한 유일한 수단일 수 있다). 추종자들은 자신들의 삶에서 강력한 정신적인 노력을 기울이지만 요구사항들도 적지 않다. 그들은 자신들이 동시에 더 나은 사람, 선택받은 자, 재능 있는 자라고 느낀다. 그렇지 않았으면 그들은 신앙을 가질 수 없었을 것이다. 다른 사람들은 이해할 수 없다는 이런 신앙의 조건을 그들은 함께 일궈 왔다. 모든 종교적이고 절대적인 것이 집단의 표준이 되는 개인적인 현상에 묶이게 되면, 사람의 믿음과 삶의 방식은 원래의 의미가 왜곡되어 비현실적이게 된다. 사랑의 자리에 우정 예찬이 대신 들어서고, 유한한 것 일체 안에서 진행되는 절대자를 향한 이념적인 운동에 구체적으로 참여해서 절망을 경험하는 대신 자살이라는 궁극적인 피난처를 통해 대중, 현실 및 운명을 벗어나서 초월하는 것도 마찬가지로 비현실적이다. 이런 유형화된 구성의 몇몇 특징들을 사람들은 아마도 피타고라스학파에서, 후기 그리스 철학 학파들에서 발견할 수 있을 것이다. 그렇지만 어디서나처럼 여기서도 구체적인 역사적 개별 현상들을 하나의 도식적 유형에 종속시킬 수는 없다.

자기 스스로 총체적인 것이 되고자 하는 인간의 의식 안에는 신에 대한 반항이 살아 숨 쉰다. 한계상황, 현존의 두려움, 세상의 불의에 직면해서 인간은 신에게 분노한다. 인간은 모든 신정론을 거부하는데, 그 이유는 신이 인간에게 정당화될 수 없기 때문이다. 인간에게 남아 있는 것은, 이런 두려움 속에서 자기 자신이 되어 영향력을 행사하고, 전체가 되어서는 원할 경우에 사람을 도와주고 사랑하는 것뿐이다. 파괴될 수는 있어도 인간은 자기 자신에 기대어서 쉴 수 있다. 인간은 자신의 책임 아래 홀로 존재하고, 신과 싸우고, 자신의 절대적인 독립성을 느끼고, 요청할 수 있다. 인간은 자신이 전체와 관련되어 있다고 느끼지 않는다. 인간은 자신이 그런 전체를 창조하는 한에서만 그것을 인정한다. 인간 자신은 스스로 존재하는 전체이며 그 자신이 무한히 확장될 수 있고, 자신의 의지, 자신의 힘, 자신의 창조 활동을 무한히 확장할 것을 요청하기도 한다.

신에 관계하면서 살아가는 삶과 신에 반항하면서 살아가는 삶, 이 둘 모두 감각과 영원한 의미를 — 이는 유한한 인간이 무한 속에서 환상적으로 존재하기를 그만두는 한 유한한 인간에게는 유일한 형식인데 — 미래로 보지만, 한쪽은 자신이 신이라 칭하는 타자를 통해 자신이 정립되고 조건지어지는 것으로 알고 있는 반면, 다른 쪽은 자기가 온전히 혼자라고, 외롭다고, 강하다고, 스스로 자신의 표준이 된다고 느낀다.

신과의 관계 속에서 살아가는 삶과 신에 반항하면서 살아가는 삶 외에도 신비주의자의 경험 속에서 자아가 신으로 확장되어 나가는 삶도 있다. 이러한 자아-신의 대립에서 신비주의자의 신격화는 그것과는 다른 형태의 대립인 개별-일반에서 자아가 전체로 확장되어 나가는 것에 해당한다.

개별과 일반 혹은 전체를 다양한 방식으로 대비시켜 보면, '개인주의'라는 표현이 단순히 사용될 때 얼마나 다의적인지를 알 수 있다. 어떤 하나의 대비에서 개인주의는 다른 대비에서는 그 반대가 될 수 있고, 그 반대도 성립할 수 있다. 필연적인 일반성에 대비되는 자유로운 개인은 종종 또는 거의 항상 동시에 개인주의자의 자의성에 대비되는 보편타당성의 추종자가 되는 경향이 있다. 사회 전체와 군중의 관점에서 볼 때 인간은 개인주의자가 된다.

따라서 다양한 일반성과 전체성은 결코 일치하지 않으므로 인간은 가령 모든 것에서 동시에 개인주의자가 되거나 보편주의자가 될 수 있다. 개인주의 일반이나 보편주의 일반 같은 것은 존재하지 않고 오로지 특별한 형태들만 존재할 뿐이다. 이런 형태들은 대립물들 중에서 하나가 절대화되고 그 외 다른 대립물이 그것에 종속되어 상대화되면서 생겨난다. 그래서 구체적인 경우에 개인주의에 어떤 종류가 있는지를 물어야 한다면, 우선 확정되어야 하는 것은 어떤 극단이 결정적인 것인가다.

b. 자기가 된다는 것, 재기술하기

언어의 용법상 '자아'는 따로 분리된, 저항하는 개별자로 이해될 뿐 아니라 헌신하면서 전체 안으로 융해되어 통합되는 자아, 즉 '진정한 자아'로 이해되기도 한다. 이 두 가지 형태들은 우리에게 상반된 것으로 나타난다. 그에 반해 여기서는 세 번째 형태, 즉 개별자이면서 동시에 일반적인 것이기도 한 자아가 추구된다. 하지만 이러한 역설은 형태로서는 결코 볼 수 없고 오로지 살아 있는 형성 과정에서만 존재할 뿐이다. 대립쌍 각각에서 이런 제3의 자아에 대해서 묻는 것이 가능하다. 이러한 물음이 일반적으로 제기되면, 이 물음에서 즉시 저런 대립쌍 중에서 하나가 저절로 부각된다. 그렇다면 모든 것을 자기 안에 포괄하는 통일성, 전체, 자아는 어디에서 드러나는 걸까? 질문에 대한 답은 이렇다. 우리는 과정들만 보되 그것도 다양하게 볼 뿐 그것들의 목표, 그것들의 완성은 보지 못한다. 하나의 전체적인 자아는 하나의 위계적인 구조를 하고 있는 질서가 출현함으로써만 존재하게 되고, 대립쌍 중 하나가 상위에 있고 다른 하나는 상대화됨으로써 그것에 동화된다. 이를 통해 하나의 특정 세계관의 관점에서만 옳거나 그른 것으로 판단될 수 있지만, 관찰자의 관점에서는 그저 나란히 병치되어 있는 것으로 보일 수밖에 없는 다양한 '자아'의 가능성이 생겨난다. 자아가 종교적인 관점에서 보이면 사회적인 것은 아무 상관이 없게 되고, 둘 간에 갈등이 일어나는 경우는 사회적인 것은 전자에 종속된다. 사회학적 관점에서 보면 종교적인 사람은 개인주의자다(이것은 종교적인 사람이 사회학적 형태를 취하는 것을 막지 못하지만 이때 교회적인 종교성과 개인적인 종교성 간에는 갈등이 재차 발생한다). 가령 니콜로 마키아벨리처럼 정치적인 현존을 창조적인 현존으로 여기는 사람은 갈등이 있을 때 조국을 위해서 자신의 '영원한 행복'을 헌납한다. 그런 사람에게 자아는 본질적으로 개별자와 특정 사회 전체 양극단에서만 존재하고 있다.

개별적인 것과 일반적인 것이라는 두 양극성의 객관적인 위계질서는 고찰될 수 있는 것이 아니다. 그러한 위계질서는 개인의 삶 및 행위와의 연관에서만 존재한다. 고찰에서 절대적인 자아는 존재하지 않는다. 고찰은 이런 자아의 변화 과정을 보지 못하고 거기서 중요한 것도 보지 못하지만, 필요불가결한 것도 보지 못한다. 그러나 고찰은 또한 다양한 가능성들 중에서 뭔가를 선택해야만 하는 것도 보여 줄 수 없다. 오히려 선택은 활동으로서만이 아니라 구체적인 상황에서 전개되는 삶에서만 문제 제기로서, 과제로서 존재하는 것이지 고찰자의 눈에 객관적이고 일반적인 것으로 존재하고 있는 것이 아니다.

'자아'가 흐름임에도 불구하고, 고찰자의 눈과 삶을 살아가는 사람의 경험에는 실체 의식이 존재한다. 사랑에 빠져 있을 때 상대방은 형이상학적인 본질로 현전하고, 인간은 자기 경험 속에서 스스로 확립되어서는 자신이 영원 속에 파묻혀 있는 것을 느낄 수 있다. 그러나 이러한 의식이 대상이 되고자 할 때, 모든 대상은 즉시 현상으로 나타나고, 실체는 그 배후에서 무한하고 가늠할 수 없는 것으로서 존재할 수밖에 없다. 우리가 도대체 기질의 산물인 것인지, 복잡하게 교차하는 인과관계 사슬의 산물인 것인지, 각인된 특질과 운명의 산물인 것인지, 그리고 괴물로 넘어가는 다리의 한 단계만을 대표하는 것인지 여부에 우리는 답할 수 없다. 왜냐하면 우리가 객관적인 방식으로 우리 존재에 대해서 생각하고 말하는 모든 것에는 그 자체가 실체가 아닌 현상만 포함되어 있기 때문이다. 실체 의식은 살아 있는 경험으로는 반증 불가하지만, 그렇다고 정당한 것으로 논증될 수 있는 것도 아니다. 물론 우리 자신이기도 한 개별적인 모나드의 존재에 대한 표상들이 항상 반복적으로 형성되어 나왔는데, 이 모나드들은 영원한 마지막 형이상학적 요소로서 환생의 형태를 거친다. 그런데 실체에 관한 이런 표상은 단지 개별자만 포착할 뿐 일반적인 것은 탈락시키고 있기 때문에, 실체 의식을 표현하는 데는 적절치가 않다. 실체는 결코 불변하는 것일 필요가 없고, 영구적일 필요가 없고, 모나드적일 필요가 없다. 그것은 오히려 변화를 겪으면서 존재한다. 그런 형이상학적인 표상만이 아니라, 삶에서 자아가 하는 경험은 일반적인 것에 대립해 있는 개인 의식을 계속 증장시키는 방향으로 나아간다. 그러면 개인적 자아의 존재에 대한 의식은 가치 있는 것으로 체험되지만 그런 것에 예속될 경우에는 자기 배신과 악이 체험될 것이다. 그렇지 않으면 절망 상태에서의 자기 인정, 즉 절망 상태에서 자기 자신에 기반을 두는 것이 악으로 체험된다. 그러면 형이상학적인 존재에서의 원죄는 개인화이고, 인간 최고의 죄는 인간이 태어났다고 하는 것이다. 그와는 반대로 스토아학파인의 자살은 개인주의적인 태도의 고립이자 자기 긍정의 표현이다. 형이상학적인 고양 속에서 개인을 강조하거나 부정하는 이 모든 방식들과는 대조적으로, 실체에 대한 순수한 의식 속에서 변화되어 가는 자신에 대한 신뢰는 동시에 그것 뒤에 있는 가늠할 수 없는 전체에 대한 신뢰의 상징이다. 개별적인 것과 전체적인 것에 대한 의식은 일종의 역설적인 종합으로 나아간다.

개별적인 것과 일반적인 것의 여섯 가지 대립들은 개인주의와 보편주의의 다양한 형태들이 가지고 있는 특성들을 규정할 수 있게 해 준다. 그러한 대립들 중에서 어느 것도, 단순한 생각에서가 되었든 실존에서가 되었든, 마치 여기서 언젠가는 하나의 해법이 완결될 수 있을 것처럼 그렇게 단번에 해결될 수 있는 것이 아니다. 그런 대립들은 절망의 근원이며, 자기 안 어디에나 고정되어 있는 형태들을 허용해 고립 상태로 휴식을 취하게 하지만, 대립을 완벽하게 해결하거나 그런 해법을 제시해 주는 것이 아니라 대립을 계속 해결해 나가는 과정으로서의 삶을 번성하게 해 줄 따름이다. 자아는, 살아가는 무한한 자아로서, 결코 완성되어 있는 것도 아니거니와 완성될 것도 아니다. 자아가 무엇인지는 문제로 남아 있다. 자아가 무엇인지의 물음이 답해지는 경우에는 항상 저러한 특별하고 일방적으로 고착화된 형식들 중에서 오로지 하나만 언급된다. 자아는 일종의 삶의 개념이다. 자아는 오로지 역설적으로만 뭉뚱그려서 말할 수 있을 뿐 인식할 수 있는 그 어떤 것이 아니다. 그것은 일반적인 것이기도 하지만 그와 동시에 개별적인 것이기도 하다. 그러나 그렇게 되는 것은 불가능하기 때문에 자아는 그저 단순히 변화를 거듭할 뿐이다. 말하자면 앞서 언급한 많은 형태들이 이러한 삶의 과정 주변에 흩어져 있는 것처럼 묘사된 후에 제기되는 물음은 가령 자신이 되어 가는 과정들이 좀 더 직접적으로 될 수는 없는 것인지, 인식될 수는 없어도 그래도 혹시 가시적이게 될 수는 없는 것인지 등일 것이다.

a) 자아의 희생

자아의 성장은 자아의 희생을 동반한다. 어떤 자아가 희생되는 걸까? 죽음에서(혹은 죽음을 무릅쓰는 것에서) 현실적인 실존이거나 그렇지 않으면 그 자체로 결코 전체 실존이 아닌 자아의 다양한 측면들, 즉 경제력, 쾌락과 욕망, (그 자체가 자아만큼이나 모호하다고 할 수 있는) 존엄한 가치, 기질과 성향 등.

죽음은 우리 삶의 한계로서, 그 어떤 시선도 그 너머로는 나아가지 못한다. 그 너머에는 오로지 형이상학적인 세계상의 가능성과 시간초월적인 의미에서의 가능성만 존재할 뿐이다. 개인의 죽음 너머에는 실재로서의 사회적인 전체성, 문화, 작품들이 존재한다. 하지만 단지 멀리 있을 뿐 이런 것들에도 한계가 있는데, 그러한 세계들이 영구적이기라도 한 것처럼 생각하는 사람들에 의해 종종 망각되고 있을 뿐이다. 인간은 언제나 결국 형이상학적인 세계상과 시간초월적인 의미로 되돌아오지만, 그런 의미는 현세적인 삶에서 결정되고 획득될 수 있다. 인간이 죽음 너머를 바라보는데도 아무것도 발견하지 못할 경우 그 영원한 의미를 현세적인 삶에서 찾는 것이 중요하다.

그 어떤 피안이나 영원한 것에 대한 표상과 양식들이 완전히 부재할 수는 있지만, 그럼에도 불구하고 시공간적으로 제한된 삶을 포괄하는 그 어떤 것과 연결됨으로써 인간은 힘과 자신감을 획득하게 된다. 자아의 성장 과정에서 가장 결정적인 단계라고 한다면 그것은 경험적인 실존이 상실될 수 있을 것으로 체험되는데도, 시간적인 실존이 상실되는 와중에도, 자아가 실존하고 있는 것으로 믿어지는 경험이다(거기서 이런 것이 어떻게 형성되는지는 우선적으로 중요하지 않다. 이런 것이 형성되는 과정은 확고하게 구체적인 표상에서 시작해서 단순한 의미 형태로 변해 가는 경향이 있다. 하지만 그것은 지속되지 않는데, 그 이유는 의미가 인간 상대적인 것이고, 비교 내지 비유의 방식으로 해석될 수 있기 때문이다. 그리고 그러한 형성이 일반적이기를 원하는 한 그것은 역설로 끝나지만, 자신의 삶을 모험하는 개별자에게 중요한 것이 지칭되는 경우 그것은 아주 구체적이고 절대 개별적이며 전달될 수 있는 성질의 것이 아니다).

인간이 자신의 삶을 모험한다는 것은 인간이 자신에게 하나의 '자아'이면서 자아가 되고 있다는 것을 보여 주는, 살아 있는 — 그런 일반적인 방식으로는 물론 부정적일 뿐인 — 유일한 증거다. 삶의 모험에서 경험적인 실존은 상대화되고 이를 통해 절대적이고 영원한 자아는 이념에 준해서 포착된다. 이런 경험을 헤겔은 다음과 같이 표현하고 있다. "인간은 다른 사람들과 마찬가지로 자신을 죽음의 위험에 빠뜨림으로써만, 이러한 관점 241에 기반해서 자유에 대한 자신의 능력을 증명할 수 있다."242 "삶을 모험해 보지 못한 개인은 인격체로 인정될 수 있기는 해도, 이러한 인정으로 그가 독자적인 자기의식을 가지고 있다고 할 수는 없다."243 자기의식이 '증명'되는 것은 비로소 죽을 각오를 함으로써다.

삶을 모험하는 것, 시간적인 실존을 희생하는 것은, 이를 일반적으로 파악할 경우, 모든 한계에서 존재하는 비장함을 항상 가지고 있기는 해도 그 의미는 모호하다. 그것은 감정적이고 우연적이고 무의식적인 모험일 수 있고, 한 사람의 전체 인격으로부터 나오는 모험일 수 있다. 그것은 반쯤은 추동되는 것일 수 있고, 모방해서 행하는 것일 수 있고, 심지어 강제된 것일 수도 있다. 그것은 가장 본래적인 충동으로부터 생겨 나오고, 가장 밝

••
241 정신현상학의 단계에 따른 '관점'.
242 Georg Wilhelm Friedrich Hegel, Werke 7: *Encyklopädie*, II, 276쪽.
243 Georg Wilhelm Friedrich Hegel, *Phänomenologie des Geistes*, 126쪽.

은 의식 안에 존재하고 있는 자유로운 욕구로부터 생겨 나오는 것일 수 있다. 누군가가 자신의 삶을 모험했다는 것이 (전혀 증명될 수 없는) 그 일의 가치를 객관적으로 증명하는 것이 아니라는 것은 당연하다. 오로지 가능한 증명으로는 개인에게 어떤 것이 절대적으로 본질적이었다는 것, 여기서 그에게는 영원한 의미가 체험된 힘으로 (꼭 양식으로 표현될 필요가 있는 것은 아니며, 그는 아마도 양식에 속고 있는 것일 수 있다) 놓여 있다고 하는 것뿐이다. 그러나 이러한 주관적인 사실, 즉 체험된 절대적인 것조차 그 자체로 아직 모험 자체를 통해서 입증되는 것은 아니다. 의식의 광대함과 밝음, 사실적인 동기들이 너무나도 많은 가능성들을 제공하기 때문에, 단순한 삶의 모험조차 우연적일 수 있고 자아에게는 비본질적일 수 있으며 왜곡된 풍자로 비추어질 수도 있다. 따라서 사람이 전쟁에서, 결투에서, 스포츠에서, 과학 실험에서 자신의 삶을 모험하고 있는지의 여부는 공통점도 있지만, 원칙적으로는 상이성도 있다.

삶을 모험하는 열정은 베일에 가려지는 경향이 있다. 삶을 모험하는 인간은 다른 사람의 눈에는 절대적이고 불가침적으로 보인다. 삶을 모험하는 인간도 아마 모든 곳에서 그렇게 절대적이기를, 비이기적이기를, 영원하고 공통적인 것을 지향하고 있는 것이기를 자기 스스로에게 요청할 것이다. 물론 대부분의 경우에서 그런 것은 아니다. 어떤 한 측면에서 극단적인 희생, 실존의 모험에 진지하게 준비되어 있는 인간이 다른 측면에서 완전히 사적인 관심을 가지고 지칠 줄 모르게 권력에 목말라 할 수 있다. 국가를 위해서 자신의 삶을 희생하는 인간이 아마도 돈은 희생하지 않고 오로지 특정 계층, 특정 집단, 자기 자신의 현실적인 실존적 이익을 위해서만 일할 수도 있는데, 그런 사람은 자신의 현실적인 실존을 전반적으로 희생할 준비가 되어 있기는 해도 세부적인 측면에서 그것을 잃고 싶어 하지 않을 수도 있으며, 자기희생을 독점적인 권력 확장을 위한 수단으로 삼을 수도 있다. 헤겔에 따르면, 어떤 관점에서 보면 "명예로운 행위들에는… 애매모호한 구석이 있는데, 거기에는 여전히 특별한 의도와 이기적인 의도가 은밀하게 숨어 있다."[244] "현존을 희생해서 행하는 (국가에의) 봉사는 죽음으로 끝날 경우 완전해지지만, 죽음을 무릅쓴 시도에도 불구하고 그대로 살아남으면 특정의 현존과 그에 따른 명분은 그대로 남지만, 이런 것은 공공의 최고선을 위한 조언을 모호하고 의심스럽게 만들고, 사실상 국가 권력에 대항하는 자신의 의견과 특별한 의지를 유예시킨다."[245] 이는 삶의 모험이 자아실현의 행위라고 하더라도 그것이 얼마나 쉽게 고립되어 있는 것으로 남아 있을 수 있는가를 보여 주는 여러 가능성들 중 하나일 뿐이다. 더 나아간 예들로는 혁명적인 인간 유형이 있는데, 이 유형의 인간은 추상화, 이성, 원리로 고정된 이념들을 위해서 실제로 자신을 희생하는 인간이기는 해도 구체적인 삶에서는 허황되고 무절제하고 훈련되지 않은 허풍선이의 인간이자 향유적인 인간이다. 그렇지 않은 경우 싸움에서 늘 자신의 명예를 생각하는 인간이자, 삶에서 아주 사소한 것조차 사양하지 않는 인간이다.

죽음을 무릅쓴 삶의 모험은 죽음을 원하는 것이 아니고 삶을 원하는 것이다. 그것의 의미는 또한 모험이 성공했을 때 정확히 성취된다. 그것은 자아실현 과정에서 진행되는 하나의 활동으로 그 이후에도 계속된다. 그러나 죽음이 위험 감수가 아닌 원하는 것으로서 선택되고, 자아가 그렇게 하지 않을 경우 자신이 위험에 빠질 수 있어서 그렇게 함으로써 자신을 보

••
244 같은 책, 330쪽.
245 같은 책, 329쪽.

호하는 그런 궁극의 피난처가 될 때, 죽음은 전혀 다르게 보인다. 자살은 삶을 모험하는 것처럼 비장함이 있기는 해도, 그것은 자아의 실현 과정이라기보다는 특정의 고정된 것을 지키기 위한 행위로 여겨질 수 있다. 예를 들어 자신의 존엄을 지키고 삶을 멋지게 살아가기 위한 행위로 여겨질 수 있다. 이런 것들은 사람들이 자신들의 세계상, 가치 추구, 목표가 비현실적이어서 구체적으로 어려움에 처할 때 자살을 생각하면서 위안만이 아니라 비장한 각오를 찾는, 정통적으로 완결되어 있는 견해들이다. 에피쿠로스학파인들은 훈련을 통해서 쾌락적인 삶을 더 이상 실현할 수 없을 때 자살을 선택하라고 말한다. 삶이 당신의 존엄성을 박탈할 때, 삶이 당신이 하는 자기수양의 목표를 방해할 때 죽음을 선택하라고 스토아학파인들은 말한다. 그리고 더 이상 자아의 실현 과정에 있지 못하고 현실과는 아무런 관련도 없는 (겉으로는 변화되고 있는 것처럼 보임에도 불구하고) 완성된 틀 안에서 살아가고 있는 많은 이들 또한 그런 식으로 말한다. 플라톤 이래 대다수의 고대 철학자들은 다음과 같은 태도를 취하고 있었다. 삶은 죽음을 위한 준비다. 신은 자신의 지시 없이 육신이라는 감옥을 깨는 것을 금하신다. 하지만 동기가 있을 때, 말하자면 운명이 권위자가 되기라도 하는 것처럼 인간을 소환할 때, 현자는 자기의 죽음을 기쁘게 받아들인다. 마르쿠스 포르키우스 카토는 율리우스 카이사르에게 패배한 뒤 자신의 철학적인 신념에 따라 기꺼이 세상을 등졌는데, 그 이유는 자신의 공화국이 몰락함으로써 그는 자신의 위신을 상실해 버렸고 이제 봉인하는 일은 신의 권한이라고 하더라도 자신에게는 패배가 안겨져 있어서 의기양양한 의식을 가지고서 삶을 떠날 충분한 이유를 갖게 되었기 때문이다. 자발적인 죽음은, 몸의 고통에서부터 운명이 가져다주는 숭고한 굴욕에 이르기까지 모든 것에서 저런 철학에게 궁극의 위안이 된다. 키케로는 다음과 같이 요약하고 있다.[246] "눈과 귀를 자유롭게 사용할 수 없게 되거나 아주 격렬한 신체적인 고통에 시달리는 등 사람에게는 그 어떤 일도 발생할 수 있다. … 하지만 그런 일들이 오래 질질 끌면서 계속되고 사람이 그런 것들에 굴복할 만한 근거 이상으로 그런 것들이 사람을 계속 더 고통스럽게 만든다면, 오 선한 신들이여! 우리가 대체 왜 괴로워해야 한단 말인가? 이때 우리는 눈앞에 항구를 두고 있었다. 죽음이 바로 그곳에 있었기 때문이다. 죽음은 아무것도 느끼지 않기 위한 영원한 피난처다. … 개선식에 참여하지 말아 달라는 부탁을 받았을 때 아이밀리우스 파울루스는 페르세우스에게 이렇게 말했다. '그러한 일은 당신의 힘에 달려 있지요.' 내가 보기에 삶에서는 이런 법칙이 엄격하게 준수되는 것 같다. 특히 그리스인이 손님을 초대하고 행하는 잔치에서 더 엄격하게 준수되는 것 같다. 이런 말이 있다. '함께 술을 마시든지 그렇지 않으면 자리를 비키시오.' 정말 맞는 말이다. … 그런 식으로 사람들은 자신으로서는 견뎌 내기 어려운 운명의 일격을 도피를 통해서 면할 수 있다."

생명을 걸고 죽음을 각오하고서 자신을 희생하는 것과, 생명을 유지하기 위해서 자기를 희생하는 것은 서로 완전히 반대된다. '어떤 대가를 치르더라도 살아가는 삶'이라는 가장 추상적인 삶의 형식에 사람들은 복종하고, 요구에 헌신하고, 의존적이 되고, 의기소침해지고, 이를 통해 자신의 벌거벗은 적나라한 '삶'을 보존한다. 자기보존 본능이 여타 다른 본능들을 압도한다. 이런 형태는 플라톤의 설명과도 일치하는데, 플라톤은 욕망이 어떻게 욕망을 통해서 다스려지고 이런 훈련이—이는 그 어떤 대가를 치르더라도 무조건 살아보겠다는 의지를 통해서 행해지는 훈련인데— 이념

••
246 Marcus Tullius Cicero, *Tusculanae Disputationes*, V. 40쪽.

을 추동력으로 삼지 않고도 어떻게 가능한지에 대해서 설명한 바 있다. 이러한 삶은 삶을 초월해 있는 절대적인 뜻과 의미를 절대 알지 못하기 때문에 생존을 위해서라면 무엇이든 할 수 있고 경험할 수 있다.

이런 삶은 생명을 위험에 빠뜨리는 것을 가장 힘들어 한다. 그러한 삶은 기꺼이 모든 짐을 짊어지고 모든 노력을 기울이고자 한다. 반면 가장 추상적인 삶은 아무것도 포기하지 않고, 아무런 고통도 받지 않고, 그 어떤 짐도 짊어지지 않고, 원래 해야만 할 그 어떤 것도 하지 않는 것이다. 그런 유형의 인간에게 삶을 살아간다는 것은 상대적으로 가장 쉬운 일이다. 삶의 모험은, 그것이 즉흥적인 행동이자 격정적이고 감정적인 도취일 수 있는 한에서는 수월하겠지만, 실존의 소멸이 온전히 의식되는 한에서는 쉬운 일이 아니다. 희생, 포기, 상실, 수행, 지탱 등은 그것이 날이면 날마다 때면 때마다 지속적인 훈련을 통해서 체화되는 것인 한에서는 힘들지만, 실존이 잘 보존되는 한에서는 힘들지 않다. 두 경우 모두에서는 본래적인 자아 실현에 대한 이야기는 아직 부재할 수 있다. 자신의 삶을 감히 모험해 보지도 않고 모험할 준비조차 되어 있지 않은 인간은 누구나 자신을 진정 정신적인 자아로 신뢰할 수 있을 것으로 느끼지 않겠지만, 그렇다고 그러한 모험을 해 왔던 인간이라고 해서 모두 그렇게 하는 것도 아니다. 그렇게 할 수 있기 위해서는 실존의 모험이 세부적인 부분에서 자신을 희생할 수 있는 최고치에 도달할 수 있어야만 하고, 인간이 자아실현을 위해서는 다양한 형태의 자아를 희생하고 포기하는 일련의 단계 중에서 마지막 단계에 도달할 수 있어야만 한다. 오로지 스스로 모험하고 스스로 희생하는 것이 실존 전체에 스며들 때라야 정신적인 자아가 된다.

또 이런 식으로 말해 볼 수도 있겠다. 모든 형식의 자연적인 자아는 정신의 자아가 되기 위해서, 즉 하나의 보편자로서 실현될 수 있기 위해서 잠재력에 따라 가령 경제력, 쾌락과 욕망, 기질과 성향, 본능과 욕구, 품격의 종류에 따라 지양된다. 이런 운동은 잠재적으로 자살에서 종결되는 운동과는 정반대되는 운동이다. 이런 자기 변화의 기본적인 태도는 자아가 단순히 몰락한다고 해서 선이 실현되는 것이 아니고, 중요한 것은 구체적인 삶을 살 구체적인 자기 변화에 있어서 좀 더 현실적이 되는 것이다. 유한한 현존은 삶의 모험을 요구하지만, 이러한 태도는 승리의 월계관에 안주하기 위한 것이 아니라 유한한 자아의 형태들을 계속 문제시하는 과정에서 자기 변화를 여러 방식으로 경험하는 모험이 유리한 결과를 가져올 수 있기를 바란다.

그러나 여기에서는 가령 종교적 정치적 인간적 자아 같은 것이 절대적 자아로서 맨 꼭대기에 위치하고 있는 일련의 단계들이 객관적으로 존재하고 있는 것이 아니다. 하지만 이 모든 것들은 인간이 자기 변화를 경험하는 다양한 형태들 속에서 언젠가는 또는 어디선가 그런 것들의 승화를 한번은 발견하게 된다. 형태들을 역사적으로 면밀하게 추적하다 보면, 결국에는 모든 곳에서 그 목표가 형이상학적인 모호함 속으로 사라져 버리는 다양한 계열이 귀결되어 나올 수도 있다.

b) 의식의 단계

인간은 자신의 본질이 대중이 가지고 있는 속성과 다르고, 자신의 자의성이 보편타당한 것이 반하는 힘을 가지고 있는데도 이 자체를 알지 못하는 상태에서 특수한 개체로서 존재할 수 있다. 인간은 자신의 개성을 표현할 수 있고, 자신의 행위에서 특별하고 비합리적이고 우연적인 것을 통해서 자신의 개성을 내보일 수 있으며, 그때 순진하게도 그러한 것들을 의식하지 못할 수 있다. 사실 완전한 무의식은 자의성과 비합리성이 매우 쉽게 번성할 수 있게 해 준다. 그래서 사람들은 시대의 규율에 구속되어 있는 상태에서도 개인주의에 대해서 말할 수 있지만, 그것은 의식적인 개인주의와는 본질적으로 다르다. 의식적인 개인주의에서 인간은 자신의 개성을 알고 있고 그것을 스스로 인식해서는 스스로 형성하고 대상화하면서 그것을 긍정하거나 부정한다. 개별자에 대한 이런 의식으로부터 결국, 다양한 형태의 개인주의를 목표로 할 뿐 아니라 삶으로부터 개인주의를 요구하는 객관적인 형태의 교설이 태동되어 나온다. 사실적인 개인의 실존, 의식된 개인 각자의 실존, 개인주의적인 교설은 각 개인주의에 그때마다 새로운 형태를 부여해 주는 의식의 단계들로(그에 해당하는 대립물들로는 사실적인 대중들의 실존, 의식된 일반적인 인간성, 보편주의적인 교설이 있다) 파악될 수 있다. 그것도 순수하고 직접적인 개인주의 안에는 우연적이고 혼돈스러운 것을 향하는 경향이 내재해 있고, 개인주의적인 교설에 따른 삶 속에는 순수하지 못한 현존 형식들로 향하는 경향이 있는데, 이것들은 풍부하기는 해도 단순히 모방되고 수용될 뿐 소화되지 않고 피상적이며 본질적이지도 않다. 개인적인 것의 순수한 직접성 속에서 인간은 오로지 일반적인 것, 인간 일반, 인륜적인 것, 객관적인 것 일반만 아무 문제 없이 의식한다. 개인주의적인 자의식의 성찰에서는 모든 객관적인 것, 보편적인 것의 허무주의적인 해체 과정과 궁극적으로 '자아'의 허무주의적인 해체 과정으로 나아가는 경향이 있다. 교설에서는 조화로운 통일성이 추구되고 그런 것은 '인격', '정신', 주객의 통일로 규정된다. 하지만 이런 것은 교설을 통해서 창출될 수 있는 것은 아니고 오로지 심리학적 설명을 통해서만 우회적으로 고찰될 수 있다.

교설화된 개인주의나 보편주의의 전적으로 합리적인 투명성이 의식의 최고 단계인 것처럼 보이지만, 살아 있고 이율배반적인 것에 대한 모든 합리적인 고정화 작업이 본질적으로 그런 것처럼, 합리적인 의식이 자신을 최종적인 것으로 여기는 곳이면 그것은 어디서나 다다를 수 있는 최종적인 막다른 골목이다. 자아가 의식되고 투명해지고 발현되는 과정은 오히려 무한한 과정이다. 가장 높은 단계의 의식은 전혀 명시될 수 없지만, 자아가 현시되는 이런 살아 있는 변화 과정만은 그것이 모든 합리적인 결과 너머에서 진행되는 경험과 구체적인 반응 및 행위에서 드러나 보이는 모습으로 재기술될 수 있다.

c) 자아의 현시

자아의 현시에 관한 가장 심오한 고찰들을 제시해 온 이가 키에르케고르다. 아래에서는 이를 소개하고자 한다. 그가 저술한 다양한 저작들로부터 그가 말했던 문장들을 취합해서 구성 및 보완을 할 것이고, 다른 무엇보다도 현재의 목적과 무관한 것으로 보이는 것들(예를 들어 모든 '기독교적인 것')은 제외시킬 것이다. 그렇기는 해도 대부분의 문장들은 그가 했던 말 그대로다. 키에르케고르에 대해서 알고 싶은 독자는 그가 쓴 저술들을 직접 읽어 보는 것이 좋을 것이며, 여기서 그의 저술들은 그 자체로 언급되지는 않을 것이고 우리가 여기서 다루는 문제와 관련시켜 언급될 것인데, 이때 아마도 다소간의 억지가 어쩔 수 없이 개입될 것이다.

* 보충 설명: 키에르케고르

자아[247]란 무엇인가? "자아란 일반적인 것이 개별자로 설정되는 그런

---

247 (옮긴이) 에고가 아닌 셀프로서의 자아 또는 자기를 의미한다.

모순적인 것을 의미한다."[248] '개별자'로 존재하지 않을 때 인간은 존재하는 것이 아니다. 인간은 존재를 상실하지 않고는 그 어떤 보편적인 것으로 용해될 수 없지만, 단순히 개별자인 한 인간은 자아가 아니다. 자아가 된다는 것은 개별자 안에서 일반적인 것이 된다는 것, 그리고 둘 중 어느 것도 도외시되지 않는 것을 의미한다.

하지만 변화되어 형성되는 것으로서의 자아는 나이를 먹어가는 것처럼 단순히 굴러 가는 그런 자연적인 과정이 아니다. 자아의 핵심은 이 경우에 뭔가가 자기 자신과 관계를 맺고 있다는 것이다. 자기 자신과의 이러한 관계에는 변화의 과정이 함축되어 있다. "인간은 무한성과 유한성, 시간적인 것과 영원한 것, 자유와 필연의 종합이다. 간단히 말해서 일종의 종합인데, 종합이란 둘 간에 성립하는 관계의 일종이다. 이렇게 보면 인간은 아직 자아가 아니다."[249] 인간이 자아이려면 이러한 종합의 본질이 자신을 의식하고 있어야만 한다. 키에르케고르가 말했듯이, 관계는 자기 자신과 관계하는 것이어야만 한다. 그러면 자아가 존재한다. 인간은 하나의 종합이기 때문에 종합의 한 측면을 상실할 때 인간의 존재, 인간의 자아는 멈춘다. 현실의 실제적인 인간은 자아의 변화 과정이 통과해서 나아가야만 하는 종합이다. 따라서 "자아가 변화되어 나아간다는 것은 구체적이 되는 것을 말한다. 하지만 구체적이 된다는 것은 유한하게 되는 것도 아니고 무한하게 되는 것도 아니다. 왜냐하면 구체적으로 되어야만 할 것은 둘의 종합이기 때문이다. 그렇지만 자아는 존재하는 매 순간 변화하고 있다. 왜

..
248 Søren Kierkegaard, Werke 5, 74. 인용은 디더리히스(Diederichs)에서 출판한 전집의 권호와 쪽수를 따랐음.
249 Søren Kierkegaard, Werke 8, 10쪽.

냐하면 자아가 실제로 거기에 존재하고 있는 것이 아니라, 되어야 하는 그 어떤 것이기 때문이다."[250]

자기의식은, 이 말 그대로, 의식이다. 그것은 반성적인 성찰 속에서 변해 간다. "의식이 증대될수록 자아도 덩달아 증대되어 나간다."[251] 그것은 성찰이라는 매개체에 의존해 있는 자신의 의지를 경험하면서 변화해 간다. "의지가 강할수록 자아도 강해진다. 의지가 전혀 없는 인간은 자아가 아니다. 하지만 인간이 강한 의지를 가질수록 그만큼 자기의식도 강해진다."[252] 자기의식은 관조적인 정관이 아니고 일종의 행동이며, 키에르케고르가 '내면성'이라 칭하는 과정이다.[253] 그 과정은 성찰을 통해 이루어지는 "고립 행위에서 시작하는데, 그러한 고립 행위 안에서 자아는 자신이 환경과 외부 세계 및 그것들의 영향과 본질적으로 다르다는 것"[254]을 자각한다. 그 과정은 자기성찰하는 가운데 "모든 외적인 것으로부터의 무한한 추상을 통해" '자기의식'을 획득한다. 그리고 이 자아는 "전체 과정 속에서의 추진력인데, 이 전체 과정 내내 자아는 난점과 장점을 가지고 있는 자신의 현실적인 자아를 무한히 인정한다."[255]

자아는 항상 자신을 다른 것과 비교해 가면서 인식한다. 자아의 변화에는 매번 구체적인 자기의식이 연결되어 있지만, '자아'가 본래적인 의미에서 살아가는 한 자기의식은 고착되는 일 없이 변화해 간다. "지금까지 부모만을 표준으로 삼아서 살아온 아이가 이제는 성인 남자로서 국가를 표준으로

••
250 같은 책, 26쪽 이하.
251 같은 책, 26쪽.
252 같은 책, 26쪽.
253 Søren Kierkegaard, Werke 5, 142쪽.
254 Søren Kierkegaard, Werke 8, 52쪽.
255 같은 책, 53쪽.

삼아서 자아가 된다. 하지만 신을 표준으로 삼게 되면서 어찌나 무한한 강조가 자아에게 부여되던가! 자아의 척도는 자기 자신이 마주하게 될 때 자기 자신이 되는 그 무엇이다. … 신에 대한 표상이 많아질수록 자아도 더욱 커지고, 자아가 커질수록 신에 대한 표상도 더욱 많아진다."[256]

자아의 변화 과정은 늘 살아 있는 자기의식과 연결되어 있는데, "이것은 너무나도 구체적이어서 그 어떤 작가라도, 심지어 어휘력이 가장 풍부하고 가장 강력한 표현력을 소유하고 있는 사람이라도 모든 개개 인간들이 그것을 소유하고 있음에도 불구하고 그런 자기의식을 한 번이라도 묘사해 낼 수 없을 정도다."[257] 여기서 인간은 고찰하기보다는 행동을 개입시킨다. 여기서 인간은 자신 외에는 아무도 통제할 수 없는 유일무이한 청취자이고, 그가 하는 청취는 일종의 행위다. 그가 알아차리는 것이 그의 행위를 안팎으로 규정한다. 여기서 자기 변화의 힘들이 벌이는 가장 심오한 대립이 나타난다. 인간은 '현시되기'를 원하고, 투명해지기를 원하고, 명료해지기를 원한다. 그렇지 않으면 현시되는 것에 반대하면서 저항하고, 현시를 도외시하고, 숨기고, 망각할 수 있다. 모든 인간에게 내재해 있는 이런 두 가지 힘들은 서로 투쟁한다. 현시는 결코 완수되는 법이 없다. 인간이 존재하는 한 인간은 그런 현시 과정 속에서 살아간다. 그게 아니면 궁극적인 불투명성 안에 자신을 은폐시킨다.

현시는 세부적인 것 안에서 진행되는 과정이면서 동시에 자신과의 소통 과정 안에서 진행되는 과정이기도 하다. 자신을 열어 보이고, 자신을 의문에 부치고, 자신을 있는 그대로 보여 주고, 자신이 변화되어 가는 모습을

256 같은 책, 76쪽 이하.
257 Søren Kierkegaard, Werke 5, 142쪽.

그대로 보여 주는 것, 인간에게 이런 것은 혼자서 행할 수 있는 것이기도 하지만 사랑하는 가운데 쌍방으로 소통하면서 행할 수도 있다. "모든 것과 모든 각각의 것에서 개방성, 성실성, 절대적인 진실성을 내보이는 것, 이것이 살아가는 사랑의 원리다. … 개방성은 물론 사람이 뭔가를 숨기려고 하는 경우에만 의미가 있다. 자신을 있는 그대로 온전히 드러내려면 용기가 필요하고, 사소한 굴욕 때문에 자신을 팔아먹지 않기 위해서도 용기가 필요하며, 함구하고 있으면 안도감을 느끼는 곳에서도 용기가 필요하다."[258] "밖을 향한 이러한 개방성은 사랑에서만, 자아의 변화 과정을 촉진하는 가운데 작용과 반작용을 일으킨다. 무절제한 개방성과 수다는 내면성의 과정 없이 진행되는 단순한 외적 행동일 뿐 다른 사람에게서의 반영이 그 내면에서의 과정을 대체하기 때문에, 내면적인 과정을 오히려 방해한다고 할 수 있다. "구체적으로 명백하게 드러나 있는 고백"은 그 자체로 아무 소용 없는 단순한 피상적인 고백일 뿐이다.[259] 따라서 현시 과정은 모든 곳, 모든 사람 앞에서 무작위로 행해지는 개방성을 통해 특징지어진다기보다는 오히려 외부 세계와의 단절을 통해서 특징지어진다. "인간에게서… 양심이 보다 더 확실하게 계발될수록 인간은 온 세상으로부터 고립되더라도 더 넓은 세계로 확장된다."[260] 소크라테스의 '아이러니'는 "인간들로부터 자신을 멀찌감치 떨어뜨려 자신을 스스로 은폐시키지만, 자신을 신적인 것으로 확장시켜 나가는 것"이었다.[261] "개성이 위대한 이념의 자궁 안에 갇힐 때

••
258 Søren Kierkegaard, Werke 2, 88/89쪽.
259 Søren Kierkegaard, Werke 5, 126쪽.
260 같은 책, 133쪽.
261 같은 책, 133쪽 이하.

보다 더 아름답고 더 고귀한 의미에서 확장되는 경우는 없다."262

　밖을 향한 저러한 상대적인 폐쇄만이 아니라 안쪽을 향해 있는 절대적인 폐쇄, 즉 자신을 숨기고 가리고 이동시키는 폐쇄는 자아의 현시 과정에 반대되는 힘이다. 현시를 '자유'라 부르는 키에르케고르는 이런 자기폐쇄를 '부자유'라 부른다. 이런 절대적인 폐쇄는 인간이 (마치 이념의 자궁 안에서 살고 있는 것처럼) 자신을 그 어떤 것으로 둘러싸는 것이 아니라 오히려 그런 것 안에 자신을 가둔다. "바깥 세계로부터 자신을 차단해 자신을 포로로 잡는 부자유에는 현존의 심원한 의미가 들어 있다. 자유는 끊임없이 소통하지만, 부자유는 점점 더 자기폐쇄되어 소통을 꺼린다."263

　'폐쇄'라고 하는, 이름만 같은 두 가지 서로 다른 폐쇄성은 본질적으로 너무 달라서 전적으로 상반되는 의미를 가지고 있다. 이 둘을 혼동하는 것은 정신의 중심적인 힘들에 대해서 불분명하다는 것을 말한다. 그러한 상반되는 힘들이 가장 강력하게 발달하는 것은 이미 어린아이 때부터 시작된다. 키에르케고르는 여기서 하나의 교육론적인 설명을 제시한다. "어린아이가 고귀한 폐쇄에 대한 표상을 통해 고양되고 잘못 이해된 폐쇄로부터 보호받는 것이 매우 중요하다. 외적인 관계에서는 아이를 언제 혼자 내보내도 되는지를 판단하는 것은 쉽지만, 정신적인 관계에서는 상황이 다르다. … 아이가 자신을 실제로 개발할 수 있고 그 아이의 발달에 대한 명료한 조망이 항상 가능하려면, 비결은 지속적으로 현전하면서도 동시에 현전하지 않는 것을 조정하는 것이다. 최선의 비결은 아이를 최대한 아이 자신에게 맡겨 아이가 모든 답을 스스로 찾을 수 있게 하되, 다만 이런 외관

262　같은 책, 123쪽.
263　같은 곳.

상의 방임을 아이가 눈치채지 못하게 한 상태에서 상황을 조정하는 것이다. … 그리고 자신에게 위탁된 아이를 위해서 모든 것을 하기는 하지만, 아이가 폐쇄적으로 되는 것을 막지 못한 아버지나 교육자는 그럼에도 최대한 책임져 왔다."264

자아의 현시 과정은 자아가 변화되는 것과 동일하다. 즉 그 안에서 개별자가 절대적으로 개인이 됨과 동시에 일반적이 되는 역설적인 변화 과정과 동일하다. 완벽한 투명성과 개방성이라는 이념이 — 유한한 것 속에서는 항상 이념일 뿐이기는 하지만— 실현되었을 경우라면, 자아의 변화 과정은 더 이상 일어나지 않았을 것이다. 하지만 유한한 것 속에서는 자아의 현시와 자아의 자기폐쇄 간에 투쟁이 지속된다. 이런 투쟁에서는 자아의 현시가 계속 진행되어 나가거나 그렇지 않으면 자아의 자기폐쇄가 궁극적으로 이루어질 것 같이 보인다. 과정 속에서의 형태들은 절대적으로 열려 있는 것도 아니고 전적으로 폐쇄되어 있는 것도 아니며, 그 양극단 사이에 있다. 키에르케고르가 구성했던 유형들이 있는데, 그것들을 따라가 보자.

둘 간의 가시적인 투쟁 단계 이전에 키에르케고르가 '직접성'이라고 말하는 것이 놓여 있다. "인간 삶에는 직접성이 소위 무르익은 상태에 있고 정신이 그 안에서 자신을 정신으로 파악할 수 있는 더욱 고상한 형식을 요구하는 순간이 온다. 직접적인 정신으로서의 인간은 현세적인 삶 전체에 연루되어 있는데, 정신은 이제 이런 현세적인 삶의 산만함으로부터 자신을 다잡고자 한다. 인격은 자기 스스로 자신에게 투명하기를 원하고, 자신의 영원한 권리를 의식하고 싶어 한다. 이런 것이 일어나지 않을 경우에는 운동이 억제되고 위축되어 우울이 밀려든다. 정신적인 삶에서 이런 침체가

264 같은 책, 125쪽 이하.

의식 안으로 밀려드는 것을 방지하기 위해서 사람들이 할 수 있는 것은 부지기수다. 일을 해 볼 수 있고 다른 수단들을 사용할 수 있지만… 그런 것으로 우울은 해소되지 않는다. 우울에는 설명할 수 없는 뭔가가 있다. … 우울한 사람에게 무엇이 그를 그렇게 슬프게 만드는지 물어보면 그 사람은 다음과 같이 대답할 것이다. '난 그것을 잘 몰라요.' … 아무튼 대답은 매우 옳다. 왜냐하면 그 사람이 우울한 상태에서 자신을 이해하자마자 우울은 지양되겠지만, 근심은 그 원인을 안다고 해서 지양되는 것이 아니기 때문이다. … 우울은 깊고, 속으로 원치 않는 죄다. … 우울은… 일반적으로 천부적인 재주가 있는 이들에게만 찾아온다. … 인간은… 항상 약간의 우울 정도는 남겨 둔다. 그것은 자신만의 훨씬 더 깊은 원인을 가지고 있다. 그 원인이 인간으로 하여금 자신을 완전히 투명하게 만드는 것을 불가능하게 만든다. 영혼이 우울을 전혀 알지 못한다면, 그 이유는 영혼이 자신에게서 일어나는 변성을 더 이상 눈치채지 못하기 때문이다."[265]

무한히 다양한 과정으로 이루어진 현상들의 모든 본질이 그곳에 표시된다. 두 가지 힘들이 있다. 투명해지고 싶어 하는 힘과 의식되는 것을 거부하는 힘이 그것이다. 현시되고 싶어 하는, 그러나 억눌린 힘이 우울로 변형되는 일이 일어난다.[266] 이러한 우울은 부자유이고 설명될 수 없는 것이며, 외관상으로는 주어져 있는 것이다. 그것은 인간이 우울한 상태에 있는 자신을 이해할 때, 즉 자아의 현시 과정이 진행되어 관철될 때 지양된다. 하

265 Søren Kierkegaard, Werke 2, 159/160쪽.
266 그래서 키에르케고르는 이러한 우울을 '정신의 히스테리'라 부른다. 프로이트와의 친화성을 찾고자 하는 사람은 변형 개념에서의 모든 유사성에도 불구하고, 프로이트에게서 억압된 힘은 가장 낮은 것(성적인 것)인 반면, 키에르케고르에게 있어서는 가장 높은 것(인격이 투명해지고 싶어 하는 욕망)이라는 점을 기억해야 할 것이다.

지만 인간은 늘 자신에 대해 어떻게든 불투명한 상태로 머물러 있기 때문에 늘 우울이 남아 있다. 우울이 완전히 사라질 경우 이는 정신의 삶이 완전히 멈춰 버렸다는 것을 나타내 주는 징표다.

내부에서 진행되는 투쟁 과정에는 비교적 영구적인 형식을 취하는 무궁무진하게 다양한 형태들이 있다. "정신적인 삶의 생산력은 자연의 생산력보다 열등하지 않아서, 정신적인 상태들은 그 다양성에 있어서 꽃의 종류보다도 훨씬 더 부지기수로 많다."[267] 사람의 주의를 산만하게 하고 사람을 아둔하게 하는 길은 아주 다양하다. "자꾸 생각나는 편리함", "호기심 그 이상이 되지 못하는 호기심", "무한한 자기 기만", "다른 사람에게 기대어 위로받고 싶어 하는 나약함", "경건한 무시", "아무 의미 없는 부지런함".[268] "그게 아니면 사람들은 아마도 자신을 위해 자신의 상태를 어둠 상태로 두고 그것을 도외시하려는 차원에서 분산이나 다른 방식을 통해, 예를 들어 일을 더 만들어서 분주하게 움직임으로써 자신의 상태에 대한 무지 상태를 유지하려고 하지만, 그럼에도 자신이 왜 그런 일을 하는지, 그가 하는 모든 것이 단지 자신의 상태에 대한 무지 상태를 유지하기 위해서 하는 것인지를 전혀 깨닫지 못한다."[269]

현시의 길은 내면성이다. 키에르케고르에 따르면 내면성은 영원성의 이해다. "영원성은 다양한 방식으로 부정된다. 조롱의 방식, 무미건조한 지성적 태도에 도취하는 방식, 일에 골몰하는 방식, 일시적이고 현세적인 것에 집중하는 방식 등으로 부정된다."[270]

••
267 Søren Kierkegaard, Werke 5, 126쪽 이하.
268 같은 책, 137쪽.
269 Søren Kierkegaard, Werke 8, 46쪽.
270 Søren Kierkegaard, Werke 5, 151쪽.

변환의 영역도 다양하다. 통상적으로 의학적인 관점에서 취급되는 신체적인 현상에서 시작해 자기의식의 형식에 이르는 영역에서는 영혼이 갇혀서 빠져나오지 못하는 일련의 다양한 '부자유들'이 있다. 설명할 수 없는 우울증에서도 그렇지만 외적으로 단순한 상태, 단순한 주어진 속에서는 현시과정이 방해를 받는데 이런 것은 "과도한 감수성, 과민반응적인 짜증, 신경쇠약, 히스테리, 과도한 염려증 등"[271]에서도 그렇고, 정통 교리를 고수하고 경건성을 훈련하고 '객관적인' 진리에 집착하는 경우에서도 마찬가지다. 이런 견고한 것들이 뚫리고 드러나고 이해되어야만 할 때 인간은 항상 두려워한다. 인간이 명료함을 꺼리는 것은, 그가 자아의 변화를 꾀하기보다는 오히려 자신이 본질적인 자아로 잘못 알고 있는 제한된 자아 안에 갇혀 있기 때문이다. 인간에게 구속력을 가지기에 침투해 들어갈 수 없는 ('질병'이나 '진리'로 간주될 수 없는) 형상들로서의 이런 현상들은, 인간이 다음과 같이 쉼 없이 의문을 제기하는 현시 과정으로부터 등을 돌리고 주어진 현상을 직시하기보다는 회피함으로써 관심을 다른 곳으로 변환했을 때 태동되어 나올 수 있었다.

"우리 시대는 영혼의 불멸에 대한 새로운 증거를 제시하기 위해 얼마나 많은 노력을 기울이고 있는가? 참으로 이상하게도 이런 일이 일어날수록 영혼의 불멸에 대한 확신은 줄어든다. 영혼의 불멸에 대한 생각은 자체 내에 강력한 힘을 내재하고 있고 그 결과가 중대해서, 그것을 수용하면 삶 전체가 바뀔 정도로 두려운 일이 벌어질 수도 있다. 그래서 그것에는 어마어마한 책임이 따른다. 그래서 또 사람들은 새로운 증거를 제시하기 위해서 자신의 생각을 재량껏 발휘함으로써 자신을 돕고, 자신의 영혼을 진정

271 같은 책, 136쪽.

시킨다. … 영혼의 불멸성을 증명하는 방법을 제시할 수는 있지만, 스스로는 확신하지 못하는 모든 개인은 이제 인간이 불멸한다는 것이 무슨 의미인지에 대해 더욱 진전된 이해를 자신에게 강요하는 현상 앞에서 항상 두려움을 갖게 될 것이다. 아주 단순한 인간이 불멸에 대해서 아주 단순하게 말할 때, 그러한 이해의 과제는 그를 못살게 하고 불편하게 만들 것이다.[272]

"가장 엄격한 정통파 추종자는… 알 수 있을 모든 것을 알고 있다. 그런 사람은 성자에게 절한다. 그런 사람에게 진리는 의식(儀式)의 집합체다. … 그런 사람이 그것을 아는 방식은 마치 문자 ABC가 필요할 경우에는 수학적 명제를 증명할 수 있지만, 문자 DEF가 제시될 때는 그러지 못하는 사람과도 같다. 그래서 그런 사람은 말 그대로 동일하지 않은 것을 들을 때는 두려움을 갖는다."[273]

"그런 식으로 독실한 사람은 종교적인 것이 아무하고나 공유할 수 있는 절대적인 성질의 것이라는 것, 특정의 기회와 순간들에만 속해 있는 것이 아니라는 것, 오히려 누구나 아무 때라도 자신 안에 간직하고 다닐 수 있는 것으로 생각한다. 하지만 그가 그런 종교적인 것을 이제 아무하고나 공유할 수 있게 만들어야 하기 때문에 그는 자유롭지 않다. 사람들은 그가 혼자서 속으로 조용히 계산하는 것을 볼 수 있다. 그럼에도 그가 전도된 모습을 하고 등장하는 것을 볼 수 있고, 그가 현상의 시선을 하고 손을 공손히 마주잡은 채 엉뚱한 시간에 나타나는 것을 볼 수 있다. 그래서 그런 개인은 이런 식의 훈련을 받지 않은 사람들을 두려워하면서 자신을 강화하는 차원에서 '세상 사람들이 경건한 사람들을 괜히 미워한다'는 식의 과

••
272 같은 책, 138쪽 이하.
273 같은 책, 139쪽.

716

장된 얘기를 둘러대야만 한다."[274]

키에르케고르는 (내면성을 자아의 변화, 자아의 현시와 대동소이하게 보았는데) '내면성의 부재'를 위한 도식 하나를 발전시킨다. 내면성이 부재할 때 그것은 기계적으로 부재하는 것이 아니라 개인의 행위나 방임을 통해서 부재한다. 키에르케고르가 말했듯이 그 안에는 항상 활동성과 수동성이 포함되어 있고 그것들 중에서 어느 것이 우선하느냐에 따라서 내면성의 부재에서 개인이 스스로를 고립시키는 한 쌍의 현상이 매번 나타난다. 따라서 불신과 미신은 서로 대응하며, 둘 모두 내면성을 결여하고 있다. "본질적으로 그것들은 동일하다. 둘 모두가 믿음을 두려워한다는 점에서 그렇다. … 미신은 자신에 대한 불신이고, 불신은 자신에 대한 미신이다. … 미신의 편안함, 비겁함, 소심함은 미신을 포기하기보다는 오히려 그것에 머무르는 것이 더 낫다고 여긴다. 불신의 완고함, 오만, 교만은 그것을 포기하기보다는 오히려 그것에 머무르는 것이 더 용감하다고 생각한다. 이런 종류의 자기성찰의 가장 정교한 형태는 항상 사람이 이런 상태로부터 벗어나기를 소원하면서도 자기만족적인 안락함에 그대로 안주함으로써 자신을 흥미롭게 만든다."[275] 그렇지 않은 경우 다른 쌍은 이런 것이다. 오만과 비겁은 동일하다. "오만은 심각한 비겁이다. 왜냐하면 그것은 진정한 오만이 무엇인지를 이해하고 싶어 하지 않을 정도로 충분히 비겁하기 때문이다. … 인생에서는 또한 아주 오만한 개체가 감히 아무것도 시도하지 않을 정도로 충분히 비겁했던 경우도 이미 있었고, 개체의 오만이 손상되지 않게 하기 위해서 가능한 한 적게 욕구할 정도로 비겁해지는 경우도 있었

274 같은 책, 140쪽.
275 같은 책, 143쪽 이하.

다."**276** 다른 곳에서 키에르케고르는, 투명해지는 것이 결여될 때 무슨 일이 일어나는지를 묘사하면서 "반항, 낙담, 비겁, 오만이 혼합되어 있는 마취용 음료"**277**에 대해서 이야기하기도 한다.

키에르케고르는 그 안에서 자아의 변화나 자아의 현시가 방해받고 있는 제반 형태들을 '절망'이라 칭한다. 좀 더 나아간 관점에서 그는 의식 내지 투명성의 증가 속에서 자아가 일반적인 것에서 벗어나 유한적인 것으로 향하는 구체적인 방식들에 대해서 설명한다. 이때 인간은 절망하지 않은 채 자아가 되고 싶어 할 수 있거나, 또는 현실의 자아에 절망할 수는 있어도 미래에 되고 싶어 하는 자아에 대해서는 절망하지 않을 수도 있다. 이런 형태들을 키에르케고르는 다음과 같이 묘사하고 있다.**278**

α. 불굴의 의지로 자신이 되어라

1. 세속세계 또는 세속적인 것에 대한 절망: 여기에는 자아에 대한 무한한 의식이 없다. … 절망은 외부 압력에 굴복하는 단순한 고통일 뿐 그것은 결코 안으로부터의 행위로서 나오는 것이 아니다. … 세상과 직접 맞닿은 상태에서 살아가는 직접적인 인간은 자신의 삶의 기반을 '운명의 일격'을 통해 박탈당하기도 한다. … 이 경우 그는 자신이 절망적이라고 말하며, 자신을 죽어 있는 것으로, 자신을 자아의 그림자로 여긴다. 그런데 갑자기 모든 것이 바뀌어서 모든 외적인 것이 채워지고 그의 소원이 이루어지면, 삶이 그에게로 다시 되돌아온다. … 그러나 직접성이 싸울 줄 아

••
276 같은 책, 144쪽 이하.
277 Søren Kierkegaard, Werke 2, 105쪽.
278 Søren Kierkegaard, Werke 8, 47~72쪽.

는 유일한 방법은 이런 식으로 절망하고 무력해지는 것이다. 그것은 … '죽은 채로 누워 있는' 인공물처럼 완전히 가만히 누워 있는다. 외부로부터 도움의 손길이 올 때라야 비로소 새로운 삶이 다시 시작된다. … 외부로부터 도움의 손길이 닿지 않아도 여전히 그 사람에게 삶이 들어오면 그는 이렇게 말한다. "그 사람은 다시는 그 사람 자신이 되지 못할 것이다." 절망의 순간에 그에게 가장 가까이에 있는 소망은 이미 다른 사람이 되어 버렸거나 다른 사람이 되는 것이다. … 왜냐하면 직접적인 인간은 자신을 알지 못하고, 자신이 자아를 가지고 있다는 것을 말 그대로 자신이 입고 있는 옷에서만, 겉모습에서만 인식하기 때문이다.

직접성에 반성이 포함되었을 경우 인간은 더 이상 다른 인간이 되고 싶어 하지는 않지만, 자신의 집을 떠나 자신의 집을 밖에서 바라보면서 재앙이 지나갈 때까지 기다리는 인간처럼 행동한다. 난관이 여전히 지속되고 있는 한, 특히 아주 간결하게 말하자면, 그는 자신에게로 되돌아오지는 못할 것이다. 하지만 난관 같은 것은 아마도 잘 지나갈 것이고, 상황은 아마도 바뀔 것이며, 암울한 가능성마저도 잊힐 것이다. 그러는 동안 그는 때때로 자기 자신을 방문해 혹시 변화가 일어나지는 않았는지 어떤지를 확인한다. 그리고 변화가 일어나자마자 다시 집으로 되돌아가서는, 그가 말하듯이, '다시 자신'이 된다. 하지만 이는 단지 그가 중단했던 곳에서 다시 시작하는 효과를 가져다줄 뿐이다.

여기서 인간은 몸을 돌리는 자세를 하고 내면성의 과정을 도외시한다. 하지만 난관이 변치 않고 그대로인 경우 이런 것은 통하지 않는다. 이 경우 그는 자신을 다른 방식으로 돕는다. 그는 진정한 자기 자신이 되기 위해서… 안쪽으로 향해 있던 시선을 반대 방향으로 돌린다. 좀 더 심오한 의미에서의 자아를 묻는 물음 전체가 그의 영혼의 배경에 있는 일종의 보이지 않는 문으로 향하는데, 그 문 뒤로는 아무것도 없다. 그는 자기 스스로 자신의 자아라 칭하는 것, 즉 그에게 능력, 재능 등으로 주어져 있는 것들을 외부로 향해 있는 자신의 실제 활동적인 삶에다가 쏟아 넣는다. 자신 내부에 주어져 있는 것을 그는 남아 있는 약간의 반성을 가지고 조심스럽게 다루다가 그것을 점차 망각하게 된다. 세월이 흐르면서 그는 그것을 거의 우스꽝스러웠던 일로 생각한다. 그는 이제 행복한 결혼 생활을 하고 있고, 활동적이고 진취적인 남자이자 아버지, 그리고 시민이다. 집에서 일하는 하인들은 그를 '그분'이라 부른다. 그는 삶의 지혜를 얻었고, 시대와 자신의 운명에 순응하며 살아간다.

저러한 인간들의 삶에도 내면으로 향하는 순간들이 있을 것이다. 하지만 첫 번째 난관에 부딪히면서 그들은 아마도 그로부터 방향을 돌릴 것이다. 그러면 그들은 자신들의 저러한 최고의 시절도 마치 어린 시절처럼 망각할 것이다. 이런 절망은 가장 평범한 것이다. 그래서 사람들은 일반적으로 절망은 젊은이의 것이지 나이 든 사람의 것이 아니라고 생각한다. 하지만 사람이 믿음과 지혜를 쉽게 생각해서 그런 것들은 나이를 먹으면서 쉽게 찾아오는 것이라고 생각한다면, 이는 인간이 정신적인 존재이지 단순한 동물이 아니라는 말을 오해하고 있는 것이다. 사태의 내막은 오히려 인간이 나이가 든다고 해서 정신적인 것에 그렇게 쉽게 도달하는 것은 아니라는 사실이다. 나이가 들면서 사람들은 아마도 이전에 가지고 있었던 약간의 열정, 감정, 상상력과 약간의 내면성을 상실하고, 삶을 이해하기 위해서 사소한 일들에 쉽게 빠져들 수도 있다. 인간이 나이가 들면서 정말로 성장한다면, 그는 자신의 자아에 대한 본질적인 자의식에 있어서 성숙해지게 될 것이고 그래서 아마도 좀 더 고상한 형식으로 절망하게 될 것이다.

2. 영원한 것 또는 자신에 대한 절망: 앞서의 절망이 나약함에 대한 절

망이었다면, 이번 절망은 자신의 나약함에 대한 절망이다. 절망하는 사람은 자신이 세속적인 것에 너무 많은 관심을 기울이는 것이 나약한 것이라는 사실을 스스로 깨닫는다. 하지만 그는 이제 절망에서 믿음으로 방향 전환한 상태에서 신 앞에서 자신의 나약함에 대해 겸손해지기보다는 오히려 절망 속으로 깊숙이 들어가 자신의 나약함에 대해 절망한다. 이런 절망 또한 자신이 아닌 것에 대해 절망하는 형식에 속한다. 자아는 자신을 인정하고 싶지 않다. 절망한 자아는 자신의 이런 나약함을 기억하고는, 일정 정도 자신을 미워하고, 믿음으로 자신의 나약함을 겸손하게 받아들여 자신을 되찾기보다는, 마치 자신에 대해서는 아무것도 듣고 싶지도 않고 알고 싶지도 않은 것처럼 행동한다. 앞서 언급한 바 있는 보이지 않는 문은 그 뒤에 아무것도 없었지만, 여기서는 실제적이지만 조심스럽게 닫혀 있는 문이 있다. 그 뒤에는 자아가 앉아 있는데, 그 자아는 자신이 되고 싶어 하지 않는 것으로 시간을 채우고 있고, 자신을 사랑하기에 충분한 자아가 됨으로써 자기 자신을 스스로 돌본다. 이를 '폐쇄성'이라고 한다. 그는 고등교육을 받은 신사이자 남편이자 아버지이자 유능한 공무원이고, 자신의 아내에게 매우 친절하고 자신의 자녀를 잘 돌보는 사람이다. 그리고 한 명의 기독교인이기도 한가? 그렇기는 하지만 그는 그것에 대해 이야기하는 것을 좋아하지 않는다. 그는 교회에 거의 나가지 않는다. 왜냐하면 대부분의 목회자들이 자신이 말하는 내용을 스스로도 제대로 이해하지 못하고 있는 것 같다는 생각이 들기 때문이다. 그는 단 한 명의 목회자를 예외로 두기도 하지만, 너무 멀리 나갈지도 모른다는 두려움에 그의 말을 듣는 것도 좋아하지 않는 편이다. 반면 그는 고독에 대한 갈망을 종종 느끼는데, 그의 삶에 고독은 꼭 필요한 것이다. 절망해서 자기 안에 폐쇄되어 살아가는 사람은 이제 영원을 살지는 못하더라도 적어도 영원한 것과 관련이 있는 시간 속에서 살아간다. 그는 자신이 자기 자신과 관계하는 것에 몰두하지만, 실제로는 더 이상 나아가지 못한다. 고독에의 욕구가 충족되면, 그는 마치 외출하는 것처럼, 집에 가서 자신의 아내와 아이들을 맞이한다. 그가 남편으로서 친절하고 아버지로서 자상한 이유는 그의 타고난 선한 본성과 그의 행복감 외에도, 그가 자신의 내면을 폐쇄시켜 만들어 낸 나약함을 스스로 인정하기 때문이기도 하다. 만약 누군가가 그의 폐쇄성을 함께 알 수 있고 그러고 나서 그에게 "그건 자만심이야. 사실 넌 너 자신에 대해 자만심이 있어"라고 말한다면, 그는 아마도 이를 다른 사람 앞에서는 거의 인정하지 않을 것이다. 하지만 그가 혼자 있을 때는 아마도 그 말이… 어딘가 일리가 있다고 인정할 것이다. 그러한 절망은 세상에서 꽤 드문 경우에 속한다.

그런 폐쇄적인 사람은 제자리 걸음을 한다. 이런 폐쇄 상태가 그대로 유지된다면, 가장 가까운 위험은 자살일 수 있다. 반대로 그가 누군가와 함께 대화를 하고 한 사람에게라도 자신의 속마음을 열어 놓는다면, 확률적으로 보아 그는 긴장감이 풀어져 그의 폐쇄적인 격리가 자살로 이어지지는 않을 것이다. 그러나 그가 다른 사람에게 마음의 문을 엶으로써 절망하는 일이 일어날 수도 있는데, 그럴 경우에 침묵 속에서 그냥 견뎌 내는 것이 훨씬 더 나았을지도 모른다는 생각이 그에게 스칠 수도 있기 때문이다. 우리는 어느 한 폭군을 생각해 볼 수 있다. 그는 자신이 겪고 있는 고통에 대해서 다른 사람과 이야기를 나누고 싶은 충동을 느낀다. 그렇게 해서 일군의 사람들이 소비되기에 이른다. 폭군의 신뢰를 받는 이가 된다는 것은 곧 확실한 죽음을 의미하는 것이었을 것이다. 폭군의 심기를 건드린 자는 곧장 죽음을 맞이할 것이기 때문이다.

ß. 절망, 자신에 대한 절망, 반항

먼저 세속적인 것에 대한 절망이 찾아왔고, 그다음에는 영원을 바라는 자신에 대해 절망이 찾아왔다. 그런 다음에는 반항이 찾아온다. 자아는 영원한 것에 의지해 자신을 잃고 더 큰 자아가 될 수도 있을 것이겠지만, 여기서는 자신을 포기하는 것으로 시작하려고 하지 않고, 자신을 주장하는 것으로 시작하려고 한다. 여기서 절망은 자신이 행위임을 깨닫고, 절망이 외부 세계의 압력으로 인한 고통처럼 외부로부터 오는 것이 아니라 자아로부터 직접 온다는 것을 의식한다. 무한한 자아에 대한 의식에 힘입어 자아는 필사적으로 자기 자신을 단속하고 지배하려고 하거나 자신을 창조하려고 하며, 인간은 자아를 자신이 원하는 자아로 만들기를 원한다. 그의 구체적인 자아는 필연성과 한계를 가지고 있고, 이러한 힘, 기질 등을 갖추고 이런 구체적인 관계 속에 있는 완전히 특정한 그 무엇이다. 하지만 무한한 형식에 힘입어 그는 먼저 이런 전체를 변형시키는 일을 감행하는데, 이는 그가 원하는 자아를 얻기 위함이다. 그는 자신의 자아를 끌어들이고 싶어 하지 않고, 자신에게 주어져 있는 자아에서 자신이 해야 할 과업을 보고 싶어 하지 않고, 오히려 자아의 무한한 형식에 따라 자아를 스스로 구성하고 싶어 한다. 그는 사실상 끊임없이 실험하면서 자신에게 접근하고 있을 따름이다. 그는 자신에 대한 힘을 알고 있지 못해 기본적으로 진지함이 부족하고, 자신이 하는 실험에 최선의 주의를 기울일 때나 그나마 진지한 척할 수 있다. 그는 완전히 무의식적으로 언제라도 처음부터 다시 시작할 수 있다. 자아는 점점 더 자아가 되는 데 성공하지 못하고, 자신을 점점 더 가상의 자아로만 분명하게 보여 줄 뿐이다. 이 절대적인 지배자는 영토 없는 왕과도 같다. 절망적인 자아는 끊임없이 허공에 성채를 쌓아 계속 허공에서 싸운다. 그것은 당분간은 매혹적이다. 그러한 자제력,

그러한 확고부동함, 그러한 부동심 등은 거의 환상적이다. 절망적인 자아는 자신을 스스로 만들어 발전시키고 자신이 되는 데서 오는 모든 만족을 누리고 싶어 하며, 자신이 이해하는 이런 시적이고 거창한 기질로부터 영예를 얻고 싶어 한다. 그럼에도 그것이 자기 자신에게서 무엇을 이해하고 있는지는 근본적으로 수수께끼로 남아 있다. 그런 실험적인 자아는 아마도 이러저러한 어려움에, 즉 어떤 종류의 근본적인 손상에 직면할 수 있다. 자아는 마치 프로메테우스처럼 이런 예속 상태에 묶여 있다는 느낌을 받을 수 있다. 그래서 여기에는 고통받는 자아가 있다. 필사적으로 자기 자신이 되기를 원하는 이 절망한 자아는 그런 손상이 복구되는 것을 원치 않는다. 그는 이 가시가 살 속에 너무 깊이 박혀 있어서, 이제는 그것을 무시할 수 없다는 것을 확신한다. 그래서 그는 그것을 영원히 짊어지기를 원한다. 그것으로부터 그는 전체 현존에 분노할 이유를 얻고 이제는 반항심에서 자신이 되기를 원하고, 그렇게 함으로써 자신이고자 한다. 만약 그래야만 하는 것이라면, 그는 도움을 구하기보다는 차라리 지옥 같은 고통을 모두 짊어지고서라도 자신이 되기를 원한다. 물론 고통받는 사람은 자신이 도움받기를 바라는 한 가지 이상의 방법을 갖고 싶어 한다. 그런 식으로 도움을 받는 경우, 그는 그것을 마다하지 않을 것이다. … 그러나 도움을 받아야 한다는 것이 보다 더 깊은 의미에서 특히 지위가 더 높거나 가장 높은 사람에게서 도움을 받아야 한다는 의미에서, 즉 모든 것이 가능한 도우미의 손길에는 이런 도움을 받는 굴욕쯤은 아무것도 아니라는 의미에서 진지하게 이해된다면, 그는 그보다는 지루하고 고통스러운 고통을 기꺼이 더 선호할 것이다.

괴물적인 것

자기 자신에 대한 완전한 반항 의식 속에서 자신이 되고자 하는 인간은 '괴물적인' 인간이 된다. 완전히 괴물적인 것은 그것이 정신인 한 자신에 대해 투명하게 의식하고 있음에도 불구하고, 자신의 우연적인 자아에 반항하면서도 그것을 고수한다. "괴물적인 것은 정신일 뿐이고, 그런 한에서 절대적인 의식이자 투명함이다. 그에게는 어둠이 없다. … 그래서 그의 절망은 자신에 대한 최고의 절대적 반항이다."[279] 이런 식의 한계 구성에서 키에르케고르는 그 자체가 현시와 폐쇄의 대립을 넘어 유한하고 우연한 자아에 대한 의지인 힘을 보여 준다. 처음에는 현시 자체가 곧 자아-실현이 되고 이 자아-실현 자체가 곧 절대적인 개별자의 모습을 하고 있는 일반적인 것인 것처럼 보였다. 이제 키에르케고르는 완전히 투명하게 되면서도 일반적이지 않은 자아에 저항하면서도 고수하는 형태 하나를 구성해 낸다. 이 투명성 속에서의 의지가 그에게는 괴물적인 것이다. 따라서 드러나게만 하거나 숨기기만 하는 힘이 괴물적인 것이 아니다. 괴물적인 의지는 그 둘 모두를 지배할 수 있다.

키에르케고르에게 있어서 괴물적인 것은 전혀 명확하지 않다. 종종 그는 그것을 앞에서 묘사되었던 의미로 사용한다. 그가 '악에의 의지'라 칭하는 것은 거의 항상 이런 의지를 말한다. 키에르케고르의 사상을 재현함에 있어서 우리는 우선 괴물적인 것에 관한 광의의 개념에서 출발한다. 그러고 나서 여기서 유일하게 문제가 되고 있는 그것의 더욱 엄밀한 개념으로 다시 돌아오기로 한다.

"현저한 의미에서 행동하는(단지 모든 인간들이 체험할 수 있게끔 허락되어

•••
279 같은 책, 39쪽.

있는 것만을 체험하는) 사람들을 특별한 표현을 통해서 식별하고자 할 경우 아마도 '괴물'이라는 개념을 상위 개념으로 사용할 수 있을 것이다. ⋯ 중간 매개물을 통한 규정 없이 (따라서 다른 모든 것들로부터 격리된 채) 오로지 자기 자신을 통해서만 이념과 관계 맺고 있는 모든 개별성은 괴물적이다. 그때의 이념이 신이라면 개별성은 종교적이고, 그때의 이념이 악이라면 개별성은 좁은 의미에서 괴물적이다."[280] "괴물적인 것은 신적인 것과 동일한 특성을 가지고 있다. 개별자가 신적인 것과 절대적인 관계를 맺을 수 있다는 점에서 그렇다." 키에르케고르에 따르면, 종교적인 개별자와 괴물적인 개별자는 모두 일반적인 개별자에서 벗어나 있지만, 종교적인 개별자가 개별자로서 신과 절대적인 관계를 맺는다면, 괴물적인 개별자는 자신과 관계를 맺는다. 인간이 하는 행위가 현시 영역에 놓일 수 있는 한에서만 나는 인간을 이해할 수 있다. "내가 계속 더 나아가면, 나는 끊임없이 역설, 신적인 것 그리고 괴물적인 것을 만나게 된다. 왜냐하면 침묵은 다음에 말하는 두 가지 모두이기 때문이다. 침묵은 악마의 간계이고 침묵이 길어질수록 악마는 그만큼 더 무섭게 되지만, 침묵은 또한 개별자 안에 있는 신성의 증거이기도 하다. 괴물적인 인간과 종교적인 인간 둘 모두 일반적인 인간을 초월해 있다. 표면적으로 기질과 상황에 따라서 일반적인 인간을 초월해 있는 것으로 분류되는 인간은 괴물적이거나 종교적인 소질이 있다. 이런 것을 키에르케고르는 셰익스피어의 작품 『리처드 3세』를 예로 들어서 보여 주고 있다. 천성적인 신체 결함으로 인해 일반적인 인간 영역 밖에 있는 것으로 분류되는 리처드 3세는 연민을 도무지 참지 못한다. "이러한 본성들은 근본적으로 역설 속에 있고, 그들은 다른 모든 인간들보다

280 Søren Kierkegaard, Werke 4, 206쪽 이하.

더 불완전한 것이 아니며, 그들은 단지 괴물적인 역설 속으로 사라져 버리거나 그렇지 않은 경우 신적인 것 안에서 구원될 뿐이다. 원래 자연적이거나 역사적인 관계에 의해서 일반적인 것 밖에 놓이게 되는 것이 괴물적인 것의 시작이다.[281]

키에르케고르에 따르면, 괴물적인 인간은 '이상성'[282]을 가지며, 비정신성의 영역에서는 존재하고 있지 않다. "일정의 의미에서 별 볼 일 없는 하찮은 인간에게서보다는 괴물적인 인간에게서 무한히 더 좋은 선이 놓여 있다."[283] 괴물적인 인간이 존재한다. 고찰 작업을 하느라 자기 자신을 망각하고 살아가는 단순한 사변의 시대에 "평균적인 그리스 철학자만큼의 에너지로 존재하는 인간조차 괴물 취급을 받는다."[284]

우리는 이제 키에르케고르 자신이 '괴물적'이라고 칭하기도 하는, 자신의 우연한 자아에 도전하는 의지를 그가 어떻게 묘사하고 있는지를 살펴보려고 한다. 가장 순수한 형식에서의 그것을 키에르케고르는 〈자신이-되고자-하는-절박한-욕구〉의 최종 형태에서 발견하고 있는데, 우리는 이제 그것을 살펴보려고 한다.

"그런 자아에서 의식이 커질수록 절망도 커지면서 괴물적으로 변해 간다. 필사적으로 자신이 되고자 갈망하는 자아는 자신의 구체적인 자아로부터 떼어 낼 수도 없고 분리할 수도 없는 고통으로 괴로워한다. 그런 고통을 당하는 당사자는 이제 바로 그 고통에 자신의 모든 열정을 쏟아붓고 결국 괴물적인 격정으로 변해 간다. 이제 그는 그 어떤 도움도 원하지 않

281 Søren Kierkegaard, Werke 3, 98쪽.
282 Søren Kierkegaard, Werke 4, 90쪽.
283 Søren Kierkegaard, Werke 3, 89쪽.
284 Søren Kierkegaard, Werke 6, 328쪽.

는다. 한때 그는 그런 고통을 없애기 위해서 기꺼이 모든 것을 바쳤지만, 세상은 그를 가만히 기다리게 했고, 이제는 모든 것이 끝났다. 이제 그는 모든 것에 기꺼이 맞서 싸우고, 기꺼이 자신이 세상과 현존에 의해서 부당하게 대우받고 있다고 생각한다. … 그는 자신이 되고 싶어서 자아에 대한 무한한 추상화부터 시작했지만, 이제 마침내 아주 구체적으로 자신이 되려는 노력을 필사적으로 기울이고 있어서 (내가 보기에는 키에르케고르가 일반적인 것을 표현하는 또 다른 방식이 될 것 같은) 이제는 그런 방식으로 영원해지는 것은 불가능할 정도가 되었다. … 이런 종류의 절망은 세상에서 좀처럼 보기 힘들다. … 이런 절망 속에서 자아는 자신의 내면을 절대 스토아적으로 냉정하게 인정해 받아들이려고 하지도 않고 자아를 신격화함으로써 자신이 되려고 하지도 않으며, 스토아학파인들처럼 되고 싶어 하지도 않는다. 물론 결론적으로는 거짓이긴 하지만 일정의 의미에서 자신의 완전성을 좇아서 자신이 되고자 한다. 아니, 저러한 자아는 사실 비참한 자신의 우연적인 자아를 인정하지 않으려고 하고, 자신의 한계를 인정하지 않는 대신 세상을 증오하면서 자신이 되고자 한다. … 사람은 현존 전체에 대해 분노함으로써 현존을 반증하는 증거, 즉 현존이 선하지 못하다는 것에 대한 증거를 가지고 있다고 생각한다. 절망하는 사람은 이러한 증거가 자기 자신의 모습이라 생각하고 이러한 고통을 가지고 현존 전체에 항의하기 위해서 그런 증거가 되려고 노력한다."[285]

"그래서 자신의 끔찍한 전체 상태를 내면 안에 담고 있는 저러한 괴물적인 인간으로부터 사람들은 다음과 같은 아주 일반적인 답을 얻어 낸다. '난 원래 이랬어, 날 그냥 내버려 둬', 그게 아니면 그런 사람은 자신의 전

285 Søren Kierkegaard, Werke 8, 70~72쪽.

생의 특정 시점에 대해서 이렇게 말할 수도 있을 것이다. '그 당시에는 내가 아직 구원받을 수 있었던 거지.' 이런 대답은 상상할 수 있는 가장 끔찍한 대답이다."[286]

괴물적인 의지는 투명함 속에서는 이제 거의 존속하지 못한다. 그것은 오로지 어둠 속에서만 유지될 수 있다. 그런 식으로 그것은 대부분 투명성에 저항하는 힘이자 모든 폐쇄성을 강화하는 힘이다. 괴물적인 것은 거의 대부분 인간의 시야를 벗어나 몰래 숨어서 인간을 지배하고, 인간으로 하여금 자신에 대해서 불분명한 상태에 머물러 있게 한다. 그래서 인간은 폐쇄 충동 속에서, 자신이 공개적으로 지배하기에는 너무나도 부담스러운 괴물적인 의지를 자신의 뒤에 몰래 은닉한다. 이렇게 해서 생겨나는 다양한 형태들은 종종 현시와 폐쇄 사이를 동요한다.

"폐쇄는 현시를 원할 수 있지만, 현시는 외부로부터만 야기되어야 한다. 즉 외부로부터 동기부여되어야만 한다. … 폐쇄는 어느 정도 현시를 원할 수 있지만 약간의 여분을 남겨 두고 싶어 하는데, 이는 폐쇄가 추후에 처음부터 다시 시작될 수 있게 하고 싶기 때문이다(이는 대대적으로는 아무것도 행할 수 없는, 종속되어 있는 정신들의 경우에 해당하는 것일 수 있다). 폐쇄는 현시를 원할 수는 있지만 익명으로 그렇게 하고 싶어 한다(이것이 폐쇄성 속에 들어 있는 가장 미묘한 모순인데, 그에 대한 사례는 시인들의 실존에서 찾아볼 수 있다). 현시가 이미 승리했을 수도 있다. 하지만 그 순간에 폐쇄가 최후의 시도를 감행해 현시를 신비화로 전환시킬 만큼 폐쇄가 충분히 영리해서 이제는 현시를 상대로 승리를 거둘 수도 있다."[287] "개인에게 진리가 존

286 Søren Kierkegaard, Werke 5, 136쪽.
287 같은 책, 126쪽 이하.

재하는 것은 오로지 그 개인이 스스로 행동해서 그런 진리를 생산할 때다. 만약 진리가 그 어떤 다른 방식으로 개인을 위해서 존재하고 진리가 개인을 위해서 존재하는 것을 개인이 방해한다면, 우리는 괴물적인 현상을 가지고 있는 셈이 된다. … 질문은 인간이 진리를 가장 심오한 의미에서 인식할 수 있는지, 그가 자신의 전체 존재에 진리를 스며들게 하고는 그 모든 결과들을 수용하길 원하는지, 그가 긴급 상황에서 자신을 위한 은신처를 따로 마련해 두는지 그리고 그 결과를 유다의 입맞춤처럼 배신할 것인지 말 것인지의 여부다."[288]

은폐에 사용되는 것이 변증법이다. 키에르케고르는 어떤 한 젊은이가 "성찰이라는 괴물적인 기교"를 가지고 어떻게 자신을 숨기는지에 대해서 얘기한다.[289] 그러나 "인간을 괴물적으로 만드는 것은 변증법 자체가 아니다. 분명 아니다. 하지만 인간이 변증법 안에 머물러 있는 것이 인간을 그렇게 만든다."[290]

이런 중간 형태들은 모든 폐쇄성에도 불구하고 동시에 침묵을 견디지 못한다.[291] "현시는 말로 표현될 수 있다. 그러면 불행한 사람은 모든 사람에게 자신의 비밀을 강요한다. 현시는 표정으로, 시선으로 자신을 드러내서 알릴 수도 있다. 왜냐하면 인간이 숨겨진 것을 자기도 모르게 드러내게 되는 그런 시선이라는 것이 존재하기 때문이다."[292]

약한 괴물적인 의지는 자신이 약할 때 자신을 비로소 존속할 수 있게 해

••

288 같은 책, 137쪽 이하.
289 Søren Kierkegaard, Werke 4, 104쪽.
290 같은 책, 403쪽.
291 Søren Kierkegaard, Werke 5, 124쪽.
292 같은 책, 128쪽.

주는 어두움 때문에 자신을 사라지게 할 수 있을 위험을 자신에게 가져다 주는 모든 것과 접촉하는 것을 꺼린다. 왜냐하면 약한 괴물적인 의지는 투명할 경우에는 멸망할 것이기 때문이다. "술 마시는 것이 중단되는 것이 두려워 매일 지속적으로 취한 상태를 유지하는 술주정뱅이처럼… 괴물적인 인간도… 마찬가지다. 선한 면에서 자신보다 우월한 위치에 있는 사람에게 괴물적인 인간은 자신을 위해서 간청할 수 있다. 가령 그가 자신에게 말을 걸지 말 것을 간청할 수 있고, 그가 자신을, 그가 스스로 그렇게 표현하듯이, 약하게 만들지 말 것을 눈물로 호소하면서 간청할 수 있다. 괴물적인 인간은 자체적으로 일관되기 때문에… 그는 또한 상실할 총체성도 가지고 있다.[293]

키에르케고르에 따르면 인간은 구체적인 자아를 자유롭게 수용할 수 있다. 그렇지 않은 경우에는 자유롭지 못한 상태에 있는 자신의 구체적인 자아를 그럼에도 계속 고집스럽게 주장할 수 있다. 구체적인 자아가 인간이 감히 인정하기 어려운 끔찍한 성질의 것일 때는 '엄청난' 대립이 발생되어 나온다.

"폐쇄적인 인간이 숨기는 것은 너무도 끔찍해서 감히 발설하지도 못하는 것이거나 심지어 자기 자신에게조차 말할 수 없는 것일 수 있다. 왜냐하면 그가 그것을 발설하자마자 그가 하나의 새로운 죄를 짓는 것과도 같을 것이기 때문이다. … 그런 폐쇄성이 가장 비근하게 일어나는 것이, 개인이 그런 끔찍한 일을 저지르는 동안 자신을 통제할 수 없을 때다. 가령 사람이 술에 취한 상태에서 어떤 일을 저질렀는데, 그는 그 일을 나중에 제대로 기억하지 못하거나 희미하게 기억하는 경우가 있다. … 그런 것은 한

293 Søren Kierkegaard, Werke 8, 105쪽.

때 정신이 이상해진 상태에서 저지른 이전 일을 기억하는 사람의 경우에도 마찬가지일 수 있다. 그런데 이런 현상이 과연 괴물적인지의 여부를 결정하는 것은 현시를 대하는 당사자 개인의 입장이다. 즉 그가 그러한 사실을 자유롭게 수용해 받아들이려고 하느냐의 여부를 결정하는 것은 현시를 대하는 당사자 개인의 입장이다. 그가 이런 것을 원하지 않자마자 그 현상은 괴물적이게 된다."[294]

부자유한 인간의 실존은 자신의 자아에 대해 무지한 상태에서 자신의 재능을 단지 영향력을 미치기 위한 수단적 힘으로만 받아들이고, 자신의 자아를 설명할 수 없는 것으로만 받아들인다. 그에 반해 자유로운 인간의 실존은 자신의 자아를 내면에서 이해할 것을 촉구한다.[295]

자신의 우연적인 자아를 절대자로 삼고 자신을 그 안에 가두어 버리는 괴물적인 자아의 본래적인 특성은 아무것도 진지하게 여기지 않는다는 것이다.[296] 키에르케고르는 (왕을 살해한 후) 맥베스가 한 말을 인용한다. "삶에서 진지한 것은 이제부터 더 이상 존재하지 않는다." 인간이 일반적인 것, 전체적인 것, 영원한 것 속에 존재한다는 것은 '진지함'을 위한 전제조건이다. "이런 의미에서의 진지함은 인격 자체를 의미하며 진지한 인격만이 실제적인 인격이다." "그러므로 개인의 삶을 진지하게 만드는 것을 경험하는 일보다, 개인이 가장 깊은 토대 위에서 무엇을 할 수 있는지를 가늠하는 확실한 척도도 없다. … 만약 어떤 사람이 다른 많은 사람들이나 모든 종류의 크고 요란한 것들에 대해 진지하지만 자신에 대해서는 진지하지 않다

294 Søren Kierkegaard, Werke 5, 128쪽.

295 Søren Kierkegaard, Werke 8, 43쪽.

296 Søren Kierkegaard, Werke 5, 145~153쪽.

면, 그 사람은 아무리 진지한 태도를 취하더라도 그저 일종의 익살꾼일 따름이다. … 사람이 이제 괴물적인 자아를 제대로 연구하고자 한다면, 개인이 영원을 어떻게 파악하고 있는지를 보면 된다. … 사람들은 인간의 내면에서 영원을 부정한다. 사람들은 영원을 완전히 추상적인 방식으로 파악하기도 하고, 환상을 통해서 시간 안으로 끌어들이기도 하고, 형이상학적으로 파악하기도 한다." 모든 경우들에서 "사람들은 영원에 대해 진지하게 사유하고 싶어 하지 않는다. 사람들은 영원을 두려워하고 그런 두려움에 대해 수백 가지 구실을 갖다 댄다. 이런 것이 바로 괴물적인 것이다."

2) 정신의 본질적인 실재와 그 종류

한편에서는 혼돈과 형식, 다른 한편에서는 개인과 일반, 이런 대립들 사이에 삶이 자리하고 있는데, 이런 삶이 저런 대립들 중에서 어느 한쪽으로 완전히 기울 때 삶은 정지하게 된다. 이제 살아 있는 형태들 자체를 ─ 실제에 있어서는 항상 간접적이기는 하지만 ─ 좀 더 직접적으로 파악하고자 할 경우 모든 형태에서 고려해야 할 것은, 삶이 저런 가느다란 선을 타고 대립쌍의 각 측면들로 이동해 갈 때 일련의 죽어 있는 파생물들이 뒤따른다는 사실이다.

괴물적인 삶에서는 본질적이고 지배적인 실재의 종류에 따라 현실주의자, 낭만주의자, 성자가 구별된다.

(1) 현실주의자

현실주의는 시공간 현실에서 일어나는 형성을 결정적인 것으로 간주한다. 현실주의에는 다음과 같은 말이 적용된다. "효율적인 것만이 참이다.” '성공'은 아무 상관없는 것이 아니고 매우 중요하다. 실제 현실이 없으면 가치도 존재하지 않는다. 체험, 상상, 계획, 희망은 아직 아무것도 아니고 실현이 중요하다. 현실주의자에게 중요한 것은 삶에 대해 오랜 시간 논쟁하고 원리들을 발전시키고 정당화하며 결과를 따지는 것보다 아주 작은 과제라도 완수하는 것이며, 아주 작은 사소한 일이라도 밖으로 드러내는 것이다. 완수에는 현실주의자의 존엄감이 담겨 있기 때문에 현실주의자들은 인계받은 과제들을 즐기듯이 수행한다. 현실주의자는 적극적이다. 그리고 행동, 성과, 시, 철학, 과학적 작업의 수행에서 객관화를 추구하며, 전체를 즐기기보다는 사소한 일을 하는 것을 즐긴다. 괴물적인 유형의 살아 있는 현실주의는 모든 구체적인 세계상을 가지고 있고, 직관적인 것은 현실주의에 고유한 것이다. 세계상들이 감각적이고 공간적인 것 속에 내재화되어 형태를 갖추고 있는 한 그것들은 현실주의에 유효하다. 현실주의에게는 이런 곳에 절대적인 것이 체화된 상태로 존재하고 있다. 하지만 이러한 세계상은 죽어 있는 세계상이 아니며, 감각적이고 공간적인 현실은 최종적인 것이 아니다. 그와는 반대로 모든 현실은 변형될 수 있다. 무엇이 현실이고 무엇이 현실이 될 것인지는 변형의 의지에 달려 있다. 그래서 현실은 무겁고 최종적으로 받아들여야만 하는 것이 아니라, 무엇보다도 포기될 수 있는 것이다. 살아 있는 현실주의자는 모든 통로를 통해서 구체적인 현실과 연결되어 있기 때문에 현실주의자는 전체로서의 현실을 존중할 뿐 아니라, 인류의 능동적인 현실주의에 의해서 창조되고 형성되어 현실에서 존재하는 어마어마한 존재에 대해 경외감을 가지고 있다. 현실주의자는 전체 현실을 완전히 처음부터 새롭게 다시 건설하는 것을 원하는 것을 생각할 수 없고 그렇게 할 수 있을 것이라고 상상할 수도 없으며, 자신의 원리에 의거해서 그것들을 이제 비로소 '옳게' 그리고 '정당하게' 만드는 것을 상상할 수 없다. 현실주의자는 경험을 통해서 현실을 알고 있고, 현실과 하나가 되어 있다. 하지만 공략할 수도 없고 변형할 수도 없는 실제적인 것이 없는 한, 그는 다시금 그것에 대해 아무 존경심도 갖지 않게 된다. 그런 일이 일어날 때 현실주의자는 책임 있는 행위를 해야만 한다는 것을 안다. 그때 그는 그 어떤 정식화된 원칙에 경도되어 있지 않으며 실패할 경우 자신에게 다음과 같은 위안의 말을 하는 것을 허락하지 않는다. 광신자가 그런 것을 가지고 자신을 비교적 쉽게 달래는 것은 비극적인 일이다. 삶을 그냥 단순히 희생하는 것으로 행위의 정당성이 담보되는 것은 아니라는 것이 그의 생각이다. 삶에 헌신하는 것은 광신자와 비현실주의자 모두를 주관적으로 정당화한다. 그에게 방향을 제시해 주는 다이모니온, 즉 믿음 안에서 그는 원칙으로의 충분한 객관화 없이 더 심오한 정당화를 필요로 하고 이것들 중에서 많은 것들이 또한 일시적인 보조 수단으로 사용된다. 사람이 최악의 경우 자신의 목숨을 끊을 수도 있다는 것은, 비현실주의자에게서와 마찬가지로 그에게는 하등 위안이 되지 않는다. 그는 자신이 변화시키고 싶어 하는 현실에 맞게 행동할 수 있도록 선택하고 행동하는 것을 자신의 의무로 느낀다. 그리고 현실이 잘 따라주지 않을 때 그는 그것을 자신의 잘못으로 여기지만, 비현실주의자는 현실을 나쁘다고 탓한다. 심리적인 과정에서의 책임과 절망의 극한적인 증가는 구체적인 행동의 방향을 직관하기 위한 길인 반면, 단순한 원칙에 따른 행동과 맹목적인 자기희생은 현실과 동떨어진 겉치레에 불과하다. 그것들은 법의 세계, 바른 가치의 세계, 타당성의 세계를 지향하지만 추상화에 사로잡혀 있으며, 현실과 거리를 두고 추상적으로 살아가는 사람에게는 모든 것일 수 있지만 현실주의자에게는 거의 그렇지 않다.

하지만 무엇을 해야 할지 어떤 목표를 추구해야 할지는 현실주의 입장에서는 궁극적으로 말해질 수 있는 것이 아니다. 이런 것은 다수의 사람들이 필요로 하는, 끊임없이 변화하는 조리법의 기본 틀이다. 특히 살아 있는 현실주의자는 무한을 의지처로 삼아 완전히 구체적인 것만을 위해 궁극적으로 그가 지금 여기서 어떻게 행동해야 하는지를 알고 있다. 그런데 그는 자신 앞에 교설과 조리법의 형태로는 제시될 수 없는 이념과 방향의 표현인 괴물에 의해서 지배당하고 있다는 느낌을 갖는다. 그가 추구하는 것은 자기가 살아가고 있는 현실에 대한 아주 특별하고 구체적인 이미지를 얻어 내는 것이다. 다양한 형태를 취하는 일반적인 세계상은 그것의 배경일 수 있지만, 중요한 것은 개인, 현재, 일회적 상황이기 때문에 그 자체가 기만적이고 오해의 소지가 있다. 모든 곳에서 모든 것이 매 순간에 상이하다 보니 일반적인 세계상들은 사람들이 행동해야 하는 현실에는 절대로 부합하지 않는 단순한 도식들에 불과하다. 행동의 이유와 목적은 계속 합리적으로 진술될 수 있고, 원리와 조리법은 한때 특히 고용된 동료 직원들을 위해서 고정될 수는 있지만, 현실주의자는 원리와 조리법에 얽매이지 않고 ─ 다만 그 어떤 방식으로도 궁극적으로 전혀 빠짐없이 형식화될 수는 없지만, 행동 및 경험 자체와 함께 성장하는 이념들만 그렇게 할 수 있는데 ─ 오히려 그의 살아 있는 무한한 경험과 그가 처한 상황으로부터 궁극적으로 비합리적인 결정을 내린다. 이런 결정은 추후적으로만 성공을 통해서 '옳은' 것으로 인정되며, 많은 예측이 가능하고 합목적적인 측면을 포함하고 있기는 해도 다른 이들은 예측할 수 없는 비합리성에 근거해 있다. 그것을 성격, 결단력 등이라 부를 수 있을 것이다. 그것은 오로지 현실의 반경에 따라 그리고 그 안에 들어 있는 힘의 종류에 따라, 그것이 이념이든 또는 단순히 활기찬 목적이든 그 자체로 다양성을 갖고 있는 그런 비합리적인 것이다. 이념들이 인도할 때 현실주의자는 괴물적인 인간 유형의 방향으로 나아간다.

삶의 모든 실체적인 형태들이 그런 것처럼 이 또한 그것의 본질에 따라, 그것의 내용에 따라 개념화할 수 없다. 평소처럼 이 경우에서도 우리는 그 방향을 알 수 없는 경로를 보고 있다. 우리는 이러한 경로를 따라가는 심리적인 과정의 특성들을 발견할 수 있을 뿐이다. 바로 그러한 비규정성 때문에 계속 혼동이 일어난다. 다른, 심지어 이질적인 인물들조차 현실주의적인 인물을 가장하고, 이런 실질적이고 살아 있는 현실주의적인 인물에게 귀속되는 가치 강조를 자신에게도 요구한다.

이런 공허한 종류의 현실주의는 다음의 명제, 즉 '실제 현실 속에서 형성 및 실현을 경험하는 것만 참되다'고 느끼는 대신 오히려 그것을 역전시켜 '현실적이 되고 성공을 거두는 것이 참되다'고 느끼고, 이를 통해서만 정당화가 가능하다고 느낀다. 현실에서는 저러한 괴물적인 유형의 방향으로 따라가는 대신 목표 자체는 현실로부터 취한다. 그것도 불가피하게 상황의 유리함을 통해서 만족되어야만 하는 가장 넓은 의미에서의 물질적인 이해관계를 고려해서 취해진다. 하나의 방향 대신 행동의 혼돈이 생겨 나오는데, 이런 행동들은 자신의 방향을 늘 새롭게 규정하고, 유한한 개인이나 그 개인이 자발적으로 속해 있는 집단의 복지와 필요에 봉사하는 연관만을 인식하게 해 주는 우연한 배열에 전적으로 의존해서 모든 기회들을 활용한다. 실제 현실에서 형태들에 도달하는 그런 목표들에 권리와 의미를 부여하는 대신 목표 자체가 주어진 현실로부터 취해지고 그 결과 실제 현실의 '형성'에는 도달하지 못해도, 무작위로 변화하는 조건 아래에서 계속 존재할 수는 있다. 괴물적이고 순수한 현실주의가 표현되어 있는 것으로 해석될 수 있는 오토 폰 비스마르크의 말은 때때로 특히나 혼란스러운 현실주의의 의미로 여겨지기 쉽다. 다음과 같은 비스마르크의 말은 이러한 모호성을 잘 보여 주고 있다. "나는 기본 원칙에 따라서 살아 본 적이 없다. 내가 행동해야만 했을 때 나는 결코 내 스스로에게 이렇게 물은 적이 없다. '너는 어떤 기본 원칙을 따를 것인가?' 그에 반해서 나는 기회를 포착하고는 내가 좋다고 생각되는 것을 실행했다. 사람들은 종종 내가 기본 원칙이 없는 사람이라고 비난해 왔다. 내가 기본 원칙을 가지고 삶을 살아가야 한다면, 나는 내가 좁다란 숲길을 걸어가야 하는 상태에서 마치 입에 기다란 장대 하나를 물고 걸어가야 하는 것과 같다는 생각이 든다."

절대적이고 궁극적인 실재로서 간주되는 확고한 형태의 틀을 하고 있는 현실주의는 혼돈적인 현실주의와 관련해 있는데, 그 이유는 둘이 동일한 수준에서 오로지 반대되는 극으로서만 존재하기 때문이다. 확고하게 고정되어 있는 전통으로서의 기존 시설, 소유관계, 권리, 노동 규칙, 생활 규칙, 자연 파악의 규칙 등은 변함이 없다. 그것들은 현실주의적인 행동의 혼돈과 비교할 때 최고로 엄격한 규칙성에 도달해 있는 것들이다. 하지만 현실을 결정적인 것으로 인정하기는 해도 실재를 변형시키고 형성하기 위한 삶은 사라지고 없다.

생생하게 살아 있는 현실주의자는 허구적인 원칙 지향의 인간 및 광신자들에 대해서 이렇게 느낀다. '물건을 잘게 부수는 대신 오히려 형성시켜라!' 혼동적인 현실주의자에 대해서는 이렇게 느낀다. '의미와 방향 그리고 믿음을 가져라!' 엄격하게 형식적이고 협소하고 절대적인 현실주의자들에 대해서는 이렇게 느낀다. '용해시키기 위해, 의문에 부치기 위해, 성장하고 형태를 갖추기 위해, 넓고 자유롭고 열정적이 되어라!'

(2) 낭만주의자

낭만주의에서는 체험 그 자체가 주된 것, 즉 본래적인 현실이 된다. 외부에 실현하는 것이 아니라 자기 경험이 의미가 된다. 결정적인 것은 개인의 운명이지 객관성이 아니다. 체험의 주관성은 자신을 표현하지만 완전한 객관성이 되는 것은 아니다. 한편으로는 영혼의 끝없는 확장, 다른 한편으로는 주관적인 것과 객관적인 것, 꿈과 현실의 끊임없는 혼동이 이 유형을 특징지어 준다. 개인의 운명이 모든 본질적인 것을 포착하게 해 주거나 그렇지 않은 경우 비로소 본질적인 것으로 만들어 줄 수 있다. 현실주의자는 객관적인 것, 일반적인 것 속에서 살아가고 오로지 그 자신에게 주어져 있는 전체 현실만이 그의 삶에 의미와 목표를 제공해 주지만, 여기 낭만주의에서는 예를 들어 한 사람의 개인을 향한 사랑이 개인의 운명이 된다. 그렇게 함으로써 다른 모든 것이 흡수되어 더 나아간 과정에서 '극복'이 가능해지고 점진적인 자기 경험이 가능해지기 때문이다. 낭만주의자에게는 부딪히는 저항이자 고정된 틀로서의 단단한 현실은 사라지고 없기 때문에, 그는 더 이상 높아질 수 없는 방식으로 모든 것을 흐름 속으로 가져온다. 확고한 것은 아무것도 없다. 계속 체험되고 경험되고 극복되고 구해지지만, 궁극적인 만족은 없고 현존의 형식과 형태에 도달하는 경우도 절대 없다. 주관적인 체험으로서의 괴물적인 것이 여기 모든 곳에 편재하면서 껍질을 완성하고 틀을 형성하는 모든 능력을 빼앗아 간다. 그런 것은 용해될 수만 있다. 그리고 극복 운동이 방금 생겨난 모든 것들을 용해시켜 버리는데, 이는 실질적인 유형들에 적합할 정도로 풍부하고 생산적이다. 이런 흥분되고 과장된 괴물적인 삶의 흐름은 고찰자에게 아무런 보호막도 없고 의지할 단단한 침대조차 없이 여기서 그냥 벌거벗은 맨몸으로 방치된 채 살아가고 있는 사람을 독특한 방식으로 연상시킨다. 그에 반해 현실주의자의 괴물적인 면은, 낭만주의자의 거침없는 흐름과는 반대로 단순하고 경제적이며, 희소하기는 하지만 강력하다. 낭만주의자는 자신의 외부에 있는 현실에서가 아닌 자신의 내부, 자신의 체험에서만 저항을 느낀다. 그는 세계 밖에 자신을 정위시킨다. 그는 자신의 체험 외에는 아무것도 형성해 내지 않는다. 그래서 그는 삶이자 삶 자체이고, 고립되어 있지만 그래서 그 어떤 형태도 작품도 틀도 창조해 내지 않는다. 의미 있는 것은 삶, 체험, 자기 경험이기 때문에 무한히 상승하는 반성이 전개되지만 — 이와 함께 위대하고 독창적인 심리학자들이 태동하는데 — 그것은 모든 것처럼 오로지 순간적인 결과로서, 다음 순간에 이미 극복되어 버리는 순간적인 결과로서 잠언과 단편의 형식으로만 객관화될 뿐이다. 과도하게 상승되어서 창조된 모든 것들을 순식간에 용해시켜 버리는 삶의 흐름은 천재적으로 풍부한 이런 엄청난 잔해더미만 자신의 대상으로 남겨 놓는다. 체계적인 사유의 작품이든 시(詩)든 모든 전체는 미완으로 남겨지고, 그 구조는 단편적이고 위대한 잠언이다. 행동에서, 사랑과 우정에서 동일한 것이 있다. 그것은 순간의 가장 어마어마한 증가이자 가장 큰 심화지만, 지속적으로 몰아붙이는 괴물적인 것의 흐름이 새로운 지배적인 운명과 경험으로 표류하기 때문에, 확고히 구축하고 온전하게 형성하는 능력은 부재하다. 이 모든 낭만적인 것에는 뭔가 유성(流星) 현상 같은 측면이 있다. 나타나는 곳에서 유성은 빛을 발하고 주변은 그 빛을 감지하지만, 객관적인 관찰자와 현실주의자의 관점에서 볼 때 그 빛은 아무런 믿음도 주지 못하고 그냥 지나쳐 사라지고 망각된다. 유성은 자기 안팎의 모든 것들을 뒤흔들어 놓는다. 그러나 그것이 영혼 없이 메마른 것은 아니고, 속물적이고 부르주아적인 보호를 받는 것이 아니고, 불가침적인 것이 아닌 한 — 이런 경우 그것은 단지 '심미적인' 인상만 만들어 내는데 — 자기 주변의 고귀한 것을 정확히 파악해 내고 가장 강력한 고양과 깊은 고통을 창조해 내, 삶이 그런 것처럼 그 자신은 파악할 수 없고 이해할 수 없고 수수께끼처럼 신비로운 것이 된다.

삶의 많은 형태들에게 특정의 정신병적인 과정들의 일시적인 단계들은 과도한 이상형이 된다. 이러한 낭만적이고 괴물적인 유형은 조현병의 초기 단계에서 특별한 재능을 가지고 있는 사람들에게서만 발견되기 때문에 드물기는 해도 전적으로 이례적인 것은 아니다. 전례 없는 불안정, 끊임없이 충만한 체험, 목표 없이 불안정하게 갑자기 중단되는 의식, 형이상학적인 심오함과 필사적인 탐색에 동반되는 황홀한 행복감의 체험, 참여자를 매료시키는 예술적인 심오함, 예를 들어 그 누구도 결코 가능할 것으로 여기지 않는 무한한 깊이의 느낌을 주는 낯설고 엄청 매혹적인 피아노 연주. 자신의 딸이 앓고 있는 병이 심각해지고 있었던 사실을 전혀 눈치채지 못한, 별로 음악적 재능이 없는 아버지는 그 연주를 더 이상 견디는 것이 힘들었지만 그래도 그로부터 벗어날 수는 없었노라고 말했다. 전혀 이해할 수 없는 시가 ─ 어쩌면 결코 시를 써 보지 않았을 사람들이 ─ 모든 심연 속으로 빠져들 듯한 그런 직감적인 체험들을 드러낸다. 그리고 방금 전에 있던 것은 이미 사라지고 없다. 친구가 여전히 붙잡고 있는 것은, 이런 신세계로 빠져든 괴물적인 광인에게는 이미 사라지고 없다.

(3) 성자

성스러움은 형성되어 있는 세상의 모습에서도 자기 경험에서도 본질적인 것을 찾지 못하고, 절대적인 것으로 직접 접근해 들어간다. 필요한 한 가지는 이런 것이다. 절대적인 것을 절대적으로 확신하는 것, 궁극적인 무조건적인 것을 소유하는 것, 절대적인 것 자체에서 의미를 경험하는 것. 이런 관점에서 보게 되면 유한한 모든 것은 공허하다. 세계와 자아, 이 둘의 무한한 발전, 형성 그리고 경험은 부정되는 것은 아니지만 비본질적이고,

그것들은 단지 개별적인 단계들에서만 극복되는 것이 아니라 전체적으로도 극복된다. 세 가지 유형 — 현실주의자, 낭만주의자, 성자 — 모두 자신의 의지처를 무한한 것에 두고 있지만, 처음 두 가지 유형은 과정에 자신의 의지처를 두고, 마지막 세 번째 유형은 절대적인 것으로서의 무한에, 즉 신이라 불리는 것 자체에 자신의 의지처를 둔다. 셋 모두가 자신의 삶과 행위에서 무조건적이지만, 앞의 둘은 세계와 자아에 대한 경험과 결과와 관련해서 그렇고 마지막의 것은 세계와 자아에 대해서는 무관심한 절대적인 무조건성 속에서 그렇다. 이 무조건성의 근원은 특별한 경험이다. 세상과 인격 속에 있는 인간에게 낯선데다가 심지어 공허하기까지 한 중요한 것이 있다. 경험하게 되는 것은 고향으로서는 상실될 위험에 처해 있는 시간초월적인 고향이다. 구체적이고 실제적이고 현세적인 것은 중요하지 않다. 모든 것이 무가치하기 때문에, 모든 것은 아무 증오 없이 기꺼이 잃어버리고 전혀 관심 없이 파괴될 뿐이다. 중요한 것은 단 한 가지다. 신에 대한 사랑과 성스러운 생활 방식만이 그것이다. 성스러운 생활 방식, 즉 자기형성에 있어서나 인간을 대함에 있어서 계산하지 않는 것, 사랑하는 마음에서 우러나와서 하는 행동, 즉 유일하게 중요한 모든 영혼의 목표와 관련되어 있는 구체적인 것으로부터 우러나와서 하는 행동. 신에의 귀의, 모든 양식, 모든 규칙, 모든 법칙에 비춰 볼 때 무한히 모호한 그 어떤 것, 그것이 중요하다.

우리는 현존의 이율배반, 불가피한 유한성, 모든 사소한 세계 형성의 불가피성, 유한한 자아의 갈등, 타협, 영리함, 그런 자아에 대한 경험의 필요성에 맞춰져 있다. 피할 수 없는 우연성, 불가피한 죄책감, 의지와 성공 사이 그리고 생각과 실제 효과 간의 불가피한 비일관성이 우리의 운명이다. 성자는 그로부터 생겨 나오는 모든 절망들을 느끼고, 세계와 자아를 부정하지 않고, 마치 자신이 유한하지 않기라도 한 것처럼, 전체로서의 무한, 완성된 것으로서의 무한 안에 위치하고 있기라도 하는 것처럼, 마치 자신이 무한한 과정의 궤도 부분을 관통해서 달려 나가는 것이 아니라 절대적인 것 자체 내에 있는 절대자 자신이 되기라도 하는 것처럼, 세계 없이도 그리고 지속되는 자기 경험 없이도 삶을 모험하고 실천할 수 있다고 여김으로써 세계나 자기 경험이 마치 아무것도 아닌 것처럼, 그런 것들을 그냥 지나쳐 앞으로 전진해 나간다. 자기 자신으로부터 벗어나 절대자에게만 의지하고 타자 안에 내재해 있는 성스러움을 향한 잠재력에만 의지함으로써 성자는 모든 유한한 속박들로부터 해방되고 세상에 영향력을 행사하는 모든 직접적인 영향들로부터 벗어난다. "하늘에 계신 너희 아버지께서 완전하신 것처럼 너희들도 완전해야만 하느니라."

　현실주의자, 낭만주의자 그리고 성자, 이 세 가지 유형을 나란히 배치해 보면, 그것들은 다음과 같은 양식으로 특징지어질 수 있다. 현실주의자는 인간들을 대할 때 자신의 수단이나 부분으로 대한다. 낭만주의자는 인간들을 일깨워 그들이 자기 자신에게로 되돌아가도록 지도한다. '나를 따르지 말고 당신 자신을 따르시오.' 성자는 이해하고 모험하고 사랑하면서 직접 다른 사람들의 영혼 안으로 들어가서는 그들에게 길이자 의지처가 되며, 다른 사람들이 자기에게 매달리고 따르도록 하는 것이 정당하다고 느끼고 그렇게 해야 한다는 의무감마저 느낀다. 세 가지 인간 유형 모두가 그들의 인성과 뚜렷한 교설을 매개로 영향력을 행사하지만, 현실주의자만이 세계를 직접 형성함으로써 영향력을 행사하며, 순전하고 구체적이고 특별한 것으로서의 권력의지를 가지고 있다. 낭만주의자는 개인이며, 형성하지도 지배적이지도 않고, 구체적인 충동으로서가 아닌 자극으로서 영향을 미친다. 성자는 영혼을 위해 영혼을 통해 영향력을 행사하고 간접 권력을 가지고 있기는 해도 권력 자체를 원하지는 않으며, 마치 현실주의자가 합목적적인 논쟁의 가면 뒤에 숨어 행동의 지도자가 되려고 모험하는 것처럼, 진실로 영혼의 개방적인 지도자가 되고자 모험한다. 현실주의의 결과는 세계의 형성이고, 낭만주의의 결과는 심리적인 통찰과 교육적 노력이며, 성자의 결과는 다른 무엇보다도 사람을 내부로부터 파악해서 그들을 지배하게 되는 가르침과 명법들이다. 성자는 그에 대해서 생각하지 않고도 그렇게 되는데, 그는 사회적 실재라는 매체 속에서 나타나는 자신의 가르침의 효과를 통해 간접적으로, 자기 스스로는 세계 형성을 보거나 원치 않는 상태에서 무의식적인 세계 형성자가 됨으로써 그렇게 된다.

우리가 현실주의자에게서 권력의지를 보고, 낭만주의자에게서 자아의 의지를 보고, 성자에게서 사랑 공동체의 의지를 본다면, 우리는 그런 것에 실체 없는 본질의 단순한 부정적인 대립물로서, 성스러움과는 아무 상관도 없고 편리함과 비겁함의 표현이자 무생기의 표현인 무기력에의 의지를 대비해 볼 수 있고, 단순한 자기도피인 한에서는 성취, 노동, 경영에의 의지를 대비해 볼 수 있으며, 죽어 있는 현존, 생기 없는 휴식, 경험적 자아의 안락함을 보호해 주는 고립, 외로움, 무위, 낯섦, 거리두기에의 의지를 대비해 볼 수 있다. 이 모든 부정적인 입장들은 단순히 수동적이고 공허하며, 긍정적인 것인 척하는 수단이자 가면일 따름이다.

3) 신비적인 유형의 양극단: 신비의 길과 이념의 길

(1) '신비적'이라는 말의 다의성
구원의 길을 묻는 질문은 개별적인 태도, 세계상, 가치들을 절대화함으로써 다양하게 답해져 왔다. 삶을 올바로 인도하는 틀로서의 삶의 지침들은 합리화된 방식으로 마련되어 있다. 예를 들어 서로 상반되는 가르침들에 따르면, 그것이 자기창조이든 세계 노동이든, 또는 인식에서든 영지에서든, 또는 상대주의적인 연구에서든 신비주의에서든 구원은, 실천적인 현실 속에 놓여 있다. 모든 다른 치유법들이 개별적인 것, 유한한 것을 목표로 세웠기 때문에 신비주의가 결국 반복해서 등장했는데, 그러한 신비주의 안에서는 모든 주객 구분은 지양되고, 충만과 총체성으로서의 무한성이 궁극적인 치유로 현전한다. 인간 정신의 형태들 중에서 신비주의만큼 모든 시대와 문화에서 보편적이고 유사했던 적은 아마도 없을 것이다. 하지만 신비주의는 어떤 정해진 것이 아니라 모호한 어떤 것이다. 사람들은 주객 분할 없는 경험으로서의 신비주의에 대해 말하기도 하지만(앞에서 다루었던 신비적인 태도에 대한 부분 참조) 또한 신비로운 지식, 신비로운 생활 방식, 신비로운 기술, 신비로운 사랑 등에 대해서도 얘기한다. '신비한'이라는 단어는 너무나 모호해서 그것이 말해 주는 것은 거의 없고 오로지 본래적인 것, 즉 비밀로 가득한 의미만을 유지할 따름이다. 그 단어는 상태, 인간, 사건이 경험자 자신에게게만 또는 관찰자에게만 비밀스러운 것인지에 상관없이, 이해할 수 없고 수수께끼 같고 직접적인 모든 것들을 가리킨다. 그래서 상호 배타적인 신조나 행동 방식 그리고 삶의 방식들은 신비적인 기초에서 정당화를 찾고, 실증주의적인 입장에서는 도무지 이해되지 않는 모든 것을 그냥 단순히 신비적이라고 칭하는 일이 일어난다. 과정으로서의 정신에 속해 있는 신비스러운 것을 그것의 실질적인 형태 속에서 찾아내는 것이 과제다. 이를 위해서는 신비 체험에 대해 완전히 일반심리학적인 현전화가 필요한데, 관심이 심리적인 것의 형식으로 온전히 향할 수 있으려면 그 내용이 가능한 한 평범해야만 한다.

(2) 체험으로서의 신비와 대상화 과정으로서의 신비

우리의 의식적인 영적 현존은 일반적으로, 주체로서의 우리가 우리 자신 앞에 대상, 생각 내용, 표상을 가지고 있는 상태에서 그것들에 내적으로— 고찰하면서, 생각하면서, 느끼면서, 소망하면서 등등 — 지향하는 방식으로 진행된다. 우리는 보통 주객 분할 아래서 살아간다. 깨어 있을 때 사람들은 종종 중간 상태들을 관찰할 수 있는데, 그런 상태들에 대해 우리는 나중에 직접 기억하면서 분명하게 알아차리는 것이 있다. 그것은 거기에 뭔가 영적인 것이 분명한 주객 분할 없이 존재하고 있었다는 것이다. 아주 단순해서 심리적으로 많은 것을 가르쳐 주는 저런 체험의 종류에 대해서 빌헬름 아우구스트 메서는 다음과 같이 설명하고 있다.

"처음으로 나는 생소한 도시에서 밤을 지냈고, 다음날 아침 잠에서 깨어났다. 나의 의식은 어떤 의미에서 강렬한 청각적인 감각들로 가득 차 있었다. 그 느낌은 한동안 국지화되지 않았고 또한 대상적으로 해석되지도 않았다. 말하자면 오성이 멈추어 있었다. 그 상태는 불쾌하기도 하고 무서운 성질의 것이었다. 물론 걸린 시간은 단 2~3초 정도에 불과했다. 그때 갑자기 내가 이전에 살던 집 근처에서 저녁 시간에 기찻길 하나가 있었던 것을 알아차렸던 기억이 난다. 그리고 이제 곧바로 그 느낌에 대한 객관적인 해석이 뒤따른다. 그것은 지나가는 기차 소리였다."

메서가 이러한 예를 통해서 보여 주려고 했던 것은, 늘 지각 내용의 요소로 출현하는 감각들이 아직은 객관적이지 않은 단순한 물질로도 어떻게 예외적으로 체험될 수 있는가 하는 것이다. 이런 것이 명확해지는 것은, 불분명하고 단순히 의식으로만 가득 채워져 있는 상태와 주객이 분명하게 분리되어 있는 상태를 서로 대조할 때다.

우리가 영적 체험을 하면서 우리 앞에 하나의 대상을 가질 때마다 우리는 그 체험에 대해 '의미'가 그 안에 있다는 식으로 표현할 수 있다. 앞에서 기술된 경우에는, 기차 한 대가 지나가고 있다는 기술 안에 의미가 들어 있다는 식으로 표현해 볼 수 있다. 대상화되지 못해서 체험이 불분명하게 되면, 그 체험에 대한 '해석'을 통해서 체험자 앞에 대상이나 의미가 정립된다. 우리의 경우 이러한 의미는 아무 상관없는 것이었기 때문에, 우리는 그것을 진부하다고 부른다. 그것이 아무 상관없는 것이 되었던 것은 부분적으로 그것이 대상적인 해석에 있어서 단순한 감각적인 지각 대상으로 남김없이 사라졌기 때문이다.

물론 우리는 우리의 의식 앞에 감각적인 것, 즉 붙잡을 수 있고 만질 수 있고 볼 수 있고 들을 수 있는 대상들만 대상과 내용으로 갖는다는 것이 통상적인 견해다. 그러나 순전히 현상학적인 대상화는 우리가 비록 지각이나 표상에서 그런 내용들을 항상 하나의 기초로, 하나의 매체로 필요로 할지 모르지만, 오히려 우리에게 의미가 있는 것처럼 보이는 모든 것을 직접 감각적으로 ― 감각적인 것을 통해서이기는 해도 ― 지각할 수 있는 것은 아니라는 것을 확인할 수 있다. 특히 다른 무엇보다도 우리가 사용하는 과학적 개념의 내용인 전체 '대상', 모든 관계, 의존 관계, 그다음에 우리가 그저 단순히 '규명하는' 것이 아니라 직접 직관적으로 우리 눈앞에 가지는 모든 영혼적인 것, 우리가 '표현'이라 칭하는 모든 것 속에서 '감정 이입해서 느낄' 수 있는 것, 그다음에 우리 자신의 감정적인 정동과 함께 우리 눈앞에 대상적인 풍경 속성으로서의 풍경 '분위기' 등이 모두 그런 식이다.

그 안에서 불분명한 청각적인 감각들이 객관적으로 해석되는 경우를 생각해 보면, 즉 단순한 의식의 충만으로부터 주객 분할 아래 명료한 대상을 소유하게 되는 경우를 생각해 보면, 우리는 또한 이와 유사한 다른 대상화 과정도 생각해 볼 수 있다. 예를 들어 학술적인 작업에서 수행되는 다음과 같은 대상화 과정을 생각해 볼 수 있다. 느낌→영감 혹은 정동→충동→명료한 결정. 다음과 같은 아주 일반적인 양식을 설정해 볼 수도 있다. 우리의 영혼적인 삶에는 불분명한 정동적인 충만에서 시작해서 명료한 대상화에 이르는 과정이 있는데, 이런 대상화는 사고의 형성이나 예술적인 창작 내지 행위에서 성취된다. 대상화와 명료화는 동일하다. 어떤 것이 대상화되는 한 그것은 우리에게 분명해지고, 더 나아가 모방될 수도 있고 반복될 수도 있다. 그것은 우리 자신에 의해서 그리고 또 적절한 성질의 정동을 소유하고 있는 다른 이들에 의해서, 늘 새롭게 대상 측면으로부터 체험된다. 불분명한 체험으로부터 대상적인 것이 출현하는 과정은, 그것이 새롭고 독창적인 경우이면 '창조'되고, 그에 반해서 그것이 우리의 영혼적인 움직임들의 반대 측면으로부터 — 이것들이 한꺼번에 밝아지면서 — 주어지면 그것은 넓은 의미에서의 '계몽'이 된다. 영혼의 삶이 '불분명한' 움직임과 체험으로 가득 차 있는 것과 저런 창조 과정을 우리는 영혼의 본래적인 삶으로 느끼는 반면, 반복과 모방은 기계적인 성질의 것으로 느낀다. 하지만 온전히 대상화되는 것만 반복과 모방 그리고 학습이 가능하다. 이 과정은 항상 또는 거의 항상 완벽하지는 않다. 영혼의 운동 안에는 대상화되는 것보다 더 많은 것이 포함되어 있는데, 이런 더 많음은 — 이는 형식적으로만 말할 수 있는 것인데 — 창조 활동 '전체' 내에 전염성 강한 효과적인 힘으로 숨어 있으며, 이것은 예를 들어 예술작품에서의 세부적인 기술, 책략, 기교와 대조적이고, 철학적인 저작의 총체성 안에 경험적 연구의 체감 가능한 '방향' 안에 들어 있는 개별적인 사고와 대조적이며, 구체적인 세부 사항 및 개별적인 결과들과 대조적이다. 개인적인 창조는 그런 식으로 상황에 따라서 우리에게 힘을 매개해 주고 우리로 하여금 느끼게 해 주고, 창조하는 사람이나 수용하는 사람 모두에게 대상화되지 않거나 명확하지 않은 계기들을 통해서 우리 안에서 운동을 고무시키는 능력이 있다. 여기에는 반복하거나 모방할 것은 없고, 간접 전달에 기반해서 생생하게 경험할 수 있는 것만 존재하고 있다. 완벽하게 대상화된 모든 것들은 우리 에게는 편리한 소유물이기는 하지만 또한 죽어 있는 것이어서 지루하기도 하다.

지나가는 기차의 경우에서 의식의 전체적인 상태는 반쯤 깨어 있었고 그 어디에서도 주객 분할이 아직 없었다고 한다면, 이제 언급되는 경우들 은 주객 분할이 현존하는 상태에서 그것의 안과 그것 너머에서 그 자체로 는 아직 저러한 분할로 이행되지 않은 체험들로 영혼이 충만해 있는 경우 이다. 즉 그러한 체험들이 그냥 '단순한' 주관적인 느낌을 의미하는 것인지 아니면 객관적인 내용을 의미하는 것인지를 사람들이 헷갈려 할 정도까지 상황이 아직 진행되어 있지 않은 상태에서 서로 무한히 얽혀 있는 경우들 이다. 우리가 무엇인가를 느끼면서도 그것을 표현할 수 없다고 하고 우리 가 무엇인가를 알고 있으면서도 말할 수는 없다고 하는 빈번한 체험들도 이런 경우에 속한다. 그러한 '느낌'과 그런 과정들을 간단한 예를 들어서 심리학적으로 명료하게 설명해 보면 다음과 같다.

우리는 북해 주변을 따라 하이킹을 했다. 해변, 바다, 모래 언덕만 있고 주변에는 아무도 없었다. 우리는 모래를 덮고 누웠고, 거의 감지하지 못한 채 시간이 흘러가는 동안 바다는 몇 마일의 해변을 따라 조용하게 끊임없 이 부서지고, 구름은 흘러가고 있었다. 모래 언덕의 모래 귀리 사이로 바 람보다도 더 먼저 모래가 보슬보슬 흘러내리고 있었다. 우리는 마치 시간 을 초월해 존재하는 것 같은 기분이 들었다. 우리에게는 모든 것이 영원한 고향인 것처럼 친숙했다. 마치 친화성과 통일성에 대한 무한하고 불분명 한 기억이 우리에게 일깨워지는 것과도 같았다. 우리는 관찰하면서 현상을 따라가지만 그것은 의지의 개입에 의한 방해일 따름이다. 그것은 우리에게 곧장 새로운 자료를 생성해 주고, 우리는 그것으로부터 말하자면 오래된 전설과 동화를 청취한다. 그것은 마치 우리가 우리 자신이기도 한 자연과 합류해서 하나가 되는 것과도 같은 것이었다.

따라서 영혼의 상태들과 움직임들은 '마치 ~처럼'의 형식으로만 묘사될 수 있다. 그리고 영혼의 상태들과 움직임들은 불분명하고 의식되지 않은 채 비인격적으로 머물러 있고 사라질 수 있으며, 어쩌면 좋고 조화로운 기분 내지 전반성적인 의미의 느낌으로만 남아 있거나 반성되지 않은 의미의 감정으로만 남아 있을 수 있다. 누군가가 그 사람에게 그 사람이 무엇을 보았고 무슨 생각을 했는지 물으면, 그 사람은 모래 언덕, 해초, 모래 귀리, 바다, 갈매기를 보았다고 답할 수 있을 것이고, 날씨는 보통이었으며, 산책으로 기분이 좋아졌노라고 답할 수 있을 것이다. 그는 지금 막 감각적인 모든 것을 자신 앞에 대상적이고 명료하게 가지게 되었지만, 그의 정동은 그에게 대상적이지 않거나 대상과 주체 사이를 오가고, 거의 명료하게 갈라지는 경향이 있기는 해도 온전히 그런 상태에 결코 도달하지 못했다.

하지만 그러한 기분에서도 인간에게는 대상화의 과정이 도입될 수 있다. 창조되어 주어지는 것에 대한 완전히 새로운 의식과 함께 인간은 자신을 상대로 ― 인간이 지금 배운 것을 단순히 기억하고 감상적으로 재생산하는 것이 아니라는 가정 아래 ― 형태 이미지와 의미 이미지들을 보고, 자연 존재들에 관해 이야기하고, 예술가로서의 자신이 대상화시키고 있는 풍경을 보고, 의식되지 않은 불분명한 주관적인 기분과는 대조적인 풍경에 대한 객관적인 분위기를 창출해 낼 수 있다. 그게 아니면 그에게는 이러한 자연에서 구체화되어 있는 철학적 내용들, 예를 들어 무한성의 종류에 대한 생각을 가질 수 있거나 종교적인 대상화, 즉 하나의 신앙을 파악할 수 있거나 구체적인 삶의 상황에 처해서 자신의 불분명한 정동으로부터 하나의 결단을 내릴 수도 있었을 것인데, 이때 그는 그러한 결단을 자신에게 계시된 자신의 총체성 내지 객관성의 심연으로부터 길어 올린다.

그런 창조적인 대상화 과정들은 드물고, 주객 분할에 도달하지 못한 상태에서 움직이는 체험들은 아주 흔하다. 그러나 우리는 여기서 더 나아간 수준에서는 주체와 객체로 분할될 수도 있고 대상들을 생성할 수도 있는 신비한 영역이, 감각적인 것에서 일어나는 주객 분할을 매개로 어떻게 작용을 일으키는지 이해할 수 있다. 많은 인간들이 이런 신비로운 움직임의 능력을 가지고 있기 때문에, 그들은 어떤 창작자가 하나의 형상을 발견하게 되면 그것을 즉시 자신의 것으로 이해할 수 있다. 이 영역에서는 그들에게 주객 분할이 부재하기 때문에, 그들이 알고 있는 것을 스스로 절대 말할 수 없을 것이라는 말을 그들은 듣게 될 것이다.

이 경우에서 우리가 풍경에 대비시켜 '분위기(혹은 기분)'라 칭하는 것은 아주 다양한 것들을 가리키는 집합 용어다. 1. 내용 없이 조용히 흐르고, 쾌-불쾌의 영역에서 움직이는 단순한 감정. 2. 주객 구분이 부재하고 형태를 취할 수도 있는 배아로서의 영혼의 움직임. 3. 맞은편에서 생성되어 제시되는 형태들에 의해 그 역방향에서 재생산되는 기분들과 영혼의 움직임. 그렇지 않은 경우 우리는 하나의 커다란 대조를 설정해 볼 수도 있다. 그것들은 즐겨지는 단순한 체험들이거나 혹은 형상화, 대상화를 가능하게 해 주는 힘으로서의 징후들이다. 전자는 자기 폐쇄된 상태로 충동도 고뇌도 없는 고요한 향유 안으로 받아들여지고, 후자에는 운동 에너지, 긴장, 충동, 환희, 압박감이 동반된다. 전자는 눈에 띄는 현저한 결과를 동반하지 않고 진지하지 않으며 본래의 실제적인 현실이 부재하고, 후자는 영혼에 상당한 영향을 미치고 진지하고 현실적이다. 전자는 감상적이고, 후자는 강력하고 독창적이다.

지금까지 언급된 체험의 가장 넓은 영역을 요약해서 정의해 보자. 우리가 기술할 수 있는 대부분의 영혼 현상들은 주객 분할 속에서 주체 측면의 속성 아니면 대상 측면의 속성으로 기술되지만, 이러한 것들 외에도 다른 영혼적인 체험들이 있는데 그것들에서는 주객 분할이 아직 존재하지 않거나 지양되어 있다.

이렇게 일반적으로 정의된 심리적인 현상 영역에는 완전히 이질적인 것들이 함께 포함되어 있다. 1. 한편으로는 흐린 의식, 영혼의 전체 상태가 있는가 하면, 다른 한편으로는 의식이 명료한 상태에서 주객 분할을 기반으로 또는 그런 것을 매개로 일어나는 영혼의 부분 운동들이 있다. 2. 영혼 전체의 삶에서 의미(의존성과 영향)에 관한 한, 한편으로는 아무런 장기적인 영향도 주지 않는 아주 우연적이고 사소한 현상들이 있는가 하면, 다른 한편으로는 삶 전체를 지배하는 힘의 징후로 나타나는 현상들로서 사람의 성격이나 세계를 변화시키는 운동의 출발점이 되는 체험들이 있다. 3. 구체적인 대상들에서의 객관화 경향에 관한 한 그 어떤 대상적인 표상 작용을 일으키지 않고 자신 내부에 폐쇄되어 자족하는 체험이 있는가 하면, 사고, 예술작품, 행위의 창작에 있어서 자신의 고통과 충동이 대상으로 변해 가는 체험들도 있다. 4. 기반으로서의 모든 대상성을 결여하고 있는 영혼 상태들이 있는가 하면, 대상적인 내용에 기반해서 비로소 그것들의 독특한 주객의 부재를 깨닫는 영혼 상태들이 있다. 여기서는 다시 실제 대상을 통해 직관하는 영혼 상태가 있는가 하면, 비현실적인 사고와 상징의 복합체를 통해 직관하는 영혼 상태가 있다.

신비 체험에 대한 개념적인 이해를 위해서 근본적으로 중요한 것은 주객 분할이 부재하는 — 하지만 적어도 부분적으로는 그러한 분할이 가능한— 체험들은 이미 존재하고 있는 다른 주객 분할에 기초해서 존재한다는 사실이다. 그러나 이로부터, 예술작품, 철학의 효과가 아마도 그것들의 모호성에 기반을 두고 있으며, 그에 따라 모호함을 유지하는 것이 좋을 것이라는 결론을 도출하는 것은 잘못이다. 중요한 것은 모호한 것과 특정의 현저한 —우리가 '이념'이라 칭하는— 불명료성들이 최고로 광범위한 대상화에 기반해서 비로소 체험된다는 사실이다. 가장 심오한 모호성에 다가가고 싶은 사람에게만 항상 더 많이 객관화하는 것이 원칙이 된다.

본질상 대상적인 성질로 완벽하게 환원될 수 없는 체험들이 있을 수 있다는 것, 일시적으로는 모호하지 않아도 원칙적으로는 모호할 수 있는 체험들이 존재할 수 있다는 것은 족히 생각해 볼 수 있다. 그런 것들은 그 자체가 비정신적이고 정신으로의 번역을 전혀 경험하지 못하는 저런 직접성들, 즉 절대적으로 감각적인 것일 수 있거나 그게 아니면 대상적으로 파악될 수 없는 가장 집중적인 의미 의식을 동반하는 체험들일 수 있다. 메서가 언급한 예에 해당할 수도 있을 진부한 예로는 수면이나 마취에서 깨어날 때 느끼는 강렬하고 완전히 불분명한 의미의 체험이 있을 수 있다.

지금까지의 논의는 다음과 같은 질문에 대한 전제조건에 불과하다. 신비적이라 칭해지는 이런 진부하거나 본질적인 체험들의 이질적인 다양성은, 정신이 그것들을 물질로 파악하는 경우, 어떻게 될까?

(3) 구체적으로 신비로운 것: 체험의 즐거움 또는 이념의 전개

체험하는 동안 이러한 체험에서 그것의 진부함을 빼앗아가는 것은, 두려움이 동반되는 것이든 행복한 충만함 속에서 하는 것이든 돌이켜보건대 늘 구체적으로 체험된 무한성의 의식이다. 모든 대상적인 것은 제한되어 있고, 다른 제한된 대상들과 관계 맺기 때문에, 유한적이다. 개념으로서의 무한성도 그런 유한한 대상인데, 그 개념은 그냥 단순히 사고되거나 의식된 무한성이지 체험된 무한성이 아니다. 주객 분할이 지양된 상태에서 구체적으로 체험된 무한성은 또한 항상 반복해서 계속되는 — 사람이 꿈속에서 항상 계속해서 새로운 공간으로 나아가거나 절대로 종점에 도달할 수 없을 것이라는 의식 아래 황야를 걸어가면서 아마 절망 상태에서 체험하게 될 수도 있을 그런 — 공허한 무한의 체험도 아니다. 구체적인 무한성의 체험은 한순간에 존재하고 그다음 순간에는, 앞서 인용한 바 있는 진부한 예에서처럼, 안중에도 없는 것으로 여겨지거나 속임수 같은 것으로 여겨질 수도 있다. 하지만 그것은 또한 의미 있는 체험으로 오랫동안 확고하게 견지될 수도 있고 새롭게 추구될 수도 있으며, 그런 의미에서 그로부터 그것이 행위든 사고든 또는 예술창작이든 더 나아간 삶을 위한 어떤 결과가 생겨 나올 수도 있고, 방향을 제시해 주는 힘들이 생겨 나올 수도 있다. 그런 경우에 체험은 비로소 협의의 의미에서 본래적인 신비 체험이라 불릴 수도 있을 것이다. 따라서 이런 의미에서 그것들은 비로소 영혼의 전체 삶에 미치는 그것들의 영향을 통해서, 그 자체가 부분적으로는 궁극적이고 더 이상 이해할 수 없는 사실로서 받아들여지고, 부분적으로는 주어진 세계관적 종교적인 이해들로부터 그것들의 의미를 획득하고, 이를 통해 비로소 그것들의 효과를 이차적으로 획득함으로써 신비 체험이 된다.

신비 체험이 해낼 수 있는 가능한 역할을 도식화해 분명하게 해 보자.

1. 신비한 것에 대한 욕구가 존재한다. 모든 신비 체험은 체험으로서는 하나의 특별한 만족을 제공해 준다.

2. 그와는 반대로, 신비한 것으로부터 벗어나고 싶어 하는 충동도 있다. 신비한 모든 것은 몽환으로 느껴지고 거부된다. 대상세계에서 인간은 끝없이 생각하면서, 행동하면서, 창조하면서 돌아다닌다(실증주의).

3. 두 가지 경향의 합성이 일어난다. 신비적인 것으로부터 대상적인 것에 대한 충동이 생겨 나오고 항상 다시 신비적인 것으로 되돌아온 체험의 기술 자체는 개발되지 않지만, 신비적인 것에서 대상성으로, 그리고 대상성에서 다시 신비적인 것으로 되돌아오는 길은 늘 끊임없이 갱신되는 순환 운동의 형식을 취한다. 무한한 대상 지향적인 행위, 사고, 창조 작업을 통해서 진행되는 원 운동은 계속되는 나선 운동 속에서 점점 더 넓어지고, 신비로운 것은 보다 더 나아간 대상성(이념의 전개)을 위한 출구로서 늘 새롭게 갱신되어 심오해진다.

첫 번째 유형은 결국 편안해지고, 우연히 도입된 비유와 상징들로 이루어진 단순한 형식적인 체험으로 변한다. 그것은 내적 발전의 필연성으로 인해 점점 더 단조로워지고, 점점 더 총체성과 무한성을 잃어버리고 결국에는 금욕적인 기예, 문화 없는 둔감함, 조야한 행복감으로 끝나 버린다.

두 번째 유형은 신비감을 완전히 상실할 위험에 처하고, 대상세계의 유한성과 그런 세계의 공허한 무한성 속에서 산만해지고 기계화되고 생명력을 상실하게 될 위험에 처한다.

세 번째 유형은 끊임없이 변화하고, 자신을 극복하고, 어디에서도 최종적으로 휴식을 취하지 못하고 무한히 전진해 나가는 영혼의 변화 과정으로 이어진다. 여기에서는 더 이상 특별한 신비로운 기술은 없지만 신비는 지속되는데, 그 신비는 성질상 항상 새로운 것이면서 또한 다른 삶을 위한 요소가 된다. 신비 체험의 각 방식은 가장 풍부한 전제에 기초해 있고 그러한 한에서 전혀 직접적이지는 않지만, 그 자체가 늘 새롭고 그와 함께 더 나아간 대상화 과정을 위한 전제조건으로서는 비교적 직접적이다. 이 과정의 끝에는 이념이 서 있다. 엄청나게 무한한 전제 조건을 바탕으로 모든 대상적인 것이 제시된 후에 신비로운 전체 상태가 가능해진다. 하지만 이는 오로지 저러한 대상적인 세계에 기반해서만 가능하다. 이러한 관점에서 볼 때 신비적인 상태, 심지어 황홀경의 모든 형식적인 향유는 무한히 뻗어 있는 길의 끝에 서 있는 이념의 공허한 선취로 현현한다. 우리가 역사에서 '신비주의'로 만나는 것은 대체적으로 그런 식의 '선취하기'이지만, 또한 부분적으로는 유한한 대상세계가 완전히 비워지는 것을 막고자 순환적인 종합을 유지하는 힘들을 보호하고 배양하는 일이기도 하다.

첫 번째 유형은 노자, 다수의 인도 신비주의자들, 동양 및 중세의 신비주의자들에 의해서 최고 수준으로 대표되기도 했지만, 그것은 또한 어리석은 힌두교 금욕주의자나 아둔한 아토스 수도사에 의해서 타락되기도 하였다. 두 번째 유형, 즉 탈신비주의적인 인간은 실증주의적이고 합리주의적인 세계관이 그냥 단순히 이론적인 것이 아니고 실제적인 것이 되고 있는 곳에서 존재한다. 그런 인간 유형, 주객 분할이 부재하는 모든 체험들은 비정상적이고 어리석은 것으로 치부되거나 무시되는 곳에서 존재한다. 이런 유형의 인간은 필연적으로 비창조적이며, 합리적으로 정식화된 확정된 기준에 따라 다소 정도의 차이가 있기는 해도 기계적으로 생각하고 판단하고 평가한다. 이런 유형의 인간은 도식에 따라 행동하고 유용한 것으로 인정되는 느낌이 들지 않을 경우에는 체험에 있어서 아주 원시적인 느낌을 받거나 멸시받는다는 느낌을 갖는다. 이런 유형의 인간은 유용하고 생산적인 유형의 인간으로 성취 그 이상의 인간형이 요구되는 경우에는 잘 작동하지 않는 인간형이기도 하다. 이런 유형의 인간은 기계가 방해받지 않고 잘 작동하고 자신의 정상적인 과업을 발견하는 한에서만 완벽한 인간형이다. 세 번째 유형의 괴물적인 인간은 한 번도 만족하는 경우가 없고 결국에는 불분명한 인간이자, 항상 최상의 활력을 요구하고 항상 자신을 극복하며 달라지는 인간이고, 합리적으로 일관된 것이 아니고 혼동스러워

신뢰할 수는 없더라도 우발적이지는 않으며 자신에게 충실한 인간형이다. 세 가지 인간 유형 모두가 주객 분할 없는 가장 넓고 순수한 심리학적 의미에서의 신비 체험을 한다. 이들은 상당 부분 가치 평가 및 해석의 세계관을 통해서 형성되는데, 그런 가치 평가 및 해석의 세계관이 계속해서 영향을 미침으로써 신비 체험 자체 및 전체 인간이 매우 다양하게 배양되고 형성된다. 이러한 세계관들과 그것들이 가져다주는 결과를 대하는 태도는 앞서 언급된 최종적인 태도 및 결정들에 기반해 있다.

가장 넓은 의미에서 '신비적'이라 불리는 체험과 경험으로부터 본래적인 신비주의자와 이념을 펼치는 괴물적인 인간을 만들어 내거나 또는 아마도 체험의 본래적인 이질성에 공동으로 기반해 있는 차이를 합리적인 방식으로 표현하고 있는 서로 반대되는 세계관은, 플로티노스와 칸트가 취하고 있는 입장을 대조함으로써 설명될 수 있을 것이다. 플로티노스로부터는 신비적인 유형이 확인되고, 칸트로부터는 괴물적이고 이념적인 유형이 확인된다.

여기서 플로티노스와 칸트를 선택한 것은 역사적으로 정당한 평가를 내리기 위해서가 아니라 — 그 둘은 모두 너무나도 복잡한 현상이어서, 그들이 제시한 학설들에서 몇 가지만 선별하게 되면 그들에 대해 역사적으로 일방적이고 왜곡된 이미지가 제공될 수밖에 없다 — 그들이 전체적인 삶을 위해 신비적인 것을 활용함에 있어서 서로 상반되는 방향에 있다는 것, 상반되는 세계상에는 상반되는 세계 해석이 전제되고 있다는 것, 그리고 그로부터 삶의 운영과 개별적인 삶의 상황들에 대한 가치 평가에 소용되는 상반된 요청들이 제기되고 있는 관계를 그들이 제시한 양식들을 통해서 분명히 하기 위해서다.

전제조건은 세계에 대한 상반된 철학적 해석이다.

1. 일자(一者)에 대한 플로티노스의 교설: 플로티노스는 세계가 무엇에 기반해 있는지 알고 있다. 원초적인 일자로부터 일련의 유출이 일어나면서 세계가 형성되어 나오고 그 역방향으로 거슬러 올라가는 과정에서 존재가 다시 본래의 일자로 되밀고 들어감으로써, 유한한 개별 대상들의 세계를 향한 하강과 일자로 되돌아가는 상승이 서로 대비된다. "왜냐하면 생명의 실재, 즉 우주가 첫 번째 생명인 것이 아니라 그것 자체가 마치 원천에서 흘러나온 것과도 같기 때문이다. 한번 생각해 보라. 시작점 없이, 흐름으로 인해 그 자신이 고갈되지 않고 오히려 가만히 자신의 내부에 머물면서 물의 흐름을 매개해 주는 원천을 말이다. ⋯ 그렇지 않으면 그 시작이 우주 전체로 분포되어 있지 않은 채 뿌리에 확고하게 자리를 틀고 있는 상태에서 그대로 있으면서 우주를 관통하여 자신의 삶을 흐르게 하고 있는 어마어마하게 큰 나무가 어떨지를 한번 상상해 보라. 뿌리는 이 나무에게 풍부한 전체의 삶을 제공해 주지만, 뿌리 자체는 충만이 아니라 충만의 원리로 머물러 있다. ⋯ 그리고 각 개별자 안에는 그 개별자가 환원될 수 있을 일자가 존재하고, 또한 일자에 도달하기 전까지는 아직 일자가 아닌 그러한 일자로, 그 앞에 있는 일자로 우주를 환원시킬 수 있다. ⋯ 그러나 사람이 식물의 일자, 즉 영원한 원리와 동물의 일자, 영혼의 일자, 우주의 일자를 파악한다면 그때마다 항상 가장 강력하고 가장 가치로운 것을 파악하는 것이 된다."

그 안에서 우리가 (하나의 대상을) 직관하는 것이 아니라 (아무 대상도 없이) 보고 있는 그런 일련의 상승하는 신비 체험에서 인간 영혼은 일자와의 합일을 재차 확립한다. 황홀경에서 영혼은 단순히 신비 체험만 획득하는 것이 아니라, 단순히 개인적인 힘만 획득하는 것이 아니라, 일자인 절대자와의 진정한 합일을 획득한다. "그리고 진실한 존재자인 일자와 그의 원리, 그리고 그의 원천과 그의 힘을 간파한다면, 우리는 아무 믿음도 갖지 못하게 되고 아무것도 갖지 못하게 되는 것으로 상상해야만 하는가? 물론 그런 것은 일자의 원리가 어떻다는 식에 관한 것이 아니기 때문에 일자에 대해서는 아무것도, 그것의 존재, 그것의 본질성, 그것의 삶에 대해서도 말해질 수 없다. 그것은 이 모든 것들 너머에 있다." 그래서 삶의 목표는 일자와 자연스럽게 합일하는 것, 즉 일자와 직접적이고 실제적인 방식으로 만나는 것이다. "그러나 존재를 빼고 그것을 파악하게 되면 당신은 경이로움을 갖게 될 것이고, 그것을 향해 솟구쳐 올라 그것을 파악하면서 그 효과 안에서 안식을 취할 것이고, 직관을 통해 그것을 더 많이 이해하려고 노력하면 당신은 그것 뒤에서 그것을 위해 존재하는 것 속에서 그것의 위대함을 조망할 수 있을 정도로 그것을 파악할 수 있을 것이다."

2. 칸트의 이념론: 칸트는 세계 자체가 무엇인지에 대해서는 알지 못한다. 우리는 오로지 주객 분할 내에서만 알고 체험할 수 있다. 칸트가 가르치고 있는 것은, 정언적인 형식과 감각 자료의 결합을 통해 모든 대상적인 것들이 어떻게 우리에게 대상으로 주어지는지, 우리가 어떻게 늘 유한적인 것만 그것이 대상적인 것이라는 이유로 파악하는지다. 하지만 모든 곳에서 우리는 ─ 개별 영역들과 세계 전체에 직면해서 ─ 무한적인 것으로 방향을 잡는다. 그 어디서도 우리는 무한성을 끝까지 통과할 수 없으며, 무한한 총체성을 대상으로서는 획득할 수가 없다. 무한성은 그래서 그 자체로 유한적이어야만 할 것이다. 대상세계를 장악하는 과정이 또한 시간적으로 끝날 수 있으리라고 결코 생각할 수 없다. 하지만 주객 분할 아래 일어나는 활동에서 우리는 그런 주객 분할을 넘어서는 그 어떤 것을 체험한다. 그러한 체험은 그것이 가져다주는 효과들에서 객관적으로 인식할 수 있다. 유한한 대상들의 혼돈, 심지어 공허한 끝없음조차, 우리가 선별하

고 방향을 잡아 확정함으로써 우리에 의해 인식되고 행동으로 처리된다. 그래서 세계, 영혼, 삶은 이념이다. 하지만 우리는 이런 이념들을 결코 인식할 수 없다. 그것들은 객관적으로 방향을 나타내기 위한 이름일 따름이다. 전체로서의 세계는 우리에게 대상이 아니며, 영혼과 삶도 마찬가지다. 칸트가 말했듯이 이러한 이념들은 주어져 있는 것이 아니라 부과되는 것이다. 이러한 관계들을 객관적이고 논리적으로 파악할 수 있게 하는 한에서 칸트는 그것을 가장 정밀하게 분석했다. 하나의 이념은 결코 정의될 수도 전달될 수도 가르쳐질 수도 없다. 그것은 체계적인 인식에서, 행동에서, 그리고 예술적인 창작에서 영향을 미치기는 해도 결코 도달될 수 없으며, 그것으로부터 현재의 성취와 의미가 나온다. 따라서 그것은 논리적으로는 방향일 뿐인 그 어떤 것이고 규제적인 원칙일 뿐인 그 어떤 것이지만, 심리적으로는 주객 분할 없는 신비 체험에서 증상으로 인식될 수 있는 힘이자 우리 안에 내재해 있는 힘이다. 그것을 통해서만 우리는 방향을 잡고 본질적인 것들을 파악할 수 있기에, 그것이 없으면 우리는 공허한 무한 속에서 방향을 잡지 못한 채 머물러 있거나 습관 속에서 기계적으로 머물러 있게 된다. 칸트 자신은 거의 전적으로 객관적-논리적인 것, 방법론적인 것에 대해서만 이야기하고 이념의 체험에 대해서는 거의 다루지 않지만, 심리적인 힘에 대한 이러한 파악은 때때로 분명하게 나타난다.

이념은 결코 완전히 명료하게 주어지지 않는다. 이념에 대해 사람들은 마치 칸트가 삶에 대해서 그렇게 했던 것처럼 형식적인 규정만 제시해 줄 뿐이다. 그 자체로는 불가해한 이념을 좀 더 잘 이해할 수 있는 방법은 이념을 통해서 비로소 의미와 체계적인 연관성을 부여받아 파악 가능하게 되는 유한한 대상세계를 우리가 깊이 탐구해 들어가는 것이다. 우리는 이념들을 체험하는데, 이 체험은 우리가 거의 묘사할 수 없을 정도로 아주 특별하고, 멀리서 그것을 황홀경과 비교할 수 있을 정도로 그렇게 강렬한 것은 아님에도 효과적이다. 그것들은 또한 대상세계 속에 존재하는 그 어떤 것으로서 우리에 대해서 존재하고 있는 것도 아니고, 우리들의 단순한 주관적인 체험의 계기로서도 적합하게 묘사될 수 있는 것도 아니다. 그것들은 주객 분할이 부재하는 체험들인데, 그러한 분할이 번성하는 한 그에 기반해서 그런 체험들은 축적되고 새로운 명료한 분할로 나아간다. 이념이 체계적인 질서와 행동적인 형성 활동 속에서 명료해질 때, 즉 유한성을 파악할 때 그것은 점차 생생해진다. 이념을 체험한다는 것은 결코 '이념'이라 불리는 그 어떤 것 자체와 접촉하는 것을 의미하지 않으며, '이념'이라 불리는 것은 절대적인 것과 접촉하는 것을 의미하지 않는다. 오히려 성장하는 힘이자 자기 스스로 전개되는 배아로서, 그런 배아는 사람이 체험을 가꾸고 목표로 삼음으로써 전개되는 것이 아니라 유한적이고 대상적인 영역으로 들어가는 길을 따라감으로써 전개된다.

이념 체험의 일반적인 특성, 즉 그러한 체험은 주객 분할로 나아가지 않고 비밀스럽고 불분명하다는 것 때문에 그것을 신비스러운 체험이라고 칭하는 것이라면, 신비주의에 대한 플로티노스와 칸트의 견해는 다음과 같이 서로 대비될 수 있다. 플로티노스의 신비주의는 세계 외부에 있는 절대자의 신비주의다(여기서 말하는 세계는 오로지 절대자가 확장되어 생겨난 부차적인 결과 내지 여분의 부산물로 이해된다). 칸트의 신비주의는 대상세계에서의 ― 상부구조로서, 그리고 이 세계를 벗어나기 위한 원천이자 원인으로서의 ― 신비주의다. 플로티노스는 절대자와 직접 연결되어 있고 칸트는 다가갈 수 없는 절대자와 항상 거리를 두고 있으며, 그 절대자와는 방향, 과업 및 의미의 관계를 맺기는 해도 결코 합일되지 않는다. 플로티노스에서는 일자의 품안에 안겨 행복하고 만족스러운 평온의 상태에 도달하는 것이 목표다. 반면 칸트에서는 충만하고 이념적인 무한을 향한 끊임없는 노력, 즉 힘을 끌어모으기 위해서 일시적이고 순간적으로 이념의 체험 속에서 자신에게로 돌아와 휴식하는 부단한 활동이 발견된다. 플로티노스에서는 안식을 통해서 모든 것을 얻고 칸트에서는 불명확한 의식이 대상성을 자기의식적으로 추구함으로써 모든 것을 얻는다. 플로티노스에서는 체험하는 것 자체가 목표이기 때문에 중요한 것은 엑스터시의 기술일 수밖에 없고, 칸트에서는 신비 체험이 그것의 저변에 놓여 있는 힘, 즉 대상세계에서 이념적 방향을 만들어 부여할 줄 아는 힘에 준해서 평가될 수밖에 없다. 그 외 다른 모든 것들은 도취적 망상일 뿐이다. 플로티노스에서 신비 체험은 궁극적으로 도달하는 목표, 즉 모든 것의 진정한 통일로— 실천적으로는 쉽사리 만족적인 자기향유로, 아편과 섹슈얼리티 같은 것에 중독적으로 심취하는 것으로 이어질 수밖에 없는 것으로— 평가된다. 칸트에서 신비는 시작이거나 결코 도달할 수 없는 끝일 뿐이고, 그것은 이념의 이념으로서, 대상에 대한 완전한 지배에 기반한 무한 속에서의 총체적인 신비로운 직관으로 존재한다. 그 사이에서 벌어지는 행동 및 사유에서의 대상적인 확장은 삶의 운영에 필요한 중요한 요소다. 주관적으로 체험되는 구체적인 개별자, 식물, 사람과의 혼연일체는, 플로티노스의 경우 절대적인 것과의 병합을 증진하는 데 사용되는 소규모의 예비 단계이며, 칸트에게는 식물 연구를 통해, 인간 사랑으로 형성되는 공동체를 통해, 인간 영혼의 인식을 통해, 이런 것이 대상의 내용들을 낳게 함으로써, 명백한 주객 분할 아래 이루어지는 이런 체험을 심화시키기 위한 출발점이다. 결과적으로 칸트는 신비 체험을 종류별로 구분하였고 이들을 대상세계에 대한 결실의 특성에 따라 이질적인 것으로 발견하였다. 플로티노스에서는 형이상학적인 현시의 여부에 대한 주관적인 기준만 있다. 여기서는 모든 종류의 신비 체험들이 심리적으로 상호 침투한다.

칸트의 세계관은 이런 점에서 괴테의 그것과 같다.

　당신이 무한으로 들어가고 싶으면
　유한적인 것의 모든 방향으로 들어가라.

플로티노스를 알게 되었을 때 괴테는 다음과 같은 특징적인 생각을 기록으로 남겼다.

"모든 것들이 생겨 나오고 모든 것들이 다시 거슬러 올라가는 곳인 일자에 주의를 기울일 것을 그토록 강력하게 주장하는 것이 이상주의자들이라면… 이상주의자들을 비난할 수 없을 것이다. 왜냐하면 현상 속에서는 생기를 불어넣고 질서를 부여하는 원리가 자신을 어떻게 구제해야 할지를 알지 못할 정도로 너무나 억압되어 있기 때문이다. 하지만 우리가 조형성과 고차원적인 형식 자체를 우리의 내적이고 외적인 감각 앞에서 사라지는 단일성의 자리에 다시 소환하게 되면, 우리는 우리 자신을 재차 다른 쪽에서 축소시키게 된다."

"우리 인간은 확장과 움직임에 의존해 있다. 바로 이 두 가지 형태들 안에서 다른 모든 형태들, 특히 감각적인 형태들이 자신을 드러낸다. 하지만 정신적인 형식은, 그 출현이 참된 생겨남, 참된 번식이라는 전제 아래서 진행될 때는 결코 축소되지 않는다. 산출되는 것은 산출하는 것보다 작지 않다. 실제로 산출되는 것이 산출하는 것보다 더욱 탁월할 수 있다는 것이 살아 있는 산출의 장점이다."

주객 분할이 없는 한 무리의 체험들을 상상해 보라. 그리고 — 무의식적으로든 결국에는 의식적으로든 — 어느 누군가에게 존재하는 이런 한 무리의 체험에, 역사상 누구보다도 플로티노스와 칸트로 대표되었던 서로 상반되는 두 가지 세계관 중에서 하나가 선별적이고 촉진적이고 억압적인 효과가 있다고 상상해 보라. 그러면 이런 한 무리의 체험에서는, 다음과 같은 식의 화학적인 분리가 진행될 것이다. 발전된 순수한 사례들에서 우리는 공통적으로 주객 분할이 결여되어 있는 한 무리의 체험 대신 전혀 다른 두 무리의 체험, 즉 일상적인 언어 용법으로 협의의 이념적인 체험과 신비적인 체험을 보게 된다.

신비적인 측면에서 보면 이념적인 체험은 무시되고 중요하지 않은 것으로 여겨진다. 후자는 순간적인 정동, 순간적인 정서 및 순간적인 의식 변화로서는 그 집중도가 충분하지 못하고, 항상 절대자와의 거리 의식을 주며, 늘 대상세계 밖으로 나오는 것이 아니라 대상세계 안으로 향한다.

이념적인 측면에서 보면 신비 체험은 거부된다. 신비 체험은 조망 불가한 순간적인 정서와 의식의 변화로서는 집중도가 매우 높고 절대자와의 선취적인 합일을 가장하고, 공상적이다. 그리고 대상세계 안으로 들어가는 대신 그로부터 나온다.

신비적인 측면에서 보면, 절대자와의 합일 속에서는 직접적인 증거와 살아 있는 생생함이 최종적인 기준으로 주어지고, 그것의 명증성의 측면에서는 그런 것을 가지고 있지 않은 다른 모든 사람은 불쌍한 사람으로 취급된다. 그에 반해서 이런 명증성의 표현이나 인간의 종류가 객관적인 관점에서 고찰될 경우 그것들은 극히 다양하다. 이념적인 측면에서 보면, 체험은 자신의 기준을 결과적으로 번식력, 대상세계의 창조와 지배, 그리고 형성에 둔다. 이런 시각에서 볼 경우 신비적인 것은 자기 유희로 보이고, 파괴적이고 허무주의적으로 보인다.

신비주의자에게는 상태가 중요하지만, 이념주의자에게는 과업이 중요

하고 신비주의자에게는 해체와 자기소멸이 중요하지만, 이념주의자에게는
생성과 존재가 중요하다.

(4) 도출된 형태에 대비되는 본질적인 형태들의 특성

신비주의의 길과 이념주의의 길이 일방적인 절대화이고 그것들이 종합
될 때라야 비로소 인간의 실체 전체를 형성하는 것인지 어떤지는 답하기가
어렵다. 왜냐하면 내가 볼 때, 전체는 전체로서가 아니라 단순한 조합으로
서만 생각될 수 있기 때문이다. 어쨌든 두 극단에는 무언가 실체적인 것이
있다. 그 두 극단은 그런 실체들로 특성화되어야만 하고 그 뒤를 잇는 형
상들과는 구별될 필요가 있다.

a. 신비주의

신비주의의 중심에는 ― 체험으로서 ― 절대자와의 실제적인 통합 체험
이 자리하고 있다. 이런 체험이 단순한 체험으로서가 아니라 현세에서의
영원한 행복의 실제적인 맛보기이자 실제적인 선취로서 전체 현존의 목표
이자 의미가 될 경우, 그로부터 논리적이고 심리학적인 결과로서 일정 방
식의 삶의 태도와 삶의 방식이 생겨 나온다. 이는 지구상 어디서나 아주
커다란 유사성을 가지고 있다. 신비주의 문학에서 특수한 신비 체험의 현
상학은 삶 전체의 형성 규칙 및 개인들의 비합리적인 행동 방식의 묘사와
자주 하나의 전체로 합쳐진다.

이런 유형의 생활 방식은 다음과 같이 형식적으로 설명될 수 있다. 유일
한 목표는 가장 완전한 신비 체험이기 때문에, 이런 체험이 가장 확실하고
가장 빈번하게 달성되는 방식으로 삶을 살아야 한다. 전체 인간은 자신이
살아가는 매 순간 감동 받아야 하고, 모든 것이 궁극적인 신비로움의 심연

과 관련해 있어야만 한다. 절대자와의 실제적인 통일이 이루어지는 체험이 일어나는지의 여부는 개인에게 달려 있을 뿐 아니라 절대자 자체('신의 은총')에 달려 있기 때문에, 신비주의자는 자신이 수동적으로 신의 품안에 있다고 느낀다. 그의 삶은 신의 길을 수동적으로 체험하는 것이다. 확산되어 대상세계로 향하는 모든 길들은 신비주의로부터 멀어지는 것이기 때문에, 우회로 없이 단번의 비약으로 전체 및 절대자에 직접 도달해야 한다고 보는 신비주의에 의해서 거부된다. 정신적인 빈곤을 위해서 사유가 거부되고(왜냐하면 사유는 고정시키고 규정하고 유한화하는 작업이기 때문에) 비행동, 내버려두기, 불개입을 위해서 (개별적인 것, 유한한 것을 포착하는) 행동 또한 거부되고, 모든 대립도 거부되며, 심지어 선악의 대립도 그것들을 하나로 포괄하는 통일을 위해서 거부된다. 신비주의자에게 유일한 가치 기준은 삶의 매 순간에 의도, 태도, 분위기로 존재하고, 신비스럽고 황홀한 결합 속에서 매번 갱신되는 현실로 존재하는 실제적인 신앙 공동체다. 저러한 현실이 존재한다면 신비주의자에게 무위와 비책임은 당연하다. 신비주의자는 신이 자신과 함께 어떤 길을 가려고 하는지를 경험하기만 하면 된다. 주객 분할 및 현세적인 관점에서 보아 신비주의자가 불충실하고 비일관적이면 그것은 신의 새로운 길에 관한 문제다. 그에게 세상은 더 이상 고려해야만 하고 중요한 그 무엇으로 존재하지 않는다. 세상은 멸망할 수도 있고 어떤 것이라도 될 수가 있고, 그게 아니라면 신이 원하는 것이 될 수도 있다. 신비주의자는 개입하려고 하지 않기 때문에 세상에 아무것도 덧붙이는 행동을 하지 않는다. 그는 자기 자신에게로 물러나 있을 때조차 이를 통해 본질적으로 아주 커다란 영향력을 행사하고 있다고 믿는다. 그의 본래적인 삶은 세상 밖에서, 즉 기도에서 시작해서 황홀경에 이르는 상태에 처하는 데 있다. 그의 삶이 적은 내용을 가질수록 그의 행복은 더욱 커진다. 이는 삶에서 대상성이 그만큼 더 적어진다는 것을 의미한다. 하지만 이런 행복은 의식의 공허함이 아닌 의식의 무한한 충만이어서, 이러한 시선에서 볼 경우 모든 대상적인 것, 온 세상은 그에게 아무것도 아니게 된다. 이런 충만감이 그를 사로잡아 그에게 영향을 미쳐서는, 그가 이 현세적인 실존에서 실제로 죽음에 이를 때까지 그런 현세적인 실존에 대한 그의 무관심함을 실제로 증명해 준다. 시간 그리고 시간 속에서의 결정은 모든 유한한 것이 그러한 것처럼 아무런 의미가 없다. 신비주의자의 실존은 시간초월적이고 영원하다. 그런 현존은 그 표현을 이미지에서, 역설에서, 부정적인 내용의(모든 유한적인 것을 부정하는) 교설에서, 삶의 방식과 성격적인 습관에서 찾는다. 이념이 표현되는 것에서 그런 것처럼, 모든 표현은 간접적이어야 하지만, 그 외에도 불투명하고 불분명하고 어둡고 억압 없는 상징일 수 있어야만 한다. 왜냐하면 명료함은 오로지 유한함 속에 존재하고 있는데, 이는 그런 곳에서만 인간 간의 소통이 점증하는 명료성으로 가는 길이 존재하기 때문이다.

이를 설명하기 위해서 교훈적인 표현의 예들을 제시한 후에 신비한 개인적인 생활 방식을 나타내 주는 사례를 예시해 보겠다.

노자는 '무위'에 대해 가르치고 있다.[297]

유위로 세상을 정복하고 싶어 하는 것:

그런 것이 성공을 거두지 못한다는 것을 나는 체험했다.

세상은 사람이 다룰 수 없는 정신적인 사물이다.

유위하는 자는 세계를 망친다.

297 빌헬름(Richard Wilhelm)에 의한 번역.

고집하는 자는 세상을 상실한다.

노자는 통합되지 않은 것에 대한 불안감을 개인이 어떻게 체험하는가를 감동적으로 묘사한 적이 있다. 그는 인간 전체를 파악하는 신뢰할 만하고 신비한 통일성을 아직 가지고 있는 것은 아니지만, 이미 대상을 구별하고 한정 짓는 일을 거부한다. 이로 인해서 그는 광범위하고 명료한 대상성 속에서 살아가면서 절대자라는 뿌리를 상실해 버린 다수의 사람들과 필연적으로 대립할 수밖에 없게 된다. 그와 동시에 그는 유한한 인간으로서 그런 다수의 사람들에 속해 있고, 그곳에서 자신의 고립으로 인해서 고통을 받는다. 이에 해당하는 구절은 다음과 같다.

그러나 모두가 숭배하는 것, 그것을 사람들은 아무 처벌도 없이 함부로 버려서는 안 된다.
오 황무지여, 내가 아직도 너의 중심에 이르지 못했단 말이냐?
다수의 인간들이 빛이 났지, 마치 큰 축제를 축하할 때처럼,
봄에 탑을 오를 때처럼,
오로지 나 혼자 결정을 내리지 못하고 미적거리고 있구나, 아직 내 행동에 대한 그 어떤 징조도 없이,
마치 아직 웃을 수 없는 어린아이처럼!
고향을 상실한 지친 방랑자여!
다수의 사람들이 모두 넘쳐나는 삶을 사는데
오로지 나 혼자만 버려져 있구나!
진실로, 나는 어리석은 자의 마음을 가지고 있구나!
혼돈, 오 혼돈!

세상 사람들은 밝고도 밝은데

나만 홀로 칙칙하네!

세상 사람들은 많은 것을 알고 싶어 안달인데

나 혼자만 슬프고 슬프네!

아, 불안하구나, 바다보다도 더!

아, 이리저리 쫓기면서 그 어디에도 머물지 못하는 사람보다도 더!

다수의 사람들이 모두 할 일이 있는데.

나만 홀로 게을러 빠졌구나, 마치 농땡이처럼!

나 혼자만 사람들과 다르구나.

나는 헌신적인 엄마의 가치를 소중히 여기기 때문에.

연대기적으로나 문화적으로 가장 멀리 있는 가르침들에 내재해 있는 무위적 측면에서의 의견 일치를 드러내 보이기 위해서 '독일 신학'으로부터 한 구절을 인용해 보겠다.[298]

"회복과 개선을 위해 나는 아무것도 할 수 없고, 하고 싶지도 않고, 해서도 안 되지만, 그것이 단순히 순수한 고통이어야만 해서, 오로지 신만이 내 안에서 모든 것이 행해지도록 역사하시고, 나는 신이 하시는 모든 일과 신성한 뜻을 견뎌 내기만 하면 된다. 그러나 내가 그런 것을 당하고 싶지 않아 '나의', '나는', '나에게', '나를' 등으로서의 속성을 지니고 있는 내 자신을 내가 소유하려고 하면, 신께서는 그런 것을 막으시는데… 이로부터 인

:

298 한스(Hans Dieter Betz) 등이 편집한 『종교, 어제와 오늘(*Religion in Geschichte und Gegenwart*)』에 의거하였음.

간은 본질, 삶, 지식, 능력, 행동, 무위, 선이라 칭하는 그 어떤 것도 받아들이지 못하게 된다. 그래서 인간은 매우 가난해지고, 자신도 파괴하고, 인간 안에서 그리고 인간과 함께 존재하는 모든 것, 즉 모든 피조물들이 파괴된다."

신비주의자의 비합리적인 삶의 방식을 보여 주는 고트프리트 아르놀트의 삶의 몇 가지 특징이 언급될 수 있는데, 이는 그의 자서전에 있는 몇 가지 특징적인 문구들에서 살펴볼 수 있다. 1666년에 태어난 그는 1697년에 독일 헤센 주에 위치한 기센 대학교의 역사학 교수가 되었다. 그렇지만 이미 1698년에 그는 교수직을 떠나게 된다. 그가 어떻게 학문에 이르렀고 떠나게 되었는지에 대해서 그는 다음과 같이 설명하고 있다.

"그 사이에 내게 구원을 베풀어 주지 않은 적이 1천 곳에서 나를 속박하려고 했다. 무엇보다도 나의 재미와 능력이 나를 많은 지식으로, 특히 문헌학과 그에 속하는 고대 미술, 시민사와 비평으로 끌어들였다. 이런 것들 속에서 정신은 커다란 곤궁 아래 아주 많은 위험과 피해를 입었다. 또한 신의 사랑은 지속적인 대립과 간증을 통해 나를 강력하게 끌어내서는 필연성의 일자에게로 이끌었고, 그래서 나는 내 심장이 느끼는 극도의 두려움과 커다란 공허감을 확신하고는 마침내 모든 헛된 공부를 내려놓았을 뿐 아니라 몇몇 책을 제외하고는 내가 소장하고 있던 모든 책들을 처분하게 되었다. 그렇지만 여러 산재해 있는 것들에 대한 나의 관심과 더 나아가 많은 사람들로부터 찬사를 받고자 하는 나의 자연적인 욕망이 매우 컸었고, 마침내 신께서는 성스러운 이유에서 결국은 내가, 이스라엘 백성들이 고기를 상대로 해서 그렇게 했던 것처럼, 그런 것들에 마침내 극도의 혐오감과 권태감을 느낄 때까지 내가 피상적인 박학의 즐거움에 계속 빠질 수 있도록 허락하셨다.

그럼에도 불구하고 이 경우에 나의 뜻은, 내가 결국 많은 노력을 기울인 끝에 다른 학문들과 언어들로 빠져들고 마침내는 교회사로까지 빠져들게 되면서, 몇몇 선한 목적으로 방향을 선회했다. 이제 나는 이른바 기독교 전체에서 진행되고 있는 심각한 쇠퇴를 인식한 후에 공적인 교회 사역으로 나아갈 생각이 전혀 없었고, 또한 외부 행사와 거기서 필요한 공연들에 전혀 유능하지도 않은데다가 그런 성향도 없었다는 점을 발견하게 되었다. 그래서 내 주변의 많은 사람들은 내가 공직 밖에서, 지금까지 우리 독일인들 사이에 그리 잘 알려지지도 않았을 뿐 아니라 잘못 알려졌던 교회사를 탐구해서 찾아내는 데 나의 여생을 가장 유용하게 보낼 수 있을 것으로 생각하게 되었다. 그래서 나는 그런 일을 계속 해야겠다는 부담을 짊어지게 되었고, 그런 한에서 나의 (가장 좋은 부분을 위해 노력하는) 주된 목적으로부터 이탈하게 되었다. 하지만 그에 반해 나는 마침내 대학에서 역사가 예기치 않게 상당한 정도로 공적 영역에서 유용할 수 있다는 점에 대해서 알게 되었다.

그런데 여기에는 겉보기에 그럴듯한 여러 원인들이 기여했다. 특히 계몽된 정신을 가진 이들에게는 교회 국가 이전의 학교 제도가 더 견딜 만하고 교화의 용도로는 훨씬 유용하지 않았을까 하는, 내게서 여전히 떠나지 않고 있었던 생각도 그랬다. 나는 이미 대학 밖에서 10년을 살았기 때문에 그런 것에 대해서 경험을 점차 덜 하다 보니 저러한 것을 더욱 믿게 되었다. 하지만 이전에 나는 만연된 부패에 대해서 별로 느껴보지도 알아차리지도 못했다.

그러나 나는 이 직책에서 수행해야 하는 일상적인 임무를 거의 수행하지 못하게 되었고, 그래서 나는 곧바로 내 영혼 속에서 지속적으로 아주 커다란 두려움과 압박감을 느끼게 되었다. 나는 독서, 논쟁 그리고 다른 활동들을 성실하게 수행했고, 그렇지 않은 경우에는 가능하면 마음을 안정시키려고 도모했다. 그러나 곧장 닥쳐오는 후회가, 몇몇 피조물들이 나를 기쁘게 하려고 사용했던 모든 수단들을 압도하는 지경에까지 이르게 되었다(신께서는 내가 거짓말을 하고 있지 않다는 것을 알고 계신다). 그러자 모든 문헌들을 대할 때나 일을 할 때마다 성령의 끊임없는 형벌과 경고가 내 마음속과 내 눈앞에서 전개되었다. 학문의 삶을 사는 교만하고 명예욕 강한 이성적인 존재들에 대한 혐오는 나날이 커져만 갔고, 나와 다른 사람들의 내면에 깃들어 있는 사악함의 비밀이 단호하게 밝혀지면서 격렬한 공포가 일어났다. 왜냐하면 모든 것들이 그리스도와 그의 겸손, 사랑과 소박함, 살아 있는 믿음과 구원의 전체 길에 완전히 비켜 서 있다는 사실을 내가 보게 되었기 때문이다.

그러나 이내 곧 신의 자비가, 내가 이 직분을 수용하면서 품고 있던 은밀하고 교활한 부수적 의도를 점차적으로 깨닫게 해 주기 시작했다. 왜냐하면 비록 내가 주된 목적에 있어서 아주 커다란 진지함을 가지고 있었지만, 성령께서는 그러한 나의 내면의 고통 속에서 내가 종종 기도 중에도, 나의 직분과 직함 그리고 명예에 대해 은밀한 욕망을 가지고 있다는 것을 발견하셨고, 내가 일자리를 얻을 수 없을 것 같다는 뒷담화에 대해 내가 두려워하고 있다는 것도 발견하셨으며, 내가 평생 어떻게 벌어먹고 살 것인지의 문제를 부가적으로 걱정하고 있다는 것도 발견하셨는데, 요약하자면 은밀한 명예심과 먹고사는 문제의 관리, 그리고 그에 반해 그리스도의 가난한 삶에 대한 나의 두려움과 도피를 발견하셨다. 요컨대 내가 세인들의 모욕과 적대감 등을 두려워하고 있다는 것을 발견하셨다.

물론 이성 및 모든 피조물들의 참기 어려운 반대, 제안, 반박이 없었던 것은 아니다. 그들은 종종 나를 심하게 공격했다. 또한 반박과 유혹도 있었다. 이 모든 것들이 나로 하여금 대부분의 집회에 나가는 것을 삼가게 하였고 기도와 간구에 시간을 보내도록 강요했다. 그러나 나는 평상시에 가던 식사와 향연에도 전혀 나갈 수 없었다. 세인들의 마음조차 그런 끔찍한 행위를 거부하지 않기 때문이다."

1698년에 아르놀트는 작별 인사를 했고, 1700년에는 안나 마리아 슈프뢰겔른과 결혼했는데, "그 자신이 직접 증언했던 것처럼 그녀와의 만남에서 신의 지혜가 외적 내적으로 많은 은혜와 선행을 베풀어 주셨다." 크베들린부르크에서 사생활을 한 이후에 그는 1701년부터 1705년까지 작센-아이제나흐에 있는 공작 부인의 궁정에서 살았다. 1705년에는 페를레베르크에서 감독관이자 목사가 되었고, 1714년에 그곳에서 사망했다. 그가 한 행동의 상반되는 특성은 ─ 한편으로는 세계 도피와 성스러움, 교수직의 포기, 다른 한편으로는 갑작스러운 결혼과 설교직의 수행 ─ 그에 대한 많은 부정적인 뒷소문들을 만들어 냈다. 크베들린부르크의 사역자에게 보낸 편지에서 아르놀트는 그런 것들을 반박하면서 자신을 정당화하고 있다.

"자신의 영혼이나 다른 사람의 영혼에서 신의 은밀하고 기이한 인도의 시작을 몇 번만이라도 체험해 본 사람이라면 누구나 점차 역설적인 일들에 대해서도, 두 번 다시 판결이 내려지지 않을 정도로 건전한 판단을 내릴 수 있을 것입니다. 하지만 동일한 정신을 통해서 모든 편견, 스스로 만들어 낸 종파적인 견해, 그리고 자신들이 가는 길로부터 구원된 상태에서 다른 한편 아들(성자) 안에 있으면서 아들을 대하는 아버지(성부)의, 혼합되어 있지 않은(순전하게 순수한) 최고로 거룩하신 특성을 수용해 복종하는 자들만이 신성한 빛 안에서 정신의 뜻과 충고를 제대로 인식할 수 있습니다. 그런 식으로 훈련된 감각들만이 얼마나 많은 아주 다양한 영혼의 상태들과 특성들이 점차적으로 번갈아 가면서 발생하는지 알 수 있고, 얼마나 많은 기이한 과업과 시험들이 신에 의해 차례차례 제시되는지 알 수 있으며, 그래서 천상적인 선의 본질 그 자체와는 아무런 상관없는 피상적이고 부차적인 사물들에서조차 이성이 서로 모순되는 것처럼 보이거나 하나가 다른 하나를 지양하는 것처럼 보이는 많은 변화들이 나타날 수 있다는 것을 알 수 있지만, 애당초의 근본적인 부활의 본질을 도외시하더라도 한 번 연합하여 계시되신 예수 그리스도께서는 과거나 현재나 영원토록 변치 않고 같은 모습으로 머물러 계신다는 것을 알 수 있습니다."

이에 대해 편집자는 다음과 같은 소견을 피력하고 있다. "지혜로우신 신께서는 자신의 자녀들이 한편으로는 신실한 상태에 있도록 인도하시다가도 이후에는 다른 편으로, 피상적인 사물들 안에 있는 전혀 다른 길로 인도하신다. 말하자면 아브라함에게 제시했던 것처럼, 모순된 말씀을 하시면서, 때로는 자신의 자식들을 일에서 벗어날 수 있도록 결박을 풀어 주시다가도, 이후에는 그들을 다시 제자리에 갖다 놓는 식으로 행하시는데, 이런 것들은 성서의 많은 예들에서 드러나고 있다."

진실하게 성취된 신비주의의 이념을 중심에 위치시키면 이 중심으로부터 다양한 형태의 신비적인 것들이 파생되어 나오는데, 그러한 형태들은 신비주의 역사로 가득 채워져 있어 '신비적'이라 불리기는 해도, 형식화되어 있고 순수하지 않은 형태들이 있어서 신비주의 일반으로 여겨져서는 안 된다. 순수한 신비주의자는 자유롭고 정신적인 뭔가를 소유하고 있다. 그런 사람은 하나의 양식으로 고정될 수 없다. 황홀한 체험은 실존의 모든 순간을 채우고 인간의 모든 움직임을 채우는 현존의 최고봉이다. 단순히 형식적이고 순수하지 못한 비움에서 황홀경의 체험을 즐기는 것은 그 자체로 점점 더 고립되어 자기 목적적인 것이 되어 간다. 삶은 황홀경을 통해서 중단되는 장편의 송시다. 인간의 총체성을 다루는 생활 방식은 점차 시간적으로 제한되는 신비로운 상태를 초래하기 위한 정교한 심리학적 기술로 대체된다. 주관적으로 체험되는 형언할 수 없는 충만감은 한편으로는 무딘 행복감이 동반되는 텅 빈 의식으로 대체되고, 다른 한편으로는 환상과 같은 신비로운 상태의 물질화로 대체되는데, 이것들은 합리화된 형태로 일군의 신비적인 영지를 전달해 주고, 이것들은 다시 주객 분할 없는 충만한 무한성의 체험으로서의 본래적인 신비주의의 본질에 새로운(그러나 실제적인 의미는 없는) 유한화로 맞선다. 삶의 황량한 구간들에서 신비적인 영지의 이런 대상적인 내용들은, 마치 기술들이 자위적인 쾌락을 위해서 원하는 성질의 몽롱한 의식을 초래할 목적으로 마취 및 흥분 효과를 발휘하는 것처럼, 정동들을 인위적으로 고양시켜야만 한다. 신의 길에 헌신하는 것은 모든 충동에 실천적으로 굴복하는 것이기 때문에 삶의 방식은 매우 혼란스러워진다. 신비적인 삶은 이렇다 할 만한 긍정적인 삶의 질서를 결여하고 있기 때문에, 실제로는 아주 다양한 형태의 삶으로 이어진다. 왜냐하면 신성한 충동들에의 이런 강제 없는 헌신을 특별한 성격의 인물들을 통해서 실현되게 한다는 것은 초감각적인 행복을 결국에는 성적 쾌락으로 대신하고, 자유롭고 강압 없는 '자연적이고' 고귀한 인간을 혼란스럽고 우연적인 삶을 사는 자유분방한 난봉꾼으로 대신하는 것을 가능하게 하기 때문이다. 그들 모두가 공통으로 가지고 있는 형식은 이런 것이다. 그들은 근거, 기본 원칙, 과업을 요구하지 않고, 그래서 그들과 어떤 토론도 가능하지 않으며, 그들은 이념적인 인간들이 하는 것처럼 그런 궁극적으로 확고한 어떤 것도 인정하지 않을 뿐 아니라, 유한하고 합리적인 모든 것을 통한 상향 운동에서도 그렇고, 일련의 긍정과 극복에 있어서도 모든 확고한 것들을 돌파해 나가는 것을 거부한다. 그들은 의미 있는 방식으로 근거를 잘 청취해 들으려고 하는 것이 아니라, 오히려 자신들의 실제적인 신앙 공동체에 호소하고, 자신들에게조차 이해할 수 없는 방식으로 계시되는 신의 뜻에 호소한다. 궁극적으로 무책임의 느낌이 지배적이다. 제시간에 결정되는 것은 원래 아무것도 없다. 신비주의자에게는 발전이 없으며, 시간초월성을 위해서 모든 발전을 지양한다. 주객 분할된 세계의 관점에서 볼 때 신비주의자의 삶에는 그 어떤 연속성도 존재하지 않는다. 그에게 실존은 시간적인 것도 아니거니와 책임을 져야 하는 성질의 것도 아니며, 시간초월적이고 초감각적이며, 영원히 결정되어 있는 것이다.

b. 이념들

진실된 이념적 삶은 주객 분할 내에서 진행되는 운동이자 유한적인 것 안에서 진행되는 운동이다. 이런 이념적 삶은 단순한 체험으로 직접 주어지고 성취되는 것이 아니라 오히려 세계 안에서 진행되는 행동, 경험, 반성, 자기숙고 등을 통해서만 매개된다. 그런 식으로 이념은 비합리적이지만 그런 삶은 합리적인 것을 도외시하고 비합리적인 모습으로 출현하는 것이 아니라, 합리적인 것 속에서 진행되는 무한 운동을 통해서 생명을 얻고 그런 것에 스며들어 확산된다. 이념은 현실 외부에서 살아가는 것이 아니라(가령 현실을 간과하면서 그리고 그 자체로 부정되는 행운의 우연들에 기반해 존재하면서, 또는 현실을 회피하면서 그리고 그것에 피상적으로 종속되면서 살아가는 것이 아니라) 자신이 움직여 다니고 형성하는 현실을 통해서 살아간다. 하지만 이념이 유한한 것 속에 구현되지 않고는 살아가지 못한다고 한다면, 그것은 이념 자체가 유한하다는 것이 아니고, 유한한 것이 이념이 가는 길이라는 것을 말한다. 유한한 것은 이념을 통해서 의미와 영원한 의의를 획득한다. 그것은 전체와 연결되어 있고 영원한 것과 연결되어 있다. 인간이 주객 분할 속에서 살아가고 시공간 안에서 살아가는 한, 인간에게는 유한적인 것과 개별적인 것, 시간적인 순간, 세계 내에서의 결정은 마치 영원한 것이 여기서 비로소 결정되기라도 하는 것처럼, 이런 시간적인 결정에 의존해 있기라도 한 것처럼, 그 정도로 중요할 수밖에 없다. 절대화된 관조에서는 절대적인 것이 인간이 직관할 수 있고 사유할 수 있는 내용 안에 놓이고, 신비주의에서는 그것이 인간을 세상 밖으로 인도하는 초감각적인 체험 안에 놓이지만, 이념에서는 행동과 움직임 안에, 활동과 일 안에, 이 세계를 위한 과업 안에 놓인다. 실천적인 것만이 초감각적인 것에 관한 인식을 창출해 낸다는 칸트의 테제가 여기서 적용된다. 여기서는 또한 키에르케고르도 개입하는데, 이는 그가 보편타당한 내용 및 요구들에 대한 단순한 사유로서의 형이상학과 시간을 초월해 있고, 삶과 결정을 파괴하는 고립화로서의 신비주의에 반대하면서 실존을 보존하고자 할 때 그렇다. 객관화되는 것은 이념이 아니라 그것들이 유한한 것 속에서 하는 운동일 뿐이기 때문에 이념의 객관적인 기준 또한 존재하지 않는다. 객관적인 기준은 오로지 유한적인 것에서만 존재할 수 있기 때문이다. 신비주의와 이념은 주관적인 것의 강조이자 주관적인 실존에 대한 호소지만, 신비주의는 그것이 실제적이라고 판단하는 절대자와의 합일을 단순히 체험하려고 하는 성질의 것이기 때문에 좀 더 주관적인 반면, 이념은 그것이 항상 구체적인 경우에서 오로지 특정한 것과 유한적인 것을 원하고 행동, 성취, 유예로서의 객관화를 요구하기 때문에 상대적으로 객관성을 강조한다. 이념에게 절대적인 것은 자아가 아니고 직접 주어져 있는 것이 아니며 유한적인 것 안에 체화되어 있는 것일 뿐이다. 신비 속에서 인간은 절대자, 신, 인간, 무를 사랑할 수 있고 대상 없이 사랑할 수 있으며 이념적인 삶에서 인간은 개개 인간, 구체적인 어떤 것, 개개의 사물, 하나의 사물, 하나의 과업, 하나의 작품을 사랑할 수 있다.

실체가 상실된 상태에서 진행되는 이념적인 실존의 변형 과정은, 초감각적인 것과 영원한 의미와의 실마리가 끊긴 그런 유한한 개별적인 것만 남긴 상태에서, 이념(이념을 매개로 머물고 움직이는 광의적 의미에서의 신비적인 것)을 상실해 버린다. 그렇지 않으면 그것은 유한한 것 속에서 움직이는 것을 상실하고 이념에 대한 과대망상에 빠져서는 마치 절대적인 것의 신비 속에서처럼, 그 상태에서 이념이 직접 파악될 수 있기라도 한 것처럼 생각할 수 있다. 한편에서는 모든 무한한 것이 부재하는 현세성, 다른 한편에서는 이념에 도취되는 것, 이런 것들은 이념적인 실존이라고 할 수 없는 형태들이다. 전자에는 영원하고 총체적인 실체가 결여되어 있고 후자에는 구체성, 즉 육화와 움직임이 결여되어 있다.

신비로운 실존과 이념적인 실존은 부분적으로 서로 유사한 형태를 보여 주는데, 그것들은 자신들의 내부에서 자신들의 실체를 변형시키고 상실하는 모습을 보여 준다. 신비주의에서 합리화는 영지와 그에 상응하는 물질화로 이어지고, 이념에서는 헤겔의 절대지로 이어진다. 신비주의자는 작품, 법, 규칙, 질서에 반대하고, 무정부주의적이고 파괴적인 영향을 세상에 미친다. 작업을 인정하는 이념적인 인간은 쉽게 '작업에 집착하게' 되고, 그런 인간에게서는 개별적인 것이 절대적으로 고립되고 유한한 것으로서 독립된다. 그래서 그런 인간은 영혼이 탈거되고 황폐화되어 기계적으로 작용한다. 신비주의자에게 소원할 만한 가치 있는 이상으로는 최종의 궁극적인 상태로서의 안식과 단순하게 영원히 존재하는 것이 있다. 이런 이상은 그런 인간에게, 예를 들어 그 안에서 더 이상 아무런 움직임도 없고 신과 직접 합일하기 위해 초감각적인 것을 획득하기 위한 수단만 존재하는 우주 교회, 즉 지상에서의 신의 왕국이라는 이상이 된다. 더 나아가 그것은 실제로 즐기는 관조의 이상이자 모든 욕구 충족의 이상이 된다. 그 안에서는 초감각적인 해석으로 무장된 혼란스럽고 비정상적인 행동들이, 현실 모든 곳에서 자신의 존재를 가능한 한 드러내려는 태도와 결합되는 삶이 태동한다. 살아가기는 해도 물질적인 실존 조건들은 부정된다. 경우에 따라서 '정당화'가 임의적으로 발견되는데, 이는 근본적으로 그 어떤 정당화도 필요없기 때문이다. 사람들은 성적 쾌락을 포기하려고 하지 않지만 그에 대해 책임지는 것은 두려워한다. 사람들은 겸손하고 무관심하지만 실제로는 그래도 타인으로부터 인정받기를 원하며, 타인에게 영향력을 행사하고 싶어 하고, 자신의 유한한 욕구를 충족시키기 위해 세상에서의 기회와 인간과의 관계를 이용한다. 하지만 그는 정작 이런 것은 부지불식간에 부정한다. 그에 반해서 이념적인 인간은, 자신이 부정하는 부분에도 세세하게 개입해 다룸으로써, 자신이 스스로 총체적이라고 인정하는 이 세계 안에서 움직이려고 한다. 실제적인 그 어떤 것도 그에게는 최종적인 것일 수 없다. 안식이나 지상에서의 신의 왕국 같은 이상을 그는 알지 못하지만, 그가 항상 특정의 유한한 것만 소유하려고 하는 한 그는 괴물적인 과정이라는 이상을 가지고 있다. 이로부터 쉽게 어떤 대가를 치르더라도 쉼 없이 움직이려고 하고, 단지 변화시키려고 하고, 특별한 의미 없이 파괴하려는 경향이 생겨 나온다. 이는 이념적인 인간의 본질을 부정하는 가운데 괴물적인 것을 직접 추구하는 것으로, 혼란스러운 쾌락 추구와 과장된 몸짓으로 이어진다.

부록

칸트의 이념론

직관, 오성 그리고 이성의 이념

형이상학의 무력화, 긍정적인 의미: 규제적 원리, 오성 인식의 혼돈, 이념을 통한 체계화.
이념 형성의 원리: 전체성, 무조건성, 범주와 이념의 대립

칸트에 따르면, 우리의 인식은 감성, 오성, 이성의 세 가지 능력의 상호 작용으로부터 발생한다. 감성은 우리에게 직관, 자료 일반을 제공해 주고, 오성은 형식들을 제공하는데 그 안에서 무한한 자료가 합성되어 대상들이 만들어진다. 그것들 안에서 직관적인 것들은 범주들로, 예를 들어 실체, 인과성으로 들어가 대상들로 통일된다. 이러한 형식들은 '개념'이라고도 불리며 이때 다음의 명제가 적용된다. "직관 없는 개념은 공허하고, 개념 없는 직관은 맹목적이다." 모든 대상적인 것은 형식과 자료로 이루어진다. 둘 중에서 어느 하나가 없으면 다른 하나는 아무것도 아니게 된다. 우리의 모든 지식은 감성의 힘을 매개로 하는 직관에서 시작해서 오성의 힘을 매개로 하여 개념에 이르며, 이성을 매개로 하여 이념에서 종결된다.

칸트에 따르면, 이 이론의 결론은 인식은 경험의 한계 내에서만, 즉 개념이 직관을 통해서 일절 남김없이 충족될 수 있는 한에서만 가능하다는 것에 있다. 칸트는 개념의 실질적인 내용이 직관에 주어지거나 최소한 하나의 가능한 경험에 주어질 수 있는 경우에만 대상 인식이 가능하다고 본다. 이제 세 번째 인식 능력인 인간의 이성은 칸트가 '이념'이라고 칭하는 전혀 다른 성질의 개념을 소유하는데, 그것의 자료는 그 어떤 가능한 직관이나 경험에서 주어질 수 있는 것이 아니다. 그런 것들로는 예를 들어 영혼, 세계, 신이라는 이념이 있다. 그런 것들은 전체와 관련이 있기 때문에 직관적으로 주어질 수 없는데, 직관에는 항상 개별적인 것들만 주어지기 때문이다. 직관적인 모든 것은 조건화되어 있는 것들의 연속선상에서 존재하는 반면, 저러한 것들은 무조건적인 것과 관련이 있다. 우리 직관의 모든 내용은 유한한 반면, 저러한 것들은 무한적인 것과 관련되어 있기 때문이다. 따라서 이념에서는 그 어떤 대상도 인식되지 않는다. 그럼에도 형이상학적인 필요에서 이념의 대상(영혼, 전체로서의 세계, 신)에 대한 인식을 얻고자 하는 노력들은 하나의 단어가 두 가지 서로 다른 개념(순전히 형식적인 '나는 생각한다'는, 자체 내에 아주 커다란 다양성을 포함한 채 직관하는 주체와 동일하게 상정된다)을 위해 사용되는 오류 추리나 궤변에 빠지거나, 그게 아니면 동일한 증거로 동일한 대상의 상반되는 측면(예를 들어 '세계는 무한하다', '세계는 유한하다')이 입증되는 이율배반에 빠지게 된다. 그게 아니면 그러한 노력들은 결국 (신에 대한 존재론적 증명에서와 같이) 개념의 본질에서 그것이 지칭하는 대상의 존재를 추론하는 기만적인 방법을 사용하게 된다.

모든 형이상학에 대한 이런 잘 알려져 있는 무력화는 칸트 해석가들의 관심의 전면에 있었음에도 불구하고 사람들은 칸트가 이념에 부여했던 긍정적인 의미 또한 고려하고 있었다. 우리가 이념 속에서 대상을 인식하는 것은 아니지만, 이념은 우리에게 순전한 오성의 영역에서 탐구의 길을 밝혀 주고 이 영역에 체계성을 부여해 주는 일종의 빛이다. 그것들은 대상을 구성하는 것이 아니라 오성을 규제한다. 잘 알려진 표어로, 이념은 주어진 것이 아니라 덮어 씌워지는 것이다. 그런데 이제 이념이 원래 긍정적으로 무엇인지, 또는 칸트가 말하는 오성의 능력과 감성의 능력 외에 이성의 능력이 무엇을 의미하는 것인지를 좀 더 정확하게 대상화해 보아야 겠다.

오성과 감성이 만들어 내는 다양한 직관적인 경험들에는 단 한 가지 유사점이 존재한다. 그것들 모두는 객관성 일반, 인과성 같은 범주들 아래 놓인다. 그리고 범주적으로 형성된 개별 경험 내에서 일어나는 감각 자료의 통일적인 종합 속에는 단 하나의 연관만이 존재한다. 그런 경험을 우리가 만약 풍부하게 가지고 있다면, 우리는 이제 학문을 갖게 되는 것일까? 칸트는 아니라고 말한다. 그런 것은 하나의 단순한 집합체, 하나의 혼돈일 것이라고 그는 말한다. 우리는 거듭해서 학문의 특성이 체계성에 있다는 말을 듣는다. 무엇을 통해서 우리는 체계성을 획득할 수 있는 것일까? 우리는 가령 우리가 하는 경험을 첫 글자를 따서 분류해 보거나 다른 기술적인 수단들을 사용해 볼 수 있다. 우리는 학문의 실천적인 운영에 있어서 체계학을 단순히 경제적이고 합목적적이며 유용한 정리를 위한 것으로 간주해 볼 수 있다. 하지만 칸트에 따르면 이 모든 것들은 학문이 될 수 없다. 원래 학문적인 체계성은 이념을 통해서만 가능하다. 왜냐하면 이것들은 단순한 기술적인 인위적 장치가 아니라 대상 자체 속에서 객관적인 의미를 갖기 때문이다. 이념 속에서 추구되는 학문 전체는 자신의 지침을 대상들 전체를 통해서 갖는다. 체계성은 모사적인 진리의 영역에서 필요에 의해 조건지워질 뿐만 아니라 원형적인 진리 자체에 의해서도 조건지워진다. 전체성은 어느 영역에서도 결코 도달할 수 없지만 우리는 영원히 그것에 근접해 간다. 개별 인식만 결정되고 이념은 결정되지 않는 것이 사실이다. 이념이 문제는 있지만, 규정된 모든 것은 그것의 목표가 우리에게 미정인 상태에 머물러 있는 체계적인 과정으로의 편입을 통해야만 학문적으로 의미 있게 된다. 그리고 규정된 것의 영역이 점점 커지면, 도달된 전체로서의 그것은 비록 비규정적인 전체이기는 해도 오직 이념적인 것에서만 의미가 있고 체계적으로 확장될 수 있다. 우리는 늘 체계적인 통일성을 추구한다. 이러한 추구는 이성의 한 법칙이고 필연적인데 그 이유는 "우리가 법칙 없이는 이성을 전혀 갖지 않을 것이겠지만, 이성 없이는 그 어떤 연관된 오성의 사용도 없을 것이고 그런 것이 부재할 경우 경험적 진리는 그 어떤 충분한 특성도 갖지 못하게 될 것이기 때문이다."[299] 따라서 이념은 그냥 단순히 추후에 정돈하는 역할을 수행하는 것이 아니라, 오성과 감성의 영역에서 인식이 출현할 때 이미 거기서 함께 작용하고 있다. 독립적으로 분리되어 다뤄지는 이념들은 단지 미덥지 못한 인식만 교부해 줄 뿐, 인식에 관한 한 인식의 진정한 실체는 오성의 매개체 안에서 존재한다.

이념들은 자기 고유의 직관을 제공하지 않고 오성하고만 직접 관계하며, 오성은 직관하고만 관계한다. 이념들은 오성 인식의 단순한 집합체에 체계적인 통일성을 제공하기 때문에, 대상 영역이 아닌 자신과의 관계에서만 진리 연관을 찾는 것처럼 보일 수도 있다. 하지만 이념적 연관은 그 안

$\bullet \bullet$

299 Immanuel Kant, *Die Kritik der reinen Vernunft*, B. 679.

에서 새로운 그 어떤 것도 출현하지 않는 그런 분석적인 진리의 연관인 것이 아니라, 각각이 자신에 대해서 재차 새로운 것을 가르쳐 주는 그런 진리 연관이다. 왜냐하면 이념을 통해서 발견되는 연관은 자의적이지도 우연적이지도 않고 학문적 실천을 위한 합목적적인 것도 아니고, 사태 자체 내에 놓여 있는 것이어야만 하기 때문이다. 하지만 오성의 영역에서 직관을 통해 충만함이 등장하고 그래서 확실성이 등장하는 것이지만, 사태 자체에서의 이념적 연관과 학문적 인식에서의 체계적 연관 간의 이런 일치는 항상 근사치일 수 있고, 항상 불확실하고 문제적인 것으로 머물러 있을 수 있다.

사람들이 이념들의 다양성 및 그것과 관련이 있는 체계적인 단위의 다양성을 우선 도외시한다면, 모든 이념 형성은 칸트에 따르면 하나의 원리로 환원될 수 있다. 몇 가지 사례들을 생각해 보자.

우리는 개별적인 영향에 대한 원인을 찾고 이 원인에 대한 더 나아간 원인과 일련의 전체 원인 및 복합 원인 등을 찾아서, 점점 더 적어지면서 개별적으로 고립되어 있는 인과적 연관을 획득하게 된다. 하지만 우리는 세계를 포괄하고 그것을 무한한 사슬과 구조로 설명하는 인과관계 전체를 여전히 발견해 내지 못한 상태에서 작업을 계속 진행해 나간다. 이때 우리는 다음과 같은 원칙에 준해서 일을 진행한다. 마치 모든 것이 연속적으로 연관되어 있기라도 한 것처럼 점점 더 많은 관계, 점점 더 많은 다면적인 관계들을 발견할 것. 두 번째 사례는, 우리는 대상들 중에서 같은 종류를 찾아 형성 작업을 진행해 이로부터 속과 과를 형성한다는 것이다.[300] 하지

300 (옮긴이) 현대 생물학에서는 스웨덴 출신의 식물학자 린네(Carl von Linné)가 제시한 '종-속-과-목-강-문-계'에 따라 생물을 분류한다.

만 우리는 하나의 포괄적인 속-대상으로부터 과, 속, 종을 관통하는 모든 개별적인 대상들을 도출하는 데까지는 절대로 나아가지 않는다. 세 번째 사례는 다음과 같다. 천문학에서 우리는 별들의 위치 관계를 파악하고, 정확한 계산을 가지고 늘 광활한 영역 안으로 꿰뚫고 들어가지만, 그 한계에는 결코 도달하지 못하기 때문에 세계 전체를 파악하지 못한다. 세계는 경험에 주어져 있는 대상이 아니다.

이러한 경우들에서 다음과 같은 공통점이 있다. 우리는 원인 전체, 다양한 형태들의 속-전체, 공간 세계 전체를 추구한다. 우리 안에서 이념이 작용하고 있고 섣부르게 선취된 하나의 잘못된 완결을 통해서 파괴되지 않는 한, 우리는 이런 전체성의 이념들의 인도를 받아 부단하게 앞으로 전진해 나가면서 그런 일을 진행한다. 이 모든 경우들에서는 모든 계열과 일련의 조건들을 넘어 무조건적인 것이 개별적인 것을 넘어서는 전체가 발견되는 것은 아니라고 하더라도 의도됨으로써 이념들이 획득된다.

이념 형성의 지배적인 원칙은 그래서 무조건적인 것이나 전체를 작업의 지침으로 삼는 것이다. 이러한 무조건적인 것은 일련의 원인의 처음 시작이 아니고, 공간의 한계가 아니라 원인의 전체(또는 총체), 공간 전체다. 모든 직관적인 공간성은 다른 공간성에 의해 제한되며, 모든 경험된 원인은 하나의 더 나아간 원인을 갖는다. 하지만 모든 개별적인 경험 역시 조건지어져 있다고 한다면, 이념에서 경험의 총체성은 그래도 무조건적인 것으로 생각될 수 있다. 직관된 개별적인 공간 역시 제한되어 있다면 공간 전체는 그래도 제한이 없다. 이념에서 무조건적인 것은 늘 총체적인 것으로 사고되고, 이러한 무제한적인 것은 전체로 사고되며, 마찬가지로 그 반대로도 사고된다. 하지만 무조건적인 전체 경험뿐 아니라 무제한적인 전체 공간도 늘 개별적으로 이루어지는 경험의 가능한 대상이었던 적이 한 번도 없다.

전체성과 무조건성이 이념의 본질이다. 이념의 속성은 그 외에도 칸트를 통해서 범주와의 대립으로 특징지어진다. 범주는 직관에 직접 적용되고, 직관은 범주를 내용적으로 채워 준다. 이념은 직접적으로는 개념 및 판단에만 관계하며, 비로소 이것들을 통해서 직관에 간접적으로 관계한다. 범주는 직관적으로 적절하게 충족될 수 있다. 이념은 결코 직관적으로 충족될 수 없고, 결코 경험에서 자신에 합치되는 직관을 발견할 수 없다. 결코 경험은 이념에 적합하지 않다. 범주는 확정적으로 제한하지만 이념은 모든 도달된 한계 그 너머로 확장해 나간다. 범주는 경험 자료와 함께 주어지고, 그것에 이념이 단지 덮어 씌워진다. 범주는 규정적이고, 이념은 비규정적이다. 범주는 개별적인 경험 대상들을 제공해 주고, 이념은 경험의 통일성을 제공해 준다. 범주 혼자서만 대상성이라는 것을 제공하는 것이지 이념이 그렇게 하는 것이 아니다. 이념은 단지 총체성에 대한 의도만 제공해 준다. 범주로부터 원리들이 파생되어 나올 수 있다(예를 들어 모든 변화는 원인과 결과를 연결하는 법칙에 따라서 발생한다고 하는 것). 이념으로부터는 일반적인 형식을 취하고 있는 규제적 원리들이 비롯된다. 그 자체로 조건화된 것인 연속을 구성하는 각 구성원으로부터 언제든지 좀 더 멀리 떨어져 있는 것으로 진행해 나갈 수 있다(위의 예와 유사한 것으로는, 모든 원인에는 또 다른 원인이 있다는 것을 생각해 볼 수 있다).

범주들에는 감성적 자료에 '적용하기'를 부여해 주고, 개념들에는 그 '상'을 부여해 주기 위해서 칸트는 범주와 직관 사이를 잇는 특이한 중간 연결고리로서 '도식'이라고 하는 것을 삽입해 넣었는데, 이는 그 둘을 동일한 방식으로 연결해 줄 수 있어야만 하는 것이다. 그런 하나의 도식이 바로 시간인데, 시간은 선험적인 형식으로서는 범주와 같은 성질을 가지며, 직관적인 형식으로서는 직관과 동일한 성질을 갖는다. 이념과 관련해서도 칸트는 하나의 유사한 도식을 알고 있는데, 그것은 이념을 단순한 오성 인식에 적용하기 위한 것으로 보는 것이다. 칸트의 이론은 이렇다. 이념이라는 대상은 사실 '그 자체로' 받아들여져서는 안 된다. 하지만 "그것의 실재는 모든 자연 인식을 체계화하는 규제적인 원리의 도식으로 간주되어야만 한다."[301] 여기서 칸트는 이념적인 대상들의 표상들이 인식 세계 안으로 유입될 수 있게 한다. 다만 그는 그것들을 형이상학적인 실체화로서는 일축하고, 그것들의 직관적인 충족은 불가능한 것으로 인식했다. 하지만 그것들은 거기서 도식으로서 정당한 자리를 차지하는데, 칸트는 여러 표현들에서 자주 그것의 존재 특성을 발견적인 기능으로서[302] 또는 '마치 ~처럼(als ob)'으로 묘사한 바 있다.

1) 이념의 종류: 칸트의 분류. 여타 배열

이념 일반이 도대체 무엇인지에 대한 설명은 매우 추상적이다. 더 나아간 해명은 개별적인 이념들을 대상화함으로써나 기대해 볼 수 있을 것이다. 왜냐하면 체계적인 것 일체라는 이념은 존재하는 것이 아니고, 여러 이념들이 각자 자신의 분야에서 그것들을 체계적인 것으로 만들기 때문이다.

칸트는 세 가지 이념을 제시한다. 이것들을 그는 종합적인 사고의 종류들로부터 도출해 낸다. 그것도 주체, 계열, 체계의 방향으로 다양하게 방향을 잡아 나가는 종합적 사고의 종류들로부터 도출해 낸다.[303] 여기서

··

301 Immanuel Kant, 앞의 책, B. 702. 그리고 B. 693, 707, 710, 725와 비교할 것.

302 Immanuel Kant, 같은 책, B. 799.

303 이에 대해서는 같은 책, B. 379 이하, 393(고유함, 종속 및 경쟁), 391, 432, 433, 434, 435를 참조할 것. 추론 형식의 사용 문제는 위에서 자세히 설명되지 않았다. 여기서 중요한

는 (주체의 측면에서) 어디서나 무조건적인 것, 즉 "그 자신이 더 이상 술어가 아닌 주체"로 진행되어 나아가거나 또는 (순서의 측면에서) "그 자신이 더 이상 아무것도 전제하지 않는 전제"로 진행되어 나아가거나 또는 (체계의 측면에서) "완전한 개념 분할로서는 더 이상의 어떤 작업도 필요하지 않은 그런 분할된 부분들의 전체 집합으로 진행되어 나아간다." 주체로 나아가는 길은 영혼이라는 이념 아래에서 진행되고, 연속 전체로 나아가는 길은 전체로서의 세계라는 이념 아래에서 진행되고, 체계로 나아가는 길은 경험 전체라는 이념 아래에서 진행된다. 이 세 가지 이념들 사이에서 칸트는 하나의 발전을 본다. "자기 자신(영혼)의 인식에서 세계인식으로 나아가고 이를 매개로 다시 원(原)존재로 나아가는 것은 일종의 자연스러운 진보다."[304] 그런 식으로 우리 이성의 속성 내부에서 이념을 도출해 냄으로써 칸트는 "그와 동시에 그 이상으로는 더 이상 초과해서 존재할 수 없는, 정해져 있는 이념의 개수가 제시된다"[305]고 생각한다. 그런 식으로 이론적으로는 단순한 과제인 이념들은 실천에서 완수되고, 여기에서 영혼, 세계, 경험 전체라는 이념들은 불멸, 자유, 신이라는 이념으로 다시 나타난다.

보기 드물게 우리를 감동시키는 이런 추론을 도외시하고 '일정의 정해진 수'에 대한 칸트의 자부심과는 어느 정도 대조적으로 우리는 본래 비칸트적으로 사유하지 않고도, 칸트의 다양한 발언들을 적용하는 가운데 다른 순서의 이념들을 시도해 볼 수 있을 것으로 보인다.

'전체'는 두 가지 다른 의미를 가질 수 있다. 첫째, 유기적이고 기계적이

∴

것은 칸트가 이런 식으로 도출하고 있다는 것이지, 그가 그것을 어떻게 하고 있는가가 아니다.

304 Immanuel Kant, *Die Kritik der reinen Vernunft*, B. 394.
305 같은 책, B. 396.

고 정신적인 경험 같은 것을 모두 포괄하는 경험의 전체 방향이 있다. 둘째, 모든 개별적인 사물 같은 경험 내용 전체가 있는가 하면, 일회적이고 개별적인 세계 존재로서의 경험 전체가 있다. 이로써 두 가지 부류의 이질적인 이념, 말하자면 일반적인 이념과 개별적인 개성의 이념이 존재한다. 후자는 그 자체가 하나의 포괄적인 개체인, 가능한 경험 전체와 관련할 경우에만 유일한 것이지만 개별적인 개체들 속에서는 무수히 다양한 형태들을 취하고, 그 개체들은 저러한 하나의 전체와 관련해서만 이념이 된다. 심리학의 지도 이념으로서의 인격 이념과 개인적 인격 이념은 서로 반대지만, 후자는 한편으로는 저러한 일반적인 이념과의 관계를 통해서 그리고 다른 한편으로는 특히 세계 전체와의 관계를 통해서 자신이 충족되고 있는 것을 발견한다. 이제 두 부류의 이념들을 좀 더 자세히 특징지어 보도록 하겠다.

(1) 경험의 전체 방향으로서의 이념: 기계주의, 유기체주의, 영혼

세 가지 지배적인 이념들을 제시할 수 있을 것 같다. 기계주의, 유기체주의, 그리고 영혼이 그것이다.

세계를, 자연을 메커니즘으로 사유하는 것은 늘 이념이다.[306] 왜냐하면 세계는 무한하고 모든 메커니즘은 오로지 폐쇄된 체계로서만 통찰할 수 있기 때문이다. 이념은 마치 전체로서의 세계가 하나의 메커니즘인 것처럼, 계속해서 경험을 증가시키고 질문을 제기하라는 요구 사항으로서 존재한다. 이때 기계적인 연관에 대한 경험이 언젠가는 궁극적인 한계에 도

∴

306 '기계주의의 이념'에 대해서 칸트는 *Die Kritik der reinen Vernunft*, B. 674에서 말하고 있다.

달하는 것은 아닐까 두려워할 필요는 없다. 그런 두려움은 오히려 무의미하다. 그런 염려는 사람이 기계적인 연관관계를 떠날 때만 출현한다. 왜냐하면 사람들의 눈이 기계적이지 않은 것, 기계적인 것과는 이질적인 것으로 향하는 일이 비일비재해, 그런 것에는 접근하지 못하기 때문이다. 하지만 메커니즘의 이념에 종속되지 않는 시공간적인 것은 없다. 또한 다른 사람의 눈에는 기계적으로 보이지 않는 것도 항상 동시에 기계적으로 이해될 수 있다. 이때 물론 그림과 물감으로 칠해져 있는 벽은 구분되지 않는다.

유기체의 이념 또는 생명의 이념은 무한한 기계적-법칙성과는 대조적으로 무한한 목적의 이념이다. 이는 좀 더 정확히 규정될 필요가 있다. 목적을 우리는 우선 행위의 원인일 수 있는 표상으로 알고 있는데, 이는 표상이 행위에게 목표와 방향을 제시해 줌으로써 가능해진다. 목적 표상은 정해지고 제한되어 있는 유한한 표상이다. 우리는 더 나아가 목적 표상을 대상적인 것에도 적용하는데, 이런 것을 우리는 그 자신이 목적에 대해서는 아무것도 알지 못하는 대상이나 과정을 그때마다의 관점에 따라서 목적이 있거나 목적에 반하는 것으로 간주함으로써 그렇게 한다. 선택의 원칙에 따라 우리는 일련의 기계적인 원인들의 복합체가 일정의 종착점으로 수렴될 때, 이 종착점을 '목적'이라 부른다. 예를 들어 태양계의 규칙적인 궤도를 그런 종착점으로 생각한다면, 그런 방향에서 영향력을 행사하는 원인들은 목적이 있는 것들이 될 것이고, 그에 반해서 그 외의 다른 것들은 방해 요소들이 될 것이다. 그래서 우리는 무수히 많은 관점 아래에서 모든 기계적이고 자연적인 것들을 목적으로 간주할 수 있다. 가령 강바닥의 진흙은 어떤 식물을 위한 것으로, 두피는 이(벌레)를 위한 것으로 간주할 수 있다. 그리고 계몽된 인간의 종류에 따라서 우리는 그런 끝없는 목적 연관들에 탐닉해 볼 수 있다. 두 가지 목적 개념을 결합하면, 인간의 행위로부터 분명한 목적의식을 가지고 생겨 나온 기계 개념이 얻어질 수 있다. 이런 기계 개념은 기계적인 인과 연쇄를 적용해서 얻어지는 객관적인 합목적성 개념이다. 기계는 이제 항상 유기체에 가장 가까운 유사체다. 기계는 저러한 피상적이고 다소 자의적인 언급들에서 유래하는 목적 연관들과는 대조적으로, 전체와의 관계에서 부분을 가지는 내적인 합목적성을 유기체와 공유한다. 하지만 기계의 경우에서 우리는 이러한 합목적성을 일절 남김없이 통찰한다. 왜냐하면 우리 자신이 그것을 원해서 만들었기 때문이다. 여기서 합목적적인 연관들은 유한하고 제한적이다. 그에 반해 유기체에서는 목적 연관들이 무한하다. 기계의 경우 합목적성의—이것은 여기에서는 유한성과 관련이 있고, 저기에서는 무한성과 관련이 있는데— 존속은 영구적으로 우리에게 의존해 있다. 기계는 스스로 자신을 도울 수 없고, 부분은 전체를 조건 짓기는 하지만 전체 자체에 의해서가 아니라 우리에 의해서 유지될 수 있다. 유기체에서 전체는 부분의 조건이고 그 반대도 마찬가지이며, 그것은 자기 독립적이다. 유기체의 적합성은 그래서 무한적인 성질의 문제다. 사람이 또한 많은 합목적성을 발견하는 만큼, 모든 발견된 합목적성은 더 많은 질문으로 이어지고 그 끝은 상상 불가하다. 가령 기계가 점차 더 복잡해지는 것을 생각해 보더라도 우리는 결코 유기체에 도달할 수 없는데, 기계가 항상 만들어질 수 있고 목적 연관이 아무리 거대해지더라도 그것은 유한하고 한정된 채로 머물러 있을 수밖에 없기 때문이다. 유기체에 도달하기까지는 여전히 비약이 필요하다. 유기적인 것에 대한 인식은 항상 목적 연관에 대한 인식이며, 질문은 늘 목적론적인 성질을 갖는다. 하지만 인식은 오로지 구체적으로 생성되는 것이지, 사소한 합목적성에 대한 일반적인 얘기를 통해서 생성되는 것이 아니다. 즉 유기적인 것에 대한 인식은 항상 생물학적으로 합목적적인 것으로서의 기계적인 연관들을 세밀하게 간파하는 것에서 존재한다. 모든 생물학적인 인식은 목적론적 물음에 기초해서 이루어지는 기계론적인 통찰력이다. 규제적인 원리로 표현해서 삶의 이념은 다음과 같이 설명될 수 있다. 그저 단순히 기계적으로 우연적인 현상이나 과정으로서의 유기체에서 현상이나 과정에 머물지 말고, 그것의 목적에 대해서 끊임없이 질문하라. 유기체에서의 어떤 과정이나 어떤 기관도 그저 그런 것으로 간주하지 말고, 당신이 그에 대한 그 어떤 목적 연관도 파악하지 못하는 그런 사실들에서 당신이 끊임없이 초월해야만 하는 당신의 현재 지식의 한계를 직시하라.[307]

칸트의 설명은 예를 들어 다음과 같다. "자연의 목적으로서의 어떤 사물(외적이고 상대적인 합목적성과 반대되는 내적인 합목적성의 사물)[308]이 되기 위해서는… 부분들이… 전체와 관계를 맺어야 가능하게 된다는 것이 분명하게 요구된다. 왜냐하면 사물 자체는 하나의 목적이고, 따라서 그 안에 포함되어 있어야만 하는 모든 것은 선험적으로 규정되어야만 하는 이념이나 개념 아래에서 규정되어야 하기 때문이다. 하지만 사물이 오로지 이런 식으로만 가능한 것으로 생각된다면, 그것은 단순히 예술작품(예를 들어 기계)[309]일 뿐이다. 즉 자신의 재료와는 다른 이성적인 원인에 의해서 만들어지는 산물일 뿐이자, 자신을 통해서 비로소 가능하게 되는 전체라는 이념을 통해서 규정되는 (부분들의 생성과 그것들의 연결에 있어서의) 이성적인 원인에 의해서 만들어지는 산물일 뿐이다.

∴

307 유기체에 대한 부분은 *Die Kritik der reinen Vernunft*, B. 554 이하, 716, 719를 참조하고, 특별히 *Die Kritik der Urteilskraft*도 참조할 것.

308 인용문과 그 인용문의 출처가 되는 텍스트와의 연관성이 갖는 의미를 확고하게 하기 위해서 저자가 추가한 것임.

309 인용문과 그 인용문의 출처가 되는 텍스트와의 연관성이 갖는 의미를 확고하게 하기 위해서 저자가 추가한 것임.

하지만 사물이, 자연의 산물로서, 그 자신 안에 그리고 자신의 내적인 가능성 안에 목적과의 관계를 포함해야 한다면, 즉 자연의 목적으로서만 그것 밖에 있는 이성적인 존재 개념의 인과성 없이 가능하려면, 두 번째로 그것의 부분들이 상호 원인과 결과의 형태로 결합해서 하나의 통일적인 전체를 형성하는 것이 요구된다. 왜냐하면 이런 식으로만 전체라는 이념이 역방향에서(상호적으로) 모든 부분들의 형식과 연결을, 원인으로서가 아니라―왜냐하면 그러면 그것은 인위적인 산물이 될 것이기 때문인데 ― 모든 다양한 것들의 형식 및 연결의 체계적인 통일의 인식 근거로서… 재차 규정하는 것이 가능하기 때문이다.

그런 자연의 산물들에서 각각의 부분은, 그것이 오로지 다른 모든 것들을 통해서만 존재하는 것처럼, 또한 다른 부분들과 전체를 위해서 존재하는 것으로, 즉 도구(기관)로 여겨진다. … 그래야만 그런 산물들은 조직화되고 스스로 조직하는 존재로서 '자연의 목적'이라 불릴 수 있을 것이다. …

그래서 유기적으로 조직된 존재는, 이것이 움직이는 힘이 아니라 자체 내에 형성적인 힘을 가지고 있기 때문에 단순한 기계가 아니다."[310]

영혼이라는 이념은 주체를 중심으로 진행되는 경험 전체다. "우리 정동의 모든 현상, 행동 그리고 수용성"을 우리는 그것들의 상태들이… 지속적으로 변함에도 불구하고 마치 인간 개인의 정체성과 함께 (적어도 삶에서) 지속적으로 존재하는 그런 단순한 실체인 것처럼 연결시킨다. 영혼적인 것에 대한 인식에서 체계적인 통일성의 원칙은 다음과 같은 것이다. "모든 규정들이 하나의 주체 안에서 일어나는 것으로 간주하고, 모든 힘들이 가능한 한 단일한 기본적인 힘으로부터 파생되어 나오는 것으로 간주하며,

310 Immanuel Kant, *Die Kritik der reinen Vernunft*, § 65.

모든 변화가 하나의 동일한 지속적인 존재 상태에 속해 있는 것으로 간주하기." "그런 심리적 이념을 단순한 이념 이상의 그 어떤 것으로 간주하지 않도록 주의하는 한, 즉 우리의 영혼 현상에 대한 이성의 체계적인 사용에만 상대적으로 그런 심리적 이념이 적용되도록 주의하는 한, 그런 심리적인 이념으로부터는 이점 말고는 그 어떤 다른 것은 생겨나지 않을 수 있다." "영혼이 자신을 단순하게 생각하는 것은 전적으로 허용되는데, 그것은 이러한 이념에 따라서 모든 정동적인 힘들의 완전하고 필연적인 통합을, 비록 그런 통합이 곧장 구체적으로 통찰될 수 있는 것은 아니라 하더라도 그것의 내적 현상들을 우리가 판단하는 원리로 삼기 위해서다."[311]

칸트는 기계주의와 유기체주의를 정확히 분석했음에도, 영혼의 이념에 대해서는 더욱 심화된 천착은 수행하지 않았다. 이념의 형성에 대한 심화 연구는, 심리학에서 실제로 주어져 있는 것처럼, 다음과 같은 것을 설명한다. 영혼이라는 이념 아래에 하나의 전체를 과업으로 설정하는 일련의 이념들이 존재하는데, 그중 기계주의와 유기체주의를 제외하고 원리상 새로운 것은 두 가지뿐이다. 체험되고 체험하는 현상들의 전체라는 이념 또는 의식이라는 이념, 그리고 특히 이해 가능한 연관들 전체라는 이념 또는 성격의 이념. 이해 가능한 연관들 전체는 결코 주어지는 것이 아니다. 하지만 우리는 이해에서 마치 모든 것이 거대한 전체로 이해 가능하게 연결되어 있는 것처럼 모든 이해 가능한 개별 연관을 초월하려고 한다. 그렇지만 이러한 이념은 세부적인 어려움, 즉 궁극적으로는 이해할 수 없는 것처럼 보이는 그런 이해 불가능한 한계에 봉착한다. 여기서 유기체주의와 기계주의

---

311 영혼의 이념에 대한 특징적인 구절은 *Die Kritik der reinen Vernunft*, B. 700, 710~712, 718, 723에서 찾을 수 있고 799, 812, 813을 참고할 수 있다.

의 이념들과 일치하지만, 자신 안으로 특수한 심리학적 이념들을 받아들여 통합함으로써 새로운 형태로 나타나는, 영혼적인 것을 고찰하는 방식이 들어선다. 예를 들어 정신물리학적 메커니즘이라는 이념과 질병 단위라고 하는 이념이 들어선다.[312] 이 모든 이념들을 중심으로 그 주변에서는 전형적인 실체화가 발달하고 그리고 나서 모든 실체화와 함께 무익한 논쟁들이 생겨 나온다.

그래서 도식적으로 보면, 이념 아래에서 할 수 있는 세 가지 지배적인 경험의 방향들이 존재한다. 1. 기계론적인 경험 전체 또는 세계, 그 안에는 영혼, 성격, 유기체, 합목적성에 대한 얘기는 전혀 없는데, 그런 것들은 이러한 이념 아래에서는 전혀 언급될 수 없다. 그런 것은 다른 영역으로부터, 기계론적인 사고에 부차적으로 제시되어 분류된다. 2. 생물학적인 경험 전체 또는 삶. 3. 이해하는 영적 경험 전체 또는 인격. 이런 전체성들은 서로 다양한 관계를 맺는다. 이에 대해서는 심리학적인 이념들에 관한 몇 가지 징후들이 이미 나타내 주고 있다. 하지만 그것들은 거기서 더 나아가 자신 스스로를 절대화하고 다른 사람들을 차단함으로써 스스로를 실체화하는 전형적인 경향을 보이기도 한다. 칸트는 이를 불가피하게 늘 비판적으로 승화해야 하는 기만이기는 해도 무화해야만 하는 기만은 아니라고 가르친다. 기계론적인 경험 전체가 실체, 인과성 등의 범주에서 단일한 전체로 선언됨으로써, 실제로 다른 영역에서 발생해 나오는 영혼, 합목적성, 유기체 등의 개념들도 이런 범주 안에 일절 남김없이 포함되어 배치된다. 그런 것들은 효과로, 우발적인 결과로, 인과적인 조건 아래에서의 선

∶
312 상세한 논의는 일반심리학이 수행해야 하는 일이다. 여기서는 참조와 출처의 제시로 족하다. 왜냐하면 중요한 것은 개별적인 것 그 자체가 아니라 이념론 일반이기 때문이다.

택으로, 전체 경험의 개별 지점에서 나타나는 현상들로 간주된다. 더 나아가 전체가 유기체의 경험으로 받아들여짐으로써 다음과 같은 견해가 형성된다. 유기물은 원래 혼자서 존재하고, 무기물은 단순한 부산물일 뿐이다. 예를 들어 우리 행성은 원래 불타는 유기체였는데, 이 유기체는 이제 개별적인 유기체들로 물러나 있고 그 외 나머지는 부산물로 남아 있다. 결국 전체 경험을 이해할 수 있는 인격이 행하는 경험으로 여김으로써, 이해는 인간의 지식 너머 모든 곳으로 확장되고, 무의식으로부터 생겨 나오는 심적 이미지들이 이해된다. (신화적인 직관에서) 유기적인 것도 비유적인 사건도 이해되고, 행성은 포괄적인 인격이 되고, 이 포괄적인 인격은 다시 모든 것을 포용하는 세계적인 인격인 신적 인격이 된다. 케플러의 세계의 조화(harmonia mundi)에 대한 이해 방식에서 그런 것처럼, 이러한 이해로부터 현실에 대한 기대와 질문이 생겨 나오고, 이것들이 경험적인 조사로 이어지고 전혀 다른 영역에 대한 결과를 제공하는데, 케플러의 경우에서는 기계론적 결과들을 제공한다. 따라서 모든 이념들은, 단지 그것들이 세부적으로 질문하고, 작업하고, 침투해서 효력을 미칠 때, 절대화 속에서도 여전히 생산적이다. 전체에 대한 일반적인 이미지로서만 그것들은 파괴적인 비판에 노출될 뿐이다. 왜냐하면 전체 경험 일체는 사람들이 절대화했을 수도 있을 그런 경험의 방향들 중 하나인 것이 아니고, 또한 이러한 방향들의 조합도 아니며, 하나의 새롭고 상이한 이념, 즉 경험 내용 전체에 대한 이념이기 때문이다.

(2) 경험 내용 전체에 관한 이념: 사물성과 사물, 개인

칸트의 단순한 오성에 대한 비판은 우리에게 사물의 범주를 이해하도록 가르쳤지만, 단지 범주, 즉 사물성 일반만 이해하도록 가르쳤다. '사물성'

으로부터 구별되어야 하는 것이 '개별 사물'이다. 일반적인 것으로서의 사물성의 범주는 '하나'의 사물 개념, 개별 개념과는 전혀 상이하다. '하나'의 사물, 개별 사물, 개체의 문제는 오성과의 관계에서 존재하는 것이 아니라 오로지 이성과의 관계에서만 존재한다. 그런 것을 위한 자리는 범주론에는 없고 이념론에만 있다.

개별 사물 또는 개체 같은 개념은, 칸트[313]에 따르면, 가능한 모든 술어들이 그것에 속하거나 속하지 않는 것으로 인식되지 않는 한 규정되어 있는 것이 아니다. 따라서 모든 개별 사물은 '모든 가능성의 물질'을 '초월적인 전제'로 삼는다. 즉 개별 사물은 저러한 전체 가능성에 참여해 있는 자기 몫으로부터 자신의 가능성을 도출해 낸다. 개별 사물을 완벽하게 인식하기 위해서 사람들은 가능한 모든 것, 즉 가능한 경험 전체를 인식해야만 하고 이를 통해서 개별 사물을, 그것이 긍정적이든 부정적이든 규정해야만 한다. 그래서 가능한 경험 전체는 하나의 개별 사물의 개념을 일반적으로 규정하기 위한 전제다. 가능한 경험 전체는 이제 총체성이라는 개념으로서의 이념이자 무한한 과제다. 따라서 각 개별 사물을 철저하게 규정하는 것도 마찬가지로 경험 전체라고 하는 이념에 기반해 있는 무한한 과제다. 칸트에 따르면 개별 사물의 가능성은 그래서 사물성의 범주와 경험 전체에 관한 이념에 기반해 있다.

선언적 형식의 개념쌍을 통해서 개별 사물을 규정하는 특이하게 외적인 논리 양식을 사용하고 있는, 칸트의 이러한 심오한 생각이 가르쳐 주고 있는 것은 모든 개체는 무한하다는 것, 모든 개체가 인식의 대상인 한에서 모든 개체는 이념이라는 것이다. 개체에 대해서 우리가 얼마나 많이 얘

----

313 가장 중요한 설명은 *Die Kritik der reinen Vernunft*, B. 596 이하에서 찾아볼 수 있다.

기하든, 개체를 얼마나 많이 천착하든 간에 이러한 개체라는 이념이 과제로서 우리 눈앞에 서 있지 않다면, 우리는 그것을 개체로서 인식하는 연구에 착수하지 않았을 것이다. 개체로서의 개인은 항상 이념이기 때문에, 그것은 궁극적으로 인식될 수 없다. 하지만 개체라는 이념은 오로지 전체 일반이라는 이념 안에서 존재하고, 소우주도 오로지 대우주와 관련해서만 존재한다. 하나의 개체를 인식하고 싶어 한다는 것은 세계 일반을 인식하고 싶어 한다는 의미다. 개체라는 이념은 우리가 경험의 총체성 일반이라고 하는 이념 속에서 지향하는 포괄적인 개체라고 하는 이념 못지 않게 무한적이다. 칸트와 함께 우리가 인식에서 무한한 과제인 이념을 실천적으로 체험하고 성취한다고 가정하고, 이런 체험을 우리가 주관적으로는 구속력이 있고 객관적으로는 타당성 요구와 형식화 없는 형이상학적인 체험이라고 부른다면, 개체라는 이념에 대한 이런 통찰에 부합하는 것은 실천적으로 개별적인 개체가 우주 전체 안에 포함되거나 심지어 그 자리에서 체험되는 것이다.

예를 들어 인격이라는 이념에 적용하는 경우 우리는 이제 두 가지 이념을 갖게 된다. 경험의 방향으로서, 이해할 수 있는 연관 전체라는 이념으로서의 인격이라는 이념과 개별적이고 구체적인 인격이라는 이념으로서의 인격의 이념이 그것이다. 후자는 실천적으로 형이상학적으로 객관화 없이 체험되며, 이론적으로는 전자와 같은 비현실적인 인격의 경험 방향과 다른 경험 방향의 도움을 받아서 인식되지만, 그런 것은 오로지 경험 전체, 즉 거시적인 우주와 관련해서만 가능하다.

오로지 우리가 이념 속에서 살아가는 방식 말고 다른 방식으로 우리는 이념을 파악할 수 없다. 유한한 것, 개별적인 것을 매개로 이념을 간접적으로 파악하는 것이 아니라 직접 파악하고자 하는 것은 환상으로 이어지고,

그와 함께 무(無)로 이어진다. 사람들은 예를 들어 영혼을 직접 파악할 수 없고, 오로지 심리적인 개별 인식의 범위 내에서만 파악할 수 있다. 사람들은 신을 직접 인식할 수 없고 오로지 자기 체험과 세계 체험의 범위 내에서만 종교적으로 실존할 수 있다. 사람들은 윤리적인 것의 목표를 인식할 수 없고, 그것이 파악될 수도 이해될 수도 없는 총체성을 향하고 있는지의 여부로 행위를 통해서 간접적이고 주관적으로 경험하게 된다. 이론적인 이념은 오성을 매개로만 실제로 존재한다. 오성은 두 가지 비합리성들 사이에 위치하고 있는데, 이것들이 없으면 오성은 공허하지만 오성이 없으면 그것들은 아무것도 아니다. 오성은 물질적인 직관성의 영역으로 향해 있고 이념의 힘들에 의해서 움직인다. 직관적인 것은 비합리적인 것으로서 오성을 초월해 있지만, 오성 개념에 의해서 포괄된다. 오성의 한계, 오성 자체를 포괄함으로써 이념은 오성을 초월해 있다. 오성 개념은 이념을 포착할 수 없고, 오로지 그것을 가리킬 수 있을 뿐이다. 오성이 아닌 모든 것을, 오성이 가진 속성들의 형식들과는 대조적으로 직관적인 것으로 요약하면, 두 가지 종류의 직관성이 있다. 즉 칸트 혼자서만 '직관적'이라 칭하는, 물질적 재료 공급적인 직관성과, 단순히 체험되고 파악되지 않는 지시적이고 힘과 운동을 공급해 주는, '이념적'이라고 불리는 직관성이 있다.

이념을 직접 파악할 수도 없고 인식할 수도 없지만, 그것을 직접 다루는 것은 예를 들어 여기에 묘사된 칸트의 이념론에서처럼 가능하다. 그것은 삶의 개별적인 움직임에서 느낄 수 있는 힘으로의 관조적인 전향이다. 이러한 전향은 말하자면 이념 밖에 존재하고, 무책임하고, 이념들을 그저 지켜보기만 하는 활동이다. 그것은 본래적인 직접적 파악이 아니라—그러한 파악은 어디서나 불가능하다 — 여기에 그런 것이 존재하고 있다는 사실을 반영해 주는 의도다. 그런 것은 기본적으로 뜬구름 잡기식의 얘기에 머문다. 그런 것이 보다 명확한 특성을 갖는 한, 다뤄지는 화제는 늘 이념에 대한 개별적인 표현에 관한 것이다. 이념에 관한 칸트의 보다 구체적인 특징 기술 작업을 따라가다 보면, 우리는 그것들이 칸트에 의해서 예리하게 구분되지 않았고, 사람들이 구체적이고 이념적인 현상들을 분석할 때 이 세 가지 의미 사이를 불가피하게 오갈 수밖에 없어서, 그 자체로 불가분의 관계에 있는 세 가지 의미를 취하는 것을 볼 수 있다. 그 세 가지 의미는 다음과 같다.

가장 명확한 의미는 방법론적인 것으로, 이러한 의미는 이론적인 인식의 과정을 거치는 과정에서, 그 방법적 사용에서 체계성, 도식, 발견적인 가설 등을 보여 준다. 두 번째 의미는 주관적인 의미 또는 심리적인 의미다. 즉 힘으로서, 배아로서, 주체 속에서 진행되는 과정으로서의 이념이다. 세 번째 의미는 객관적이거나 형이상학적인 의미다. 이념은 단순히 기술적인 인공 장치가 아니고 심리적인 힘이 아니며, 대상 자체의 원형적인 세계에서 어떤 식으로든 의미를 가져야만 한다.

2) 이념의 삼중적 의미

이념에 대한 설명은 늘 뜬구름 잡기식의 논의에 머물고 궁극적인 것에 대한 단순한 직관에 머무르는데, 그런 단순한 직관은 이념 안에서, 여기서는 이론적인 이념 안에서 존재하는 것에 비해, 즉 이념의 지도를 받아서 진행되는 인식에 비해 매우 비본질적이다. 그렇지만 그러한 의도, 그러한 한계에 도전하는 것은 아무것도 아닌 것 그 이상이고, 그런 것 안에서 살아가는 것에 비해서 훨씬 하찮은 것일지라도 뭔가 다른 것이다. 칸트에 따르면 이념의 세 가지 의미들은 이제 좀 더 정밀하게 개발될 필요가 있다.

(1) 심리학적인 의미

칸트는 다음과 같이 적고 있다. "학문을 세우려고 하는 사람치고 이념을 기반으로 삼지 않는 사람은 아무도 없다." 그런데 학문을 발전시키는 과정에서만 보더라도, 해당 학문을 입안하려고 노력한 사람이 학문의 초반기에 제시하고 있는 도식, 심지어 정의조차 그 사람의 학문적인 이념하고는 거의 일치하지 않는다. 왜냐하면 학문의 이념은, 그 안에 있는 모든 부분들이 아직도 여전히 껍질로 감싸여 있는데다가 미시적인 관찰로는 거의 알아볼 수 없을 정도로 감춰져 있는 배아 같은 이성 안에 숨어 있기 때문이다. 따라서 학문을 설명하고 규정할 때는, 그것의 창시자가 그것에 관해서 제공해 주고 있는 설명에 따라서 할 것이 아니라, 그 창시자가 조립해 왔던 부분들의 통일성으로부터 빠져나와서 이성 자체 안에 기반해 있는 것으로 여겨지는 이념을 따라서 행하는 것이 필요하다. 왜냐하면 그렇게 할 때 그 학문의 창시자와 그를 추종하는 최후의 후계자가 자기 스스로 명확하게 할 수 없었던 이념 문제를 두고 혼동스러워하고 있었다는 사실이 드러날 것이기 때문이다. 안타까운 점은, 먼저 우리가 오랜 세월에 걸쳐 우리 안에 숨겨져 있는 이념의 지시에 따라 그때까지의 많은 관련 인식들을 학문 구축의 도구로 산발적으로 수집한 이후에나 비로소… 더 밝은 빛으로 이념을 알아채는 것이 처음으로 가능하게 된다는 것이다. … 체계들은, 마치 벌레처럼, 수집된 개념들의 단순한 융합으로부터 생겨나는 것처럼 보인다. 처음에는 애매모호한 생성(generatio aequivoca)을 통해서 어정쩡한 모습을 띠지만, 시간이 지나면서 점차 완전체로 형성되는 것으로 보인다. 비록 그것들이 모두 함께, 펼쳐져 전개되는 이성 안에서 본래적인 배아로서의 자신들의 도식을 가지고 있었기는 하지만…[314] 여기에는 다음과 같은 칸트의 말도 포함된다. 칸트는 이렇게 말한 적이 있다. "작가가 자신이 사용하는 용어를 충분히 정의하지 않고 사용하는 가운데 때때로 자신의 의도에 반해 말하거나 생각하기 때문에, 작가가 특정 대상에 대해서 피력하고 있는 생각들을 비교함으로써 작가가 자신을 이해하고 있는 것보다도 더 잘 그를 이해하는 것이 가능하다. 이는 전혀 이상한 일이 아니다."[315]

    사람들은 인식에 관해서는 그것의 정확성뿐 아니라 그것의 중요성에 대해서도 말한다. 사람들은 진리의 가치에 대해서 이야기한다(즉 타당성의 측면에서 이해되는 진리치에 대해서 말하는 것이 아니라, 저러한 단순한 타당성의 가치나 정확성의 가치를 자체 내에 이미 포함하고 있는 진리치에 대해서 이야기한다). 후자의 의미에서 가치는 규정 가능한 가치, 예를 들어 인식의 실용적인 사용을 위한 경제적인 가치일 수 있는데, 이런 것은 어느 한 물질 영역에 대한 사적인 이해관계에 기반해 있는 것일 수도 있고, 하나의 인식이 다른 인식을 위한 단순한 수단으로 사용된다는 사실을 통해서 결정될 수 있는 것이기도 하다. 하지만 결정할 수 있는 가치들을 제외하면 결국 모든 학문에는 결정 불가능한 가치가 남게 되는데, 그것이 결정적이다. 그러면 사람들은 또한 심오함과 광범위함에 대해서도 얘기하게 되는데, 이러한 가치화들은 근거를 가지고 정당화되거나 증명될 수는 없고 단지 제안될 수 있을 뿐이다. 이러한 판단에서 작용하고 있는 것이 바로 이념이다. 이성 안에 은닉되어 있는 배아로서의 그것들이 개인의 탐구 활동에서 효과적으로 작용하는 힘인 것처럼, 개인은 그것들을 직접 인식하지 못한 채 그것들 안에서 살아가는 것처럼, 그런 식으로 개인은 학문적인 작업에서 본능적으로 느끼는 현존감을 따라서 그것의 심오함 또는 광범위함을 제대로

314 Immanuel Kant, *Die Kritik der reinen Vernunft*, B. 862 이하.
315 같은 책, B. 370.

정당화하지 못한 상태에서 판단 활동을 벌인다.

학문에서 우리는 완벽한 투명성과 명료성을 원하지만, 그것이 끝까지 존재하면 우리의 관심이 식어 버린다는 것은 참 이상하다. 우리는 명료성을 원하지만 또한 그것이 이념의 부분적인 표현이기를 바란다. 이러한 이념은 학술적인 성취에서 모호한 것으로 존재하는 가운데 이해할 수 없는 공격에 노출되기도 하고, 동시에 효율적인 학술적 성취를 위한 조건이 되기도 한다. 이성은 모호함을 원하는 것이 아니라 이념을 원한다. 이성은 단순한 올바름과 명료함의 파토스에 저항하는 것 못지않게 모호함을 모호함으로 추구하는 파토스에도 저항한다. 이념으로 연결되어 있는 끈을 따라 도처에 불명료한 잔재들이 남아 있다. 따라서 절대적으로 명료하고 절대적으로 해결된 것은 이념이 결핍되어 있다는 의구심을 불러일으키고, 더 이상의 의미 없는 단순한 올바름에 대한 의구심을 불러일으킨다. 올바른 것들은 끊임없이 축적될 수 있지만, 그것들은 이념을 통해서 전체와 연결되어 있어야만 한다.

두 번째로 칸트는 이념에 대한 심리학적 고찰을 수행한 뒤 이를 학문하는 사람들의 특성을 분류하는 것에, 즉 통일성의 이념에 의해서 관심이 유도되는 부류의 사람들과 특이화의 이념에 의해서 관심이 유도되는 부류의 사람들로 분류하는 작업에 적용한다.[316] 예를 들어 한쪽 집단은 본질상 "출생에 기반한 민족적 특성이나 가계와 인종 등 이미 결정되어 있는 특별한 유전적인 차이"를 가정하는 경향이 있다. 다른 쪽 집단은 "자연이 이 부분에서 완전히 동일한 기질을 만들었다"고 믿는 것에 의미를 둔다. 가장 광범위한 차별화, 늘 계속되는 차이가 한쪽 집단이 열정적으로 추구하는 것이

316 같은 책, B. 694 이하.

라면, 가능한 최대한의 통일성, 즉 완전한 자연적인 통일성은 다른 쪽 집단이 열정적으로 추구하는 것이다. 양쪽이 모두 이념의 지도 아래 그런 것을 구하고 있다면 둘 모두가 옳고, 양쪽이 자신들의 이념을 절대화하여 그것을 실제적인 것으로 실체화하고 있다면 둘 모두가 옳지 않다.

(2) 방법론적인 의미

일련의 거대한 동물 종들의 공통점을 확정하기 위해서 사람들은 '척추동물'의 도식적인 도해 같은 것을 작성한다. 그런 도식에서 다음과 같은 질문은 제기되지 않는다. 그 도식이 옳은가 아니면 그른가? 그것이 가령 원시 척추동물로서 실제로 존재하는가 아니면 존재하지 않는가? 그 대신 제기되는 질문은 다음과 같은 것이다. 그것은 쓸모가 있는가? 그것은 교육적인 목적에 유용해야 하고, 모든 척추동물에게서 발견할 수 있는 모든 것들을 신속하게 대상화하기 위해서 우리의 의식 앞으로 가져오는 데 유용해야 하고, 추가적인 묘사를 위한 질문을 개발하기 위해서 유용해야만 한다. 이런 것이 이 도식의 방법론적-기술적인 의미다.[317] 방법론적 의미는 파악하기가 용이하다. 이념은 우리가, 초월적인 주제 일반으로서가 아니라 학문을 하는 인간으로서 경험에 적용하는 관점이다. 원형적인 진리나 대상 자체는 체계나 이념에 대해서 아무것도 아는 것이 없다. 하지만 학문의 재현적인 진리에서 우리는 예를 들어 경제적인 고려를 하는 차원에서

317 칸트적 의미에서의 '허구'에 대한 다른 많은 방법적 유용성에 대해서는 바이힝거(Hans Vaihinger)가 편찬한 '마치 ~처럼'의 철학에서 찾아볼 수 있다. (옮긴이) 바이힝거의 '마치 ~처럼'(als ob, as if)의 철학은 현실이 우리가 믿는 것과 다르게 불안정하고 변화무쌍하다고 보고, 이러한 현실 속에서 살아가야 하는 우리는 현실을 있는 그대로 받아들이기보다는 자신의 존재를 유지하기 위해 '마치 ~처럼'의 태도로, 즉 일종의 역할극을 하듯 살아가야 한다고 말한다.

체계성을 필요로 하고 그에 더해 이념을 필요로 한다. 이러한 것들은 원칙적으로 객관적인 의미 면에서 원래 목록과 거의 같은 것이지만, 단지 그것들이 좀 더 합리적이고 좀 더 유익하고 좀 더 유용할 뿐이다. 이념은 순전히 하나의 학문적-기술적 의미를 가지며, 말할 수 있는 것은 기껏해야, 우리는 '마치' 이념에 상응하는 뭔가가 그 안에 실제로 있기라고 한 것처럼 경험을 간주한다는 것뿐이다. 이념의 의미는 전적으로 학문적인 진리의 재현 영역에 놓여 있다. 그것이 없으면 학문은 불가능하지만, 그것 없이 경험과 대상은 가능할 수 있을 것이다. 대상 자체의 원형적인 진리 영역에서 찾아질 수 있는 이념은 아무것도 없다. 그곳에서 그런 것을 찾는다는 것은 앞서 언급되었던 착각 중 하나에 기초하고 있는 형이상학을 의미한다.

칸트의 저작들에 들어 있는 여러 구절들이 이런 견해를 위해서 사용될 수 있으며, 종종 칸트가 그러한 견해를 가지고 있는 것으로 보인다. 이념의 의미를 갖는 이 영역만이 가장 상세한 조사가 가능하며, 구체적이고 일정한 것 속에 들어 있는 이념적인 것이 이곳에서 가장 직접적으로 보일 수 있다. 폭넓은 영역의 방법론적 조사가 이곳에서 가능하다. 그리고 이념에 대해 듣게 되면 사람들은 그것이 가지고 있는 구조화의 힘이 방법론적인 것에서 입증되어야 한다고 요구할 것이다. 그러나 칸트가 말하는 이념의 의미는 이렇게 하는 것으로 모두 고갈되는 것은 아니다.

(3) 객관적인 의미

이성 비판의 부정적인 부분은 이념이 자신에 상응하는 대상, 즉 이념을 충족시키고 이념에 의해 규정될 법한 그런 대상과 관계할 수 없다는 식으로 가르친다. 하지만 이념적인 힘과 상들은 단순히 방법론적-기술적 특성만 가질 수는 없다. 왜냐하면 이런 이념은 실제로는 이념의 대상을 전제한 상태에서 체계적인 통합으로 나아가 언제든지 경험적인 인식을 확장하기 때문이다. 그래서 이념은 '자연에 부합하는' 것으로 판단되어야만 한다. 그것은 "자신이 권장하는 것을 그냥 단순히 다루는 방법적인 기술로서가 아니라 몸소 직접" 전달한다.[318] "객체 자체에 내재해 있는 저러한 체계적인 통합이 선험적으로 필연적인 것이라고 가정하게 만드는 저러한 초월론적 원리가 전제되지 않는다면, 규칙의 이성적인 통합의 논리적 원리가 어떻게 일어날 수 있을지는 사실 예측 불가능하다. 왜냐하면 모든 힘들이 다르다는 것과 그것이 행하는 추론의 체계적인 통일성이 자연에 부합하지 않을 가능성을 이성이 자유롭게 인정할 수 있다고 할 때, 논리적인 사용에 있어서 이성은 어떤 권위로, 자연이 우리에게 인식할 수 있도록 부여해 준 다양한 힘들을 단순히 은닉되어 있는 통일체로 취급할 것을 요구할 수 있으며, 그것들을… 기본적인 힘으로부터… 도출할 것을 요구할 수 있겠는가? 그렇게 되면 이성은 자연의 질서와 일절 모순되는 이념을 자신의 목표로 설정함으로써 자신이 설정한 것에 반하는 것을 행할 것이기 때문이다."[319] 우리는 자연의 체계적인 통일성을 완전히 객관적으로 타당하고 필연적인 것으로 전제해야만 한다.[320] 이성의 기본 원리는 다음과 같다. "경험에서 최대한 가능한 오성의 사용을 동일한 대상에 적합하게 규정하는 것이 이러한 이성의 주관적인 의미에 따라서 증명될 수 있다고 한다면, 오성의 사용은 (순수이성으로부터는 불가능한) 공리처럼 대상 자체를 선험적으로 규정하는 것과도 같다."[321] 칸트는 경험의 통일성을 합목적적이라고 부르고 체

••
318 Immanuel Kant, *Die Kritik der reinen Vernunft*, B. 689.
319 같은 책, B. 678.
320 같은 책, B. 679.
321 같은 책, B. 544 이하.

계적인 통일성을 위해서 경험을 사용하는 것을 '합목적적인 사용'이라고 부른다. 거기에는 이런 말이 있다. "자연 자체가 합목적적인 통일성을 제시하지 않는 곳에서, 인식과 관련해 우리는 자연 자체에 대한 지식을 합목적적으로 사용할 수 없다."[322] 이러한 의미에서 칸트는 "우리의 인식 능력과 자연의 화합"에 대해서 말한다.[323] 더 나아가 칸트의 기술적인 통일과 건축적인 통일의 구분은 이성의 원리가 객관적인 의미를 가지고 있다는 한 증거다. 기술적인 통일은 우연히 제시되는 의도에 따라서 경험적으로 획득되는 것이고, 그에 반해서 건축적인 통일은 이념에 따라서 경험적으로 기대되는 것이 아닌 선험적인 것이다. 비로소 이것을 통해 학문이 가능해진다.[324] "노력을 절약하기 위한 이성의 경제적인 사용법"은… 이념과 구별하기가 아주 쉬운데, 모든 사람들은 이 이념에 준해서 이러한 이성의 통일은 자연 자체에 적합하며, 여기서 이성은 구걸하지 않고 명령한다고 전제한다.[325] 칸트의 이러한 진술은 그가 대상 자체의 원형적인 영역에서 이념에게 객관적인 의미를 부여했음을 의심의 여지없이 가르쳐 주고 있다. 그는 여러 곳에서 이념의 '비규정적인', 그러나 '객관적인 타당성'에 대해서 말하고, 이념의 '객관적인 실제'에 대해서 말은 하지만, 그렇다고 해서 '이념을 규정하기 위한 취지로' 말을 하는 것은 아니다. (이성 비판의) 변증론은 독단적인 형이상학을 파괴하고 있다는 의미에서 부정적으로 설계되어 있는 반면, (오성 비판의) 분석론은 전적으로 긍정적으로 설계되어 있다는 것

••

322 같은 책, B. 844.
323 Immanuel Kant, *Die Kritik der Urteilskraft*, § 23. 이 부분의 내용은 여기서 다뤄지고 있는 물음과 관련해서 매우 중요하다.
324 Immanuel Kant, *Die Kritik der reinen Vernunft*, B. 861.
325 같은 책, B. 671.

은 의심의 여지가 없다. 이념이 가지고 있는 긍정적인 의미에 대한 필자의 모든 소견들은 이 책의 부가 설명과 부록을 참조할 수 있다. 이런 생각을 해 볼 수 있겠다. 변증론의 사유 내용을 반대로 뒤집는다. 그리고 저런 식의 비판적이고 파괴적인 작업은 부록으로 보낸다. 그리고 변증론의 구조의 두 번째 부분을 오성 비판의 분석론과 유사하게 긍정적으로 구성한다. 개념의 객관적인 의미를 다루는 오성의 초월론적 논리 외에도 이념의 객관적인 의미를 다루는 이성에 대한 초월론적 논리가 들어온다. 이렇게 칸트의 진술들과 평행을 이루면서 논의를 하는 것이 전적으로 가능은 하겠지만, 이는 일종의 유희로 하는 것일 수 있다.[326]

칸트가 이념에서 어느 정도 객관적인 것을 보았던 것인지, 그 객관적인 것의 성질이 그것하고 끊임없이 연관해 있는 속임수에 빠지지 않게 하는 것이 또한 그의 이론이 추구한 본래적인 의미였는지는 결국 플라톤에 대한 칸트 자신의 고백에서 드러난다. "플라톤은 우리의 인식 능력이 단순히 현상을 종합적 통일성에 따라 해석해 경험하는 것보다 더 높은 욕구를 느낀다는 것과, 우리의 이성이 경험이 제공할 수 있는 그 어떤 대상에 일치하지 않고 그보다 더 멀리 나아감에도 현실을 가지며 결코 단순한 상상이 아닌 인식으로 자연스럽게 상승한다는 것을 분명히 알고 있다."[327]

이념의 삼중적인 의미, 즉 심리학적인 의미, 방법론적인 의미, 객관적인 의미를 조망해 보면, 우리는 다음과 같은 것을 알아차리게 된다. 사람들이

⁝

326 일부 구절을 순서대로 나열해 보면 이렇다. 분석론에서는 판단, 초월론적 연역, 도식론, 원리들 등을 실마리로 범주들이 차례로 도출된다. 이에 대해서는 '유비 추론: 추론 형식을 실마리로 한 이념 도출' 부분 참조. B. 356, 361, 368, 378, 379. 386, 387. 390 등. 이념의 연역: B. 697, 698. 도식: B. 693, 702, 707, 710, 725. 원칙의 유사물로서의 규제 원리: B. 676.

327 Immanuel Kant, *Die Kritik der reinen Vernunft*, B. 370, 371.

이념의 본질을 파악하고자 그것에 대해 판단을 내릴 때마다 그들은 먼저 저러한 세 가지 의미 중 하나를 파악하게 되고, 그것들을 좀 더 정확하게 파악하기를 원하게 되면서 즉시 다른 의미로 넘어가는 가운데 저러한 세 가지 의미를 서로 분리할 수 없게 된다. 하나를 이해하려면 세 가지를 모두 이해해야만 한다. 이념은 주관적인 동시에 객관적이다. 그것 안에서 오성의 궁극적인 본질이라고 할 수 있는 주객 분할은 절대적인 의미를 갖지 않는다. 하지만 그 이념이 오성을 방법적인 매개체로 해서 효력을 미치는 한에서만 이념은 주객 분할을 경험하게 되고, 그것은 그것 너머 그 이상이지 그것이 무엇인지는 오로지 분리를 매개로 하는 과정을 통해서만 밝혀지는데, 그것이 완전히 밝혀진 적은 없다.

3) 실천적 이념과 심미적 이념

지금까지는 거의 이론적인 이념만 다루었다. 즉 인식 영역에서의 이념에 대해서만 논의가 진행되었다. 그렇지만 칸트의 이념론은 모든 영역에 걸쳐 있다. 그것이 칸트의 모든 저작에 등장하는 한 그것은 칸트 철학의 중심을 이룬다. 정언명법, 범주론 등은 모두 자신의 궁극적인 고유한 위상이 있다. 그런 한에서 그것들은 전체에 비해서 국지적이다. 이념은 이론적으로 매우 철저히 검토된 이후에 실천적이고 심미적인 것에서 재소환된다.

실천적인 이념

이념이 작용인이 됨으로써, 즉 인륜적인 것에서 원인으로 작용함으로써 인간 이성은 진정한 인과성을 보여 준다.[328] 비록 이념이 경험에서 완전히 표현될 수 있는 것은 아니지만, 여기 인륜적인 것에서 "이념은 (선의) 경험 자체를 처음으로 가능하게 해 준다."[329] 여기 인륜적인 것에서 이념은 완벽함의 원형이요, 개념이 된다. 칸트에 의하면 플라톤은 주로 실천적인 모든 것에서 이념을 발견해 내는 업적을 세웠다.[330] 예를 들어 플라톤의『국가(Politeia)』에서 "모든 자유가 공존할 수 있게 하는 것을… 최소한의 필요불가결한 이념이 되게 만드는 법률에 따라서 인간의 자유를 최대한으로 보장하는 헌법"에 대해서 말하고 있다.[331] "이념과 그것의 구현 간에 필연적으로 생기는 틈이 어느 정도여야만 하는지는 아무도 결정할 수 없고 아무도 결정하지 말아야 한다. 왜냐하면 모든 주어지는 한계를 넘어설 수 있는 것이 자유이기 때문이다."[332] 인간 이성은 이념만이 아니라 "실천적인 힘도 가지고 있고 특정 행동의 완성 가능성의 기반이 되는 이상도 포함하고 있다. … 미덕 그리고 그것과 함께 완전히 순수한 상태에서의 인간의 지혜가 이념이다. 그러나 (스토아학파의) 현인, 즉 단순히 생각 속에서만 존재하고 지혜라는 이념과 완전히 일치하는 인간은 하나의 이상이다. 이념이 규칙을 제공하는 것처럼 이상은 그런 경우에 이후의 생각을 지속적으로 규정해 주는 원형의 역할을 하고 우리는 우리 안에 있는 이런 신성한 인간의 행동 외에는 우리 행동의 다른 기준을 가지고 있지 않은데, 우리는 그것에 우리 스스로를 비교하고 그것에 준해서 우리를 판단하고, 그렇게 함으로써 결코 그것의 수준에는 도달하지 못하더라도 우리 스스로를 개선시킨다. 이러한 이상은, 그것에 객관적인 실재(존재)를 인정하기 싫어하든 어떻

••
328 같은 책, B. 374.
329 같은 책, B. 375.
330 같은 책, B. 371.
331 같은 책, B. 373.
332 같은 책, B. 374.

든 간에 그 자체로 환상을 위한 것이 아니라, 이성의 한 필요불가결한 기준을 제공해 주고 있는 것으로 볼 수 있다. … 하지만 소설 속에 나오는 현자들에게서처럼 이상을 하나의 사례, 즉 현상 속에 실현시키려고 하는 것은 실현 가능성이 희박하고, 더구나 이념의 완전성을 끊임없이 파괴하는 자연적인 장벽이 그런 시도에서 모든 환상을 불가능하게 만들며, 이를 통해서 이념 속에 놓여 있는 선을 의심스럽게 하고, 단순한 허구와 유사하게 만듦으로써 뭔가 부조리하고 교화할 만한 것이 거의 부재하다."[333] 실천이성의 이념은 더 나아가 소위 '신성함'이다. 신성한 의지란 "도덕법칙에 어긋나는 그 어떤 격률도 만들어 낼 수 없는" 그런 의지다.[334] "이 의지의 신성함이… 모든 유한한 존재가 무한히 접근할 자격이 있는 유일한 것인 원형에 필연적으로 봉사해야 하는 실천적인 이념이다."[335] 그러나 유한한 실천이성이 그래도 홀로 영향력을 행사할 수 있는 것이 덕인데, 이것은 결코 완성되지 않는다. 덕은 "전투에서의 도덕적인 신념"이다. 그에 반해서 "완전히 순수한 의지의 신념을 소유한 것으로 여겨진다고 해서 신성함"[336]이 달성될 수 있는 것은 아니다.

이러한 실천적인 이념 및 이상과 전혀 상이한 것이 '실천이성의 공리들'인데, 칸트에 따르면, 영혼의 이념, 세계의 이념, 그리고 불멸, 자유, 신으로서의 경험 전체의 이념은, 동일한 방식으로 확장될 수 없는 사변적 이성에게는 충족될 수 있는 것이 아니지만 오히려 실천이성은 그런 것들로부터

••
333 같은 책, B. 597, 598.
334 Immanuel Kant, *Die Kritik der praktischen Vernunft*, V, 38(Hrsg. von Karl Kehrbach).
335 같은 책, V. 39.
336 같은 책, V. 103.

객관적인 현실을 획득한다. [337]

심미적인 이념[338]

취향에 관한 한 흠잡을 데 없고 멋지고 우아하고 질서정연하고 철저한 시, 예술작품, 연설 등에 정신이 깃들어 있지 않다고 사람들이 말할 때, 사람들이 '정신'을 가지고 무엇을 의미하고 있는가를 묻는다. 칸트의 대답은 이렇다. "심미적인 의미에서의 정신이란 정동에 활력을 주는 원리를 말한다. … 이제 나는 이 원리가 다름 아닌 심미적인 이념을 묘사할 줄 아는 능력이라고 주장하는 바이다. 하지만 나는 심미적인 이념을 상상력의 표상으로 이해한다. 그러한 상상력에는 그 어떤 일정한 사고, 즉 개념도 적합하지 않은데도 그것은 많은 생각을 불러일으켜 결과적으로 어떤 언어도 그것에 도달하지 못하고 그것을 이해 가능하게 만들어 줄 수도 없다. 사람들은 그것이 이성의 이념의 반대짝이라는 것, 이 이성 이념은 개념이라는 것, 이 개념에게는 직관(상상력의 표상)이 적합하지 않다는 것임을 쉽게 안다. 그러한 상상력의 표상을 우리는 '이념'이라 부를 수 있는데, 그 이유는 한편으로는 그것이 적어도 경험의 한계 너머에 있는 무엇인가를 추구하고 (지성적인 이념의) 이성 개념을 묘사하는 것에 근접하려고 하기 때문이며… 다른 한편으로는 내적 직관으로서 그것에게는 그 어떤 개념도 완전히 적합할 수 없기 때문이다." 심미적인 이념은 "비록 미개발된 방식이기는 하지만 개념이나 특정 언어의 표현으로 요약될 수 있는 것보다도 더 많은 것을 생각할 수 있게 하는 추진력을 상상력에 부여한다." 천재는 "원래 그 어

⋮

337 예를 들어 같은 책, V. 158쪽 이하 참조.
338 이에 대해서는 특히 Immanuel Kant, *Die Kritik der Urteilskraft*, § 49 참조.

떤 학문도 가르쳐 줄 수 없고 아무리 노력해도 배울 수 없는 그런 행운적인 관계 속에서 존재하며, 다른 한편으로 주어져 있는 개념에서 이념을 발견해 내고 이러한 것들에 적합한 표현을 찾아내서는, 이러한 표현을 통해서 야기된 주관적인 정동의 기분을 그러한 표현을 사용해서 다른 사람에게 전달할 수 있는 사람이다. 이러한 재능이 원래 사람들이 '정신'이라 칭하는 그것이다.

1. 야스퍼스 약력

1883년 독일 북해 연안 도시 올덴부르크에서 태어난 칼 야스퍼스(Karl Theodor Jaspers)는 대학에서 법학, 정신의학, 심리학을 수학했다. 하이델베르크 대학교 병원에서 조교로 근무하면서 집필한 책 『정신병리학 총론(*Allgemeine Psychopathologie*)』으로 하이델베르크 대학교 심리학과 교수가 되었으며, 1919년에 기존 강의록을 기반으로 『세계관의 심리학(*Psychologie der Weltanschauungen*)』을 집필한 이후에는 하이델베르크 대학교 철학과 교수로 봉직했다. 나치 체제의 출현 이전까지 연구와 교수 활동을 하면서 『현대의 정신적 상황(*Die geistige Situation der Zeit*)』(1931), 『철학(*Philosophie*) I, II, III』(1932), 『이성과 실존(*Vernunft und Existenz*)』(1935), 『실존철학(*Existenzphilosophie*)』(1938) 등 다수의 저작을 남겼다. 나치 체제 아래에서는 아내가 유태인 출신이라는 이유로 아내와 함께 생존을 위협받는 상황에 놓이기도 했지만, 변절했던 하이데거와 달리, 아내와 이혼하는 대신 교수직을 포기하고 학교를 떠나는 등 자신의 길을 갔다. 전후에는 스위스 바젤 대학교에서 1961년까지 철학을 가르쳤고, 『죄책론(*Die Schuldfrage*)』 (1946), 『진리에 관하여(*Von der Wahrheit*)』(1947), 『철학적 신앙(*Der philosophische Glaube*)』(1948), 『역사의 기원과 목표(*Vom Ursprung und Ziel der Geschichte*)』(1949), 『위대한 철학자들(*Die grossen Philosophen*)』(1957), 『원자탄과 인류의 미래(*Die Atombombe und die Zukunft des Menschen*)』 (1958), 『계시에 직면한 철학적 신앙(*Der philosophische Glaube angesichts der Offenbarung*)』(1962) 등을 저술했다. 1969년 86세를 일기로 생을 마감했다.

2. 야스퍼스의 사상 편력과 『세계관의 심리학』

한 사상가에 의해서 탄생한 책은 그가 일생 동안 견지했던 사상적 흐름의 맥락에 놓일 때 좀 더 온전히 이해될 수 있다. 『세계관의 심리학』도 그렇다. 우선 야스퍼스의 삶과 사상을 〈표 1〉과 같이 세 단계로 조망한 후 『세계관의 심리학』의 위상을 이해해 보자.

1) 야스퍼스의 사상 편력

야스퍼스는 대학 생활을 법학으로 시작하였으나 학문적 관심을 곧 (정신)의학과 심리학으로 바꾸었고, 이후에 다시 철학으로 바꾸었다가 후반기

표 1 야스퍼스의 사상 편력 개요

초기		중기		후기
과학자(의학, 경험심리학)		철학자(이해심리학)		영원사상가(형이상학, 신학)
대상/객관 세계	⇨	주관/자기 세계	⇨	즉자/존재 세계
현존재/존재자	⇨	실존적 존재	⇨	초월자/포괄자
경험계		실존계		초월계/역사계
地		人		天

로 가면서 점차 형이상학과 종교 사상에 관심을 보였다. 달리 말해 야스퍼스의 학문 초반기가 자연 대상에 대한 경험과학적 연구에 매진하던 시기였다면, 중반기는 인식 주체, 인간 내면 및 실존 문제에 대한 이해심리학적 탐구에 매진하던 시기였고, 후반기로 가면서 절대적 실재, 초월적 존재, 포괄자, 암호 등 형이상학적 종교적인 주제에 천착하게 된다. 이 과정에서 관심은 '대상/객관' 세계에서 '주관/자기' 세계를 거쳐 '즉자/존재' 세계로 나아간다. 학문의 분야나 연구 대상 혹은 연구 방법에 있어서 야스퍼스가 걸어간 이런 편력을 전반적으로 〈地→人→天〉으로 특징지어 볼 수 있다.

2) 야스퍼스의 사상 편력에서 『세계관의 심리학』이 차지하는 위상

야스퍼스 전문가들은 야스퍼스의 3대 주저로 흔히 『철학 I, II, III』, 『진리에 관하여』, 『위대한 철학자들』을 꼽는 경향이 있다. 그리고 이 3대 주저들의 축소판이 철학 3부작인 『철학 I, II, III』이다. 이 저작은 자연과학의 세계를 다룬 「철학적인 세계정위」, 철학적 시선에 비춰지는 인간을 다룬 「실존 해명」, 초월의 문제를 다룬 「형이상학」으로 구성되어 있다. 그리고 이 『철학』 3부작을 다시 축소한 저작이 바로 『세계관의 심리학』이라고 할 수 있다. 『철학』 3부작 각 권의 주제들이 『세계관의 심리학』의 I, II, III부에서 선취되고 있기 때문이다. 이러한 의미에서 『세계관의 심리학』에서 개진된 〈地-人-天〉 사상은 야스퍼스의 철학 사상 및 저술 전체에서 마치 단자(monad) 혹은 프랙탈(fractal) 같은 역할을 하고 있다.

3) 『세계관의 심리학』이 차지하는 철학사적 위상

『세계관의 심리학』은 철학사적으로도 중요한 의미가 있다. 실존주의의 전면적인 전개를 촉발시켰기 때문이다. 『세계관의 심리학』에서 야스퍼스는 정신의학 및 심리학에서 철학으로 이월하고 있다고 고백하는데, 이는 그가 학문적 연구방법론과 인간 이해에 있어서 본질적인 변화가 있었기 때문이다. 야스퍼스는 학문적 탐구를 하는 데 있어서 인식 대상의 파악에만 관심이 있고 인식 주관에게는 관심을 보이지 않는 경험과학 혹은 경험심리학이 문제가 있다고 보고, 인식 주체 혹은 인간의 내면을 고려할 것을 적극 주장하면서, 경험심리학과 구분되는 이해심리학을 『세계관의 심리학』에서 제시하고 있다. 『세계관의 심리학』이 나온 이후 하이데거는 이 책에 대한 비판적 서평을 쓰는데, 이를 계기로 둘 간에 사상적 경쟁이 시작된다. 그 결과 하이데거는 『존재와 시간(Sein und Zeit)』 등을, 야스퍼스는 『철학 I, II, III』 등을 저술하는 등 실존철학이 본격적으로 펼쳐지기 시작했고, 이들의 사상이 사르트르를 위시로 여러 사상가나 문인들에 의해 대중화되면서 실존주의가 시대를 풍미하기에 이른다. 이런 의미에서 『세계관의 심리학』은 키에르케고르에 의해서 싹튼 실존주의가 본격적으로 전개되는 계기를 마련한 저술이라 할 수 있다.

3. 『세계관의 심리학』의 내용과 체제

지금까지 『세계관의 심리학』을 야스퍼스의 인생 및 저술 편력, 즉 『세계관의 심리학』의 외부 요인과 관련지어 일견해 보았다. 이제는 『세계관의 심리학』 안으로 들어가 보겠다.

1) 『세계관의 심리학』에서 표명된 야스퍼스의 철학적 입장

먼저 『세계관의 심리학』에서 야스퍼스가 취하는 철학 사상적 입장을 기존 철학 및 심리학과의 관계에서 살펴보자. 야스퍼스는 『세계관의 심리학』 초입에서 두 가지 철학 전통을 구분하면서 『세계관의 심리학』에서 취한 자신의 철학적 입장을 이것들과 관련지어 설명한다. 그 두 가지는 '고찰적인 철학(betrachtende Philosophie)'과 '선지적인 철학(prophetische Philosophie)'이다. 전자는 현실 세계 전체를 가치중립적인 태도로 고찰하고자 하는 이론적 철학이고, 후자는 인간이 어떻게 살아야 할 것인지에 대해 삶의 지혜라는 이름으로 지침을 내리고 인간들을 인도하고자 하는 규범적 실천적 철학이다. 야스퍼스는 후자가 아닌 전자의 정신을 따라서 인간 및 삶의 현상을 규명한다. 다만 고찰적인 철학 전통을 따른다고 해서 그것이 경험과학 또는 경험심리학처럼 대상을 단순히 가치중립적으로 기술하고 설명하는 것을 의미하는 것은 아니다. 야스퍼스는, 인간 현상을 기술할 때는 그것이 탐구 대상으로서든 탐구 방법의 차원에서든 한편으로는 주체와 객체, 그리고 다른 한편으로는 주체가 처해 있는 상황을 포괄해서 '전체적으로', '총체적으로' 기술해야 하는 것으로 본다. 경험심리학과 구분되는 이러한 (해석학적 방법을 사용하는) 접근법을 야스퍼스는 '이해심리학'으로 이해했는데, 이는 동시에 그에게 철학적 방법으로도 이해되었다. 그래서 그는 이런 입장 변화를 심리학에서 철학으로의 전회로 이해했다.

고찰적인 방법을 사용하는 이해심리학은 종국적으로 인간의 자기이해를 추구한다. 그래서 야스퍼스는 인간에게서 변화가 일어난다면, 그것은 이런 자기이해에 기반해서 일어날 수 있다고 본다. 야스퍼스의 이러한 입장은 그 자신이 스스로 표명하고 있듯이 전통적인 선지적 철학과 구분된다. 고찰적인 방법을 사용하는 이해심리학과는 달리 선지적 철학은 자신의 견해를 가지고 인간들을 계도하려고 한다. 이러한 입장에 있는 철학자는 인간의 변화가 타율적으로 일어날 수 있다고 본다. 그에 비해서 야스퍼스는 인간이 자기이해를 근거로 해서 자율적으로 변할 수 있다고 본다. 즉 타력이 아닌 자력으로 변할 수 있다고 본다. 이런 측면에서 볼 때 야스퍼스는 『세계관의 심리학』이 사람들로 하여금 자신의 모습을 비춰 보게 하는 거울의 일종이라고 생각한다.

인간이 타력이 아닌 자력으로 변할 수 있다는 것은, 인간이 주체적이고 능동적인 존재라는 것을 말한다. 사실 『세계관의 심리학』의 이해심리학적 기술에서는 인간의 활력적이고 역동적인 측면들이 정신의 삶이라는 주제 아래 광범위하게 개진되고 있다. 그는 이를 아우구스티누스, 파스칼, 니체, 키에르케고르, 베버, 딜타이 등의 생철학자 및 이해심리학자들을 끌어들여 논한다. 그리고 정지나 고정보다는 역동성과 변화를 강조하면서 변증법적 논의를 펼치는 곳에서는 헤겔을 활용하기도 한다. 이러한 의미에서 『세계관의 심리학』에서 견지되고 있는 야스퍼스의 철학 정신은 이해심리학적 해석학적 전통 및 생철학적 전통과도 맞닿아 있다.

2) 『세계관의 심리학』의 내용 개요

이번에는 『세계관의 심리학』의 내용을 개관해 보기로 한다. 『세계관의 심리학』은 인간의 삶이라는 현상의 중심에 놓여 있는 '세계관' (Weltanschauungen)에 대한 이해심리학적 고찰이다. 『세계관의 심리학』의 서론 맨 앞부분에서 야스퍼스는 세계관에 대해서 이렇게 쓰고 있다.

'세계관'이란 무엇인가? 그것은 전체적이고 보편적인 그 무엇이다. 가령 지식의 측면에서 말하자면 그것은 세세한 내용의 전문 지식이 아니라 전체로서의 지식, 코스모스로서의 지식과 관련이 있다. 하지만 세계관은 단순히 지식인 것도 아니다. 그것은 가치화 과정에서, 삶의 활동에서, 운명에서, 체험된 가치의 위계 속에서까지 자신의 모습을 드러낸다. 이 둘을 다르게는 다음과 같이 표현할 수도 있을 것이다. 세계관에 대해서 얘기할 때 우리는 그것을 이념으로, 인간의 최종적이고 총체적인 그 어떤 것으로 이해하고, 주관적으로는 체험과 힘과 신조로 이해하며 객관적으로는 대상적인 형태로 구성되어 있는 세계로 이해한다.

여기에서 세계관은 매우 넓은 의미로 이해되고 있다. 그것은 삶의 과정에서 수행되는 인간들의 언어적 비언어적 활동 전반에서 현현하기도 하지만 인간 현상을 야기하는 최종적인 힘, 토대, 이념이고, 합리적인 부분도 있지만 비합리적인 부분도 있으며, 의식적으로 접근할 수 있는 부분이 있는가 하면 그렇게 할 수 없는 부분도 있고, 주관적으로 접근할 수 있는 부분도 있지만 객관적으로 접근할 수 있는 부분도 있다. 세계관이 무엇인지 온전히 이해하려면 『세계관의 심리학』을 직접 통독해야 하는지도 모른다.

그렇다고 역자가 책에 대한 최소한의 조망의 의무에서 면책될 수 있는 것은 아니므로 『세계관의 심리학』의 목차 및 내용을 고려하는 가운데 거기서 개진된 논의의 뼈대를 일별해 보기로 한다.

먼저 『세계관의 심리학』의 전체 구도부터 살펴보기로 한다. 『세계관의 심리학』은 전반적으로 처음 서문과 마지막 부록 외에 1부 '태도들', 2부 '세계상들' 그리고 3부 '정신 유형' 또는 '정신의 삶'으로 이루어져 있다. 1, 2, 3부의 제목인 태도들, 세계들상, 정신의 삶은 야스퍼스가 세계관을 설명하기 위해서 사용하는 하위 개념들이다. 그리고 그것들 각각은 야스퍼스가 구분하고 있는 '주체', '객체', 그리고 '주객 관계'나 '정신적 힘'과 관련이 있다. 즉 태도는 행동 주체가 취하는 태도를 의미하고, 세계상은 행동 주체가 대상과 관련해서 갖게 되는 세계상을 의미하며, 주객 관계는 주체가 대상과 관계를 맺는 다양한 양상들 및 이를 가능하게 해 주는 정신적인 힘들과 관련이 있다. 이 세 가지 주제들이 『세계관의 심리학』에서 어떻게 다루어지고 있는지를 키워드 중심으로 정리해 보자면 다음과 같다.

〈표 2〉에서 볼 수 있듯이 야스퍼스는 태도와 관련해서는 대상적 태도, 자기반성적 태도, 열정적 태도를 구분하고, 대상적인 태도를 다시 목적 지향적/능동적 태도, 관조적 태도, 신비적 태도로 나누기도 하고, 관조적인 태도를 다시 직감적 태도, 심미적 태도, 합리적 태도로 나누는가 하면, 자기반성적인 태도를 관조적 자기반성, 능동적 자기반성으로 나누기도 한다. 능동적 자기반성은 다시 향유적 태도, 금욕적 태도, 자기형성적 태도 등으로 나뉜다. 그리고 세계상을 구분하는 경우에는 자연환경에 대한 경험으로부터 구성되는 감각-공간적 세계상, 타자나 타문화, 신화 등에 대한 경험으로부터 구성되는 영적-문화적 세계상, 현실계 너머에 있는 초월

표 2 『세계관의 심리학』 1~3부의 핵심적 논의 구조

태도들			세계상들
	능동적		자연-기계론적
대상적	관조적	직감적	감각-공간적
		심미적	자연-역사적
		합리적	자연-신화적
	신비적		
자기반성적	관조적		주관적
	능동적	향유적	영적-문화적
		금욕적	객관적
		자기형성적	
열정적			형이상학적

정신의 삶(혹은 힘)		
회의주의, 허무주의	권위주의, 자유주의, 가치절대주의	현실주의자, 낭만주의자, 성자

적 세계의 절대자에 대한 형이상학적 세계상 등으로 나누기도 한다. 다른 한편, 태도와 세계상의 융합으로 나타나는 정신 유형 또는 정신의 삶과 관련해서는 각 개인, 민족, 시대 등에서 실제로 나타나는 사실적 정신 유형들, 가령 현실주의와 관념주의, 자연주의와 이원론, 경험주의와 합리주의, 무신론과 유신론 등에 대해 논하기도 한다.

상술한 내용은 『세계관의 심리학』의 정태적 건축학적 측면이라고 할 수 있다. 이 내용이 세계관의 생성소멸 관계를 다루는 세계관의 동력학적 발생학적 기술을 통해서 보강될 때 『세계관의 심리학』의 내용은 좀 더 온전

표 3 『세계관의 심리학』의 이해를 돕기 위한 개념틀

↑

삶의 과정에서 재구성

↑

한계상황에 대한 반응 양식: 절망형, 세계도피형, 영웅주의형, 종교성 등

↑

방향 상실; 실존적 고통

↑

한계상황: 세계관이 무력화되는 상황

↑

가치 충돌

↑

가치 위계

↑

가치(진리, 유용성, 미, 도덕성, 합법성, 성스러움 등)의 형태로 발현

↑

행동, 말, 생각 속 가치 평가 활동 속에서 드러남

↑

선험계

주체	—	객체
[태도] 1부	[정신 유형 또는 정신의 삶] 3부	[세계상] 2부
— — — 세 계 관 — — —		
이념(규제적 원리), 영혼, 힘 등 ↑ 신비 ↑ [한계상황]		선험계

하게 이해될 수 있다. 이는 〈표 3〉을 참조해서 이해해 볼 수 있다.

〈표 3〉의 중간 부분인 '세계관'에서부터 설명을 시작해 보겠다. 이 부분은 앞에서 이미 설명된 주체, 객체, 주객 관계, 그리고 태도, 세계상, 정신 유형/정신의 삶 부분이다. 이 부분을 기점으로 위쪽 방향은 세계관에 기반

해서 경험이 이루어지는 영역이고, 아래 부분은 세계관이 형성되고 경험이 이루어지기 위한 초월적/선험적 조건 혹은 영역을 나타낸다.

먼저 세계관에 기반해서 경험이 이루어지는 과정을 보자. 주체의 태도와 대상으로서의 세계상, 그리고 이 둘의 관계가 일정의 정신적 힘을 통해 유지되고 있다고 해 보자. 인간에게 내재해 있는 이런 세계관은 인간의 생각, 말, 행동 등의 취사선택이나 가치 평가 등에서 그 모습을 드러낸다. 그리고 가치 평가된 것이 대상화되면 가치가 되는데, 가치는 한편으로는 진리, 유용성, 미, 도덕성, 합법성, 성스러움 등 그 종류가 다양하고, 그 층위도 개인적 사회적 문화적 정신적 차원 등에 뻗쳐 있다. 가치는 서로가 정합적인 경우 조직적인 체계를 이루는가 하면, 서로 상충하는 경우에는 약화되거나 소멸되기도 한다.

세계관이나 가치 혹은 의미는 인간에게 삶의 형성을 위한 틀, 이정표 혹은 의지처와도 같은 것으로, 인간의 거주처가 파괴될 경우 삶의 기반이 무너지고 의지처가 사라지는 것처럼, 세계관이나 가치 혹은 의미가 무너지거나 상실되면(예를 들어 자신이 매우 소중하게 여기는 신체, 가족, 집, 직업, 목표의식 등이 상실되는 경우) 인간은 심각한 실존적인 난관, 즉 절망에 빠진다. 이 경우에 사람들은 이러지도 저러지도 못하는 진퇴양난의 상황에 빠지게 되는데, 야스퍼스는 이를 '한계상황'이라 부른다. 이런 한계상황에 처하면서 인간들은 적나라한 실존을 경험하게 되는데, 이와 함께 인간 삶은 일종의 실존적 초기 상태로 재설정된다. 그리하여 이러한 한계상황에서 인간들은 삶을 완전히 새롭게 자력으로 개척해 나가야만 한다. 하이데거식 표현으로, 존재가 탈은폐되어 '본래적인 삶'이 시작되는 지점이다(사르트르가 "실존이 본질에 앞선다"고 말했을 때 그는 이런 상황을 염두에 두고 있었다).

한계상황에 대한 반응으로 이제 다시 새로운 형태의 세계관들이 형성되어 나올 수 있다. 가령 염세주의(체념주의, 세계도피)가 나타날 수도 있고 낙관주의(영웅주의) 같은 것이 등장할 수도 있다. 이는 마치 빈 도화지 위에 새로운 이미지들이 그려지는 과정과도 같다. 이때 형성되는 각각의 그림들은 앞서 말했듯이 주체와 객체가 다양한 세계관적 힘들에 의해 다양한 방식으로 관계 맺는 방식들이다. 이로부터 다양한 세계관들이 형성되어 나와 삶의 여러 상황들을 거치면서 생로병사하는데, 이것은 상술한 과정이 갱신되는 과정과 다르지 않다.

상술한 내용이『세계관의 심리학』의 주요 부분이다. 그렇다고 해서 상술한 내용이『세계관의 심리학』의 전체 부분이라고 생각하면 섣부르다. 위에서 다루어진 내용은 세계관의 생로병사, 즉 경험적인 삶이다. 야스퍼스는 세계관의 문제를 경험적인 측면에서만 다루지 않는다. 그는 세계관의 선험적인 측면에 대해서도 논한다. 그것이 책의 후반부와 '부록' 부분에서 개진되고 있는, 인간 현상의 규제적인 원리인 '이념'인데, 이것 자체는 다시 한계상황 및 신비와의 관계에서 설명될 수 있다. 인간이 한계상황에 도달하면 기존의 세계관은 더 이상 작용하지 않는다. 그리고 개념이나 언어도 더 이상 작용하지 않는다. 이와 함께 세계는 도무지 지성이나 개념 혹은 언어로 이해할 수 없고 기술될 수 없는 신비가 가득한 곳으로 경험된다. 신비는 "궁극적인 것에 대한 직관적인 체험"이다. 가령 직면해서 느끼는 죽음은 말로 이해될 수 없는 신비다. 사랑에 빠져 느끼는 감정은 도무지 말로 표현할 수 없는 신비다. 이런 신비가 개념적으로 표현된 것, 지칭된 것이 이념이다. 종교에서의 신이나 초월자, 예술에서의 아름다움이나 선, 철학에서의 진리나 가치 등이 이념의 사례들이다. 이런 이념들은 "궁극적인 것을 형상화한 것"이자 신비를 향한 인간의 열망이 표현된 것이기도 하다. 그래서 이념은 인간에게는 규제적 원리가 된다. 신비, 이념, 규제적 원리,

이런 것들은 모두 경험을 초월해 있는 것들로서 인간의 경험을 배후에서 조종하는 익명의 비인격적인 힘이며, 이로부터 인간 삶의 에너지와 의미가 흘러나온다. 그리고 이것이 세계관으로 성장해 나간다.『세계관의 심리학』에는 이렇게 경험 영역에서 세계관이 생로병사하는 이야기가 담겨 있는가 하면, 세계관이 어떠한 정신적인 힘에 의해 추동되는지에 대한 선험론적 이야기도 담겨 있다.

『세계관의 심리학』에 대한 상술한 건축학적 독법과 발생학적 독법은 각 세계관의 뼈대와 살을 보는 시선이다. 즉 세계관이 표현되는 두 좌표 축이기도 하다. 독자들은 이 두 관점을 견지하는 가운데『세계관의 심리학』의 세부 내용을 포괄적으로 독해할 수 있을 것이다.

찾아보기

인명

용어

지은이

:: 칼 야스퍼스 Karl Jaspers, 1883~1969

야스퍼스는 '실존철학'이라는 용어를 최초로 사용하고 '실존철학'을 제목으로 하는 책을 최초로 쓴 독일의 철학자이다. 실존철학은 물론 심리학, 정신의학, 정치철학, 세계철학사 등에 대한 열정적인 연구를 기반으로 여러 저작을 남겼다. 그가 28세에 쓴 『정신병리학 총론』은 아직까지도 정신병리학계의 주요 저서로 평가되고 있다. 의학을 먼저 전공하고 심리학, 철학으로 연구 영역을 확장해 온 독특한 이력은 그가 철학을 하기 위해 일부러 선택한 과정이었다. 야스퍼스 스스로 의학과 자연과학을 섭렵한 자신에게서는 철학이 살아 숨 쉴 것이라고 말한 바 있다. 이러한 이력 덕분에 야스퍼스는 과학자들에게는 철학자로 여겨지고 철학자들에게는 과학자로 여겨지는 곤란함을 겪었다. 야스퍼스가 보기에 철학자들은 실재를 너무 도외시했고 과학자들은 사유를 충분히 하지 않았다. 야스퍼스 평생의 화두는 독단에 빠지지 않는 참다운 철학이었다. 야스퍼스는 나치 시절에 부인 게르트루트가 유대인이라는 이유로 강제로 휴직을 해야 했을 때 한 마지막 강의에서 "우리의 강의는 중단되지만 철학함의 자세는 앞으로도 계속 이어질 것입니다"라고 말해 그치지 않는 박수를 받았다고 한다. 이러한 야스퍼스의 태도는 나치 통치가 종식된 후 독일에서 대중적 인기를 얻었음에도 불구하고 스위스 바젤로 이주하게 된 이유에서도 엿볼 수 있다. 대중들이 자신을 좋아하면서도 자신의 사상에 동참하지 않는다는 사실에 실망한 야스퍼스에게 대중의 인기는 "우정 어린 마음에서 비롯되었다 해도 참답지 못한 것이어서 유해한" 것이었다. 야스퍼스는 나치 시절을 지나 살아남았다는 것 자체가 죄책이며 인간은 누구나 어떻게 통치되는지에 대해 책임을 가지고 있다는 주장을 펼쳤다. 바젤에서 야스퍼스는 헛된 명성에서 벗어나 인기와는 무관한 자기 자신의 고유한 삶을 살았다.

태어날 때부터 건강이 좋지 않았고 평생토록 죽음의 문턱을 넘나들며 살았던 야스퍼스는 그 덕분에 오히려 삶이란 얼마나 아름다운지를 알았다고 한다. 야스퍼스는 어디에서나 소박함을 유지하기를 바란다는 내용의 유언장을 남기고 세상을 떠났다. 그러고는 생전에 매입해 두었던 조국 독일을 바라볼 수 있는 묘역에 묻혔다. 야스퍼스는 평생 스스로 '다르게는 될 수 없는 자기 자신의 존재'라 묘사했던 그 자기 자신으로 살았다.

주요 저서로 『정신병리학 총론』(1913), 『세계관의 심리학』(1919), 『현대의 정신적 상황』(1931), 『철학 I II III』(1932), 『이성과 실존』(1935), 『실존철학』(1938), 『죄책론』(1946), 『진리에 관하여』(1947), 『철학적 신앙』(1948), 『역사의 기원과 목표』(1949), 『원자탄과 인류의 미래』(1958), 『계시에 직면한 철학적 신앙』(1962)이 있다.

옮긴이

:: 이기홍

한국외국어대학교 독일어과를 졸업하고, 독일 마르부르크 대학교 철학과에서 석사 및 박사 학위를 받았다. 전공 연구 분야는 심리철학, 과학철학, 인지과학의 철학, 마음(공부)의 철학이고 현재는 원광대학교 마음인문학연구소에서 HK교수로 재직하면서 마음(공부)에 관한 이론적·실천적 연구를 수행하고 있다. 지은 책으로는 『동·서양 깨달음의 길: 십우도와 동굴의 비유』, 『통합적 마음학』 등이 있고, 옮긴 책으로는 『심리철학적 소견들 1, 2』, 『토폴로지』 등이 있으며, 주요 논문으로는 「지정의 통합 마음공부론」, 「탈경계 인문정신과 마음 혁명 — 인문학적 마음공부 모델 고찰」 등이 있다.

한국연구재단총서 학술명저번역 654

세계관의 심리학

1판 1쇄 찍음 | 2024년 7월 10일
1판 1쇄 펴냄 | 2024년 7월 31일

지은이 | 칼 야스퍼스
옮긴이 | 이기흥
펴낸이 | 김정호

책임편집 | 박수용
디자인 | 이대웅

펴낸곳 | 아카넷
출판등록 | 2000년 1월 24일(제406-2000-000012호)
주소 | 10881 경기도 파주시 회동길 445-3
전화 | 031-955-9510(편집)·031-955-9514(주문)
팩시밀리 | 031-955-9519
www.acanet.co.kr

ⓒ 한국연구재단, 2024

Printed in Paju, Korea.

ISBN 978-89-5733-931-2 94160
ISBN 978-89-5733-214-6 (세트)

이 번역서는 2020년 대한민국 교육부와 한국연구재단의 지원을 받아 수행된 연구임.
(NRF-2020S1A5A7085306)

This work was supported by the Ministry of Education of the Republic of Korea
and the National Research Foundation of Korea. (NRF-2020S1A5A7085306)